COLLECTION
FOLIO ACTUEL

Philippe Simonnot

# Nouvelles leçons d'économie contemporaine



Gallimard

Journaliste, puis chroniqueur au *Monde*, docteur ès sciences économiques, Philippe Simonnot est l'auteur de nombreux ouvrages sur l'économie contemporaine et ses différents aspects. En 1995-1997, il a enseigné l'économie du droit et de l'État à l'université de Paris I, enseignement qu'il a poursuivi à Paris X (Nanterre). Depuis quelques années, il publie des analyses de l'actualité dans l'hebdomadaire *Le Nouvel Économiste*.

*Pour Marie Soliès*

*Préface à la nouvelle édition*

## VINGT ANS APRÈS

Voilà quasi vingt ans que les *39 leçons d'économie contemporaine* ont été publiées. Comme chez Alexandre Dumas, les principaux personnages sont les mêmes, mais ils sont moins jeunes, de nouvelles figures sont apparues, l'auteur lui-même a pris de la bouteille, l'atmosphère a changé comme on change de saison. On quittait l'automne d'un siècle. On se retrouve au printemps d'un nouveau. On a même changé de millénaire. Vingt ans, c'est beaucoup dans la vie d'un individu, c'est poussière dans celle de l'humanité.

Qui peut nier que de 1998 à 2017 des changements stupéfiants se sont produits qu'aucun romancier n'aurait osé imaginer ? En 2008, une crise aussi violente et inattendue que celle de 1929 a bouleversé une économie mondiale elle-même transformée par l'apparition de nouveaux mastodontes et particulièrement la Chine – cette dernière, guidée par des banquiers américains, s'est elle-même soumise de plus en plus à la loi du marché ! Contradiction à terme insupportable. La religion a fait un retour fracassant sur le devant de la scène, accompagnée de nouvelles intolérances et de terrorisme. Des populations entières se sont mises en marche, fuyant la guerre, la dictature, la misère, la faim. La numérisation a fait des pas de géant dans des domaines inattendus. Elle en fera encore, mettant au rancart les positions les plus solides. L'euro s'est substitué à nombre de monnaies européennes. Le « Brexit » signe la fin d'une certaine Europe. Certes, le libre-échange qu'expliquent les *39 leçons* a progressé dans les esprits, dans les médias, dans les mœurs et même dans les politiques, mais il est confronté à une remontée forte des populismes et des mirages protectionnistes. La crise est si profonde qu'elle provoque de profonds changements politiques, comme on aurait pu s'y attendre, mais qui n'ont été anticipés que par quelques rares Cassandre. Il a fallu même inventer un affreux néologisme — le « dégagisme » — pour dénommer ce chambardement. Dans une France rapetissée relativement aux nouvelles puissances, de vieilles lubies économiques ressuscitent, aussi dangereuses que par le passé même si toute une classe politique s'est effondrée. Ces nouveaux sujets d'inquiétude ou d'émerveillement, il est impossible de ne pas essayer de les analyser en se servant de la raison économique qui nous a permis il y a vingt ans de frayer pour le lecteur un chemin dans la broussaille de la contemporanéité.

Une nouvelle édition des *39 leçons* s'est donc imposée.

On a procédé à un toilettage minutieux et à une actualisation complète du texte original, et pas seulement en comptant en euros ce qui était libellé en francs ! Par commodité pour les lecteurs anciens et nouveaux, on a choisi de placer les dix leçons supplémentaires en fin d'ouvrage. On y étudie l'incapacité de l'économiste à livrer des prévisions chiffrées, le pourquoi et le comment de la méga-crise de 2008, les relations curieuses de la religion avec l'économie, et plus particulièrement du christianisme avec le capitalisme, l'épuisement supposé du pétrole et des autres matières premières, les migrations de masse et leur rapport avec la liberté et le droit de propriété, le retour éventuel à la monnaie-or, d'autant plus attendu qu'elle est singée par un *digital gold* nommé bitcoin. Enfin on s'interroge sur l'avenir même de l'économie de marché dont de beaux esprits, encore une fois, prévoient la fin.

Dans les nouvelles comme dans les anciennes *Leçons*, il s'agit encore et toujours de rendre compte le plus clairement et le plus complètement possible des questions brûlantes que se posent nos contemporains sur ce qu'ils vivent *hic et nunc*, et de tenter d'y répondre avec les possibilités certes riches, mais non infinies, qu'offre la science économique lorsqu'elle est clairement enseignée. Et de ne pas désespérer d'erreurs dans lesquelles la plupart des princes qui nous gouvernent persévèrent diaboliquement.

PHILIPPE SIMONNOT
octobre 2017

*Première leçon*

## DE L'UTILITÉ

*Où l'on apprend que l'inutile et le nocif peuvent être aussi utiles que l'utile, contrairement à ce que pensait Adam Smith.*

ARCHIBALD : Ainsi, Candide, on me dit que vous voudriez des leçons d'économie.

CANDIDE : Dans la position que j'occupe, il me semble qu'elles me seraient particulièrement utiles, mon cher Archibald.

ARCHIBALD : Savez-vous au moins ce que c'est que l'utile ?

CANDIDE : Quelque chose d'utile, c'est au moins quelque chose qui n'est pas nuisible, qui n'est pas superflu…

ARCHIBALD : Ce sont là des définitions négatives…

CANDIDE : Alors disons que l'utile, c'est ce qui sert à quelque chose… d'utile.

ARCHIBALD : Candide, vous tournez en rond, si je peux me permettre…

CANDIDE : Quelque chose de bon, d'avantageux, de nécessaire.

ARCHIBALD : L'utile est-il agréable ?

CANDIDE : Si tel était le cas, on ne dirait pas :

joignons l'utile à l'agréable. Non, l'utile n'est pas agréable. Il y a quelque chose, comment dirais-je, de sérieux dans l'utile. On ne dirait pas d'un tableau qu'il est utile.

ARCHIBALD : L'utilité ne se confond évidemment pas avec la beauté. Un tableau peut être beau, on ne peut dire, sans impropriété, qu'il est utile à quoi que ce soit.

CANDIDE : Pourtant, il est utile au marchand de tableaux ! J'en sais quelque chose. Mon oncle est antiquaire, et il s'intéresse d'abord au prix des tableaux qu'il achète pour les revendre.

ARCHIBALD : Ne peut-on résumer tout ce que nous venons de dire en disant que l'utile sert à quelque chose…

CANDIDE : C'est ce que je viens de dire !

ARCHIBALD : À quelque chose de réel, pas à n'importe quoi. Ce qui implique une sorte de jugement moral sur les désirs que l'utile doit servir à satisfaire. Il s'agit de désirs jugés par avance convenables, légitimes, vitaux. La notion d'utilité au sens courant du terme établit implicitement une ligne de partage, plus ou moins nette d'ailleurs, et qui peut varier suivant les individus, les époques, les sociétés, entre d'un côté ce qui est légitime, nécessaire, pratique, essentiel, urgent, indispensable, et de l'autre ce qui est accessoire, fantaisiste, frivole, futile, irrationnel, superfétatoire, voire coupable. D'emblée, l'utile est du côté du raisonnable. L'utilité est une morale !

CANDIDE : N'est-ce pas ce que dit l'économiste ?

ARCHIBALD : Pas du tout ! Et c'est justement parce que l'on ne sait pas que la notion de l'utilité est chez l'économiste très différente de ce qu'elle est dans le langage courant qu'il y a tant d'incompréhension au sujet de l'économie.

CANDIDE : Qu'est-ce donc que l'utile pour l'économiste ? Dites-le-nous maintenant.

ARCHIBALD : L'utile, c'est tout simplement ce qui est capable de satisfaire un désir.

CANDIDE : Quel que soit ce désir ?

ARCHIBALD : Quel que soit ce désir. Si je désire quelque chose de superflu, ce quelque chose est utile pour moi, selon l'économiste. Même l'inutile pourrait devenir utile pour peu que je le désire.

CANDIDE : Et aussi le nuisible ?

ARCHIBALD : S'il correspond à mon désir, le nuisible m'est utile.

CANDIDE : Donc, à vous suivre, la drogue serait « utile ». Vous n'allez pas me dire que c'est cela que vous enseignez à vos élèves.

ARCHIBALD : Je le leur dis en effet, car je suis professeur d'économie, et non de morale, et c'est un excellent exemple pour leur faire toucher du doigt, si j'ose dire, ce qu'est l'utile du point de vue de l'économiste. Les manuels parlent souvent de la « souveraineté du consommateur », sans que l'on comprenne très bien, d'ordinaire, toutes les implications de ce terme. Cette souveraineté est une souveraineté absolue. Moi, et moi seul, décide ce qui est utile. Même l'inutile, mon caprice peut le transformer en utile si je le désire. Certes, on pourra toujours dire que l'individu subit toutes sortes d'influences publicitaires, familiales, sociales, religieuses, culturelles, même patriotiques, qu'il est confronté à toute une série d'interdits. Mais en définitive, c'est lui qui décide. Du moins l'économiste pose-t-il le postulat qu'il est libre. Un postulat, ça ne se démontre pas. On pourrait partir d'un autre postulat. Mais celui de l'économiste, c'est celui de la liberté de l'homme, que nous acceptons vous et moi. Pourrions-nous en choisir un autre ?

CANDIDE : Certes non. La liberté est inscrite au fronton des monuments publics. C'est elle qui vient en premier dans la devise de la République. Nous n'avons pas la liberté de l'effacer ! (*rires*).

ARCHIBALD : La liberté ne se prouve pas, elle s'éprouve. On ne peut rien pour ceux qui ne se sentent pas libres, qui se croient déterminés. On peut seulement leur dire : d'après votre propre point de vue, votre connaissance du déterminisme est elle-même déterminée, vous ne pouvez pas réviser votre jugement, soit, mais vous ne pouvez pas non plus réviser mon propre jugement sans faire appel à mon libre arbitre !

CANDIDE : Mon maître de philosophie m'avait aussi appris que l'on ne peut faire appel à la raison pour montrer que la raison est faible, et de même que l'on se contredit lorsque l'on se sert du raisonnement pour prouver qu'il est impossible de faire confiance au raisonnement.

ARCHIBALD : Hayek, le grand penseur du libéralisme contemporain, que nous aurons maintes occasions de rencontrer au cours de ces leçons, justifie, quant à lui, la liberté individuelle par l'ignorance !

CANDIDE : Comment cela ?

ARCHIBALD : Il vaut la peine de citer ce paragraphe paradoxal de la *Constitution de la liberté* : « La justification de la liberté individuelle se fonde principalement sur le constat de notre inévitable ignorance concernant un grand nombre de facteurs dont dépend la possibilité de réaliser la plupart de nos objectifs, ainsi que notre bien-être. » Parce que nous sommes ignorants, raisonne Hayek, que nous ne savons même pas lequel d'entre nous a le plus de connaissances, il vaut mieux compter sur les efforts indépendants et concurrents de gens nombreux, pour faire advenir quoi ? Justement ce que nous ne pouvons savoir : « Toutes les institutions de la liberté, écrit-il encore, sont des adaptations à ce fait fondamental qu'est l'ignorance ; ce sont des adaptations aux aléas et aux probabilités, et non à des certitudes[1]. » Mais revenons à l'économie proprement dite. Quelles sont les critiques qu'on lui fait habituellement ?

CANDIDE : Il est facile de vous répondre, car on lit ça tous les jours dans la presse, et je vous ai dit moi-même l'horreur qu'elle m'inspirait lors de notre première rencontre. L'économie serait trop rationnelle. Elle aurait une vision restrictive, voire squelettique de la nature humaine. Elle serait incapable de prendre en compte tout l'Homme, avec la complexité de ses désirs, de son irrationalité, apparente ou réelle. Elle serait bourgeoise, étriquée, pas assez « humaine ». Bref, vraiment détestable, sinistre, lugubre.

ARCHIBALD : « Lugubre », ça ne vous rappelle rien, Candide ?

CANDIDE : J'avoue que non.

ARCHIBALD : N'est-ce pas ainsi qu'un certain Thomas Carlyle qualifiait la science économique ?

CANDIDE : Vous me l'apprenez.

ARCHIBALD : Carlyle est un auteur anglais du XIXe siècle qui passait pour le prototype du sage à l'époque victorienne. Ce qui ne va pas sans paradoxe, car nul n'a dénoncé avec plus de persévérance et plus de violence ce qu'il considérait comme la petitesse matérialiste de son siècle. Il faisait « claquer le fouet » destiné à cingler, entre autres choses, notre Lugubre Science — « *dismal science*[2] » — ladite science économique. Il reçut ainsi les applaudissements d'une grande partie du public, et même de quelques économistes ! Ainsi la critique de l'économie ne date pas d'aujourd'hui. Dès que l'économie est apparue, elle a suscité une opposition que l'on pourrait dire « romantique », pour aller vite. Or cette opposition fait un contresens sur l'objet de l'économie, à savoir l'utilité.

CANDIDE : Mais enfin, les économistes eux-mêmes ne se servent-ils pas du mot dans son sens usuel ?

ARCHIBALD : C'est bien le drame. Celui-là même qui passe pour le père fondateur de l'économie — ce dont on peut douter comme nous le verrons —, Adam Smith, a prêté malheureusement le flanc à la critique romantique. Dans son *Enquête sur la nature et les causes de la richesse des nations* — c'est le titre entier du plus célèbre traité d'économie — il définit la richesse de la manière suivante : « Tout homme est riche ou pauvre selon l'étendue des nécessités, des commodités et des agréments de la vie humaine dont il peut jouir[3]. » Cette définition suffisamment large pourrait nous convenir. Mais Adam Smith dans son livre, en fait, exclut beaucoup de choses du champ de la réflexion économique, et par exemple les œuvres d'art. De quel droit exclure de telles œuvres alors qu'elles s'échangent sur un marché comme de vulgaires marchandises ? L'influence de Smith a été si lourde qu'il a fallu attendre deux siècles après la publication de la *Richesse des nations* pour que le marché de l'art commence à être étudié sérieusement par des économistes. Ce qui n'a évidemment pas empêché des marchands de bâtir des fortunes avec de la peinture.

CANDIDE : Quels sont donc les économistes qui ont utilisé le terme « utile » au sens où vous l'entendez ?

ARCHIBALD : Condillac !

CANDIDE : Condillac, que je sache, n'était pas un économiste.

ARCHIBALD : Au XVIII^e siècle, la profession d'économiste n'existait pas. Quelques philosophes se piquaient de s'intéresser à la chose économique, que dans le langage courant l'on n'appelait même pas ainsi ! Condillac est, si vous voulez, un philosophe économiste. Or figurez-vous que j'ai trouvé dans un manuel destiné aux étudiants en droit son nom rangé sous la rubrique des penseurs anglais[4] ! Cette erreur n'est pas due tout entière au hasard ou à l'ignorance. Condillac a traité, vous le savez, de la pensée, des sensations, du langage. Mais ce qu'il a écrit en économie représente un enjeu majeur dans la lutte qui oppose à l'époque les deux nations anglaise et française pour la conquête du leadership européen, voire mondial — leadership politique, financier, économique, mais aussi intellectuel. La France va perdre cette bataille, cette guerre — y compris sur le plan des idées économiques, puisque l'école anglaise, née avec Adam Smith, dominera la pensée économique pendant presque tout le XIX^e siècle. Or il se trouve que les penseurs français de cette époque avaient une conception de l'utilité beaucoup plus proche de la définition que nous venons d'en donner. Ainsi, dans son essai *Le Commerce et le Gouvernement*, Condillac donne cette définition : « La valeur des choses est fondée sur leur utilité, ou ce qui revient au même sur le besoin que nous en avons ; ou ce qui revient encore au même, sur l'usage que nous pouvons en faire[5]. » Ici l'utilité n'est pas dans les choses, mais dans l'idée que nous nous faisons du besoin que nous en avons, idée qui peut varier selon les lieux et les circonstances et le moment. Un verre d'eau n'aura pas la même valeur au bord d'un fleuve ou au milieu du désert pour un voyageur assoiffé ou pour un buveur déjà désaltéré. L'exemple est classique, et figure dans tous les manuels. Toutefois, Condillac, malgré le subjectivisme qu'il manifeste dans ce texte, reste marqué par la morale. Ainsi distingue-t-il les besoins naturels des besoins factices. Vis-à-vis de la mode et du luxe, sa position est ambiguë. C'était un abbé, ne l'oublions pas.

CANDIDE : Une telle distinction semble aller de soi. Peut-on vraiment mettre sur le même plan les fanfreluches de la mode et, que sais-je, un ticket d'autobus ?

ARCHIBALD : Oui, si l'on raisonne en économiste. L'abandon de toute référence morale ou utilitaire va être explicité un demi-siècle après Condillac par Jean-Baptiste Say. Peut-être le plus grand économiste français du XIXe siècle, mais tellement décrié dans son propre pays ! Say est l'inventeur de la « loi des débouchés » que nous évoquerons en temps utile — comme son auteur, elle a été méconnue, pour ne pas dire méprisée, donnant lieu à un empilement massif de contresens. Pour bien comprendre ce que fait Jean-Baptiste, il faut rappeler que le début du XIXe siècle voit naître toute une série de catéchismes. Écoutez-moi bien, Candide, ceci peut vous servir dans d'autres matières. Se révoltant sous la botte napoléonienne, les Espagnols se récitaient au début du XIXe siècle les questions et les répons du *Catéchisme de Burgos*. Transposé en allemand par le poète prussien Heinrich von Kleist, cela devint le *Catéchisme des Allemands* (1813). Ainsi naissaient les nouvelles nations, comme d'anciennes religions. Le *Catéchisme d'économie politique* que publie Jean-Baptiste Say en 1815 est une réplique à ces nationalismes en herbe. Déjà l'économie apatride et cosmopolite, pour ne pas dire mondiale, montrait son intelligence, sinon sa puissance. Mais en même temps, bien sûr, Jean-Baptiste Say se veut le « baptiste » d'une religion, et cherche à substituer une nouvelle catéchèse à l'ancienne, tout en utilisant la forme si utile, si parlante, si commode du dialogue entre catéchumène et catéchiste. C'est ainsi que le catéchumène pose la question, l'inévitable question. Lisez-vous même, Candide.

CANDIDE (lisant le *Catéchisme d'économie politique*) : « Cependant, il y a des choses qui ont de la valeur et qui n'ont pas d'utilité, comme une bague au doigt, une fleur artificielle [...]. Vous n'entrevoyez pas l'utilité des choses (bague, fleur), répond le catéchiste, parce que vous n'appelez utile que ce qui l'est aux yeux de la raison, tandis qu'il faut entendre par ce mot tout ce qui est propre à satisfaire les besoins, les désirs de l'homme tel qu'il est. Or sa vanité et ses passions font naître des besoins aussi impérieux que la faim. Lui seul est juge de l'importance que les choses ont pour lui, et du besoin qu'il en a. Nous n'en pouvons juger que par le prix qu'il y met : pour nous la valeur des choses est la seule mesure de l'utilité qu'elles ont pour l'homme. Il doit donc nous suffire de leur donner de l'utilité *à ses yeux* pour leur donner de la valeur[6]. »

ARCHIBALD : Ce texte est fascinant parce qu'il délie l'utilité de toute définition naturaliste des besoins, de toute fondation rationnelle. Par l'évocation significative de la vanité, il parvient même à inclure la comparaison avec autrui dans la détermination du désir. Enfin il insiste sur le fait que nous ne pouvons rien savoir de ce qui se passe dans la tête d'autrui. Tout ce que nous pouvons connaître de ses préférences, c'est par le prix qu'il met aux choses, à un moment donné, prix dont on suppose qu'il peut varier de jour en jour, voire d'heure en heure. Et encore ce prix ne nous dit que le sacrifice maximum qu'il est prêt à payer. Mais nous n'en savons pas plus, la jouissance réelle de l'acheteur nous reste inconnue. Peut-être l'acheteur aurait payé davantage si le vendeur avait su l'exiger.

CANDIDE : La souveraineté du consommateur…

ARCHIBALD :… devient la souveraineté du désir. La nouvelle religion prêchée par Jean-Baptiste Say est a-religieuse. L'économie est a-morale. Souvenons-nous : 1815, la Restauration, dans tous les sens du terme. C'est un coup de force formidable pour l'époque.

CANDIDE : Pourquoi est-il si peu connu ?

ARCHIBALD : Il a pourtant été répété ensuite par une multitude d'auteurs. Auguste Walras, un autre économiste français[7], mérite ici d'être longuement cité parce qu'il poursuit éloquemment la démolition entreprise par Jean-Baptiste Say. Permettez que je vous lise ce texte qui date de 1832 : « Il y a donc cette différence entre la morale et l'économie politique, que la première n'appelle utiles que les objets qui satisfont à des besoins avoués par la raison, tandis que la seconde accorde ce nom à tous les objets que l'homme peut désirer, soit dans l'intérêt de sa conservation, soit par un effet de ses passions et de ses caprices. Ainsi le pain est utile, parce qu'il sert à notre nourriture, et les viandes les plus recherchées sont utiles, parce qu'elles flattent notre sensualité. L'eau et le vin sont utiles, parce qu'ils servent à nous désaltérer, et les liqueurs les plus dangereuses sont utiles parce qu'il y a des hommes qui ont du goût pour elles. La laine et le coton sont utiles, parce qu'on peut en faire des habits ; les perles et les diamants sont utiles, comme objet de parure. Les maisons sont utiles, parce qu'elles nous mettent à l'abri des intempéries de l'air ; les terres sont utiles, parce qu'on peut y semer des grains, planter des arbres, construire des maisons, etc. Ainsi encore et dans un autre ordre d'idées, la musique et la poésie sont utiles, parce qu'elles nous réjouissent ; la médecine est utile, parce qu'elle guérit nos maux ou qu'elle les soulage ; l'éloquence d'un avocat est utile, parce qu'elle sert à défendre nos droits, etc[8]. » Candide, pourriez-vous nous dire en quoi ce texte est si remarquable ?

CANDIDE : Il est remarquable par son habileté à construire des oppositions terme à terme entre l'utile et l'inutile au sens usuel, pour aussitôt les détruire et ramener sur le même plan de l'utilité au sens économique les besoins les plus physiques, les passions les plus dangereuses, les arts les plus immatériels tels que la poésie, la musique, la rhétorique.

ARCHIBALD : L'inclusion dans le champ de la réflexion économique des arts les plus spirituels aurait dû mettre un terme à la distinction opérée un demi-siècle plus tôt par Adam Smith entre travail « productif » et travail « improductif », qui traînait encore dans les esprits à l'époque où Auguste Walras écrivait ces lignes, et qui même aujourd'hui n'a pas disparu, loin s'en faut, de l'idée que l'on se fait de l'économie. Pour Adam Smith, qu'est-ce, en effet, que le travail productif ?

CANDIDE : Je parierais que c'est le travail sur la matière.

ARCHIBALD : En effet. Par conséquent, le travail immatériel, ce qu'on appelle aujourd'hui les services, ou le secteur tertiaire, d'où les pays industrialisés tirent plus de la moitié de leur richesse, était considéré par Adam Smith comme « improductif », comme ne produisant aucune valeur parce qu'il ne se fixait pas ou ne s'incarnait pas dans une œuvre tangible. Smith range dans cette catégorie non seulement les domestiques, mais « quelques-uns des ordres les plus respectables de la société », tels que le souverain, les officiers tant de justice que de guerre, toute l'armée et la marine, les gens d'Église, gens de loi, médecins, gens de lettres, mais aussi les comédiens, bouffons, musiciens, chanteurs d'opéra, danseurs d'opéra, etc[9]. Étonnez-vous après cela que les artistes aient vu d'un mauvais œil la nouvelle science qui se formait sous le nom d'économie politique. Ne rions pas trop vite. Aujourd'hui encore, tout ce qui concerne le travail à la maison, ménage, bricolage, éducation et soins apportés aux enfants ou aux animaux domestiques, tout ce labeur, parfois fort pénible, est considéré comme improductif, et ne rentre donc pas dans le calcul de la richesse nationale, le fameux PNB (produit national brut). Quant aux artistes et aux prêtres, il n'est pas sûr qu'en cette fin de XX^e^ siècle, on les considère comme « productifs », même dans les pays les plus « développés ».

CANDIDE : Peut-être détesteraient-ils eux-mêmes qu'on les qualifie ainsi ?

ARCHIBALD : C'est qu'eux-mêmes sont prisonniers des vieilles conceptions de l'utilité et de la productivité. La seule question qu'ils doivent se poser, selon l'économiste, est de savoir s'ils répondent à une demande de la part de leurs éventuels « clients ».

CANDIDE : Soit ! Mais est-ce qu'en mettant sur le même plan le rationnel et l'irrationnel, le sérieux et le frivole, le nécessaire et le luxe, le moral et l'immoral, l'économie ne se montre-t-elle pas cynique ?

ARCHIBALD : Cynique, mais aussi idéaliste. Pensez donc ! L'immatériel, c'est-à-dire le symbolique, le spirituel, l'esthétique, le religieux, l'intellect, le politique, vous m'entendez, Candide, le politique deviennent tout aussi « nécessaires et commodes » à l'existence que des choses bassement matérielles comme l'eau, la nourriture, le vêtement et le toit.

CANDIDE : L'homme ne vit pas que de pain…

ARCHIBALD : Cette parole du Christ convient parfaitement à l'économiste. Et c'est bien ce que laisse entendre Auguste Walras lui-même quand il écrit à la suite du paragraphe que nous venons de lire : « L'homme ne vit pas que de pain ; il vit d'une foule de choses qui, à tel titre ou à tel autre, lui rendent sa condition plus douce, plus agréable ; il suffit qu'un objet quelconque puisse contribuer, de manière ou d'autre, à satisfaire un de nos besoins, ou à nous procurer quelque jouissance, pour que cet objet nous soit utile, et que les économistes le déclarent tel[10]. »

Pour mesurer l'importance du saut qui est ici franchi, il faut rappeler que selon une tradition de pensée remontant à Platon, on était accoutumé à distinguer les besoins primaires (se nourrir, se vêtir, se loger) des besoins illimités engendrés par le développement de la société. Sur le même registre, Aristote distinguait les « besoins naturels » des « besoins non naturels » ; les premiers pouvaient et devaient être satisfaits ; il était conseillé de renoncer aux seconds, qui étaient qualifiés d'illimités. Est en cause ici une tradition morale vénérable qui remonte à l'Antiquité. L'économie accomplit une révolution qui ne dit pas son nom.

CANDIDE : Pourquoi ces textes sont-ils peu connus ?

ARCHIBALD : Avant de répondre à cette question, continuons notre lecture. Walras père nous a donc fait entrer dans le monde étrange des « objets quelconques » susceptibles de procurer de la jouissance. Walras fils, un demi-siècle plus tard, enfonce le clou.

Excusez-moi, mais il faut lire ce passage des *Éléments d'économie politique pure,* le maître-ouvrage de Léon Walras qui date de 1874 : « Je dis que les choses sont utiles dès qu'elles peuvent servir à un usage quelconque et en permettent la satisfaction. Ainsi, il n'y a pas ici à s'occuper des nuances par lesquelles on classe, dans le langage de la conversation courante, l'utile à côté de l'agréable, entre le nécessaire et le superflu. Nécessaire, utile, agréable, et superflu, tout cela, pour nous, est seulement plus ou moins utile. Il n'y a pas davantage à tenir compte ici de la moralité ou de l'immoralité du besoin auquel répond la chose utile et qu'elle permet de satisfaire. Qu'une substance soit recherchée par un médecin pour guérir un malade ou par un assassin pour empoisonner sa famille, c'est une question très importante à d'autres points de vue, mais tout à fait indifférente au nôtre. La substance est utile pour nous, dans les deux cas, et peut l'être plus dans le second que dans le premier[11]. »

Léon pousse ici jusqu'au bout la logique développée par Auguste. Jusqu'à considérer qu'une substance utilisée de manière immorale peut être plus utile que la même substance utilisée de manière morale (il suffit d'imaginer que l'assassinat a réussi alors que la médecine a échoué).

CANDIDE : Le cynisme est ici à son comble.

ARCHIBALD : On en dirait autant de l'idéalisme qu'il inspire. Les citations de ce genre qui illustrent la formidable radicalité introduite par la pensée économique pourraient être multipliées à l'infini.

CANDIDE : Je ne vous en permets qu'une de plus !

ARCHIBALD : Je choisirais Charles Gide. Charles, oncle d'André Gide, était un très distingué professeur d'économie du début du XX^e^ siècle. Après avoir remarqué que la valeur d'utilité était « définitivement divorcée de l'utilité au sens vulgaire et normatif de ce mot, de l'utilité considérée comme opposée à ce qui est nuisible et superflu », Charles Gide résume tout ce que nous venons de dire par cette formule superbe : « La valeur n'exprime rien de plus que la propriété de satisfaire à un désir quelconque de l'homme raisonnable, stupide ou coupable, pain, diamant, ou opium, il n'importe[12]. » L'auteur des *Nourritures terrestres* et de *L'Immoraliste* n'aurait pas dit mieux.

CANDIDE : Je repose ma question : pourquoi ces textes sont-ils si peu connus ?

ARCHIBALD : Je pourrais vous répondre, et ça vous ferait plaisir : parce qu'ils sont scandaleux et parce qu'ils sont français. Je vous le redis, après Waterloo, ce n'est pas seulement l'économie qui a été dominée par l'Angleterre, c'est aussi la pensée économique. Or l'Angleterre, d'Adam Smith à Karl Marx (nous verrons que la pensée de Marx, géographiquement et conceptuellement, se situe en Angleterre), de Smith à Marx donc en passant par Ricardo et Stuart Mill, l'Angleterre, dis-je, est la patrie de la valeur-travail[13], aux antipodes de la valeur-utilité dont nous venons de retracer la généalogie. Cependant, cela nous entraînerait trop loin pour aujourd'hui.

Il y aurait une autre explication, plus courte et au moins aussi pertinente. Quelque part, comme on dit dans le jargon socio-culturel, cela arrange le système que l'on se trompe sur sa vraie nature. Les chiens aboient, mais cela n'empêche pas la caravane d'avancer.

CANDIDE : Soyez plus précis.

ARCHIBALD : De Carlyle à Baudrillard[14] en passant par Flaubert, Maupassant, Bataille[15], Sartre, la même rengaine, déjà évoquée, revient. L'économie serait bassement utilitaire, rationaliste, naturaliste, bourgeoise, morale, bref, réductrice de la « nature humaine », alors que justement l'économie, telle du moins qu'elle apparaît dans la lignée inaugurée par Condillac, dépasse, pulvérise toutes les raisons raisonnantes, renvoie les moralistes à la morale, prétend n'être point concernée, revendique avec une fausse humilité de n'être point concernée par la morale, au moment même où elle affirme que rien ne peut échapper à son regard, ni l'utile, ni l'inutile. Et plus ces « romantiques » s'acharnent sur le fameux *homo economicus*, qui existe surtout dans leur imagination, plus facile est le travail de sape que poursuit l'économie.

CANDIDE : L'économie serait dangereuse pour l'ordre établi !

ARCHIBALD : Si on considère qu'elle est, en effet, dangereuse pour toutes les situations acquises, qu'elles soient économiques, idéologiques, religieuses, politiques, alors l'*homo economicus* est un masque bien utile pour entretenir le malentendu.

CANDIDE : Et c'est Condillac qui serait à l'origine de cette subversion !

ARCHIBALD : Bien évidemment, cette économie n'est pas sortie tout armée de son cerveau, fût-il génial. On pourrait la faire remonter à Démocrite[16] pour qui déjà « ce qui est plaisant diffère d'une personne à l'autre ».

On la suivrait chez saint Augustin[17] qui estimait que la valeur des choses dépend des besoins qu'en ont les gens, et non d'on ne sait quel critère objectif. On la retrouverait chez l'un des plus fascinants personnages du XIII^e^ siècle, Pierre de Jean Olivi, qui enseigna à Florence plusieurs années. Frère mineur franciscain, il publie en 1279 son *Tractatus de paupere rerum usu* où il se déclare partisan d'un respect rigoureux de la règle de pauvreté de son ordre. Condamné, puis réhabilité, il est promu à la chaire de théologie de Montpellier. En 1304, six ans après sa mort, un chapitre général de l'ordre franciscain ordonne la destruction complète de ses œuvres. Son ouvrage principal, *Super Apocalypsim*, sera dénoncé en 1317 comme hérétique, portant atteinte à l'unité de l'Église et à l'autorité pontificale. Son corps fut sorti de terre, ses os broyés et dispersés.

CANDIDE : Quel crime pendable avait donc commis ce moine ?

ARCHIBALD : Peut-être d'avoir distingué l'utilité au sens usuel du terme, en latin *virtuositas*, de l'utilité au sens économique de désidérabilité, en latin *complacibilitas*. Ainsi le latin de cette époque avait-il deux mots là où nous n'en utilisons qu'un seul, et il ne pouvait y avoir ni ambiguïté ni contresens en ce qui concerne l'utile. Si l'économie avait pu être enseignée à cette époque, elle aurait eu un vocabulaire beaucoup plus clair et précis que celui qu'elle utilise aujourd'hui. Voilà bien un sublime paradoxe. Que Frère Olivi, disciple de François d'Assise et partisan de l'obéissance la plus scrupuleuse au vœu de pauvreté, ait découvert ce qu'il y avait de plus subversif dans ce qui n'était pas encore la « pensée économique ». Comme on l'a vu, les autorités religieuses de l'époque ne s'y sont pas trompées[18].

CANDIDE : N'avez-vous pas dit dans un entretien récent qu'un économiste italien avait essayé de résoudre ce problème de vocabulaire ?

ARCHIBALD : Il s'agit de Vilfredo Pareto, un disciple de Walras, un économiste considérable que nous retrouverons dans de prochaines leçons. Pareto a en effet essayé d'imposer le terme d'*ophélimité*, pour tenter de débarrasser la notion d'utilité de toutes ses scories morales et rationnelles, comme cela apparaît dans ce passage de son *Traité de sociologie générale* : « L'économie pure [...] a choisi une norme unique, soit la satisfaction de l'individu, et a établi qu'il est unique juge de cette satisfaction. C'est ainsi qu'on a défini l'utilité économique ou ophélimité[19]. »

CANDIDE : C'est joli, ophélimité. Je me vois très bien demander : est-ce que je suis ophélime à quelque chose ?

ARCHIBALD : Malheureusement, ça n'a pas marché. Encore un mot sur l'utilité. Vous souvenez-vous, Candide, de ce portrait de Covarrubias par Le Greco que vous avez tant admiré lors de votre visite à Tolède, l'an dernier ? C'était un grand juriste espagnol du XVIe siècle. Professeur de droit canon à l'université de Salamanque, il devint président du Conseil de Castille en 1572. Il a écrit exactement ceci, qui sera notre dernier mot : « La valeur d'une marchandise dépend non de sa nature essentielle, mais de l'estimation des hommes, même si cette estimation est folle[20]. »

*Deuxième leçon*

## DE L'ÉCHANGE

*Où l'on s'avise que le moteur du commerce est dans l'inégalité des valeurs échangées, comme l'avait bien vu Condillac.*

CANDIDE : Je vous avoue que votre leçon sur l'utilité m'a un peu surpris, je ne voyais guère en quoi elle pourrait m'être... utile. Cela n'a en tout cas que très peu de chose à voir avec ce que j'avais appris dans les livres et les manuels. De quoi allons-nous parler aujourd'hui ?

ARCHIBALD : De l'échange.

CANDIDE : Cela tombe bien. Le président de F***[1], qui a des usines dans la région, a demandé à me voir. Je devine pourquoi. Il veut que j'appuie sa campagne pour l'instauration de quotas d'importation de voitures coréennes. Vous allez sans doute me dire ce que je dois lui répondre.

ARCHIBALD : Je ne suis pas votre conseiller, mais votre professeur. Ne confondons pas les rôles !

CANDIDE : J'en reviens à ma remarque de départ. À quoi peut m'être utile votre enseignement si je ne peux m'en servir pour prendre des décisions ?

ARCHIBALD : Avant de dire quoi que ce soit, vous

demanderez au président de F*** s'il sait ce qu'est un jeu à somme nulle.

CANDIDE : Volontiers, car je ne le sais pas non plus.

ARCHIBALD : Un jeu à somme nulle est un jeu où la somme des gains et des pertes est égale à zéro. La formule fameuse de Montaigne, « Nul ne gagne qu'un autre ne perde[2] », exprime parfaitement ce type de jeu. On lui oppose le jeu à somme positive, c'est-à-dire le jeu où la somme des gains et des pertes est positive. On peut aussi imaginer un jeu à somme négative, où la somme des gains et des pertes serait négative. Dans les casinos, si l'on met à part la « banque », les jeux sont disposés de telle façon qu'ils sont à somme négative pour les joueurs, sinon les propriétaires des machines à sous de casino ne gagneraient pas d'argent.

CANDIDE : Quel rapport avec le commerce international ?

ARCHIBALD : Cela a un rapport très direct non seulement avec le commerce international, mais avec le commerce tout court. Deux conceptions s'affrontent. Dans la première, qu'on dirait inspirée du général prussien Clausewitz, le commerce est la continuation de la guerre par d'autres moyens[3]. C'est une sorte de combat avec un perdant et un gagnant. On entend ça tous les jours à la radio ou à la télé, tant le vocabulaire économique a emprunté au langage militaire. Il n'est question que de conquête de marchés, de position défensive, et même de guerres, guerre du poulet, de la betterave, du hareng…

CANDIDE : Ne s'agit-il pas d'un combat de tous les jours, dans le monde tel qu'il est, dans cette économie que l'on dit mondialisée ?

ARCHIBALD : Dans cette conception de l'échange, le gain de l'un équivaut à la perte de l'autre. Je suis sûr que « votre ami » le président de F*** connaît Montaigne. Montaigne est certainement un génie de notre langue, mais en économie il ne fait que continuer une certaine tradition à laquelle s'oppose une autre conception du commerce où le jeu non seulement est à somme positive, mais encore est arrangé de telle façon que toutes les parties y gagnent. Les auteurs qui ont réfléchi au commerce pourraient être répartis en deux camps. Du côté du jeu à somme nulle on trouverait en compagnie de votre cher Montaigne un saint Jérôme[4] pour qui « toutes les richesses viennent de l'iniquité, et à moins que l'un n'ait perdu, un autre ne peut gagner[5] ».

CANDIDE : Cette proposition ne pourrait-elle pas être renversée ? C'est parce qu'on peut gagner seulement aux dépens d'autrui que toutes les richesses ont l'iniquité pour origine.

ARCHIBALD : Nous y reviendrons dans de prochaines leçons. Avec saint Jérôme et Montaigne, on trouverait encore Giovanni Botero, le grand juriste italien du XVIe siècle : « Le moyen très commun de s'enrichir aux frais d'autrui, c'est le commerce[6]. » Ne manquerait pas à l'appel notre Colbert national, tant célébré en France aujourd'hui encore : « Le commerce est une guerre perpétuelle et paisible d'esprit entre toutes les nations », disait ce grand ministre de Louis XIV[7]. À partir de là on pourrait citer ceux que l'on appellera les mercantilistes, les protectionnistes, et de nos jours, les théoriciens de l'« échange inégal » selon qui, pour le dire en peu de mots, les pays sous-développés perdent forcément à commercer avec les pays développés, ou encore les opposants de tous bords à la mondialisation, au premier rang desquels on trouvait feu Maurice Allais, l'unique Prix Nobel français d'économie[8]. Du côté du jeu à somme positive, on placerait une tradition de pensée tout aussi vénérable. D'abord saint Thomas d'Aquin. Malgré ses positions ambivalentes sur le « juste prix » dont nous aurons l'occasion de reparler, l'immense auteur de la *Somme théologique* marque clairement que « l'achat et la vente semblent avoir été institués pour l'avantage mutuel des deux parties, puisque l'une a besoin de quelque chose qui appartient à l'autre, et réciproquement ». À partir de là, l'idée d'un « bénéfice mutuel » va traverser toute la littérature économique du Moyen Âge jusqu'à nos jours. On pourrait évidemment multiplier les citations. Même le physiocrate Quesnay, beaucoup plus libéral qu'on le croit généralement, demande que l'on cesse « d'envisager le commerce entre les nations comme un état de guerre et comme un pillage sur l'ennemi », car, explique-t-il, « chacun tend à profiter par le commerce autant qu'il le peut dans ses ventes et dans ses achats[9] ».

CANDIDE : Quel jeu correspond à la réalité ? Le jeu à somme nulle ou celui à somme positive ?

ARCHIBALD : Je ne peux répondre à cette question sans prendre parti. Vous-même, qu'en pensez-vous ?

CANDIDE : Le bon sens va du côté de Montaigne. Comme toujours ! Si le jeu du commerce est à somme positive, si les deux partenaires gagnent à l'échange, si les gains de l'un et de l'autre sont augmentés, c'est qu'il se dégage de l'opération une sorte de surplus dont on ne sait d'où il pourrait provenir. Ce surplus, cette valeur en plus, cette plus-value — diriez-vous sans doute — ou encore ce profit ont quelque chose d'inconcevable puisque rien n'est produit. Ne s'agit-il pas seulement d'un échange d'une marchandise contre une autre ? Ou d'une marchandise contre de la monnaie ? Comment une opération de simple changement de main pourrait-elle engendrer la moindre valeur supplémentaire ? Par intuition, je vote pour le jeu à somme nulle. « Rien ne peut sortir de rien », comme dit ce vieux compère de Lear[10].

ARCHIBALD : Autrement dit, le commerce est « stérile », pour reprendre la formule des « physiocrates » au XVIIIe siècle[11].

CANDIDE : Je n'irai pas jusque-là.

ARCHIBALD : Sans doute faut-il réfléchir davantage au sujet. L'économie est souvent une affaire de simple bon sens. Mais parfois le bon sens est trompeur. En fait, derrière la différence entre deux lignes de pensée que nous avons distinguées se profile une question plus fondamentale : y a-t-il ou non équivalence des biens échangés ? En économie de troc la question devient : si j'échange une vache contre trois moutons, est-ce que cela veut dire qu'une vache égale trois moutons ? En économie monétaire : si j'échange une leçon particulière contre de l'argent, est-ce que cela veut dire : une leçon est égale à, disons, 100 euros ? Cela n'a l'air de rien, mais c'est un problème très important.

CANDIDE : C'est le problème de la valeur, n'est-ce pas ?

ARCHIBALD : Si vous voulez. Sa solution est difficile, ouvre beaucoup de portes et en ferme tout autant. Ainsi la solution qu'a trouvée Aristote dans son *Éthique à Nicomaque* a-t-elle tourmenté des générations d'« économistes » ou de proto-économistes pendant des siècles. Le grand philosophe grec nous dit en effet que pour qu'un échange ait lieu, il faut que les biens ou les services échangés soient rendus égaux. Et il insiste plusieurs fois sur le terme. Textuellement : « Ces échanges réciproques auront lieu quand on aura rendu les objets égaux[12]. »

CANDIDE : Mon maître de philosophie m'a assuré qu'Aristote ne se contentait pas de cette « égalité », qu'il y ajoutait des considérations morales.

ARCHIBALD : Tout à fait. Et cela complique encore les choses. Pour être « juste » l'échange doit impliquer, selon Aristote, une « égalité proportionnelle ». La justice consiste donc à traiter inégalement des individus inégaux. L'exemple qu'il prend pour illustrer ce concept a plongé dans la perplexité des cohortes d'exégètes. Il s'agit d'un architecte qui échange ses services avec un cordonnier. Or ce qui constitue une égalité proportionnelle, nous dit Aristote, c'est que quatre termes A, B, C et D sont tels que A/B = C/D. Et voici maintenant le passage si difficile : « Prenons par exemple un architecte A, un cordonnier B, une maison C, et une chaussure D. Il faut que l'architecte reçoive du cordonnier le travail de celui-ci et qu'il lui donne en échange le sien. Si donc, premièrement, est réalisée cette égalité proportionnelle, si deuxièmement la réciprocité existe, les choses se passeront comme nous venons de le dire. Faute de quoi l'égalité sera détruite et ces rapports n'existent plus[13]. » Admettons. Mais quel peut bien être le rapport de l'architecte au cordonnier ? Imaginons un instant que vous soyez un prince de ce monde et que nos relations soient gouvernées par la règle d'Aristote. Vous êtes A. Je suis B, un modeste professeur d'économie, C est l'argent que vous me donnez, et D les leçons que vous voulez bien accepter de moi. Il faudrait que le rapport entre l'argent et les leçons soit égal au rapport entre le puissant personnage que vous êtes et le petit prof que je suis. Ces leçons seraient ruineuses.

CANDIDE : Avouez tout de même que vous ne factureriez pas vos leçons particulières au même prix s'il s'agissait de l'un de vos élèves ordinaires.

ARCHIBALD : Vous m'embarrassez.

CANDIDE : Et puis, à vous entendre, il ne me semble pas que votre raisonnement suive exactement celui d'Aristote. L'architecte en question vend au cordonnier des services d'architecte. Il faudrait donc tenir compte des services qu'un prince pourrait rendre à son professeur d'économie. Peut-être retrouverions-nous alors l'égalité proportionnelle chère au philosophe grec ?

ARCHIBALD : L'exemple des leçons particulières est peut-être mal choisi. Prenons le prix du pain. Imaginez que le tarif de la baguette soit proportionnel au revenu de ses acheteurs !

CANDIDE : Le pain dit intégral vaut 6 euros dans le VIIIe arrondissement à Paris, et le même, seulement 4 euros dans mon petit village en Normandie.

ARCHIBALD : Est-ce vraiment le même ?

CANDIDE : C'est exactement le même !

ARCHIBALD : D'accord ! Mais cette différence de prix est-elle vraiment proportionnelle à la différence des niveaux de vie entre le VIIIe arrondissement et votre petit village normand ? Permettez-moi d'en douter.

CANDIDE : Et le psychanalyste ?

ARCHIBALD : Que voulez-vous dire ?

CANDIDE : Il paraît que le prix d'une séance est fonction du revenu du patient.

ARCHIBALD : Quelle en serait la raison ?

CANDIDE : D'après ce qu'on m'en a dit, le patient doit faire un sacrifice. Il faut que ça lui coûte. Et pour que ça lui coûte vraiment, il faut une certaine proportionnalité entre son revenu et les honoraires qu'il verse à son psy.

ARCHIBALD : Je crois comprendre la logique de

l'affaire. Pour un patron qui gagne 1 million d'euros par mois, même si la séance d'analyse lui coûte 500 euros et qu'il en prend deux par semaine, cela lui fait une dépense de 4 000 euros par mois. Soit 0,004 % de son revenu. Alors que si l'on applique le même tarif à un smicard, il devra consacrer à sa cure trois fois son salaire ! La cure n'aura aucun effet sur le milliardaire puisqu'elle ne lui coûte pratiquement rien, et elle n'en aura aucun non plus sur le smicard, car il sera mort de faim au bout de trois séances.

CANDIDE : Comment faire alors ?

ARCHIBALD : Je conçois que ce soit un problème difficile à résoudre. Car si d'un autre côté vous appliquez le même taux à tout le monde, le psychanalyste va gagner deux cents fois avec le milliardaire ce qu'il gagne avec le smicard. Ce qui signifie qu'une analyse du milliardaire lui rapporte autant que deux cents analyses de smicard ! Et c'est bien évidemment toute la vie, professionnelle, et même la vie tout court de l'analyste qui en sera bouleversée. Pourquoi voulez-vous qu'il continue à travailler toute la journée s'il gagne 50 000 euros avec un seul de ses clients ? Et s'il ne garde que ce client, il se trouvera dans une situation de dépendance ; il n'y a pas besoin d'avoir lu tout Freud pour comprendre qu'à ce moment-là sa relation avec le client sera très particulière.

CANDIDE : Il paraît que les psychanalystes exigent d'être payés en liquide. Un ami m'a raconté qu'à chaque fois qu'il veut payer par chèque, son analyste lui dit : non, cher Monsieur, sur le chèque vous serez obligé d'inscrire le Nom-du-Père, et cela va fausser notre relation. Quelle est la bonne solution, Archibald ? L'économiste peut-il répondre ?

ARCHIBALD : Aucune n'est pleinement satisfaisante.

Qui a dit qu'il est plus difficile à un riche d'entrer dans le Royaume des cieux qu'à un chameau de passer par le chas d'une aiguille ?

CANDIDE : La Sécurité sociale marche sur le même principe, puisque les cotisations sont proportionnelles au revenu. La Sécu serait donc aristotélicienne ! Quelle bonne nouvelle !

ARCHIBALD : Pas tout à fait. Les cotisations sont plafonnées. Nous parlerons de la Sécurité sociale une autre fois. Revenons à l'égalité dans l'échange. C'est là, à mon humble avis, que le bât blesse. Car si égalité il y a, pourquoi y aurait-il échange ? Reprenons l'exemple du troc des trois moutons contre une vache. Propriétaire de la vache, pourquoi l'échangerais-je contre trois moutons, si leur valeur à eux trois est égale — je dis bien égale, strictement égale — à celle de ma vache. Et il est évident que je pourrais me poser la même question si j'étais propriétaire des trois moutons. Pourquoi procéder à l'échange dans ces conditions ? Si la valeur des produits échangés est égale, aucune des deux parties ne gagne à l'échange, et il n'y a donc aucune raison pour que l'échange se produise, sauf à prendre en compte d'autres considérations, mais alors nous sortons de la limite du problème que nous nous sommes posé, à savoir la stricte égalité de valeur du produit « vache » avec le produit « trois moutons ». Et pourtant des millions d'échanges se font de par le monde à chaque instant. Il faut donc leur trouver une autre explication, plus satisfaisante.

CANDIDE : Je n'en vois pas.

ARCHIBALD : On a mis des siècles à la trouver, et encore celle-ci est-elle fort peu connue. Même dans les meilleurs manuels, parfois, elle ne figure pas. Revenons encore une fois à notre cher Condillac, dont nous avons vu à quel point il avait été clairvoyant à propos de l'utilité[14].

CANDIDE : Rien entre Aristote et Condillac.

ARCHIBALD : Pas exactement rien. Des lueurs par-ci par-là. Mais rien d'aussi clairement et d'aussi élégamment formulé que ces deux phrases fulgurantes : « Il est faux que dans l'échange on donne une valeur égale pour une valeur égale. Au contraire, chacune des parties toujours abandonne une moins grande pour une plus grande valeur. » Voilà, tout est dit. Si j'échange ma vache contre mes trois moutons, c'est qu'au moment de l'échange ma vache a moins de valeur pour moi que les trois moutons de mon voisin. Ainsi faut-il encore que mon voisin fasse au même moment le même raisonnement en sens inverse au sujet de ses moutons pour que nous puissions procéder à l'échange. L'échange ne peut avoir lieu que s'il y a cette inégalité dans l'esprit de chacune des parties. L'inégalité de valeur est le moteur de l'échange. Il en est de même pour n'importe quel échange de marchandise ou de service contre argent. Si j'accepte de débourser 2 euros pour acheter un journal, c'est qu'au moment de l'achat les 2 euros que j'ai en poche ont moins de valeur que je n'en attache au journal. Mais à condition que ce soit le journal du jour. Le lendemain, cette même liasse de papier imprimé n'aura que la valeur d'un emballage de poisson. Il en est de même pour le kiosquier : les 2 euros qu'il reçoit ont pour lui plus de valeur que le journal qu'il me remet et qu'il ne lit même pas. Que l'on ait mis tant de temps, non pas à comprendre cela, car en fait on le savait intuitivement depuis l'origine des temps, mais à le formuler, est un indice de la faiblesse ou des limites de notre pensée.

CANDIDE : Et la théorie de l'échange inégal ?

ARCHIBALD : Ça n'a évidemment rien à voir. Cette théorie, à laquelle je faisais allusion dans la leçon précédente, implique que l'une des parties, la plus pauvre, est contrainte d'échanger une valeur supérieure contre une valeur inférieure. Ce qui est exactement le contraire de ce que nous disons de l'échange. La formule de Condillac, je suis confus d'y insister, est d'autant plus remarquable qu'elle a été écrite cent ans avant que la théorie complète de l'utilité ait été découverte par l'école autrichienne, dont les chefs de file furent Carl Menger[15] et Eugen von Böhm-Bawerk[16], et dont les continuateurs au XXe siècle ont été Mises et Hayek. Nous en reparlerons.

C'est en partie à Menger que l'on doit l'invention d'une doctrine au nom bizarre, le *marginalisme*. Le piquant, c'est qu'il y a des éléments de marginalisme chez Aristote, mais qu'il n'a pas su les appliquer au problème de l'échange. S'il avait pu le faire…

CANDIDE : Donc, le marginalisme ?

ARCHIBALD : Le principe en est très simple : le deuxième verre d'eau étanche moins la soif que le premier, le troisième encore moins, et ainsi de suite. C'est la loi dite de l'utilité marginale décroissante. Propriétaire d'un troupeau de cent vaches, la centième vache que je suis prêt à échanger contre trois moutons a moins d'utilité que la quatre-vingt-dix-neuvième. Pourquoi ? Par exemple, parce que j'ai du lait en trop grande abondance, ou que le prix du fourrage a augmenté, ou que je manque de place dans mon étable, ou pour tout autre motif. Même raisonnement pour les trois moutons à supposer qu'ils appartiennent à un troupeau de trois cents têtes. Quand je procède à l'échange, ce n'est pas une vache abstraite que je cherche à échanger contre trois moutons abstraits. C'est la n-ième vache de mon troupeau, qui, en outre, a intrinsèquement telles qualités ou tels défauts. Si mon troupeau était décimé par la maladie de la « vache folle », je pourrais ne souhaiter me débarrasser non pas seulement de ma centième, mais de ma vingtième vache, et même du troupeau entier contre beaucoup moins de moutons, et encore ! Le propriétaire de moutons tient le même type de raisonnement. L'ensemble « trois moutons » qui est présenté à l'échange est une « unité » marginale par rapport à son troupeau. Une erreur commune consiste à considérer l'unité marginale comme une unité au sens d'une vache, un mouton, une assiette, etc. L'ensemble des meubles qui se trouvent dans cette pièce peut être considéré comme une unité marginale par rapport à son patrimoine, si notre hôte décidait de les vendre.

CANDIDE : Le même raisonnement vaudrait pour l'échange de marchandise contre monnaie ?

ARCHIBALD : Oui. Au moment de l'achat j'échange telle somme de monnaie, marginale par rapport à l'ensemble de mes disponibilités, pour me procurer tel bien qui s'ajoutera à ceux dont je dispose. Au moment de la vente, j'échange tel bien, marginal par rapport à mon patrimoine, contre telle somme d'argent qui viendra s'ajouter à la monnaie que j'ai déjà.

CANDIDE : Est-ce que l'Avare qui aime l'argent pour l'argent ne met pas en défaut cette loi ?

ARCHIBALD : Il se peut en effet, mais votre question vient trop tôt. Je préfère ne pas y répondre aujourd'hui[17].

CANDIDE : Laissons là Harpagon, et reconnaissez avec moi que la notion d'égalité dans l'échange a pour elle l'avantage de la simplicité.

ARCHIBALD : En apparence seulement. Certes, la

série une vache égale trois moutons égale 1 500 euros égale un dixième de cheval de course, etc., paraît simple et clair. En lui substituant des inégalités pour chaque partie à chaque échange, nous donnons l'impression de compliquer singulièrement les choses. Nous ne pouvons même pas mesurer pour l'une des parties, par exemple le propriétaire de vaches, de combien pour lui la valeur de la centième vache est inférieure à celle des trois moutons. Et de combien elle est supérieure pour le propriétaire de moutons.

CANDIDE : C'est un monde où il y a de l'ordre, et pas de mesure.

ARCHIBALD : Un monde ordinal.

CANDIDE : Ordinal ?

ARCHIBALD : L'ordinal s'oppose au cardinal. Dans un monde cardinal, tout se mesure par des chiffres. Dans un monde ordinal, nous faisons des classements et à chaque classement nous donnons un ordre. Mais nous sommes bien incapables de donner la moindre mesure des écarts qui séparent les différentes classes à un moment donné. Nous en sommes d'autant moins capables que ces écarts peuvent changer au gré de nos humeurs quand ce n'est pas l'ordre lui-même qui est bouleversé par nos caprices. Un jour, nous mettrons en priorité des priorités de dîner dans un restaurant de luxe, et nous sacrifierons tous nos besoins à cette envie. Un autre jour nous préférerons rester à la maison jouer aux échecs avec notre ordinateur, et l'argent que nous économisons ainsi, nous nous en servons pour compléter notre discothèque ou bien pour grossir notre compte d'épargne. Nous ne disposons pas d'une unité de mesure pour étalonner nos besoins et nos désirs. Comment, dès lors, pourrions-nous en trouver une pour les comparer à ceux d'autrui ? Le monde ordinal est un monde de la relativité généralisée où nous passons notre temps, consciemment ou inconsciemment, à comparer ce que nous avons avec ce que nous n'avons pas, ce que nous faisons avec ce que nous ne faisons pas, où nous supputons ce que nous pouvons ou ne pouvons pas obtenir au prix de tel ou tel sacrifice. Le monde cardinal est un monde où une vache vaut trois moutons ou 1 500 euros. Mais est-ce que cela a un sens de dire une vache vaut trois moutons ? Si une poire a le même prix qu'une pomme, est-ce que cela a un sens de dire qu'une pomme égale une poire ?

CANDIDE : J'avoue que j'ai la faiblesse de penser que cela peut en avoir un. Mais vous me faites douter de mes certitudes. C'est le jeu. Un jeu jusqu'à maintenant à somme… négative. Cela existe ?

ARCHIBALD : Évidemment. On l'a déjà dit, il me semble. C'est un jeu où le gain de l'un n'est pas suffisant pour compenser la perte de l'autre. Ou encore où tout le monde perd.

CANDIDE : Perdrions-nous tous les deux à ce jeu ?

ARCHIBALD : Si nous continuons d'y jouer, c'est que nous pensons y gagner quelque chose.

CANDIDE : Je suis sûr de ce que vous gagnez puisque je vous paye.

ARCHIBALD : Vous êtes *cash*, mon cher Candide, mais permettez-moi de vous dire que l'on n'est jamais sûr de ce que gagne l'autre même si on connaît son salaire. On ne peut répondre que pour soi.

CANDIDE : Bien répondu ! Mais il y a encore autre chose qui me chiffonne dans ce que vous venez de nous dire. Supposons que la science économique soit une science… ordinale, comme vous dites, avec toutes les implications que vous venez de développer. Comment pourrait-elle prévoir quoi que ce soit ? Et si elle ne peut prévoir, mérite-t-elle le nom de science ?

ARCHIBALD : Vous venez de mettre le doigt sur l'une des raisons pour lesquelles tant d'économistes tiennent à ce que leur science soit cardinale. Pour eux la science économique ne peut être que cardinale, car sinon elle perdrait tout pouvoir prédictif, et par conséquent elle ne serait plus une science. Mais nous montrerons une autre fois que la science économique, même si elle est incapable de prévoir, n'en est pas moins une science[18].

CANDIDE : Tout cela est bel et bon, et même captivant. Mais cela ne me dit pas ce que je vais dire au président de F***.

ARCHIBALD : Vous m'obligez à sortir de mon rôle.

CANDIDE : Faites un effort. Ça restera entre nous.

ARCHIBALD : La première chose que je lui dirais, c'est qu'il faut prendre en considération tous les citoyens, et non pas seulement les salariés de l'entreprise F***. Même si tous les Français n'ont pas d'automobile, ils sont à peu près tous des acheteurs potentiels d'automobile. En tout cas, les acheteurs potentiels sont beaucoup plus nombreux que les ouvriers de F***, et même de toute l'industrie automobile de ce pays, même s'ils n'ont pas les mêmes moyens pour se faire entendre (ils ne sont représentés par aucun syndicat). Quelles que soient les raisons pour lesquelles des quotas d'importation de voitures coréennes pourraient être institués, il n'en reste pas moins qu'ils réduiraient la liberté de choix des acheteurs. Tout ce que nous venons de dire de l'échange implique la liberté des échangistes. Le fait même que cette liberté soit entravée est une atteinte au bien-être. Je vous accorde volontiers que la liberté dans l'échange n'est jamais absolue. Ce n'est pas une raison pour la réduire artificiellement par des quotas.

CANDIDE : Mais à vous entendre, il n'y aurait bientôt plus d'industrie automobile dans ce pays.

ARCHIBALD : D'abord, ce n'est pas prouvé. F*** n'est pas toute l'industrie automobile. Elle peut très bien être absorbée par G*** sans que disparaisse pour autant toute industrie automobile en France. Ensuite, à supposer que ce fût le cas, je ne vois pas où serait le drame.

CANDIDE : Mais c'est une industrie stratégique !

ARCHIBALD : C'est ce qu'on dit toujours des activités menacées. On l'a dit pour les mines. On l'a redit pour la sidérurgie, pour le nucléaire. On va nous le servir pour les banques. Des centaines de milliards sont partis en fumée pour ce simple mot : « stratégique ». Et vous le savez bien. Et vous savez très bien aussi tout ce que l'on aurait pu faire avec ces milliards.

Écoutez-moi : j'ai un argument plus sophistiqué pour votre président de F***. Dites-lui que toute entrave à l'importation est aussi une entrave à l'exportation. Il comprendra.

CANDIDE : Mais moi je ne comprends pas.

ARCHIBALD : Encore une autre leçon à prévoir sur la balance des paiements. Nous n'avons pas fini de nous revoir.

CANDIDE : Et que faites-vous des milliers d'emplois menacés, homme sans cœur ?

ARCHIBALD : À quoi cela servirait que je vous dise que c'est un drame épouvantable ? À quelqu'un qui vient d'être victime d'un accident, la seule chose que l'on peut souhaiter, c'est qu'il soit bien assuré. Ces milliers de gens sont-ils bien assurés contre le chômage ? C'est la première question qu'il faut poser. La deuxième est : qui les a mis dans cette situation ? Est-ce que votre cher ami, le président de F***, ne serait pas quelque peu responsable de la panade, si vous me passez cette expression, dans laquelle se trouvent ses salariés ? La troisième : quelles seraient les conséquences de l'institution de quotas pour l'ensemble de l'économie ? Bref, tant que je n'aurai pas obtenu de réponse à ces questions, si j'étais à votre place, je ne soutiendrais pas la campagne du président de F***.

CANDIDE : Mais vous n'êtes pas à ma place.

ARCHIBALD : Je ne vous le fais pas dire.

## *Troisième leçon*

# DE L'AVANTAGE COMPARATIF

*Où l'on annonce cette bonne nouvelle que toutes les nations ont avantage à l'échange quels que soient leurs coûts de production.*

ARCHIBALD : Peut-être pouvons-nous profiter de cette leçon pour faire la synthèse des deux précédentes. Il y a deux points importants sur lesquels je voudrais, si vous le voulez bien, insister.

CANDIDE : Déjà la révision !

ARCHIBALD : Le premier c'est que la logique de l'échange ne nous a pas fait sortir de celle de l'utilité. Contrairement aux apparences, et contrairement à ce qui est souvent dit, l'échange ne se situe pas dans un monde utilitaire et rationnel où les acteurs seraient guidés uniquement ou même principalement par leurs intérêts, voire par leur égoïsme. Si j'échange *cette* vache contre *ces* trois moutons, pour reprendre l'exemple de la précédente leçon, c'est tout simplement que je préfère ces trois moutons à cette vache et que j'ai trouvé en face un partenaire qui faisait exactement le raisonnement inverse. *Idem* pour l'échange de 2 euros contre un journal.

CANDIDE : Il y a bien là une rationalité, au moins implicite.

ARCHIBALD : Il n'y en a aucune, Candide, voyons ! La seule rationalité, si rationalité il doit y avoir absolument, c'est que si je procède à l'échange, c'est que je préfère ces trois moutons à ma vache. En vérité, il s'agit là d'une pure tautologie. L'échange incarne, concrétise, démontre la préférence.

CANDIDE : Ne peut-on pas dire qu'il la révèle ?

ARCHIBALD : Sans vous en rendre compte vous venez de retrouver l'expression de Paul Samuelson[1]. Le risque d'une telle expression, c'est qu'elle tendrait à supposer que chaque individu disposerait d'une échelle de préférences, qui seraient révélées par les décisions prises, et cela pourrait conduire à postuler implicitement la constance de cette échelle. Si Samuelson avait bien lu Mises, l'économiste autrichien déjà rencontré[2], il aurait peut-être été davantage attentif à son vocabulaire. Comme le dit très bien Mises dans *L'Action humaine,* « Si les jugements de valeur d'une personne ont changé, sa fidélité inébranlable aux principes d'action jadis adoptés, uniquement pour l'amour de la constance, ne serait pas rationnelle, elle serait simple obstination. L'agir ne peut présenter de constance que sous un seul aspect : celui de préférer ce qui a plus de valeur à ce qui a moins de valeur[3]. »

CANDIDE : De valeur pour qui ?

ARCHIBALD : Pour celui qui agit, bien évidemment. Ce que je veux essayer de dire, c'est qu'il n'y a pas d'une part des préférences, et de l'autre des actions qui « révéleraient » ces préférences. Si cette différenciation était possible, on pourrait imaginer que les gens seraient susceptibles d'agir contre leurs préférences, ou contre leurs vraies préférences, que des âmes bien intentionnées — des âmes gouvernementales par exemple, des *big brothers* — seraient chargées de leur révéler. On pourrait essayer aussi de connaître les préférences des gens par des enquêtes d'opinion, par exemple. Or ces questionnaires supposent d'abord que les gens ne vont pas changer d'avis entre le moment où ils répondent au questionnaire sur telle marque d'aspirateur, et le moment où ils vont effectivement acheter un aspirateur, et ensuite qu'ils vont avoir la même attitude devant le questionnaire et devant le choix réel.

CANDIDE : Pourtant les firmes dépensent beaucoup d'argent à ce genre de sondages. Et les hommes politiques aussi. Ce ne peut être en pure perte.

ARCHIBALD : Si la sondoscopie et le marketing étaient des sciences exactes, cela se saurait. Combien de sondages se sont révélés faux, même faits au dernier moment, juste avant la décision d'acheter ou de voter. Pour revenir à notre exemple de troc de vache contre moutons, si ma préférence n'était pas démontrée par un échange, elle resterait à l'état de volition. Serait-ce encore une préférence ? Je peux toujours dire que je préférerais trois moutons à une vache. Mais ce faisant, je resterais dans le domaine de la rêverie, des paroles en l'air. L'échange prouve la préférence et il est le seul à pouvoir le faire, à apporter la démonstration que pour de bon je préfère réellement ces trois moutons à la vache dont j'ai décidé de me séparer pour les obtenir. De même, seul l'échange *hic et nunc*, ici et maintenant, prouve que je préfère ce journal aux 2 euros que j'abandonne entre les mains du kiosquier. Préférer, c'est agir (échanger en l'occurrence) et agir, c'est préférer. Les deux termes paraissent difficilement dissociables.

CANDIDE : L'échange montre bien, tout de même, que je suis raisonnable.

ARCHIBALD : L'échange, je le répète, ne prouve en rien que je suis raisonnable, ou que je poursuis rationnellement mon intérêt. Il se peut que je veuille ces trois moutons pour faire plaisir à mes enfants, ou parce que j'en ai rêvé la nuit dernière, ou encore qu'une diseuse de bonne aventure m'a donné l'ordre de les acheter pour les tuer, ou pour me débarrasser de ma vache parce qu'elle me porterait malheur, ou encore que je désire les sacrifier pour la fête de l'Aïd, en tant que bon musulman. Cet échange peut être aussi bien intéressé que désintéressé, utilitaire aussi bien que frivole, rationnel aussi bien que fou, moral aussi bien qu'immoral, religieux aussi bien que gourmand, etc. On retrouverait sans peine tous les paradoxes observés à propos de l'utile. Cette fois, c'est clair. Passons au deuxième point que je voudrais marquer : l'échange est ouvert à tout le monde. Ici prend place le fameux théorème des avantages comparatifs. On croit en général qu'il s'applique seulement au commerce international alors qu'il est valable pour *tout* échange.

CANDIDE : Le théorème de Ricardo[4] !

ARCHIBALD : Je m'en voudrais de vous contredire, mais le véritable inventeur des avantages comparatifs est James Mill[5], le père de Stuart Mill et le mentor de Ricardo. On attribue à ce dernier, l'un des plus célèbres économistes anglais, la paternité d'une théorie qui ne lui appartient pas vraiment. Mais passons sur ces détails toujours oiseux pour le profane. Essayez de rassembler vos souvenirs, Candide, et expliquez-nous en quoi consiste cette invention, qui est certainement l'une des merveilles de la pensée économique.

CANDIDE : Je vais essayer. D'abord, on remarque qu'il est de bon sens que les citoyens de tel pays exploitent les avantages dont ils disposent du fait de la nature ou d'investissements antérieurs, et qu'ils renoncent aux activités pour lesquelles ils seraient désavantagés. Par exemple, il serait absurde d'essayer de faire pousser des bananiers en France. Autant importer des bananes. Les pays capables de produire ces fruits disposent sur ce plan, par rapport à nous, Français, d'un avantage.

ARCHIBALD : Quel type d'avantage ?

CANDIDE : Un avantage absolu ! Ils ont naturellement intérêt à nous vendre des bananes, et nous, à leur en acheter. Tout le monde peut comprendre cela.

ARCHIBALD : Et telle était jusqu'à James Mill l'explication du commerce international. Adam Smith lui-même ne va pas plus loin. Quel est le problème ?

CANDIDE : Le problème, avec cette théorie, c'est que le pays qui ne disposerait d'aucun avantage absolu, c'est-à-dire dont les coûts de production seraient supérieurs dans tous les secteurs à ceux de ses concurrents, serait de ce fait exclu du commerce international. Il n'aurait plus qu'à se vider de ses habitants.

ARCHIBALD : Vide comme la Lune ou Mars.

CANDIDE : Exactement. Aucune production n'y est possible. Les coûts seraient trop élevés.

ARCHIBALD : Pour le moment ! Mais revenons sur Terre. On y trouve tout de même quelques déserts.

CANDIDE : Certes, il en existe encore quelques-uns, mais si la théorie de l'avantage absolu était vraie, les régions désertiques seraient beaucoup plus nombreuses et beaucoup plus étendues. Or ce n'est pas le cas.

ARCHIBALD : Comment l'expliquer ?

CANDIDE : Par le théorème des avantages comparatifs. Il démontre que même si le pays A est plus efficace que le pays B dans la production des produits X et Y… je ne me souviens plus de la suite.

ARCHIBALD : Même dans ce cas, démontre la théorie, les habitants du pays A ont tout de même intérêt à se spécialiser dans la production dans laquelle ils sont comparativement les plus efficaces, par exemple le produit X, et à importer Y du pays B. Ce dernier, même s'il ne dispose d'aucun avantage absolu, a donc une possibilité de s'insérer dans le commerce international.

CANDIDE : C'est cela !

ARCHIBALD : On pourrait rappeler le texte célèbre où Ricardo donne l'exemple de deux pays, l'Angleterre et le Portugal, produisant chacun du drap et du vin. Il se trouve qu'en Angleterre, le drap et le vin coûtent *l'un et l'autre* plus cher à produire qu'au Portugal. La théorie de l'avantage absolu indiquerait que les Portugais n'ont aucun avantage à commercer avec les Anglais. À supposer que l'économie se limite à ces deux produits, les deux pays vivraient en autarcie. La théorie de l'avantage comparatif indique de la manière la plus rigoureuse que les Anglais ont intérêt à se spécialiser dans la production de drap, et les Portugais dans celle du vin, et à échanger une partie de leur production pour satisfaire leurs besoins respectifs dans le produit dont ils ont abandonné la production. Ce faisant, ils améliorent l'un et l'autre la productivité de leur travail.

CANDIDE : Ainsi un pays, selon ce théorème, devrait importer des produits que pourtant il pourrait produire à moindre coût que ceux du pays auquel il les achète pour déployer son activité dans des secteurs pour lesquels il est comparativement plus productif. Je remarque tout de même que le raisonnement est fondé sur la recherche par le pays de son « intérêt ». De quel intérêt s'agit-il ?

ARCHIBALD : Si vous aviez Ricardo en face de moi, il vous aurait répondu textuellement ceci : « Les vues de l'intérêt individuel s'accordent parfaitement avec le bien universel de toute la société [...]. L'échange lie entre elles toutes les nations du monde civilisé par les nœuds communs de l'intérêt, par des relations amicales, et en fait une seule et grande société[6] ».

On n'est certes pas obligé de partager l'optimisme qu'il manifeste ici. Tout ce que l'on peut dire, c'est que la théorie des avantages comparatifs donne en principe à toutes les nations la possibilité de participer au commerce international — c'est quand même une bonne nouvelle, même si l'on peut voir derrière le nouvel évangile les intérêts de l'industrie anglaise qui, à l'époque de Ricardo, cherchait à vendre ses produits dans le monde entier. La preuve que l'« intérêt » des nations n'a pas toujours été dans cette direction, on peut la trouver dans les multiples entraves que de tout temps on a opposées au libre échange international.

L'économiste dit simplement : si vous voulez être plus riches, plus prospères, disposer de produits plus variés et moins chers, vous ouvrez vos frontières le plus largement possible. Même si les autres pays n'en font pas autant, vous m'entendez, même dans ce cas, vous y gagneriez. Mais il n'est pas interdit à une société de faire vœu de pauvreté. Ce n'est pas pour rien que les monastères cherchaient à vivre en autarcie. La France n'a découvert que très récemment les vertus du commerce international. Les plus farouches opposants à l'ouverture des frontières ne sont pas les derniers à acheter de la hi-fi japonaise, des smartphones coréens, des chaussures indiennes ou des jouets chinois pour leurs enfants. C'est dire l'incohérence de leur position. Même les écolos qui se disent contre la mondialisation achètent des panneaux solaires en Chine pour produire leur électricité !

CANDIDE : Vous dites que même dans le cas où un pays baisserait unilatéralement ses droits de douane, sans réciprocité de la part de ses partenaires commerciaux, il y gagnerait.

ARCHIBALD : C'est assez simple à comprendre. Les politiques d'entraves à l'importation et d'encouragement à l'exportation reposent sur la supposition que les importations et les exportations se déterminent de manière indépendante. Or cette supposition est erronée, et si vous subventionnez les exportations d'une manière ou d'une autre, vous subventionnez également les importations. De même, si vous cherchez à entraver les importations, vous gênerez les exportations. Ni dans un cas ni dans l'autre, vous n'obtiendrez le résultat que vous recherchez, à savoir la réduction du déficit de la balance commerciale[7].

En subventionnant les exportations, l'État subventionne en même temps une activité qui rapporte des devises. Or que fait-on avec des devises, sinon d'importer des biens ou des services étrangers ? Donc la subvention à l'exportation est une subvention à l'importation. Les droits de douane sur les importations ont un effet symétriquement inverse. Vous rendez plus difficile la vente par les étrangers de leurs produits en France, et plus difficiles aussi leurs achats de produits français : l'entrave à l'importation équivaut à une entrave à l'exportation. Nous reverrons tout cela dans notre leçon sur la balance des paiements… Pour en finir avec les avantages comparatifs, je voudrais vous montrer qu'elle n'est pas propre au commerce international, comme je vous l'annonçais au début de cette leçon. Supposons un chirurgien talentueux comme le père de votre amie, Candide, qui maîtrise mieux Word que n'importe quel secrétaire qu'il pourrait embaucher pour saisir son courrier à son domicile.

CANDIDE : C'est vrai qu'il est étonnamment adroit dans ces deux domaines.

ARCHIBALD : Eh bien, ce chirurgien aurait tout de même intérêt à se consacrer entièrement à son métier, car il gagne par heure cent fois plus qu'il n'aurait à dépenser en frais de secrétariat. Mais il se peut aussi qu'une présence étrangère lui soit insupportable, et qu'il préfère saisir lui-même son courrier. Heureusement pour le métier de secrétaire particulier, il se trouve que beaucoup de personnalités de ce genre préfèrent tout de même recourir à de « petites mains » pour ces humbles travaux. Le chirurgien a un avantage absolu dans les deux sortes d'activités, néanmoins elles ont pour lui des coûts différents, et à partir de ce moment-là, un échange peut s'engager avec un secrétaire. L'échange provient tout simplement de ce que les individus sont différents, et que s'ils faisaient tout eux-mêmes, ils auraient des coûts différents, et ce sont ces différences de coûts qui les poussent à l'échange.

CANDIDE : Il y a quelque chose qui me gêne dans votre démonstration. Je crois me souvenir que le théorème de Ricardo reposait sur certaines hypothèses.

ARCHIBALD : Ces hypothèses sont d'une part la mobilité parfaite du capital et du travail à l'intérieur des frontières, et l'immobilité totale de ces deux mêmes facteurs entre les pays.

CANDIDE : Comment le théorème de Ricardo serait-il encore valable aujourd'hui alors que les capitaux circulent librement par-dessus les frontières ?

ARCHIBALD : Certains auteurs prétendent en effet que le théorème des avantages comparatifs ne s'applique plus à la situation d'aujourd'hui. D'abord parce que la mondialisation disloquerait les économies nationales. Ensuite parce que, comme l'explique par exemple Pierre Veltz, économiste et géographe, dans *Mondialisation, villes et territoires*[8], les écarts s'agrandiraient toujours plus entre, d'une part, les mégalopoles qui forment entre elles des réseaux de prospérité et de croissance, de savoir et d'innovation, et, d'autre part, des régions entières qui décrochent complètement du circuit de l'échange mondial. Ainsi Londres aurait-elle « confisqué » la croissance économique de l'Angleterre. Le PIB par tête dans la région parisienne serait cinq fois plus élevé que celui que l'on observe en Creuse. Les pauvres seraient de plus en plus nombreux et de plus en plus pauvres. Et surtout les riches auraient de moins en moins besoin des pauvres. Les prolétaires misérables découvriraient ainsi qu'il y a une situation pire que celle d'être exploités, c'est celle de ne l'être pas. Ce qui voudrait dire que le théorème de l'avantage absolu gouvernerait désormais l'économie mondiale, non pas entre les nations, qui ne seraient plus des entités économiquement significatives, mais entre les régions. Et que par conséquent certaines régions seraient définitivement condamnées.

CANDIDE : N'est-ce pas le cas ?

ARCHIBALD : Il faudrait nous dire lesquelles. Et il faudrait nous dire aussi comment un avantage absolu peut se perpétuer. Considérez les pays pétroliers. Ils croyaient disposer d'un tel avantage. Ils ont dû déchanter comme nous le verrons[9].

CANDIDE : Vous devez tout de même nous expliquer comment un théorème fondé sur certaines hypothèses peut être encore valable quand ces hypothèses sont dépassées.

ARCHIBALD : La réponse est double. D'une part, les capitaux circulent tout de même plus facilement à l'intérieur d'un pays qu'entre les pays, même aujourd'hui à l'heure de la mondialisation. D'autre part et surtout, ces hypothèses ne sont pas aussi essentielles au théorème qu'on le croyait. L'essentiel pour l'échange, l'essence de l'échange, nous venons de le dire, c'est que les hommes sont différents. Et l'échange, en réalité, ne se fait pas entre des nations (on n'a jamais vu l'« Angleterre » commercer avec le « Portugal », ni la « France » avec l'« Allemagne ») — qui n'étaient pas des concepts plus pertinents au temps de Ricardo qu'aujourd'hui, ils l'étaient plutôt moins — mais entre des hommes. Ou entre des groupes d'hommes qui eux aussi sont forcément différents, avec des coûts ou des avantages différents, et qui sont donc incités à l'échange. Bref, je suis prêt à parier que le théorème des avantages comparatifs a encore de beaux jours devant lui. Et je ne pense pas qu'on ne puisse pas s'en féliciter pour l'avenir de l'humanité.

*Quatrième leçon*

## DE LA MAIN INVISIBLE

*Où l'on se demande s'il faut attribuer la fameuse main à Dieu, au Diable ou aux princes qui nous gouvernent.*

Cher Candide,

Étant empêché de venir à M***, vous avez bien voulu me demander de coucher par écrit notre quatrième leçon en prenant les précautions d'usage.

Avant de me livrer à cet exercice écrit, je voudrais vous faire part d'une découverte que j'ai faite récemment chez le grand historien (français) de la pensée anglaise, Élie Halévy[1]. Il s'agit d'une formule qui résume si bien mes précédentes leçons que je ne puis attendre de vous la communiquer. Du reste, elle pourrait très bien servir d'entrée en matière à la présente leçon.

Cette formule est la suivante : « Qui dit *motif* dit *plaisir*. » Les italiques sont dans le texte.

Élie Halévy veut dire par là qu'il n'y a pas à s'interroger sur la nature du motif qui pousse quelqu'un à échanger quelque chose avec quelqu'un d'autre. À partir du moment où il est motivé à le faire, le plaisir est déjà là. Le plaisir est dans le motif, dirions-nous, comme s'il s'agissait de décrire un tableau ou une tapisserie.

Halévy le dit très bien lui-même dans le texte suivant, qui, je crois, vaut la peine d'être retenu : « Toutes les fois où un individu, possédant une chose, s'en dessaisit au profit d'une autre, ou bien, se trouvant capable de rendre service, la rend à un autre, il renonce à un plaisir ou prend une peine ; mais c'est ce qu'il ne saurait faire sans motif. Or qui dit *motif*, dit *plaisir* : *plaisir d'amitié* ou de bienveillance si la chose se donne pour rien ; *plaisir d'acquisition*, s'il en fait un moyen d'échange ; *bien de sûreté*, s'il la donne pour se sauver de quelque mal ; *plaisir de réputation*, s'il se propose par là d'acquérir l'estime de ses semblables. La somme des jouissances se trouve donc nécessairement augmentée pour les deux parties intéressées dans la transaction[2]. »

On retrouve bien la logique du jeu à somme positive où chaque partie gagne à l'échange. Un échange au sens le plus large du terme, puisque Halévy, avec beaucoup de pertinence et d'acuité, prend le soin de ne pas se limiter à l'échange marchand. Comme chacun, à partir du moment où il échange, augmente non seulement son bien-être, mais aussi celui de son partenaire, on pourrait s'en tenir là. Si chaque échange augmente le bien-être des deux parties, d'échange en échange on construit une sorte de bien commun sans même qu'il soit besoin d'évoquer le rôle d'une « main invisible ».

Alors, me direz-vous, pourquoi se préoccuper de cette fameuse main invisible ?

C'est une histoire bien curieuse et pas encore tout à fait élucidée, à mon humble avis. Mais le concept même de main invisible est à la fois tellement célèbre et tellement mystérieux, il se confond tellement avec l'idée que l'on se fait de l'économie de marché que nous sommes bien obligés d'essayer autant que possible d'y voir clair.

Commençons par une remarque plaisante. Le terme même a été inventé par l'Écossais Adam Smith qui en a tiré une renommée aujourd'hui universelle. Aux quatre coins de la terre, le mythe de la main invisible est aussi connu et a été traduit en autant de langues que celui, par exemple, d'Antigone, si l'on ose faire une comparaison entre la tragédie de Sophocle et la formule fétiche de l'économie marchande. Or cette formule ne figure qu'une seule fois dans la *Richesse des nations*, le chef-d'œuvre d'Adam Smith. Et encore n'est-ce qu'au détour d'une phrase, comme par inadvertance, presque à regret, que Smith l'emploie. À vrai dire, on la trouve aussi, et encore une seule fois, dans un ouvrage publié par l'Écossais dix-sept ans plus tôt, *La Théorie des sentiments moraux*, qui, comme son nom l'indique, a peu de rapport direct avec la chose économique, au moins en apparence. Ainsi au moment même où son bon ou son mauvais génie lui fait toucher du bout de la plume la pépite d'or de son intellect, Adam Smith est pris d'une sorte de timidité ou de répugnance. Et peut-être serait-il le premier surpris d'apprendre la renommée qu'il en a tirée pendant les deux siècles qui suivirent son invention. En termes grossiers du XX^e^ siècle, la formule smithienne se dira, vous le savez : « Ce qui est bon pour General Motors est bon pour les États-Unis. » Même au pays de Colbert et de l'État-Nation, le credo libéral commence à se réciter.

Relisons donc l'unique passage du chapitre II du Livre IV où se trouve en toutes lettres le « sésame » de l'économie de marché. Il y est question d'un individu qui emploie son capital dans une entreprise de son propre pays : « En préférant soutenir l'activité domestique plutôt que l'activité étrangère, il ne vise que sa propre sécurité ; et, en dirigeant cette industrie de façon que son produit puisse être de la plus grande valeur, il ne vise que son propre gain. Et il est dans ce cas comme dans bien d'autres, conduit par une main invisible pour avancer une fin qui ne faisait point partie de son intention. Et ce n'est pas toujours le pire pour la société qu'elle n'en fît point partie. En poursuivant son propre intérêt il fait souvent avancer celui de la société plus efficacement que s'il y visait vraiment. Je n'ai jamais vu beaucoup de bien fait par ceux qui affectaient de commercer pour le bien public[3]. »

Soit dit en passant, on peut vérifier qu'il n'est pas de science sociale sans paradoxe, voire sans cynisme (souvenez-vous de vos reproches). Adam Smith n'échappe pas à la règle. Il cherche ici à étonner les bonnes âmes, et peut-être même à les scandaliser : braves gens, semble-t-il leur dire, vous qui croyez contribuer au bien commun par vos bonnes œuvres, vous feriez mieux de vous occuper de vos intérêts et toute la société y gagnerait… En même temps il rassure tous ceux qui ne se soucient que d'eux-mêmes. Ce sont eux les bienfaiteurs publics.

Remarquons que l'individu, tel qu'il est présenté ici par Adam Smith, est quelqu'un qui poursuit son intérêt — avec toutes les ambiguïtés de ce terme, déjà remarquées dans les précédentes leçons. La main invisible fait qu'en œuvrant pour son intérêt, il œuvre aussi pour celui de la société. Sans qu'on nous précise ce qu'est l'« intérêt de la société », ou encore le « bien public ». Nous restons sur notre faim. D'un autre côté, nous savons que Smith a une notion de l'utilité assez restrictive. En outre, il se montre incapable, du moins dans la *Richesse des nations*, incapable, dis-je, de définir correctement l'échange, se perdant dans des considérations brumeuses sur la valeur d'usage et la valeur d'échange qui mettront à la torture des générations d'étudiants. Nous pouvons ici en faire l'économie, c'est bien le cas de le dire.

Que reste-t-il ? Un sens inné de la formule ? Pas seulement, car pour Adam Smith, le mécanisme de la main invisible s'explique principalement par la théorie fondamentale qui est exposée dès les premières pages de la *Richesse des nations*, à savoir la théorie devenue classique de la division du travail : elle explique tout à la fois que chacun dépend du travail des autres, que la productivité du travail augmente, que les inventions techniques naissent et se répandent, en sorte que le bien général soit non pas l'objet conscient, mais le produit en quelque sorte automatique des volontés particulières.

Il n'en reste pas moins qu'Adam Smith retrouve, non sans certains remords, une idée qui est dans l'air du temps sans faire l'unanimité comme nous le verrons — une idée aussi révolutionnaire et aussi dangereuse pour les régimes en place que celle de l'utilité (au sens économique du terme). Cette idée, c'est que la société est tout à fait capable de se conduire toute seule au bien commun. La main invisible, sous-entendu de la Providence divine — mais justement ce sous-entendu peut être malentendu —, est ici opposée implicitement à la main trop visible des princes qui nous gouvernent, qu'ils soient d'État ou d'Église, et en Angleterre ils sont à la fois d'État et d'Église depuis un certain Henry VIII[4]. Et cette opposition est d'autant plus violente et scandaleuse que la plupart de ces princes prétendent encore tenir leurs pouvoirs de la même providence.

Ainsi la main invisible reprend-elle sur un autre mode la charge a-morale et an-archique contenue dans la notion économique de l'utilité. L'idée en a été émise une première fois au début du XVIIIe siècle sous une forme cette fois délibérément scandaleuse par Bernard Mandeville. Il est impossible d'évoquer la main invisible sans passer par ce bien étrange et intéressant personnage.

Bernard de Mandeville — c'est lui qui en Angleterre laissa tomber la particule — est né à Rotterdam en 1670 d'une famille qui était probablement d'origine française et protestante. Après des études de médecine, il s'installe à Londres. Sa carrière littéraire commence par une traduction en anglais de vingt-sept fables de La Fontaine, qu'il publie en 1703. La première version de la *Fable des abeilles* paraît en 1705 sous le titre de *La Ruche mécontente, ou Les Coquins devenus honnêtes*[5] ; elle passe inaperçue. Ce n'est qu'en 1723 que le scandale éclate avec une nouvelle édition de la fable sous le titre qu'on lui connaît, assorti d'un sous-titre qui est à lui seul tout un programme : *Private Vices, Public Benefits* (dans l'édition française, le sous-titre est encore plus explicite : *Les Vices privés font le bien public*). Pour faire bonne mesure, l'auteur y ajouta un *Essai sur la charité et les écoles de charité* et un *Essai sur la nature de la société* qui lui valurent une condamnation par le Grand Jury du Middlesex. En France, la traduction de son ouvrage (1740) fut condamnée à être brûlée. Mandeville ne s'était-il pas fait fort de démontrer que « ni les qualités qui forment les liaisons d'amitié, ni les affections naturelles à l'homme, ni les vertus réelles qu'il est capable d'acquérir par la raison, ni le renoncement à soi-même, ne sont le fondement de la société ? C'est ce que nous appelons *Mal* dans le monde soit *moral* soit *physique* qui est le grand principe pour nous rendre des créatures sociables[6] ». Ainsi une sorte de diabolique providence est-elle substituée par avance, quasiment terme à terme, à la divine providence à la main si peu visible. Diabolique docteur Mandeville[7] ! Surnommé de son vivant l'homme-diable (*Man Devil*) par un jeu de mots difficilement évitable. Marx, qui sera le premier au XIXe siècle à redécouvrir Mandeville — victime d'un long oubli recouvrant le scandale qu'il avait causé —, Marx lui-même rendra hommage au démon en ces termes : « Il est évident que Mandeville était infiniment plus audacieux et honnête que les philistins apologistes de la société bourgeoise[8]. »

L'argument de la fable peut se résumer ainsi. La ruche est prospère tant que les abeilles sont mues par l'amour des biens matériels en général et du luxe en particulier. Dès que les abeilles redeviennent sages, économes, sobres, bref, vertueuses, leur économie périclite. Ce n'est pas seulement l'a-moralité, mais l'immoralité qui est cause de la prospérité des peuples. Non seulement l'économie est séparée de la morale, mais encore marque-t-on une sorte d'incompatibilité entre la morale et la prospérité. Fortunes du vice, infortunes de la vertu... il y a du Sade, presque un siècle avant Sade, chez Mandeville, l'homme-diable.

Mandeville en appelle certes à l'« habile gestion de l'homme politique avisé », laquelle est à ses yeux à la fois la condition nécessaire et l'instrument indispensable de la transformation des vices privés en bien public. Il évoque la possibilité de faire jour les passions les unes contre les autres de façon à les neutraliser les unes par les autres[9]. Mais le message le plus clair est bien que la cupidité de chacun conduit au bien commun. Dans la *Théorie des sentiments moraux*, Adam Smith aura des mots très durs pour l'immoral Mandeville ; il ne le cite pas une seule fois dans la *Richesse des nations*. Peut-être l'Écossais cherchait-il à masquer que la main invisible reprenait sous une forme moins choquante l'idée essentielle de la fable sulfureuse. Comme le dit Élie Halévy, déjà cité, « la doctrine d'Adam Smith, c'est la doctrine de Mandeville, exposée sous une forme non plus paradoxale et littéraire, mais rationnelle et scientifique[10] ».

De Bernard Mandeville à Adam Smith, de la *Fable* à la *Richesse des nations*, il est du reste aisé de trouver des relais qui assurent le transport de l'idée à travers le XVIIIe siècle.

Ainsi le subtil Italien, Ferdinand Galiani, coqueluche des salons parisiens, manque-t-il de peu la formule magique : dans son traité *Della moneta*, il nous parle d'une « main suprême[11] ». Chez lui comme chez Smith, la providence a fait en sorte que « nos passions viles soient le plus souvent, en dépit de nous-mêmes, ordonnées à l'avantage de l'ensemble ». Un autre Italien, Giambattista Vico[12], dit à peu près la même chose dans *Science nouvelle*. L'idée sera reprise au tournant du XVIIIe et du XIXe siècle par le philosophe allemand Hegel sous le nom de « ruse de la raison » : en obéissant à leurs passions, les hommes se font en réalité, et tout à fait inconsciemment, les agents de l'Histoire.

Vous l'aurez deviné, ce n'est pas seulement la question économique, c'est toute la question, la vieille, l'éternelle question de l'homme en société qui tourmente ces penseurs. Là encore, Halévy peut nous être utile, qui distingue trois manières d'y répondre.

La première consiste tout simplement à nier qu'il y

ait un problème : « L'identification de l'intérêt privé et de l'intérêt général se fait spontanément, à l'intérieur de chaque conscience individuelle, par le fait du sentiment de sympathie qui nous intéresse immédiatement au bonheur de notre prochain : et c'est ce qu'on peut appeler le principe de fusion des intérêts[13]. » Les principaux inspirateurs de cette veine sont Anthony de Shaftesbury (1671-1713) qui développa une morale du sentiment basée sur l'idée optimiste d'un sens inné du beau et du bien en l'homme, son disciple Francis Hutcheson (1694-1746) qui fut professeur de philosophie à Glasgow et y eut comme élève Adam Smith (le premier grand ouvrage de Smith, *La Théorie des sentiments moraux*, prend place tout naturellement dans cette lignée). Hutcheson est l'auteur d'une formule qui aura elle aussi un immense retentissement : « Le mal moral ou vice est comme le degré de misère et le nombre de ceux qui souffrent ; de sorte que la meilleure action est celle qui procure le plus grand bonheur des plus grands nombres[14]. » Le plus grand bonheur du plus grand nombre, c'est en effet, nous le verrons, la formule fétiche de l'utilitarisme telle qu'elle a été « inventée » par Bentham, et telle qu'elle lui sera attribuée.

La deuxième manière de concilier intérêts privés et intérêt public consiste à partir du « fait » que les mobiles égoïstes sont prédominants dans la nature humaine. Mais comme l'humanité a survécu, il faut admettre aussi que les égoïsmes s'harmonisent eux-mêmes et produisent mécaniquement le bien de l'espèce. Bentham ira plus loin, en posant la question : l'humanité pourrait-elle subsister un seul instant, si chaque individu était occupé à promouvoir l'intérêt de son prochain, au détriment de son intérêt propre ? Démonstration par l'absurde qui n'est pas sans efficace ! Halévy appelle cette thèse celle de « l'identité naturelle des intérêts ». Notre Mandeville en est évidemment le précurseur. Et Adam Smith, son éponyme.

La troisième manière, Halévy la nomme « l'identification artificielle des intérêts ». Étant donné que tout homme doit être considéré comme une canaille, un David Hume en concluait que l'art de la politique consiste à gouverner les individus par leurs intérêts, à imaginer des artifices tels qu'en dépit de leur avarice et de leur ambition ils coopèrent au bien public. Nous venons de voir que Mandeville avait lui aussi cette idée en tête. On pense bien sûr à Hobbes et à son Léviathan, cet artefact par excellence, qui n'est autre que l'État, seule instance capable de mettre un terme à la « guerre de tous contre tous ». Je ne vous en dirai pas plus aujourd'hui, car je reviendrai sur Hobbes dans mes leçons sur le droit et l'État.

Il était important de rappeler ces trois voies diverses, car l'on voit mieux à quel point la « main invisible » n'est que l'une des trois solutions envisagées à l'époque des Lumières pour résoudre la question de l'animal politique[15]. Pour Friedrich Hayek, c'est une erreur de distinguer l'artificiel et le naturel[16]. L'harmonie de ce qu'il appelle l'« ordre spontané » — la main invisible, version hayékienne — n'est ni naturelle, car elle dépend de l'action des hommes, ni artificielle, car elle ne résulte pas d'un dessein. Ainsi Hayek fait-il de Mandeville un précurseur non d'Adam Smith, mais de Hayek lui-même, étant donné que l'ordre spontané est à la fois économique et politique[17]. On peut noter ici pour mémoire un prédécesseur inattendu de Hayek sur cette voie en la personne de Hegel. En effet, pour le philosophe allemand aussi, c'était pécher contre l'esprit que d'opposer l'artifice de l'État à la nature. Ou plus précisément, Hegel a voulu transcender cette opposition « en montrant dans le tout social un véritable organisme spirituel, réconciliant la particularité de la nature et l'universalité de l'esprit[18] ».

La solution de l'harmonie « naturelle » des intérêts (la main invisible) a retenu le plus l'attention. C'est bien en effet parce qu'elle est invisible que la main imaginée par l'Écossais fascine. C'est parce qu'elle n'est pas visible qu'elle peut œuvrer si puissamment, parce qu'au siècle des Lumières elle ne peut être que la main de la providence qu'elle impose une sorte de respect religieux. Mais pourquoi Adam Smith est-il si avare de la formule qu'il a lui-même inventée ? La réponse pourrait être qu'il n'y croyait qu'à moitié — et son environnement intellectuel donne à cette hypothèse une certaine plausibilité. De fait, la liste des exceptions que *La Richesse des nations* oppose à la règle du marché est en effet très longue et diversifiée. Toutes sortes d'activités n'y relèvent pas du laissez-faire : la défense nationale, certes, mais aussi la navigation au long cours qui doit être subventionnée, les routes, les ponts, les ports, la poste, la construction des murs coupe-feu, la conservation des hypothèques, l'exportation de blé, etc. D'autre part, Adam Smith continue à prôner un plafonnage à 5 % des taux d'intérêt, alors qu'à la même époque les Français Turgot et Cantillon, qu'il connaît, plaident pour une déréglementation du marché de l'argent. Et sur ce point crucial il faudra attendre que le propre disciple de Smith, Jeremy Bentham, accuse le maître d'inconsistance dans un brillant essai sur l'usure[19], pour que l'Angleterre se libère d'un tabou datant du Moyen Âge, tabou, soit dit en passant, installé par les papes — un pied de nez pour l'histoire de l'Église anglicane.

La main invisible cache donc chez Smith, si l'on peut dire, une autre main, celle d'un prince bienveillant guidé évidemment par le tenant de la nouvelle science, l'Économiste. Nous avons déjà vu cette même main survoler la ruche de Mandeville sans qu'elle nous dise comment elle s'y prendrait pour faire converger les intérêts particuliers vers l'intérêt général. Dès ses débuts, la doctrine du laissez-faire se révèle, en fait, incapable d'aller jusqu'au bout de sa propre logique, comme si elle était étonnée de sa propre audace à chasser la morale de la vie en société. De deux choses l'une en effet : ou bien le jeu des intérêts particuliers, compris au sens le plus large possible, conduit de lui-même au bien commun à condition qu'il soit entièrement libre, et alors aucun gouvernement, aucun État ne peut trouver place dans ce système d'« ordre spontané », selon l'expression de Hayek. Ou bien il n'y conduit pas, mais alors il faut nous dire pourquoi, quand, dans quels secteurs, avec quels moyens l'État doit intervenir. La *Richesse des nations* met en place une contradiction qui n'a toujours pas été résolue. Elle invente la main invisible pour masquer la main du despote. Une main visible n'aurait pas fait mieux ! La ruse est un peu grossière. Mais elle marche.

*Cinquième leçon*

# DE L'HONNEUR

*Où l'on découvre en Montesquieu*
*un observateur remarquable*
*du capitalisme mondial.*

(Notes d'Archibald)

Ce jour-là, je trouvai Candide tout excité : « Je n'ai pas besoin de vous demander si vous connaissez Montesquieu, mais peut-être ne vous souvenez-vous pas du paragraphe de l'*Esprit des lois* où ce grand penseur pourrait se révéler comme le véritable inventeur de la main invisible. Permettez que je vous lise ce passage : "L'honneur fait mouvoir toutes les parties du corps politique ; il les lie par son action même ; et il se trouve que chacun va au bien commun, croyant aller à ses intérêts particuliers[1]." » Et de m'apostropher : « Alors, que dites-vous de cela ? »

Moi : « Je vous félicite. Adam Smith n'a en effet jamais été aussi clair. Mais c'est l'Écossais qui a découvert LA formule, et personne d'autre. Et puis, il est question ici de politique et d'honneur, non d'économie. »

Lui : « Mais justement, c'est ce qui est fascinant.

La politique et l'économie fonctionneraient sur le même modèle. »

Je lui rappelai alors, en m'excusant, que l'on pouvait faire dire n'importe quoi à un auteur à partir d'une citation extraite ainsi de son contexte. Quel était le contexte ?

Lui de répondre : « Vous le savez aussi bien que moi. Montesquieu nous décrit ici le fonctionnement d'une monarchie, régime qu'il oppose à la république et à la tyrannie. Pour chacun de ces régimes, il a dégagé un principe. Le principe de la république, qu'elle soit démocratique ou aristocratique, c'est la vertu. Le principe de la tyrannie, c'est la crainte. Le principe de la monarchie, c'est l'honneur. L'honneur fait mouvoir toutes les parties du corps politique, etc. »

Je crus devoir lui faire remarquer : « Ces trois régimes n'ont cependant pas le même statut, si j'ose dire, dans la pensée de Montesquieu. La tyrannie est détestable. Il le dit très bien : quand on coupe l'arbre plutôt que de cueillir ses fruits, c'est cela la tyrannie[2]. La république est, encore à cette époque, concevable seulement pour les petites entités : villes, micro-États. C'est une sorte d'archaïsme, et ce le restera dans la pensée des théoriciens jusqu'à ce que les États-Unis d'Amérique fassent la démonstration que le régime républicain peut convenir à un pays déjà immense par ses dimensions géographiques. Donc le seul régime pertinent pour de grands pays comme la France, l'Espagne, l'Angleterre, c'est la monarchie. Et pour Montesquieu, il s'agit donc de savoir comment fonctionne ce régime qui est le plus courant[3]. Les deux autres régimes servent de contrepoints au discours principal. Et ce discours principal ne peut pas être seulement politique. Il faut qu'il englobe aussi l'économie. Or Montesquieu a une connaissance approfondie du fonctionnement de l'économie. Le châtelain de La Brède n'était pas seulement un féodal attaché à ses droits seigneuriaux, qu'il défendait non sans rapacité, il négociait aussi ses vins sur le marché international[4]. Il était donc à cheval sur le premier et le troisième étage de l'économie, pour reprendre les distinctions de Fernand Braudel, le marché local et le marché de la grande exportation[5]. Surtout, il avait parfaitement compris quelles étaient les règles de l'économie moderne, déjà mondiale à cette époque. L'économiste anglais Keynes a qualifié Montesquieu, nous le verrons, de "plus grand économiste français, celui qu'il est juste de comparer à Adam Smith". C'est très exagéré. Mais il est incontestable que Montesquieu a bien observé que la nouvelle richesse, c'étaient les "effets mobiliers", c'est-à-dire l'argent, les billets, les lettres de change, les actions sur les compagnies, les vaisseaux, toutes les marchandises qui circulent de par le vaste monde et qui "appartiennent au monde entier", lequel "dans ce rapport, ne compose qu'un seul État" (*De l'Esprit des lois*, XX, 23). La puissance d'une nation ne dépend plus désormais de son territoire, de ses "fonds de terre", mais de la capacité à s'approprier et à accumuler le capital marchand sous ses formes bancaires et commerciales. Puissance instable, parce que de telles richesses "varient toujours" et que "le commerce est sujet à de grandes révolutions" (*De l'Esprit des lois*, XXI, 1). »

Je poursuivis sur ma lancée : « Puissance fragile. Les mécanismes du commerce mondial sont si délicats et si complexes qu'ils obligent les gouvernants à respecter les règles de l'économie de marché sauf à se ruiner eux-mêmes. Du reste, c'est en partie pour échapper à "l'avarice des princes", observe Montesquieu, que le négoce aime à manier ces capitaux invisibles et ubiquistes qui le mettent à l'abri des "grands coups d'autorité" des États. Il en est de même pour la monnaie. Là encore, la plume splendide de Montesquieu se révèle prémonitoire. Les dévaluations sont des "opérations violentes [qui] ne sauraient avoir lieu dans ces temps-ci". En y recourant, "un prince se tromperait lui-même, et ne tromperait personne". En effet, "le change a appris au banquier à comparer toutes les monnaies du monde, et à les mettre à leur juste valeur [...] le change a ôté les grands coups d'autorité, ou du moins le succès des grands coups d'autorité" (*De l'Esprit des lois*, XXII, 13). Inutile d'insister sur l'actualité de ces formules magnifiques à un moment où l'on ne parle que de mondialisation financière, de tyrannie des marchés de l'argent, d'abandon de la souveraineté monétaire. »

Lui : « Mais alors pourquoi Montesquieu, s'il a si bien compris les mécanismes de l'économie mondiale, nous parle-t-il encore d'honneur, surtout pour en faire le principe du régime le plus courant ? »

Moi de répondre : « L'honneur n'a plus le même sens chez Montesquieu que chez Corneille. Entre Corneille et Montesquieu, il y a eu la "démolition du héros", pour reprendre l'heureuse expression de Paul Bénichou[6], l'auteur de *Morales du Grand Siècle*. L'honneur chez Montesquieu n'est pas du tout ce que nous croyons en projetant sur lui un concept d'une autre époque. D'ailleurs, le fait que dans la même phrase il fasse allusion aux "intérêts particuliers" aurait dû nous mettre la puce à l'oreille. Le terme qui correspond mieux à sa pensée, ce pourrait être "les honneurs". Relisons avec cette correction : "Les honneurs font mouvoir toutes les parties du corps politique ; ils les lient par leur action même ; et il se trouve que chacun va au bien commun, croyant aller à ses intérêts particuliers". Avec "vanité", vous auriez eu le même effet. Montesquieu n'a pas seulement ici en vue ce qui se joue à la Cour de Versailles ; dans tout le royaume, il croit observer le règne des apparences et des faux-semblants, et que sans lui, la monarchie s'effondrerait. D'ailleurs lisez la suite du paragraphe. Elle est transparente pour notre point de vue. »

Lui, lisant : « "Il est vrai que philosophiquement parlant, c'est un honneur faux qui conduit toutes les parties de l'État : mais cet honneur faux est aussi utile au public, que le vrai le serait aux particuliers qui pourraient l'avoir. Et n'est-ce pas beaucoup d'obliger les hommes à faire toutes les actions difficiles, et qui demandent de la force, sans autre récompense que le bruit de leurs actions." »

Moi d'insister : « Voyez, même si l'honneur est faux, cela marche quand même. On ne peut être plus cynique. Maintenant, du "faux honneur", de la vanité, à l'intérêt, il n'y a qu'un pas que, du reste, Montesquieu franchit lui-même en nous parlant des "intérêts particuliers"... À vrai dire, la vanité paraît plus vaste que l'intérêt, fût-il particulier, égoïste, etc. ; elle l'englobe dans la mesure où elle fait sentir qu'en cherchant son intérêt, l'individu ne cesse de se comparer aux autres. Bref, elle donne une idée moins restreinte de l'homme. Et souvenons-nous du catéchisme de Say (Deuxième leçon) : la vanité fait parfois naître des besoins aussi impérieux que la faim. On n'est pas très loin de Mandeville, dont nous savons que Montesquieu avait lu et annoté la *Fable*. La tyrannie étant inefficace et la république utopique, la monarchie fondée sur des honneurs plus ou moins faux reste le régime le plus efficace — ou, pour paraphraser la formule que Churchill utilisait à propos de la démocratie, le pire des régimes à l'exception de tous les autres. Cependant, chaque époque impose des limites à l'imagination même des plus intelligents. Car si vraiment il se trouve que chacun va au bien commun, croyant aller vers ses intérêts particuliers, à quoi sert le monarque ? Le génial auteur de l'*Esprit des lois* ne se pose même pas la question. »

Lui, se regimbant : « Vous êtes en train de dire que l'économie de marché pourrait se passer de l'État. »

« N'est-ce pas pour cela que l'État est en crise ? », demandai-je.

Lui, du tac au tac : « L'État est en crise parce qu'il est hypertrophié. »

Moi : « Ne pouvait-il pas ne pas aller jusqu'à l'hypertrophie ? »

Lui, toujours piqué au vif : « Je prétends tout le contraire. Votre réponse sur Montesquieu me plaît. Mais je ne suis toujours pas convaincu et je crains que vous ne m'imaginiez plus candide que je ne suis. En fait, mon doute remonte à la Troisième leçon, et il s'est aggravé à la Quatrième et à la Cinquième.

Certes, dans un échange simultané, comme dans l'exemple que vous nous donnez d'une vache contre trois moutons, à partir du moment où l'échange est effectif, on peut concevoir que les deux parties s'en trouvent mieux. Mais que se passe-t-il dans le cas où l'échange se déroule dans le temps ? Par exemple dans un achat ou une vente à crédit ? Ou encore dans un contrat de travail qui implique la durée pour son exécution ?

Prenons ce dernier cas. Une fois le contrat salarial signé entre le patron et son employé, le salarié n'a-t-il pas intérêt à tirer au flanc et le patron à l'exploiter au maximum ?

Autre exemple : le gouvernement s'engage à réduire les impôts sur les sociétés pour encourager les entreprises à investir, mais une fois ces investissements faits, n'est-il pas de l'intérêt du même gouvernement de ne pas respecter son engagement et d'augmenter l'impôt sur les sociétés ?

Ma question est donc : qui va nous garantir l'exécution des “contrats”, au sens général du terme, dans les cas forcément nombreux où les intérêts des parties divergent, une fois le contrat signé ? En tout état de cause, l'existence de l'État n'est-elle pas indispensable pour assurer cette garantie et le fonctionnement de ce que vous appelez à la suite de Smith la “main invisible” ? Que répondrez-vous ? »

Moi : « Je répondrai à toutes vos questions, mais pas en une seule fois ! »

*Sixième leçon*

## DE LA PRUDENCE

*Où l'élève donne une curieuse leçon de philosophie cartésienne à son professeur d'économie.*

CANDIDE : Mon maître de philosophie a prétendu devant moi, pas plus tard qu'hier, comme je l'entretenais de nos conversations, que Descartes bien avant Adam Smith ou Montesquieu ou Mandeville a entrevu le rôle de la main invisible. Il y a du « dévouement » chez Descartes, entendu comme un dévoiement de soi vers autrui. Certes, « l'intérêt parle toutes sortes de langues et joue toutes sortes de personnages, même celui du désintéressement », disait La Rochefoucauld. Mais pour Descartes, c'est le propre des « âmes basses » qu'on ne peut les inciter à prendre de la peine pour autrui qu'en leur faisant voir qu'elles en retireront quelque profit. Pour que la béatitude que vise notre philosophe soit au rendez-vous, il faut que le contentement jaillisse spontanément de l'acte vertueux, ou que celui-ci soit à lui-même sa propre récompense. La « générosité » chez Descartes est la vertu suprême qui assure au sujet souverain le souverain bien. Est-ce pour cette raison que les économistes se sont si peu intéressés à Descartes ? Qu'en pense votre Hayek, par exemple ?

ARCHIBALD : Hayek accuse Descartes de « constructivisme ». Dans la pensée hayékienne, le constructivisme est un péché majeur qui consiste à prétendre construire la société à partir de la raison, et qui conduit tout droit à l'étatisme et au socialisme, des enfers jumeaux pour Hayek. Sa conviction « longuement mûrie », est que « ce fut l'influence de Descartes qui constitua le principal obstacle à une meilleure compréhension des processus auto-ordonnateurs des structures complexes durables[1] ».

CANDIDE : Si l'on suit Hayek, Descartes serait aux antipodes de la « main invisible » et de l'« ordre spontané ».

ARCHIBALD : En effet.

CANDIDE : Permettez-moi de vous rappeler, mon cher Archibald, que le siècle de Descartes est encore une époque où l'on ne cherche pas tant à améliorer la société que l'homme lui-même. Ce qui deviendra plus tard, pour le meilleur et pour le pire, la question sociale, ou politique, ou économique, ou institutionnelle, est encore une question morale. À cet endroit précis, cependant, Descartes, selon mon maître de philosophie, aurait ouvert, avec une timide audace, la voie à ce qui deviendra la « main invisible » ou l'« ordre spontané ». Ce pas révolutionnaire pour l'époque, il l'accomplit dans une lettre à Élisabeth, princesse de Bohême, avec qui il correspondait, en lui exposant « qu'encore que chacun rapportât tout à soi-même et n'eût aucune charité pour les autres, il ne laisserait pas de s'employer ordinairement pour eux en tout ce qui serait en son pouvoir, pourvu qu'il usât de prudence, principalement s'il vivait en un siècle où les mœurs ne fussent point corrompues[2] ».

Ainsi même en se comportant de manière égoïste, on ferait du bien aux autres, et donc on œuvrerait au bien commun.

ARCHIBALD : Descartes inventeur de la main invisible !

CANDIDE : Pas si vite. L'ouverture est encore timide, car notre philosophe, comme pour faire pardonner son audace, met dans ce texte deux conditions au bon fonctionnement de cette main invisible avant la lettre. L'une est là sans doute pour la forme : quand peut-on dire que les mœurs ne sont point corrompues ? L'autre est fondamentale. Elle fait appel à une vertu très ancienne, aujourd'hui bien démodée, du moins sous ce nom-ci : la prudence. Cette deuxième condition n'est-elle pas fortement limitative ? N'est-ce pas demander beaucoup que chacun soit « prudent » ?

ARCHIBALD : Qu'est-ce que la prudence ? « Bien sûr, la prudence est une vertu », écrit mon éminente consœur américaine Deirdre McCloskey, dans sa monumentale étude sur les vertus bourgeoises[3].

CANDIDE : Descartes, quant à lui, fait sans doute ici allusion au concept de prudence qu'emploie Aristote dans l'*Éthique à Nicomaque*, déjà citée plusieurs fois dans les précédentes leçons. Le philosophe grec oppose la prudence et à la science et à l'art. Le mieux est de citer ce passage à mon avis fondamental de l'*Éthique* (Livre VI, 1140 a-b), plutôt que de le paraphraser.

« Passe donc pour être le propre d'un homme prudent d'être capable de délibérer comme il faut sur ce qui est bon et utile pour lui [nous sommes de nouveau en plein dans notre sujet] ; non pas de façon partielle, par exemple sur ce qui l'est pour sa santé ou sa force physique, mais, de façon générale, sur tout ce qui l'est pour vivre bien. [...] Par conséquent et d'une façon générale, serait prudent l'homme capable de délibération ; or nul ne délibère sur ce qui peut être autrement, ni sur ce qui lui est impossible de faire. Par conséquent, s'il est vrai que la science s'accompagne de démonstration, qu'il n'existe pas de démonstration pour les objets dont les principes peuvent être autres (car tous peuvent être autres) et qu'il est impossible de délibérer sur ce qui existe nécessairement, la prudence ne serait alors ni une science ni un art. Ni une science, parce que ce qui est faisable peut être autre ; ni un art, parce que action et production sont d'un genre différent. Il reste donc qu'elle soit une disposition pratique vraie accompagnée de raison, concernant ce qui est pour l'homme bien ou mal. En effet, si la fin de la production en est distincte, celle de l'action ne saurait l'être : la réussite a sa fin en elle-même. Voilà pourquoi, croyons-nous, Périclès[4] et ses pairs sont prudents : ils sont capables d'observer ce qui est bon pour eux-mêmes et ce qui l'est pour les autres hommes. Tels sont, pensons-nous, les chefs de famille et les hommes d'État. »

ARCHIBALD : Je vois bien, d'après ce texte, la différence entre la prudence et la science. Mais je vois moins bien ce qui la différencie de l'art.

CANDIDE : En art, si l'on fait une faute, vaut-il mieux que cela soit volontaire ou involontaire ? Il vaut mieux que cela soit volontaire. Picasso, par exemple, fait exprès de faire des « fautes » de perspective, ce n'en est pas moins de l'art. Mais vous voyez bien maintenant que vous ne pouvez pas faire exprès des fautes si vous êtes prudent. L'important c'est de noter que la prudence n'est pas au même niveau d'exigence que la science ou l'art. « Certaines bêtes sont prudentes », va jusqu'à nous dire un peu plus loin Aristote, alors même qu'Anaxagore, Thalès et leurs pairs philosophes sont « appelés sages et non prudents, quand on les voit ignorer leur intérêt personnel ». En reprenant à son compte la condition de prudence, Descartes, dont la vie aventureuse de philosophe était plutôt faite d'imprudences, accepte de facto de déplacer, voire d'abaisser les objectifs moraux de la « société » — comme si la paix civile était à ce prix.

ARCHIBALD : Abaisser les objectifs moraux de la société, mais c'est tout le programme de Mandeville ! Je commence à comprendre où veut en venir votre philosophe. De fait, ainsi comprise, l'avancée de Descartes précède le coup de force de Mandeville. Souvenons-nous de l'« homme-diable » qui décrit avec un cynisme joyeux les infortunes de la prudence et autres vertus[5].

CANDIDE : Que devient la prudence au XVIIIe siècle ? Ne commence-t-elle pas à disparaître de la scène morale ?

ARCHIBALD : Il est un fait que chez Adam Smith, du moins dans la *Richesse des nations*, elle n'est déjà plus une catégorie pertinente du savoir économique. Tout au plus figure-t-elle parmi les qualités telles que la force, la beauté, l'agilité du corps, la sagesse, etc., qui font que certains individus sont supérieurs aux autres. Mais cette déréliction ne touche que le discours théorique, et ce n'est pas pour rien que l'on parle de règles prudentielles dans la pratique quotidienne de l'argent. Pour ne rien dire du rôle de la jurisprudence dans la formation du droit.

CANDIDE : La question reste entière : sans prudence, la main invisible peut-elle fonctionner même si elle n'est que la main cachée de l'État ? Ou s'il faut se référer à la Providence, peut-on admettre que Dieu soit prudent ? Ou le Diable ?

*Septième leçon*

## DE LA COOPÉRATION

*Où l'on trouve certains arguments pour faire le bonheur des gens malgré eux.*

Cher Candide,

Permettez d'abord que je vous raconte une petite histoire.

Il était une fois un juge d'instruction qui cherchait à faire avouer les deux auteurs présumés d'un hold-up à main armée. Les deux suspects avaient été arrêtés portant sur eux une arme prohibée. Mais il n'y avait aucune preuve contre eux.

Le juge les prit chacun dans son cabinet, séparément, et leur tint à peu près ce langage : « Si aucun de vous n'avoue ce hold-up, je ne pourrai retenir comme charge que le port d'arme, ce qui vaudra une condamnation à deux ans de prison ;

si vous avouez tous les deux, vous serez condamnés pour le hold-up, mais bénéficierez de la clémence du jury, et n'en prendrez que pour cinq ans ;

si un seul de vous deux avoue le hold-up, alors que son comparse se tait, celui qui avoue sera purement et simplement relaxé, alors que celui qui n'avoue pas écopera de la peine maximum, à savoir dix ans. »

Puis il dessina sur une feuille de papier un tableau où il résumait toutes les informations qu'il venait de donner aux deux prisonniers, en leur livrant cette clef de lecture : pour chaque couple de chiffres, le premier chiffre concerne le nombre d'années de prison du prisonnier A et le deuxième, le nombre d'années de prison de son comparse B[1].

| | | PRISONNIER B | |
|---|---|---|---|
| | | n'avoue pas | avoue |
| **PRISONNIER A** | **n'avoue pas** | **2** / 2 | **10** / 0 |
| | **avoue** | **0** / 10 | **5** / 5 |

Le juge était très malin. Car son stratagème forçait immanquablement les suspects à avouer.

Pour le comprendre, mettez-vous un moment dans la peau du prisonnier A. Si je n'avoue pas et que l'autre avoue, je risque d'en prendre pour dix ans. Certes, je ne serais condamné qu'à deux ans si l'autre n'avouait pas non plus, mais comment en être assuré ? En revanche, si j'avoue, de deux choses l'une : ou bien mon comparse n'avoue pas, et je serai relaxé, ou bien il avoue, et j'en prendrai pour cinq ans. Si je compare maintenant les deux branches de l'alternative, dans le premier cas, où je n'avoue pas, mon risque maximum est de dix ans de prison, alors que dans le second cas, où j'avoue, mon risque maximum est de cinq ans. Comme je suis prudent (voir leçon précédente), je cherche à minimiser le maximum de risque[2], et je choisis donc d'avouer. Comme le prisonnier B ne peut que faire exactement le même raisonnement, il choisit lui aussi d'avouer.

Les deux prisonniers passent donc aux aveux, ce qui était le but cherché par le juge, et sont condamnés chacun à cinq ans de prison.

Ce petit apologue, inventé par le mathématicien américain Albert W. Tucker dans les années 1950, sous le nom de « dilemme du prisonnier », il n'est pas exagéré de dire qu'il a fait couler des fleuves d'encre. Déjà en 1989, on comptait un millier d'articles publiés à ce sujet dans des revues scientifiques. Et depuis, le flux ne s'est pas arrêté, bien au contraire[3]. Il n'est pas aujourd'hui de manuel d'économie politique qui n'évoque l'historiette racontée par Tucker.

Pourquoi en est-il ainsi ? Parce que le dilemme du prisonnier remet en cause le mécanisme de la main invisible. En effet, nous voyons ici deux personnages qui, en poursuivant leur intérêt, aboutissent à une peine supérieure à celle qu'ils auraient obtenue si, acceptant de coopérer entre eux, ils avaient décidé tous deux de ne pas avouer. La « main invisible » du chacun-poursuivant-son-intérêt aboutit à une peine de cinq ans de prison pour chacun des prisonniers, alors que la coopération aurait conduit l'un et l'autre à une condamnation de seulement deux ans. Encore faut-il remarquer que même si les prisonniers avaient pu se réunir et se concerter avant de prendre une décision, même au cas où ils se seraient engagés l'un vis-à-vis de l'autre à ne pas avouer, la tentation d'avouer aurait été la plus forte au moment ultime de la décision. Car, si je suis assuré que mon comparse n'avouera pas, qu'est-ce qui m'empêche, moi, au dernier moment, d'avouer, et donc d'être libéré, tandis que lui en prendrait alors dans ce cas pour dix ans ; quels que soient les engagements qu'il a pris, je ne puis me fier à lui à cent pour cent, et je risque d'en prendre pour dix ans si moi je n'avoue pas alors que lui avoue. Alors, décidément, même en cas de concertation, je déciderais au dernier moment d'avouer. Comme les deux prisonniers font le même raisonnement, on arrive au même résultat avec ou sans concertation, à savoir cinq ans de prison pour chacun. Pour aboutir au « bien commun » d'une peine de seulement deux ans de prison pour chacun, il faudrait donc que la coopération soit imposée aux prisonniers d'une manière ou d'une autre. Si on les laisse libres d'agir à leur guise en fonction de leurs intérêts, le résultat (cinq ans de prison) sera inférieur du point de vue du bien-être à celui (deux ans de prison) qu'ils auraient obtenu si on les avait forcés à coopérer.

Vous comprenez maintenant les ravages qu'a pu produire l'article de Tucker. Voici deux personnages, qui ressemblent aux acteurs ordinaires de la vie économique en ce qu'ils sont confrontés à l'incertitude de ce que vont faire leurs partenaires ou concurrents. Leur conduite confine au tragique par son absurdité. En poursuivant leurs intérêts, ils jouent finalement contre leurs intérêts en ratant des opportunités de gains très supérieurs à celui qu'ils obtiennent. Le miracle de la main invisible ne joue plus qui conduisait les acteurs à un résultat commun supérieur à celui qu'ils auraient trouvé s'ils l'avaient vraiment cherché. La ruse joue à l'envers. En cherchant leur intérêt, les acteurs se nuisent à eux-mêmes. Il faut reconnaître à Jean-Jacques Rousseau le mérite d'avoir été l'un des premiers à décrire ce phénomène[4].

Le dilemme du prisonnier est en vérité un faux dilemme, puisque, comme on l'a montré, en toute rationalité les acteurs de ce petit drame ne peuvent pas ne pas choisir la mauvaise solution. Et ils n'en sortiront que si une autorité supérieure leur impose, dans leur propre intérêt, la bonne solution (l'un *et* l'autre n'avouent pas, et sont condamnés seulement à deux ans de prison).

Vous avez deviné que cette autorité supérieure n'est autre que l'État. En un mot, comme en cent, le dilemme du prisonnier justifie l'intervention de l'État. L'État est censé mieux apprécier les intérêts de chacun ! Puisque la possibilité existe que les individus en poursuivant leurs intérêts aboutissent à un résultat inférieur à celui qui résulterait de leur coopération, une instance supra-individuelle, qui ne peut être que l'État, doit, pour leur propre bien-être, les contraindre à coopérer. L'ennui avec un tel raisonnement, c'est que l'État est indéfiniment extensible, allant de la défense, de la police et de la justice, ses fonctions dites traditionnelles, à la monnaie, la redistribution des richesses, la lutte contre le chômage, la régulation conjoncturelle, la prise en charge directe de certaines activités dites stratégiques ou d'intérêt général. Avec un outil très performant, Tucker ouvre la boîte de Pandore de l'étatisme. La force de Tucker, en définitive, c'est d'avoir retrouvé le sens commun. La main invisible est contre-intuitive. Comment croire à l'« harmonie naturelle » des intérêts, pour reprendre l'expression d'Élie Halévy[5] ? Le bon sens ne nous dit-il pas que « à force de vouloir le plus, chacun obtient le moins », ou encore que « à trop vouloir gagner tout le monde y perd », ou bien que « si la coopération échoue, c'est que les individus suivent de trop près leurs intérêts individuels ». Bref, tout n'est pas pour le mieux dans le meilleur des mondes possibles, comme le dirait votre cher philosophe. Dans le monde tel qu'il est, c'est tous les jours que nous rencontrons les ravages causés par l'égoïsme, la stupidité, ou simplement la vue trop courte des êtres humains.

Bien évidemment, les avocats de la main invisible ont senti le danger, et ils ont cherché à combattre l'influence de Tucker.

Il y a un paradoxe qu'il faut d'abord remarquer. Le « dilemme » de Tucker ne tient que parce que les acteurs sont mus par leur intérêt au sens égoïste du terme — qui, nous l'avons vu dès la Première leçon, est une réduction populaire du sens de ce terme (encore une fois, en dépit de la sophistication de son raisonnement, Tucker est proche du « bon sens »). Si on instille de l'altruisme dans les comportements des acteurs, alors on peut très vite arriver à une situation où ils trouvent d'eux-mêmes la solution coopérative. Or, nous l'avons vu, l'économie est fondée sur l'intérêt au sens large du terme, pouvant comprendre le désintéressement. Ce n'est donc pas l'économie qui a besoin de l'égoïsme pour se fonder, c'est l'État.

Ensuite, même à supposer que les êtres humains soient partout et toujours mus par leur intérêt au sens vulgaire, il y a dans le dilemme de Tucker une disposition qui signale son exceptionnalité : les joueurs n'ont droit qu'à un seul coup. Ils n'ont donc aucune possibilité d'expérimenter plusieurs manières de jouer. Or, dans la vie quotidienne, la plupart du temps, on a droit à un nombre très grand de coups, si grand qu'il confine souvent à l'infini. Bien évidemment, à partir du moment où ils s'inscrivent dans le temps, la plupart des contrats se caractérisent par leur incomplétude — pour la bonne raison que l'on ne peut pas connaître à l'avance toutes les circonstances de la vie. Mais cela ne change rien de fondamental au problème. Même l'échange d'une vache contre trois moutons, en apparence simultané, se déroule dans le temps. Il faut bien que l'un des échangistes commence l'échange. Et l'on ne peut réduire à néant la fraction de seconde où l'un des partenaires dispose de la vache et des trois moutons, tandis que l'autre n'a plus rien du tout, et donc où le premier sera tenté de tout garder, tandis que le second réalise qu'il a perdu sa vache ou ses trois moutons. Et si chacun anticipe cette situation avant de commencer l'échange, l'échange ne se produira tout simplement pas, car le risque est trop grand pour chacun des partenaires de ne finalement rien recevoir. Mais dans la vie courante, il n'en va pas ainsi. Un commerçant, une firme auront intérêt — au sens le plus restreint du terme — à exécuter leurs contrats et à tenir parole ne serait-ce que pour bâtir ou conserver leur réputation de bons payeurs, de bons patrons, réputation qui n'est pas un élément négligeable de leurs fonds de commerce[6]. Quand je m'amusais à écrire des articles d'économie dans les journaux, j'ai connu un patron de presse qui était si peu capable de respecter les contrats de travail qu'il signait avec ses rédacteurs qu'il finit sa carrière entouré des journalistes parmi les plus médiocres de la place.

Puisque vous vous piquez de philosophie, cher Candide, je dirais que Tucker est le Zénon de l'économie[7]. À le suivre, tout échange serait impossible. Or nous passons notre vie à échanger, et nous avons si peu besoin de l'État pour le faire que nous échangeons avec des étrangers qui ne sont soumis ni aux mêmes lois ni aux mêmes mœurs — ce qu'on appelle le commerce international. Bien évidemment, la coopération peut échouer et dégénérer en guerre. Mais elle peut aussi réussir.

Ce détour que vous m'avez fait faire par Tucker, et je ne crois pas que vous le regrettiez, m'oblige maintenant à aborder un domaine qui autrefois faisait partie de l'enseignement de l'économie, mais qui a été négligé depuis qu'elle prétend être une science, ce qui est d'autant plus dommageable qu'on dit souvent qu'une économie ne pourrait fonctionner sans droit. Notre prochaine leçon sera donc consacrée au droit. Attendez-vous à quelque surprise.

*Huitième leçon*

## DU DROIT

*D'où il ressort que tout droit est issu d'un échange et qu'aucun n'est acquis.*

ARCHIBALD : On entend souvent dire qu'une économie ne pourrait fonctionner sans droit. Qu'est-ce donc selon vous que le droit ?

CANDIDE : Le droit, c'est ce à quoi la société ou l'État me donne droit.

ARCHIBALD : Le droit se fonderait donc sur... le droit.

CANDIDE : Bien sûr que non. Il y a un fondement au droit.

ARCHIBALD : Lequel ?

CANDIDE : Il y a un fondement moral. Je n'ai pas le droit de tuer, de voler, etc.

ARCHIBALD : Ce sont là des interdits, des droits négatifs. Parlez-moi des droits que vous avez positivement.

CANDIDE : Le droit de propriété, par exemple. Le droit de vote. Ce sont des droits garantis par l'État. Donc l'État est le fondement du droit.

ARCHIBALD : Quand j'ai repris mes cours à la Sorbonne au début des années 1990, après trente ans d'absence, la première chose que l'appariteur m'a dite fut de ne pas laisser mes affaires sans surveillance sur la chaire.

CANDIDE : Tout de même ! À la Sorbonne !

ARCHIBALD : Si vous laissez votre voiture ouverte avec les clefs dessus, croyez-vous que le droit de propriété que vous avez sur cette voiture sera respecté ?

CANDIDE : Il y a peu de chances qu'il le soit en effet.

ARCHIBALD : Et c'est bien pourquoi vous prenez les clefs avec vous. Mais si vous faites cela, c'est bien parce que l'État, tout-puissant soit-il, et tout important personnage que vous soyez, ne peut vous garantir le droit que vous avez sur votre voiture.

CANDIDE : On peut rattraper le voleur.

ARCHIBALD : Par les temps qui courent, il vaut mieux ne pas trop se faire d'illusions à ce sujet. Prenons maintenant un droit qui paraît plus fondamental que le droit de propriété, qui pour nombre de théoriciens est à la source du droit de propriété sur les choses. Quel pourrait-il être ?

CANDIDE : Le droit sur mon propre corps ?

ARCHIBALD : Exactement. Le droit de propriété sur mon corps, le droit à son intégrité, et finalement le droit à la vie. Si je me promène seul la nuit dans ma lointaine banlieue, croyez-vous que ce droit sera respecté ? Donc je ne m'y promène pas. Je me suis déjà fait casser la figure. Cette expérience m'a servi. Nul n'est assuré que sera respecté en toutes circonstances le droit élémentaire que vous avez sur votre propre corps. Si l'État ne peut garantir un tel droit, à quoi sert-il de dire qu'il est le fondement du droit ?

CANDIDE : Parce qu'on n'en voit pas d'autre.

ARCHIBALD : Nous voilà déjà dans le débat. Le grand débat. L'immense débat : le droit est-il antérieur ou non à l'État ? Commençons par le droit commercial. Et plus particulièrement par l'arbitrage.

CANDIDE : Qu'est-ce que c'est, l'arbitrage ?

ARCHIBALD : C'est une procédure de justice qui permet de se passer de la justice de l'État. Chacune des parties à un contrat accepte de s'en remettre à un arbitre en cas de conflit, quel que soit l'arbitrage rendu. À ne pas confondre évidemment avec l'arbitrage dans le domaine financier qui consiste à déplacer des capitaux d'une monnaie à une autre ou d'un placement à un autre, afin d'obtenir la meilleure rentabilité ou de minimiser les risques de pertes. N'y aurait-il pas lieu en France, se demandait un garde des Sceaux, pour cette « justice d'apaisement » qui, si possible, réconcilie les parties ou qui, si elle porte condamnation contre l'une d'elles, laisse la porte ouverte à la réconciliation. Car l'arbitrage en agissant par une « douce persuasion » permet aux parties de reprendre leur « commerce », dans tous les sens que ce terme avait encore au siècle de Rousseau. L'arbitrage ne peut, aujourd'hui, que se développer. En effet, l'État produit des voitures, fait rouler des trains, voler des avions, produit des armes, soigne des malades, éduque et informe les citoyens depuis leur plus jeune âge. Et cet État, qui en principe détient le monopole de la violence légitime, devrait reconnaître aujourd'hui qu'il ne dispose plus du monopole de la justice, alors que cette dernière est censée être au cœur de ses attributions ! Il devrait se dessaisir en partie de la « main de Justice » au moment même où précisément l'impartialité des juges est en cause. Au même moment, la Banque de France ne peut plus « battre monnaie », le franc ayant disparu au profit de l'euro. Du reste, on peut même se demander si cet État a encore la faculté de décider de la paix et de la guerre, et même de définir qui est ami, qui ennemi.

CANDIDE : Troublantes coïncidences.

ARCHIBALD : Elles cachent peut-être une de ces ruses dont l'Histoire a le secret. De fait, l'Histoire enseigne que l'arbitrage prospère quand l'État est faible. Par exemple, après que l'Empire carolingien se fut écroulé, les féodaux et l'Église rendaient des arbitrages à la place d'une justice royale incapable d'imposer le recours à ses tribunaux et de faire exécuter ses jugements. La forme étatique est alors si floue que les minorités ethniques et religieuses non seulement ont leurs juges, mais aussi leur propre droit. Mais à mesure que la royauté s'affirme, elle s'arroge les monopoles de la force et de la justice comme des jumeaux inséparables.

L'évolution du droit recoupe l'histoire étatique. Quand, au XIIe siècle, les marchands reprennent leurs activités à grande échelle, ils forment un *jus gentium*, l'ancêtre du droit commercial. Ce *jus gentium*, ou droit des gens, permettait de passer outre aux différentes coutumes qui entravaient l'épanouissement des relations entre les gens. Il est fait pour des gens qui ne sont pas soumis au même droit coutumier et il comporte des règles et des procédures différentes de celles des coutumes. Là aussi, à mesure que l'État s'affirme, le droit commun absorbe le droit des marchands. La « nationalisation » du droit commercial a été initiée par Colbert. Napoléon l'a achevée par le Code civil. En Angleterre, la *common law* (l'équivalent de notre droit commun) avait intégré la *merchant law* (le droit commercial) un siècle plus tôt. Au XIXe siècle, quand se fortifie l'État-Nation, l'arbitrage est au plus bas. Un arrêt célèbre de la Cour de cassation, rendu au milieu du siècle, interdit l'inclusion dans les contrats de la « clause compromissoire ».

CANDIDE : Qu'est-ce que c'est ?

ARCHIBALD : La clause compromissoire est un nom savant pour dire ce que nous avons indiqué plus haut. Cette clause est simplement une promesse de compromis, signée en l'absence de tout différend, par laquelle les contractants conviennent de soumettre leurs litiges éventuels à l'arbitrage. Elle est tellement nécessaire à tout arbitrage qu'elle est devenue une clause de style dans tous les contrats de commerce international. Or l'arrêt de la Cour de cassation interdisait l'inclusion de cette clause dans les contrats sous prétexte « qu'on ne trouve pas chez les arbitres les qualités qu'on est assuré de trouver chez les magistrats : la probité, l'impartialité, la compétence, la délicatesse de sentiments nécessaires pour rendre les jugements ». C'est d'autant plus risible que depuis que cet arrêt a été produit, l'arbitrage envahissant la scène du commerce international a engendré sa propre *lex mercatoria* sans l'aide d'aucun souverain — et pour cause ! —, et prend déjà pied sur le terrain national, comme c'est le cas aux Pays-Bas où en matière de BTP (Bâtiments et travaux publics), par exemple, on a couramment recours, depuis une quarantaine d'années, à l'Institut néerlandais de l'arbitrage.

CANDIDE : Je veux bien admettre l'existence de ce droit non étatique, mais cette justice privée doit tout de même s'appuyer sur l'État pour contrôler la bonne forme des contrats et assurer l'exécution des décisions.

ARCHIBALD : Ah ! mais c'est mal comprendre l'esprit de l'arbitrage. La pratique quotidienne montre surabondamment que les parties exécutent, de bon gré, la sentence rendue par l'arbitre. Leur intérêt, le souci de leur réputation commerciale sont des meilleurs gardiens de la bonne foi que la peur du juge. Surtout quand ce juge sert un État qui connaît peut-être la plus grande crise de son histoire en temps de paix…

CANDIDE : Va pour le droit du commerce international. Mais pour le reste ?

ARCHIBALD : Il était important de montrer que si l'on veut rester dans les affaires et pas seulement faire des coups sans lendemain, il est rationnel d'être honnête. Sans même qu'aucun État, aucune Église vous force à l'être. Nous retrouverons ce problème, qui est fondamental.

Sortons maintenant du commerce. Si l'on est économiste, il faut s'efforcer de raisonner en économiste. Si l'on raisonne en moraliste, à quoi cela sert-il d'être économiste ?

Le moraliste vous dit, par exemple, que les droits de l'homme sont imprescriptibles. L'économiste ne peut partir d'un tel postulat. Il faut qu'il fonde le droit par le raisonnement économique. À ma connaissance, un économiste s'est lancé dans cette voie périlleuse. C'est l'Américain Randall Holcombe[1]. Il appartient à l'école dite des choix publics (*Public choice*). Cette école commence à être connue en France. Elle vise tout bêtement à procéder à une analyse économique de la politique dans tous ses aspects (processus de décision, élections, bureaucratie, groupes de pression, corruption, etc.[2]).

CANDIDE : Que dit votre Holcombe ?

ARCHIBALD : Qu'il y a deux éléments pour qu'un droit existe. Le premier est qu'un individu prétende à un droit parce qu'il estime que ce droit va améliorer sa position. Le second est que les autres honoreront ce droit parce qu'ils pensent que leur position sera meilleure s'ils honorent ce droit que s'ils ne l'honorent pas. Bref, pour l'économiste, le droit ne repose ni sur la morale, ni sur l'État ou la loi, ni même sur la coutume, mais sur l'utilité, au sens économique du terme[3]. Un droit doit à la fois être utile à celui qui prétend à ce droit et à ceux à qui il est demandé de respecter ce droit.

CANDIDE : Je peux concevoir qu'un droit pour être respecté par autrui doit être considéré comme utile par cet autrui, si l'on se garde de toute considération morale. Mais pourquoi faut-il qu'il soit utile à celui qui prétend à ce droit ? N'est-ce pas pléonastique ? À partir du moment où vous prétendez à un droit, c'est que ce droit vous est utile — au sens économique du terme.

ARCHIBALD : C'est une manière de rappeler que les idées que l'on se fait du droit peuvent différer énormément d'un individu à l'autre. Pour un abstentionniste, le droit de vote ne correspond à rien. Pour un analphabète, le droit de ne pas être soumis à la censure dans ce qu'il pourrait lire n'a aucun intérêt. On pourrait multiplier les exemples. Si des droits sont définis par la loi, tout un chacun aura intérêt à revendiquer ces droits pour lui-même s'il le juge utile. Et il sera incliné à les respecter chez autrui si la loi l'y oblige.

CANDIDE : Que deviennent les droits de l'homme dans votre système ?

ARCHIBALD : Les « droits de l'homme » sont un bon exemple des ambiguïtés de la notion de droit. On déclare tantôt qu'il s'agit de droits propres à la nature de l'homme, tantôt qu'ils doivent être garantis par l'État. On arrive même à prétendre les deux choses à la fois. Mais ici nous discutons des droits que les gens ont réellement et non pas des droits qu'ils devraient avoir. Et comme nous l'avons montré par des exemples, le droit n'existe réellement que s'il conjugue l'intérêt de la personne qui s'en réclame et l'intérêt de ceux dont il dépend qu'il soit honoré.

Prenons un autre exemple : celui du « droit au travail », très répandu dans les discours depuis que le chômage a atteint le niveau catastrophique que nous savons. Nous reparlerons bien sûr du chômage dans une leçon particulière. Il me semble que vous-même l'autre soir à la radio...

CANDIDE : Le « droit au travail » est inscrit dans la Constitution. Je n'ai fait que répéter ce que dit la Constitution de mon pays quand je l'ai évoqué.

ARCHIBALD : Le « droit au travail » correspond bien à la première partie de notre définition. L'individu qui détiendrait ce droit améliorerait certainement sa position, surtout s'il est sans emploi. Mais la deuxième partie de la définition est manquante. Ce droit au travail n'est respecté que si des employeurs ont intérêt à l'honorer. Et il est bien évident que l'on ne peut en décider à l'avance. Donc ce « droit au travail » est un faux droit. Il y a beaucoup de « faux droits » qui sont émis par notre société, comme en d'autres temps on imprimait des assignats. Le « droit à la santé », le « droit au logement », le « droit aux vacances », le « droit au bonheur »... Et même le droit à l'enfant ! C'est comme de la fausse monnaie. Pour l'économiste, les « vrais droits » ne peuvent être que des droits que j'ai intérêt à réclamer et que d'autres ont intérêt à honorer. Tout le reste nous renvoie à des considérations morales.

CANDIDE : Nous voilà revenus à l'état sauvage. Est-ce tolérable ?

ARCHIBALD : Vous ne croyez pas si bien dire. L'état sauvage ou plus précisément l'« état de nature » est en effet le point de départ utilisé par Hobbes, déjà rencontré dans la leçon sur la main invisible, pour fonder sa fameuse théorie de l'État. Théorie fondamentale pour toute réflexion sur le droit et l'État.

L'« état de nature » se caractérise par une absence complète d'état de droit. Dans ces conditions, nous dit Hobbes, l'homme est un loup pour l'homme, c'est la guerre de tous contre tous, et le résultat est que l'homme mène lamentablement une vie *solitary, poor, nasty, brutish and short* — solitaire, pauvre, cruelle, animale et brève[4]. Cela se comprend aisément si l'on raisonne en économiste. Dans l'insécurité complète de l'état de nature, tout excédent de production est immédiatement objet de prédation, et chacun a donc intérêt à ne produire que ce qui lui est strictement nécessaire au jour le jour. Il n'est évidemment pas question, dans ces conditions, d'épargner ou d'investir quoi que ce soit. Dans l'état de nature décrit par Hobbes, la société est totalement improductive. Ou plutôt, car il n'y a pas vraiment de société, c'est le niveau zéro (ou animal) de la production. L'état de nature de Hobbes ressemble, au moins par ses résultats économiques, à l'état tyrannique de Montesquieu. Souvenez-vous. Dans la leçon sur l'honneur, nous avons vu que pour l'auteur de l'*Esprit des lois*, la tyrannie, c'est quand on coupe l'arbre plutôt que de cueillir ses fruits. Un rapport direct est établi entre l'état sauvage et la tyrannie.

Nous verrons la prochaine fois plus en détail comment Hobbes bâtit son État à partir de l'état de nature. Nous savons déjà, grâce à Élie Halévy, que c'est « artificiellement », et non pas « naturellement[5] ». Pour le moment, remarquons avec Holcombe[6] que même dans un tel état les gens les plus puissants auraient avantage à l'instauration d'un système de droits, parce que tout compte fait ils pourraient tirer davantage de profits d'une société productive que d'une société improductive. Ce point est tout à fait crucial. Car il en découle que même dans l'état de nature, les plus forts ont intérêt à accorder des droits aux plus faibles. Comme on suppose, par construction, que la situation des plus faibles s'en trouve améliorée, chacun se sent mieux dans la nouvelle situation que dans l'état de nature d'où l'on est parti. Chacun, puissant ou misérable, aura donc intérêt à participer à l'établissement d'un système de droits.

CANDIDE : Reste à savoir quels seraient les droits des plus faibles dans une telle situation.

ARCHIBALD : En effet. Le point de départ est « l'état de nature ». À partir de là, on peut très bien imaginer toute une série de menaces, de corruptions avec pour résultat que certains auraient plus de droits que d'autres. Les individus les plus faibles auraient un peu amélioré leur position, tandis que les plus forts auraient fait des gains sans doute énormes. Mais encore une fois, chacun s'en trouvera mieux, la raison en étant que le degré zéro de la production aurait été dépassé grâce à l'instauration d'un État de droit, fût-il minimal et inégalitaire. C'est une situation qui rappelle celle analysée par John Rawls, le grand théoricien américain de la justice, déjà cité : les inégalités sont supportables si les plus démunis en profitent[7].

CANDIDE : Est-ce que cette présentation a quelque chose à voir avec la « théorie du contrat social » de Hobbes ?

ARCHIBALD : Hobbes nous dit que pour sortir du lamentable et misérable état de nature, les hommes signent entre eux un pacte, un « contrat social » qui met fin à la guerre de tous contre tous. Mais ce contrat implique l'agrément unanime de tous. Pourquoi ? Parce que dans l'état de nature originel, Hobbes suppose que les hommes sont égaux « quant aux facultés de corps et de l'esprit ». Dans une telle situation d'égalité, même le plus puissant peut craindre d'être tué par le plus faible. Personne ne dispose d'une supériorité suffisante de moyens pour l'emporter à coup sûr et sans trop de peine en cas de conflit avec son voisin. Pour ne rien dire des coalitions qui peuvent se former. Le contrat social doit donc être « signé » par tous, avec l'accord de chacun. Le veto d'un seul individu peut faire tout capoter. Cette unanimité, soit dit en passant, pose des problèmes extrêmement difficiles. Mais nous n'avons pas besoin d'y entrer pour le moment, car nous, économistes, c'est notre chance ici, nous pouvons nous passer de l'hypothèse de l'égalité pour faire sortir un état de droit de l'état de nature. Je dirais même que l'économie nous enseigne à nous en passer, car s'il y avait stricte égalité entre les hommes, les hommes seraient tous semblables, et il n'y aurait pas d'échange, et donc pas d'enrichissement possible comme nous l'avons appris dans la Troisième leçon. La science économique peut aussi invoquer ici l'enseignement d'Aristote qui affirme dans le Livre II de sa *Politique* un fait, pour lui, incontestable, l'inégalité « naturelle » des hommes, sans pour autant reprendre la conclusion qu'en tirait le philosophe grec, à savoir qu'en vertu de leur nature innée, certains hommes seraient prédestinés à la soumission, d'autres au commandement[8].

CANDIDE : Dois-je vous rappeler qu'à côté de « liberté », l'« égalité » est inscrite au fronton de nos monuments publics ?

ARCHIBALD : C'est que l'égalité est plus facile à concevoir que l'inégalité entre les hommes, contrairement aux apparences. Du moins à l'intérieur d'une communauté donnée. Certes, vis-à-vis de l'extérieur, tous les peuples se disent supérieurs quand ils ne prétendent pas être le peuple élu. Mais à l'intérieur d'un groupe quel qu'il soit, il y a une tendance inhérente à raisonner en termes d'égalité plutôt que d'inégalité. L'explication est simple : admettre a priori la possibilité de l'inégalité, c'est admettre en même temps le risque pour soi-même de figurer parmi les inférieurs[9]. Avec l'a priori de l'égalité, on ne court pas ce risque, et même si dans les faits les inégalités sont criantes, on peut alors les attribuer à la chance ou à l'injustice.

CANDIDE : N'êtes-vous pas en train de justifier l'injustice ? Ou du moins les inégalités ?

ARCHIBALD : Les inégalités, vous l'avez sans doute remarqué, cher Candide, sont plus ou moins bien supportées dans nos sociétés, non pas tant en fonction de leurs amplitudes que du secteur d'activité qui les génère. En apparence, la grande affaire de nos compatriotes — surtout en période électorale ! — c'est l'inégalité des conditions. Les différences de situation auraient atteint un tel degré que nous serions au bord de la fracture sociale. L'exclusion est le grand thème à la mode. On s'en voudrait de reprocher à nos contemporains de se soucier de leur prochain. Mais il y a au moins une observation que l'on peut faire devant l'étalage de tant de bonne volonté : toutes les inégalités ne sont pas mesurées à la même aune par l'indignation collective. Il y a d'une part les revenus tirés d'une activité que l'on pourrait dire économique, et d'autre part les salaires mirobolants des dieux du stade, des demi-dieux de la télé ou du show-biz, des divas de l'opéra, des mannequins-vedettes, des joueurs heureux du loto, des princes et princesses régnant encore, etc. D'où vient que les premiers excitent notre envie alors que les seconds attirent notre sympathie ? Telle est sans doute l'une des énigmes de nos sociétés.

CANDIDE : Qu'est-ce, exactement, que vous appelez l'envie ?

ARCHIBALD : L'envie, à ne pas confondre avec la jalousie, comme on le fait même au plus haut niveau de l'État, est « la plus antisociale et la plus funeste de toutes les passions » (Stuart Mill), « qu'il faut nourrir sans cesse et qui ne s'assouvit jamais » (François Mauriac). Nous la rencontrerons à nouveau quand nous étudierons la fiscalité. Mais nous pouvons tout de suite noter que son contraire, la sympathie, au sens étymologique du terme (*sum-patheia*), jouir ou souffrir avec quelqu'un, ne vaut guère mieux que l'envie, contrairement aux apparences. Car, nous dit Adam Smith lui-même, c'est une « corruption » de nos sentiments moraux que d'admirer les riches et les grands de ce monde. Pourtant, dans sa *Théorie des sentiments moraux*[10] (déjà citée), il comptait sur la sympathie pour tempérer l'envie et maintenir le lien social, déjà !

CANDIDE : C'est compliqué !

ARCHIBALD : Encore plus que vous ne l'imaginez. Voyez comme en France les patrons cachent le niveau de leurs revenus. Les dieux du stade, au contraire, et les autres divinités de la scène médiatique font parade de leurs richesses, comme autant de gages de leur popularité. Nous envions les P.-D.G., mais nous sympathisons avec les dieux du stade qui gagnent parfois beaucoup plus. Le mystère s'épaissit encore si l'on considère la cause de fortunes aussi soudaines que magnifiques. C'est la chance ou le « don naturel », cette autre forme du hasard. Certes, la chance n'est pas étrangère à l'accession aux plus hautes responsabilités sociales : il vaut mieux être né dans les beaux quartiers, avoir été élevé chez les bons Pères, n'être point bègue, et précisément savoir saisir la fortune par les cheveux quand elle se présente, cette belle qui ne sourit qu'aux audacieux. Les parvenus sont bien les seuls à prétendre que leur fortune doit tout à leur mérite, et c'est pourquoi ils sont ridicules et odieux. Le hasard n'est jamais absent des promotions, mais, quel que soit son rôle, on reconnaîtra que dans la plupart des cas il s'y mêle une certaine dose de travail. Tandis que les richesses que nous admirons tant, que nous avons la grâce de ne pas envier, sont dues essentiellement à la chance pure. Et il ne nous viendrait pas à l'idée de taxer d'injustice cette grande loterie de la vie mondaine.

CANDIDE : Et l'égalité des chances ?

ARCHIBALD : Telle est bien la contradiction. Toute notre idéologie démocratique, l'éducation que nous avons reçue dans les écoles de la République, ce que j'enseigne moi-même, les discours que nous entendons dans les médias tous les jours que Dieu fait, les pancartes que nous brandissons au long des cortèges quand nous descendons défiler dans la rue pour réclamer plus de « justice sociale », bref, tout ce que nous écoutons et voyons, tout ce que nous croyons nous fait réclamer en effet l'*égalité des chances*. Pourtant, les inégalités dues au mérite sont insupportables à ceux qui n'en profitent pas, parce qu'ils sont obligés d'accuser leur propre démérite. Une méritocratie pure et parfaite, issue de l'égalité des chances, serait pour de bon, véritablement, le pire des régimes, car ceux qui seraient au bas de l'échelle ne pourraient que s'en prendre à eux-mêmes. Ils ne pourraient même pas dire que la société a été injuste avec eux puisque au départ ils auraient bénéficié de la fameuse égalité des chances. Tandis que les inégalités dues au hasard, c'est la faute à personne ! Et cela laisse l'espérance de s'en sortir un jour « avec un peu de chance ». Il me semble que l'on ferait un progrès dans la compréhension du problème si au lieu de parler d'inégalité, on employait le terme de différence. Il ne s'agit pas d'un euphémisme. Réellement, les hommes sont différents les uns des autres, tout le monde peut l'admettre. Et c'est justement à cause de ces différences que l'échange peut intervenir et accroître la prospérité de tous.

CANDIDE : J'essaie de raisonner à partir de vos prémisses. Au départ, nous avons un état de nature formé de gens différents. Des pactes sociaux fondés sur l'échange peuvent se conclure sans que tout le monde soit d'accord.

ARCHIBALD : Tout à fait. Il se peut même que certains individus ne soient pas partie à ces pactes.

CANDIDE : Comme vous l'avez dit, le processus de négociation n'implique aucune égalité entre les cocontractants, de même que l'échange, vous l'avez dit aussi, n'implique aucune égalité entre les échangistes et entre les objets échangés. Les gens auront les droits — et seulement ceux-là — qu'ils pourront tirer de la négociation. Et évidemment on peut s'attendre que certains soient dans une meilleure position de négociation que d'autres. Mais cela peut aller jusqu'à l'esclavage.

ARCHIBALD : En effet.

CANDIDE : C'est moralement intolérable.

ARCHIBALD : Nous ne nous plaçons pas ici sur le plan de la morale, mais sur celui du droit. Mais puisque vous me parlez de morale, expliquez-moi comment des sociétés très chrétiennes ont admis si longtemps l'esclavage. La même interrogation pourrait être posée du reste à des sociétés juives ou islamiques qui pratiquaient elles aussi l'esclavage.

CANDIDE : L'esclavage a été aboli par des sociétés chrétiennes.

ARCHIBALD : Un point d'histoire doit ici être établi. À la suite de l'insurrection de Saint-Domingue, la Convention, en 1794, a en effet aboli l'esclavage. Mais il a été rétabli par Napoléon en 1802, et la traite a pu reprendre. Elle a été de nouveau condamnée par Louis XVIII en 1814. C'est que l'Angleterre, abolitionniste depuis 1807, impose la loi et la morale du vainqueur pour des raisons en apparence humanitaires. En fait, Albion dispose en Inde d'une main-d'œuvre abondante facile à exploiter, elle a moins besoin de la traite que ses concurrents qu'elle affaiblit par l'interdiction du trafic négrier. Du reste le *coolie trade* s'y substitue. Mais les négriers français vont continuer leurs œuvres dans l'illégalité à Bordeaux, mais aussi et surtout à Nantes. Bref, l'abolition de l'esclavage doit peu à la morale chrétienne. Même votre cher Montesquieu se laisse aller, en dépit de son anti-esclavagisme militant, se laisse aller, dis-je, dans l'*Esprit des lois* à des considérations plutôt scabreuses : l'esclavage choquerait moins la raison dans les pays « où la chaleur énerve le corps[11] ». Ou encore : « Presque tous les peuples du midi sont en quelque façon dans un état violent, s'ils ne sont esclaves[12] » (XXI, 7). Les affranchissements d'esclaves à Rome n'étaient pas non plus tous dus à des considérations morales[13]. Mais il y a encore pire que l'esclavage. Puisque vous me parlez de morale ou des « droits de l'homme », expliquez-moi comment et pourquoi les pionniers de l'« humanisme juridique » ont exterminé les Indiens d'Amérique, comment et pourquoi les soldats de l'Espagne très catholique ont massacré les Incas ? L'avantage de la théorie de Holcombe — et c'est pourquoi j'ai tenu à vous l'exposer — est qu'elle permet de rendre compte de phénomènes comme l'esclavage, l'extermination des minorités, etc., que la théorie des droits naturels et celle du contrat social sont incapables d'expliquer. Ces théories-là sont des théories normatives. Elles ne peuvent convenir à l'économiste. La théorie que je vous expose tend à rendre compte des faits. Reprenons le raisonnement au point de départ.

Soit une société primitive. Dans cette société primitive, il y a seulement deux moyens de se procurer de la nourriture. Ou la produire, ou la voler. Afin de permettre le stockage des grains, nécessaire aux ensemencements de la saison suivante ou pour parer aux imprévus, on peut imaginer que chacun tirerait avantage à signer un « contrat social » qui interdirait de voler son voisin et qui instituerait un organe disposant des moyens de faire respecter cet interdit. Mais la signature d'un tel contrat suppose que tout le monde soit d'accord. D'où les problèmes d'unanimité. Et nous les retrouverons encore sur notre route. N'est-il pas plus logique d'imaginer que certains, plus doués pour la bagarre, sont susceptibles de voler sans être inquiétés tandis que d'autres, moins habiles au combat, peuvent être blessés ou tués par les gens qu'ils cherchent à voler ? Dans cette perspective, les seconds sont d'accord pour donner une part de leur récolte aux premiers en échange de quoi les premiers s'engagent à ne plus les attaquer, à ne pas prendre plus que la part qui leur est accordée dans le contrat, et même à les protéger contre les autres voleurs. Les uns et les autres vont tirer bénéfice de cet accord, bien qu'il consacre l'inégalité des deux parties, parce que grâce à cet accord la production va pouvoir augmenter. Un tel type d'accord n'est qu'un cas particulier d'échange. Ici on échange un bien — de la nourriture — contre un autre bien — la sécurité. Comme dans tout échange, les deux parties s'en trouvent mieux[14].

CANDIDE : Vous confirmez que dans ce système l'on entre dans la négociation seulement si on a quelque chose à échanger, soit le renoncement à la violence, soit une part de revenu.

ARCHIBALD : Exact. Si on n'a rien à échanger, on n'a aucun droit. Considérez la situation à laquelle nous avons abouti. Les individus les plus forts offrent aux plus faibles de ne pas les voler en échange d'une partie des biens qu'ils produisent. Du coup, ils ont intérêt automatiquement à protéger la production de ce bien, et donc aussi à protéger les agents de cette production. Bentham a dit cela très bien : « Il est de l'intérêt du loup que les moutons soient gras et nombreux. » Si le loup décime le troupeau et qu'il ne reste plus que quelques brebis galeuses et efflanquées, le loup lui-même crèvera bientôt de faim.

CANDIDE : Mais les producteurs, forcément, sont plus ou moins productifs. Ils ne seront donc pas égaux vis-à-vis de ceux que vous appelez leurs protecteurs.

ARCHIBALD : Exact. Ceux qui arrivent tout juste à subvenir à leurs besoins auront beaucoup de mal à survivre dans ce système, puisqu'ils n'auront aucun surplus, aucune « plus-value », comme diraient les marxistes, à offrir en échange d'une éventuelle protection ou même d'une promesse de ne pas être pillés. En revanche, ceux qui parviennent pour la même quantité de travail à dégager un surplus important disposeront d'un plus grand pouvoir de négociation.

Donc, dans ce système, il y a deux sources de droit : la force et la productivité. Plus grande est la capacité à user de la force, plus large sera la dotation que l'individu pourra échanger contre des droits. Plus les individus ont un revenu élevé, plus ils ont de droits, et mieux leurs droits sont protégés. N'est-ce pas ce qu'on observe en fait dans nos sociétés dites démocratiques et égalitaires ?

Prenez l'exemple des handicapés. Autrefois les handicapés physiques et les handicapés mentaux étaient logés à la même enseigne, qui était une bien pauvre enseigne. Aujourd'hui, les handicapés physiques se voient offrir plus de droits, de droits effectifs, que les handicapés mentaux : places de parking dans les supermarchés, aménagement de pistes de ski, matériels spéciaux, accès privilégiés dans les édifices publics, les transports publics, toilettes spéciales, etc.

CANDIDE : Pourquoi en est-il ainsi ?

ARCHIBALD : Parce que le développement économique a apporté deux transformations. La première est que le travail dans les sociétés dites post-industrielles exige moins de capacités physiques. La seconde est que le progrès technique lui-même a permis de corriger un certain nombre de handicaps physiques. Le résultat est que, du fait même de l'accroissement de leurs capacités à produire, les handicapés physiques se trouvent dans une meilleure position de négociation pour obtenir des droits. Ce qui n'est pas le cas des handicapés mentaux qui se retrouvent sans soin et sans défense. Ils n'ont rien à négocier.

CANDIDE : Et les enfants dans votre système ?

ARCHIBALD : Les enfants n'ont rien à négocier. Ils n'ont donc aucun droit, sauf ceux que leur procurent leurs parents à condition que leurs parents aient la possibilité de les faire respecter. Les enfants de riches ont plus de droits que les enfants de pauvres, j'entends des droits réels. C'est tellement évident que ce n'est pas la peine d'en discuter. Et, dans cette perspective, il faut revoir toute la question de l'interdiction du travail des enfants, notamment dans les pays sous-développés.

CANDIDE : Et les vieux, que deviennent-ils dans votre horrible monde ?

ARCHIBALD : Dans le monde tel qu'il est, et non pas tel que vous aimeriez qu'il soit, les vieux ont droit à l'affection de leurs enfants, mais à condition que les enfants honorent ce droit.

CANDIDE : Mais pourquoi l'honoreraient-ils si ce n'est pas dans leur intérêt ?

ARCHIBALD : Excellente question. La réponse : leur intérêt, c'est l'héritage. Vous savez, il ne faut pas trop compter sur la bonne volonté de ses descendants. Les parents riches sont sans doute plus visités par leurs enfants que les parents pauvres. Il y a des statistiques aux États-Unis qui montrent cela. Il s'agit de moyennes, bien entendu. Elles n'en sont pas moins significatives. En France, une enquête de l'INSEE donnerait des résultats semblables. Malheureusement pour les vieux, l'État leur interdit de déshériter les enfants et les oblige à partager leur patrimoine en parts plus ou moins égales. Le résultat, c'est que les vieux sont davantage à la charge de l'État que s'ils pouvaient léguer librement leurs biens à la personne de leur choix, qui aurait alors intérêt à les assister jusqu'à la dernière minute de leur vie. En bref, les droits nominaux, garantis par le gouvernement ou la morale ou les deux à la fois, ne sont des droits réels que si les gens concernés ont intérêt à en jouir et sont en mesure de les faire respecter. Il faut qu'un individu ait intérêt à l'exercer et que les autres aient intérêt à l'honorer. À quoi me servirait, par exemple, une liberté d'expression qui ne m'intéresserait pas ?

Résumons : des individus ou groupes d'individus relativement forts peuvent accaparer tout ou partie des richesses accumulées par les plus faibles. Le prédateur échange avec sa proie paix et protection contre un tribut. Le système est relativement stable, puisque le prédateur a intérêt à la prospérité de sa proie.

CANDIDE : Le prédateur tel que vous le définissez, ne serait-ce pas l'État ?

ARCHIBALD : L'État pourrait bien entrer dans cette catégorie si l'on suit ce raisonnement. Nous verrons cela dans notre prochaine leçon.

## *Neuvième leçon*

## DE L'ÉTAT

*Où l'on perçoit que la Constitution, la loi, la légitimité ont des fondements économiques inattendus.*

(Notes de Candide prises pendant le cours)

C'est bien joli de dire et répéter partout que l'État est en crise. C'est à la mode. Tout le monde aujourd'hui crie haro sur l'État, alors qu'hier on ne tarissait pas d'éloge sur la planification à la française et autres inventions de cette haute fonction publique que le monde nous envie. Mais cela avance à quoi ?

La question de l'État, on se la pose depuis des siècles. Au fond cela revient à essayer de comprendre pourquoi il est si facile de faire obéir les hommes (et aussi pourquoi tout d'un coup ils n'obéissent plus). Consentent-ils habituellement à l'obéissance par vertu, par intérêt, par couardise, par bêtise, par superstition, par habitude, par goût pour la servitude, ou pour quelle autre raison ? Et c'est pour essayer de résoudre cette énigme que l'on repart d'un état où il n'y a pas d'État.

Donc on repart à nouveau de l'état de nature chez Hobbes.

Cet état a trois caractères. Le premier est que chaque individu y est supposé guidé par son intérêt personnel entendu de façon égoïste. Il se confirme ici que l'égoïsme apparaît à propos de ce que l'on pourrait appeler l'*homo politicus* alors que nous avions réussi à nous en passer jusqu'à maintenant dans notre réflexion d'économiste où l'intérêt pouvait être désintéressé, le rationnel, irrationnel, et l'utile, inutile. Apparemment, l'égoïsme, qui n'est pas nécessaire à la compréhension de l'économie, est indispensable à la construction d'un État — si les hommes étaient tous altruistes, bons, charitables, y aurait-il besoin de police pour faire respecter les droits de tout un chacun ?

Le second caractère de l'état de nature chez Hobbes, c'est qu'aucune règle d'aucune sorte ne vient apporter la moindre restriction à la poursuite par chacun de son intérêt égoïste. Ni loi, ni droit, ni morale, ni coutume. Le troisième caractère est que les individus sont égaux quant aux facultés du corps et de l'esprit.

Il s'agit maintenant de savoir comment un tel état de nature conduit au « contrat social ».

Ce n'est pas pour rien que l'on a qualifié d'« artificielle » l'harmonie des intérêts chez Hobbes[1]. Hobbes lui-même a qualifié d'*artefact*, d'être artificiel, l'espèce de monstre issu du contrat social, qu'il appelle le Léviathan et qui n'est autre que l'État. Ce qui complique encore l'acceptation de ce contrat social, c'est que les parties doivent se rendre compte à l'avance qu'une fois le contrat « signé », il sera très difficile de revenir en arrière. Car, si l'on suit Hobbes, le Léviathan dispose d'une souveraineté absolue. Le droit de résistance au gouvernement dans un tel État et même le simple droit à la dissidence ont donné lieu à une immense littérature de controverses et de commentaires. Nous pouvons, quant à nous, en faire l'économie, car, comme dans la précédente leçon, l'économiste nous invite à remettre en cause l'égalité de l'état de nature, l'« égalité naturelle ».

Considérons un état de nature réduit à deux individus. L'un est plus fort que l'autre. Dans une telle situation, même le plus fort n'a pas un niveau de vie très élevé. Certes, il est capable de prendre tout ce que produit le plus faible. Mais ce faisant, il n'améliore pas beaucoup son niveau de vie, parce que l'autre n'aura pas intérêt à produire s'il se fait voler tout ce qu'il produit.

C'est le niveau zéro de la production ; on peut imaginer que le plus fort réduise en esclavage le plus faible et le force à travailler pour lui, en lui chantant « la raison du plus fort est toujours la meilleure ». Cette hypothèse n'a rien de gratuit. L'esclavage a été pratiqué pendant des millénaires, et encore aujourd'hui il n'a pas totalement disparu. Ce qui montre bien, soit dit en passant, le caractère tout théorique, pour ne pas dire idéologique, de l'égalité chez Hobbes. Mais l'esclavage a un inconvénient. L'esclave n'a que peu intérêt à être productif. Dans les secteurs d'activité où la surveillance des flemmards sera difficile (par exemple la chasse), l'esclavage sera fort peu rentable pour le maître. Il ne le sera pas non plus dans les activités où la productivité dépend de la capacité à prendre des décisions indépendantes. Un représentant de commerce, par exemple, cumule ces deux inconvénients du point de vue de l'économie de l'esclavage. On ne peut le surveiller tout le temps et il doit prendre des décisions de manière autonome. Même un paysan attaché à sa terre a des possibilités de tirer au flanc et doit lui aussi faire des choix indépendants en de multiples occasions au cours des différentes saisons. Nous verrons plus tard qu'il s'agit là d'un problème général que les économistes contemporains traitent dans la « théorie de l'agence[2] ».

A-t-on mis fin à l'esclavage en Occident parce qu'il était peu productif ou improductif ? La précédente leçon nous a fait douter que ce fût pour des raisons morales. Le « progrès » de la morale ou de la civilisation qui est évoqué à ce propos paraît d'autant plus hypothétique, en vérité, que l'on peut très bien supposer qu'à ce moment-là l'esclave non seulement était moins productif que le travailleur libre, mais aussi plus coûteux. En effet, pour son maître, l'esclave est un capital qu'il doit entretenir, lui et sa famille, non seulement pour qu'il maintienne intacte sa force de travail, mais pour qu'il la reproduise. Le patron, dans le système capitaliste pur, ne fait que louer au salarié sa force de travail. Il ne se préoccupe de son état de santé ou de son moral que si c'est dans son intérêt. Dans l'État-Providence, en revanche, le statut des employés et ouvriers est à bien des égards plus proche du statut d'esclaves que de celui des travailleurs libres des débuts de la révolution industrielle. Un tel statut est un obstacle à la mobilité de l'emploi, chère aux théoriciens de la concurrence parfaite[3]. (*Voilà bien des propositions impossibles à rendre publiques !*)

Il faudrait pourtant que nous nous rendions compte que ce n'est pas la liberté que nous chérissons le plus dans notre vie de tous les jours, et que nous lui préférons en fait notre « bien-être ». Un économiste français, Alain Wolfelsperger, remarquait récemment, non sans pertinence ni impertinence, que dans l'État-Providence la liberté est la norme

« dont l'absence est la plus remarquable et la plus troublante[4] ».

Revenons à l'état de nature. Pour en sortir, il y a une autre possibilité que l'esclavage. Supposons que le plus fort accepte de ne prendre qu'une partie de la production du plus faible, par exemple la moitié. Dans l'état de nature, le plus faible n'avait pas intérêt à produire quoi que ce soit qui pouvait être pris par le plus fort. Maintenant qu'il est assuré de conserver la moitié de ce qu'il produit, il sera plus encouragé à travailler. Et les deux, le plus fort et le plus faible, s'en trouveront mieux. La société qu'ils forment est plus productive qu'elle ne l'était dans l'état de nature.

Comment le plus faible sera-t-il assuré de conserver la moitié du produit de son travail ? C'est là le *hic*.

Pour être efficace, la règle du partage par moitié doit être relativement stable dans le temps. Sinon, elle ne peut fonctionner. Si, par exemple, le plus faible s'aperçoit ou anticipe que le plus fort ne respectera la règle que pour une seule récolte, on revient très vite à la misère de l'état de nature. Cette règle de partage a donc tous les caractères d'une règle constitutionnelle au sens propre du terme. Elle *constitue* la société formée par ces deux individus. Elle s'impose de manière permanente au plus faible comme au plus fort. Elle brave l'« incohérence temporelle ».

Le problème de l'« incohérence temporelle » est un grand classique de l'économie contemporaine, encore qu'on le trouve déjà exposé chez Hume[5]. C'est aussi le problème des promesses électorales. Archibald dit qu'il se souviendra toujours de ce conseiller du président de la République qui lui racontait comment il avait vécu ses premiers mois à l'Élysée après l'élection de son « patron ». « Je n'ai jamais compris, lui confia-t-il, pourquoi il tenait tant à accomplir ses promesses électorales ; cela me paraissait à l'époque le comble de la stupidité. » Depuis ce conseiller, que je connais bien, a fait une brillante carrière dans la grande banque, sans doute en tenant sa langue mieux qu'il ne l'a fait devant Archibald...

Nous avons déjà rencontré ce problème lorsque nous discutions du « dilemme du prisonnier ». C'est tout à fait le même : pourquoi respecter ses promesses ?

Supposons qu'un gouvernement baisse l'impôt sur les bénéfices pour inciter les entreprises à investir sur le territoire national. Une fois ces investissements faits, il peut être tout à fait rationnel pour ce même gouvernement d'augmenter l'impôt sur les bénéfices. Autre exemple : le gouvernement s'engage à réduire l'inflation. Cette promesse est crue, et du coup l'inflation baisse réellement, parce que chacun anticipant une stagnation ou une baisse des prix ne se presse plus d'acheter s'il est demandeur, ou se dépêche de vendre s'il est offreur. L'offre tendant à dépasser la demande, les prix stagnent ou baissent pour de bon. Ce résultat atteint, il peut être dans l'intérêt du gouvernement de pousser brutalement les prix à la hausse pour obtenir une baisse de la valeur réelle de sa dette ou des salaires. L'incohérence dans le temps signifie que deux rationalités inverses se succèdent tout aussi parfaites l'une que l'autre du point de vue du gouvernement.

On ne peut pas jouer longtemps à ce jeu-là... Toutefois, le temps des gouvernants n'est pas si long qu'ils puissent redouter les effets de leur incohérence. Évidemment, le résultat final pourrait être que nos princes, à force de ne pas tenir leurs promesses, perdent toute crédibilité. Et il est bien vrai que cette dernière est singulièrement écornée. Toutefois, il se trouve qu'en matière de promesses leur imagination est sans limite, ou plutôt que la limite de leur imagination est inférieure à celle de la crédulité de l'opinion publique, cette bonne fille. (*Peut-être cette « bonne fille », comme il dit, a-t-elle l'intuition que, sans doute, les promesses sont fausses, mais que ça vaut mieux pour la paix civile que de faire semblant d'y croire.*)

Le cas exemplaire de l'incohérence temporelle, c'est Don Juan qui cumule véritablement deux personnalités, l'une avant la séduction, l'autre après. (*Don Juan, soit dit en passant, serait le seul mythe que l'Occident ait réussi à inventer depuis l'Antiquité grecque, si l'on en croit George Steiner*[6].)

Bref, dans tout contrat, y compris le « contrat social », il y a un risque de non-exécution des contrats. Que nous avons déjà étudié avec le « dilemme du prisonnier ». Pour le pallier, on cherche à soumettre nos princes à des règles invariantes quelles que soient les situations, des règles qui sont de nature constitutionnelle, même si elles n'ont pas toujours cette forme. Par exemple, on inscrit dans un traité international (Maastricht) un certain nombre de critères à respecter. Ou encore, on libère la Banque centrale de toute inféodation à l'égard du pouvoir politique et on inscrit cette indépendance dans un acte constitutionnel. Mais on voit bien qu'on ne peut supprimer toutes marges de liberté aux gouvernements, sauf à vouloir les remplacer par des automates.

Il y a un cas toutefois, un cas limite où l'incohérence temporelle ne peut pas jouer, un cas fort intéressant pour l'économie politique, qui est, Archibald le répète, l'économie de la politique. C'est l'« engagement de transparence » des hommes d'État en ce qui concerne leur santé. Pourquoi ?

Simplement parce que renoncer à ces bulletins dits transparents une fois parvenu au sommet de l'État, c'est immédiatement engendrer toutes sortes de soupçons, même si on est en parfaite santé. L'engagement est donc irrévocable, au contraire de tous les autres. Le résultat, c'est que les bulletins de santé sont forcément faux.

Ces exemples sont donnés pour montrer que, si toutes ces histoires d'état de nature paraissent abstraites et lointaines, en fait, nous sommes beaucoup plus proches de l'état de nature que peut-être nous aimerions le penser. Surtout quand on aborde des questions de politique, l'homme redevient véritablement un loup pour l'homme. Il lui faut « tuer » pour parvenir au pouvoir.

Donc, pour revenir à notre société à deux personnes, dès les premiers pas, nous avons bâti une règle constitutionnelle, certes extrêmement simple et fruste, mais qui doit, pour fonctionner, comporter l'un au moins des aspects d'une véritable Constitution, la permanence dans le temps. Cette Constitution n'a pas été votée, elle n'a pas exigé l'unanimité des constituants. Simplement, le plus faible sait que si un accord n'est pas atteint, le plus fort peut toujours user de sa force pour le dépouiller complètement. Dans le processus de négociation, il n'y a pas égalité entre les parties en présence. Cette inégalité mérite toute notre attention une fois de plus, car elle va à l'encontre des idées reçues.

Il est typique des économistes que lorsqu'ils discutent d'échange et d'accord, ils le fassent dans le cadre d'un système de droits de propriété clairement définis.

Le discours habituel des économistes, qu'ils soient libéraux ou marxistes, c'est en effet que les gens ont le droit d'échanger ce qui leur appartient, qu'ils n'ont aucun droit sur ce qui appartient aux autres, qu'ils peuvent toujours conserver ce qui leur appartient sauf à l'échanger contre autre chose, ou même à l'abandonner purement et simplement. Si — c'est un exemple très classique donné par les philosophes qui s'intéressent au contrat social — un voleur menace un passant d'un pistolet en lui disant « la bourse ou la vie », vous aurez quelque difficulté à faire admettre que la victime de ce vol s'est engagée dans un processus d'échange et a accepté d'échanger sa bourse contre sa vie. C'est que la victime avait un droit reconnu sur son portefeuille, alors que le voleur n'en avait aucun. Mais dans l'état de nature, un tel droit n'existe tout simplement pas, par définition.

Autre exemple. Paul passe dans le jardin de Pierre et va cueillir des pommes sur un arbre. Dans le système classique de « l'état de droit », il s'agit là d'un vol caractérisé. Nous savons cela depuis au moins les *Confessions* de saint Augustin[7]. Paul a volé les pommes qui appartenaient à Pierre. Pierre peut se rendre chez Paul, éventuellement avec l'aide de la police, et récupérer ses pommes. Pierre, à ce moment-là, ne commet pas de vol. Il ne fait que reprendre un bien qui lui appartient. Considérons maintenant la même situation en état de nature. Paul prétend avoir des droits sur les pommes qui sont chez Pierre, et il les prend. S'agit-il encore de vol ? Pierre, avec ou sans l'aide de la police, récupère des pommes qui sont chez Paul. Ne s'agit-il pas d'un vol ? Nous sommes bien incapables de le dire. Ce que nous pouvons prévoir, c'est que Paul et Pierre vont entrer dans un processus de négociation, et si Paul est plus fort que Pierre, il gardera les pommes. Point final. Mais il peut aussi conclure un accord avec Pierre, lui laissant une partie de ses pommes contre un service, par exemple d'entretenir le pommier ou d'en planter un autre.

Autrement dit, il nous faut renverser la perspective habituelle. Habituellement, les économistes établissent qu'il ne peut y avoir d'échange et de contrat que s'il existe des droits de propriété préalablement définis. Ce qui signifie aussi que l'État, qui définit et protège ces droits, est antérieur au marché. Les marxistes disent eux aussi que le capitalisme ne peut se passer de l'État, d'un État qui n'en est pas moins au service de la bourgeoisie. (*Étrange rencontre entre libéraux et marxistes !*)

Le droit de propriété est ainsi légitimé ou rationalisé par les services qu'il rend à la société. En clair, la société fonctionnerait mieux (du point de vue de l'individu, pour les libéraux, du point de vue capitaliste, pour les marxistes) avec des droits de propriété que sans eux. On trouve ce raisonnement chez saint Thomas d'Aquin : pour le « Docteur angélique », déjà rencontré à propos de la main invisible, le droit de propriété privée n'est pas tiré du droit naturel. Thomas d'Aquin était certes un défenseur du droit naturel. Mais pas pour la propriété. C'est à la raison, nous enseigne saint Thomas, qu'il revient de choisir la forme de répartition des biens, de telle manière que soit assuré l'ordre social nécessaire à l'homme pour atteindre ses fins. Sans doute serait-il logique de recommander la communauté des biens, puisque « selon le droit naturel, tout est commun » (chapitre « Justice », question 66, article 2, objection 1). Mais la raison indique que la propriété privée est indispensable à l'établissement d'un bon ordre social : les hommes prennent davantage soin de ce qu'ils possèdent pour leur propre compte que de ce qui appartient à beaucoup ou à tous. Ils se donneront du mal avec plus de cœur pour leur propre intérêt que pour celui d'autrui. L'ordre social sera mieux préservé si les possessions sont distinctes, de sorte qu'il n'y ait pas à se quereller pour l'usage des biens communs. Il faut bien se rendre compte que saint Thomas était en opposition sur ce point avec d'autres théologiens, beaucoup plus sévères à l'égard de la propriété privée. Un saint Jean Chrysostome, par exemple, considérait que la propriété privée était un effet du péché originel ! Pour ne rien dire d'Olivi, rencontré dès la Première leçon. Ces théologiens, qui se fondaient sur la Bible, avaient oublié un argument fameux d'Aristote : « Ce qui est commun au plus grand nombre fait l'objet des soins les moins attentifs. L'homme prend le plus de soin de ce qui lui est propre ; il a tendance à négliger ce qui est commun. » (*Une observation que l'on peut faire dans les lieux publics, qui sont toujours dégoûtants !*)

Chez Thomas d'Aquin, donc, le droit de propriété n'a rien de naturel. Un tel droit reste subordonné à la raison. Il peut être remis en cause si la société estime que l'intérêt général l'exige. C'est pourquoi les libéraux préfèrent en général faire du droit de propriété un « droit naturel », ce qui les expose à la critique ravageuse des positivistes, tel le juriste autrichien Hans Kelsen à qui l'on doit la critique la plus forte et la plus violente du supposé état de droit que l'on ait faite depuis Marx[8].

Ce point est évidemment central, car si le droit de propriété n'est pas « naturel », s'il ne préexiste pas à l'État, on renverse la perspective (à la manière de Holcombe, déjà rencontré dans la précédente leçon) : l'accord entre les parties est aussi une manière de régler une dispute portant sur les droits eux-mêmes. Si l'une des parties au contrat est dans une position favorable de négociation, alors il est probable qu'elle obtienne un résultat que l'autre partie, qui est dans une moins bonne position, pourrait envier. Il n'en reste pas moins qu'un accord pourrait être trouvé par les deux parties et que cet accord améliorerait la situation de tout le monde.

Prétendre que cet accord ne peut être conclu que si les droits ont été préalablement définis, c'est supposer le problème résolu. Dans une situation où aucun droit n'est défini, les négociateurs peuvent utiliser toutes sortes de moyens, y compris des menaces ou des promesses, mais en aucun cas il ne peut y avoir de violation de droits, si ces droits n'existent pas. Dans une telle situation, un individu qui vous menace en disant « la bourse ou la vie » a autant de droit sur votre argent que Paul en a sur les pommes qu'il lorgne dans le jardin de Pierre. Sans une définition des droits, ce qui constitue une menace n'est pas évident puisque personne ne sait qui a quoi et de quel droit. De fait, le principal objectif d'une définition des droits est d'établir des frontières que les individus peuvent prendre en compte de manière légitime dans leurs relations avec les autres. *Mais la définition de ces droits est elle-même issue d'une négociation où il n'est pas exclu que le plus fort impose sa raison au plus faible.* Tel est l'apport de Holcombe. Et c'est là où il rejoint Kelsen, selon Archibald.

Ce que nous avons dit d'une société de deux individus peut être aisément étendu à une société composée d'autant d'individus que l'on voudra. Là encore, les plus forts peuvent accaparer la production des autres, de telle sorte que ces derniers n'ont aucun intérêt à produire plus que ce qu'ils peuvent immédiatement consommer. Une telle société serait au niveau zéro de la production, comme nous l'avons dit. Pour sortir de cette misère, un accord peut être conclu entre les plus forts et le reste de la population qui prévoit un partage de la production tel que le reste de la population n'est pas découragé de produire plus que ce qui lui est strictement nécessaire pour une consommation immédiate sans aucune réserve ou épargne. Comme tout à l'heure, cet accord bénéficie à tout le monde. Comme tout à l'heure il est forcément durable, permanent. Il a donc les caractères d'une Constitution. La coalition des plus forts peut être appelée État, et le reste de la population est alors composé des citoyens de cet État. Ce modèle est bien sûr théorique, mais il n'est pas sans relation avec la réalité. La plupart des États se sont formés dans la violence, imposés par des conquérants à des peuples qu'ils avaient conquis. Gustave de Molinari, économiste libéral du XIXe siècle, le premier à concevoir la privatisation des fonctions de défense et de police, a écrit une très belle page à ce sujet[9]. Le conquérant était forcément plus fort que ceux qu'il combattait. Inéluctablement, il y avait inégalité entre conquérant et conquis. L'armistice de 1940 est lui aussi un bon exemple de ce genre d'accord.

Il passe communément pour un acte de soumission, une capitulation. Il n'empêche que les deux parties se sont tout de même mises d'accord pour admettre que le pillage pur et simple ne profiterait ni à l'une ni à l'autre. Encore une fois, on ne se place ici ni sur le plan de la morale, ni sur celui de l'honneur[10]... (*Mais n'y a-t-il pas eu pillage, en fait, sous des apparences légales*[11] ?)

Autre question : y a-t-il forcément unicité du pouvoir pour une société donnée ? Pour un même troupeau, il peut y avoir plusieurs loups qui se battent entre eux.

On peut tout à fait imaginer que d'autres individus ou groupes d'individus qui ne sont pas parties à l'accord qui a formé le premier « État » issu du pacte social, tentent de s'emparer des richesses produites du fait même de ce pacte. L'État a alors intérêt à prévenir ces actions de tiers, car elles viennent accaparer des richesses de ses citoyens et donc risquent de diminuer ses propres revenus. L'accord de tout à l'heure débouche naturellement sur un échange : la protection de l'État est échangée contre le tribut des citoyens. Hommes de l'État et citoyens améliorent leur situation, les premiers parce qu'ils reçoivent une part de la production sociale, les seconds parce qu'ils jouissent de la sécurité pour la part de la production qu'ils ont le droit de conserver pour eux — sécurité à la fois interne et externe, interne contre les actions de prédation des hommes de l'État, externe contre des actions du même ordre venant de l'étranger. Cet accord n'exclut pas la coercition que l'État exerce sur ses citoyens, notamment pour lever l'impôt.

On retrouve ainsi les deux caractéristiques de l'État. La première caractéristique est que l'État instaure son règne par la menace de la force. Autrement dit, il dispose du monopole de la violence légitime, selon la définition bien connue de Max Weber[12]. Cette définition mérite d'ailleurs d'être située dans son contexte : « L'État consiste en un rapport de domination de l'homme sur l'homme fondé sur le moyen de la violence légitime (c'est-à-dire sur la violence qui est considérée comme légitime[13]). » La deuxième veut que les citoyens « acceptent » d'être taxés par l'État, car en échange ils reçoivent sécurité et protection. On met des guillemets à « acceptent », parce que les citoyens n'ont pas vraiment le choix. L'impôt ne peut pas être autrement qu'obligatoire.

À cause d'un personnage célèbre dans la théorie économique, le « passager clandestin », dont il faut dire maintenant quelques mots.

C'est un personnage très amusant, une sorte de petit démon, un empêcheur de tourner en rond, appelé en anglais *free rider* (cavalier libre). Nous y reviendrons quand nous étudierons une catégorie de biens qu'on appelle biens collectifs. Mais il est aisé d'entrevoir de quoi il s'agit. Le passager clandestin est le cauchemar des syndicalistes. Le non-cotisant profite des effets de l'action syndicale autant que le cotisant. Dès lors, à quoi bon cotiser ? C'est pourquoi les syndicats sont si pauvres là où les cotisations syndicales ne sont pas obligatoires. Le même problème se rencontre, bien sûr, sur le plan fiscal.

Supposons un instant, rêvons plutôt de citoyens libres de payer l'impôt et que cet impôt finance uniquement la défense nationale. Il y aura toujours au moins un *quidam* qui estimera que cela ne vaut pas la peine de payer puisque d'autres le font et que de toute façon ce non-paiement de l'impôt ne l'empêchera pas de profiter de la sécurité apportée par la Défense. Son raisonnement est parfaitement rationnel et peut être résumé ainsi : si je ne paie pas l'impôt et que les autres paient, je profiterai tout de même de la Défense ; si les autres ne paient pas et que je paie, cela ne changera rien au fait que la Défense ne sera pas assurée ; dans les deux cas, il est de mon intérêt de ne pas payer. Même si cet individu au comportement vraiment odieux de parasite n'existait pas réellement, la seule possibilité de son existence suffit à ruiner le système. Car chacun va anticiper le parasitisme rationnel de l'autre pour justifier tout aussi rationnellement son propre incivisme et, à moins d'être un modèle de dévouement à la cause publique, refusera de payer l'impôt. Et le résultat final sera que personne ne paiera l'impôt et que la Défense ne pourra être assurée[14]. D'où l'acceptation que l'impôt soit obligatoire. Je vous laisse penser à ce qui reste de l'exigence d'unanimité dans ces conditions. Un pacifiste sincère, par exemple, dans un tel système, sera obligé de payer l'impôt de défense nationale, à l'encontre de ses convictions les plus fortes. On pourrait donner de multiples exemples de biens collectifs, notamment en matière de pollution, de réchauffement climatique, comme on le verra[15], ne pouvant être financés que de manière obligatoire à cause du problème du cavalier libre. L'obligation de payer l'impôt en quelque sorte nous assure que nous ne sommes pas seuls à le payer, même si nous trouvons désagréable d'être ainsi forcés de payer, comme si nous étions de mauvais citoyens.

Le passager clandestin est un cas particulier de non-coopération qui aboutit à mettre en défaut le mécanisme de la main invisible. Ici, comme dans le dilemme du prisonnier, on aboutit à un résultat inférieur à celui qui serait obtenu si tout le monde coopérait. Cela dit, dans notre modèle inégalitaire et non unanime de contrat social, nous n'avons pas besoin de nous embarrasser des éventuelles contradictions entre l'unanimité et l'impôt obligatoire. D'entrée de jeu, l'État dispose du monopole de la force et se trouve capable d'imposer un tribut. Son intérêt est que ce tribut ne soit pas tel qu'il décourage le peuple de travailler le plus possible.

Dans ces conditions, dira-t-on, le plus faible a un intérêt évident à chercher à tuer le plus fort, s'il le peut… Mais s'il le peut, c'est qu'il est le plus fort, et l'on revient à la case départ.

Mais comment exclure que le plus faible cherche

à s'échapper de la domination du plus fort d'une manière ou d'une autre ? Ne peut-on craindre une grande instabilité dans une telle société. (*Ravaillac peut toujours transpercer le cœur d'Henri IV, cela change rarement quelque chose au système. Il est vrai que si l'on avait assassiné Hitler… Mais justement, on ne l'a* pas *assassiné.*)

Le fuyard affaiblit son propre camp puisque son départ diminue le nombre des opposants. Et où qu'il fuie, il lui faudra se protéger contre d'autres prédateurs. La protection est quelque chose de coûteux. Les théoriciens du droit oublient souvent cet aspect des choses. Pas les économistes. L'échange protection contre tribut est probablement la manière la plus efficace pour la plupart des gens de se protéger contre d'éventuels prédateurs. Ce qui est une manière de dire que la protection collective est plus efficace que la protection individuelle. Il y a des « économies d'échelle » dans l'« industrie » de la protection. (*On appelle ainsi les économies provenant de la dimension de l'activité. Plus grande est la masse des biens ou des services produits, plus petit leur coût unitaire, puisque les frais fixes peuvent se répartir sur un plus grand nombre de biens ou de services*.) On y reviendra[16]. Et cela pourrait justifier économiquement que l'État dispose du monopole de la force. En effet sur un territoire donné, la défense collective a toutes chances d'être plus efficace et moins coûteuse que n'importe quelle défense au niveau des sous-groupes. Mais ces économies d'échelle ne sont certainement pas infinies, car si elles l'étaient, il n'y aurait plus qu'un seul État à la surface de la planète !

À partir du moment où les hommes qui sont à la tête de l'État disposent du monopole de la violence légitime, il est à craindre qu'ils s'en servent pour étendre leur monopole à d'autres activités. Et qu'ils en tirent, comme nous le verrons dans une prochaine leçon, des profits de monopole[17]. Les juristes ou les constitutionnalistes oublient souvent cet aspect des choses. Le pouvoir est intéressant en ce qu'il permet de vivre grâce à des « prélèvements obligatoires », comme on dit si bien. Le capitaliste, par définition, apporte ses capitaux, et quel que soit le degré d'« exploitation » qu'il impose à ses salariés, il a « droit » à une part correspondant à la rémunération de son capital. S'il n'a pas ce « droit », il ne risquera pas son capital, et l'affaire s'arrête là, au niveau zéro ! À l'opposé, l'homme de pouvoir n'apporte rien d'autre que la menace de la violence ou de la non-protection. De son exploitation, on pourrait dire qu'elle est pure et parfaite, pour reprendre une expression, nous le verrons, chère aux économistes classiques anglais lorsqu'ils parlent de la concurrence. Toute l'astuce consiste à faire croire que ce n'est pas lui l'exploiteur, mais le patron capitaliste. Et ça n'a pas mal marché jusqu'à maintenant. Comme le dit très bien Jean Hyppolite, un grand connaisseur de Hegel, « l'État est donc la ruse qui en laissant libres les individus parvient toutefois à se réaliser dans le jeu même de leurs libertés[18] ». Comment dans ces conditions l'homme de pouvoir ne profiterait-il pas de son pouvoir pour l'accroître encore ? Autre façon de poser la question : y a-t-il des limites au pouvoir à partir du moment où le pouvoir définit lui-même ses propres limites ? De même, on dit du pouvoir suprême qu'il est le gardien de la Constitution, *mais qui garde le gardien* ? Question fondamentale que nous retrouverons[19].

Problème très classique que l'on peut résoudre par le raisonnement économique : il y a une limite au pouvoir dans la mesure où les hommes de l'État sont en concurrence pour gouverner, et que cette compétition peut se traduire par des guerres, des révolutions ou des... élections. Plus la compétition est ouverte, mieux les citoyens s'en ressentiront. Pour l'économiste, la situation des citoyens est comparable à celle des consommateurs. Eux aussi, en général, préfèrent la concurrence au monopole.

D'autre part, le bon sens indique que même le tyran ne peut pas gouverner tout le temps par la force. Ne serait-ce que parce que les revenus de l'État dépendent de l'imposition des citoyens. On retrouve le loup de Bentham.

La menace de sanction ne peut suffire. Certes, elle aide le gouvernement à effaroucher les candidats à la fraude fiscale, mais aucun État n'aura assez de ressources pour mettre un inspecteur des impôts derrière chaque citoyen.

Assurément aucun dirigeant politique ne quitte le pouvoir s'il n'y est forcé d'une manière ou d'une autre.

Dans le cas d'une dictature, où, par définition, il n'y a pas de règles constitutionnelles qui permettent de changer de politique en douceur, on ne peut chasser les gouvernants que par la violence, après avoir accumulé une force armée considérable. Mais attention aux « passagers clandestins » de la Révolution qui sont forcément très nombreux, puisque les bénéficiaires du changement de régime sont beaucoup plus nombreux que ceux qui se sont battus pour lui.

En démocratie, normalement, les gouvernants ne peuvent utiliser la force pour rester au pouvoir s'ils perdent la majorité aux élections. Ce qui signifie implicitement que la majorité pourrait sortir de force des gouvernants devenus minoritaires qui s'y refuseraient, justement parce qu'elle est la majorité. Mais bien sûr, on ne peut exclure la possibilité d'un coup d'État des gens au pouvoir pour se maintenir.

Dans tous les cas, les hommes aux commandes ont besoin d'un support minimum des citoyens pour garder le pouvoir. Certes, par rapport à leurs concurrents potentiels, ils ont l'avantage d'être dans la place et de disposer de tous les avantages inhérents à cette position. Mais cela ne peut suffire, et ils ont besoin d'un consentement minimal.

C'est ce que l'on appelle la légitimité. La légitimité peut donc être examinée elle aussi en termes économiques. La légitimité est ce qui permet de réduire les coûts de surveillance de la population. Quand un gouvernement est légitime, il y a moins de fraudeurs, moins de « cavaliers libres ». La légitimité permet d'économiser du pouvoir. Elle est, en elle-même, une « économie politique », une économie du politique. Comment acquiert-on la légitimité ? C'est une question elle aussi très classique.

L'un des paradoxes de la légitimité est que plus les droits des citoyens sont faibles, plus grandes sont les obligations que doit afficher l'État. Ainsi, dans un système totalitaire, paradoxalement, les gouvernants sont obligés de promettre beaucoup plus que dans un système démocratique. Tout au long de la Seconde Guerre mondiale, si l'on en croit les Mémoires de Speer[20], les Allemands étaient plutôt moins mal nourris par la dictature nazie que les Anglais par leur économie démocratique, toute planifiée qu'elle fût pour les besoins de la guerre. On trouve une idée analogue chez Montesquieu. Pour l'auteur de l'*Esprit des lois*, plus libre était un pays au plan politique, plus élevé devait être le prélèvement de l'État. Ainsi, expliquait Montesquieu, l'Angleterre et la Hollande étaient-elles lourdement imposées. La liberté politique déclinant, déclinait aussi, affirmait-il, le fardeau fiscal. La Turquie des Ottomans figurait ainsi comme le moins imposé de tous les pays. La modération de la ponction fiscale constituait donc la compensation de la perte de la liberté politique[21]. (*Voilà ce qu'il faudrait dire à tous ceux qui réclament à cor et à cri une réduction des impôts*.)

Nous voyons mieux maintenant en quoi la théorie du contrat social de Holcombe s'oppose à celle de Hobbes ou de Rousseau. Le fondement du contrat, chez Holcombe, c'est l'échange de protection contre tribut. En leur accordant sa protection, l'État permet aux citoyens d'être productifs en diminuant substantiellement le risque que le produit de leurs activités leur soit confisqué. En échange, les citoyens paient un tribut à l'État. Dès lors, l'État a intérêt à protéger des citoyens qui sont la source même de ses revenus. Et tout le monde s'en trouve mieux. Le contrat social peut être étendu à d'autres services : Défense nationale, etc.

Assurément un tel contrat est conclu entre des parties qui sont inégales, qui n'ont pas la même capacité de négociation — comme cela arrive dans la vie de tous les jours. Mais l'inégalité dans le pouvoir de négociation n'empêche pas la négociation, en politique comme dans le commerce. C'est la grande règle que l'économie peut inspirer à la politique.

En outre, et là aussi Holcombe est à l'opposé de Hobbes ou de Rousseau, certains citoyens peuvent choisir de n'être pas cosignataires du contrat social. Par exemple, on peut avoir affaire à des opportunistes ou à des profiteurs du système. Ceux-là sont encore pires que des passagers clandestins, car ils font le calcul qu'à partir du moment où la règle est respectée par les autres, ils peuvent gagner à ne pas la respecter eux-mêmes. Si ce comportement se généralisait, il est évident que le contrat social serait rapidement remis en cause.

De toute façon, nous l'avons dit, le système admet que l'unanimité n'est pas une condition essentielle au contrat social... mais il faut aller au fond des choses et envisager que certaines catégories de la population puissent ne pas accepter la légitimité du contrat social lui-même. Cela ne remet pas en cause l'existence du contrat si la plupart des gens concernés se sentent liés par lui. Que la majorité impose sa loi aux minorités, cela ne gêne pas le fonctionnement du système. Alors que l'absence d'unanimité est un handicap considérable pour les démocrates patentés. Ces grands défenseurs des droits naturels ou des droits de l'homme ne peuvent jamais venir à bout de la contradiction entre la règle majoritaire, fondement de la démocratie, et leur vision normative du droit qui leur impose le respect des droits des minorités.

Dans le système de Holcombe qui rejoint Kelsen, tout État, même dictatorial, est un État de droit. Même la pire des dictatures est liée par certaines procédures quand elle a affaire à ce qu'elle appelle des « cas sociaux », assassins, fraudeurs du fisc, et autres catégories ou classes dangereuses de citoyens. En Union soviétique, par exemple, le traitement des dissidents en asile psychiatrique était connu de tout le monde. Il faisait partie du « contrat social ». S'ils respectaient les règles du jeu, les individus ordinaires n'avaient pas à craindre d'être envoyés en asile. S'ils se lançaient dans une protestation ouverte contre les autorités, ils savaient ce qui les attendait. Même dans les régimes les plus répressifs, les gouvernants suivent des règles de nature constitutionnelle qui garantissent aux citoyens que, s'ils obéissent à ces règles, ils seront protégés par l'État. Bref, l'État le plus dictatorial n'échappe pas à la logique de l'échange protection contre tribut. N'est-ce pas ainsi que fonctionne la Chine où le « tyran » communiste a imposé la loi du marché à une part croissante de la population ? (*Difficile à admettre tout de même !*)

Encore une fois, il s'agit de savoir si l'on décrit la réalité telle qu'elle est ou telle qu'elle devrait être. Le grand avantage du système Holcombe-Kelsen, c'est qu'il se passe de la règle de l'unanimité. C'est dire qu'il est plus proche de la réalité, car dans les faits, si l'on dépasse le niveau des micro-communautés, l'unanimité n'existe jamais. Elle est impraticable. Que faire, alors, des gens qui ne sont pas d'accord avec le régime dans lequel ils vivent ? La réponse de Hobbes, il faut le savoir, est terrifiante : « Parce que la majorité a déclaré tel Souverain par consentement, celui qui n'est pas d'accord doit faire l'aveu de toutes les actions qu'il fera, ou, sinon, être rigoureusement détruit par les autres[22]. » Le message est clair : si vous êtes dissident, et que vous ne soumettez pas toutes vos actions à la règle commune, vous serez détruit. Il faut rappeler tout de suite que Hobbes, qui par ailleurs n'en est pas à une contradiction près, proclame que le droit de résistance des citoyens au Léviathan est inaliénable.

Dans le système de Holcombe, il suffit que les citoyens soient d'accord majoritairement pour estimer qu'une situation où ils échangent un tribut contre une protection est préférable à l'état de nature pour les raisons économiques que nous avons dites. De leur côté les hommes qui tiennent le pouvoir doivent s'efforcer de conserver leur légitimité face aux candidats au pouvoir, et ils doivent donc disposer d'un certain support populaire. Dans le monde réel, il n'y a pas d'unanimité, même dans le sens le plus épuré du terme, mais une sorte d'accord général qui constitue un « contrat social » et dont dépend la légitimité du régime. Ayant perdu sa légitimité, le régime soviétique, malgré toute sa puissance, s'est écroulé d'un seul coup[23].

Ainsi, pour un économiste comme Holcombe, la légitimité de l'État est le résultat d'un accord entre gouvernants et citoyens portant sur l'échange d'une protection contre un tribut. Parce que les hommes au pouvoir reçoivent du peuple leurs revenus, ils ont intérêt à le protéger. Mais la productivité de ce dernier dépend d'investissements durables qui impliquent que le contrat social soit un contrat de longue période. Il ne s'agit pas seulement d'une métaphore. Ce contrat est vraiment l'essence des relations entre gouvernants et gouvernés, même s'ils se trouvent dans une situation d'inégalité. Pour que les hommes de l'État soient autre chose que des voleurs de grand chemin, ils doivent à la fois vouloir et pouvoir protéger les citoyens selon des règles bien définies et durables.

Dès lors, toute Constitution devrait présenter les cinq caractères suivants :

1. Est garanti aux citoyens un ensemble de droits qui ne peuvent être modifiés que par une procédure définie à l'avance.

2. Est requis des citoyens un ensemble d'obligations qui ne peuvent être modifiées que par une procédure définie à l'avance.

3. Le contrat social est un contrat à long terme qui ne peut être modifié qu'avec l'accord des deux parties.

4. La protection est accordée aux citoyens contre tribut ; protection physique pour autant que les citoyens respectent les règles définies ; protection économique en ce sens que le revenu est fonction de l'activité productive.

5. La collecte du tribut se fait selon un mécanisme clairement défini, des limites constitutionnelles garantissant que les citoyens peuvent conserver une portion suffisante de ce qu'ils produisent, étant donné que l'encouragement à produire est bénéficiaire à la fois aux gouvernants et aux gouvernés.

Un sixième trait varie grandement selon les régimes : c'est la limite constitutionnelle apportée à la capacité que les hommes de l'État ont d'utiliser leurs pouvoirs pour établir des monopoles et en tirer profit. Il est clair qu'une dictature aura davantage de possibilités dans cette direction qu'une démocratie.

Quel que soit le niveau de l'oppression ou de l'exploitation, les deux parties se trouvent mieux avec des règles constitutionnelles qui définissent les droits et obligations des deux parties ainsi que les règles de procédure pour les modifier, que dans l'état de nature.

Enfin on notera, à titre de curiosité, que Hobbes lui-même envisage un contrat social dont les partenaires sont dans une situation inégale dans ce qu'il appelle la « souveraineté d'acquisition », ou la « république d'acquisition » fondée sur la conquête. « C'est le cas, explique Hobbes, lorsqu'un homme oblige ses enfants à se soumettre, avec leurs propres enfants, à un gouvernement parce qu'il peut les détruire s'ils refusent, ou lorsque par le moyen de la guerre il soumet ses ennemis à sa volonté, leur accordant la vie sauve à cette condition. » Quel que soit le rôle de la violence dans la constitution de la « république d'acquisition », elle n'en repose pas moins, chez Hobbes, comme dans ce que nous venons d'exposer, sur une convention. Hobbes le dit lui-même : « Ce n'est donc pas le succès des armes qui donne le droit d'exercer la domination sur le vaincu, mais la convention passée par celui-ci. Et il n'est pas obligé parce que subjugué, c'est-à-dire battu, capturé ou mis en fuite : mais seulement par le fait qu'il se rend, et fait sa soumission au vainqueur[24]. » Hobbes est archibaldien avant la lettre !

Comment protéger les minorités dans un tel système ? Cela nous renvoie à la justice, et donc à la prochaine leçon.

*Dixième leçon*

## DE LA JUSTICE

*Où, ne pouvant faire que ce qui est juste fût fort,*
*on a fait que ce qui est fort fût juste,*
*comme l'avait dit Pascal.*

ARCHIBALD : Voulons-nous vraiment lutter contre le chômage ?

CANDIDE : Vous n'en doutez pas !

ARCHIBALD : Évidemment, j'en doute. Puisque les solutions sont à notre portée !

CANDIDE : La réduction de la durée du travail ?

ARCHIBALD : Certainement pas, et tout le monde le sait. Même le gouvernement français le savait. *Vous* le savez. Nous évoquions la justice à la fin de notre précédent entretien. Le chômage n'est-il pas l'une des plus grandes injustices ?

CANDIDE : Précisément !

ARCHIBALD : Encore faut-il que nous sachions de quoi nous parlons quand nous disons le mot « justice ». Ou le mot « équité » qui est plus à la mode, à cause du grand théoricien américain de la justice John Rawls, déjà mentionné dans les leçons précédentes.

CANDIDE : Qu'on puisse faire la *théorie* de la justice, vous ne trouvez pas ça bizarre ?

ARCHIBALD : La réflexion théorique peut nous aider à comprendre ce qu'est la justice. Supposons que des convives à un dîner conviennent que la justice, c'est l'égalité. Arrive pour le dessert un superbe gâteau. Comment être sûr que celui qui est chargé de le découper le partagera en parts égales ?

CANDIDE (*après une minute de réflexion*) : Il suffit que celui qui découpe le gâteau soit le dernier à se servir.

ARCHIBALD : Bravo. En effet, si celui qui est chargé de découper est le dernier à se servir, la seule manière pour lui de disposer de la part la plus grosse possible est de partager le gâteau en parts strictement égales — c'est la seule manière d'y arriver si nos convives, y compris celui qui découpe, sont des gens mal élevés, et ne songent qu'à satisfaire leur gourmandise sans égard pour les autres. Autrement dit, mus par leur intérêt au sens égoïste du terme, ils cherchent tous à avoir la plus grosse part possible. Avec la règle : celui qui découpe se sert le dernier, nous avons là une méthode, les théoriciens de la justice comme Rawls disent une « procédure », qui permet à tous les coups d'obtenir le résultat recherché, la justice, même avec des gens parfaitement égoïstes. Malheureusement, les cas où l'on peut appliquer cette méthode sont extrêmement rares.

CANDIDE : Pourquoi donc ?

ARCHIBALD : Parce que cette méthode suppose deux conditions : 1. que les gens s'accordent sur ce qu'est la justice, et 2. que celui qui est chargé de partager le gâteau n'ait pas le pouvoir de se servir en premier. Vous reconnaîtrez que ces deux conditions sont très limitatives. À vrai dire, elles ne sont jamais remplies. Celui qui opère le partage, en général celui-là a le pouvoir. D'autre part, il peut y avoir autant de conceptions de la justice qu'il y a de convives.

CANDIDE : J'imagine que pour l'un, sera juste un partage qui accorde la plus grosse part à celui qui fête son anniversaire.

ARCHIBALD : Pour l'autre, les plus gourmands devront être les mieux servis.

CANDIDE : On peut concevoir que ce sont les gourmands, au contraire, qu'il faut défavoriser pour les punir de leur péché ou par souci de leur santé.

ARCHIBALD : Ou que la plus grosse part doive revenir au plus affamé, ou au plus maigre, ou au plus riche, ou au plus âgé, ou au plus jeune, ou à celui qui a confectionné le gâteau.

CANDIDE : Ne serait-il pas foncièrement inéquitable de traiter également des convives qui sont inégaux selon tel ou tel critère, et ne serait-il pas juste de traiter inégalement des gens inégaux, comme l'enseignait déjà Aristote ?

ARCHIBALD : Voici un autre jeu, tout aussi classique chez les théoriciens de la justice : quelqu'un vous donne 2 millions d'euros à la double condition 1. que vous partagiez cette somme avec le premier *quidam* venu et 2. que ce *quidam* soit d'accord sur le partage tel que vous l'avez décidé. S'il n'est pas d'accord, la somme vous est retirée et vous perdez tout. Vous ne connaissez rien de cette personne, vous n'avez aucun moyen de communiquer avec elle, de vous accorder avec elle. Et vous risquez de tout perdre si, trouvant le partage « injuste », elle le refuse. Quel partage allez-vous choisir, étant donné que l'autre connaît la règle du jeu ?

CANDIDE (*après quelques secondes de réflexion*) : Moitié-moitié.

ARCHIBALD : Je trouve votre choix bizarre. Voilà

quelqu'un à qui vous pourriez faire un cadeau par exemple de 2 000 euros, qui est peut-être très pauvre, et cette somme est pour lui une aubaine exceptionnelle. Ainsi vous garderiez pour vous 1 998 000 euros. Est-ce que cela ne vaut pas la peine de tenter le coup ?

CANDIDE : Certes, mais s'il n'accepte pas, je perds tout. Je préfère encore lui donner 1 million pour être sûr de garder moi-même 1 million. Vous avez dit que je ne pouvais pas converser avec lui. Si je pouvais lui parler, je pourrais éventuellement négocier un partage plus favorable pour moi que le *fifty-fifty*, lui faire entendre que si je perds tout, lui aussi perd tout, et que nous avons donc tous deux intérêt à nous entendre.

ARCHIBALD : Même en cas de négociation, pourquoi s'arrêterait-il à 2 000 euros ? Et au moment ultime, ne va-t-il pas se raviser et ne pas respecter l'accord que vous auriez conclu comme nous l'avons vu faire dans le « dilemme du prisonnier » ?

CANDIDE : S'il est dans une très grande nécessité, au bord de la famine, que sais-je, il pourrait accepter un tel compromis. Mais puisque vous me dites que je ne sais rien de lui, que je ne peux lui adresser la moindre parole, je préfère lui abandonner 1 million d'euros plutôt que de tout perdre.

ARCHIBALD : Mais alors, pourquoi un partage moitié-moitié le satisferait-il ?

CANDIDE : Je n'en sais rien. Je sais seulement qu'un partage moitié-moitié a plus de chances de lui paraître équitable et acceptable que n'importe quel autre.

ARCHIBALD : Vous avez peur de son envie. Et vous avez raison. L'envie, nous l'avons déjà rencontrée[1]. À l'opposé de la sympathie, c'est le vice social par excellence. Le bonheur des autres nous fait mal, et nous voulons les en priver même s'il est nécessaire pour cela que nous renoncions à une partie de notre propre bien. Aussi l'envie est-elle la bête noire des théoriciens de la société. Elle gâche tout par son irrationalité, sa bêtise. C'est « la plus antisociale et la plus funeste des passions », comme disait si bien Stuart Mill, si obsédé qu'il fût pourtant de justice sociale[2]. Et il est avéré que l'on ne peut disserter sur la justice sans évoquer l'envie !

CANDIDE : Je crois que vous ne pouvez pas comprendre. Même la plus justifiée des inégalités est une cause de souffrance pour celui qui en pâtit. L'homme politique ne peut pas ne pas tenir compte de cette souffrance, ne peut pas ne pas s'efforcer de la calmer, en tout cas il ne peut pas ne pas promettre de la réduire autant que possible. Telle est la politique.

ARCHIBALD : Je ne voulais pas croire que la politique consistait à flatter non seulement la plus antisociale, mais aussi la plus vile des passions humaines, que beaucoup de mes collègues économistes, hélas !, exploitent de la manière la plus éhontée pour écrire des best-sellers, trahissant l'enseignement de leurs grands ancêtres. Je n'ai pas besoin de donner de noms ici. On les reconnaîtra facilement même s'ils ne se reconnaissent pas eux-mêmes.

CANDIDE : Pourquoi l'envie serait-elle la plus vile des passions ?

ARCHIBALD : Rawls l'explique très bien quand il définit l'envie comme « la tendance à éprouver de l'hostilité à la vue du plus grand bien des autres, même si leur condition plus favorisée que la nôtre n'ôte rien à nos propres avantages ». Dès lors « nous envions ceux dont la situation est supérieure à la nôtre [...] et nous voulons les priver de leurs plus grands avantages même s'il est nécessaire pour cela que nous renoncions nous-mêmes à quelque chose ». Le processus ne s'arrête pas là. Car les autres se rendent compte de notre envie et ils deviennent jaloux, au sens propre du terme, de leurs avantages, ils prennent « des précautions contre les actes hostiles auxquels notre envie peut nous conduire ». Ainsi comprise, l'envie est nuisible collectivement. Et c'est pourquoi Kant la considère, quant à lui, comme « un des vices exprimant la haine de l'humanité[3] ». Bien longtemps avant lui, Aristote remarquait déjà : « quelques-unes [des passions] ont dans leur nom un lien immédiat avec la perversité, comme la malveillance, l'impudence, l'envie [...] perverses en elles-mêmes [...] elles ne connaissent donc jamais la réussite, mais toujours l'échec[4] ».

CANDIDE : Il est vraiment trop facile pour ceux qui occupent les positions les plus élevées dans la société de prétendre que lorsque les autres réclament plus de justice ou moins d'injustice, ils ne sont que des envieux.

ARCHIBALD : Figurez-vous que même Marx, à un moment, a pensé au premier stade du communisme comme à une expression de l'envie[5]. Le fait est qu'une grande partie de nos comportements, qui ont, en apparence, un objectif de justice, sont en fait motivés par la peur de déclencher l'envie chez les autres. Mais la peur de l'envie peut mener très loin dans la course à l'égalitarisme. Comme le remarque avec pertinence un autre théoricien de la justice, l'économiste hongrois Anthony de Jasay, « si l'inégalité est à l'envie ce que le détonateur est à la puissance de l'explosion, moins d'inégalité ne produira pas moins d'envie[6] ». Un sociologue allemand, Helmut Schoeck, a consacré un livre entier à l'envie.

Il remarque : « Toute vie sociale serait impossible si les différentes formes de civilisation ne réussissaient pas à obtenir la coopération même de ceux qui ont des motifs d'envie et de jalousie. Tout compte fait, une société dans laquelle rien ne donnerait jamais lieu à de l'envie, une société où régnerait une égalité complète et permanente n'est même pas possible en rêve. [...] Toute société, toute forme de culture peut conférer à une situation, une performance, un état d'âme (l'extase par exemple) un caractère si éminent et un tel éclat qu'il y aura toujours des individus portés à croire qu'ils n'ont pas reçu leur dû[7]. »

Revenons à notre problème de partage. Pour être tout à fait sûr de conserver une partie de cet argent, vous pourriez lui donner plus que vous ne recevez, par exemple 60 % pour lui et 40 % pour vous, ou 70 % pour lui et 30 % pour vous, ou encore 1 998 000 euros pour lui et 2 000 euros pour vous.

CANDIDE : Ce ne serait pas juste !

ARCHIBALD : À votre tour de céder à l'envie. Vous préférez prendre le risque de tout perdre plutôt que d'accepter que ce *quidam* ait davantage que vous. Vous n'avez pourtant aucun droit sur ces 10 millions qu'on vous accorde ! Il y a cinq minutes, vous n'y songiez même pas et vous eussiez été bien content de recevoir 2 000 euros. Qu'est-ce qui est juste ?

CANDIDE : Ce qui est juste est ce qui est acceptable par lui et par moi.

ARCHIBALD : Nous y voici. Quand le conquérant accorde juste de quoi vivre au peuple qu'il a conquis, est-ce la justice ?

CANDIDE : Je suis maintenant obligé de vous répondre oui.

ARCHIBALD : Même une capitulation sans condition est juste.

CANDIDE : Sans doute.

ARCHIBALD : Mais si la capitulation qui termine la guerre est juste, la guerre elle-même était juste. On voit une fois pour toutes que la justice n'est pas forcément l'égalité.

CANDIDE : Mais pourquoi se confond-elle avec l'égalité dans le jeu qui nous occupe ?

ARCHIBALD : Parce que, dans ce cas vous ne détenez aucune sorte de pouvoir sur l'autre et que vous anticipez que chez l'autre, la notion de la justice jouxte celle de l'égalité. Mais si vous l'anticipez chez autrui, c'est que vous avez vous-même cette notion dans la tête. Vous craignez son envie, parce que vous redoutez vous-même d'être soumis à la torture sans fin de ce vice. Pourtant, en d'autres circonstances, l'idée d'un partage moitié-moitié vous paraîtrait le comble de l'absurdité. Quand un mendiant vous tend la main, vous lui lâchez quelques piécettes si vous êtes de bonne humeur, mais il est hors de question que vous partagiez avec lui votre fortune. Pas même votre manteau !

CANDIDE : Le mendiant ne connaît pas l'état de ma fortune et il n'a aucun pouvoir sur elle.

ARCHIBALD : Pourtant vous êtes content de votre geste, et le mendiant l'est au moins autant qui vous en remercie. Vous ne redoutez pas son envie, ni lui la vôtre ! La notion que chacun a de la justice varie bien selon les circonstances.

CANDIDE : Ne confondons pas l'aumône et la justice !

ARCHIBALD : Mais voyez la différence des deux situations. Dans un cas vous êtes obligé de partager moitié-moitié au risque de tout perdre, et dans l'autre une portion infinitésimale satisfait tout le monde. Supposons maintenant que vous teniez aux plus pauvres ce discours que l'on trouve chez Rawls. Les inégalités sont justifiées si une moindre inégalité était nuisible pour tous, y compris les plus pauvres. Exemple : tel patron d'une très grande firme française gagne 200 000 euros par mois. Si le conseil d'administration décidait de réduire son salaire, il irait se faire embaucher ailleurs, l'entreprise perdrait en efficacité, et les salariés du bas de l'échelle, comme les autres du reste, risqueraient d'en faire les frais. Ce qui prouverait que la théorie de Rawls, que très peu de gens connaissent, surtout en France, progresse dans les esprits ! Il est vrai que l'on pourrait raccorder Rawls à l'un de nos grands philosophes, Malebranche[8], pour qui l'inégalité naturelle entre les hommes résultait des lois de la nature instituées par Dieu, sans qu'il soit possible d'en pénétrer les raisons ; on pouvait seulement s'assurer que ces lois produisent plus de bien que de mal. Pour Rawls, un certain degré d'inégalité, qui tient compte du mérite, accroît la productivité de l'ensemble de la société. L'injustice commence quand les inégalités ne répondent pas à des nécessités de la production. Il est vrai que Rawls dit cela en termes plus savants : « Toutes les valeurs sociales — liberté et possibilités offertes à l'individu, revenus et richesse ainsi que les bases sociales du respect de soi-même — doivent être réparties également à moins qu'une répartition inégale de l'une ou de toutes ces valeurs ne soit à l'avantage de chacun[9]. »

CANDIDE : Qui en sera juge ?

ARCHIBALD : C'est bien là le problème. Imaginons maintenant que vous appartenez à la classe dominante. Du fait de cette appartenance, le maximum que vous pouvez espérer est un revenu, disons, de 200 000 euros par mois. Une révolution se profile à l'horizon qui promet une société moins inégalitaire et plus productive. Après tout, c'est ce genre de promesse qui a permis d'abolir l'esclavage, lequel n'était pas assez productif parce que trop inégalitaire. Vous ne ferez pas tout pour vous opposer à cette révolution si le minimum que vous êtes assuré d'obtenir dans cette nouvelle société, plus productive, est supérieur aux 200 000 euros par mois qui correspondent au maximum que vous pouvez gagner actuellement.

CANDIDE : Ce cas me paraît bien improbable.

ARCHIBALD : Détrompez-vous. Les révolutions se produisent précisément quand des éléments de la caste au pouvoir escomptent que le minimum qu'ils gagneront dans le nouveau régime est supérieur au maximum qu'ils peuvent atteindre dans l'actuel.

CANDIDE : Et dans le cas contraire ?

ARCHIBALD : Dans le cas contraire, ils continuent à développer un discours affirmant que s'ils gagnent moins de tant par mois, les plus pauvres en pâtiraient. Et ils ont toujours la ressource de plaider que ceux qui remettent en cause l'échelle actuelle des rémunérations sont de vilains envieux — voir plus haut.

CANDIDE : Mais les révolutions ne dépendent pas du bon vouloir de la caste au pouvoir. Les révolutions sont faites par le peuple et pour le peuple.

ARCHIBALD : Le plus souvent, au nom du peuple. Vous remarquerez toutefois que dans une société où les inégalités ont déjà été réduites, la caste au pouvoir aura moins intérêt à s'accrocher à ses privilèges, car alors le minimum qu'elle peut espérer obtenir dans le nouveau régime — plus productif — a plus de chances d'être supérieur au maximum qu'elle obtient dans le régime actuel. Ce qui signifie que, toutes choses égales par ailleurs, les révolutions ont plus de chances de survenir dans les sociétés moins inégalitaires.

CANDIDE : Alors, nous ne sommes pas loin de la révolution dans ce pays.

ARCHIBALD : Pour résumer cette leçon, je dirais ceci. Toutes les théories de la justice peuvent se diviser en deux catégories. Celles qui posent l'égalité des hommes comme point de départ, et celles qui adoptent le postulat inverse de l'inégalité. Les premières arrivent presque toujours à justifier les inégalités à l'aboutissement de leur raisonnement. Les secondes, au contraire, prétendent parvenir, de progrès technique en progrès économique, à une société de moins en moins inégalitaire. Les deux écoles finissent donc par converger dans une sorte de marais où, comme le disait déjà Pascal, « ne pouvant faire que ce qui est juste fût fort, on a fait que ce qui est fort fût juste ».

CANDIDE : Pascal en dit plus, si mes souvenirs sont exacts.

ARCHIBALD : Cette phrase célèbre est en effet précédée d'un paragraphe qui lui donne tout son sens, que voici : « La justice sans la force est impuissante ; la force sans la justice est tyrannique. La justice sans force est contredite parce qu'il y a toujours des méchants ; la force sans la justice est accusée. Il faut donc mettre ensemble la justice et la force, et, pour cela, faire que ce qui est juste soit fort, ou que ce qui est fort soit juste[10]. »

CANDIDE : Si ce qui est fort est juste, je ne vois pas très bien la différence que l'on peut faire entre un État et n'importe quelle bande de criminels, par exemple la mafia.

ARCHIBALD : Ce sera justement l'objet de notre prochaine leçon.

## *Onzième leçon*

## DE LA MAFIA

*Où l'on apprend d'une manière exquise*
*à distinguer l'économie étatique de l'économie mafieuse.*

Cher Candide,

On peut d'abord remarquer que l'État, comme la mafia, repose sur un minimum de consentement de ses citoyens ou de ses « sujets ». Vous me direz sans doute que la mafia règne par la terreur. Mais pour toute une école de pensée, peu connue en France, entre la terreur d'un État et celle d'une mafia, il y a seulement une différence de degré, non de nature. Cette école, qui se dit anarcho-capitaliste, regroupe de grands noms de l'économie et de la philosophie américaines : Rothbard, Nozick, Spooner, Holcombe, Friedman (le fils), Morris et Linda Tannehill[1]. Leur ancêtre spirituel est un Français, que nous avons déjà rencontré : Gustave de Molinari.

Disons, pour ne choquer personne, que les citoyens d'un État et les sujets d'une mafia forment un même type d'organisation que, toujours pour ne choquer personne, nous appellerons du terme générique de club. Et nous allons essayer de définir ce qui distingue l'État des autres sortes de club, mafia comprise.

Prenons l'exemple d'un club de bridge composé seulement de quatre personnes. Son règlement serait le suivant : le club se réunit une fois par semaine, chaque membre devant assurer à tour de rôle la réception à son domicile et la fourniture des petits fours et rafraîchissements. La particularité du bridge, c'est qu'il ne peut se jouer qu'à quatre. Le règlement prévoit donc aussi que si l'un des membres est absent plus de deux séances sans avoir proposé de remplaçant, il est exclu automatiquement du club. On convient aussi que le règlement du club ne peut être modifié qu'à la majorité des trois quarts.

À première vue, on ne voit guère de similitudes entre ce club et un État même minuscule, même limité à la principauté de Monaco. Et pourtant, il y en a beaucoup.

Le club est capable d'imposer à ses membres une sorte d'impôt : le paiement des rafraîchissements et des petits fours une fois par mois. Il oblige même à une sorte de travail forcé périodique : l'aménagement de la pièce de réception, le ménage qu'il faut y faire avant et après la réunion. Le club peut aussi imposer des pénalités aux membres qui désobéissent aux « lois » du club. Nous avons donc tout à la fois le pouvoir de contrainte, l'impôt, les pénalités, et même quelque chose d'analogue aux périodes militaires.

Reste une différence essentielle avec un État. Chaque membre peut quitter le club du jour au lendemain, et même dans l'heure si ça lui chante. Quitter un État, même démocratique, prend plus de temps.

Prenons maintenant l'exemple d'un club de piscine. Les participants sont forcément plus nombreux. Mais il y a beaucoup de ressemblances avec le club de bridge. Les membres doivent verser des cotisations de façon à assurer l'entretien de la piscine. Cette fois, des responsables sont élus pour surveiller les lieux. Un règlement est édicté, etc. Là encore, la différence essentielle avec un État, c'est que chaque membre peut librement quitter le club.

Plaçons maintenant cette piscine, agrémentée de quelques courts de tennis, dans un lotissement de résidences privées. À chaque fois que le promoteur de ce lotissement a vendu une maison, il a fait signer par l'acheteur un avenant complémentaire indiquant que le propriétaire de la maison est en même temps propriétaire d'une part du « club » formé par la piscine et les tennis. Chaque propriétaire est donc, *ipso facto*, membre de ce club. Il doit donc payer les cotisations et se soumettre à ses règles, cotisations et règles étant décidées selon des procédures qui ont elles-mêmes été acceptées d'une manière ou d'une autre par les membres du club. Le fait de louer sa maison ne le dispense évidemment pas de ses obligations. À lui de répercuter, s'il le peut, ses charges dans le loyer qu'il fait payer. Ces règles peuvent aller jusqu'à imposer une certaine tenue vestimentaire, l'interdiction des animaux domestiques, du nudisme, l'obligation d'avoir des comportements qui ne choquent personne. Bref, on peut aboutir assez facilement à une véritable police des mœurs que d'aucuns jugeraient attentatoire aux libertés. Mon beau-frère habite dans une résidence avec une piscine tout à fait semblable. C'est tout juste si on a le droit de se tenir par la main. Et les seins nus sont interdits.

Si dans ce club il est admis que les décisions sont prises à la majorité, on peut très bien imaginer que la majorité décide de construire un tennis supplémentaire, et donc d'imposer une augmentation des cotisations à des membres qui eux-mêmes ne jouent pas au tennis. Apparemment, il n'y a pas une grande différence entre ce club de piscine résidentielle et le club d'une piscine ordinaire — sauf que pour quitter le club, cette fois il faut vendre sa maison et quitter les lieux. Ne se rapproche-t-on pas de l'État ? Passons maintenant d'une piscine privée à une piscine municipale que l'on suppose entièrement financée par des impôts locaux. Les habitants de la municipalité sont obligés de payer des taxes pour financer l'amortissement, l'entretien et le fonctionnement de la piscine en question. Quant aux utilisateurs, ils doivent se soumettre aux différents règlements.

Aussi étonnant que cela puisse paraître, il n'y a pas de différence avec le cas précédent d'une piscine résidentielle privée. Les habitants qui ne sont pas d'accord avec l'un ou l'autre aspect de la piscine municipale n'ont eux aussi qu'une solution : quitter les lieux, vendre leur maison ou rompre leur contrat de location, et aller dans une autre ville. La contrainte est un peu plus forte. Tout à l'heure, on devait seulement changer de résidence. Cette fois, il faut quitter la ville.

Si je transpose cet exemple au niveau de l'État, c'est le pays qu'il faudrait quitter.

Ainsi du club de bridge à l'État, apparemment il n'y a pas de solution de continuité. Il y a seulement une contrainte chaque fois un peu plus forte. Maintenant, quelle différence peut-on établir entre l'État et la mafia ? Dans le cas de la mafia, d'après ce qu'on lit dans les polars, « ils » vous rattrapent au bout du monde. Et par conséquent, ça ne sert à rien de fuir. Mais fuir un État n'est guère plus facile. À cause des conventions d'extradition interétatiques, il n'y a plus beaucoup d'endroits sur cette terre où un fraudeur du fisc peut se réfugier sans tout perdre. Car à quoi servirait de fuir l'impôt si c'est pour se retrouver pauvre et malheureux comme Job sur son fumier ?

Pour nous sortir de cette impasse, il faut réfléchir un peu plus à ce qu'est la contrainte de l'État.

Reprenons la définition de Max Weber, qui sert de point de départ, aujourd'hui encore, à toute discussion de la question. Pour Weber donc, l'État dispose du monopole de l'usage légitime de la force physique pour faire respecter ses ordres dans un territoire donné. Pouvons-nous accepter cette définition ?

L'avantage d'une telle définition, c'est qu'elle permet de distinguer clairement l'État de la mafia, puisque la mafia ne dispose d'aucune légitimité. Est-ce pour cette raison qu'elle a été proposée par Weber ou qu'elle a été si facilement acceptée ? On peut se poser la question. Mais il n'est pas sûr qu'elle soit si pertinente si on y regarde d'un peu plus près.

Prenez l'exemple d'un restaurant où les clients mâles doivent obligatoirement porter cravate. Un peu désuet, je vous l'accorde, mais cela existe encore. Il y en a deux ou trois comme ça dans notre bonne ville de M***. On peut imaginer d'autres contraintes. Ainsi je connais une boîte à quinze kilomètres de M*** où l'on ne rentre que vêtu de jeans et de tee-shirt. Et croyez-moi, le patron dispose d'assez de gros bras pour faire respecter la règle. L'autre soir, je n'ai pas pu y rentrer parce que j'étais en veston ! Vous vous imaginez allant chercher un gendarme pour vous aider à entrer dans ce lieu, au cas où vous n'auriez pas peur d'être tué par le ridicule. Il y a d'autres clubs où les gens de couleur ne rentrent pas, et cela se passe en France ! Nous réexaminerons cet exemple quand nous aborderons le problème de l'immigration[2].

Pour revenir au patron du restaurant à cravate ou à celui de la boîte jeans - tee-shirt, ils ont l'un et l'autre le pouvoir exclusif de mettre en application la règle édictée dans l'aire géographique déterminée que constitue leur établissement. Dirons-nous pour autant, suivant la définition de Max Weber, que chacun d'eux constitue un État ? Le professeur a un pouvoir équivalent sur sa classe, en principe. Est-il un État ?

Prenons maintenant n'importe quel point du territoire national. L'État a-t-il vraiment le monopole de la contrainte légitime alors qu'il y a, sinon concurrence, du moins cohabitation et concours des autorités municipale, départementale, régionale et européenne ? Pour ne rien dire des fameux conflits entre les différentes polices qui quadrillent et surveillent le territoire. À mesure de la progression de la construction européenne et de la décentralisation, la définition de Weber devient de moins en moins pertinente si elle l'a jamais été.

Enfin, vous remarquerez que l'État ne limite pas l'exercice de la force à son propre territoire. Quand les États-Unis instauraient ce qu'ils appellent la démocratie au Japon, en Corée ou dans l'île de Grenade ou essayaient de le faire au Vietnam ou au Liban, quand l'Irak entrait au Koweït comme chez lui, quand l'Union soviétique faisait régner l'ordre à Varsovie, à Prague, à Budapest, à Berlin, quand la France de Poincaré occupait la Ruhr, quand l'Angleterre de Margaret Thatcher envoyait sa flotte en direction des Shetlands, en quoi se conformaient-ils à la définition wébérienne ? Dans tous ces cas, et l'on pourrait en citer, dans l'histoire des États, des milliers d'autres, l'usage de la force pour favoriser ou imposer certaines règles de conduite politique, économique, sociale, culturelle, n'a pas été limité par une frontière géographique quelconque.

Certes, l'État se définissant par ses frontières, on a l'impression que sa force armée est d'essence territoriale, qu'elle ne peut concerner que la défense *stricto sensu* de son territoire. Mais c'est une espèce d'illusion géographique. Pourtant, même en France, l'un des plus vieux États du monde, l'armée de conscription destinée à garder les frontières a été transformée en une armée de professionnels munie d'une force d'intervention rapide projetable hors des frontières, et cela seul devrait nous convaincre que la définition wébérienne est maintenant obsolète.

Ainsi nous étions partis d'une conception de l'État en apparence lumineuse... Et nous arrivons à une réalité insaisissable.

Trois points, cependant, paraissent acquis.

1. D'autres institutions que l'État ont le pouvoir exclusif de faire respecter certaines règles de conduite sur un territoire donné (la mafia entre évidemment dans cette rubrique).

2. Plusieurs États peuvent et ont effectivement le pouvoir de faire respecter les mêmes règles de conduite sur un même territoire.

3. Des États imposent des règles de conduite hors de leur territoire s'ils le peuvent et s'ils le veulent ; là encore la mafia est tout à fait capable de présenter cette caractéristique.

Nous voici donc contraints d'abandonner la définition de Weber, et d'en chercher une autre.

Du côté de Murray Rothbard, dont nous avons déjà fait ample connaissance, nous trouvons cette réflexion : « Il y a une potentialité d'une importance cruciale qui est inhérente à la nature de l'appareil d'État. Tous les autres membres de la société, individuels ou en groupes (excepté les criminels bien connus et sporadiques que sont les voleurs et les dévaliseurs de banque) obtiennent leurs revenus par la collaboration volontaire d'autrui : soit en vendant biens et services à un public de consommateurs, soit par des dons volontaires (ils sont membres de club ou d'association, ils sont légataires, ou ils héritent). Seul l'État obtient ses revenus par la contrainte, menaçant d'affreuses pénalités ceux qui ne paient pas l'impôt. »

Cette définition est intéressante parce qu'elle laisse tomber les aspects géographique et monopolistique qui nous gênaient chez Weber. Un État, selon la définition de Rothbard, peut très bien user de la force hors de son territoire, il peut se trouver en concurrence avec d'autres pouvoirs, y compris d'autres États sur son propre territoire. Il est beaucoup plus proche de la réalité que nous connaissons. Aurions-nous enfin atteint le cœur de l'État ?

Il y a quand même dans cette définition quelque chose de très gênant. De quel droit, en effet, selon quelle logique si on suit le raisonnement de Rothbard, peut-on dire que la mafia n'est pas un État ? Tout ce qu'il dit de l'État peut être dit de la mafia. Et c'est peut-être d'ailleurs ce qu'il cherchait à insinuer.

De son côté, Randall Holcombe, que nous connaissons bien maintenant, lui aussi fait cette remarque : « Un État est une organisation qui a le pouvoir de financer ses activités par des contributions obligatoires de la part de tous les individus présents dans une aire géographique donnée. » L'usage de la force reste ici d'une importance critique, mais ce qui définit l'État, c'est l'usage de la force qui sert à obliger tous les individus dans un territoire donné à participer au financement des activités dudit État.

Bien évidemment, les contributions peuvent être faites aussi bien en argent qu'en nature. Et il n'est pas obligatoire que l'impôt soit réellement levé sur tout le monde — des exemptions sont tout à fait concevables pour telles catégories d'individus ou de classes. L'essentiel est qu'il puisse être levé sur tous. Avec cette définition, si vous me permettez l'expression, nous sommes couverts.

En effet, toutes les objections que nous pouvions faire à la définition wébérienne tombent les unes après les autres. Et celle que nous faisions à celle de Rothbard tombe elle aussi. Car une mafia, quelle que soit sa puissance, ne peut extorquer des fonds à tous les individus sur un territoire donné. Ou plutôt si elle peut le faire, c'est qu'elle est déjà l'État. Robin des Bois, par exemple, pourrait être considéré comme un précurseur de l'État-Providence, il était à la tête d'une bande de joyeux drilles qui prenaient de l'argent aux riches pour le donner aux pauvres. Il gouvernait ainsi une sorte de mafia vertueuse (dans les mafias criminelles, il y a aussi des aspects de redistribution entre riches et pauvres). En quoi cette mafia n'était-elle pas un État ? Elle l'eût été si Robin des Bois avait été capable de tirer des ressources de tous les individus vivant ou travaillant dans un territoire donné. Comme ce n'était pas le cas, Robin des Bois était tout simplement un voleur de grand chemin, quelle que fût la générosité de ses intentions.

En outre, cet État, selon la définition de Holcombe, peut projeter ses forces hors de ses frontières. Et il est susceptible d'être concurrencé par d'autres institutions sur son propre territoire.

Qu'il s'agisse de mafias, de criminels de toutes sortes, de patrons de restaurant ou de boîte de nuit, leur présence sur le territoire est compatible avec la définition que Holcombe donne de l'État. On peut même admettre que d'autres instances étatiques, organisations infra ou supranationales, peuvent venir lever l'impôt à l'intérieur de ses frontières. L'État, selon Holcombe, ne dispose d'aucun monopole d'aucune sorte, bien que ce soit évidemment souvent le cas dans la réalité.

Si nous savons maintenant ce qu'est l'État, nous devrions pouvoir dire ce qu'est une mafia.

Une mafia est :

— soit un proto-État, une ébauche d'État qui va bientôt devenir un État à part entière ; ainsi du FLN pendant la guerre d'Algérie, qui avait son « armée », son « gouvernement », qui levait ses « impôts » et faisait respecter ses « lois »,

— soit un État avorté (la mafia sicilienne, par exemple, qui n'a jamais réussi à racketter tous les individus présents sur son territoire),

— soit encore un pseudo-État, qui se contente de ses limites.

Pour l'État proprement dit, la présence d'une mafia constitue évidemment une menace mortelle, comme on l'a bien vu en Italie. Remarquez que cette définition de l'État est cohérente avec la théorie économique que nous avons développée précédemment pour le droit, l'État et la justice.

Maintenant que nous en disposons, nous sommes en mesure de placer, dans le continuum que nous dessinions tout à l'heure du club de bridge à l'État, la ligne de partage qui permettrait de dire : à partir de là, nous sommes sûrement dans un État. Et cette ligne passe entre le club de piscine et la piscine résidentielle privée. Car, à partir de cette ligne, l'organisation peut obliger des gens à l'intérieur d'une aire géographique donnée de contribuer à son propre financement, sauf à quitter la place. Le club résidentiel de loisirs a donc tous les caractères d'un État.

Certes, on peut imaginer que l'un des membres refuse de payer ses « impôts ». Et comme le club ne dispose d'aucune police pour l'y forcer, on en déduirait qu'il ne s'agit pas d'un État. À cette objection, on peut répondre deux choses.

D'abord, les autres membres du club peuvent, en tant que voisins, rendre la vie impossible au rebelle, ou le clouer au pilori, moralement s'entend. En général, une telle pression suffit à ramener le mauvais payeur dans le droit chemin. Ensuite, le club peut aussi faire appel à une juridiction et à une police extérieures, exactement comme un État demande l'aide d'un autre État, ou fait appel à la Cour de justice internationale et aux forces de l'ONU. Ici on touche du doigt la différence entre cotisations dues à un club et impôts. Les cotisations restent volontaires, lorsqu'il est possible de quitter facilement le club. Les impôts ne le sont pas dans la mesure où l'on est attaché à l'organisme qui les émet. C'est pourquoi ce que paient les membres du club de piscine résidentiel ressemble davantage à un impôt qu'à une cotisation. De même les sommes versées à une organisation mafieuse.

La contrainte est donc fonction inverse de la capacité de se déplacer. Et c'est bien pourquoi, comme nous le verrons, le capital est moins imposé aujourd'hui que le travail — pour la simple raison que le capital se déplace désormais beaucoup plus facilement que le travail. La libération des mouvements de capitaux a été une grande victoire sur la contrainte étatique, sans même que les hommes d'État qui l'ont promue — pensez à la gauche française — s'en soient rendu compte. Mais le travail lui-même peut fuir, comme nous l'observerons dans notre leçon sur la fiscalité.

On pourrait même remarquer que la mafia dispose, d'après ce que dit la légende, d'un pouvoir de contrainte supérieur à celui des États s'il est vrai qu'elle est capable de poursuivre les tricheurs et les récalcitrants « jusqu'au bout du monde ». Et de toute façon, le pouvoir de l'État de lever les impôts n'est pas sans limite.

Assurément, les Constitutions sont faites pour limiter l'arbitraire des hommes au pouvoir. Elles servent alors de substituts à la mobilité des citoyens. Vous observerez que les règles « constitutionnelles » jouent un rôle moindre au niveau d'une municipalité qu'au niveau d'un État, car il est généralement plus facile de quitter une municipalité que d'émigrer d'un État. Mais tout le monde n'a pas la même possibilité de quitter son lieu d'habitation. Et, de fait, il y a de fortes inégalités parmi les citoyens dans la capacité à se mouvoir d'une municipalité à une autre, et surtout d'un État à un autre, et donc des différences très grandes dans les pouvoirs de négociation des individus face à l'État — différences dont il est rarement question dans les débats sur la justice sociale. Dans les pays de l'Est, du temps de la férule soviétique, certaines professions étaient ainsi très privilégiées du seul fait de la mobilité spécifique de leurs activités : diplomates, artistes-vedettes, sportifs de haut niveau, savants et techniciens de renommée internationale, etc. Quand l'État ne parvient plus à lever l'impôt que sur certaines catégories de citoyens, il ressemble de plus en plus à une mafia, et perd de sa légitimité. C'était clairement le cas en Union soviétique et ce l'est encore en Russie. L'État français ne connaît-il pas lui aussi des difficultés à faire rentrer les impôts ? Sans même évoquer la corruption. Dont nous parlerons quand nous serons suffisamment armés pour le faire.

## *Douzième leçon*

## DES BIENS COLLECTIFS

*D'où il découle qu'un bien collectif*
*n'est pas forcément public,*
*ni un bien public forcément collectif.*

CANDIDE : Même à M***, nous avons eu droit à notre alerte à la pollution. Les gens sont de plus en plus sensibles à l'air qu'ils respirent. Est-ce que l'économiste peut dire quelque chose à ce sujet ? L'air est gratuit. Comment l'économie pourrait-elle en rendre compte ?

ARCHIBALD : Ce n'est pas une question de gratuité. C'est une question d'appropriation. Jusqu'à maintenant nous avons raisonné comme si les biens et les services produits étaient appropriables par une personne. Si je vous vends cette table, il n'y a aucune ambiguïté sur la propriété de cette table. Elle était mienne. Elle devient vôtre. Or il existe des biens et des services dont l'appropriation ne peut être individualisée. C'est typiquement le cas de l'air que l'on respire. Mais contrairement aux apparences, beaucoup de biens ou services ont cette caractéristique. Quand vous faites pousser des roses en bordure de votre propriété, des passants que vous ne reverrez jamais plus et dont vous ne pouvez tirer aucun péage, profitent de leur beauté et de leur parfum. Si je fume une cigarette dans un lieu public, je fais « profiter » des tiers inconnus de la fumée que j'exhale. On donne cet exemple d'entrée de jeu, car il est important de comprendre tout de suite que le bien collectif n'est pas forcément public.

CANDIDE : Comment le définir ?

ARCHIBALD : Le bien collectif a une propriété tout à fait remarquable, quasi miraculeuse : le fait qu'un individu supplémentaire profite de ses avantages n'en réduit pas le montant disponible pour tous ceux qui en jouissaient déjà. Dans le langage des économistes, cette propriété est intitulée la « non-rivalité ».

Prenez la défense nationale. Un nouveau-né va en bénéficier sans rien réduire des services dont jouissent déjà les citoyens de l'État qui a consacré telle part de son budget à la Défense. Ainsi un bien collectif est tel que le fait qu'un individu le consomme n'empêche pas au moins un autre individu de le consommer en même temps. Les consommateurs ou utilisateurs d'un bien collectif ne sont pas rivaux les uns des autres.

CANDIDE : Un bien collectif est donc un bien public, un bien d'État, contrairement à ce que vous disiez d'entrée de jeu.

ARCHIBALD : Vous retombez dans le contresens habituel. Prenez le chauffage de cette maison. Il profite à vos invités autant qu'à vous-même. Leur « consommation » de chauffage ne diminue pas la vôtre. Quand vous allez au théâtre, au cinéma, au concert, votre « consommation » ne réduit pas celle des autres spectateurs. Un phare profite à tous les navires qui sont à la portée de ses signaux, quel que soit leur nombre. Le propriétaire d'un tableau, si énorme soit la fortune qu'il lui a coûtée, ne peut empêcher ceux qu'il convie de l'admirer, d'en tirer autant de plaisir que lui. Une information, dès qu'elle est rendue publique, est consommée par tous ceux qu'elle atteint. Un lecteur, un auditeur ou un téléspectateur de plus n'enlèvent rien à ceux qui l'ont précédé dans l'accès à cette information. On pourrait multiplier les exemples qui montreraient que les biens collectifs ainsi définis sont tout autant privés que publics. Dès que j'échange avec autrui, il y a des chances que cet échange profite à un tiers sans que ni moi ni mon partenaire ne le recherchions, et sans que ce tiers ne l'ait voulu. Les leçons que je vous donne, étant donné ce que vous êtes, pourraient avoir d'immenses conséquences, bonnes ou mauvaises, sur nos concitoyens. On trouve ce phénomène au niveau des particuliers comme à celui des États. Au niveau des particuliers : nous bénéficions sans cesse des efforts de civilité de nos semblables. Au niveau des États : la guerre dite froide entre les deux supergrands, les États-Unis et l'Union soviétique, profitait à beaucoup d'autres pays du seul fait qu'elle était froide.

CANDIDE : La monnaie est-elle un bien collectif ?

ARCHIBALD : C'est une grande question que nous retrouverons dans la leçon sur la monnaie.

CANDIDE : Si j'ai bien compris, il ne s'agit pas seulement de biens matériels, mais aussi de services.

ARCHIBALD : Exact. On dit bien collectif pour faire court.

CANDIDE : Mais le bien collectif peut être un mal collectif.

ARCHIBALD : Exact encore. La tondeuse à gazon produit un mal collectif pour tout le voisinage.

Bref, le bien collectif s'oppose au bien individuel qui, lui, ne peut être consommé que par une seule personne.

CANDIDE : À ce compte, il n'y a pas beaucoup de biens vraiment individuels.

ARCHIBALD : Beaucoup de biens individuels ont un caractère collectif dès lors que leur utilisation a un effet, positif ou négatif, sur des tiers. Dans le jargon des économistes, on appelle cela des externalités. Les externalités sont dites positives quand elles sont avantageuses aux tiers, et négatives quand elles leur sont désavantageuses. Le fumeur de cigare utilise un bien individuel : le cigare ne peut être dans plusieurs bouches à la fois. Néanmoins, ce bien est collectif par la fumée qu'il émet autour de lui, qu'on l'aime (externalité positive) ou qu'on la déteste (externalité négative). Avec la prise de conscience croissante des problèmes de pollution, la notion de biens collectifs a pris une importance primordiale dans le débat public.

CANDIDE : Un bien durable peut être consommé par plusieurs personnes. Est-ce pour autant un bien collectif ?

ARCHIBALD : Absolument pas. Vous avez raison de noter qu'un bien durable peut être consommé ou utilisé par plusieurs personnes, *mais pas en même temps*. Par exemple un appartement peut être occupé successivement par plusieurs familles différentes. Alors qu'un bien collectif est consommé ou utilisé simultanément par plusieurs personnes. Plusieurs personnes assistent à un concert en même temps. La confusion entre bien durable et bien collectif est tentante parce que beaucoup de biens collectifs sont durables, par exemple une autoroute, un aéroport, etc.

CANDIDE : La consommation d'un bien collectif est-elle obligatoire ?

ARCHIBALD : Là encore il faut prendre garde aux connotations « collectivistes » du terme de biens collectifs. La consommation d'un bien collectif n'est pas forcément obligatoire. Elle peut l'être. Si l'armée de mon pays se dote d'un nouveau lance-missiles, je suis bien obligé de le « consommer » comme tous mes autres concitoyens. Mais elle peut aussi ne l'être pas. Nul ne m'oblige à visiter les musées, tout biens collectifs qu'ils soient.

CANDIDE : Mais la foule peut m'empêcher de le visiter. Est-ce encore un bien collectif si son encombrement est tel que tout mon plaisir serait gâché ?

ARCHIBALD : Souvent, la foule aime être la foule. Mieux ou pis, la foule attire la foule. Pour beaucoup d'êtres humains, l'encombrement est une source de plaisir. La fête populaire n'est concevable que dans une certaine presse, synonyme ici de liesse. Une plage déserte n'a pas un air de vacances. La messe basse n'est pas le même exercice que la grand-messe, ni d'un point de vue social ni d'un point de vue religieux. Certaines personnes détesteraient entrer dans un musée totalement vide de visiteurs. Je suppose qu'elles auraient peur. Ou elles douteraient de la valeur des tableaux accrochés. Mais vous avez raison. Il peut arriver un moment où l'encombrement du bien collectif est tel que l'utilisateur supplémentaire est empêché d'en profiter. Si le bien est totalement saturé, il retrouve les caractéristiques d'un bien privé, en ce sens que la consommation du n-ième individu empêche le n + unième de l'utiliser. On retombe dans une situation de rivalité. Sans aller jusqu'à la saturation, l'encombrement peut être tel — pensons aux autoroutes lors des retours de week-end ou des départs en vacances — que la qualité du service rendu est sensiblement diminuée, en l'occurrence la vitesse de transport que l'on attend ordinairement d'une autoroute.

CANDIDE : Ne suffit-il pas, pour régler ce problème, de trouver et d'appliquer un tarif convenable, aux heures de pointe par exemple ?

ARCHIBALD : L'encombrement est toujours une question de sous-tarification. Une ville comme Singapour l'a très bien compris. Les automobilistes ne peuvent entrer dans la ville sans payer un péage, dont le tarif lui-même varie en fonction du trafic. Mais un tel dispositif suppose que l'on puisse faire payer les utilisateurs du bien collectif en question. Ici l'on trouve la deuxième caractéristique du bien collectif. Cette deuxième caractéristique des biens collectifs est ce que l'on appelle la « non-excluabilité ».

CANDIDE : Qu'est-ce à dire ?

ARCHIBALD : On dit d'un bien qu'il est « excluable » lorsque dans l'état des connaissances techniques il existe un moyen imaginable d'empêcher quelqu'un de le consommer une fois qu'il est produit. Le chapeau dont je couvre mon chef est un bien excluable. Le fait que je l'utilise exclut que vous vous en serviez. Par opposition, un bien est dit « non excluable » lorsque le moyen d'empêcher quelqu'un de le consommer est soit inimaginable, soit d'un coût prohibitif. Le parfum de « mes » roses embaume le voisinage. Je ne puis exclure des tiers d'en jouir sauf à construire des murs d'une hauteur telle qu'ils seraient à la fois trop coûteux et trop dysharmonieux. Le pollen récolté par des abeilles est un bien « individuel » dans la mesure où ce qui est récolté par les abeilles d'une ruche est autant de moins pour une autre ruche. Mais je ne puis empêcher les abeilles du rucher de mon voisin de butiner dans mon jardin, sauf à construire des protections d'un coût extravagant et pour tout dire ridicules. L'exemple classique de bien public pur, ou que l'on croyait tel, est le phare maritime. À la suite d'auteurs aussi prestigieux que Stuart Mill, Sidgwick et Pigou[1], il a été utilisé pour démontrer l'impossibilité pour le marché de résoudre les problèmes de signalisation maritime jusqu'au jour où Ronald Coase, le grand théoricien américain contemporain des externalités, Prix Nobel 1991, a montré qu'en Angleterre des phares ont bien été construits et gérés par des entreprises privées jusqu'au début du XIXe siècle ! On peut supposer que l'ostracisme et le boycottage contribuaient à réduire le nombre des *free riders* — les marins qui utilisaient les services du phare sans contribuer à son financement[2] — au-dessous d'un seuil tolérable, et que par conséquent un phare privé était rentable.

CANDIDE : Donc le phare n'a pas besoin d'être public, et d'être financé par l'impôt.

ARCHIBALD : Il faut bien voir que la non-excluabilité dépend de l'état de la technique. Une émission de télévision sur les ondes était d'apparence non excluable jusqu'au jour où on a inventé des procédés de brouillage qui permettent d'exclure les téléspectateurs qui ne se sont pas munis d'appareils de décodage. De même aujourd'hui, le propriétaire d'un phare n'aurait qu'à munir son installation d'un dispositif d'allumage codé et à louer aux utilisateurs intéressés une commande à distance pour l'actionner quand ils voguent dans les parages[3].

En général, les biens individuels sont d'apparence plus facilement excluables, comme vous dites, que les biens collectifs. C'est pourquoi on associe l'excluabilité aux biens individuels et la non-excluabilité aux biens collectifs. Mais c'est une erreur, car il est aisé de trouver des biens collectifs excluables. Un spectacle qui se déroule dans la rue n'est certes pas excluable. Mais s'il est produit dans un lieu fermé, il est excluable. Une autoroute à péage est excluable. Mais en réalité, la non-excluabilité intrinsèque absolue est rare. Les théoriciens de l'économie publique citent toujours comme exemple la défense nationale. De fait, il est impossible d'exclure des bienfaits supposés de cette défense même le citoyen le plus pacifiste ou encore celui qui se débrouille pour frauder le fisc. Mais cet exemple rabâché n'est pas le plus représentatif. Il est même contesté par les théoriciens de l'anarcho-capitalisme, que nous avons déjà rencontrés.

CANDIDE : Comment cela ?

ARCHIBALD : C'est assez simple à comprendre. La défense nationale suppose l'existence d'espaces nationaux. Pour les anarcho-capitalistes, il n'y a plus d'espaces nationaux ni d'États, il n'y a donc plus lieu de les défendre. Ce à quoi se résume la défense nationale dans l'anarcho-capitalisme, c'est la police. Chacun défend sa propriété ou son quartier. Or, justement, la police n'a rien d'un bien collectif, si l'on applique les critères que nous avons définis. Est-ce que tout le monde peut utiliser en même temps les services d'un commissariat de police ?

CANDIDE : Certainement pas. La police est *toujours* débordée.

ARCHIBALD : Un indice du débordement de la police est la faiblesse du « taux d'élucidation » (c'est-à-dire le rapport des faits élucidés et des faits constatés), comme disent les experts de la chose. En 1993 en France, il était de 9 % pour les vols d'automobile et de 12 % pour les cambriolages[4]. Ces pourcentages varient peu dans le temps. Si la police ne parvient à élucider qu'un dixième des atteintes à la propriété, comment voulez-vous qu'elle s'occupe de libérer l'entrée de votre portail ?

CANDIDE : Mais vous imaginez ce qui pourrait se passer en cas d'urgence à l'hôpital, si j'étais médecin ! Je connais le cas d'un type qui est resté sur le billard parce que le chirurgien qui est mon voisin ne parvenait pas à sortir sa voiture de chez lui.

ARCHIBALD : Nous sommes d'accord : le critère de non-rivalité ne s'applique pas à la police. Supposons maintenant que le médecin en question dispose d'une police privée, du genre gardiennage ou vigile.

CANDIDE : L'hôpital va lui payer un tel service si ça continue comme ça.

ARCHIBALD : Cela revient au même. Est-ce que cette police serait obligée de vous protéger vous en même temps que votre voisin chirurgien ?

CANDIDE : Bien sûr que non. Si l'hôpital paie un vigile pour garder sa porte, ce n'est pas pour qu'il s'occupe de la mienne.

ARCHIBALD : Donc, la non-excluabilité n'est pas non plus une caractéristique de la police. La police n'ayant pas les deux attributs d'un bien collectif serait privatisable. Et c'est bien ce que l'on observe aux États-Unis : plus de la moitié des dépenses de sécurité, non seulement les équipements de protection (armes individuelles, systèmes d'alarme, etc.) mais aussi les services de gardiennage, de vigile et de police, relèvent déjà du privé[5].

Il ne suffit pas que l'excluabilité soit techniquement imaginable. Nous venons de le voir pour la télévision et le phare. Encore faut-il qu'elle ne coûte pas trop cher. Quel qu'il soit, un dispositif d'exclusion a un coût. Le péage d'une autoroute, par exemple, nécessite un certain investissement et des dépenses de personnel. Ces frais viennent s'ajouter aux coûts de construction et de fonctionnement de l'autoroute elle-même. De même, si le métro était gratuit, son coût serait diminué de tous les frais d'impression et de vente de billets, de construction de tourniquets magnétiques, de contrôle et de police. On peut se poser la question de la légitimité de rajouter de tels frais.

CANDIDE : Et si le dispositif d'exclusion est trop coûteux ?

ARCHIBALD : Eh bien ! on y renonce. Nous avons déjà rencontré cette situation dans la catégorie des biens individuels : parfum des roses, pollen, fumée de cigare. Victor Hugo dit quelque part qu'il y a deux éléments dans une propriété. L'utilité et la beauté. Je cite de mémoire. L'utilité appartient au propriétaire, la beauté appartient à tout le monde. Quand on possède quelque chose de beau, il faut se résigner à en faire profiter les autres. Mais pourquoi ne pas s'en réjouir ?

CANDIDE : Pourquoi pas en effet ? Je suis content quand les badauds admirent un parc à travers les grilles de sa clôture.

ARCHIBALD : L'économiste doit considérer la non-excluabilité non pas du point de vue des possibilités techniques disponibles à un moment donné, mais seulement du point de vue économique. Est excluable le bien qui est tel que l'addition du coût de production et du coût du dispositif d'exclusion ne dépasse pas la somme que les individus sont prêts à payer pour pouvoir consommer ce bien.

CANDIDE : Supposons donc que le dispositif d'exclusion soit trop coûteux économiquement ou socialement ou politiquement ou pour toutes sortes de raisons dues aux habitudes prises. Je pense aux plages, aux églises, aux parcs naturels, aux sentiers de randonnée, aux jardins publics, à l'Éducation nationale. Comment faire payer l'utilisateur ?

ARCHIBALD : C'est un problème très compliqué où l'on voit apparaître un personnage que nous connaissons déjà : le *free rider*, en français le « passager clandestin ».

CANDIDE : Comment intervient-il ?

ARCHIBALD : Par nature, le bien non excluable incite les gens à adopter un comportement de profiteur — en langage économique, on dit un comportement opportuniste, terme plus neutre, et de ce fait plus exact. Le promeneur qui passe devant votre haie fleurie bénéficie d'un *free ride*, comme cela se dit en anglais, littéralement transport gratuit. Sans débourser un liard, il bénéficie de vos efforts de plantation de rosiers. Il est important de noter ici que le *free rider* n'est pas obligatoirement malhonnête ; il se contente de profiter d'une occasion qui se trouve sur son chemin. Les traductions en français par « passager clandestin », « resquilleur » ou « parasite » ne sont pas satisfaisantes parce qu'elles impliquent l'idée d'une fraude. La traduction la plus fidèle du *free rider* serait « commensal », terme qui en biologie désigne l'organisme qui tire profit de l'existence d'un autre sans que cela ait un inconvénient pour ce dernier[6].

CANDIDE : C'est joli comme terme, « commensal ».

ARCHIBALD : La possibilité d'existence d'un commensal a un air anodin, innocent, anecdotique, mais elle pose une énorme difficulté à l'économiste. Vous vous souvenez que dans la Troisième leçon, l'échange permettait de démontrer les préférences des partenaires, par le prix qui était payé en nature ou en monnaie. Dans le cas du commensal, la consommation, étant gratuite, ne révèle aucune préférence. Autrement dit, il est impossible de connaître le prix que le passant serait prêt à payer pour se promener le long de haies fleuries. La faille du modèle dit libéral est ici considérable. On ne peut compter sur l'initiative individuelle pour produire collectivement des biens collectifs.

CANDIDE : Ne pourrait-on procéder à une enquête d'opinion ?

ARCHIBALD : Une telle enquête risque de donner de faux résultats, le commensal ayant évidemment intérêt à sous-évaluer le prix qu'il est prêt à payer, comptant sur les autres pour fleurir les haies. Comme chacun fait le même raisonnement, aucune fleur n'apparaîtrait si un propriétaire privé ne le prenait entièrement à son compte. Et c'est pourquoi il y a si peu de roses sur les chemins publics ! Pourquoi voulez-vous que je me donne la peine de planter des roses sur la voie publique ou de payer un jardinier pour le faire ? De deux choses l'une : ou bien les autres le font, et ma contribution individuelle ne changera rien au tableau d'ensemble, ou bien les autres ne le font pas, et je me serais donné du mal pour rien. Dans les deux cas, je suis perdant. Il est donc préférable que je m'abstienne. La seule solution pour qu'elles fleurissent en ces lieux, ce serait de recourir à un financement par l'impôt, qui par définition est obligatoire, comme nous l'avons déjà expliqué. Alors, il ne s'agit plus de répondre aux préférences supposées des promeneurs, mais d'imposer la préférence de ceux qui sont au pouvoir — ce qui est tout à fait différent.

CANDIDE : Il faut bien que l'État se substitue à l'initiative privée dont on voit dans ce cas qu'elle est défaillante.

ARCHIBALD : C'est exactement l'argument utilisé par les partisans de l'interventionnisme étatique. L'État se substituerait donc à une initiative privée supposée défaillante pour répondre à un besoin collectif qui, sinon, ne serait pas satisfait. Mais c'est supposer le problème résolu, personne n'étant capable de dire si les promeneurs ont envie de trouver sur leur chemin des roses, des géraniums ou pas de fleurs du tout. Bref, l'État, et lui seul, définit les besoins qu'il satisfait même s'il donne les apparences de répondre aux besoins du public. C'est précisément ce que prétendait Léon Duguit, le grand théoricien français de l'État[7]. Nous avons déjà rencontré ce problème dans le « dilemme du prisonnier ». L'État est censé mieux connaître les véritables intérêts des individus que les individus eux-mêmes. Et nous retrouverons bien sûr encore ce problème dans notre leçon sur la fiscalité.

CANDIDE : Il y a peut-être des questions plus urgentes que celle de savoir si on va ou non planter des rosiers et qui nécessitent une décision publique.

ARCHIBALD : Prenons l'exemple utilisé par David Friedman, le fils de Milton[8]. Il s'agit d'un fleuve qui inonde régulièrement les propriétés situées dans une vallée. Un entrepreneur de travaux publics ne peut en aucune façon concevoir un barrage qui protégerait uniquement les propriétaires qui seraient d'accord pour participer au financement de la construction dudit barrage. Une fois le barrage construit, il profitera à tous les propriétaires qui se situent en aval. Chaque propriétaire est donc tenté par le raisonnement du passager clandestin. Si les autres paient pour le barrage, il sera protégé, qu'il paie ou ne paie pas. Et si les autres ne paient pas, sa contribution ne suffira pas à la construction du barrage. Dans ces conditions, chacun choisit de ne pas payer. Le barrage n'est pas construit et les terres continuent à être inondées.

CANDIDE : Il faut donc que le barrage soit construit par l'État et financé par l'impôt.

ARCHIBALD : Pas si simple. Pour que cette décision soit justifiée, il faudrait que la valeur du barrage pour les gens concernés, c'est-à-dire les propriétaires de la vallée, soit supérieure aux frais de construction du barrage. Sinon, on construirait partout des barrages. Mais comment savoir la valeur du barrage pour les propriétaires ? David Friedman imagine une sorte de *contrat conditionnel*. L'entrepreneur estime la valeur que représente le barrage pour chacun des propriétaires. Puis il établit un contrat par lequel chacun s'engage à payer la valeur qui lui a été attribuée à condition que les autres soient d'accord pour payer leur part. Enfin, il fait circuler le contrat. Alors, chaque agriculteur sait que, s'il refuse de signer, le barrage ne sera pas construit, étant donné que le contrat doit être signé par tout le monde pour être financé. Mais chaque propriétaire a intérêt à prétendre que la valeur qui lui est attribuée d'office par l'entrepreneur est très supérieure à la valeur que lui, personnellement, attache à la construction du barrage. Les estimations de l'entrepreneur risquent donc d'être rejetées au moins en partie, et le projet de tomber à l'eau. D'autre part, l'un des propriétaires, intéressé par la culture du riz, pourrait prétendre que les inondations en question, la plupart du temps, représentent un complément utile à son propre système d'irrigation, qu'il n'a donc pas intérêt à la construction du barrage, qu'à la limite même, il demanderait une indemnité pour le manque à gagner occasionné par le barrage ! Le plus simple pour l'entrepreneur, c'est donc de renoncer à faire payer le riziculteur.

Mais dès que la nouvelle se répand, d'autres propriétaires se rendent compte que s'intéresser à la culture du riz peut leur faire épargner beaucoup d'argent. L'entrepreneur est alors confronté au difficile problème de distinguer les vrais riziculteurs de ceux qui font semblant de l'être et qui sont en fait des éleveurs de bétail, fort intéressés à obtenir la régulation du fleuve sans avoir à en payer le prix. S'il inscrit le nom d'un authentique riziculteur dans la liste des personnes auxquelles il envoie le contrat à signer, il risque de ne pas obtenir sa signature. Mais si pour être tout à fait sûr de ne pas commettre cet impair, il retire de cette liste tous ceux qui se déclarent intéressés par la culture du riz, il risque de ne pas trouver assez d'argent pour financer son projet.

CANDIDE : Il ne reste plus à l'entrepreneur qu'à acheter toutes les propriétés !

ARCHIBALD : C'est une solution envisagée par Friedman. Si les calculs de l'entrepreneur sont exacts, la valeur des terrains se trouvera tellement augmentée par la présence du barrage qu'il pourra les revendre avec profit. Encore faut-il qu'il puisse acheter ces terrains à un prix correspondant à la situation sans barrage. Mais il lui sera difficile d'acheter toutes les terres avant que les propriétaires ne se rendent compte de ce qui se passe et augmentent leurs prix. De deux choses l'une. Ou bien la valeur du barrage est très nettement supérieure à son coût de construction, et alors l'entrepreneur n'a besoin de l'accord que d'une partie des propriétaires. Ou bien il y a un doute. Et alors, la seule solution est de ne rien faire ou de s'en remettre à l'État, avec le risque que ce dernier fasse un investissement non rentable. C'est malheureusement ce qui arrive assez souvent.

CANDIDE : On retrouve le même genre de problèmes

lorsqu'il s'agit de lancer une nouvelle autoroute ou un tronçon de TGV.

ARCHIBALD : En effet. Et c'est pourquoi l'exemple de David Friedman est très intéressant, et très parlant. Surtout maintenant que les écologistes se mêlent de défendre les « droits de la nature ». À côté des riziculteurs et des éleveurs de bétail qui discutaient tout à l'heure de la « valeur » du barrage, on pourrait très bien imaginer que se présente un groupe d'écologistes ayant formé une association capable d'ester en justice, déclarant que le barrage n'est pas bénéfique, mais nuisible à l'environnement. Les risques de ne pas aboutir à une décision augmentent d'autant.

CANDIDE : Vous m'accorderez qu'on n'arrive à rien si l'autorité étatique ne prend pas les choses en main.

ARCHIBALD : Vous supposez le problème résolu, à savoir que l'autorité publique incarne l'intérêt général.

CANDIDE : Est-ce qu'on ne pourrait pas tenir compte, tout de même, du sens moral des gens, de leur sens civique ?

ARCHIBALD : On est bien obligé de prendre en considération le pire. Mais vous avez raison, la morale ou le civisme existe. Ainsi pourquoi les gens vont-ils voter d'après vous ?

CANDIDE : Pour faire gagner leur candidat.

ARCHIBALD : En êtes-vous si sûr ? La probabilité que le vote d'un individu exerce une influence décisive sur le résultat des élections non seulement est infime, mais encore diminue-t-elle avec le nombre des électeurs. Si l'on fait un bilan avantage / coût du fait d'aller voter, ce bilan pourrait même apparaître comme négatif dans la mesure où l'avantage de voter est infime alors que son coût est loin d'être négligeable. C'est pourquoi certains préfèrent « aller à la pêche » les jours d'élection.

CANDIDE : L'abstentionnisme est une plaie de la démocratie.

ARCHIBALD : Au vu du bilan évoqué ci-dessus, la question devrait être non pas pourquoi y a-t-il tant d'abstentionnistes, mais pourquoi y en a-t-il si peu ?

CANDIDE : Et quelle serait la réponse ?

ARCHIBALD : La réponse serait que les électeurs trouvent leur intérêt à voter dans le fait même d'aller voter, quel que soit le résultat qu'ils en attendent. Bref, ils vont voter par civisme. Une série d'études des comportements électoraux met en évidence ce comportement vertueux[9]. On peut faire le même raisonnement pour les pourboires. Pourquoi donne-t-on un pourboire, d'après vous ?

CANDIDE : Je donne un pourboire au garçon du restaurant parce qu'il me connaît, que je le connais, et que cela fait partie de nos relations : il me sert bien et je le lui rends par des pourboires que je crois généreux.

ARCHIBALD : Votre raisonnement serait tout à fait convaincant s'il s'appliquait à tous les pourboires que vous donnez. Or il vous arrive de donner des pourboires à des personnes que sans doute vous ne reverrez jamais. Par exemple à un chauffeur de taxi ; il y a une chance infime que vous retombiez sur le même taxi. Et pourtant vous donnez tout de même un pourboire. Serait-ce par civisme ? David Friedman donne une réponse qui est assez convaincante : « La récompense d'un bon service est un bien public ; si tout le monde le fait, c'est tout le monde qui profitera de l'amélioration du service[10]. » Mais là encore on retrouve des *free riders*, des commensaux. Ils profitent du bon service payé par les pourboires sans jamais verser un centime. Le fait est qu'il y a suffisamment de gens pour donner des pourboires pour que le système fonctionne. C'est la même chose pour certaines ouvreuses de cinéma qui, elles, ne sont payées que par pourboires.

CANDIDE : Le problème de la pollution pourrait-il être réglé par ce type d'« impôts volontaires » ?

ARCHIBALD : Pigou, le grand économiste anglais déjà nommé, posait le problème de la manière suivante. Il distinguait le « coût social » du « coût privé[11] ». Exemple : lorsque les rejets d'une usine polluent l'eau d'un fleuve, le coût social de son activité est supérieur au coût privé que supporte le propriétaire de l'usine en matières premières, en frais de main-d'œuvre, en amortissement du capital, etc. Le coût social est égal au coût privé plus l'effet externe négatif de l'usine sur l'environnement. Ce qui revient à dire que le bénéfice que tire la société de cette activité, le « bénéfice social » est inférieur au bénéfice privé qu'en tire le propriétaire de l'usine. Le propriétaire de l'usine recherche le maximum de profit et ne tient compte que du coût privé qu'il supporte. Comme tous les propriétaires d'usine font le même raisonnement, le résultat est que la recherche par chaque propriétaire de son intérêt aboutit à une gigantesque pollution. Il en est de même pour les automobilistes. Chacun, en utilisant son véhicule, cherche le mode de transport le plus rapide et le plus commode. Mais ce faisant, il ne tient pas compte des externalités négatives que son activité de transport entraîne, à savoir la diffusion de gaz d'échappement. Comme tous les automobilistes font le même raisonnement, le résultat est ce que nous constatons actuellement : la pollution des villes. La main invisible d'Adam Smith conduit à la catastrophe ! Pigou pourrait passer pour un lointain disciple de Jean-Jacques Rousseau pour qui le profit de chacun conduit forcément à la perte de tous si un « contrat social » n'y met pas bon ordre en sublimant l'intérêt particulier dans la « volonté générale[12] ».

CANDIDE : Le raisonnement de Pigou s'applique-t-il aux externalités positives ?

ARCHIBALD : Sans aucun doute. Les externalités positives sont symétriquement inverses aux externalités négatives : le coût social est inférieur au coût privé, ce qui signifie que le bénéfice public est supérieur au bénéfice privé. Comme l'agent privé ne prend en considération que le coût privé, il décide un niveau de production inférieur à ce qu'il devrait être si l'on tenait compte des effets bénéfiques pour la collectivité. Exemple : l'étudiant devrait prolonger ses études, parce que, en améliorant sa qualification il augmenterait la productivité future de l'économie. Mais, il ne peut le faire parce qu'il ne peut en supporter le coût. Là encore la main invisible d'Adam Smith est en défaut. Chacun poursuivant son intérêt n'aboutit pas au bien commun. Pigou arrive au même résultat que Tucker avec son « dilemme du prisonnier ».

CANDIDE : Voilà qui justifie une intervention de l'État, en l'occurrence l'attribution de bourses à l'étudiant qui ne peut financer ses études.

ARCHIBALD : C'est exactement à quoi arrive Pigou. La divergence entre coûts privés et coûts sociaux fonde l'intervention de l'État, laquelle vise à rétablir le jeu vertueux de la main invisible. Cela peut se faire par des règlements, soit pour limiter les externalités négatives (normes de pollution), soit pour développer les externalités positives (scolarité obligatoire). L'État peut encore taxer les activités à externalités négatives en sorte de rehausser le coût privé jusqu'au niveau du coût social, ou subventionner les activi-

La première condition, vous la connaissez déjà depuis notre Troisième leçon. Un échange *librement négocié* aboutit forcément à améliorer la situation des deux partenaires à l'échange. Si par exemple l'entreprise de pêche obtient des droits de propriété sur la pureté des eaux de la rivière, il peut choisir de vendre en tout ou en partie ces droits au propriétaire de l'usine contre un dédommagement ; dans tous les cas, s'il se livre à cet échange, c'est qu'il y gagne. La même chose peut être dite de son partenaire. S'il achète ces droits sur la pureté de l'eau, c'est qu'il y a intérêt ; plus précisément, c'est qu'il lui reste assez de profit après paiement de ce dédommagement pour que son activité reste rentable. La transaction peut aussi ne pas se faire, parce que l'entreprise de pêche n'a pas intérêt à vendre ses droits sur la pureté de l'eau, la pureté étant un facteur de productivité de sa propre activité, ou elle veut bien les vendre, mais à un prix tel que le propriétaire de l'usine n'est pas intéressé. On peut appliquer le même raisonnement au cas où des droits de pollution seraient attribués au propriétaire de l'usine. Dans tous les cas de figure, et même dans celui où l'échange ne se fait pas, la solution qui est trouvée est la meilleure pour les deux parties, et donc pour l'ensemble social qu'elle constitue.

La deuxième condition est beaucoup plus gênante. Les *coûts de transaction* englobent les frais que les deux parties encourent à s'informer, à négocier et à contrôler la bonne exécution de leur accord. Dans l'exemple de la rivière, il n'y avait que deux partenaires, et l'on pouvait supposer que les coûts de transaction n'étaient pas dirimants. Mais dès que s'élève le nombre des partenaires, les coûts de transaction atteignent de telles proportions qu'aucune négociation n'est possible entre les parties concernées. Supposons une négociation entre les habitants de notre bonne ville de M*** et les automobilistes censés être la cause de la pollution, et vous imaginez tout de suite les difficultés de la transaction. Sans compter que beaucoup de ces habitants sont eux-mêmes automobilistes, c'est-à-dire qu'ils sont à la fois fauteurs et victimes de la pollution. Plus les coûts de transaction sont élevés, plus l'intervention de l'État paraît difficile à éviter.

CANDIDE : On peut inverser votre proposition et dire : moins élevé le nombre des partenaires, moins nécessaire l'intervention de l'État. C'est un puissant argument en faveur de la décentralisation.

ARCHIBALD : En effet. Au niveau de petites entités, famille, village, équipe de travail, petite ou moyenne entreprise, l'intérêt commun est évident, les coûts et avantages de chacun sont comparables, la pression du groupe est suffisante pour éviter des comportements de passager clandestin, les coûts de transaction sont nuls ou même négatifs (je veux dire que la transaction, la « palabre » ne sont pas considérées comme des coûts, mais comme des moyens de renforcer la cohésion du groupe) — et donc à ce niveau-là, on peut imaginer la production de biens collectifs ou la réduction de maux collectifs (pollutions, nuisances diverses) sans intervention de l'autorité publique. Vous n'appelez pas la police pour faire taire la hi-fi ou la tondeuse à gazon de votre voisin, ou si vous le faites, c'est qu'il y a quelque chose qui ne fonctionne plus dans vos relations de voisinage.

Les coûts de transaction étant trop élevés, dans le cas de la ville de M***, on sera bien obligé de modifier le règlement de la circulation ou/et d'imposer une taxe supplémentaire sur les automobilistes qui se servent de leur voiture.

CANDIDE : On pourrait tout de même commencer par une campagne d'information et de persuasion. Sur les méfaits de la circulation automobile.

ARCHIBALD : Laquelle campagne aura un coût — qui fait partie des coûts de transaction, décrits plus haut. Ce coût sera payé par l'ensemble des contribuables, alors qu'une « vignette de circulation » (tout automobiliste circulant à certaines heures de la journée devrait l'afficher sur son pare-brise) ne serait supportée que par les fauteurs de la pollution, les automobilistes eux-mêmes. Mais je comprends que l'on préfère taxer l'ensemble de la population qu'une partie, fût-elle fautive. Nous y reviendrons dans la leçon sur la fiscalité : entre deux impôts l'homme politique a tendance à choisir le moins visible, le moins douloureux.

## *Treizième leçon*

# DE LA CONCURRENCE

*Où l'on s'aperçoit, non sans étonnement,*
*que la théorie de la concurrence pure et parfaite*
*peut aboutir à un socialisme planificateur centralisé.*

CANDIDE : Il est beaucoup question en ce moment dans la presse de fusion dans les assurances, dans la banque, dans l'industrie aéronautique, dans l'informatique, que sais-je encore… et jusque dans la presse elle-même ! Est-ce que ces concentrations d'entreprises ne risquent pas de mettre en danger la concurrence, comme semble le craindre la Commission européenne de Bruxelles ?

ARCHIBALD : S'il y a un thème qui est central à toute économie dite de marché, c'est bien en effet celui de la concurrence. Cela va nous demander beaucoup de soin et d'attention, car il y a énormément d'idées fausses qui circulent à ce sujet un peu partout, y compris dans les manuels scolaires. Pour en venir à bout, le plus simple est de vous demander ce que vous entendez par concurrence.

CANDIDE : J'ai dans la tête une expression apprise comme « concurrence pure et parfaite », dont les conditions ne sont jamais réunies, ce qui fait que le marché ne fonctionne pas bien et qu'il faut le corriger d'une manière ou d'une autre, ou du moins surveiller son fonctionnement.

ARCHIBALD : Et qui sera chargé de ce contrôle et de cette surveillance ?

CANDIDE : L'État, bien sûr.

ARCHIBALD : À quel titre ?

CANDIDE : En tant que représentant de l'intérêt général.

ARCHIBALD : Et nous savons ce qu'il faut penser de l'intérêt général. Candide, pouvez-vous nous rafraîchir la mémoire ? Les conditions de la concurrence parfaite varient quelque peu selon les auteurs. Quels sont les critères les plus généralement admis ?

CANDIDE : 1. L'information de tous les participants au marché doit être parfaite, 2. il faut qu'il y ait un grand nombre d'acheteurs et de vendeurs, chacun étant de faible dimension par rapport aux autres, et 3. il faut encore que le produit qui fait l'objet de transactions soit homogène et divisible. Homogène ?

ARCHIBALD : Le pain que me vend mon boulanger devra être complètement identique à celui que me vend son concurrent le plus proche, en sorte que je puisse comparer les prix de l'un et de l'autre. Le produit doit aussi être divisible pour les mêmes raisons. Un bien indivisible — par exemple un équipement autoroutier sur un tracé donné — ne peut pas être comparé à un autre équipement du même genre. Tout ce vocabulaire a fait beaucoup de tort à la « science économique », et il faut reconnaître qu'il a de quoi décourager les esprits les moins prévenus contre cette science.

L'idée qui préside, si l'on ose dire, à toutes ces bizarreries est que la concurrence, pour être pure et parfaite, doit être « atomistique ». Chaque acheteur, chaque vendeur doit être comparable à un atome incapable d'avoir une influence sur les autres atomes. Le prix du marché s'impose à eux. Dans ces conditions, pour un produit donné, c'est la loi dite du prix unique. Pourquoi cette loi ?

CANDIDE : Parce que dans les conditions de la concurrence parfaite, si un vendeur cherche à vendre au-dessus du prix du marché, ou un acheteur à acheter au-dessous, le premier ne pourra écouler sa marchandise, ni le second acheter la moindre parcelle de cette même marchandise.

ARCHIBALD : Exact. Mais les conditions de la concurrence pure et parfaite sont rarement réunies. Pourriez-vous nous donner un exemple ?

CANDIDE : Un produit est différencié de ses concurrents par une astuce d'emballage ou tout autre procédé commercial ; alors, il n'est plus vrai que le vendeur est d'une importance négligeable sur « son » marché.

ARCHIBALD : De même s'il y a inégalité d'information entre l'acheteur et le vendeur, les économistes parlent d'asymétrie d'information, l'un est capable d'influencer l'autre. Ainsi définie, la concurrence pure et parfaite a davantage de chances de s'exercer sur le marché des oranges ou le marché du riz que sur celui des barrages hydroélectriques ou des porte-avions. Encore faudrait-il distinguer les différentes qualités d'oranges, les différentes variétés de riz. Mais pour une variété donnée, par exemple le riz de telle province de Chine, il est bien vrai que l'on s'approche d'un prix unique.

CANDIDE : N'y a-t-il pas par nature des produits « homogènes » et « divisibles », et d'autres qui ne le sont pas ?

ARCHIBALD : C'est loin d'être évident. Prenez

l'exemple du « petit noir » que l'on prend au café du coin. Rien de plus homogène et de plus divisible qu'un tel produit. Mais je peux avoir établi une relation particulière avec le cafetier, le lieu peut me paraître plus ou moins agréable, ou la compagnie des gens qui s'y trouvent. Bref, même le « petit noir » sera payé à des prix différents — si toutefois il n'est pas taxé comme il l'a longtemps été en France — parce que sa qualité, telle qu'elle est perçue par le consommateur, peut varier énormément, les paramètres de perception du consommateur (qualité du café, qualité de l'accueil, qualité des autres consommateurs, etc.) sont eux-mêmes très nombreux. En fait, si l'on y réfléchit un tant soit peu, il n'est pas un seul produit auquel on puisse appliquer les critères de la concurrence pure et parfaite.

CANDIDE : Pourquoi les économistes y tiennent tant ?

ARCHIBALD : C'est une longue histoire qui remonte à Adam Smith, et que l'on peut résumer de la manière suivante. Il fallait que la main invisible puisse fonctionner, autrement dit que chacun poursuivant son intérêt concoure au bien commun. Et pour qu'elle puisse fonctionner, il fallait qu'il n'y ait point de monopole ou d'ententes soit entre les producteurs, soit entre les consommateurs. La grande affaire de l'auteur de la *Richesse des nations*, c'est de lutter contre les corporations et les réglementations héritées des « temps anciens », comme il dit. Par exemple, la taxation du prix du pain. « Là où il y a une corporation exclusive, explique-t-il au chapitre X du Livre I, il peut être opportun de régler le prix de la première nécessité de la vie. Mais là où il n'y en a point, la concurrence le réglera mieux que n'importe quelle taxation. » Ensuite, le modèle s'est progressivement affiné pour tenir compte des inégalités d'information parmi les acteurs du marché, du cas particulier des biens « indivisibles », et ainsi de suite. La doctrine s'est forgée tout au long du XIXe siècle. Mais, comme elle était par trop éloignée de la réalité, elle a été complétée par une théorie de la concurrence imparfaite, ou encore de la concurrence monopolistique. De grands noms — pour la science économique — se sont illustrés dans ce domaine. Citons Alfred Marshall[1], Knut Wicksell[2], Edward Chamberlin[3], et notre Cournot. Antoine Augustin Cournot[4] a été le premier à forger la théorie du prix de monopole, en réaction contre l'irréalisme du modèle smithien.

CANDIDE : Nous voilà lancés sur beaucoup de pistes à la fois. Faudra-t-il étudier tous ces auteurs ?

ARCHIBALD : Je voudrais vous rassurer. Puisque la doctrine de départ est fausse, on pourrait s'en tenir à l'essentiel. Malheureusement, pour parvenir au cœur de l'économie, il est nécessaire, si j'ose dire, de déconstruire toutes ces idées qui se sont greffées dessus.

CANDIDE : Pourquoi se donner ce mal ?

ARCHIBALD : À cause de l'enjeu idéologique qui se cache derrière cette affaire. La concurrence « atomistique » implique, par sa propre définition nous l'avons dit, que vendeurs et acheteurs sont comme des atomes parfaitement identiques et donc substituables entre eux. Supposons que sur un marché donné, un producteur fasse des profits pour une raison ou pour une autre. Rappelons-nous que le prix du marché, dans la théorie de la concurrence pure et parfaite, est une donnée qui s'impose à l'entreprise : du fait de sa taille infinitésimale, aucun producteur ne peut avoir d'influence sur lui. S'il y a profit, c'est que le prix du marché est supérieur au coût supporté par cette entreprise. Comme toutes les entreprises sont identiques, elles sont toutes logées à la même enseigne, elles font toutes le même profit. On peut admettre à la rigueur que dans le court terme l'une d'entre elles parvienne à se distinguer de ses concurrents. Mais l'information étant parfaite par hypothèse, les autres entreprises ne tarderont pas à trouver le moyen de découvrir l'astuce de la gagnante. Une telle branche où tout le monde fait du profit va forcément attirer d'autres entreprises. L'offre globale de tous ces producteurs augmentant, le prix va fatalement baisser jusqu'à ce que la différence entre le prix du marché et le coût de chaque entreprise devienne nulle. On parvient ainsi à ce que la théorie appelle un « équilibre stable », une situation dans laquelle le profit est nul.

CANDIDE : N'est-ce pas là un résultat étonnant ?

ARCHIBALD : On peut le dire. Des générations d'économistes accusés de supporter idéologiquement le capitalisme font sortir de leurs cornues de laboratoire un système qui trouve son équilibre dans l'annulation du profit. Et encore cette annulation du profit est-elle l'aboutissement dont le moteur est la recherche du profit. Comme si les patrons travaillaient d'eux-mêmes à leur propre perte (soit dit en passant, Marx n'aura qu'à dire la même chose dans des termes plus accessibles au grand nombre pour prévoir la chute inévitable du capitalisme). Il faut avoir la foi chevillée au corps, je veux dire la foi dans la « science économique », pour admettre qu'à l'équilibre, le capitalisme dégage un profit nul.

Chez Léon Walras, que nous avons déjà cité à la Troisième leçon et dont les *Éléments d'économie pure* sont la quintessence de la théorie de la concurrence parfaite, l'entrepreneur ne fait ni bénéfice ni perte. C'est une question de cohérence logique comme l'a très bien dit Schumpeter dans son *Histoire de l'analyse économique*[5]. Pourtant, dans le jeu de l'échange tel que nous l'avons étudié[6], les deux partenaires gagnaient. Le même raisonnement s'applique au cas où j'échange une marchandise contre de la monnaie (*i.e.* une vente) ou de la monnaie contre une marchandise (*i.e.* un achat). J'augmente ma satisfaction.

CANDIDE : De combien ?

ARCHIBALD : C'est là qu'il faut faire attention. Je ne peux pas répondre à cette question. Je ne peux pas quantifier l'augmentation de ma satisfaction. Ni la mienne, ni a fortiori celle des autres. Je ne peux donc pas comparer mon état de satisfaction à celui des autres[7]. Par conséquent il est impossible de calculer un optimum social qui serait la somme des optima particuliers. Mais on ne peut pas renoncer si facilement à l'injonction faite aux économistes, par des gens comme votre maître de philosophie, de rechercher le plus grand bonheur possible pour le plus grand nombre[8]. Du coup, ces braves gens se sont rabattus sur une définition restreinte de l'optimum social. À savoir que l'optimum est atteint au niveau de la collectivité lorsque l'on ne peut augmenter le bien-être d'un individu sans diminuer celui d'un autre individu[9]. À quoi correspond une telle situation ? À l'équilibre de l'offre et de la demande sur tous les marchés. Considérons le prix d'un produit quelconque qui permet de faire se rencontrer l'offre et la demande de ce produit. Ce prix permet la plus grande satisfaction possible aux acheteurs et aux vendeurs de ce produit. Supposons que l'on veuille augmenter la satisfaction d'un acheteur en lui accordant une baisse de prix. Cela ne pourrait se faire qu'en diminuant la satisfaction d'au moins un vendeur. Rien ne permet de dire que l'optimum social augmenterait à la suite de cette mesure, car rien ne permet d'affirmer que l'augmentation de satisfaction de l'acheteur ferait plus que compenser la perte de satisfaction du vendeur[10].

CANDIDE : Si je comprends bien, à partir du moment où des prix se forment, c'est que l'on a trouvé un équilibre entre l'offre et la demande, donc on est toujours à l'optimum, et tout est pour le mieux dans le meilleur des mondes possibles, comme dirait mon cher maître de philosophie.

ARCHIBALD : Oui. Mais pour les théoriciens de la concurrence parfaite, le prix qui équilibre l'offre et la demande ne correspond à un optimum, même au sens restreint, que si les conditions de la concurrence parfaite sont réunies. *Ergo*, si ces conditions ne sont pas réunies, l'optimum social ne peut pas être atteint, et l'objectif assigné aux économistes ne sera pas, et ne pourra pas être atteint.

CANDIDE : Quelles leçons en tirer ?

ARCHIBALD : Deux leçons, opposées. La première est qu'il faut s'efforcer par tous les moyens d'établir les conditions de la concurrence parfaite. La seconde est que l'on n'y arrivera jamais et qu'il faut trouver un autre système pour parvenir au plus grand bonheur du plus grand nombre. La première ouvre la voie au néolibéralisme, la seconde au réformisme social-démocrate, voire à la révolution.

Maintenant, il nous faut examiner ce que dit la théorie du monopole, qui est le complément de la théorie de la concurrence parfaite, parce que le monopole c'est l'ennemi. Une idée populaire qui remonte au moins à Aristote, qui a lui-même défini la notion : « monopole », en grec, veut dire « un seul vendeur » (*monos, polein*), situation qu'il condamna comme injuste[11]. Vous entendez cela tous les jours. Les superprofits générés par les grands trusts, les cartels, les ententes. L'image du capitaliste avec un gros cigare entre les dents est certes un peu désuète, mais l'idée de superprofit traîne encore. Et c'est précisément ce que nous apporte la théorie du monopole : une explication du superprofit. En quoi elle est bien un complément de la théorie de la concurrence parfaite. Puisque à l'équilibre de la concurrence parfaite, les profits sont nuls, dès que la concurrence n'est plus parfaite, les profits ne peuvent être que des superprofits.

Qu'est-ce qu'un monopole ? C'est une situation dans laquelle, nous venons de le dire, il n'y a qu'un seul vendeur ou producteur. Du même coup, l'une des conditions de la concurrence parfaite saute. Bien évidemment, la moindre décision de cet unique producteur aura une influence sur le prix du marché. Le prix du marché n'est donc pas une donnée qui s'impose à lui. Dans ces conditions, comme Cournot l'a démontré, le monopoleur peut arrêter de produire avant que son profit s'annule, alors que dans la situation de concurrence pure et parfaite, je le rappelle, le producteur en théorie produit jusqu'à ce que son profit soit nul. Par rapport à une situation de concurrence parfaite, la production est donc moindre et le profit n'est pas nul. Comme la concurrence parfaite est censée conduire à l'optimum, la situation de monopole engendre, au détriment des consommateurs, des profits au-dessus de la norme (laquelle, nous l'avons dit, tendrait vers zéro en cas de concurrence parfaite), bref, des profits anormaux, des superprofits. À partir de là, la théorie s'est raffinée pour tenir compte de situations plus complexes, tels les oligopoles, les ententes, les cartels… Mais l'essentiel c'est bien cette idée de profit hors norme par raréfaction artificielle de la production. La théorie du monopole répète sous une autre forme ce que nous dit la théorie de la concurrence parfaite. Dès lors, une seule conclusion s'impose, que l'on soit néolibéral ou social-démocrate.

CANDIDE : Démantelons le monopole, les cartels, les ententes…

ARCHIBALD : Exact. D'où toutes les lois qui ont été établies contre les trusts, les réglementations de la concurrence, et ainsi de suite. Une grande partie de l'activité de la Commission de Bruxelles consiste à lutter *contre* les monopoles et *pour* la concurrence. Néolibéraux et sociaux-démocrates font ici cause commune le plus facilement du monde. Pourtant, une question simple se pose : puisque superprofit il y a, comment se fait-il que ce superprofit n'attire pas d'autres capitalistes, comme le miel attire les mouches ? Cette question revient à se demander pourquoi il n'existe qu'un seul producteur sur le marché du produit en question ?

CANDIDE : Parce que l'on a empêché d'autres d'y entrer ?

ARCHIBALD : Qui ça, on ?

CANDIDE : Quelqu'un qui a la force de le faire ?

ARCHIBALD : Qui est ce quelqu'un ?

CANDIDE : Ce pourrait être le monopoleur lui-même ?

ARCHIBALD : Peut-il le faire sans l'aide de l'État qui en principe dispose du monopole de la force légitime ?

CANDIDE : Si l'on reste dans un cadre légal, non.

ARCHIBALD : Par conséquent, si l'on reste, comme vous dites, dans ce cadre légal, le monopole qui a besoin de la force pour s'installer ne peut rester monopole qu'avec l'aide de l'État. Soit qu'il empêche d'autres producteurs d'entrer sur le marché en question, soit, ce qui revient au même, qu'il décrète que telle entité est la seule habilitée à produire la marchandise en question. Par exemple, la Banque de France s'était vu accorder par l'État le monopole de la planche à billets — aujourd'hui entre les mains de la Banque centrale européenne. Dans ce cas de monopole étatique, demander à l'État de lutter contre le monopole, c'est lui demander de lutter contre lui-même. N'est-on pas dans le domaine de l'absurde ?

CANDIDE : Certes. Aussi doit-il y avoir des situations de monopole qui se sont constituées sans l'aide de l'État.

ARCHIBALD : Lesquelles ?

CANDIDE : En utilisant la force.

ARCHIBALD : Là nous sortons du cadre légal, et nous retombons dans le cas précédent. Un monopole qui utilise la force pour empêcher d'autres producteurs d'entrer sur le marché, est un monopole qui s'est lui-même *de facto* constitué en État. C'est un monopole étatique. Restons dans le cadre légal.

CANDIDE : On pourrait imaginer que le monopole pratique des prix tels qu'il décourage l'entrée d'autres producteurs sur son marché.

ARCHIBALD : Oui. C'est ce que les économistes appellent la politique de prix discriminatoire, qui est un raffinement de la théorie du monopole. On part du principe que du fait même de sa position, le monopole a la maîtrise des prix qui s'établissent sur le marché.

CANDIDE : Le monopoleur peut donc pratiquer le prix qui lui convient le mieux pour empêcher d'éventuels concurrents d'entrer sur le marché, quitte à écorner ses profits.

ARCHIBALD : Remarquez qu'on n'est déjà plus dans la logique du prix et du profit maximums. Pour conserver sa position, le monopoleur sacrifie une part de ses superprofits. La question devient alors : est-ce que ce qui reste de superprofit est ou n'est pas suffisamment attrayant pour attirer d'autres producteurs ? Que se passe-t-il si le superprofit qui reste est suffisamment attrayant ? Pb. Capital initial + rentabilité

CANDIDE : Il me semble que nous sommes ramenés au cas précédent.

ARCHIBALD : Exact. Dans le cas contraire, s'il n'est pas suffisamment attrayant, l'activité en question ne pourrait avoir lieu avec un profit moindre, et par conséquent, si le profit baissait encore, elle n'intéresserait plus personne. Autrement dit, le monopole, tout monopole qu'il soit, est, en l'absence d'intervention étatique, plongé dans un milieu concurrentiel et il doit tenir compte de ce milieu, et par conséquent baisser ses prix et son profit jusqu'au niveau où d'autres ne sont plus intéressés à entrer sur ce marché. L'interdiction que ferait l'État au monopole de pratiquer les prix qu'il veut sous prétexte de rétablir les conditions de la concurrence parfaite, aboutirait à rendre cette activité non rentable, et à l'abandonner ou à la confier à un monopole étatique.

CANDIDE : Ce peut être le but poursuivi par l'État.

ARCHIBALD : Pourquoi pas ? Mais alors l'État doit légitimer un tel but.

CANDIDE : Si je comprends bien, sans intervention de l'État, les monopoles existent parce qu'il ne peut en être autrement.

ARCHIBALD : Au bout du processus concurrentiel, les seuls monopoles privés qui subsistent sont justifiés par les conditions du marché en question. Par exemple, quand des économies d'échelle sont telles que les coûts unitaires sont les plus bas lorsqu'une seule firme occupe le marché. Sur un tracé possible de chemin de fer, une seule ligne sera plus rentable que plusieurs. Les économistes appellent cela un « monopole naturel ». Même dans ce cas, la compagnie qui exploiterait cette ligne, qui serait donc en situation de monopole pour ce qui concerne le chemin de fer, serait en concurrence avec les autres modes de transport. Encore faut-il que cette ligne ait été construite. Elle n'est pas tombée du ciel comme pourrait le faire croire l'expression de « monopole naturel », et comme le fait croire la théorie de la concurrence parfaite *qui ne voit que des situations données*, et non les processus qui ont conduit à ces situations. Pour construire cette ligne, à supposer qu'elle n'ait pas été aidée par l'État, comme cela a été souvent le cas en Europe, la compagnie en question a engagé d'énormes capitaux qui pouvaient avoir d'autres emplois, elle a acheté des terrains au prix du marché, etc. Pour ce projet, elle était forcément en concurrence avec d'autres firmes ou d'autres projets. Elle l'a emporté en assumant seule des risques en vue d'un certain profit. Si elle avait su qu'on la taxerait de monopole en cas de réussite et qu'on lui prendrait ses « superprofits », elle ne se serait pas lancée dans cette aventure, et la ligne, tout simplement, n'aurait pas été construite. Il y a abus seulement dans le cas où l'entrée sur le marché n'est pas libre. L'important, c'est la liberté d'entrer sur le marché. Seul l'État peut véritablement restreindre cette liberté. Je ne dis pas qu'il ne le doit pas dans certaines circonstances. Je dis seulement qu'il est le seul à le pouvoir.

CANDIDE : Mais Aristote ?

ARCHIBALD : Nous lui devons en effet le couplage de la notion de monopole avec l'injustice. Souvenez-vous ! Ce n'est pas la première fois que ce grand philosophe de l'Antiquité nous induit en erreur[12]. Sans remonter si loin, c'est ici que l'on vérifie à quel point la théorie de la concurrence parfaite manque l'essentiel de l'économie, ce qui est dans son cœur, si je puis m'exprimer ainsi. Car l'objectif de tout producteur, de tout acteur de l'économie, c'est bien de disposer d'un monopole. Quand j'écris un roman, par exemple, que je signe de mon nom, je vise à atteindre une situation de monopole. Je serai le seul producteur de ce livre. Ce roman, unique en son genre, va entrer en concurrence avec des milliers d'autres livres. C'est dire que je ne pourrai pas pratiquer n'importe quel prix. Mais si je parviens à en faire un best-seller, ou à décrocher le Goncourt, je vais me trouver pendant un moment dans une situation quasi monopolistique. Et jouir de superprofits considérables. J'ai pris un risque, en supposant qu'il existerait un marché pour ce livre, dans une situation de totale incertitude. Voilà ce qu'ignore la théorie de la concurrence pure et parfaite. La prise de risque dans un monde incertain. En vérité, l'auteur de best-seller partage ce risque avec l'éditeur. Le livre aurait très bien pu faire un flop. Ce n'est pas un jeu où l'on gagne à tous les coups, sinon ça se saurait ! Autrement dit, le « superprofit » dont jouissent l'auteur et l'éditeur en cas de réussite est la récompense du risque qu'ils ont pris. Il en est de même pour l'entrepreneur qui a engagé des capitaux dans une activité nouvelle. Tout innovateur est forcément en situation de monopole.

CANDIDE : N'y a-t-il pas des moyens objectifs de déterminer les positions de monopole ? Par exemple en calculant la part de marché occupée par telle entreprise, on pourrait déterminer si elle est oui ou non en situation de monopole, et donc dans la possibilité d'abuser de cette situation.

ARCHIBALD : C'est justement ce que font les « politiques de concurrence » instituées par les États ou par la Commission de Bruxelles, et c'est précisément là que le bât blesse le plus. Car ces calculs de part n'ont aucun sens. Reprenons l'exemple de l'auteur de romans. Sur le marché de *Madame Bovary*, Flaubert occupe une position de monopole à 100 %, et pourtant son livre est en concurrence avec des millions d'autres. N'importe quelle production peut être considérée soit comme unique, soit comme un produit quelconque en concurrence avec des produits semblables (l'exemplaire de *Madame Bovary* confronté dans une librairie avec des milliers d'autres livres), mais en concurrence aussi avec des produits autres (une place de cinéma, un repas au restaurant...). La détermination des positions de monopole par des parts de marché implique donc une délimitation arbitraire du marché auquel est censé appartenir le producteur en question : le « marché du livre », le « marché de la betterave », le « marché du cinéma », etc., qui sont de pures fictions. La délimitation concrète de ces fictions est le fait de la bureaucratie, animée d'un présupposé égalitarisme. Comme si l'optimum ne pouvait être atteint que si tous les producteurs étaient égaux. C'est évidemment absurde.

CANDIDE : Ce que vous êtes en train de dire, en fin de compte, c'est que le nombre de producteurs sur un marché importe peu.

ARCHIBALD : Exactement.

CANDIDE : Si je suis votre raisonnement, on est

encore en situation de concurrence même s'il ne reste plus qu'un seul producteur.

ARCHIBALD : C'est ce que j'essaie de vous faire comprendre depuis le début de cette leçon. Je conçois que politiquement le discours antimonopoliste est plus rentable que la dénonciation du mythe des superprofits des grands monopoles. Nous reviendrons sur tout cela dans la leçon sur le profit et aussi dans notre ultime leçon sur l'avenir du capitalisme. Nous pouvons retenir aujourd'hui que la théorie de la concurrence pure et parfaite est finalement incapable de concevoir le profit. Pour la raison toute simple que l'entrepreneur tel qu'elle le conçoit ne correspond à aucune réalité. Ce n'est même pas un idéal type vers lequel l'entrepreneur concret devrait converger dans des conditions idéales. L'entrepreneur de la concurrence pure et parfaite est un zombie. Il ne peut avoir aucune influence sur ses concurrents, sur ses fournisseurs, sur ses clients. Il est à la tête d'une entreprise semblable à toutes les autres. L'état de la technique, à un moment donné, s'impose à lui comme à tous les autres. L'information étant parfaite, il n'est confronté à aucune incertitude. En un mot comme en cent, il ne prend aucun risque. Il faut reconnaître à la théorie une certaine cohérence dans son irréalité. Cet entrepreneur-bureaucrate est en fait un technicien supérieur juste capable d'administrer une entité dont les paramètres sont parfaitement connus de tout le monde. Il ne manquerait plus qu'il fasse des profits ! Non, cet entrepreneur-là n'a droit à aucune sorte de profit. Il est comparable à un chef d'usine dans une économie socialiste centralisée. C'est là le paradoxe suprême de la théorie économique qui prend sa source dans la *Richesse des nations* d'Adam Smith. Son lieu d'aboutissement est une économie socialiste centralisée, dirigée, en principe, par des « techniciens » qui sont persuadés ou ont été persuadés que les choix économiques peuvent être réduits à de simples choix techniques. En France, où les grandes entreprises sont souvent dirigées par des polytechniciens venus du secteur public, on n'est pas très loin de cette situation — sans même tenir compte de la part prise par l'État dans l'économie nationale.

Dans cette économie, l'état de l'art impose à un moment donné pour telle branche d'activité un processus de production unique connu de tout le monde. On connaît les prix de revient dans leur moindre détail de manière objective. Le planificateur central peut alors ordonner le même processus de production à tous les responsables de la branche, répartir les matières premières, prévoir les productions, et ainsi de suite. Dans une telle économie, le profit ne peut pas exister. Ou du moins il ne peut exister que d'une manière anormale. Et de fait il ne peut apparaître que sur le marché noir, dans l'illégalité. Remarquez bien que je ne suis pas en train de juger l'économie socialiste comme inférieure à l'économie capitaliste. Je dis seulement qu'elle est beaucoup plus cohérente avec le système inventé par Adam Smith que ne l'est l'économie capitaliste.

Figurez-vous qu'à la fin du XIX^e^ et au début du XX^e^ siècle, toute une série d'économistes de premier plan, qui n'avaient aucune sympathie pour le socialisme, tirèrent du modèle de la concurrence parfaite une théorie de l'économie socialiste. Ils rendirent ainsi au socialisme un service que Marx avait été incapable de lui rendre[13]. Le premier nom à citer ici est celui de Vilfredo Pareto, déjà rencontré. Dans son *Cours*, qui date de 1897, il approfondit sa réflexion sur l'économie socialiste. Mais il fut dépassé par

Enrico Barone qui fit le tour de la question dans un article resté célèbre[14]. « Le résultat essentiel de l'étude de Barone, ou de toute autre semblable, commente Schumpeter, est que tout socialisme dirigé du centre a un système d'équations qui possède un ensemble de solutions uniquement déterminé, dans le même sens et sous les mêmes réserves que le capitalisme de concurrence parfaite, et que cet ensemble jouit de propriétés semblables de maximum. » En d'autres termes, moins techniques, Barone avait démontré qu'un plan socialiste avait du sens. Schumpeter ajoute significativement : « On ne peut le rejeter [le plan socialiste] parce qu'il signifierait le chaos, le gaspillage ou l'irrationalité. Ce n'est pas négligeable. Ce service rendu à la doctrine socialiste l'a été par des auteurs qui n'étaient pas socialistes. Nous avons droit, continue Schumpeter, de souligner l'importance de ce fait. Ils démontrèrent victorieusement l'indépendance de l'analyse économique envers les préférences politiques ou les préjugés[15]. » Aujourd'hui, nous y verrions plutôt une preuve d'aveuglement des économistes de cette époque, ou du moins une preuve supplémentaire de l'irréalisme de la théorie de la concurrence parfaite. La première critique en règle de la possibilité d'existence d'une économie socialiste, on la doit à von Mises, et elle est postérieure à la révolution bolchevique de 1917[16]. Ce n'est certes pas un hasard si cet auteur, figure proéminente de l'école autrichienne, était lui-même fort critique à l'égard de la théorie de la concurrence parfaite de l'école anglo-saxonne.

## *Quatorzième leçon*

# DE LA VALEUR-TRAVAIL

*Où Marx n'évite une absurdité que par une autre absurdité.*

Cher Candide,

L'idée de valeur-travail est l'une des plus efficaces qui aient été conçues par le cerveau humain ! Elle nous dit que la valeur vient entièrement du travail. Cela implique que le patron ne peut prélever son profit que sur la valeur créée par les travailleurs. Quels que soient les salaires qu'il leur accorde, il les exploite. Il est dans sa nature de patron de les exploiter. Pour en arriver là il a d'abord fallu réhabiliter la valeur du travail. Ou plutôt l'habiliter. Chez les Anciens, le travail, j'entends le travail physique, n'avait pas de valeur. Réservé aux esclaves, il était méprisé. L'habilitation date d'un certain Jésus, fils de charpentier. Les docteurs scolastiques du Moyen Âge considéraient le travail physique comme une discipline favorable aux vertus chrétiennes, comme un moyen de préserver l'homme du péché.

La première formulation de la théorie de la valeur-travail proprement dite se trouve, non pas chez Marx comme on le croit généralement, mais chez Adam

Smith. Incapable de prendre la suite de la doctrine scolastique de l'utilité subjective qui avait pourtant été conduite jusqu'au XVIIIe siècle par des auteurs qu'il connaissait (Condillac, Cantillon, Galiani), Smith dissocie complètement la valeur d'usage et la valeur d'échange et cherche un étalon pour mesurer cette dernière. Cet étalon invariable, il croit le trouver dans le travail.

Ici, les choses se compliquent un peu car il y a au moins deux théories de la valeur-travail chez Smith. L'une est que pour se procurer une marchandise, il faut l'échanger contre tant d'heures de travail. Le travail est ici considéré comme un numéraire, d'autant plus efficace que « ne variant jamais dans sa valeur propre, il est la seule mesure réelle et définitive » de la valeur de toutes les marchandises (Livre I, chapitre V).

L'autre théorie est que la valeur de la marchandise est la quantité de travail qu'elle a coûté à être produite. On peut même trouver une troisième théorie dans cette phrase passe-partout du même chapitre : « Le véritable prix de toute chose, ce que toute chose coûte vraiment à l'homme qui désire l'acquérir, c'est la peine et le mal qu'il a de l'acquérir. » En langage d'économiste contemporain, le fondement de la valeur est ici la « désutilité » du travail, c'est-à-dire sa pénibilité, ou encore son coût en termes de loisir — ce que dans le jargon des économistes on appelle le coût d'opportunité. On en reparlera[1].

Laquelle des trois théories choisir ? Cette question a tarabusté des générations d'économistes ! Ce qui impressionnera beaucoup les successeurs immédiats de Smith, c'est l'exemple du castor et du daim qu'il donne d'entrée de jeu au chapitre VI du Livre I. « Si dans une nation de chasseurs, par exemple, il coûte habituellement deux fois plus de travail pour tuer un castor que pour tuer un daim, un castor devrait naturellement s'échanger contre deux cerfs ou valoir deux cerfs. » Ici, c'est la quantité de travail utilisée dans la production qui fonde la valeur — la valeur d'échange. Dans ce passage a germé la théorie de la valeur-quantité de travail que l'on retrouvera chez Ricardo, puis chez Marx. On peut même dire que Smith a tenu compte par avance des objections qu'on ferait à cette théorie.

Ces objections qui viennent rapidement à l'esprit tiennent aux différentes qualités du travail : l'heure d'un OS ne peut être mise sur le même plan que l'heure d'un ingénieur, elle ne peut avoir la même valeur. Mais reste centrale cette idée que les valeurs d'échange des biens sont proportionnelles aux quantités de travail qui sont contenues ou incorporées dans ces biens. Ricardo ne dira pas autre chose, tenant lui aussi compte des qualifications différentes du travail.

Comment apprécier ces qualifications elles-mêmes ? C'est une des difficultés de la théorie. Smith en fait l'aveu au chapitre VI du Livre I : « Si une espèce de travail exige un degré peu commun d'habileté et d'ingéniosité, l'estime que les hommes ont pour de tels talents donnera naturellement une valeur à leur produit supérieure à celle qui serait imputable au temps employé à son égard. » Le mot important — et fatal — dans cette phrase, c'est le mot *estime*. Car, cette estime-là n'a aucun rapport avec la valeur-travail.

On trouve la même difficulté chez Ricardo quand il donne l'exemple du « joaillier laborieux » qui est payé deux fois plus par heure qu'un « travailleur ordinaire ». Là encore, il faudrait évoquer l'estime des consommateurs pour le travail du bijoutier. C'est dire que pour conserver la théorie de la valeur-travail, on est obligé de recourir aux « valeurs » (estimations) qui sont dans la tête des consommateurs.

Pour résoudre la même difficulté, Marx emploiera l'expression de « travail socialement nécessaire », c'est-à-dire une espèce de moyenne d'heures de travail pour une tâche donnée, moyenne impliquée, à un moment donné dans le temps et dans l'espace, par l'état de la technique, du savoir-faire, des mœurs, des désirs, etc.

Une autre question vient à l'esprit : comment peut-on prétendre qu'une marchandise incorpore seulement du travail ? Cette question n'est pas très gênante, car il est du sens commun que même si une machine participe à la production d'une marchandise, cette machine elle-même a été fabriquée avec du travail humain. C'est du « travail cristallisé », comme on dira en langage marxiste.

Le problème n'est pas là.

Le problème, soulevé et non résolu par Ricardo, est le suivant : les valeurs des marchandises ne sont pas réglées uniquement par les quantités de travail incorporées, mais aussi par la « longueur du temps qui doit s'écouler avant qu'elles puissent être portées sur le marché ». Pour comprendre cette phrase sibylline, il faut dire un mot de la conception du capital chez Ricardo.

Ricardo distingue dans ce qu'il appelle le capital deux éléments : une part est destinée « à subvenir aux besoins du travail » — ce sont les salaires ; une autre est « investie en outils, machines et bâtiments ». Et ces deux parties ont une durée d'utilisation inégale, variant en fonction de très nombreux paramètres. Selon les techniques en vigueur, le processus de production de telle marchandise emploie plus de main-d'œuvre ou plus de machines. Et l'on est obligé d'admettre que les valeurs d'échange ne sont pas strictement proportionnelles aux heures de travail accomplies par les salariés de l'usine considérée. La valeur d'une pièce de tissu n'a pas la même composition que celle d'un avion supersonique. L'industrie textile est une industrie de main-d'œuvre où les capitaux ont (ou plutôt avaient, car elle aussi s'est transformée) beaucoup moins d'importance que dans l'aéronautique. Ricardo admettait ces faits, et l'on peut se demander comment dans ces conditions il pouvait maintenir sa théorie de la valeur-travail. Le fait est qu'il admettait cette théorie comme une approximation.

L'étape suivante a consisté à transformer cette approximation en vérité absolue. Et cette étape a été accomplie par Marx. L'auteur du *Capital* est reparti, en effet, du problème de la valeur tel qu'il avait été (mal) posé par Smith. Il s'est demandé comment des marchandises qui paraissent si diverses, si hétérogènes quant à leur valeur d'usage pouvaient être rendues comparables entre elles. Et la solution qu'il trouve en lisant ses classiques (Smith et Ricardo), c'est que les marchandises sont toutes le produit du travail, toutes du « travail cristallisé ». C'est ainsi qu'elles peuvent s'échanger. Ricardo, on vient de le dire, admettait que son hypothèse pouvait être contredite par les faits. Marx a passé une partie de sa vie de manière, si l'on peut dire, héroïque, au prix de contorsions martyrisantes, à essayer de faire coller les faits avec l'hypothèse de la valeur-travail à laquelle il était viscéralement attaché, non seulement en tant que lecteur assidu de Ricardo, mais aussi en tant qu'idéologue de la classe ouvrière. Car de la valeur-travail découlent la théorie de la plus-value, comme on le verra dans un instant, celle de l'exploitation du prolétariat, et tout le reste de la doctrine. Ses disciples ont hérité de cette « quadrature du cercle », et ils n'ont bien sûr pas mieux réussi que leur maître à la résoudre. C'est l'une des énigmes de la pensée marxiste, car l'impossibilité de la théorie peut se démontrer en quelques lignes d'une algèbre qui était à la portée de Marx et aujourd'hui, on l'espère, d'un élève du secondaire, nous allons le voir.

On passe de la valeur-travail à l'exploitation le plus simplement du monde, et ici le génie marxiste va démontrer tout ce dont il est capable. Marx lui-même a considéré comme l'une de ses plus importantes contributions à la théorie économique la distinction qu'il fait entre, d'une part, le travail dont la quantité est mesurée en heures de travail, et d'autre part, la force de travail (*Arbeitskraft*) dont la valeur est donnée par la quantité de travail qui est incluse dans les biens et services que le travailleur consomme. Considérez le travailleur lui-même comme une sorte de machine dans laquelle on enfourne des biens et services, et à la sortie de la machine, cela produit de la force de travail. La force de travail est le résultat d'un processus de production. D'un côté vous mettez du pain, de l'eau, des habits, un logement, bref, de quoi satisfaire les besoins élémentaires d'un être humain, et de l'autre vous obtenez une marchandise qui est la force de travail, et cette force de travail, comme toute marchandise en société capitaliste, est soumise à la loi de la valeur-travail, c'est-à-dire que sa valeur est égale au nombre d'heures de travail incorporées dans la production de la force de travail, c'est-à-dire la quantité de travail « socialement nécessaire », autrement dit la quantité en moyenne nécessaire pour élever, nourrir, loger le travailleur et satisfaire à ses besoins sexuels et à sa reproduction.

La suite du raisonnement, si on peut appeler cela un raisonnement, consiste à dire que le patron tire du travailleur une quantité de travail toujours supérieure à la valeur de la force de travail. Et la plus-value provient de cette différence.

Supposons que la valeur de la force de travail soit de quatre heures par jour et que la journée de travail soit de huit heures, les quatre heures supplémentaires n'ont pas été payées. Elles constituent la plus-value extorquée aux travailleurs. Elles donnent la mesure de l'exploitation du travailleur. Et si l'on rapporte cette plus-value (pl) à la valeur de la force de travail (V), on obtient le taux d'exploitation pl / V. Dans l'exemple que nous venons de donner, le taux d'exploitation serait de 100 %.

Une question vient immédiatement à l'esprit : pourquoi y aurait-il toujours une différence entre la valeur de la force de travail et la quantité de travail effectuée par le travailleur ? C'est la difficulté de la théorie. Examinons cette difficulté. La force de travail est considérée comme une marchandise ordinaire. En tant que marchandise, elle obéit aux mêmes lois de l'offre et de la demande. N'importe quelle marchandise ?

Quand le prix d'une marchandise augmente au-dessus, disons, du prix habituel, nous savons que la production de cette marchandise augmente jusqu'à ce que le prix retrouve le niveau habituel, toutes choses égales par ailleurs. Et dans le cas inverse où le prix descend au-dessous du prix minimum, la production diminue jusqu'à ce que le prix retrouve son niveau habituel, toutes choses égales par ailleurs.

Le raisonnement est exactement le même pour la

production de la force de travail. Si le prix de cette force de travail augmente au-dessus du salaire de subsistance nécessaire à l'entretien du travailleur, ou plus précisément à l'entretien et à la reproduction du travailleur, la « production » de travailleurs va augmenter ! Cela revient à supposer que les travailleurs se reproduisent en fonction de leur salaire. Le nombre de travailleurs ayant augmenté, l'offre de la force de travailleur va se trouver supérieure à la demande qu'en font les patrons. L'offre étant supérieure à la demande, le prix de la force de travail va baisser. Et par conséquent, le salaire va être ramené au niveau du salaire de subsistance.

Cette « loi » qui ramène le salaire obligatoirement au niveau du salaire de subsistance est sous-jacente à toute la littérature sur cette question qui s'étend sur à peu près un siècle, de Turgot[2] à Lassalle[3]. « En tout genre de travail, il doit arriver et il arrive que le salaire de l'ouvrier se borne à lui procurer sa subsistance », écrit le premier. Le second lui fera écho en formulant ce qu'il appellera la « loi d'airain » de la manière suivante : « Le salaire moyen ne dépassera jamais ce qui est indispensable, conformément aux habitudes nationales, pour entretenir l'existence des ouvriers et continuer la race. »

L'inspiration de Lassalle provient en droite ligne du *Principe de population* de Malthus, selon lequel, on le sait, la population croît selon une progression géométrique tandis que les ressources augmentent selon une raison arithmétique. Ce qui revient à dire que la population a toujours tendance à croître plus vite que les ressources dont elle peut disposer. Dans ces conditions, le niveau de vie moyen ne peut jamais dépasser le minimum vital.

Reste à savoir ce qu'on entend par minimum vital.

Immense question. Même la loi d'airain de Lassalle, ce socialiste farouche, reconnaît qu'il faut tenir compte des « habitudes nationales », ce qui enlève beaucoup de tranchant à cet airain-là. Il ne s'agit plus d'un minimum physiologique, mais d'une sorte de minimum socio-culturel. Du même coup, la « loi » perd beaucoup de sa rigueur. Quelle incidence peut avoir l'obtention ou la non-obtention de ce minimum sur les habitudes sexuelles et reproductives des ouvriers et de leurs compagnes, qui, elles-mêmes, travaillent ? Et du reste, le problème de définition n'est pas résolu pour autant. Comment définir un tel minimum ? Il est aussi difficile, pour ne pas dire impossible, de définir un minimum socio-culturel qu'un minimum physiologique. Pour ne rien dire des variations de ces minima d'individu à individu, au sein d'une même société.

Marx était trop fin pour tomber dans ce panneau particulièrement troué ou pourri si j'ose dire. Il a considéré la loi d'airain comme une aberration économique et s'est brouillé avec son auteur, dont il était l'ami depuis 1848. Marx veut bien du salaire de subsistance, mais il refuse son fondement démographique. L'idée que les travailleurs ne peuvent s'empêcher de proliférer dès que leur salaire augmente lui paraissait une insulte à l'égard de la classe ouvrière. En vérité, Lassalle ne compte pas beaucoup aux yeux de Marx. C'est à Malthus qu'il veut se mesurer. Et puisque Malthus avait insulté le prolétariat, il fallait insulter son insulteur et Marx ne s'en est pas privé, traitant le « méprisable Malthus » de « plagiaire », d'« insolent sycophante des classes dirigeantes » qui avait commis un « péché contre la science » par ses « diffamations sur la race humaine ». Son ami et mécène Engels ne sera pas en reste, traitant le malthusianisme de « doctrine vile et infâme », d'« abominable blasphème contre la nature et la culture », « l'immoralité des économistes poussée à son comble ».

Si Marx refuse le facteur démographique, comment va-t-il s'y prendre pour sauvegarder la théorie du salaire de subsistance ? Il n'y a pas trente-six réponses à cette question. Il n'y en a même qu'une seule. Et c'est bien évidemment celle que donne Marx. À savoir que les capitalistes qui louent aux prolétaires leur force de travail se constituent en cartel pour éliminer entre eux la concurrence sur le marché du travail et maintenir ainsi le salaire au plus bas niveau possible. Et ce plus bas niveau possible ne peut être que le salaire de subsistance. De fait, le salaire ne peut descendre durablement au-dessous de ce niveau, sauf à imaginer que la bourgeoisie pousse la cruauté et la bêtise jusqu'à se priver elle-même de la source de ses profits, la source de la plus-value étant dans le travail des salariés. Et le salaire ne peut pas monter, non plus, au-dessus du salaire de subsistance, car les patrons feraient alors un cadeau inutile au prolétariat, se privant pour rien d'une part de leurs profits.

Voilà donc la théorie du salaire de subsistance sauvée, et avec elle la théorie de la plus-value, et tout l'édifice marxiste. Mais sauvée au prix d'une faute logique qui sera lourde de conséquence. En effet, a priori, il n'y a aucune raison d'admettre que les patrons pourraient, même s'ils le voulaient, remplacer leur concurrence sur le marché du travail par une coalition. Et à supposer même qu'une telle coalition puisse se former, rien ne prouve qu'elle pourrait être durable. A priori, rien n'empêche d'imaginer la situation inverse où une coalition ouvrière louerait leurs machines aux capitalistes et leur servirait un loyer leur permettant tout juste de survivre et de se reproduire, accaparant pour elle la totalité de la plus-value. Entre ces deux situations extrêmes, rien n'empêche d'envisager une infinité de cas intermédiaires où la plus-value serait partagée entre patron et salariés. Bref, en abandonnant le fondement démo-économique du salaire de subsistance, Marx a tout simplement ruiné sa théorie. Il est tombé de Charybde — l'absurdité du minimum de subsistance — en Scylla — l'absurdité d'un monopole patronal de l'embauche.

Quant à la démonstration mathématique de la faille de la théorie marxiste, elle est à la portée d'un élève de seconde. Soit V le « capital variable » correspondant aux salaires et C le capital constant correspondant aux machines, outils, bâtiments, terre, etc. Soit encore pl la plus-value tirée par le patron du travail des salariés. On définit E, le taux d'exploitation, par l'équation E = pl/V, et P, le taux de profit, par l'équation : P = pl/(C + V). La composition « organique » du capital de l'entreprise considérée est définie par l'équation K = (C + V)/V.

À l'aide de ces différentes équations, on peut exprimer le taux de profit (P) en fonction de la composition organique du capital (K) et du taux d'exploitation (E). En effet, pl = V.E ; P = V.E/(C + V) ; donc P = E/K.

Or, dans les conditions de concurrence parfaite, qui est le cadre de référence de Marx, le taux d'exploitation (E) et le taux de profit (P) sont les mêmes dans toutes les branches de production, quelle que soit la composition organique du capital. La dernière équation montre que si la composition organique du capital (K) varie de branche à branche ou d'entreprise à entreprise, le taux d'exploitation (E) étant donné et partout le même, le taux de profit (P) varie de branche à branche ou d'entreprise à entreprise. Ce qui est impossible dans ce même cadre de référence.

*Quinzième leçon*

## DE L'UNITÉ DE COMPTE

*Où l'on cherche à résoudre d'affreuses querelles d'héritage.*

CANDIDE : Voilà plusieurs leçons que vous me parlez de valeur sans me parler de monnaie. Peut-être serait-il temps que nous abordions ce sujet. La monnaie européenne a remplacé la monnaie française depuis le 1er janvier 2002 : j'aimerais bien savoir quoi en penser. Car, pour le moment, je n'en pense, mon cher Archibald, que ce qu'en disent les journaux ou les hommes politiques. C'est dire à peu près que je n'en pense rien.

ARCHIBALD : La monnaie est l'un des sujets les plus délicats de notre discipline, et aussi l'un des plus « nobles », si je puis dire. La théorie monétaire, c'est en quelque sorte l'aristocratie de la science économique. Il fallait déblayer la voie avant d'y arriver. Mais il reste un peu de travail de fondation à faire. Car, pour avoir une idée juste de la monnaie, il faut d'abord essayer de se représenter ce que serait une économie sans monnaie. Une économie de troc. Ce n'est pas un exercice aussi facile qu'il en a l'air. Nous sommes tellement habitués à utiliser la monnaie ! Je vous propose l'exemple d'une famille de neuf enfants qui doit se partager l'héritage que leur ont laissé leurs parents. Cet héritage comprend quatre-vingt-dix-neuf lots. Je prends cet exemple parce qu'il nous permet de vivre concrètement l'économie de troc. Dans les familles, en effet, on a horreur de raisonner en termes d'argent, même si l'on ne pense qu'à ça. Pour simplifier, je prends l'hypothèse que les immeubles ont fait l'objet d'une donation-partage. Il ne reste plus à distribuer que les meubles, bijoux, orfèvrerie, vaisselle, etc. Comment vont-ils procéder ?

CANDIDE : Dans ma famille, la pratique — et je crois qu'elle est assez répandue — est de former plusieurs lots d'égale valeur. Et ensuite on tire au sort.

ARCHIBALD : L'intervention du hasard est intéressante. On se réfère à la justice aveugle d'un coup de dés ou d'une courte paille. Pourquoi ne pas procéder tout simplement à une vente aux enchères entre les membres de la famille ? Chacun pourrait alors exprimer librement ses préférences au lieu de se retrouver avec un lot comprenant des objets dont il n'a que faire.

CANDIDE : Vous oubliez l'essentiel de la règle du jeu, dans un héritage. Les membres les plus riches de la famille emporteraient les plus beaux objets s'ils étaient mis aux enchères. Or le partage doit être le plus égalitaire possible, ou le moins inégalitaire possible.

ARCHIBALD : Et comment ferez-vous pour avoir des lots d'égale valeur ?

CANDIDE : Eh bien, un lot comprendra le piano à queue et le buffet Henri II, un autre lot, la vaisselle de Gien et le tableau de l'ancêtre, un troisième, les petites cuillers, le lit et la commode, un quatrième, un des lustres de Venise et l'armoire à glace de la chambre à coucher, etc.

ARCHIBALD : Je vous suis, mais pour former ces lots d'égale valeur, il faut bien que vous attribuiez une valeur à chaque objet, et qu'ensuite en additionnant les valeurs ainsi attribuées, vous parveniez à des sommes à peu près égales. Les partages sont souvent tellement douloureux qu'il vaut mieux ne pas y ajouter la morsure d'une injustice entre frères et sœurs. Les haines qui peuvent en découler peuvent être mortelles, et même immortelles !

CANDIDE : On peut décider d'un commun accord que tel objet a telle valeur.

ARCHIBALD : Mais chaque membre de la famille aura pour chaque objet sa propre appréciation en fonction de la valeur marchande, en fonction de ses besoins, mais aussi de ses propres souvenirs d'enfance. On peut même supposer que l'un désire priver un autre de tel objet par pure envie.

CANDIDE : Alors, quelle est la solution ?

ARCHIBALD : Recourir à l'expertise d'un connaisseur indépendant. Je veux dire indépendant de la famille.

CANDIDE : Encore faut-il que l'on se mette d'accord sur le choix de cet expert.

ARCHIBALD : On peut faire appel à autant d'expertises que l'on voudra. Mais les expertises coûtent, et il y a de fortes chances que l'on arrête assez vite dans le petit jeu des expertises et des contre-expertises. Il est vrai qu'on s'arrêtera d'autant moins vite que la valeur du patrimoine est plus élevée. Regardez ce qui se passe dans les successions des grands peintres. Cela peut durer des années. Ici l'on vérifie une fois de plus que l'une des principales conditions de la concurrence parfaite, à savoir une information transparente, est totalement irréelle[1]. Même pour l'achat d'un pot de yaourt, l'information est imparfaite. Mais améliorer son information a toujours un coût, et il est parfois rationnel de ne pas l'améliorer. C'est ce que les économistes appellent l'ignorance rationnelle. L'ignorance rationnelle signifie que cela ne vaut pas la peine d'en savoir plus. Dans le cas qui nous occupe, supposons que l'ignorance rationnelle de chacun de nos neuf héritiers se contente d'une seule expertise. En quoi va-t-elle consister ? À attribuer un prix à chaque objet ? Ce prix pourra être formulé dans n'importe quelle unité : euro, dollar, grain de riz, petit pois. L'important est que l'unité soit la même pour tous les objets, en sorte que l'on puisse comparer leur valeur. Évidemment, il y a de fortes chances pour que l'on choisisse l'euro, mais cela n'a pas d'importance. À ce stade, nous n'avons pas besoin d'un moyen d'échange, mais d'un étalon de mesure. L'expert dit : l'armoire à glace vaut 100 grains de riz, les lustres de Venise 50 chacun, tandis que le lit en vaut 20. Il n'y a évidemment aucun rapport entre la valeur de l'armoire et la valeur du grain de riz dans cet exemple. L'étalon nous permet simplement de donner une seule valeur à chaque objet. C'est une amélioration très considérable par rapport à un système où je devrais exprimer chaque objet par rapport à chaque autre[2]. D'autant que je vais pouvoir additionner les objets, constituer les neuf lots de manière à peu près égale, et commencer mon tirage au sort. Est-ce que l'utilité de l'étalon n'est pas évidente ?

Ce n'est donc pas un grand mystère qu'il se soit imposé très tôt dans l'histoire de l'humanité. Remarquez bien qu'il ne s'agit pas encore de monnaie. Dans notre exemple, le grain de riz a une qualité. Celle d'être homogène. En effet, rien ne ressemble plus à un grain de riz qu'un autre grain de riz... Nous verrons un peu plus loin que ce n'est pas tout à fait vrai, et qu'il existe des produits dont l'homogénéité est parfaite, mais nous pouvons nous satisfaire pour le moment de l'apparente homogénéité du grain de riz. Et nous pouvons supposer que celui qui serait payé en grains de riz ne pourrait pas contester l'échange en arguant de la qualité des grains reçus. Mais cette qualité est ici tout à fait secondaire. Car il ne viendrait à l'idée d'aucun des héritiers de se servir du grain de riz comme moyen d'échange. Pour la bonne raison que si par exemple il échange dans un premier temps une armoire à glace contre 100 grains de riz, il n'est pas du tout sûr de pouvoir ensuite échanger ses 100 grains de riz contre les deux lustres de Venise qui ont pourtant été évalués chacun à 50 grains de riz ! Le grain de riz ici est seulement une unité de compte. Quasi abstraite. On aurait pu tout aussi bien prendre l'unité 1 pour une unité de compte, et dire que l'armoire vaut 100, le lustre de Venise 50, le lit 20, etc. Cette unité de compte n'est en rien une monnaie.

CANDIDE : N'avait-on pas employé ce terme quand il s'était agi de créer la monnaie européenne ?

ARCHIBALD : On avait parlé en effet de l'ECU, acronyme pour European Currency Unit. C'était bien une unité de compte qui avait servi aux banques centrales du Système monétaire européen (SME) pour calculer leurs réserves en devises. Au contraire de l'euro, cet ECU n'apparaissait dans aucun porte-monnaie[3].

Au point où nous sommes parvenus, nous pouvons retenir que la logique de l'échange conduit à la constitution d'une unité de compte, que cette unité de compte peut être définie de manière tout à fait arbitraire, et qu'elle ne peut servir en aucune façon de monnaie. Même si l'on peut déjà supposer, en anticipant la suite du raisonnement, que la monnaie puisse servir d'unité de compte.

CANDIDE : Mais que se passe-t-il si l'un des héritiers n'a pas envie de suffisamment d'objets qui aient assez de valeur pour constituer un lot ? Il préférerait par exemple ne prendre que les bijoux ou l'argenterie, faciles à emporter, et laisser aux autres l'armoire à glace, l'armoire normande, la table de la salle à manger, le grand bahut pseudo-moyenâgeux, bref, tout ce qui est encombrant dont il ne sait que faire, et qui coûte cher à déménager ?

ARCHIBALD : On pouvait s'attendre à ce problème ! Permettez-moi de vous rappeler que je vous ai immédiatement fait cette objection. Les valeurs attribuées par chacun à tel ou tel objet dépendent d'un nombre infini de paramètres, lesquels peuvent même varier d'un moment à l'autre. Un observateur extérieur, tout indépendant qu'il soit, est incapable de les mesurer. Elles sont incommensurables entre elles. La seule manière de régler le problème, ce serait, nous l'avons déjà montré, de recourir au libre jeu de l'échange. Mais ici c'est impossible, la succession imposant une règle du jeu très stricte : s'approcher le plus possible de l'égalité dans le partage.

CANDIDE : Je répète ma question : que va-t-il donc se passer si l'un des héritiers n'accepte pas certains des objets qui se trouvent dans son lot ?

ARCHIBALD : On pourrait toujours lui répondre qu'ainsi en a décidé le sort, autrement dit la justice divine ?

CANDIDE : Il ne veut rien entendre ni de Dieu ni du Diable.

ARCHIBALD : Alors il faut abandonner le système des lots qui est, c'est vrai, très contraignant pour l'expression des préférences de chacun.

CANDIDE : Avez-vous un autre système ?

ARCHIBALD : Il est un peu plus sophistiqué. On

expose les quatre-vingt-dix-neuf objets, et l'on tire au sort un ordre de prise au tas. Chacun a un crédit égal à la totalité de la valeur des objets, calculée grâce à l'unité de compte, divisée par le nombre d'héritiers. Si l'ensemble de la succession est évalué à 9 millions de grains de riz, chacun des héritiers aura un crédit d'un million. Les préférences de chacun s'expriment plus facilement que dans le système précédent, alors que l'objectif reste l'égalité dans le partage.

On commence donc par un tirage au sort. Il est difficile de l'éviter dans ce genre d'affaires. Mais est-ce qu'il ne correspond pas à cette autre loterie que constitue la naissance de chacun avec ses talents et ses défauts, son rang dans la fratrie, les heurs et les malheurs de sa propre existence ? Le droit d'aînesse, assurément, permettait de simplifier toutes ces procédures, il correspondrait davantage à la logique du droit de propriété comme nous le verrons dans une autre leçon[4], mais au prix de quelles rancœurs et de quelles vengeances par la suite ! Donc dans cette nouvelle procédure, chaque héritier, à chaque fois que vient son tour, choisit un objet de son choix à condition qu'il lui reste un crédit suffisant en unités de compte pour prendre cet objet. Et l'on recommencera jusqu'à épuisement du stock. Dans ce système, le degré de liberté de chacun est beaucoup plus grand que dans le précédent. Et l'on risque ainsi beaucoup moins de faire des mécontents. C'est que l'on recherche, sinon le plus grand bonheur pour le plus grand nombre, comme nous savons que l'aurait voulu Bentham (« *the greatest happiness of the greatest number*[5] »), le moins d'aigreur possible. Encore une fois il y a un consensus pour poursuivre cet objectif assurément difficile. Et surtout, on y parvient avec la même valeur globale pour la succession.

Cela est très important à noter. La valeur globale de la succession est toujours la même, mesurée en unités de compte. Mais la distribution des lots entre les héritiers, du fait de la nouvelle procédure, est différente, et puisque cette procédure a été préférée, on peut supposer que le bien-être de chacun des héritiers en est amélioré. On constate une amélioration du bien-être, ou si vous préférez une diminution du mal-être sans augmentation de la valeur globale. On retrouve ici un phénomène que nous avons déjà observé quand nous avons étudié l'échange[6]. Rappelez-vous. Quand j'achète un journal à un kiosquier, j'améliore ma situation ainsi que celle du kiosquier. Pourtant la valeur globale des biens échangés : le journal + 2 euros, soit 4 euros, n'a pas été augmentée par l'échange. L'échange produit par lui-même un surcroît de valeur, mais ce surcroît n'apparaît pas dans les comptes. Il n'est d'ailleurs pas mesurable. Car si je puis dire que ma satisfaction a augmenté, je ne peux pas dire de combien exactement, et encore moins dire de combien a augmenté la satisfaction de mon partenaire à l'échange. Tout ce que je sais, c'est que cette satisfaction a augmenté, sinon il n'aurait pas accepté l'échange.

Vous remarquez encore que dans toute cette affaire de succession, à aucun moment nous n'avons été obligés de supposer que nos héritiers fussent rationnels. Chacun peut attribuer à chaque objet la valeur qui lui correspond dans son esprit, dans son imagination, dans son cœur. Et nous pouvons deviner que la valeur marchande n'est que l'un des paramètres de son appréciation. Il peut lui ajouter (ou éventuellement lui retrancher) une valeur qui tient aux souvenirs (ou aux cauchemars) que lui rappelle tel ou tel objet, à la beauté (ou à la laideur) qu'il lui attribue, ou encore au fait qu'il détesterait être privé de cet objet au profit de l'un des autres membres de la fratrie. La seule chose qui nous importe est qu'il puisse exprimer le mieux possible ses préférences.

CANDIDE : Que se passe-t-il si quelqu'un, après avoir choisi tel objet, regrette son choix et cherche à l'échanger ?

ARCHIBALD : Il lui faut trouver un « acheteur » au sein de la famille.

CANDIDE : Et s'il ne le trouve pas ?

ARCHIBALD : Alors il lui faudra se rendre sur le marché. Mais là, évidemment, ce ne sont pas des grains de riz qu'il trouvera en échange.

CANDIDE : Supposons maintenant qu'à mesure que progresse la répartition des objets, l'un des héritiers dépasse son crédit en unités de compte, c'est-à-dire en grains de riz, pour reprendre l'exemple précédent ?

ARCHIBALD : Il doit passer son tour en principe.

CANDIDE : D'accord, mais si personne ne veut des objets restants, comment en sortir ?

ARCHIBALD : C'est une situation qu'il serait plus sage de prévoir au départ avant que les dés n'aient commencé à rouler. Supposons en effet qu'il reste une vieille pendulette, un tapis usagé, une armoire beaucoup trop encombrante pour les appartements modernes, le tout pour une valeur de 150 grains de riz. Personne n'en veut. Mais Gabriel — ainsi se nomme cet héritier — les prend, dépassant du même coup son crédit de l'équivalent de cette somme. Cela signifie que forcément un ou plusieurs autres héritiers n'ont pas utilisé la totalité de leur crédit. Supposons que ce soit le cas de seulement deux d'entre eux : Cunégonde et Pierre, respectivement pour 100 et 50 grains de riz. Gabriel peut-il les dédommager en leur versant, respectivement, 100 et 50 grains de riz ?

Nous ne sommes pas encore sur le marché, comme tout à l'heure dans le cas de l'héritier qui voulait revendre un objet qu'il regrettait d'avoir pris. Et pourtant nous touchons déjà la limite des possibilités de l'unité de compte qui ne serait qu'une unité de compte. Ce n'est pas en grains de riz-unités de compte que Gabriel peut dédommager Cunégonde et Pierre, mais avec quelque chose qui ait de la valeur hors de la famille, quelque chose qui ait une valeur universelle. Il va donc falloir qu'il définisse l'unité de compte dans ce quelque chose qui, vous l'avez deviné, n'est autre que la monnaie. À vrai dire, si cette famille est sage elle aura anticipé cette difficulté, et quelque répugnance qu'elle ait à évaluer des bijoux et autres souvenirs de famille en valeurs marchandes, il serait plus prudent pour elle d'en passer par là. Et de choisir tout simplement comme unité de compte la monnaie en vigueur dans le pays où elle se trouve. Si le grain de riz-unité de compte est évalué à 100 euros, ce sont 10 000 euros et 5 000 euros que Gabriel devra verser respectivement à Cunégonde et à Pierre.

CANDIDE : Mais pourquoi l'euro serait-il accepté ?

ARCHIBALD : Cette question en apparence toute simple soulève une montagne de difficultés. Nous verrons cela la prochaine fois.

*Seizième leçon*

## DE LA MONNAIE-MARCHANDISE

*Où l'on reprend à nouveaux frais une vieille querelle qui remonte à Platon et Aristote.*

(Notes de Candide prises pendant le cours)

Encore une leçon courte, car il faut procéder pas à pas. On repart du problème précédent : pourquoi l'euro serait-il accepté par les héritiers pour solder leur compte ? C'est que l'euro n'est pas seulement une unité de compte. C'est aussi une monnaie. Comment a-t-il acquis cette qualité ? Comment le dollar, la livre sterling, le yuan ont-ils pu être qualifiés de monnaie ? C'est une longue histoire qu'il nous faut maintenant retracer en quelques mots ! Une histoire qui commence à peu près de la même manière que l'histoire de notre succession — c'est-à-dire au moment crucial où la famille, la tribu est confrontée au monde extérieur, au moment où, si elle veut échanger avec d'autres familles ou d'autres tribus, il lui faut trouver un moyen d'échange qui soit reconnu par elles toutes. Car très vite, il va s'agir d'échanger non pas entre tribus prises deux à deux, auquel cas nous serions encore dans une économie de troc, mais de manière multilatérale. L'une a du blé à vendre, l'autre des tomates, une autre encore du fourrage, des œufs, du bétail, et ainsi de suite. Il faut que la première puisse se procurer avec ses surplus en blé tous les produits disponibles fabriqués par les autres tribus.

En termes contemporains, la parabole devient : si moi, qui suis boulanger de père en fils, je ne dispose que de mon pain comme valeur d'échange, ma vie va devenir très compliquée. Comment vais-je pouvoir aller au cinéma, m'offrir un billet d'avion pour les Baléares, acheter une voiture, payer mon loyer ? À chaque transaction, devrais-je négocier un taux de change entre la valeur de mon pain et l'objet ou le service que je désire acquérir ? Et comment vais-je faire si la personne avec qui je cherche à échanger a déjà acheté du pain, ou ne mange pas de pain, ou n'aime pas le pain que je fabrique ? Le problème est insoluble sans utilisation d'un moyen d'échange, à moins de vivre en autarcie, c'est-à-dire sans échange avec le monde extérieur. Dès qu'il y a division du travail, l'autarcie n'est plus possible, l'échange devient vital, et vitale aussi l'utilisation d'un moyen d'échange.

Beaucoup de gens imaginent une évolution linéaire qui conduirait du troc à la monnaie en fonction des « progrès » de l'humanité. Or, dès qu'il y a division du travail, il y a monnaie. Et si la toute première phrase du premier chapitre du premier livre de la *Richesse des nations* nous parle de la division du travail[1], c'est bien qu'Adam Smith avait parfaitement compris son importance.

La question à laquelle il faut maintenant répondre est : Quel peut être ce moyen d'échange ? C'est d'abord un bien dont je n'ai pas directement besoin, mais dont je sais qu'il sera accepté par quelqu'un d'autre, n'importe qui, comme moyen de paiement. C'est ce que les économistes appellent l'échange indirect[2]. La tribu qui a des excédents de blé à vendre accepte des coquillages en échange de ces excédents, et avec ces coquillages elle pourra acheter une charrue ou n'importe quoi d'autre au prix du marché, c'est-à-dire à un prix qui équilibre l'offre et la demande du bien en question[3]. Dès que les échangistes sont nombreux et ne peuvent donc se connaître personnellement, le moyen de paiement ne peut plus être seulement une unité de compte conventionnelle. Il faut qu'il ait une valeur en soi. Bref, il faut que ce soit une marchandise qui puisse être conservée longtemps, qui puisse être divisible en petites unités — tel le riz tout à l'heure — sans perdre de sa valeur. Mais le riz, s'il est mal conservé, va perdre de sa valeur… et c'est bien pourquoi ce sont des objets en métal qui vont être utilisés.

Parmi les métaux disponibles sur cette planète, il s'en trouve deux, l'or et l'argent, qui ont des qualités particulières, tout à fait adaptées au rôle de moyens d'échange. Leur première particularité est de conserver leurs qualités à travers le temps. Leur seconde est de conserver ces qualités quelle que soit leur forme. Leur troisième est leur homogénéité : un kilo d'or ressemble beaucoup plus à un autre kilo d'or qu'un kilo de riz à un autre kilo de riz (les qualités du riz varient en fonction de leur provenance).

Leur quatrième qualité découle des trois premières, à savoir que l'extraction que l'on fait chaque année ajoute fort peu de chose au stock indestructible existant, ce qui donne un gage de stabilité à l'évolution de son prix.

Leur cinquième est d'être divisible en de très

petites unités. Leur sixième est cette beauté mystérieuse qui a fasciné les êtres humains depuis l'origine des temps. Il aurait vraiment fallu que les hommes soient stupides pour ne pas s'en servir comme moyens d'échange.

Le rôle des métaux précieux a pourtant été contesté — une vieille querelle qui remonte comme beaucoup d'autres querelles, au moins pour ce qui concerne l'Occident, à Platon et à Aristote. Pour décrire la monnaie dans la *République*, Platon emploie le mot *sumbolon* qui signifie *signe, marque, jeton, symbole*. Pour lui, qui est hostile à l'usage de l'or et de l'argent, la monnaie est une convention. Cette idée est cohérente avec son projet de monnaie à usage interne qui n'aurait pas cours à l'extérieur. La valeur de la monnaie est, dans ce système, indépendante de la matière dont elle est faite. Mais, souvenons-nous, dans la *Cité* de Platon, les prescriptions sont innombrables, allant du contrôle des changes à la réglementation des naissances. Tout est réglé par le *logos* (la raison) : la composition de la population, la répartition des terres, la distribution des richesses, l'activité économique aussi bien que l'activité politique, l'éducation, les mœurs, la piété, les arts, etc. Dans cette *Cité* qui ressemble à une grande famille, la monnaie, en effet, ne peut être et n'est en fait qu'une unité de compte conventionnelle à usage interne, comme celle que nous avons étudiée dans la précédente leçon.

Aristote fait, quant à lui, le chemin logique que nous venons de parcourir allant de l'échange direct à l'échange indirect ; il remarque tout simplement qu'un individu, qui désire ce qu'un autre individu possède, peut ne pas posséder ce que ce dernier désire. D'où le choix d'une marchandise comme intermédiaire des échanges, une marchandise qui, tout en servant de monnaie, reste une marchandise avec sa propre valeur. À la théorie de la monnaie-convention de Platon, Aristote oppose la théorie de la monnaie-marchandise, mais sa théorie englobe celle de Platon dans la mesure où sa monnaie-marchandise est en même temps une unité de compte.

Cependant, à côté de ses qualités, la monnaie-marchandise, dont la forme la plus parfaite, pour les raisons que nous avons dites, est la monnaie-or ou la monnaie-argent, présente quelques défauts. Dont le principal est qu'elle est relativement lourde à transporter. Et si on vous la vole, elle peut être transformée de telle façon que vous ne pourriez retrouver votre bien, si même le voleur était arrêté. Imaginez qu'on vous dérobe un lingot d'or, et que cet or soit utilisé dans la dentisterie. Je vous vois mal aller récupérer votre or dans la bouche de plusieurs milliers de patients ! Il y a des méthodes pour corriger ces défauts, mais elles ont toutes leurs inconvénients.

## *Dix-septième leçon*

# DE LA BANQUE

*Où l'on est mis dans le secret magique d'un pouvoir monétaire privé.*

CANDIDE : Nous en étions au problème très prosaïque du transport de la monnaie-marchandise, de ses risques de perte, de vol, etc.

ARCHIBALD : Le moyen le plus aisé pour sortir de ces difficultés est de faire circuler à la place de l'or — si l'or est choisi comme monnaie — des petits bouts de papier qui représentent cet or. Vous êtes propriétaire d'un lingot d'or. Vous allez déposer ce lingot chez un spécialiste de ce genre de dépôt — l'existence de ce dernier suppose que la division du travail de la société à laquelle vous appartenez est parvenue à un stade assez avancé. En échange de ce dépôt, vous obtenez un bout de papier sur lequel est marqué que vous êtes bien propriétaire du lingot en question. L'entreposeur n'est pas autre chose qu'un banquier, et ce que vous avez entre les mains à la place du lingot, c'est un billet de banque. Immédiatement vous remarquez que ce billet est une créance sur la banque. Ce billet indique en effet que vous êtes propriétaire d'un lingot d'or entreposé à la banque en question. Mais cette créance, notez-le tout de suite, ne rapporte aucun intérêt. C'est comme si vous faisiez un prêt gratuit à la banque.

CANDIDE : Et que puis-je faire avec ce billet ?

ARCHIBALD : Puisqu'il est aussi bon que l'or, vous pouvez vous en servir comme instrument de paiement. À partir de là, on peut imaginer toutes sortes de perfectionnements. D'abord, au lieu d'un seul billet, je puis demander à mon banquier de me fournir des billets de une, dix, cent, mille unités de compte, la somme de la valeur de ces « coupures » ne devant pas, évidemment, dépasser la valeur du lingot déposé. Ensuite et surtout, pour faciliter l'acceptation de ces billets, le « billet au porteur » a été inventé. Le boulanger, par exemple, que je paie avec un billet au porteur, c'est-à-dire anonyme, dépourvu de toute signature, pourra plus facilement s'en servir pour régler ses propres achats que s'il avait reçu de moi un billet personnalisé portant mon nom. Le billet au porteur n'indique plus que le nom de la banque qui l'a émis. La valeur de ce billet ne va plus dépendre alors que de la quantité d'or qui est inscrite *et* de la confiance que l'on peut avoir dans le banquier chez qui est entreposé cet or. La banque joue le rôle de « tiers de confiance » — une expression que je vous invite à retenir pour le moment où nous étudierons les nouvelles monnaies numériques.

CANDIDE : Ce qui signifie qu'à tout moment ces billets au porteur peuvent être présentés à la banque qui les a émis pour être convertis en or.

ARCHIBALD : Exactement. Mais le problème, c'est que le banquier va vouloir gagner de l'argent pour faire son métier. Il lui faut couvrir les frais d'entreposage et de gardiennage de l'or qui se trouve dans ses coffres, plus un profit pour le capital investi dans la fabrication de ces coffres. Le fait même que sa banque existe prouve qu'il y parvient.

CANDIDE : Ne pourrait-on pas se passer du banquier, qui apparaît ici comme une sorte de parasite ?

ARCHIBALD : Essayons d'expliquer économiquement à quoi il sert. Après tout, je pourrais être mon propre banquier, c'est-à-dire garder mon or chez moi et émettre mes propres billets. Si tout le monde en faisait autant, chacun aurait sa propre monnaie, et on aboutirait à une situation inextricable, proche du troc primitif. L'avantage de recourir à une banque, c'est d'abord que je ne suis pas le seul à le faire. Donc les frais d'entreposage et de gardiennage vont être répartis sur plusieurs clients. Si une tonne d'or est plus facile à surveiller en un seul endroit que 1 000 kilos d'or répartis chez mille particuliers, alors une banque a des chances d'apparaître. Les coûts diminuent à mesure que grandit la taille de l'entreprise. Les économistes appellent ce phénomène des « économies d'échelle » — que nous avons déjà rencontré à propos de la défense nationale. Ce phénomène est forcément limité, car s'il ne l'était pas, il n'y aurait plus qu'une seule banque à la surface de la planète. Mais pour reprendre l'exemple précédent, il est possible que 10 tonnes d'or soient plus faciles à surveiller que une tonne d'or. Autrement dit, il faut nous attendre que le nombre de banques possibles sur une aire géographique donnée soit relativement limité.

Considérons le bilan de la banque, au sens comptable du terme. Dans l'économie bancaire, la comptabilité a une grande importance, peut-être parce que ce sont des banquiers qui l'ont inventée. Que savez-vous d'un bilan ?

CANDIDE : Un bilan est un tableau composé de deux parties : un actif et un passif.

ARCHIBALD : Par convention, je vous le rappelle, on place l'actif à gauche et le passif à droite. Où va-t-on placer l'or déposé chez notre banquier ?

CANDIDE : Si je me réfère au bilan de la Banque de France tel qu'il est publié dans les journaux, l'or est à l'actif.

ARCHIBALD : Exact. L'or, même s'il n'appartient pas à la banque, est considéré comme un avoir de la banque. Il fait partie des « réserves » de la banque. Il figure à l'actif. Et les billets de banque, émis en contrepartie, seront au passif. Ce sont des engagements pris par cette même banque de rembourser en or le porteur de billets s'il se présente à son guichet. Si l'on a 100 millions d'euros à l'actif en or, on aura 100 millions d'euros de billets au passif.

| ACTIF | PASSIF |
|---|---|
| or : 100 ME | billets : 100 ME |

Comment notre banquier va-t-il pouvoir gagner de l'argent ? Son actif non seulement ne lui rapporte rien, mais encore lui coûte-t-il des frais de gardiennage, d'assurance, etc.

CANDIDE : Une solution est de faire payer au déposant un droit de garde, comme pour les coffres.

ARCHIBALD : Je veux bien. Mais tout à l'heure, nous remarquions déjà que le déposant faisait un prêt gratuit à sa banque, maintenant il va devoir payer un droit de garde ! Ce droit sera-t-il proportionnel à la durée de la garde ?

CANDIDE : Pourquoi pas ?

ARCHIBALD : Votre banque sera très compliquée à gérer. Car la durée de cette garde est exactement égale au laps de temps qui sépare l'émission du billet de sa présentation au guichet. Cela peut être une journée, un mois, six mois, un an, que sais-je ? Tout dépend des porteurs de ces billets, et de leur désir de les convertir en or. Il serait tout à fait inepte de faire payer au propriétaire de l'or une durée de garde dont il n'est aucunement responsable, si ces billets sont devenus anonymes.

CANDIDE : Décidons d'un droit fixe.

ARCHIBALD : C'est sans doute la solution qui serait retenue. Mais le calcul de ce droit ne sera pas aisé. Ce sera forcément une cote mal taillée qui mécontentera tout le monde.

CANDIDE : Alors décidons qu'un tel droit ne peut exister, qu'il doit être nul, qu'il s'agit là d'un service public qui doit être rendu par l'État.

ARCHIBALD : Ah ! comme je reconnais là l'esprit français. Et comme voilà un excellent argument pour l'État d'essayer de rafler tout l'or qui repose dans les bas de laine. Car si les droits de garde sont nuls, l'activité de gardien ne peut être exercée que subventionnée par l'État ou exercée directement par lui ou par l'une de ses agences. Ce qui revient à dire que la monnaie est un bien public. Et c'est bien ce que prétendent encore aujourd'hui, en France et ailleurs, la plupart des théoriciens de la monnaie[1].

CANDIDE : Y a-t-il une autre solution pour sortir du dilemme du banquier que vous avez vous-même posé ?

ARCHIBALD : L'autre solution, c'est que le banquier gagne sa vie lui-même en faisant travailler cet or qui gît dans ses caves, qui figure à son actif bien qu'il ne lui appartienne pas en propre. Et cela, par un simple calcul de probabilité qui utilise la loi des grands nombres. Il prévoit que tous les porteurs de billets ne se présenteront pas en même temps à son guichet. Cela veut dire qu'il n'a pas besoin de garder tout le temps tout cet or dans un état inactif, cet or, répétons-le, qui figure à son actif. Pour bien comprendre ce qui va se passer, qui est le secret de l'espèce de magie bancaire qui fascine tant de gens, il faut raisonner par analogie avec ce qui se passe dans le vestiaire d'un théâtre[2]. Là aussi, il y a des moments où il existe dans ce vestiaire un stock important et encombrant de manteaux inutilisés. Supposons que la dame du vestiaire, au lieu de faire payer des tickets aux clients du restaurant, soit autorisée à louer les manteaux qu'on lui a confiés pendant que leurs propriétaires assistent au spectacle. Évidemment, elle n'irait pas très loin dans cette activité, le temps de location étant forcément limité à deux ou trois heures. Mais supposons que cette dame soit une fée capable par un coup de baguette magique de faire porter le même manteau à plusieurs personnes différentes. Là elle gagnerait aisément sa vie. Eh bien ! ce que cette bonne fée accomplit avec des manteaux, la banque le fait avec des dépôts. C'est que l'or est un produit parfaitement homogène, comme nous l'avons dit plus haut. On ne peut pas en dire autant des manteaux que portent les clients de notre vestiaire.

CANDIDE : On retrouve ici le fameux adage « *Loans make deposits* ». Les crédits font les dépôts. Expliquez-moi ça.

ARCHIBALD : C'est simple. Supposons que notre banquier ait remarqué qu'au cours d'une année la moitié seulement des porteurs de billets se sont présentés à ses guichets pour demander leur conversion en or. Il en tire la conclusion qu'il peut émettre sans risque excessif deux fois plus de billets qu'il n'a de réserves en or. Et qu'avec ces billets il va pouvoir faire des prêts qui lui rapportent de l'argent. Examinons maintenant le bilan de notre banquier. Au passif, au lieu des 100 millions d'euros de tout à l'heure, nous avons 200 millions d'euros. Les engagements de la banque ont doublé. À l'actif, en plus des 100 millions d'euros correspondant aux réserves en or, nous allons inscrire les 100 millions d'euros de prêts que la banque a faits à ses clients. C'est dire qu'au-dessous des 100 millions d'euros de dépôts en or, nous inscrivons 100 millions d'euros de créances de la banque, qui sont comme des dépôts. Au passif, en conséquence, la masse des billets a doublé (un bilan est toujours équilibré). Les prêts de la banque ont fabriqué des dépôts, comme le dit l'adage. Cette fois, la moitié de l'actif est vraiment « active », elle gagne de l'argent par les intérêts perçus sur les emprunteurs. Notre banquier va pouvoir couvrir les frais de garde et dégager un bénéfice. Il peut réellement exister.

| ACTIF | PASSIF |
|---|---|
| or : 100 ME | billets : 200 ME |
| créances : 100 ME | |

CANDIDE : Mais alors, cela veut dire que le banquier dispose d'un véritable pouvoir de création monétaire, puisqu'il peut émettre deux fois plus de billets qu'il n'a d'or en réserve.

ARCHIBALD : On est tellement habitué à l'idée du monopole d'État en la matière que l'idée d'un pouvoir monétaire privé est, en effet, très difficile à admettre. On trouve des économistes libéraux, et même libertariens, qui demandent à l'État d'imposer aux banques des réserves à 100 % de façon à couper court à toute velléité d'une création monétaire qui serait par nature inflationniste. Par exemple, Murray Rothbard, qui a été chef de file des libertariens américains, soutient cette position[3]. Mais il est loin d'être le seul[4].

Il est difficile a priori de voir au nom de quoi on pourrait empêcher un banquier de jouer sur la loi des grands nombres. Sauf à se confiner dans le rôle d'une espèce de notaire de la monnaie ! Ou bien à poser le problème en termes de droit de propriété, comme nous le verrons en rappelant une vieille loi talmudique[5]. Il est vrai que l'utilisation même de cette loi des grands nombres entraîne des économies d'échelle qui, venant s'ajouter à celles qui jouent déjà dans l'économie bancaire, pourraient aboutir à éliminer les petites banques au profit des grosses. Mais pour un libéral conséquent, ce n'est évidemment pas un argument. Il n'y a de monopole que public. Un « monopole naturel » est en fait soumis à la concurrence[6]. Il ne peut pas y avoir vraiment de monopole privé.

CANDIDE : Que s'est-il passé en réalité ?

ARCHIBALD : Dans la réalité, les banques n'ont évidemment pas hésité à utiliser les possibilités que leur offrait la loi des grands nombres. Non moins évidemment, ce pouvoir monétaire était mal vu de ceux qui prétendaient disposer du monopole de la planche à billets, à savoir les princes qui nous gouvernent. Il en est résulté, comme vous le savez, l'attribution d'un monopole d'émission à une banque choisie à cet effet, ce qui a profondément transformé le fonctionnement même du système bancaire.

CANDIDE : Mais est-ce que ce pouvoir monétaire

aux mains de banques privées ne pouvait être considéré comme une source de perturbations pour l'économie ?

ARCHIBALD : C'est bien évidemment ce qu'ont prétendu les partisans de l'instauration d'une banque centrale. Inversement, les partisans de la banque et de la monnaie purement privées prétendent que la banque centrale, par le fait qu'elle existe, est elle-même à la source des perturbations de l'économie.

CANDIDE : Peut-on les départager ?

ARCHIBALD : Le risque de perturbations s'aggrave dans la mesure où il y a possibilité de création de monnaie *ex nihilo*. Il est aussi incontestable que l'on peut assister à une destruction de la monnaie. Supposez que la banque vous ait accordé un crédit, lequel crédit s'est accompagné d'une émission de billets. Il arrive forcément un moment où vous devez rembourser. À ce moment-là, vous rapportez ces billets à la banque. C'est-à-dire que vous les retirez de la circulation. À partir du moment où ces billets sont entre les mains de la banque qui les a émis, c'est comme s'ils n'existaient plus. Ils vont donc être retirés de son passif. Si les prêts créent de la monnaie, n'est-il pas logique que les remboursements de prêts détruisent de la monnaie ? Maintenant, que va-t-il se passer à l'actif en cas de remboursement ?

CANDIDE : Logiquement, si je suis votre raisonnement, les remboursements de prêts correspondant à cette remise de billets vont être déduits de l'actif de la banque. Mais vous n'avez pas répondu à ma question : est-il possible de départager les partisans de la banque centrale et ceux de la banque privée ?

ARCHIBALD : Dans le jargon, on appelle ces derniers les théoriciens de la « banque libre ».

CANDIDE : Alors, qui a raison ?

ARCHIBALD : Pour répondre à cette question, il faut en dire un peu plus sur la banque centrale. Vous m'entraînez plus loin que je ne l'aurais voulu. Ce sera pour la prochaine fois.

*Dix-huitième leçon*

# DE LA BANQUE CENTRALE

*Où apparaît un centralisme fort peu démocratique.*

Cher Candide,

On peut concevoir que les alternances de création et de destruction de monnaie dont nous avons admis la possibilité dans notre dernière leçon, aient pu inquiéter les pouvoirs publics. Mais en fait, historiquement, les banques centrales ont été créées pour permettre à l'État de disposer d'un prêteur complaisant. En échange de cette complaisance, l'État accordait le privilège du monopole de l'émission de billets. Par exemple, la Banque d'Angleterre, qui servit de modèle à la plupart des banques centrales, a été conçue pour procurer « certaines récompenses et avantages… aux personnes qui voudront bien prêter de leur plein gré la somme d'un million cinq cent mille livres afin de poursuivre la guerre contre la France[1] ». Il n'était pas du tout question de régulation monétaire. On ne savait même pas ce que c'était. Le concept même de politique monétaire n'existait tout simplement pas. Hayek raconte quelque part qu'il a entendu parler pour la première fois de politique monétaire en 1926 aux États-Unis…

En France, jusqu'à la création de l'euro, le monopole de l'émission de billets était détenu par la Banque de France. La respectable vieille dame qui siège rue de la Vrillière à Paris est née, en fait, d'un coup de force. On peut même dire qu'elle a été accouchée aux forceps. C'est un souvenir que l'on pourrait rappeler utilement à l'actuel gouverneur qui prend des airs tellement dignes. La naissance de l'institut d'émission est sinon indigne, du moins bâtarde : Napoléon a attribué en 1800 le monopole de la planche à billets à une banque privée dont lui et sa famille étaient les principaux actionnaires, grâce à des capitaux constitués des butins de la campagne d'Italie ! Et il a envoyé ses soldats détruire les instruments de fabrication de billets et les presses chez les concurrents potentiels de ce qui allait devenir la Banque de France. Ce coup de force physique s'est doublé d'un coup de force symbolique : l'utilisation par Bonaparte du mot « banque », que les banquiers s'interdisaient eux-mêmes tacitement depuis la faillite retentissante de la « Banque royale » de John Law en 1720 ; l'aventurier écossais avait laissé derrière lui des montagnes de billets sans valeur et un traumatisme financier qui dura presque un siècle. Traumatisme qui fut renouvelé par la Révolution avec l'expérience désastreuse des assignats.

Tous les pays se sont dotés d'une banque centrale. Et l'Union européenne n'a pas manqué à cette règle. Il est très étrange, du moins pour un esprit non prévenu, de constater que la plupart des économistes libéraux ne remettent pas en cause l'existence de ces banques centrales. Comme s'ils avaient oublié les expériences de liberté d'émission de billets qui ont pourtant duré fort longtemps dans un certain nombre de pays. Ainsi l'Écosse de 1792 à 1845, la

Suède de 1831 à 1902, l'Italie dans les premières décennies de son indépendance, le Canada tout au long du XIX^e siècle et au premier tiers du XX^e (la Banque du Canada ne fut créée qu'en 1935). Aux États-Unis, il a fallu attendre 1913 pour que soit institué le Federal Reserve System, et parce que la banque centrale américaine avait peu d'expérience, elle a provoqué par ses maladresses le krach géant de 1929 aux conséquences immenses. Comment ces libéraux, prompts à dénoncer l'impossibilité d'une gestion centralisée de l'économie, peuvent admettre aussi facilement le concept même d'une banque *centrale* reste pour moi une énigme.

Il y a certes eu un débat assez vif au moment où l'on a accordé son « indépendance » à la Banque de France, et plus tard à la Banque centrale européenne. C'était surtout un « plat de lentilles » offert par le gouvernement français, de gauche à l'époque, aux Allemands pour les rassurer sur la pérennité de la politique du franc fort[2], puis de l'euro fort. Mais, dans tout le débat qui a eu lieu à ce propos, à aucun moment le centralisme monétaire ne fut en cause. Il n'a été question que de dénationalisation du pouvoir monétaire, d'atteinte à la souveraineté (monétaire) de l'État, de démantèlement d'une fonction régalienne, la frappe de la monnaie, etc. Le concept même de banque centrale allait de soi. C'est tout de même inouï : l'État accorde un privilège à une institution en échange de certains services et de certains contrôles et, au bout d'un certain temps, l'institution en question conserve son privilège sans contrepartie. Logiquement, l'indépendance de la Banque de France, puis de la Banque centrale européenne, aurait dû s'accompagner de la suppression de ces privilèges. Mais apparemment, ce bon sens échappe au commun des mortels. Le moins que l'on puisse dire pourtant est que le centralisme monétaire est fort peu démocratique, surtout depuis que le gouverneur de la banque centrale n'a plus de comptes à rendre à personne. C'est plus vrai encore avec la Banque centrale européenne qui gère l'euro depuis Francfort ! Mais laissons là la démocratie, et raisonnons en économiste. Comme tout centralisme, le centralisme monétaire se traduit par une perte d'informations. Même avec de très puissants ordinateurs, la banque centrale en saura toujours moins sur les détenteurs de ses billets que n'en sauraient plusieurs banques d'émission se faisant concurrence sur le même territoire.

Il faut bien voir comment cela fonctionne. Au départ, les particuliers, s'ils ont besoin de billets, doivent apporter leur or ou leur argent à la banque centrale puisqu'elle seule dispose du privilège de l'émission. Dans un deuxième temps, la convertibilité-or est supprimée, et, du même coup, le billet a un cours dit légal. Personne sur le territoire national ne peut vous le refuser en paiement. En France il a fallu attendre la Première Guerre mondiale pour que survienne le deuxième temps. La première phase avait duré un siècle. Pendant tout ce temps, le franc de Bonaparte a gardé la même valeur en or. Au siècle suivant, c'est-à-dire au XX^e^ siècle, le franc a perdu 99 % de sa valeur…

La stabilité séculaire du franc Bonaparte pourrait-elle prouver que le centralisme monétaire, pourvu qu'il soit accompagné de la convertibilité-or ou argent, peut très bien fonctionner ? À cette question, je réponds que l'on ne peut jamais rien prouver à partir d'une expérience historique donnée. Il y a tant d'autres paramètres qui jouent. Ce que nous pouvons tenter ici, c'est de comprendre le fonctionnement du centralisme monétaire dans les conditions de la convertibilité-or. Puis sans convertibilité-or. Autrement dit : avec étalon-or et sans étalon-or.

Comme son nom l'indique, le centralisme instaure une hiérarchie dans le domaine bancaire. Au sommet se trouve la banque centrale. À la base, les autres banques dépourvues du privilège de l'émission. Ce que les particuliers vont déposer dans les banques, ce n'est plus de l'or, qui se trouve centralisé à la banque centrale, ce sont des billets de la banque centrale — que pour faire court nous appellerons désormais « billets ». Les billets jouent dans ce système le rôle que jouait l'or tout à l'heure.

Le mécanisme de la création monétaire que nous avons analysé dans la leçon précédente se retrouve ici. Sauf qu'à la place de l'or, nous avons des billets. À l'actif de la banque ordinaire, nous avons donc des billets et, au passif, nous avons les engagements correspondants de la banque envers les déposants, engagements qui ne sont autres que la promesse que la banque s'engage à rendre ces billets quand on le lui demande. Ces engagements prennent la forme de « comptes de dépôts ». C'est ce qu'on appelle, dans le jargon, la monnaie scripturale, ou encore la monnaie de banque. Cette monnaie de banque circule de compte bancaire en compte bancaire grâce à l'utilisation de carnets de chèques ou de cartes de crédit. Si à l'actif nous avons pour 10 millions d'euros de billets en réserves, au passif nous aurons 10 millions d'euros de « monnaie de banque ». Maintenant, si la monnaie de banque doit être couverte à 100 % par des réserves, notre banquier ne pourra pas gagner sa vie. La garde et la manipulation des billets lui coûtent de l'argent, et il n'a aucune occasion de profit sur son actif, qu'il est forcé de garder inactif.

Notre banquier va donc faire jouer la loi des grands nombres. Il calcule qu'au cours d'une période donnée de temps, la moitié seulement de ses clients viendront demander leurs billets. Autrement dit, il va pouvoir se servir de l'autre moitié pour faire des prêts. Dans ces conditions, le rapport entre ses réserves en billets et la monnaie de banque qu'il a émise pourra être seulement de 1 à 2. Résultat : à l'actif nous avons toujours les 10 millions d'euros de réserves en billets auxquels il faut ajouter les 10 millions d'euros de créances correspondant aux prêts de la banque. Le passif devant être égal à l'actif, nous aurons 20 millions d'euros. Au lieu de 10. La masse de la monnaie de banque a doublé. Comme tout à l'heure, la banque a véritablement créé de la monnaie.

| ACTIF | PASSIF |
|---|---|
| réserves : 10 ME | monnaie de banque : 20 ME |
| prêts : 10 ME | |

Mais cette monnaie, ce ne sont plus des billets, puisqu'elle ne peut plus en émettre. C'est de la monnaie de banque. Tout à l'heure elle émettait ses billets. Maintenant, elle émet sa monnaie de banque.

Pouvoir fantastique ! Mais qui en fait est limité. Car il apparaît bien vite que si la banque fait davantage de prêts, le rapport entre ses réserves en billets et la monnaie de banque qu'elle a émise va descendre au-dessous du rapport qui lui était imposé par les habitudes de sa clientèle. Elle risque de ne pas pouvoir faire face à des demandes de conversion de monnaie de banque en billets. C'est ce qu'on appelle une crise de liquidité — en anglais un *run*. Du reste, dès que la rumeur s'installe que la banque n'est plus aussi liquide qu'elle devrait l'être, ses clients se précipitent à ses guichets pour réclamer leurs billets, et cette modification de leur comportement suffit à précipiter la banqueroute[3]. La banque a donc tout intérêt à respecter le rapport billets / monnaie de banque que lui imposent les habitudes de ses clients, et à faire savoir qu'elle le respecte.

Il y a évidemment une autre solution pour sortir de cette situation : la banque en difficulté s'adresse à la banque centrale pour lui emprunter des billets. Mais la banque devra emprunter ces billets à la banque centrale. Et l'opération ne sera rentable que si elle les reprête à ses clients à un taux supérieur au taux auquel elle les a empruntés.

Dès lors, nous voyons que la banque centrale dispose d'un instrument pour réguler la production de monnaie par les banques : le maniement de son propre taux d'intérêt. Ce taux sera appelé « taux de base » ou « taux directeur ». Ce taux sert en effet de base au système bancaire qui se trouve sous l'autorité de la banque centrale en question. Les taux d'intérêt appliqués par les banques de ce système à leurs clients seront forcément supérieurs à ce taux de base, comme nous venons de le dire. Par conséquent, si la banque centrale relève son taux, elle oblige toutes les banques à relever les leurs. Le prix du crédit renchérit, et la création de monnaie de banque en est entravée. Inversement, si elle abaisse son taux de base, les banques pourront abaisser leurs propres taux et accorder davantage de crédit, et donc créer davantage de monnaie de banque. La banque centrale, qu'elle le veuille ou non, a donc une très grande responsabilité dans le niveau des taux d'intérêt. Le malheur est qu'elle est forcément moins bien informée sur la qualité des emprunteurs auprès des banques secondaires que chacune de ces dernières. Le centralisme, comme nous l'avons déjà dit, se paie par une perte d'informations. Par conséquent, la gestion centrale des taux est affaire fort délicate comme le reconnaît volontiers tout gouverneur de banque centrale. En effet, les critères qui permettent à une banque centrale de décider d'une hausse ou d'une baisse de ses taux ne sont pas « objectifs ». Ce sont ceux que la banque décide d'appliquer. Ces taux gouvernent le marché où se rencontrent l'offre et la demande de billets — que l'on appelle le marché monétaire. C'est un marché du court terme, voire du très court terme, du jour le jour. On y demande normalement de la monnaie seulement pour quelques jours, pour pallier des besoins de liquidité. De même, les excédents de liquidité dont on disposerait pour les offrir sur le marché sont disponibles seulement pour quelques jours. Nous reviendrons sur ces notions quand nous étudierons la politique monétaire. Disons tout de suite qu'il ne faut pas confondre la monnaie et l'épargne. La demande de monnaie n'est pas une demande d'épargne, ni l'offre de monnaie une offre d'épargne. La demande et l'offre d'épargne se rencontrent sur un autre marché, que nous étudierons lui aussi, qui est le marché du long terme. La banque centrale n'a aucun pouvoir sur le marché du long terme, le marché de l'épargne et de l'investissement. Il est très important de le comprendre dès maintenant. La banque centrale n'a du pouvoir que sur le marché monétaire, le marché du court terme, et elle tire ce pouvoir du fait qu'elle dispose du monopole de l'émission de billets.

Pour agir sur ce marché, elle dispose habituellement d'une autre arme qu'on appelle les « réserves obligatoires ». Si une banque doit observer un rapport, non plus de 50 % comme dans l'exemple précédent, mais de 70 % entre ses réserves et la monnaie de banque qu'elle émet, il est clair que si elle veut développer ses prêts, elle sera obligée de détenir davantage de billets que dans le cas précédent, et ceci constitue une gêne supplémentaire dans le processus de création de la monnaie de banque.

Il s'agit d'un pas de plus dans le centralisme. Parce que le ratio des réserves devrait être l'affaire de chaque banque. Certaines banques, qui sont très anciennes, qui ont une excellente réputation ou qui savent choisir leurs clients, peuvent se permettre un ratio très faible de réserves. D'autres, pour rassurer leur clientèle, sont obligées d'avoir un ratio élevé. Autant de banques, autant de cas d'espèce. Et voici que la banque centrale impose à toutes le même ratio, leur faisant ingurgiter de force et garder en réserve la même proportion de sa propre monnaie. Bien évidemment, les meilleures banques, celles qui pouvaient n'avoir que des réserves très faibles, seront pénalisées par cette cote mal taillée. Remarquons au passage que pour imposer de tels ratios, la banque centrale doit ajouter à son privilège d'émission un pouvoir de réglementation sur les banques, qu'elle ne peut évidemment détenir que d'une décision de l'État.

Maintenant on peut se demander pourquoi la banque centrale ne répondrait pas tout simplement à la demande de billets des banques en faisant marcher la planche à billets. Après tout, ces banques ne font elles-mêmes que répondre à la demande de crédits de leurs clients. Et ces derniers sont assez grands pour juger de l'opportunité d'accroître ou non leur endettement.

Ici nous sommes à la croisée des chemins. Supposons que nous soyons encore en régime d'étalon-or. Cela signifie que les billets de la banque centrale sont convertibles en or à un prix fixé à l'avance au moment de l'émission de ces billets. Si l'unité de compte est l'euro et que l'euro est défini comme étant l'équivalent de 0,29 gramme d'or pur, comme l'édicta la loi du 17 germinal an XI (7 avril 1803) pour le franc, qui du même coup fut appelé franc germinal, un billet de 100 euros doit pouvoir être échangé au guichet de la Banque centrale européenne contre 29 grammes d'or. Il tombe sous le sens que si la banque émet des billets en trop grande quantité, leurs détenteurs vont douter de leur convertibilité en or. Ils vont donc se précipiter aux guichets de la banque pour réclamer de l'or, selon le mécanisme de panique que nous avons déjà rencontré, précipitant du même coup la banqueroute de l'institution d'émission — ce qui a bien failli être le cas dans les premières années de la Banque de France après sa création en 1800.

Certes, la Banque centrale européenne pourrait elle aussi se fonder sur la loi des grands nombres, mais à condition de la respecter. Supposons que cette loi indique qu'au cours d'une période donnée seulement la moitié des détenteurs de billets demandent leur conversion en or. Pour 100 millions d'euros de réserves en or, la Banque centrale européenne pourra émettre pour 200 millions d'euros de billets, mais pas davantage. On peut remarquer immédiatement que l'édifice de crédit qui se construit à partir de ces données ressemble à une pyramide reposant sur sa pointe[4]. En effet, à partir des 100 millions de réserves en or, la Banque centrale européenne émet pour 200 millions d'euros de billets. Et à partir de ces 200 millions d'euros de billets, les banques ordinaires vont fabriquer pour 400 millions d'euros de monnaie de banque, si on retient pour elle, comme tout à l'heure, un coefficient de réserve de 50 %. Une telle construction est fragile. Une panique de proche en proche peut remonter des clients aux banques et des banques à la banque centrale. C'est pourquoi cette dernière est bien obligée d'être prudente. Et force est de remarquer que la Banque de France l'avait été pendant plus d'un siècle après sa création, puisque le franc germinal est parvenu jusqu'à la guerre de 1914 sans avoir changé de valeur en or.

Si nous ne sommes plus dans le système d'étalon-or, la banque centrale n'est plus obligée d'assurer la convertibilité de ses billets en or. Ceux qui voudraient acheter de l'or devront s'adresser au marché de l'or où le prix de l'once varie en fonction des fluctuations de l'offre et de la demande de métal jaune. Cela n'a évidemment rien à voir avec l'assurance dont on jouit, sous régime d'étalon-or, de pouvoir convertir ses billets en or à un prix convenu à l'avance, prix qui n'est autre que la définition de l'unité de compte en or.

Dès lors, la Banque centrale européenne va pouvoir faire fonctionner la planche à billets en toute liberté. Elle aura en tout cas moins d'arguments à opposer à ceux qui le lui demandent, au premier rang desquels se trouvent les États-membres de l'Union européenne, comme on pouvait s'y attendre. Après la crise de 2008, la majorité des États-membres ont en effet fait pression sur la Banque centrale européenne pour qu'elle fabrique de la monnaie à tout-va — au rythme de 80 milliards d'euros *par mois* pendant toute l'année 2015 et le début de l'année 2016 (60 milliards *seulement* depuis mars 2016) — jusqu'à faire descendre les taux d'intérêt au niveau zéro ! Une absurdité dont je vous reparlerai bientôt, mon cher Candide, rassurez-vous. Les banques, elles aussi, ont fait pression sur la banque centrale pour qu'elle vienne à leur secours selon le procédé très classique du « fait accompli ». On pratique d'abord une fuite en avant en accordant des crédits avec largesse, à des taux d'intérêt qui sont au-dessous du taux du marché. Dans ces conditions, forcément, des investissements sont effectués qui n'auraient pas dû l'être. Pour empêcher les entreprises qui ont fait ces investissements erronés de tomber en faillite et de mettre au chômage leurs salariés, il va falloir les soutenir le temps d'amortir les investissements en question. Les banques vont se faire le relais de ce chantage à l'emploi. Elles pourront mettre en avant le risque de leur propre faillite. Et la Banque centrale européenne, qui n'est adossée sur rien que sur un privilège accordé par les États, ne peut pas ne pas céder. Et elle cède en accordant suffisamment de crédit aux banques pour que ces dernières puissent renflouer les entreprises en difficulté ou se renflouer elles-mêmes. Dans le jargon, on dit que la banque centrale joue ici le rôle de prêteur en dernier ressort.

Comment pourrait-on faire autrement en période de chômage élevé, comme c'est le cas dans nombre de pays européens ? Une telle solution s'imposera. Mais c'est raisonner à court terme. À court terme, en effet, vous sauvez quelques emplois. C'est toujours bon à prendre, surtout en période électorale. Mais ce faisant vous installez dans le système bancaire un

« risque moral » qui peut coûter fort cher. Le risque moral, en anglais *moral hazard*, est une expression qui nous vient des études économiques sur l'assurance. Peut-être serait-elle mieux comprise en français si on la traduisait par *risque comportemental*.

Explication : lorsque vous êtes assuré, votre comportement, vos mœurs sont modifiés, vous êtes moins prudent puisque vous êtes assuré et qu'en cas d'accident, l'assurance paiera. Pour pallier le risque moral, pour agir sur les comportements, les compagnies d'assurances ont instauré tout un système de franchise, de bonus et de malus. Dans un système bancaire, il en va de même. Si vous êtes assuré qu'un prêteur en dernier ressort viendra à votre secours, alors vous n'avez pas le même comportement que si ce n'était pas le cas. Et plus vous êtes gros, plus vous êtes tenté par l'aventure, car plus retentissante serait votre faillite, et plus nombreux les gens que vous mettriez au chômage. Peut-être l'avez-vous remarqué. Il arrive que des petites banques fassent faillite. Jamais les grosses. Et pour cause ! Aux États-Unis, « la patrie de la libre entreprise », il a fallu renflouer à coups de centaines de milliards de dollars les caisses d'épargne qui s'étaient aventurées dans la spéculation immobilière. En France, la faillite empêchée du Crédit lyonnais est dans toutes les mémoires[5] — empêchée par l'État, car c'était trop gros pour la seule Banque de France. Le risque moral introduit donc un biais dans la concurrence bancaire au profit des grandes banques et au détriment des petites, alors même que les économies d'échelle propres à cette branche d'activité favorisent déjà la concentration[6]. « *Too big to fail* », trop gros pour faire faillite, c'est la formule magique que ces braves gens ont trouvée comme manteau de Noé. Notez aussi le terme récemment apparu de « banques systémiques ». Les banques systémiques sont des banques dont la faillite mettrait en danger l'intégralité du système bancaire, et par conséquent le système économique dans son ensemble. Mais ces banques systémiques n'existent pas dans la nature, si j'ose dire. Elles sont le produit de pratiques vicieuses.

Si la Banque centrale était vraiment indépendante, elle pourrait davantage résister aux pressions des États, ou aux pressions des banques qui s'adressent à elle en faisant jouer le chantage au chômage et à la faillite. Comme cette indépendance n'est fondée sur aucune légitimité, la résistance aux pressions ne pourra se poursuivre longtemps s'il n'y a pas une force qui s'oppose à l'utilisation de la planche à billets à tout-va. Et cette force provient de la concurrence que se font les monnaies entre elles. Ce sera notre prochaine leçon.

*Dix-neuvième leçon*

## DU SYSTÈME MONÉTAIRE INTERNATIONAL

*Où l'on comprend enfin pourquoi la concurrence des monnaies a abouti à l'abandon des changes fixes.*

Cher Candide,

La force dont je vous parlais à la fin de la dernière leçon, provient de la concurrence que se font les monnaies entre elles. Mais elle ne peut jouer que si les capitaux circulent librement. Ainsi le tournant majeur dans l'histoire récente de l'Europe, c'est le moment où l'on a libéré les mouvements de capitaux. Cela s'est passé le 1er juillet 1990[1]. Si le capitalisme est le Diable, alors le pacte avec le Diable a été signé ce jour-là, quasiment en catimini !

En effet, à partir du moment où l'argent circule au-dessus des frontières librement, et aujourd'hui il circule à la vitesse de la lumière grâce à l'électronique, les banques centrales vont se trouver dans une situation analogue à ce que serait celle de banques ordinaires si elles n'étaient pas coiffées par une banque centrale. Chaque banque centrale émet sa propre monnaie, et cette monnaie entre en concurrence avec les monnaies émises par les autres banques centrales. En analysant cette situation, nous pouvons nous faire une idée de ce que serait un système bancaire national sans banque centrale — système dont l'évolution historique a été avortée par l'instauration des banques centrales avec monopole d'émission. En même temps, nous allons étudier le fonctionnement de ce qu'il est convenu d'appeler le système monétaire international. C'est-à-dire l'ensemble constitué par toutes les monnaies du monde. Donc traiter de la concurrence des monnaies, cela revient à traiter du système monétaire international, dont on peut se demander s'il est véritablement un *système*. Ici aussi, il faut procéder pas à pas.

Pour commencer, nous allons partir d'une situation où il y aurait seulement deux banques centrales au monde. Le Federal Reserve System, dit le Fed, et la Banque centrale européenne. Chacune est censée émettre autant de billets qu'il lui plaît, la première des dollars et la seconde des euros. L'argent circule librement. Dans un premier temps, le taux de change (ou parité) entre les deux monnaies est supposé fixe[2].

Imaginons que les réserves en or de chacune de ces deux banques soient de 10 milliards de dollars, et que le comportement des détenteurs de dollars et d'euros impose aux deux banques centrales le même coefficient de réserve, à savoir la moitié. Chacune de ces banques va pouvoir émettre 20 milliards de dollars en billets.

Maintenant, supposons que le Fed émette une quantité supplémentaire de monnaie pour 20 milliards de dollars. Au passif du bilan du Fed, nous aurons 40 milliards de dollars. Et à son actif, 10 milliards de dollars en or et 30 milliards de dollars de créances sur les personnes ou les institutions auxquelles le Fed aura prêté de l'argent (voir tableau ci-dessous). Dès lors, le Fed va pouvoir toucher des taux d'intérêt sur 30 milliards de dollars de créances.

Voyons maintenant ce qui se passe à la Banque centrale européenne (BCE). Au passif sont inscrits pour 20 milliards de dollars en billets. Pour simplifier, nous restons pour le moment en dollars. Ce n'est pas gênant puisque nous avons supposé plus haut que le taux de change entre les deux devises était fixe. Et à l'actif figurent 10 milliards de dollars en or, et 10 milliards de dollars de créances.

Résumons en un tableau :

| ACTIF DU FED | PASSIF DU FED |
|---|---|
| or : 10 MM $<br>prêts : 30 MM $ | billets : 40 MM $ |
| ACTIF DE LA BCE | PASSIF DE LA BCE |
| or : 10 MM $<br>prêts : 10 MM $ | billets : 20 MM $ |

Une question se pose : quelle banque gagne le plus d'argent ? Soit dit en passant, on oublie toujours que les banques centrales elles aussi cherchent à faire des profits. Celle qui gagne le plus d'argent, c'est évidemment le Fed, puisqu'il touche des intérêts sur 30 milliards de dollars de prêts, alors que la Banque centrale européenne n'en touche que sur 10 milliards. Il faudrait en effet que les taux d'intérêt appliqués par la Banque centrale européenne soient trois fois plus élevés que celui du Fed pour compenser son handicap. Un tel taux aussi élevé est impensable, il tuerait l'économie européenne. Mais l'histoire ne s'arrête pas là.

Les détenteurs de dollars, voyant que le coefficient de réserve du Fed est passé de 50 % à 25 %, vont se méfier de la monnaie qu'ils ont entre leurs mains. Et ils vont l'échanger contre des euros. Souvenons-nous de notre hypothèse de départ : il n'y a que deux monnaies dans le système. Donc les détenteurs qui se méfient du dollar n'ont pas le choix et ils vont acheter des euros contre des dollars à des individus ou à des banques, lesquels vont à leur tour chercher à se débarrasser de leurs dollars, et ainsi de suite. Finalement, c'est la Banque centrale européenne qui va être obligée d'acheter ces dollars supplémentaires en vendant elle-même des euros[3]. En effet, dans l'exemple que nous avons choisi où il n'y a que deux banques centrales, les dollars douteux ne peuvent qu'aboutir finalement à la Banque centrale européenne, parce que c'est le seul endroit où leurs détenteurs sont assurés d'acheter des euros au taux de change en vigueur. Si la Banque centrale européenne refusait d'acheter ces dollars en surnombre contre ses propres euros, alors le prix du dollar en euro chuterait — comme n'importe quelle marchandise qui souffre d'une mévente, et l'on sortirait de l'hypothèse des taux de change fixes posée au départ.

Supposons donc que les 20 milliards de dollars en surnombre aient été présentés aux guichets de la Banque centrale européenne, cette dernière a été obligée d'émettre en échange 20 milliards de dollars supplémentaires d'euros. Ainsi le Fed, en pratiquant une politique laxiste, a obligé la Banque centrale européenne à en faire autant. Beau résultat, n'est-il pas vrai ? La fixité du taux de change l'oblige à avaler des milliards de dollars, et à émettre plus d'euros qu'elle ne l'aurait voulu.

Maintenant demandons-nous ce qui figure au passif de la Banque centrale européenne après qu'elle a ingurgité les 20 milliards de dollars supplémentaires. On trouve 20 milliards de dollars d'euros déjà émis, auxquels il faut ajouter 20 milliards de dollars d'euros émis en contrepartie des achats de dollars. (Nous continuons à compter en dollars comme convenu plus haut.) En tout 40 milliards de dollars.

À l'actif figurent 10 milliards de réserves en or, 10 milliards de créances, plus les 20 milliards de dollars achetés. Au total, 40 milliards de dollars.

C'est dire qu'en sus de ses créances qui lui rapportent un intérêt, la Banque centrale européenne dispose de créances sur le Fed, les 20 milliards de dollars qu'elle a achetés, *qui eux ne lui rapportent rien du tout*.

Quant au bilan du Fed, en apparence il n'a pas changé. À l'actif, nous avons toujours 10 milliards de dollars en or, et 30 milliards de dollars de créances, et au passif 40 milliards de dollars de billets. Ce qui n'apparaît pas, c'est que sur ces 40 milliards de dollars de billets, la moitié a été retirée de la circulation puisqu'elle est entre les mains de la Banque centrale européenne. Voici ce que cela donne en tableau :

| ACTIF DU FED | PASSIF DU FED |
|---|---|
| or : 10 MM \$<br>prêts : 30 MM \$ | billets : 40 MM \$ |
| ACTIF DE LA BCE | PASSIF DE LA BCE |
| or : 10 MM \$<br>prêts : 10 MM \$<br>créances sur le Fed : 20 MM \$ | billets : 40 MM \$ |

Ainsi, c'est la banque qui émet le plus qui risque de gagner le plus. Le vice est récompensé et la vertu punie ! Il n'y a que deux systèmes qui peuvent empêcher une banque centrale de se lancer dans une aventure aussi profitable pour elle-même et aussi nuisible pour sa concurrente et deux seulement. L'étalon-or et les changes flottants.

Dans l'étalon-or, les monnaies ont entre elles des parités fixes, mais elles ont aussi un prix fixe en or, défini à l'avance en principe une fois pour toutes. Rien n'empêche donc la Banque centrale européenne de demander au Fed la conversion de ses dollars en or au prix en vigueur. Nous voyons dans le cas que nous avons examiné ci-dessus que le Fed, qui ne dispose que de 10 milliards de réserves en or, serait incapable d'assurer cette conversion. On peut supposer qu'avec si peu de réserves il ne se serait pas risqué à des émissions supplémentaires de dollars. Cela vous rappelle sans doute ce qui s'est passé à la fin des années 1960. À l'époque les Allemands se faisaient encore tout petits devant l'Oncle Sam, et ils n'osaient pas trop rouspéter contre le gavage en dollars que leur imposaient les Américains. Mais, en France, un certain général de Gaulle ne s'en privait pas. Et, en 1964, il demandait que les excédents de dollars qui arrivaient au guichet de la Banque de France soient convertis en or. En même temps, Jacques Rueff, qui lui servait de conseiller en la matière, demandait le retour à l'étalon-or.

Le système en vigueur à l'époque était le Gold Exchange Standard, littéralement l'étalon change-or. En deux mots : les taux de change entre les devises étaient fixes, mais seul le dollar était convertible en or à parité fixe. La parité en question était de

35 dollars l'once et datait de 1934. C'est dire déjà qu'elle avait peu de chances d'être réaliste. Le Gold Exchange Standard a été instauré avant même la fin de la Seconde Guerre mondiale par les accords dits de Bretton Woods, signés le 22 juillet 1944. À l'époque, les États-Unis avaient ramassé à peu près les trois quarts des réserves mondiales en or, et les autres pays dévastés par la guerre avaient soif, non pas d'or — le métal jaune ne nourrit pas ! — mais de marchandises, de blé et de machines *made in USA*, et donc de dollars pour les acheter. On appelait ça le *dollar gap*. Les banques centrales ne rechignaient donc pas à accumuler des dollars. Le vrai nom du système aurait dû être le Gold Dollar Standard. Aussi bien pendant toutes ces années de reconstruction, le dollar était considéré aussi bon que l'or — *as good as gold*. Puis petit à petit, à mesure que les autres pays redevenaient prospères, ils ont regimbé contre cet « impérialisme du dollar ». Et l'étrange tandem de Gaulle-Rueff a pris la tête de cette espèce de croisade. À mesure que les dollars étaient échangés contre de l'or, les réserves américaines en métal jaune diminuaient, et il est arrivé ce qui devait arriver. Ces réserves sont descendues jusqu'à un seuil défini comme stratégique, et Richard Nixon, alors président des États-Unis, a pris la seule décision qui s'imposait : le 15 août 1971, il a fermé la *golden window*, le guichet où s'échangeaient les dollars contre l'or, supprimant du même coup ce qui restait de discipline dans le système. Cette décision était sans doute contraire à la Constitution des États-Unis qui dans son article 1er (section 10, clause 1) interdit à tout objet autre que l'or ou l'argent de devenir monnaie. Mais nécessité fait loi, même dans un pays aussi sourcilleux que les États-Unis quant au respect

de la charte fondamentale. La brutalité de Nixon se retrouvait dans la grossièreté de langage de son ministre des Finances, John Connally (1917-1993). Lors d'une tournée en Europe où il avait défendu la fermeture de la *golden window*, il avait déclaré publiquement : « Le dollar est sans doute notre monnaie, mais c'est votre problème. » De retour à Washington, il fut encore plus direct : « Les étrangers sont sur le point de nous baiser. Notre job, c'est de les baiser les premiers[4]. » (« *Foreigners are out to screw us. Our job is to screw them first.* »)

Dès lors, il ne restait que les changes flottants pour empêcher une banque centrale de se lancer dans une politique expansionniste. Tout simplement parce que, en régime de changes flottants, la banque centrale qui est menacée d'un envahissement de devises indésirables dispose d'une arme absolue pour se protéger : elle refuse d'acheter ces devises à un taux de change fixé à l'avance. Donc les changes flottent au gré de l'offre et de la demande. Dans l'exemple que nous avons étudié plus haut, les changes flottants auraient abouti à une réévaluation de l'euro, évitant à la Banque centrale européenne d'absorber 20 milliards de dollars et d'émettre autant d'euros en contrepartie.

Certes, les changes flottants accroissent les incertitudes du négoce international. Mais entre deux maux, il fallait choisir le moindre. Ce que, au moment où Nixon bazardait le Gold Exchange Standard, mis en œuvre par les accords de Bretton Woods en juillet 1944[5], les Allemands voulaient éviter, c'était d'être obligés d'avaler des devises faibles, notamment du dollar, et d'émettre des marks en contrepartie.

Il faut voir, d'autre part, que la banque centrale qui se lance dans une politique expansionniste est bientôt sanctionnée par la chute de sa devise sur les marchés des changes, et donc sa dévaluation. C'est peut-être ce qu'elle cherche pour faire gagner des marchés aux industriels de son pays. Mais c'est plus compliqué que cela n'en a l'air. Une dévaluation, c'est d'abord un appauvrissement pour le pays qui la pratique. Nous y venons avec l'étude de la balance des paiements.

## *Vingtième leçon*

## DE LA BALANCE DES PAIEMENTS

*Où il s'avère que,*
*contrairement à ce que l'on croit généralement,*
*un déficit commercial peut être une bonne chose,*
*et un excédent, une calamité.*

CANDIDE : Je me souviens d'une période allant de 1992 à 1998 où la France était dans une situation d'excédent commercial. Et pourtant nos gouvernants tenaient toujours le même discours de l'effort et de la rigueur. Assurément, le déficit commercial étant le signe que nous achetons plus à l'étranger que nous ne lui vendons, et donc que nous vivons au-dessus de nos moyens, on peut comprendre qu'une cure d'austérité s'impose. Maintenant, dans le cas contraire, comment se fait-il que le discours gouvernemental soit le même ?

ARCHIBALD : Ce discours n'est pas justifié quand la balance commerciale est en déficit. Il ne l'est pas davantage quand elle est en excédent. La balance commerciale n'est qu'une partie de la balance des paiements d'un pays. Or cette dernière est toujours équilibrée. C'est dire qu'un déséquilibre dans la balance commerciale est toujours compensé par un déséquilibre en sens inverse dans les autres postes de la balance des paiements. Tout achat est une vente et toute vente un achat. Si je vous achète votre montre, je vais vous vendre quelque chose en échange. Un autre objet s'il s'agit d'un troc. De la monnaie, s'il s'agit de ce que nous avons appelé l'échange indirect. De mon point de vue, l'achat de votre montre est une vente de monnaie. De votre point de vue, la vente de votre montre se traduit par un achat de monnaie. Donc, tout achat est bien une vente, et toute vente un achat. Ma « balance des paiements » est forcément équilibrée. La vôtre aussi.

CANDIDE : Et si vous n'avez pas de monnaie ?

ARCHIBALD : Cela voudrait dire que je vous achète votre montre à crédit. Autrement dit, cet achat se traduirait par la « vente » d'un petit bout de papier sur lequel j'aurais écrit : je vous dois tant pour la montre. Le fait que vous acceptiez ce bout de papier en échange de votre montre implique tout simplement que vous me faites crédit. Sur ce même papier, je pourrais ajouter : et je m'engage à vous verser cette somme à telle date. Une date sur laquelle nous serions tombés d'accord l'un et l'autre. Ainsi le crédit ne nous fait pas sortir de l'équilibre de la balance des paiements. Il y a seulement substitution d'un bout de papier, représentant une créance, à un autre bout de papier, papier-monnaie qui lui aussi, si vous vous souvenez bien de notre leçon sur la monnaie, est une créance. Au moment du remboursement, je vais de nouveau procéder à un échange, mais cette fois ce sera un bout de papier-monnaie que je vous proposerai pour racheter un autre bout de papier, le titre de créance que vous avez sur moi. Bref, toute opération économique s'analyse ainsi comme un flux compensé par un contre-flux d'égale valeur. La balance ne peut donc qu'être équilibrée.

CANDIDE : Sans doute, mais cet équilibre global peut recouvrer des déséquilibres partiels.

ARCHIBALD : En effet. À l'intérieur de cette balance on peut distinguer plusieurs postes, plus ou moins artificiellement, et ces postes ne sont pas forcément équilibrés. Reprenons l'exemple précédent en supposant que nos relations se limitent à l'achat de votre montre. Si je vous l'achète à crédit, le poste de ma « balance commerciale » sera déficitaire. Cette balance particulière retrace uniquement des mouvements de marchandises. Son solde sera négatif puisque l'achat de la montre ne sera compensé par aucune vente de marchandise. Mais ce solde négatif sera compensé par un solde positif sur un autre poste de la balance des paiements. Appelons ce poste « balance des mouvements de capitaux ». Sur ce poste, j'observe une entrée de capitaux, le crédit que vous me faites, et pas de sortie. Cette balance particulière est donc excédentaire, et l'excédent est exactement égal au déficit de ma balance commerciale. Ma balance globale des paiements est bien équilibrée, l'excédent annulant le déficit. Vous, quand vous vendez votre montre, vous êtes exactement dans la situation inverse : d'une part, excédent de votre balance commerciale, puisque la vente de votre montre n'est compensée par l'achat d'aucune marchandise ; d'autre part, déficit de votre balance des mouvements de capitaux, puisque la sortie de capitaux, correspondant au crédit que vous me faites, n'est compensée par aucune entrée de capitaux.

CANDIDE : Les relations entre pays fonctionneraient de manière analogue.

ARCHIBALD : Pas tout à fait. C'est vrai qu'on y verrait

peut-être plus clair si au lieu d'employer les termes d'exportation et d'importation, on utilisait les termes de vente et d'achat. D'abord, parce que ce n'est pas tel ou tel pays qui exporte ou qui importe. Ce sont toujours des particuliers, des entreprises, des administrations qui se livrent à des opérations d'achat et de vente de marchandises, de services, de papiers financiers, et de papier-monnaie sur les marchés extérieurs comme sur le marché intérieur. D'autre part, une expression telle que « le déficit commercial de la France », que l'on a entendue pendant toutes les années d'après-guerre et que l'on entend de nouveau depuis le début du XXI^e^ siècle, non seulement n'a pas de sens, mais encore peut conduire à des contresens. Le déficit ayant une connotation négative, le gouvernement risque d'être amené à prendre des mesures pour le corriger. Par exemple en décidant de contingenter ou de surtaxer les importations. Cela faisait autrefois partie des politiques de rigueur auxquelles vous faisiez allusion tout à l'heure, et cela pourrait revenir avec des gouvernements populistes.

Nous avons, avec cette simple histoire d'achat de montre, distingué deux grands postes dans la balance des paiements. Le poste « balance commerciale », et le poste « mouvements de capitaux ». Pour être complet, il faut tenir compte d'un troisième poste, que nous avons lui aussi déjà évoqué, que nous appellerons le poste monétaire et que nous décrirons plus tard. Pour le moment nous supposerons le poste monétaire équilibré. Avec ces trois éléments en tête : balance commerciale, titres et monnaie, vous allez pouvoir pénétrer les mystères des paiements internationaux qui paraissent tellement opaques au commun des mortels. Il faut rendre ici hommage aux deux économistes américains Harry Johnson et Robert Mundell qui ont développé au début des années 1970 ce que l'on a appelé « l'approche monétaire de la balance des paiements[1] ». Cette approche a permis d'éclairer ce qui était très obscur.

CANDIDE : Nę parle-t-on pas aussi de balance des paiements courants ?

ARCHIBALD : En effet. La balance des paiements courants, en raccourci la « balance courante », est une extension de la balance commerciale. Elle y ajoute la balance dite des « échanges invisibles », parce qu'ils ne portent pas sur des biens physiques et qu'ils sont en effet moins visibles que les marchandises passant en douane. La balance des invisibles comprend les services liés aux échanges de technologie (brevets, royalties sur les grands travaux, honoraires de coopération, frais d'expertise, etc.), les salaires, notamment les salaires envoyés par les travailleurs immigrés à leur famille dans leur pays d'origine. Pour certains pays du tiers-monde, les envois des immigrés à leurs parents représentent l'équivalent de 10 % à 70 % des recettes d'exportations de leur pays d'origine[2]. La balance des invisibles comprend aussi les frais de voyage, les dépenses des touristes français à l'étranger et des touristes français en France. Les touristes français dépensent des devises, comme s'ils importaient des marchandises. Les touristes étrangers rapportent des devises, comme si nous leur exportions des marchandises. Figurent encore dans la balance des invisibles les intérêts, les dividendes et les autres revenus du capital versés à l'étranger ou reçus de l'étranger. Bref, ce qui coûte en devises est rajouté aux importations de marchandises, et ce qui rapporte en devises est rajouté aux exportations. L'ensemble balance commerciale et balance invisible constitue la balance des paiements courants.

CANDIDE : Et les mouvements de capitaux ?

ARCHIBALD : Les mouvements de capitaux sont beaucoup plus difficiles à comptabiliser. Ils sont encore moins visibles que les invisibles, si j'ose dire. Pour avoir une idée, encore vague, de ce qui se passe dans la « sphère financière », il faut éplucher les rapports annuels du Fonds monétaire international, de la Banque des règlements internationaux, des banques centrales. L'OCDE (Organisation de coopération et de développement économiques) a fait beaucoup d'efforts pour améliorer nos connaissances dans ce domaine. Néanmoins, les délais restent très longs. Les statistiques relatives aux mouvements de capitaux, disons du premier trimestre de l'année, ne sont publiées qu'en octobre. Et ainsi de suite. Encore ne s'agit-il que d'évaluations grossières. Ces différences de *tempo* dans la publication des statistiques expliquent l'importance prise dans les médias par la balance commerciale et la balance courante. Mais ces *tempi* différents ont une incidence sur la lecture que nous faisons de la balance des paiements. Nous commençons par ce qui est le plus facile à chiffrer : la balance commerciale, puis la balance courante, et ensuite le reste est considéré comme un solde servant à équilibrer la balance globale des paiements. Or le reste aujourd'hui, c'est-à-dire les mouvements de capitaux, est, en valeur, l'équivalent de vingt à trente fois le mouvement des marchandises. Bref, l'appareil statistique est en retard sur la réalité.

Cela est très gênant, parce que de cette lecture va émaner une norme implicite concernant les taux de change. Si par exemple un pays est en déficit courant, on dira que son taux de change est trop élevé, qu'il est « surévalué ». C'est ce qui arrive à la France plus souvent qu'à son tour ! Certains groupes d'intérêts se manifestent pour se plaindre qu'ils ne parviennent pas à exporter parce que l'euro serait surévalué, et qu'il faut revenir au franc afin de pouvoir le dévaluer comme on le faisait autrefois. D'autres se plaignent que puisque l'euro est surévalué, les autres devises sont sous-évaluées par rapport à l'euro, et que de ce fait les marchandises étrangères disposent sur le sol européen d'un avantage concurrentiel déloyal. Comme ces gens-là ont les moyens de s'exprimer dans les cabinets ministériels, au Parlement et dans la presse, cela se traduit par une véritable campagne en faveur de la dévaluation de l'euro. Mais, la plupart du temps, la dévaluation ne sert à rien. De même, avant que l'euro remplace le deutschemark, les Allemands engrangeaient excédent commercial sur excédent commercial, et comme on expliquait ces excédents par une sous-évaluation du mark, on leur demandait de réévaluer leur monnaie. Et ils le faisaient. Et les excédents persistaient ! Et avec l'euro l'excédent commercial de l'Allemagne a persisté.

CANDIDE : Comment cela est-il possible ?

ARCHIBALD : Cela est possible, puisque cela est ! L'analyse est fausse. Et en plus elle est implicitement normative. Finalement, elle consiste à dire que le bon taux de change d'une devise est celui qui permet à la balance courante du pays considéré d'être équilibrée. Il faut donc que la balance globale des paiements soit équilibrée poste à poste. Le poste balance courante et le poste balance des mouvements de capitaux. Ce n'est pas l'équilibre de la balance globale qui compte, mais l'équilibre de chacune de ses deux grandes subdivisions. Dès qu'un déficit apparaît dans la balance courante, la situation est jugée anormale.

CANDIDE : Mais qu'importe que la balance globale d'un pays soit en équilibre — un équilibre purement comptable qui n'a aucune signification économique — si le déficit courant persiste et oblige à emprunter des devises étrangères pour le combler. Ces devises devront être remboursées un jour ou l'autre, intérêt et principal, comme dit la cigale de La Fontaine. Et je suppose qu'elles devront être remboursées en… devises, et non pas en euros.

ARCHIBALD : Vous supposez juste !

CANDIDE : Si je n'ai pas de quoi rembourser ces emprunts, et si le déficit persiste, je conduis mon pays à la faillite.

ARCHIBALD : Les pays ne font pas faillite.

CANDIDE : Le mot est peut-être mal employé, mais il recouvre une réalité certaine. C'est celle d'un pays obligé de quémander de l'argent chaque mois pour couvrir ses besoins en devises. Voyez ce qui se passe en Grèce. La France a connu cette situation à la fin de la III^e^ République et sous la IV^e^. Beaucoup de pays du tiers-monde la connaissent. Ils doivent se soumettre aux exigences de leurs créanciers. Ils y perdent leur indépendance.

ARCHIBALD : Dans les cas que vous évoquez, il arrive un moment où les créanciers annulent eux-mêmes des dettes qui sont de toute façon irrécouvrables. Mais là n'est pas la question. Ce que je veux vous faire remarquer, c'est que vous raisonnez encore et toujours comme s'il fallait obligatoirement commencer la lecture d'une balance des paiements par la balance courante. Or cette lecture est dépassée du fait de l'importance prise par les mouvements de capitaux. Ce que je vous propose, maintenant, c'est d'oublier les raisons pratiques de disponibilités statistiques. De toute façon, les statistiques sont plus ou moins exactes, même les statistiques douanières. Avez-vous remarqué un poste qui figure tout en bas des balances des paiements et qui est intitulé « erreurs et omissions » ? Il est parfois d'une ampleur considérable et il en dit long sur la fiabilité de l'outil statistique.

CANDIDE : Au niveau mondial, ces erreurs et omissions devraient s'annuler.

ARCHIBALD : Même pas ! Oublions cela et commençons donc notre lecture par les autres postes de la balance. Supposons que le poste « monnaie » soit en équilibre, et que le poste « titres » soit en excédent. La balance des mouvements de capitaux est donc excédentaire. Mais comment retrouver l'équilibre de la balance globale ?

CANDIDE : Cet excédent de la balance des capitaux, qui paraît une excellente chose, devra être exactement compensé par… un déficit de la balance courante.

ARCHIBALD : Rien de plus exact.

CANDIDE : Et vous avez gagné. Je trouve maintenant excellente une situation que je déplorais il y a un instant. Tout de même, j'ai du mal à concevoir comment la balance courante, qui comprend la balance commerciale, la balance des services, etc., peut servir à solder l'excédent de la balance des mouvements de capitaux.

ARCHIBALD : Il va falloir vous y faire. Car la grosse masse des transactions est aujourd'hui constituée de mouvements de capitaux, et la petite par les mouvements de marchandises. La grosse est vingt à trente fois plus volumineuse que la petite, je l'ai déjà dit, et circule à la vitesse de la lumière ! Il paraît logique que la petite s'ajuste à la grosse, plutôt que l'inverse, non ?

CANDIDE : Cela me paraît logique en effet, mais cette logique-là est fort peu économique.

ARCHIBALD : Vous avez raison. C'était juste une image pour vous faciliter la nouvelle lecture de la balance des paiements à laquelle je vous invite. En vérité, il y a une logique économique derrière, et c'est celle-là qu'il faut trouver. Pourquoi croyez-vous, si nous reprenons l'exemple précédent, qu'une balance des mouvements de capitaux est excédentaire ? Ne me répondez pas : parce qu'il faut compenser le déficit de la balance courante. Je vous demande de considérer la balance des capitaux en elle-même, comme tout à l'heure nous considérions la balance courante en elle-même, sans nous aider des autres postes de la balance des paiements. Pourquoi une balance des mouvements de capitaux serait-elle excédentaire ? Parce que l'épargne est insuffisante. L'importation de capital vient combler le déficit d'épargne. Autrement dit, l'épargne étrangère vient s'ajouter à l'épargne des nationaux qui s'avère insuffisante pour financer l'économie. Certes, on peut s'inquiéter de l'insuffisance de l'épargne nationale, mais on peut aussi se réjouir du dynamisme des nationaux qui font appel à des épargnants étrangers pour compléter le financement de leurs projets, ou encore se réjouir de la confiance que font des investisseurs étrangers aux travailleurs français pour faire fructifier leurs capitaux. Voyez comme la vision que nous avons de la situation a changé. Tout à l'heure nous nous lamentions du déficit de la balance courante et nous étions tout disposés à prendre des mesures d'austérité pour rétablir l'équilibre. Maintenant, nous voyons une économie dynamique qui se finance en faisant appel à l'épargne étrangère. Et nous nous en réjouissons.

CANDIDE : Vous vous réjouissez peut-être un peu trop vite. Cette entrée de capitaux n'en reste pas moins le signe d'un endettement accru en devises étrangères, qu'il faudra bien rembourser à un moment ou à un autre, taux d'intérêt compris.

ARCHIBALD : Vous avez tout à fait raison. Mais supposons que le taux d'intérêt du marché financier international soit inférieur au rendement que vous pouvez obtenir en investissant dans votre pays. Vous aurez largement de quoi rembourser vos créanciers, tout en dégageant un bénéfice sur des activités qui auront créé des emplois. Du coup, le déficit de la balance courante qui est la contrepartie de ces entrées de capitaux est beaucoup moins inquiétant.

Raisonnons sur un cas concret, celui des États-Unis. Le déficit de la balance commerciale américaine est l'un des sujets qui ont fait couler le plus d'encre dans les années 1970. Et il est toujours là. Aussi énorme. Aussi insolemment énorme. Bien sûr, la baisse de la compétitivité des États-Unis a été avancée pour expliquer ce phénomène. Mais le concept de compétitivité appliqué à un pays n'a strictement aucun sens[3], et l'on ne comprend rien à l'employer. Car le phénomène fondamental, outre le statut particulier du dollar dont nous parlerons plus tard, c'est l'insuffisance d'épargne américaine, et donc la nécessité de faire appel à l'épargne étrangère. À ce facteur, il faut ajouter le fait que les marchés financiers des États-Unis n'ont pas dans le monde d'équivalent pour la taille, la diversité des placements offerts, la facilité pour se défaire d'une position, etc. Aussi toutes les libéralisations des capitaux qui ont eu lieu depuis 1980 se sont-elles traduites par un afflux de capitaux supplémentaires aux États-Unis. Il est facile de comprendre que l'on ne peut déréglementer une place financière sans libérer à la fois les possibilités d'entrée et de sortie de capitaux. Étant donné l'attraction exercée par le marché financier américain, les sorties de capitaux de la place libérée ont été supérieures aux entrées. Et des dizaines de milliards de dollars se sont placés sur le marché des États-Unis, permettant aux Américains de vivre au-dessus de leurs moyens et d'importer plus qu'ils n'exportaient. Ainsi le déficit de la balance courante trouve-t-il sa logique, et l'on pourrait vraiment dire qu'il est venu compenser l'excédent de la balance des mouvements de capitaux.

L'excédent de la balance des capitaux et le déficit de la balance courante sont les deux faces d'une même médaille. Et le remède qu'un gouvernement va choisir sera fonction de la face de la médaille qu'il considère. S'il considère la face « balance courante », il va prendre des mesures de rigueur qui peuvent aller jusqu'à contingenter les importations, contrôler les changes, limiter les allocations en devises aux touristes nationaux qui partent à l'étranger. L'imagination des technocrates est sans limite. Surtout quand elle est excitée par le populisme. Mais si le pays en question a besoin d'importer des biens d'équipement pour son développement, une telle politique résoudra peut-être la crise immédiate qui se caractérise par une pénurie de devises ; mais elle sera un handicap de plus pour la croissance économique. Si maintenant le gouvernement considère la face « balance des mouvements de capitaux », il va s'interroger sur les raisons de l'insuffisance d'épargne nationale et sera incité à lui trouver des remèdes, par exemple dans le domaine de la fiscalité ou de la réglementation bancaire. C'est une tout autre politique qui sera engagée.

CANDIDE : Un pays en développement connaît forcément un déficit dans sa balance courante.

ARCHIBALD : Évidemment. Un pays en développement est un pays où l'on a tendance à investir plus qu'à épargner. Il faut donc que l'épargne étrangère vienne s'ajouter à l'épargne nationale. Voyons maintenant le cas inverse : le déficit de la balance des mouvements de capitaux sera « compensé » par un excédent dans la balance courante. Ce déficit dans les mouvements de capitaux signifie qu'il sort davantage de capitaux qu'il n'en rentre dans le pays considéré, parce que l'épargne des nationaux est trop importante par rapport aux projets d'investissement sur le sol national. Et parce qu'il est plus intéressant d'investir à l'étranger que sur le sol national. Reprenons l'exemple de la montre et considérons-le sous l'angle des mouvements de capitaux. En me vendant votre montre à crédit, vous investissez dans un titre de créance. Ce qui vous intéresse au premier chef, ce n'est pas de vendre votre montre, mais d'acheter un titre de créance, parce que ce titre vous apporte un revenu supérieur à l'utilité que vous tirez de votre montre. L'opération financière commande l'opération commerciale, et non l'inverse comme peut le faire croire la lecture classique de la balance des paiements.

Tout cela est quasiment mathématique. Dans le cas de l'excédent de la balance courante comme dans celui du déficit. Je pars du principe que les ressources doivent être égales à l'utilisation qui en est faite. Du côté des ressources, j'ai d'abord ce qui est produit sur le sol national (Y) auquel j'ajoute les importations de biens et de services (M). Ces ressources vont être consacrées à la consommation (C), à l'investissement (I) et à l'exportation de biens et de services (X). Ce que je viens de dire se traduit par l'équation suivante : $Y + M = C + I + X$. D'où je tire :

Y = C + I + X – M. On voit tout de suite que X – M n'est autre que le solde de la balance courante.

D'autre part, ce qui est produit sur le sol national (Y), c'est aussi le revenu dont disposent les nationaux. À toute production correspond un revenu sous forme de salaires, de profits, de loyers, de rente, etc. Y est donc la somme de tous ces revenus. Ces revenus sont ou bien consommés (C), ou bien épargnés (S). Je peux donc écrire : Y = C + S. J'ai donc deux équations pour Y. Et j'en tire ?

CANDIDE : Y = C + I + X – M = C + S.

ARCHIBALD : C étant dans les deux membres de l'équation, je peux le retirer. Il vient : I + X – M = S. Et donc : X – M = S – I. Tout ce que nous venons de dire se résume dans cette petite équation de rien du tout. Si X est supérieur à M, si donc la balance courante est excédentaire, c'est que l'épargne est supérieure à l'investissement. Dans le cas contraire d'un déficit de la balance courante (X inférieur à M), j'aurai obligatoirement une épargne inférieure à l'investissement. Beaucoup de sottises auraient été évitées si les princes qui nous gouvernent avaient voulu se donner le mal d'apprendre cette équation, qui se trouve maintenant dans tous les bons manuels d'économie. On l'apprend même dans l'enseignement secondaire ! Cette simple équation montre très bien l'inanité des mesures protectionnistes pour rétablir l'équilibre de la balance commerciale. Car ces mesures, qu'elles cherchent à freiner les importations ou à encourager les exportations, n'auront aucun effet ni sur l'épargne ni sur l'investissement. Donc le solde I – S restant le même, le déficit commercial M – X restera lui aussi le même, ce qui signifie que vous aurez abouti en freinant vos importations à réduire vos propres exportations, et en encourageant vos exportations à augmenter vos importations ! Rappelez-vous, nous avions pressenti ce résultat dans notre Troisième leçon. L'erreur du protectionnisme est de croire qu'il n'y a pas de relation entre les exportations et les importations, que l'on peut agir sur les unes sans conséquence sur les autres. Or on voit bien grâce à l'équation X – M = S – I que le solde de la balance commerciale est fonction du déséquilibre entre l'épargne et l'investissement, et que par conséquent toute action sur les importations ne peut avoir d'effet que sur les exportations, et réciproquement, le solde restant égal à lui-même toutes choses égales par ailleurs[4]. Ainsi le protectionnisme d'un pays nuit non seulement aux pays étrangers qu'il vise, comme on le reconnaît généralement, mais aussi à lui-même — ce qui est moins connu ! On ne rappellera jamais assez que Friedrich List, le grand théoricien allemand du protectionnisme au XIXe siècle, prévoyait que la Hollande et le Danemark étaient définitivement condamnés à la stagnation économique, sauf à fusionner politiquement avec l'Allemagne… On ne redira jamais assez à quelles extrémités peut conduire le protectionnisme. Ainsi l'État français, du temps de Colbert, a-t-il envoyé des dizaines de milliers d'hommes aux galères et en a exécuté quelque seize mille pour avoir commis le crime épouvantable d'avoir importé de la toile de calicot imprimé.

CANDIDE : Soit, mais pourquoi les gouvernants français parlaient-ils encore d'austérité même quand la balance courante était excédentaire ?

ARCHIBALD : L'équation X – M = S – I vous donne la réponse. L'excédent en question correspondait à une épargne supérieure à l'investissement, donc à des sorties de capitaux. Il en était ainsi parce que la rentabilité des placements à l'extérieur était supérieure à celle que l'on peut obtenir en France. Et elle l'est toujours, hélas ! Pourquoi ? Parce que l'activité en France est surtaxée : les prélèvements obligatoires et le remboursement de la dette publique accaparent encore aujourd'hui plus de la moitié du revenu national ! Il faut donc réduire les impôts. Mais on ne peut réduire les impôts sans diminuer les dépenses publiques. D'où la cure d'austérité, d'autant plus pénible que l'on a beaucoup tardé.

Demeure un troisième élément, comme je vous l'ai annoncé, le poste « monnaie », et ce poste peut lui aussi se trouver en déséquilibre. Pour le comprendre, nous sommes obligés de compliquer un petit peu nos équations.

*Vingt et unième leçon*

## DE L'EXPORTATION ET DE L'IMPORTATION DE MONNAIE

*Où l'on découvre un ancêtre autrichien au dollar et à l'euro.*

(Notes de Candide prises pendant le cours)

Le pays que nous considérons a maintenant des échanges de monnaie avec l'extérieur. Archibald m'a imposé de nouvelles équations que je reproduis ici. Elles ne sont pas beaucoup plus compliquées.

Appelons Xm les exportations de monnaie, et Mm les importations de monnaie. Et inscrivons-les dans nos équations où Y figure le produit national, C la consommation, I l'investissement, X les exportations et M les importations. Du côté des ressources, nous aurons : Y + M + Mm.

Et du côté de leur utilisation : C + I + X + Xm.

Et comme il y a équivalence entre les ressources et leurs emplois, nous pouvons écrire : Y + M + Mm = C + I + X + Xm. D'où nous tirons : Y = C + I + (X – M) + (Xm – Mm). D'autre part, nous avons aussi : Y = C + S [[1]]. Donc : C + I + (X – M) + (Xm – Mm) = C + S. D'où il vient : (X – M) + (Xm – Mm) = (S – I).

Cette équation, qui reste d'une grande simplicité,

met en relation sous nos yeux les trois grands postes de la balance des paiements : la balance courante, la balance des mouvements de capitaux, et la balance monétaire. On voit encore mieux que l'équilibre de la balance globale des paiements n'implique en aucune manière un équilibre poste par poste, et que le déficit sur l'un des postes ne peut être analysé que mis en rapport avec les deux autres postes. Mais cette fois, la manière dont va se faire la « compensation » du déséquilibre est indéterminée. Dans la leçon précédente, un déficit courant impliquait obligatoirement un excédent de la balance des mouvements de capitaux. Maintenant la charge de la compensation du déséquilibre de l'un des postes se répartit, si l'on peut dire, sur les deux autres postes. Et du même coup, le nombre des cas de figure est pratiquement infini. Pour y voir un peu plus clair, adoptons des hypothèses qui éliminent l'une des variables.

Supposons par exemple qu'il y ait équilibre entre l'épargne et l'investissement : S = I. En conséquence : (X – M) + (Xm – Mm) = 0. Et donc X – M = Mm – Xm. Équation qui peut s'écrire aussi de la manière suivante : Xm – Mm = M – X. La balance courante et la balance monétaire fonctionnent en sens inverse l'une par rapport à l'autre. Dès lors, on peut envisager trois cas de figure. Soit équilibre de la balance courante (X = M) et alors il y a forcément équilibre monétaire (Mm – Xm = 0, donc Mm = Xm). Tous les postes de la balance sont équilibrés. RAS.

Soit déficit de la balance courante (X < M), et donc, pour que l'équation soit respectée, il faut que les exportations de monnaie (Xm) soient supérieures aux importations de monnaie (Mm). On dira qu'il y a dans ce cas exportation nette de monnaie.

Il nous faut analyser avec attention ce cas, qui n'est

pas aussi extraordinaire qu'il paraît. On l'a observé au moment des chocs pétroliers de 1973-1974 et de 1979-1980. La brutale augmentation des prix du pétrole a creusé des déficits dans les balances courantes des pays consommateurs d'or noir. Le choc était si soudain que les pays producteurs de pétrole ont bien été obligés d'accepter de la monnaie en échange de leurs livraisons pétrolières. Car ils n'avaient pas la capacité d'acheter l'équivalent en marchandises. On parle ici de capacité d'absorption au sens physique du terme. Les installations portuaires, par exemple, n'étaient pas assez grandes. Littéralement, donc, les pays consommateurs achetaient du pétrole avec du papier-monnaie, c'est-à-dire avec des dollars, puisque le billet vert était la monnaie en vigueur sur le marché mondial de l'or noir. À l'époque, on a appelé ces dollars des pétrodollars, et l'on a posé le problème de leur recyclage. Ce problème a fait couler des fleuves d'encre dans la presse, et dans les ministères, les bureaux d'études, les organismes de prévision, etc. Et très peu de gens — parmi lesquels un ou deux experts de l'OCDE dont Archibald m'a parlé — ont vu qu'il s'agissait d'un faux problème, et encore ne le disaient-ils pas publiquement. C'était un faux problème parce que, faut-il le répéter, une balance est toujours équilibrée.

En fait, l'accumulation des pétrodollars aux mains des émirs de l'or noir, dans la mesure où cette monnaie restait sur place, devait s'analyser comme un prêt à taux d'intérêt nul de ces mêmes émirs aux pays consommateurs. Un prêt gratuit, en quelque sorte.

Souvenez-vous quand je faisais mine d'acheter votre montre. En échange, je vous donnais de la monnaie. Dans le cadre de relations uniquement bilatérales, cette monnaie est une créance sur moi-même. Si vous n'en faites rien, si vous la gardez dans votre portefeuille, c'est comme si vous m'aviez prêté la valeur de votre montre à un taux d'intérêt nul. Eh bien, il en allait de même avec les émirs. On leur achetait leur or noir avec du papier-monnaie. Et s'ils gardaient ce papier dans leurs coffres, c'était comme s'ils nous faisaient, eux aussi, un prêt à taux nul. Bien évidemment, les émirs se sont très vite aperçus qu'ils pouvaient faire mieux que de prêter ces centaines de milliards de dollars à un taux d'intérêt nul. Ils les ont donc replacés sur le marché financier international, transformant les pétrodollars en titres (de propriétés, de créances, d'actions, d'obligations...), toutes sortes de papiers financiers, qui cette fois portaient intérêt. Le recyclage se faisait, tout naturellement. Les émirs *ne pouvaient pas ne pas recycler les pétrodollars*, sauf à faire un gigantesque cadeau financier aux pays importateurs de pétrole. Je confirme donc : le recyclage était un faux problème. Même dans le cas extrême où les pétrodollars auraient été enfouis dans les sables du désert d'Arabie, ils auraient été recyclés en prêts à taux d'intérêt nul !

Mieux encore : le recyclage des pétrodollars ne profitait qu'aux pays les plus riches. Les émirs ne possédaient pas à l'époque de banque à la taille de leur nouvelle fortune. Ils étaient donc obligés de confier leurs pétrodollars aux plus grandes banques du monde qui, à l'époque, étaient américaines et anglaises. Les établissements français n'ont eu droit qu'à quelques miettes de ce gigantesque festin financier. Ces pétrodollars qui n'étaient pas convertis en titres de propriétés (châteaux, immeubles des beaux quartiers, haras, etc.), il fallait bien en faire quelque chose. C'est à ce moment-là que les grands banquiers occidentaux ont fait le tour du tiers-monde pour chercher des emprunteurs. On ne peut certes pas leur reprocher de ne pas avoir assez recyclé les pétrodollars. Ils les ont peut-être même trop recyclés dans la mesure où les investissements qui ont alors été financés n'étaient pas tous assez rentables. Le résultat a été la crise de surendettement de certains pays du tiers-monde, notamment le Mexique.

Approfondissons notre réflexion du point de vue du pays qui, pour combler le déficit de la balance courante, exporte de la monnaie. Nous pourrions tout aussi bien dire que ce pays exporte de la monnaie, et qu'il en résulte un déficit de sa balance commerciale (nous restons toujours dans l'hypothèse où il y a égalité entre l'épargne et l'investissement : S – I = 0). Cette lecture inversée nous est maintenant familière. Elle nous oblige ici à nous interroger sur la signification en elle-même d'une exportation de monnaie.

Imaginons que dans un pays donné, un entrepreneur, mettant en œuvre la division du travail, se spécialise dans la production de monnaie. Il a un savoir-faire et une réputation tels que sa monnaie est acceptée non seulement dans son propre pays mais dans le monde entier. Il va donc pouvoir satisfaire les besoins en monnaie de ses compatriotes, mais aussi vendre sa monnaie dans le monde entier. Le résultat va être un excédent dans la balance monétaire (Xm > Mm). En contrepartie, puisque Xm – Mm = M – X, M devra être supérieur à X. Autrement dit, l'excédent de la balance monétaire sera compensé par un déficit dans la balance courante. Ainsi un pays qui disposerait d'un entrepreneur capable de fabriquer une monnaie acceptée dans le monde entier pourrait-il s'offrir un déficit de balance courante. Contrairement aux apparences, il ne s'agit pas seulement d'un cas d'école comme je vais vous le montrer maintenant.

Voici une pièce de monnaie qu'Archibald a rapportée d'un souk de Djibouti lors d'un récent voyage. Cette pièce est frappée à l'effigie d'une grosse dame à la poitrine généreuse. Sur le rebord, on peut lire M. THERESIA.D.G.R.IMP.HU.BO.REG, abréviations pour Marie-Thérèse, impératrice romaine, reine de Hongrie et de Bohême, par la grâce de Dieu. Au revers, les indications sont tout aussi intéressantes : ARCHID. AUST.DUX.BURG.CO.TYR, qui sont les autres titres de la souveraine, à savoir archiduchesse d'Autriche, duchesse de Bourgogne, comtesse du Tyrol. Une date clôt cette liste majestueuse : 1780. Mais ne vous laissez pas abuser par cette date.

Comment se fait-il que l'on trouve encore dans les échoppes du fin fond de l'Arabie cette séquelle sonnante et trébuchante du Saint Empire romain germanique ? C'est que le thaler de Marie-Thérèse a servi de monnaie de référence pendant plusieurs siècles à une bonne partie de l'Europe, en Scandinavie, mais aussi dans l'Empire ottoman, au Maghreb, dans la Corne de l'Afrique (un certain Arthur Rimbaud troquait armes et munitions contre thalers), à l'Inde. On le retrouve jusque dans les coffres de Java et de Bornéo. Quand, en 1750, Marie-Thérèse se décide à frapper une nouvelle pièce à son effigie, elle cherche en fait à renouer avec le succès du *Reichsthaler* que Ferdinand Ier de Habsbourg avait réussi à imposer en 1559 à l'ensemble de l'Europe centrale après l'abdication de Charles Quint, son frère. La matière première était fournie par les monts métallifères de Bohême, matière qu'il suffisait de frapper à bon escient.

Dans un premier temps, le *Maria Theresien Thaler*

(MTT) est interdit à l'exportation. Mais la règle est évidemment tournée par la contrebande et, très vite, le gouvernement autrichien s'est convaincu qu'il économiserait beaucoup d'argent en s'abstenant de poursuivre les passeurs, et qu'il en gagnerait beaucoup en organisant lui-même l'exportation de sa propre monnaie. Du coup le MTT partit aisément à la conquête du monde. En moins de trente ans, 24 millions de pièces furent écoulées sur les deux continents, éliminant impitoyablement leurs rivales.

Le MTT était une véritable monnaie-marchandise (Seizième leçon), frappée non selon les caprices d'une autorité monétaire, mais uniquement à la demande de ceux qui apportaient leur lingot d'argent pour les faire monnayer. Il n'était pas question de diminuer d'un milligramme sa teneur en argent sauf à ruiner immédiatement sa réputation. Quant aux habitants des pays qui l'utilisaient, ils se passaient fort bien de banque centrale et de monnaies nationales.

La forme même de l'effigie devint intangible. Pour son veuvage en 1765, l'impératrice voulut apparaître la poitrine couverte d'un manteau de deuil. Mais les Levantins exigèrent le rétablissement de l'ancien décolleté, même si l'islam était leur religion, faute de quoi ils auraient opté pour les thalers prussiens ou les réaux espagnols.

À la mort de Marie-Thérèse en 1780, on se demanda comment on pourrait continuer un commerce si lucratif. La solution était toute simple : continuer à fabriquer des MTT avec la date de 1780 invariablement refrappée… trois ans après le décès de la souveraine, la machine tournait à nouveau à plein rendement. Le plus étrange était encore à venir. En 1934, Mussolini masse des troupes sur le Brenner, faisant reculer Hitler déjà prêt à mettre la main sur l'Autriche. Un an plus tard, le Duce vient réclamer à Vienne son salaire : que Vienne transfère à l'Italie le monopole de la frappe du MTT pendant vingt-cinq ans. Ainsi les précieux coins autrichiens furent-ils transportés à Rome où l'on put monnayer le fameux thaler. Furieuses, l'Angleterre, la France, la Belgique et la Hollande se mirent à fabriquer à leur tour des thalers ; se livrant ainsi à un véritable faux-monnayage, pas toujours très adroit. Tantôt il manquait une perle au collier de l'impératrice, tantôt une plume à la queue de l'aigle impérial du revers, ce que les marchands vérifiaient immédiatement du bout des doigts…

*Pacta sunt servanda*. Même avec un État fasciste, même après sa défaite, les traités internationaux doivent être respectés. Ce n'est qu'en 1960 que l'Autriche retrouva le monopole de la frappe du MTT. Dès 1961, plus de 2 millions de pièces sortirent des presses de la Monnaie de Vienne, ouvrant une nouvelle carrière à l'impérissable *Marie Theresien Thaler*[2].

Les États-Unis ont suivi l'exemple autrichien, pas seulement parce que le dollar a la même étymologie que le thaler ! Ici le fabricant de monnaie n'est autre que le Federal Reserve System. Bien qu'il soit une monnaie papier, il était considéré comme aussi bon que l'or jusqu'à ce que Nixon, nous l'avons vu, mette fin à sa convertibilité-or ce fatal 15 août 1971. Jusque-là le dollar était accepté et mis en réserve par les autres banques centrales, ce qui équivalait à un prêt à taux nul, comme nous l'avons vu pour les pétrodollars détenus par les émirs. Dans ces conditions, la balance courante américaine n'avait pas besoin d'être équilibrée. Aujourd'hui le dollar a perdu beaucoup de sa superbe. Pour équilibrer la balance courante, les Américains sont obligés d'emprunter des capitaux (S < I), donc de s'endetter, de payer des intérêts et de rembourser leurs emprunts. Mais le billet vert n'ayant pas de concurrent, les États-Unis continuent à jouir des avantages d'un exportateur net de monnaie. L'euro pourrait jouer ce rôle. C'est même l'un des buts que ses inventeurs lui avaient assigné. S'il était convertible en or, l'euro se substituerait immédiatement au dollar ! Et les Européens pourraient à leur tour exporter de la monnaie… Mais ils sont victimes comme beaucoup d'autres d'un préjugé contre l'étalon-or[3].

Enfin, nous pouvons envisager le cas inverse d'importation de monnaie. Nous gardons l'hypothèse d'une balance des mouvements de capitaux équilibrée (S = I). La balance courante est excédentaire (X > M) et la balance monétaire déficitaire (Mm > Xm), ce qui signifie que le pays est importateur net de monnaie. Et il importe de la monnaie parce qu'il en a besoin. Voilà un cas qui paraît bien extraordinaire.

Supposons que l'économie de ce pays soit en croissance. Le produit national augmente. Et donc le revenu national. Or il y a une relation entre le revenu et les besoins de monnaie. Quand je parle de besoins de monnaie, il faut prendre l'expression au pied de la lettre. Chaque particulier, chaque entreprise a besoin de garder par-devers soi dans sa poche ou à la banque un certain volant de liquidités pour faire face aux paiements qui l'attendent. C'est ce qu'on appelle le besoin de monnaie ou la demande d'encaisse. Or cette demande est proportionnelle au revenu. Plus le revenu augmente, plus la demande d'encaisse augmente. C'est une question de bon sens. Un clochard peut vivre avec quelques piécettes dans sa poche, un milliardaire se promène avec un porte-cartes bien garni. Si les revenus augmentent dans un pays donné par suite de la croissance économique, la demande de monnaie va elle aussi s'accroître, et si l'offre de monnaie par le système bancaire reste inchangée, cet accroissement va se traduire par des importations supérieures aux exportations de monnaie. On a donc bien un Mm supérieur à Xm, et, forcément, en contrepartie, un excédent dans la balance courante (X > M) — l'épargne étant toujours, dans notre hypothèse, égale à l'investissement.

Ce cas est beaucoup plus courant qu'on ne le croit[4]. Il permet de répondre à ceux qui craignent que « la croissance bute sur la contrainte extérieure ».

Selon une idée fort répandue, une accélération de la croissance économique devrait forcément se traduire par un déficit croissant de la balance courante, et notamment de la balance commerciale. En fait il y a confusion entre croissance économique et essai de relance par des artifices budgétaires ou monétaires. Ces artifices-là risquent en effet de se traduire par des déficits dans la balance courante, comme nous le verrons. Mais une croissance économique autofinancée (rappelons-nous que par hypothèse ici l'épargne égale l'investissement), aboutit à une importation de monnaie, donc à un déficit dans la balance monétaire. Mais s'il y a un déficit dans la balance monétaire, c'est qu'il y a un excédent dans la balance courante, comme le démontre l'équation Mm – Xm = X – M. Ainsi une croissance accélérée, si elle est sainement financée, loin de buter sur un déficit de la balance courante, peut très bien entraîner un excédent de cette même balance. La vulgate enseigne exactement le contraire.

*Vingt-deuxième leçon*

## DU PROPHÉTISME

*Où l'on part à la rencontre de Keynes, le « plus grand économiste du XXe siècle ».*

ARCHIBALD : Il y a dans notre science une catégorie de prévisions que nous appelons les prophéties autoréalisatrices. Exemple : vous descendez dans la rue… et vous criez « Cette banque va faire faillite ! ». Des gens vont se poser des questions. Certains vont retirer leurs dépôts. Cela se saura. Vous le ferez savoir vous-même haut et fort. Un mouvement de panique se déclenche, une course des gens vers les guichets de la banque pour réclamer leur argent. La banque n'a pas assez de liquidités dans ses coffres pour faire face. Elle ferme ses guichets. C'est la catastrophe. Le lendemain, *tous* les déposants se précipitent pour recouvrer leurs dépôts, réalisant eux-mêmes la faillite bancaire qu'ils redoutent.

CANDIDE : Ce genre de choses n'arrive jamais.

ARCHIBALD : Cela arrivait autrefois. Il y eut même des morts par étouffement et piétinement rue Quincampoix en juillet et août 1720 lorsque les Parisiens se ruèrent aux guichets de la banque de Law pour réclamer le remboursement en espèces de leurs billets. Le mouvement avait été initié par des gros porteurs, tels le duc de Bourbon et le prince de Conti, qui non seulement doutaient de la santé de cette banque, mais voulaient mettre fin au « système Law ». Bourbon et Conti ont vraiment été, en l'occurrence, des prophètes autoréalisateurs, et en même temps ils protégeaient leur fortune. Il est vrai qu'à l'heure actuelle on n'observe plus de phénomènes de ce genre, du moins pour les grandes banques, qui, comme nous l'avons expliqué[1], ne peuvent aujourd'hui faire faillite. Les petites n'ont pas ce privilège. C'est égal. Des prophéties autoréalisatrices, vous en observez tous les jours à la Bourse, que ce soit à la hausse ou à la baisse.

L'économiste anglais que tout le monde croit connaître, John Maynard Keynes (1883-1946), était un grand professionnel de la Bourse, et il y a gagné beaucoup d'argent. N'oublions jamais que Ricardo et Keynes, qui passent l'un et l'autre pour les plus grands économistes de leur siècle, étaient tous deux, comme par hasard, de fantastiques joueurs en Bourse. S'il ne fallait retenir qu'une seule chose de Keynes, ce serait la manière dont il explique les mouvements boursiers dans la *Théorie générale de l'emploi, de l'intérêt et de la monnaie*. Il est curieux que sa « leçon boursière » ait été la moins retenue dans son enseignement et reste si peu connue. Nous en reparlerons. Toutefois, si Keynes n'avait été qu'un prophète heureux du Stock Exchange (la Bourse de Londres), il ne retiendrait pas autant notre attention. Keynes a été un authentique prophète. D'abord, comme il le dit à la fin de la *Théorie générale*, ce ne sont pas les intérêts qui gouvernent le monde mais les idées, qu'elles soient justes ou fausses, des philosophes de l'économie et de la politique. Ensuite, il est devenu prophète de la manière la plus simple.

CANDIDE : Comment cela ?

ARCHIBALD : Il a dit : je suis le prophète d'une nouvelle économie, et les gens l'ont cru, parmi lesquels beaucoup d'économistes, notamment en France, et nombreux sont ceux qui continuent encore aujourd'hui à le croire, à répéter exactement ce que disait Keynes de lui-même. C'est ça le plus fort. Pour démontrer que Keynes a inauguré une nouvelle ère de la pensée économique, ils reprennent, consciemment ou inconsciemment, les arguments mêmes de Keynes.

Il existe, en fait, deux catégories de prophètes. Ceux qui sont nés prophètes, tel Jésus. Et ceux qui le deviennent à la suite d'une « illumination », tel saint Paul, Mahomet, Freud... Keynes appartient à cette deuxième catégorie. Une illumination assez soudaine le conduit à écrire la *Théorie générale*, et c'est seulement ce livre que nous étudierons ici. Une illumination tardive, car il est déjà âgé de cinquante-deux ans quand il écrit son maître-ouvrage. Ce qui peut rassurer les quinquagénaires. Le titre même de l'ouvrage fait audacieusement écho à la *General Theory of Relativity* d'Einstein et dit bien l'ambition démesurée de l'auteur.

Keynes n'a pas raconté son chemin de Damas. Il dit simplement qu'à un moment donné il a abandonné la doctrine à laquelle il avait cru et qu'il avait lui-même longuement enseignée. Il le dit en 1939 dans sa préface pour l'édition française de la *Théorie générale* : « Nous avons senti que nous abandonnions cette orthodoxie [la théorie dite classique], que nous réagissions fortement contre elle, que nous brisions des chaînes et conquerrions une liberté[2]. » Dans la préface à la première édition anglaise (13 décembre 1935), on lit aussi cet aveu : « De nombreuses années durant, nous avons nous-même défendu avec conviction les théories que nous attaquons aujourd'hui[3]. » Par ailleurs, il regrette que son livre par la force des choses « ait trop l'air de s'adresser aux défenseurs d'une conception spéciale [de l'économie], et pas assez à la Ville et au Monde[4] ». On aura reconnu la formule papale. *Urbi et Orbi*, c'est ainsi que le nouveau prophète aurait aimé s'exprimer au lieu de s'attarder à convaincre ses collègues économistes dans un livre forcément abscons. Mais ces regrets sont feints, bien évidemment. Il lui fallait d'abord séduire les gardiens du Temple, les docteurs de la Loi en sorte que ceux-ci répètent qu'après la *Théorie générale*, rien ne serait plus comme avant. L'histoire du keynésianisme, c'est d'abord l'histoire de la faiblesse de la pensée instituée et de l'attrait irrésistible de la nouveauté, fût-elle factice. « Le monde se trouve aujourd'hui, écrit Keynes à la dernière page de la *Théorie générale*, dans une impatience extraordinaire d'un diagnostic mieux fondé ; plus que jamais il est prêt à l'accepter et désireux de l'éprouver, même s'il n'est que plausible. » Ces mots pourraient être écrits aujourd'hui et ils auraient le même succès !

En France, on peut dire que toute l'élite a succombé au charme keynésien. Il s'est même trouvé un poète et philosophe en la personne de Georges Bataille pour se ranger sous la bannière du keynésianisme ouvertement et non sans naïveté[5]. On aurait dit que la *Théorie générale* était exactement faite pour légitimer l'activisme de la technocratie française. C'était *le* livre que l'État hérité de Louis XIV, de Colbert, de Napoléon attendait. L'ENA a été et est encore un haut lieu de l'économie keynésienne.

Il en reste des traces chez nos ministres actuels, de gauche ou de droite, dont la plupart sont sortis de cette école. La France sera restée le dernier pays keynésien, ce qui est paradoxal quand on connaît les sentiments de Keynes à l'égard de notre pays[6].

À vrai dire, le terme de révolution ici n'est pas si mal choisi. À condition de le prendre au sens étymologique de retour au point de départ. Et ce sera l'une des grandes séductions de Keynes, cette manière de revenir aux économistes « préclassiques », de les ressusciter, de montrer qu'après tout, ils avaient mieux compris l'essence de l'économie que les disciples modernes de la théorie classique. Avec ce petit côté d'érudition exotique, archaïsante qui fait toujours son effet. Il pousse le paradoxe jusqu'à donner raison à l'Église du Moyen Âge sur la question des taux d'intérêt[7], comme nous le verrons.

Keynes a visé juste. Nous avons vu dans une précédente leçon les faiblesses de la science économique anglaise, ce que Keynes appelle la théorie classique[8]. Nous avons montré comment cette science, issue d'Adam Smith, avait oublié deux éléments fondamentaux de toute économie, à savoir l'entrepreneur et l'incertitude — deux éléments qui étaient connus même de la pensée scolastique[9] et que Keynes va réintroduire avec force — surtout l'incertitude, mais on peut dire que ces deux éléments sont liés, car sans incertitude qui oblige l'entrepreneur à prendre des risques, la fonction entrepreneuriale serait inutile. Donc la « théorie classique », un siècle et demi après sa fondation par Adam Smith, était complètement à bout de souffle. Keynes, à cinquante-deux ans, a compris qu'il y avait une place à prendre. C'est là une intuition géniale. Et il a pris cette place. Reste à savoir ce qu'il en a fait. Nous allons juger sur pièces.

C'est bien le cas de le dire, puisque le puzzle keynésien comprend sept pièces. Pour chacune de ces pièces, je vais vous faire une note, ce qui nous donnera en même temps l'occasion de passer en revue ou de réviser des notions fondamentales. Mais vous pouvez tout aussi bien réserver la lecture de ces notes pour plus tard et attendre notre prochaine séance[10] — encore que la critique du keynésianisme soit une étape importante dans la compréhension de l'économie contemporaine.

*Vingt-troisième leçon*

## DE LA PROPENSION À CONSOMMER

*Où l'on prépare d'emblée l'euthanasie des rentiers.*

La première des pièces du puzzle keynésien est la « propension à consommer », c'est-à-dire tout simplement la part de revenu que chacun consacre à la consommation.

La propension à consommer est forcément un chiffre compris entre 0 et 1. Supposons que votre propension à consommer est de 0,8. Pour un revenu de 4 000 euros par mois, vous allez consommer 3 200 euros.

Je vous rassure tout de suite : toute la mathématique de Keynes est de ce niveau-là, ou peu s'en faut. C'était pourtant un très fin mathématicien. Il est l'auteur d'un remarquable *Traité des probabilités*. Mais en tant qu'économiste, il se méfiait des maths et on ne peut que lui donner raison sur ce point. Depuis cinquante ans au moins, les revues d'économie sont noircies d'équations à longueur de page, avec encore plus d'obscurité que du temps où Keynes écrivait déjà : « Trop de récentes "économies mathématiques" ne sont que pures spéculations : aussi imprécises que leurs hypothèses initiales, elles permettent aux auteurs d'oublier dans le dédale des symboles vains et prétentieux les complexités et les interdépendances du monde réel[1]. » Le problème est qu'une grande partie de cette économie mathématique est issue elle-même du modèle keynésien, par le fait que ce modèle se prête facilement à une formalisation algébrique, et cette qualité a d'ailleurs été une cause de sa diffusion et de son succès.

La notion de propension à consommer, pour revenir à elle, permet à Keynes de poser l'épargne comme un solde, un résidu, ce qui reste après que la propension à consommer a fait son œuvre. Épargner apparaît ainsi comme un acte passif, non comme le résultat d'un choix. C'est un acte qui résulte tout simplement du fait que la propension à consommer est ordinairement inférieure à 1 — autrement dit qu'un revenu quel qu'il soit n'est jamais entièrement consommé. Il le dit lui-même : « L'épargne n'est en réalité qu'un reliquat[2]. »

L'intérêt de dire cela est précisément d'en déduire que l'épargne n'a pas besoin d'être récompensée par un... intérêt ! Le coup de force est considérable. Dès les premières pages du livre, il annonce les formules cyniques de la fin du livre sur l'euthanasie des rentiers, formules typiquement keynésiennes qui auront tellement de succès.

Pourquoi, demandera-t-on, prendre en pitié les rentiers ? Tout le monde a été, est ou sera rentier. La retraite elle-même, c'est une rente. Revenons au coup de force keynésien. La propension à consommer, qui n'a l'air de rien, présentée comme elle l'est habituellement, a en fait une longue portée idéologique. C'est toute la conception que l'on se faisait de l'épargne et de l'intérêt qui s'écroule d'un seul coup.

Keynes le dit lui-même. Il est tout à fait clair à

ce propos : « Il devrait être évident que le taux de l'intérêt ne peut être une récompense pour l'épargne ou l'abstinence en tant que telle. Lorsqu'un homme accumule ses épargnes sous forme d'argent liquide, il ne gagne aucun intérêt bien qu'il épargne tout autant qu'un autre[3]. » Un peu plus loin, il répète : « L'erreur consiste à considérer le taux de l'intérêt comme la récompense pour l'abstinence en tant que telle... » Pourquoi en effet récompenserait-on un sacrifice qui n'en est pas un, l'épargne apparaissant ici comme une sorte de « gaz fatal » de la consommation, si vous me permettez cette analogie avec l'industrie chimique ! L'« acte » d'épargne, au sens propre du terme, n'existe pas.

Pourtant toute l'économie bourgeoise, sinon « classique », est fondée sur les vertus de l'épargne ! Sans épargne, pas d'accumulation du capital, tout le monde sait cela. La maxime la plus célèbre de Benjamin Franklin n'était-elle pas « *industry and frugality* » ? Smith n'a-t-il pas écrit quelque part que l'épargnant était un bienfaiteur de l'humanité ?

Ici, justement, commence à jouer la magie keynésienne. Cet aristocrate, esthète, homosexuel, ami des Arts et des Lettres, se paie le luxe de mettre en cause les vertus des classes moyennes, de prendre le contre-pied de la morale ordinaire. C'est un discours pervers. Au sens noble du terme, si je puis dire. Un discours de perversion. Pour épater le bourgeois, rien de mieux que de se payer sa tête. Le don Juan Keynes dit à tous les MM. Jourdain de la planète qu'ils ne méritent pas d'être récompensés pour leurs économies patiemment amassées. Pour légitimer sa position « immorale », l'auteur de la *Théorie générale* va se dénicher des prédécesseurs parmi d'illustres inconnus du grand public. Ou parmi des auteurs connus, mais dont on ne soupçonnait pas qu'ils étaient de grands économistes. Ainsi, dans sa préface à l'édition française, fait-il de Montesquieu, « le plus grand économiste français, celui qu'il est juste de comparer à Adam Smith[4] ».

Flatterie du public français ? Sans doute. Même si l'aspect économique de l'œuvre de Montesquieu est considérable et mériterait en effet d'être mieux connu[5]. J'imagine que Keynes, par cette érudition un peu à côté du sujet, a causé la même divine surprise parmi ses collègues à la culture limitée et convenue que plus tard un Michel Foucault dans le milieu des historiens académiques. Mais Keynes régnera beaucoup plus longtemps sur les esprits que l'auteur de la *Volonté de savoir*. Ses procédés sont quasi foucaldiens. Voici donc tirés des oubliettes de l'Histoire par la grâce keynésienne un certain Laffemas (*Les Trésors et Richesses pour mettre l'Estat en Splendeur*, 1598) ; un Petty, qui, en 1662, justifiait « les fêtes, les spectacles somptueux, les arcs de triomphe », en arguant, précise Keynes, que « leurs coûts entraient dans la poche des brasseurs, boulangers, tailleurs, bottiers et autres » ; un Fortrey, qui « approuvait la prodigalité dans le vêtement », un Schrötter qui souhaitait qu'il y ait plus de faste dans l'habillement et les autres éléments du train de vie ; un Barbon qui écrivait en 1690 que la « Prodigalité est un vice préjudiciable à l'Homme, mais non au Commerce » et que « l'Avarice est un vice préjudiciable à la fois à l'Homme et au Commerce » ; un Cary, qui soutient que « si tout le monde dépensait plus, chacun aurait un revenu supérieur et pourrait vivre plus largement[6] ». Mandeville dit la même chose dans *La Fable des abeilles*, poème analysé dans la Quatrième leçon, redevenu fameux au XXe siècle grâce à

Keynes qui en cite plusieurs pages dans la *Théorie générale*[7]. On peut dire que Keynes nous a appris à lire ces auteurs. Comme par hasard, Mandeville est celui qu'il cite le plus longuement. Le sous-titre ne pouvait que lui plaire : *Private Vices, Public Benefits* (dans l'édition française : *Les Vices privés font le bien public*). Il aurait pu ajouter Sade (*Les Infortunes de la vertu*) à la généalogie de sa pensée. Malthus, lui, ne manque pas à l'appel. Le célèbre inventeur du *Principe de population*[8] était aussi l'auteur des *Principles of Political Economy* dans lesquels il développe une théorie de la sous-consommation en tant que cause du chômage, qui ne pouvait qu'enchanter notre prophète de l'économie du XXe siècle. Dans la préface de ce livre, Malthus s'attaquait nommément à Adam Smith pour avoir « affirmé que la parcimonie développe le capital, qu'un homme économe est un bienfaiteur public », etc.

Après Malthus, plus rien : la méthode des « classiques » (Smith, Ricardo, Stuart Mill), affirme Keynes, « consista à faire disparaître le problème du champ de la science économique, non en le résolvant, mais en le passant sous silence. Le problème fut entièrement rayé de la discussion[9] ». Moralité : enfin Keynes vint, et la lumière fut.

Marx aurait très bien pu entrer dans cette galerie de portraits, puisque lui-même explique les crises du capitalisme par insuffisance de la consommation. On peut même dire qu'il se serait trouvé en bonne compagnie ; en effet sa pensée économique est directement issue de la théorie classique, comme nous l'avons montré[10]. Mais un prophète parle difficilement d'un autre prophète. Et puis le propos de Keynes est de montrer la défaillance de la pensée classique. Or pour lui comme pour ses collègues,

Marx n'était ni un économiste classique, ni un économiste tout court. Et l'on peut supposer que Keynes craignait que le faire entrer dans sa démonstration n'eût affaibli son propos. Il n'a pas cédé à la tentation de la provocation. Pas une seule fois il ne cite Marx dans la *Théorie générale*.

En résumé, le but de l'opération conceptuelle « propension à consommer », c'est de préparer une nouvelle forme de la vieille théorie de la sous-consommation et de détruire l'un des résultats les plus aboutis de l'école classique, la loi des débouchés de Jean-Baptiste Say.

*Vingt-quatrième leçon*

## DE L'ÉGALITÉ DE L'ÉPARGNE ET DE L'INVESTISSEMENT

*Où l'on veut nous faire croire que tout investissement trouvera son financement.*

Passons à la deuxième pièce du puzzle : l'égalité automatique de l'épargne et de l'investissement. Lisons dans le texte : « L'égalité de l'épargne et de l'investissement est nécessairement vérifiée dans l'ensemble du système[1]. » Plus loin : « Ainsi, bien que le montant de l'épargne résulte du comportement collectif des consommateurs individuels et le montant de l'investissement du comportement collectif des entrepreneurs individuels, ces deux montants sont nécessairement égaux puisque chacun d'eux est égal à l'excès du revenu sur la consommation. » La démonstration tient en trois équations que Keynes pose lui-même et qui vont vous rappeler quelque chose :

« Revenu = valeur de la production
= consommation + investissement
Épargne = revenu – consommation
Donc, épargne = investissement[2]. »

Appelons R le revenu, P la production, C la consommation, I l'investissement, S l'épargne. Il vient, si l'on traduit les équations établies par Keynes :

$$R = P = C + I$$
$$S = R - C$$

Donc $R = C + I = C + S$, et par conséquent $S = I$.

Ces équations ne sont autres que celles que nous avons employées pour étudier la balance des paiements. À ceci près — et cette nuance est un abîme — que l'univers keynésien est un monde fermé : il n'y a pas d'échanges avec l'extérieur, donc ni exportation (X), ni importation (M), ni balance courante[3]. Dans ces conditions — qui sont équivalentes à celles d'une balance courante équilibrée (puisque X = 0 et que M = 0, X = M) —, l'épargne est nécessairement égale à l'investissement, comme l'affirme Keynes.

De ces équations, Keynes va tirer l'idée que tout investissement trouvera toujours l'épargne pour le financer[4]. Il confirme ainsi l'idée évoquée dans ma note précédente qu'il n'y a pas à se préoccuper de récompenser l'épargnant pour assurer le financement de l'investissement. Il en résulte une politique de taux d'intérêt exactement inverse à celle que la « théorie classique » préconise.

Je ne caricature pas. C'est dans le texte. « On soutient parfois, remarque Keynes lui-même, qu'au cours de l'essor l'investissement a tendance à croître plus vite que l'épargne et qu'une hausse de l'intérêt rétablit l'équilibre tant en contrariant l'investissement qu'en stimulant l'épargne. Cette thèse suppose que l'épargne puisse différer de l'investissement ; elle n'a donc pas de sens à moins que ces termes n'aient été définis d'une façon particulière[5]. » Il le dit bien :

la thèse classique n'a pas de sens ! À la fin de la *Théorie générale*, il est encore plus explicite sur ce point : « On justifiait jusqu'ici une certaine élévation du niveau de l'intérêt par la nécessité de fournir à l'épargne un encouragement suffisant. Mais nous avons démontré que le montant effectif de l'épargne est rigoureusement déterminé par le flux de l'investissement et que celui-ci grossit sous l'effet d'une *baisse*[6] de l'intérêt. » Nous pouvons donc en déduire que la bonne politique consiste non pas à hausser le taux de l'intérêt pour appâter les épargnants, mais au contraire à baisser le taux pour encourager les investisseurs. Comme l'épargne est toujours égale à l'investissement, les investisseurs trouveront toujours les financements adéquats.

Miraculeux, non ? Il suffirait donc de baisser les taux pour relancer la machine et retrouver le plein-emploi. N'est-ce pas ce que nous avons entendu réclamer tous les jours ? Reste à savoir comment se fixent les taux d'intérêt.

*Vingt-cinquième leçon*

# DU TAUX DE L'INTÉRÊT

*Où l'on découvre la relation*
*entre intérêt, revenu et capital,*
*tout en soulevant une étrange trappe à liquidités.*

Comment se fixent les taux d'intérêt ? Et d'abord qu'est-ce que le taux d'intérêt ? Pour bien le comprendre, on peut partir du dicton : « Un tiens vaut mieux que deux tu l'auras. » Ce dicton exprime la préférence pour le présent. Un bien que l'on tient présentement vaut mieux, a plus de valeur que la promesse d'un bien dans le futur, même si ce bien est le double de celui qu'on a dans la main. Il s'agit d'une inégalité. Soit K ce bien. K est supérieur à deux fois K. Mais cette inégalité n'est possible que parce qu'il s'agit en fait d'un autre K situé dans le futur. Si ce bien était présent, K devrait être égal à K selon le principe de non-contradiction. La préférence pour le présent a pour corollaire ce que les économistes appellent la dépréciation du futur : un bien futur a moins de valeur que son équivalent dans le présent, précisément parce qu'il se situe dans le futur, qu'il est entaché par l'incertitude irréductible du futur.

On peut faire ici une certaine analogie entre le temps et l'espace. Un bien K présent devant moi a plus de valeur que ce même bien situé à Tombouctou ou sur la Lune. Car pour faire venir ce bien éloigné jusqu'à moi, il faudrait le transporter, avec toutes les incertitudes et tous les coûts liés à cette opération. L'espace opère une dépréciation analogue à celle du temps.

Le taux d'intérêt va permettre de remplacer l'inégalité de la préférence pour le présent ou de la dépréciation du futur par une égalité. Il chiffre, avec une précision toute mathématique, la valeur qu'il faut ajouter au bien futur pour qu'il soit égal à une date donnée au bien présent. Si, par exemple, j'accepte de me défaire de K en échange d'une promesse de K' dans un an, c'est que K' est égal à K plus quelque chose qui compense son handicap de bien futur par rapport au bien présent. Ce quelque chose, par commodité, est exprimé en pourcentage de K. Soit i ce pourcentage. Il vient :

$$K' = K + i.K$$

Ce qui peut s'écrire :

$$K' = (1 + i) K$$

Si par exemple, i = 5 %,

$$K' = K + 5\,\%.K$$

Par exemple, je serais disposé à céder la somme de 100 euros contre la promesse d'être remboursé de 105 euros dans un an, i n'est autre que le taux d'intérêt.

Le taux d'intérêt est le prix qu'exige un prêteur de son emprunteur, ou qu'un emprunteur accepte de payer à son prêteur. Vous trouverez cet outil magnifique, si vous lui accordez un peu d'attention, il permet d'exprimer la valeur d'un bien futur en fonction d'un bien présent, opération que les économistes appellent *actualisation* dans leur jargon :

$$K' = (1 + i)\ K$$

ou encore un bien présent d'après un bien futur :

$$K = K'/(1 + i)$$

i permet aussi de mesurer le revenu que vous pouvez tirer chaque année d'un capital prêté ou placé. Si K est ce capital, i.K est le revenu R que vous pouvez en tirer :

$$R = i.K$$

Mais vous pouvez aussi exprimer votre capital en fonction du revenu que vous en tirez :

$$K = R/i$$

Si l'on reprend l'analogie de tout à l'heure, on dira que l'intérêt est une sorte de coût du transport dans le temps et que sa mesure permet de voyager dans le temps. C'est une invention qui a bouleversé la société. Et l'on comprend qu'elle ait fait l'objet de beaucoup d'interdits. Dans les sociétés traditionnelles, les relations peuvent être dites communautaires ; elles s'analysent comme une série de dons et de contre-dons où les comptes des débiteurs et des créanciers ne sont jamais exacts, et cette inexactitude même empêche les relations de se dénouer puisqu'on n'a jamais fini de payer. Au sens propre comme au sens figuré, l'argent est incapable de libérer de la dette.

La relation que permet l'usage de l'intérêt est tout simplement l'inverse de la relation traditionnelle. Elle implique un environnement culturel où la dette est remboursable. Si la dette est remboursable, c'est qu'elle peut être calculée, et réciproquement. Alors, et alors seulement, le taux d'intérêt est concevable. Il consacre l'exactitude des comptes du débiteur et du créancier. Il fait advenir véritablement l'universalité de l'instrument monétaire. Le temps qui, dans les sociétés traditionnelles, est dit n'appartenir qu'à Dieu, le temps lui-même entre dans l'équation des échanges (*time is money*), mesuré par le taux d'intérêt avec une précision mathématique.

Un marché du taux d'intérêt va pouvoir s'organiser. Vous avez d'un côté des offreurs de capitaux, les épargnants, et de l'autre les demandeurs de capitaux, les emprunteurs. Le taux d'intérêt est le prix qui permet d'équilibrer l'offre et la demande de capitaux.

Cela paraît logique. Et c'est ce que nous enseignent les économistes en général. Mais ce n'est pas du tout ce que nous dit Keynes. Puisque l'épargne est de toute façon égale à l'investissement, il n'y a pas besoin d'un prix — le taux d'intérêt — pour aboutir à cet équilibre. Alors, comment explique-t-il, lui, le taux d'intérêt ? Nous en arrivons ainsi à la troisième pièce du puzzle keynésien. Mais avant de l'étudier, il faut en dire un peu plus sur le taux d'intérêt et sa relation avec la valeur du capital.

Supposons que vous disposez d'un capital de 20 millions d'euros. Appelons K ce capital. K = 20 ME. De ce capital vous touchez un revenu de 1 million d'euros. Appelons R ce revenu. R = 1 ME. Le taux d'intérêt (i) mesure le rapport entre le revenu et le capital. De ce que nous venons de dire, il découle que

$$i = R/K$$

En l'occurrence :

$$i = 1\ ME/20\ ME = 1/20 = 5/100 = 5\ \%$$

L'équation, nous l'avons vu, peut aussi s'écrire

$$K = R/i$$

Autrement dit, la valeur du capital s'obtient en multipliant celle du revenu par un facteur égal à l'inverse du taux d'intérêt — facteur que les anciens appelaient le « denier ». On multipliait le revenu par le denier pour obtenir la valeur du capital correspondant. Ainsi parlait-on du denier 16 pour un taux d'intérêt de 6,5 %, du denier 18 (intérêt de 5,555 %), du denier 20 (5 %), du denier 25 (4 %), etc.

Ces petites définitions n'ont l'air de rien, mais, soit dit en passant, elles expliquent une grande partie des mystères de la Bourse, et notamment pourquoi les cours montent quand les taux d'intérêt baissent, ou que les cours baissent quand les intérêts montent. Ce qui est le b.a.-ba des agents de change.

Rappelons d'abord qu'en principe sur un marché concurrentiel il n'y a qu'un seul prix pour un produit donné[1]. Donc sur le marché du capital, qui est proche des formes de la concurrence pure, il ne devrait y avoir qu'un seul prix. Comme le prix du capital, c'est le taux d'intérêt, il ne devrait y avoir qu'un seul taux d'intérêt sur un marché financier donné. Supposons que la valeur de votre capital augmente par suite d'un mouvement boursier. Les gens se sont précipités pour acheter l'action ou l'obligation de la firme K. La valeur de votre capital K est maintenant de 40 millions d'euros. Mais le revenu que vous touchez sous forme de coupons pour les obligations ou de dividendes pour les actions, ce revenu, lui, n'a pas changé, il est toujours égal à 1 million d'euros. La valeur du taux d'intérêt va maintenant être

$$i = R/K = 1/40 = 2,5\ \%$$

Le taux d'intérêt a donc baissé.

Supposons maintenant le processus inverse. Les taux d'intérêt sur le marché financier baissent de moitié. Ils étaient de 5 %. Ils sont maintenant de 2,5 %. Or votre capital K, constitué d'actions, continue à vous rapporter du 5 %. Les gens vont donc se précipiter sur les actions K qui rapportent un taux d'intérêt double de celui du marché. La valeur des actions K va donc monter et, en principe, elle montera jusqu'à ce que le rapport entre le revenu et la valeur du capital soit égal au taux d'intérêt en vigueur de 2,5 %, puisqu'il ne doit y avoir qu'un seul prix, qu'un seul taux d'intérêt sur le marché. Pour un revenu de 1 million d'euros et un taux d'intérêt de 2,5 %, de combien devra être le capital ?

$$i = R/K$$
$$i.K = R$$

Donc K = R/i. Comme R = 1 ME, et que i = 2,5 %, K = 1 ME/2,5 % = 40 millions d'euros. La baisse du taux d'intérêt a fait monter la valeur du capital. On pourrait faire exactement le même genre de raisonnement en cas de hausse du taux d'intérêt. Supposons que le taux d'intérêt passe de 5 à 10 %, la valeur du revenu étant inchangée.

$$i = 10\,\%,\ R = 1\ ME$$
$$K = R/i = 1\ ME/10\,\%$$

Donc K = 10 ME.

La valeur du capital a diminué de moitié. La hausse du taux d'intérêt a fait baisser la valeur du capital. Que s'est-il passé derrière ces équations ? Le taux d'intérêt du marché étant à 10 %, et le capital en titres K ne rapportant que 5 %, les gens vont vendre des titres K jusqu'à ce que le rapport entre K et le revenu qu'il rapporte soit le même que le taux d'intérêt du marché. On retrouve le même type de raisonnement lorsque l'on fait varier la valeur du capital, à revenu inchangé. Si la valeur du capital augmente, alors que le revenu que l'on en tire reste constant, alors le taux d'intérêt baisse. Inversement, si la valeur du capital baisse, le revenu restant constant, le taux d'intérêt augmente. En résumé, la valeur du capital influence le niveau des taux d'intérêt. Et inversement, le niveau des taux d'intérêt a une influence sur la valeur du capital.

Gravissons un échelon de plus dans le raisonnement : que se passe-t-il si vous *anticipez* une baisse des taux d'intérêt, si vous vous attendez pour une raison ou pour une autre à une baisse des taux d'intérêt ? Vous en déduisez, au vu de ce que nous venons d'exposer, que si les taux d'intérêt baissent, c'est que la valeur du capital va monter. Donc vous vous portez acheteur de capital. Vous achetez aujourd'hui des titres qui auront plus de valeur demain.

Au contraire, si vous anticipez une hausse du taux de l'intérêt, vous vous attendez à une baisse de la valeur du capital. Et donc vous ne vous porterez pas acheteur et même vous vendrez des titres qui ont plus de valeur aujourd'hui que demain.

Maintenant, que se passe-t-il si vous considérez que les taux d'intérêt sont au plus bas ? Vous allez vous attendre à une remontée des taux d'intérêt. Et donc à une baisse de la valeur du capital. Et, par conséquent, vous resterez dans la même attitude d'expectative que tout à l'heure. Vous ne vous porterez pas acheteur, et même vous vendrez des titres puisqu'ils vont perdre de la valeur.

Eh bien, ce faisant, vous venez de découvrir la grande trouvaille de Keynes, la dénommée « trappe à liquidités » qui a fasciné des générations d'économistes, et qui en fait devrait être connue de n'importe quel joueur en Bourse. À savoir qu'un bas niveau d'intérêt n'encourage pas les gens à investir parce qu'ils s'attendent à une remontée des taux et donc à une baisse de la valeur du capital. L'argent que la Banque centrale européenne déverse sur les marchés financiers pour faire baisser les taux ne sert donc à rien, cet argent tombe dans la « trappe à liquidités ». Il est comme de l'eau versée sur du sable. Et c'est exactement dans cette situation que s'est trouvée l'Europe après la crise de 2008 lorsque la Banque centrale européenne a poussé à la baisse ses taux d'intérêt.

C'est ici que nous retrouvons Keynes, mais nous ne pouvions pas le retrouver sans faire ce long chemin. Keynes est parvenu par le raisonnement théorique à reconstituer un comportement boursier qu'il connaissait parfaitement. Précisons tout de suite que le terme de trappe à liquidités ne figure pas dans la *Théorie générale*. L'expression a été trouvée par Dennis Robertson, un économiste anglais de l'époque de Keynes. Mais l'idée est bien dans la *Théorie générale*.

Pour Keynes, donc, l'épargnant n'a pas besoin d'être récompensé pour le seul fait qu'il s'abstient de consommer. En effet, étant donné que la propension à consommer est inférieure à 1, l'abstention de consommer ne lui demande aucun effort. L'effort commence seulement quand il renonce à la liquidité pour convertir son épargne monétaire en titres d'actions ou d'obligations ou d'ailleurs de n'importe quoi. Lisons : « La simple définition du taux de l'intérêt nous dit en aussi peu de mots qu'il est la récompense pour la renonciation à la liquidité durant une période déterminée. » Un peu plus loin, Keynes est encore plus explicite : « Le taux de l'intérêt n'est pas le "prix" qui amène à s'équilibrer la demande de ressources à investir et le consentement à s'abstenir de consommation immédiate » [ce qui est la théorie classique]. Plus loin encore : « On a généralement considéré l'intérêt comme la récompense de la non-dépense alors qu'il est en réalité la récompense de la non-thésaurisation[2]. »

Précisons que la thésaurisation signifie ici tout simplement la conservation de la richesse sous forme liquide, c'est-à-dire sous forme de monnaie. Il se trouve que les gens manifestent une certaine préférence pour la liquidité, et qu'il faut les payer pour les amener à contrebalancer cette préférence.

Keynes distingue plusieurs motifs à cette préférence, dont les principaux sont le motif de transaction et le motif de spéculation. Le motif de transaction, nous l'avons déjà vu, fait varier la demande de monnaie en fonction du revenu : plus on est riche, plus on garde de l'argent liquide[3]. Le motif de spéculation induit à garder de la monnaie liquide pour faire face à l'incertitude de l'avenir. Dans un article postérieur à la *Théorie générale*, écrit en réponse aux critiques,

Keynes trouvera l'expression juste : « La possession de monnaie apaise notre inquiétude[4]. »

On peut se demander où tout cela mène. Patience. Nous y arrivons. Keynes fait varier la demande de monnaie en fonction du taux d'intérêt. Le taux d'intérêt indique ce que l'on pourrait gagner en achetant des titres, exactement comme le salaire indique ce que l'on pourrait gagner en travaillant[5]. De même que le salaire est le prix qu'il faut payer pour qu'un individu passe du loisir au travail, de même le taux d'intérêt est le prix qu'il faut payer pour faire passer la monnaie de l'état oisif et liquide de la thésaurisation à l'état actif du placement dans des titres, qui eux ne sont pas, ou sont moins liquides, que la monnaie elle-même. La liquidité est un besoin. Vous ne pouvez pas acheter votre bifteck avec des actions. Il vous faut de la monnaie. Si vous n'aviez que des actions en poche, il vous faudrait les vendre, les liquider, les rendre liquides, les transformer en monnaie — toutes ces expressions sont équivalentes — pour pouvoir enfin acheter votre bifteck. Or la liquidation d'un capital quel qu'il soit, mobilier ou immobilier, a un coût, demande du temps, etc. D'où la nécessité d'avoir des liquidités à sa disposition. C'est cela, la préférence pour la liquidité. Pour que vous renonciez à la liquidité, il faut que l'on vous en paie le prix, c'est cela le taux d'intérêt. Il est clair que moins le titre sera liquide, c'est-à-dire plus il correspondra à un placement à long terme, plus le sacrifice en termes de liquidité sera grand et donc plus le taux d'intérêt sera élevé. Donc, normalement, les taux d'intérêt à long terme sont plus élevés que les taux d'intérêt à court terme.

Keynes écrit lui-même :

$$M = M1 + M2 = L1\ (R) + L2\ (i)$$[6]

Ces équations signifient tout simplement qu'il faut distinguer dans la demande de monnaie deux parties, celle correspondant au motif de transaction, M1, qui est fonction du revenu, et celle correspondant au motif de spéculation, M2, qui est fonction du taux d'intérêt. Nous écririons plus simplement : M1 = f (R), et M2 = f (i).

À partir de là, Keynes va concentrer son attention sur la deuxième fonction et montrer que la demande de monnaie est une fonction inverse du taux d'intérêt. En effet, plus le taux d'intérêt est élevé, moins la demande de monnaie sera forte puisque le manque à gagner de la liquidité oisive sera plus élevé. Inversement, moins le taux d'intérêt est élevé, moins on perdra à thésauriser de la monnaie sous forme oisive, et donc plus forte sera la demande de monnaie.

Ainsi une baisse du taux d'intérêt décidée par les autorités monétaires risque d'accroître la thésaurisation, et par conséquent échouera à relancer l'économie. De fait, la trappe à liquidités fonctionne d'autant mieux que la baisse du taux d'intérêt peut être perçue comme le prélude à une remontée des taux. Et elle sera perçue de cette façon parce que les « spéculateurs » vont interpréter cette baisse des taux comme un signe de relâchement de la part des autorités, et donc comme un encouragement à la hausse des prix, y compris la hausse des taux d'intérêt. Or, nous venons de le voir, anticiper une hausse des taux conduit à anticiper une baisse de la valeur du capital, et incite par conséquent à attendre que cette baisse se produise pour se porter acheteur sur le marché des titres, et donc à rester liquide. Comme annoncé, la monnaie émise par les autorités[7] pour faire baisser les taux tombe dans la trappe à liquidités. Une façon imagée de décrire ce phénomène est de dire que l'on ne peut forcer à boire un âne qui n'a pas soif.

Une politique monétaire de baisse des taux peut donc échouer. Ce n'est pas ce que la vulgate a retenu du message de Keynes. Pourtant, dans la *Théorie générale*, Keynes met lui-même en garde à plusieurs reprises contre une telle politique. « Une politique monétaire, écrit-il, qui frappe l'opinion par son caractère empirique ou par son aptitude à changer facilement peut donc manquer son but, si elle se propose de réduire fortement le taux d'intérêt à long terme, parce que M2 peut tendre à croître sans limite en réponse à un abaissement [du taux d'intérêt] au-dessous d'un certain chiffre[8]. » Et un peu plus loin : « Il se peut que, une fois le taux d'intérêt tombé à un certain niveau, la préférence pour la liquidité devienne virtuellement absolue, en ce sens que presque tout le monde préfère l'argent liquide à la détention d'une créance qui rapporte un taux d'intérêt aussi faible[9]. » À ce moment-là, avertit Keynes, « l'autorité monétaire perd la direction effective du taux de l'intérêt ». En effet, toute émission monétaire va s'enfouir dans la « trappe à liquidités ». Exemple historique : « Aux États-Unis on a constaté à certaines époques de l'année 1932 [...] une crise financière ou crise de liquidation, au cours de laquelle on ne pouvait décider presque personne à se dessaisir de ses avoirs liquides à des conditions raisonnables[10]. » On pourrait dire exactement la même chose de la situation européenne dans les années qui ont suivi la crise de 2008.

Dans toute cette affaire, on n'a parlé jusqu'à maintenant que du comportement de l'épargnant. On va désormais considérer ce qui se passe du côté de l'investisseur. Et l'on en arrive ainsi à la quatrième pièce du puzzle keynésien : l'efficacité marginale du capital.

P.-S. : L'analogie économique entre le temps et l'espace peut être poussée un peu plus loin encore qu'elle ne l'a été au début de cette leçon dans la mesure où le coût de l'éloignement dans l'espace comprend en partie le coût de l'éloignement dans le temps. Si un bien éloigné dans l'espace a moins de valeur qu'un bien présent, toutes choses égales par ailleurs, c'est entre autres parce qu'il faut du temps pour réduire cet éloignement.

La dépréciation due à l'éloignement dans l'espace n'a pas échappé à la réflexion d'Adam Smith. Considérant les biens qu'il ne coûte rien de déplacer, c'est-à-dire les capitaux, Smith écrit au chapitre II du Livre IV de la *Richesse des nations* : « Chaque individu s'efforce d'employer son capital aussi près de lui que possible » (« *as near home as he can* »). La raison en est, explique Smith, que l'individu en question « peut mieux connaître le caractère et la situation des personnes en qui il place sa confiance, et s'il lui arrive d'être abusé, il connaît mieux les lois du pays auxquelles se conformer pour demander réparation ». Ainsi, même pour un bien qui ne coûte rien à déplacer (déjà à l'époque d'Adam Smith, et depuis longtemps, on pouvait faire se mouvoir des capitaux par de simples jeux d'écriture), l'éloignement dû à l'espace et les incertitudes y afférentes mettaient au jour une préférence pour le présent analogue à celle de la dépréciation due à l'éloignement dans le temps.

Il est vrai qu'ici Adam Smith a une idée derrière la tête, et même une idéologie, celle de montrer que « la recherche de son propre avantage [le] conduit [le capitaliste] naturellement, ou plutôt nécessairement, à préférer l'emploi qui est le plus avantageux à la société », *i.e.* à placer son argent dans son pays plutôt qu'à l'étranger. On se souvient que c'est seulement dans ce chapitre qu'Adam Smith emploie la fameuse expression de « main invisible » (Quatrième leçon).

Si Smith avait mieux connu les sortilèges de la balance des paiements (tout investissement européen à l'étranger, par exemple, se traduit nécessairement par des sorties d'euros qui ne peuvent pas ne pas revenir en Europe — acheter des biens, des services ou du capital — Vingtième et Vingt et unième leçons), il n'aurait pas eu besoin de la préférence pour le proche pour faire jouer le mécanisme de la main invisible. Maintenant que les coûts de l'éloignement sont proches de zéro, toutes choses égales par ailleurs, l'argumentation de Smith pourrait conduire à condamner aujourd'hui les investissements à l'étranger. Il n'en reste pas moins que, comme l'avait bien vu Smith, la préférence pour le présent se joue à la fois dans le temps et dans l'espace.

*Vingt-sixième leçon*

## DE L'EFFICACITÉ MARGINALE DU CAPITAL

*Où l'on sonde les reins et les cœurs des investisseurs.*

L'efficacité marginale du capital est un grand mot utilisé par les économistes. Il désigne le rendement de la dernière unité de capital mise en œuvre comparé à son coût. Les entrepreneurs vont investir tant que l'efficacité marginale du capital sera supérieure au taux d'intérêt courant du marché financier, et ils s'arrêteront d'investir au moment où il y aura égalité entre ces deux paramètres. On raisonne à la marge. C'est le « marginalisme », déjà mentionné. Keynes applique un raisonnement typiquement marginaliste quand il écrit : « Il est évident que le flux d'investissement sera grossi jusqu'à ce qu'il n'y ait plus aucune catégorie de capital dont l'efficacité marginale soit supérieure au taux d'intérêt courant[1]. »

On suppose ici que l'efficacité marginale baisse à mesure que grandit l'investissement. Keynes reprend l'hypothèse des rendements décroissants, qui est acceptable en courte période. En effet, si dans une même usine vous ajoutez machine sur machine, le rendement va décroître.

Keynes va marquer son originalité, ce qui fait la

quatrième pièce de son puzzle, en insistant sur le côté spéculatif de ce paramètre. L'efficacité marginale du capital est un rendement escompté. Il dépend en grande partie de l'idée que l'on se fait de l'avenir. Car la décision d'investissement va donner lieu à la création d'un équipement qui aura une longue durée de vie. Pendant cette durée de vie, beaucoup d'événements peuvent survenir : inventions et techniques nouvelles, variations dans les salaires, modifications des demandes. Keynes le dit très bien lui-même : « La production obtenue à l'aide de l'équipement créé aujourd'hui devra pendant l'existence de celui-ci concurrencer la production qui sera obtenue à l'aide d'équipements créés plus tard, à des époques où le coût du travail pourra être moindre[2] et la technique meilleure, pour la production issue desquelles on pourra se contenter d'un prix inférieur…[3]. » Et de conclure abruptement : « L'efficacité marginale actuelle du capital diminue dans la mesure où de tels événements paraissent probables ou simplement possibles[4]. » Ce sont des vérités de bon sens que Keynes nous rappelle ici, mais elles ont fait sensation à l'époque parce qu'elles avaient été oubliées par le modèle de concurrence pure et parfaite de l'économie classique (anglaise), dont nous avons montré qu'il était incapable de prendre en considération et la fonction entrepreneuriale et l'incertitude, donc la prise de risque.

Si l'efficacité marginale du capital ainsi définie diminue au-dessous du taux d'intérêt courant, alors l'investissement est en panne. Telle est, du reste pour Keynes, l'explication principale des crises. « À notre avis, écrit-il sans ambages, ce n'est pas tant la hausse du taux de l'intérêt que la chute soudaine de l'efficacité marginale du capital qui fournit l'explication la plus normale et souvent l'explication principale [des crises][5]. » Là encore, tous ceux qui se réclament de Keynes pour prôner une relance par la baisse des taux d'intérêt feraient bien de relire la *Théorie générale*.

Il est vrai que Keynes par ailleurs préconise lui-même une baisse des taux d'intérêt. Une fois encore, il se contredit. En voici un autre exemple : « Il convient de noter, écrit-il dans le chapitre consacré à l'efficacité marginale du capital, que l'attente d'une diminution du taux de l'intérêt *abaisse*[6] la courbe de l'efficacité marginale du capital ; elle signifie en effet que la production obtenue à l'aide de l'équipement créé aujourd'hui devra concurrencer, pendant une partie de l'existence de cet équipement, la production qui sera obtenue à l'aide d'un équipement auquel suffira une moindre rémunération[7]. » Ainsi, des entrepreneurs qui ont été habitués à ce que la banque centrale abaisse ses taux pour relancer la machine, vont, en cas de crise, anticiper une telle baisse et par conséquent geler leurs investissements.

Comment comprendre que Keynes, par ailleurs, préconise de baisser les taux d'intérêt ? C'est le propre du génie prophétique d'être contradictoire. Ni vous ni moi, mais le génie peut se permettre la contradiction. Avec cet avantage supplémentaire de léguer à la postérité des occasions d'exégèse sans fin. Et c'est bien ce qui s'est produit. Passons.

En fait, ce qui ressort du tableau que nous offre Keynes, c'est que les conditions d'un investissement sont rarement réunies. Puisque l'incertitude abaisse l'efficacité marginale du capital alors même qu'elle n'abaisse pas le taux d'intérêt courant du marché financier, il y a toutes les chances dans un monde incertain pour que l'efficacité marginale du capital soit inférieure au taux d'intérêt courant sur le marché financier, et que par conséquent l'investissement soit en panne. Or l'avenir est toujours incertain, pour ne pas dire de plus en plus incertain, et donc les entrepreneurs font la grève de l'investissement.

C'est exactement ce que voulait montrer Keynes. L'élite qu'il côtoie, à laquelle socialement il appartient, n'assume plus son rôle d'investisseur, parce qu'elle ne veut plus prendre de risque. Et voilà pourquoi à cette élite décadente il veut substituer l'État. Mais n'anticipons pas sur la conclusion de la *Théorie générale*. Pour le moment, Keynes en est encore à parler d'ambiance plus ou moins propice à l'investissement : « *L'état de confiance*, comme disent les hommes d'affaires, est une chose à laquelle ils prêtent toujours la plus inquiète et la plus vigilante attention. Mais les économistes ne l'ont pas analysée avec soin…[8]. »

Voilà, entre parenthèses, un discours qui a été entendu. Rétablir la confiance, c'est l'un des maîtres mots des hommes politiques. Keynes remarque aussi — et c'est d'une très grande force par rapport au rationalisme étroit de la théorie classique dont nous avons dit ce qu'il fallait en penser dès notre Première leçon — que les raisons que nous avons d'agir relèvent davantage d'un optimisme spontané plutôt que d'une « prévision mathématique » comparant les avantages et les inconvénients. Nos décisions de faire quelque chose sont pour la plupart prises sous la poussée « d'un dynamisme naturel — d'un besoin spontané d'agir plutôt que de ne rien faire ». Si le dynamisme faiblit, « et si par suite on est abandonné au ressort de la prévision mathématique, l'entreprise s'évanouit et meurt ». Aussi, lorsqu'on évalue les perspectives de l'investissement, faut-il tenir compte

« des nerfs et des humeurs, des digestions même et des réactions au climat des personnes dont l'activité spontanée les gouverne en grande partie[9] ».

Ce genre d'observation a fait le succès de Keynes. On avait l'impression qu'il parlait de l'homme réel en chair et en os, et non du squelettique *homo economicus* de la théorie classique. Mais en fait il ne faisait que retrouver des vérités éternelles qu'avait étouffées la théorie classique anglaise.

Keynes distingue en fait deux types d'investisseur.

Le premier est l'entrepreneur individuel, qui, selon Keynes, appartient plutôt au passé. À cette époque, remarque-t-il, dans un passage resté célèbre, « l'investissement dépendait d'un recrutement suffisant d'individus de tempérament sanguin et d'esprit constructif qui s'embarquaient dans les affaires pour occuper leur existence sans chercher réellement à s'appuyer sur un calcul précis de profit escompté[10] ». Pour Keynes cette époque est révolue où le « mariage » de l'entrepreneur avec son affaire était irrévocable.

Le deuxième type d'entrepreneur est né de la scission entre la propriété et la gestion du capital. Cette scission et l'extension prise par les marchés financiers ont bouleversé les données. La Bourse réévalue tous les jours la valeur des entreprises, permettant à chaque investisseur de réviser son jugement à tout moment. « C'est comme si un fermier, remarque Keynes avec son génie des analogies, après avoir tapoté son baromètre au repas du matin, pouvait décider entre dix et onze heures de retirer son capital de l'exploitation agricole, puis envisager plus tard dans la semaine de l'y investir à nouveau. »

Vous le voyez, la critique de ce que l'on appelle la « sphère financière » ne date donc pas d'aujourd'hui.

Tous ces économistes qui ont l'air de découvrir ce phénomène devraient relire Keynes *dans le texte* comme nous le faisons ici. Ils y trouveraient encore ceci qui décrit assez bien les comportements financiers d'aujourd'hui : « Il serait absurde de créer une entreprise nouvelle à un certain coût si l'on peut acquérir à un coût moindre une entreprise existante du même genre[11]. »

En fait, Keynes s'intéressait davantage au financier qu'à l'entrepreneur proprement dit. Comme tout le monde, il se servait de ce qu'il connaissait de première main pour l'avoir vécu. Il fut, répétons-le, un grand professionnel de la Bourse. Il n'a jamais dirigé une entreprise. Mais au moins avait-il une expérience concrète de la finance. Il n'y a pas beaucoup de théoriciens de l'économie qui peuvent en dire autant. C'est égal. Il y a un biais boursier dans sa pensée. Pour expliquer le monde d'aujourd'hui, ce n'est pas forcément un handicap. Aussi bien tout ce que cet esthète nous dit du jeu financier est-il prodigieusement intéressant, comme nous allons encore le constater.

*Vingt-septième leçon*

# DES CONVENTIONS DE LA BOURSE

*Où la spéculation est comparée à un concours de beauté.*

Nous arrivons ainsi à la cinquième pièce du puzzle keynésien, sans doute la plus intelligente. Elle a ouvert la voie plus tard à une nouvelle discipline : l'économie des conventions qui est approfondie aujourd'hui par de nombreux théoriciens français[1].

Keynes remarque d'abord que face à l'incertitude nous sommes ordinairement assez paresseux. Nous nous gardons bien de réinventer le monde à chaque pas que nous faisons sur le chemin de la vie, de refaire tous nos calculs des avantages et inconvénients de telle ou telle action. Ainsi avons-nous recours à une méthode qui repose, nous dit Keynes, sur une pure « convention », pour reprendre ses propres termes. Cette convention consiste essentiellement dans « l'hypothèse que l'état actuel des affaires continuera indéfiniment à moins qu'on ait des raisons définies d'attendre un changement[2] ». Et voilà pourquoi les crises financières sont si violentes.

Expliquons : forcément, à un moment ou à un autre, la convention en vigueur n'est plus valable. Et comme les jugements sont conventionnels, qu'ils manquent de « racines profondes », ils ne résistent pas au changement et subissent des revirements brutaux. Dès lors on voit mieux quel va être le métier des investisseurs professionnels et des spéculateurs : « La plupart d'entre eux se soucient beaucoup moins de faire à long terme des prévisions serrées du rendement escompté d'un investissement au cours de son existence entière que de deviner peu de temps avant le grand public les changements futurs de la base conventionnelle d'évaluation. » Bref, l'objectif « inavoué » des professionnels de la Bourse est, prétend Keynes, de « voler le départ », comme disent si bien les Américains, de piper le public, et de refiler la mauvaise couronne, fausse ou décriée.

On se dira : quelle piètre idée il se faisait de la finance ! Mais ce genre d'appréciation est assez commun chez les grands financiers. Ils connaissent trop bien la musique de la spéculation pour ne pas mépriser les spéculateurs et autres boursicoteurs. Regardez ce qu'en disait l'un des gourous de Wall Street. Après avoir fait fortune et bâti un empire, il a trouvé le culot de nous dire que les marchés ne sont pas assez surveillés et que leur réglementation devrait être renforcée[3] !

Keynes avait plus de talent qui comparait le jeu boursier à un concours de beauté. On ne résiste pas au plaisir de citer longuement ce passage digne d'une anthologie :

« La technique du placement peut être comparée à ces concours organisés par les journaux où les participants ont à choisir les six plus jolis visages parmi une centaine de photographies, le prix étant attribué à celui dont les préférences s'approchent le plus de la sélection moyenne opérée par l'ensemble des concurrents. Chaque concurrent doit donc choisir non les visages qu'il juge lui-même les plus jolis, mais ceux qu'il estime les plus propres à obtenir les suffrages des autres concurrents, lesquels examinent tous le problème sous le même angle. Il ne s'agit pas pour chacun de choisir les visages qui, autant qu'il en peut juger, sont réellement les plus jolis ni même ceux que l'opinion moyenne considérera réellement comme tels. Au troisième degré où nous sommes déjà rendus, on emploie ses facultés à découvrir l'idée que l'opinion moyenne se fera à l'avance de son propre jugement. Et il y a des personnes, croyons-nous, qui vont jusqu'au quatrième ou cinquième degré ou plus loin encore[4]. »

Admirable ! Et juste. On comprend bien comment ce jeu de miroirs finit par devenir aveuglant. Toute méthode prédictive largement suivie par les opérateurs paraît bonne à prendre puisqu'elle réduit les risques, car, même une doctrine loufoque — comme celle de lier les cours de Bourse aux cycles des taches solaires — perd de sa loufoquerie si elle est adoptée par le plus grand nombre. Sur le marché de l'argent comme sur celui des âmes, la sorcellerie est efficace pour peu que l'on soit nombreux à y croire.

Le jeu boursier peut être aussi comparé au… trafic routier[5]. En effet, les spéculateurs agissent comme des conducteurs pressés. Très attentifs aux signaux qu'ils perçoivent, ils partent immédiatement quand le feu passe au vert et mettent rapidement leur véhicule à la vitesse limite autorisée quand ils ne la dépassent pas. On pourrait penser que par leur célérité ils rendent le trafic plus fluide et qu'ils œuvrent ainsi au bien commun, selon le mécanisme de la main invisible. Mais on peut aussi supposer que le trafic n'est pas beaucoup amélioré par de tels comportements et que de toute façon la plupart des automobilistes préfèrent une conduite plus tranquille, moins risquée, même au prix d'une vitesse moindre, de même que la plupart des actionnaires éprouvent une certaine aversion pour le risque, quitte à voir se réduire leurs bénéfices. Difficile de dire dans ces conditions quel est le bien commun. (En vérité, nous savons que le « bien commun » est toujours difficile à définir — Douzième leçon.)

L'expérience permise par l'installation de panneaux lumineux sur le boulevard périphérique de Paris depuis mai 1994 en apprend beaucoup sur les comportements collectifs des automobilistes comme, peut-être, des spéculateurs. Ces panneaux indiquent le temps de parcours prévisible entre la porte d'Orléans et Bercy, par exemple, ou entre la porte Maillot et la porte de la Chapelle, et cette seule indication a changé la conduite des automobilistes[6]. De fait, le flux est devenu plus régulier, les conducteurs à risques qui slalomont de file en file pour aller plus vite s'étant calmés comme par miracle. D'après les enquêtes, les usagers du périphérique ont perçu de manière positive l'effet de ces affichages, considérant pour la plupart que le trafic en avait été amélioré. Or ils sont tombés dans le panneau, c'est bien le cas de le dire, car le débit total quotidien du périphérique a très légèrement diminué[7]. Avant l'installation des panneaux, les conducteurs-spéculateurs qui profitaient de l'attitude passive des autres amélioraient la performance globale du périphérique, mais ils détérioraient la perception qu'avaient les autres usagers de la qualité du trafic. Ils étaient une cause d'irrégularité. Et aussi d'accidents qui bouchaient le périphérique pendant plusieurs quarts d'heure fort précieux. « En l'absence de panneaux, comme le dit très bien Nicolas Bouleau, cité plus haut, le débit moyen [du périphérique] est un peu plus élevé, mais la variabilité (la volatilité) est fortement accrue. » Dès lors, la perception positive qu'ont les automobilistes des effets des panneaux peut s'analyser de la manière suivante : « Les automobilistes dans l'ensemble présentent une aversion face au risque qui leur fait préférer nettement un temps de trajet un peu plus long mais sûr, à un temps en moyenne un peu plus court mais sujet à de grandes variations d'un jour à l'autre, entraînant des retards au travail et leur rendant difficiles les rendez-vous précis et la coordination des horaires familiaux[8]. »

À la Bourse, il est possible que les spéculateurs-pères de famille préféreraient des cours moins volatils. Mais cette volatilité est à la fois l'effet de l'action des spéculateurs (comme la variabilité du trafic est l'effet des conducteurs pressés), et la cause de leur profit (comme la variabilité du trafic est une source de bénéfice pour les conducteurs pressés habiles à s'en servir). Et il se trouve que l'on n'a pas encore inventé pour la Bourse l'équivalent des panneaux d'affichage du boulevard périphérique, ou du miroir pour les alouettes.

La Bourse est à elle-même son propre miroir, comme l'a bien vu Keynes, et il arrive que ce miroir se brise. La théorie keynésienne de la finance est aussi une théorie des catastrophes, pour reprendre l'expression de René Thom[9]. Keynes le confirme lui-même à la fin de son livre : « Puisque les marchés financiers organisés sont soumis à l'influence d'acheteurs qui ignorent pour la plupart ce qu'ils achètent et de spéculateurs qui s'intéressent plus à la prévision du prochain changement de l'opinion boursière qu'à l'estimation rationnelle du rendement futur des biens capitaux, il est conforme à leur nature que les cours baissent d'un mouvement soudain et même catastrophique quand la désillusion s'abat sur un marché surévalué et trop optimiste[10]. » En un mot comme en cent, « l'efficacité marginale du capital est en fait gouvernée par l'état d'esprit capricieux et déréglé des milieux d'affaires[11] ».

Où veut-il en venir ? se demandera-t-on. L'objectif ne varie pas. On peut le formuler ainsi : faire comprendre que l'investissement, dont dépend l'emploi de millions de gens, est chose trop sérieuse pour être confiée seulement aux professionnels de la finance.

Ne suffirait-il pas d'obliger les financiers à s'investir à long terme dans les entreprises ? Keynes envisage lui-même l'éventualité de « mariages irrévocables » entre la finance et l'industrie, pour conclure aussitôt qu'il n'y faut pas songer, « car, si la liquidité du marché financier contrarie parfois l'investissement nouveau, en revanche elle le favorise le plus souvent », reconnaît-il. Et d'expliquer que « le fait que chaque investisseur individuel se flatte de la liquidité de sa position (ce qui ne saurait être vrai de tous les investisseurs pris collectivement) calme ses nerfs et lui fait courir plus volontiers les risques[12] ». Keynes n'est pas un révolutionnaire. Il veut seulement réformer le capitalisme de manière à éviter les « équilibres de sous-emploi » que, selon lui, le système génère, s'il est laissé à lui-même.

Ne dit-il pas quelque part qu'il suffirait de creuser des trous pour faire repartir la machine ? C'est l'un de ses plus célèbres paradoxes. Ce qui compte, c'est de sortir d'une manière ou d'une autre de la trappe à liquidités, remettre en mouvement l'argent qui s'y trouve enfoui, qui ne sert à rien, qui est oisif, qui dort. Cet argent qui dort et qui ne rapporte rien, il faut néanmoins le débusquer. « Tant qu'il plaît aux millionnaires, écrit Keynes dans une de ses pages succulentes, de construire de superbes demeures pour loger leur personne pendant leur vie et des pyramides pour abriter leur dépouille après leur mort, ou que, regrettant leurs péchés, ils édifient des cathédrales et dotent des monastères ou des missions étrangères, l'époque à laquelle l'abondance du capital s'oppose à l'abondance de la production peut être retardée. Creuser des trous au sol aux frais de l'épargne accroît non seulement l'emploi mais encore le revenu réel national en biens et services utiles. » Plus prosaïquement, lors d'une visite aux États-Unis, Keynes, voyant un de ses collègues américains s'essuyer soigneusement les mains avec une seule serviette choisie dans une pile, jeta par terre toutes les serviettes pliées et déclara fièrement que c'était là une bien meilleure manière de stimuler l'emploi que la méthode utilisée par son confrère[13].

On pourrait se demander si nous ne sommes pas là au comble de l'absurde. Mais quand nous comptabilisons, dans le calcul du fameux PIB (Produit intérieur brut), les accidents de la route, les encombrements, la pollution, etc., est-ce que nous ne sommes pas déjà dans l'absurde ? Comme le Sapeur Camembert qui creuse des trous pour les reboucher, nous sommes à l'aboutissement de la logique keynésienne. Une logique qui avait été dénoncée par Frédéric Bastiat un siècle plus tôt d'une manière que l'on aurait pu croire définitive dans son apologue de la « vitre cassée[14] ».

Il y a bien une erreur quelque part. Encore faut-il la chercher.

*Vingt-huitième leçon*

# DE LA RIGIDITÉ DES PRIX ET DES SALAIRES

*Où l'on se demande comment peut jouer l'illusion de se faire payer en monnaie de singe.*

Pour chercher l'erreur et la trouver, il faut en revenir à la loi des débouchés de Say[1].

Il est en effet très simple, nous l'avons déjà remarqué, de mettre en échec la loi de Say. Il suffit de supposer que les prix sont rigides. Si le prix de n'importe quel produit est fixe, seul un miracle peut faire que l'offre égale la demande. Pour un prix fixé a priori, il n'y a aucune raison pour que l'offre soit égale à la demande. Si le prix est fixé au-dessus du niveau qui s'établirait en cas de libre jeu du marché, il y a forcément une partie de l'offre qui ne trouve pas de débouché. Si le prix est fixé au-dessous, c'est une partie de la demande qui ne pourra être satisfaite. Ce sont là des vérités élémentaires que nous avons déjà rencontrées[2] et que Keynes rappelle lui-même dans la *Théorie générale*[3].

Si on les applique à la situation imaginée, dans la Vingt-cinquième leçon, de la trappe à liquidités, on y voit plus clair.

Supposons que cette trappe existe pour de bon.

Cela signifie qu'une certaine quantité de monnaie va être retirée de la circulation. Et ce manque de monnaie ne peut pas ne pas avoir une influence non seulement sur le marché des titres, que Keynes considère seulement, mais aussi sur le marché des biens. Admettons que Keynes ait raison, c'est-à-dire que les détenteurs de ces liquidités s'abstiennent d'acheter des titres de peur d'une remontée des taux et donc d'une baisse de la valeur de ces titres. Mais en même temps, ne l'oublions pas, ils s'abstiennent d'acheter des biens. En cas de flexibilité des prix, le prix de ces biens devrait diminuer, et il n'y a aucune raison que la production ne trouve pas de débouchés si les prix baissent librement. On objectera que les prix ne sont jamais aussi flexibles que le suppose la loi de Say. Mais ils ne sont jamais, non plus, aussi rigides que l'exige la théorie keynésienne de la crise. Sinon, on n'expliquerait pas comment le XIX^e^ siècle a pu connaître à la fois la croissance et la baisse des prix les deux tiers du temps.

Aujourd'hui, dès que les prix baissent pendant trois mois, on crie à la déflation ! Aujourd'hui nous sommes tellement drogués à l'inflation qu'il nous est difficile d'imaginer une croissance sans hausse des prix, voire déflationniste. Et pourtant, un tel mode de croissance a existé justement avant que ne commence l'ère keynésienne. En fait, à mesure que s'ouvrent les frontières aux mouvements de marchandises et de capitaux, de plus en plus de prix sont de plus en plus flexibles. Nous sommes séparés du XIX^e^ siècle par une parenthèse étatique (1914-1989) : 1914, parce que c'est le début de la Première Guerre mondiale et le commencement de l'étatisation de l'économie, et 1989, parce que c'est l'année de la chute du mur de Berlin, qui signe l'effondrement de l'économie soviétique. À partir de cette date, le capitalisme n'a plus d'ennemi que lui-même et devient véritablement mondial.

Autre objection : même si les prix étaient aussi flexibles que le suppose la loi de Say, les salaires, eux, ne peuvent pas l'être, et par conséquent les firmes qui accepteraient de baisser leurs prix bientôt ne pourraient plus payer leurs salariés et tomberaient en faillite, en mettant leurs employés au chômage. Si ce n'est pas une crise de débouché par sous-consommation, cela y ressemble diablement. Cette objection met le doigt sur la plaie exactement à l'endroit où Keynes a pointé le sien dès les premiers chapitres de la *Théorie générale*.

Comme il se doit, Keynes distingue d'abord le « salaire nominal », tel qu'il est libellé en monnaie, et le « salaire réel », c'est-à-dire la valeur des biens que le salaire permet d'acheter. Le salaire réel, c'est le salaire nominal défalqué de la hausse des prix. Voici ce que Keynes nous dit et qui fait qu'il est si étrange qu'il ait tellement été récupéré par la gauche social-démocrate : « Or l'expérience courante enseigne indiscutablement qu'une situation où la main-d'œuvre stipule (dans une certaine limite) en salaires nominaux plutôt qu'en salaires réels n'est pas une simple possibilité, mais le cas normal. Alors que la main-d'œuvre résiste ordinairement à la baisse des salaires nominaux, il n'est pas dans ses habitudes de réduire son travail à chaque hausse du prix des biens de consommation ouvrière[4]. » Bref, les salariés sont victimes de ce que les économistes appellent l'illusion monétaire. Attitude illogique ? « En tout cas, répond Keynes sûr de lui, logique ou illogique, l'expérience prouve que telle est en fait l'attitude de la main-d'œuvre[5]. »

L'illusion monétaire des salariés, sixième pièce du puzzle de Keynes, est fondamentale pour sa démonstration. Car sur les relations entre chômage et salaire, notre homme est resté on ne peut plus classique : « Dans un état donné de l'organisation, de l'équipement et de la technique[6], écrit-il, il y a une relation bi-univoque entre le salaire réel et le volume de la production (et par suite de l'emploi), de telle sorte qu'un accroissement de l'emploi ne peut, en général, se produire sans être accompagné d'une diminution des salaires réels. » Et d'ajouter immédiatement : « Nous ne contestons pas cette loi primordiale, qu'à juste titre les économistes classiques ont déclarée inattaquable. » Et d'insister : « Par conséquent, si l'emploi augmente, il faut en règle générale que dans la courte période la rémunération de l'unité de travail, exprimée en biens de consommation ouvrière, diminue et que les profits augmentent[7]. » On peut difficilement être plus explicite. À partir de là, la solution au problème du chômage s'impose d'elle-même. Puisque les salaires nominaux sont rigides à la baisse, mais pas les salaires réels, et que la baisse des salaires réels est indispensable au retour au plein-emploi, il faut et il suffit de faire monter les prix pour, le salaire nominal restant constant, faire baisser les salaires réels. Bref, l'inflation est la solution au chômage.

C'est aussi simple que cela. Mais à une condition et une seule. Que les salariés continuent à s'aveugler sur la qualité de la monnaie avec laquelle on les paie. On pensera que la ruse est grossière, qu'elle est même une insulte à la classe ouvrière, comme aurait dit Marx, que cette ruse a été déjouée par l'indexation des salaires sur les prix (mais la désindexation des salaires n'a-t-elle pas été imposée en France par un gouvernement de gauche ?), que les salariés, ou leurs représentants syndicaux, ont appris à surveiller l'indice des prix.

Pour Keynes, du reste, l'illusion monétaire n'est pas propre à la classe ouvrière. Les hommes d'affaires en sont victimes eux aussi : « La perspective d'une baisse de la valeur de la monnaie [*i.e.* d'une hausse des prix], affirme l'auteur de la *Théorie générale*, stimule l'investissement et par suite, en règle générale, l'emploi, parce qu'elle élève la courbe d'efficacité marginale du capital ; la perspective d'une hausse de la valeur de la monnaie [*i.e.* d'une baisse des prix] produit au contraire un effet déprimant, parce qu'elle abaisse la courbe de l'efficacité marginale du capital[8]. » Keynes ne démontre pas ici ce qu'il affirme. Il édicte seulement un des dogmes économiques du XXe siècle, selon lequel l'inflation serait propice, et la déflation néfaste à l'investissement. Nous le retrouverons.

L'inflation présente encore un avantage aux yeux de Keynes, celui de programmer la « disparition des rentiers[9] » ainsi que l'allégement du « poids excessif de maintes catégories de dettes[10] ». L'euthanasie viendra après coup, comme pour adoucir leur sort. En conclusion du livre, Keynes en appelle en effet à « l'euthanasie du rentier, et par suite la disparition du pouvoir oppressif traditionnel qu'a le capitaliste d'exploiter la valeur conférée au capital par sa rareté » — rareté qu'il juge artificielle. Et de préciser : « Le grand avantage de l'évolution que nous préconisons, c'est que l'euthanasie du rentier et du capitaliste oisif n'aura rien de soudain, qu'elle n'exigera aucun bouleversement, étant simplement la continuation par étapes, mais longuement poursuivie, de ce que nous avons connu récemment en Grande-Bretagne. » En réponse trop lointaine et trop tardive à Keynes, Papy et Mamy descendent aujourd'hui dans la rue pour défendre une des formes de rentes de notre époque, c'est-à-dire les retraites.

Les détenteurs de l'argent qui dort se sont réveillés, et c'est à eux que se heurtent aujourd'hui les gouvernements qui veulent se servir de la médecine keynésienne. Un obstacle véritablement politique. Certains vont même jusqu'à annoncer une guerre des générations, des vieux contre des jeunes qui chercheraient à se débarrasser du fardeau de leur entretien. Mais le poids électoral des vieux est plus fort.

Cet obstacle sera renforcé par l'ouverture des frontières aux mouvements de capitaux. Par le truchement des fonds de pension, les Américains ne sont pas prisonniers du dollar, ni les Anglais de la livre, ni les Européens de l'euro, si du moins de tels fonds sont généralisés en Europe. Les uns et les autres choisissent de par le monde le placement le plus rentable dans la monnaie la plus solide. Keynes, je le répète, raisonnait en économie fermée. Dans un espace national aux portes closes, les citoyens n'ont pas le choix de leur monnaie. Et l'État a plus de liberté pour agir. Et donc de s'élargir. Ainsi arrivons-nous à la septième et dernière pièce du puzzle keynésien. L'élargissement du rôle de l'État.

*Vingt-neuvième leçon*

# DE L'ÉLARGISSEMENT DE L'ÉTAT

*Où le capitalisme apparaît comme un animal sauvage qu'il faut domestiquer.*

Pour sortir du sous-emploi dans lequel le capitalisme aurait une tendance congénitale à s'installer, Keynes marque une nette préférence pour la prise en charge par l'État d'une partie de la fonction d'investissement. Là encore, il met les choses noir sur blanc : « Une assez large socialisation de l'investissement s'avérera le seul moyen d'assurer approximativement le plein-emploi[1]. » Attention : il ne s'agit pas d'instaurer un « socialisme d'État embrassant la majeure partie de la vie économique de la communauté ». Et faisant clairement allusion à la doctrine marxiste, il ajoute : « Ce n'est pas la propriété des moyens de production dont il importe que l'État se charge[2]. »

Keynes est l'un des inventeurs de l'économie mixte, la dernière pièce de son puzzle, qui mélange économie publique et économie privée[3]. C'est un réformiste, non un révolutionnaire, on l'a dit. Tout de même, son étatisme déborde la fonction d'investissement. « En ce qui concerne la propension à consommer, prescrit-il, l'État sera conduit à exercer sur elle une influence directrice par sa politique fiscale, par la détermination des taux d'intérêt, et peut-être aussi par d'autres moyens[4]. » Cette phrase paraît un peu compliquée, mais l'idée qu'elle exprime est très simple et conforme à tout ce que nous avons appris de Keynes. La propension à consommer des basses classes étant plus élevée que celle des classes aisées, et ces dernières ayant tendance à laisser dormir leur épargne, un sûr moyen de sortir du sous-emploi des forces productives est de redistribuer l'argent des classes aisées en direction des classes pauvres. Par la fiscalité. Et par l'abaissement des taux d'intérêt qui diminuera le coût des crédits à la consommation.

Toutes ces politiques ont un immense avantage : elles sont populaires. Encore une fois, il ne s'agit pas pour Keynes de transformer le système capitaliste ; il s'agit seulement de le sauver de sa propre destruction s'il est laissé à lui-même. C'est une idée encore aujourd'hui très répandue. Le capitalisme serait une espèce d'animal sauvage que l'État serait chargé de domestiquer afin d'en tirer le maximum d'avantages pour tout le monde. Keynes ne dit pas autre chose quand il écrit : « L'élargissement des fonctions de l'État [...] nous apparaît et comme le seul moyen possible d'éviter une complète destruction des institutions économiques actuelles et comme la condition d'un fructueux exercice de l'initiative individuelle[5]. » Bref, l'individu a besoin d'une certaine dose d'étatisme pour être libre.

Il n'y a qu'un inconvénient, c'est que l'État a aujourd'hui tellement grandi qu'on ne peut plus l'élargir sauf à empêcher complètement ce qui reste du « fructueux exercice de l'initiative individuelle », et qu'il est donc nécessaire au contraire de rétrécir le domaine étatique. Bref, les dernières considérations de Keynes condamnent par elles-mêmes le keynésianisme depuis quatre-vingts ans. À vrai dire, Keynes s'en fichait bien. Ce qui l'intéressait, c'était de tirer d'affaire le capitalisme *hic et nunc*. À long terme, avait-il coutume de dire, nous serons tous morts. En quoi on ne peut lui donner tort.

La considération du long terme est d'ailleurs le grand argument des partisans des interventions étatiques. L'État est censé être capable de corriger la myopie du marché. Comme si les hommes politiques voyaient plus loin que les hommes d'affaires. Ce lieu commun, il serait tout de même temps de le remettre en cause. Les hommes politiques sont d'abord préoccupés de leur élection ou de leur réélection. Cela ne les incite pas à porter leur regard sur des horizons lointains. « Après moi le déluge » est une formule que l'on attribue à un roi de France, non au patron d'une entreprise.

## *Trentième leçon*

## INFLATION / DÉFLATION

*Où l'on comprend la déflation par l'inflation, et réciproquement, notamment grâce aux théories monétaires de Milton Friedman.*

ARCHIBALD : Pour aborder la déflation, le plus commode est de partir de ce qui est le mieux connu, c'est-à-dire l'inflation, le contraire de la déflation, à savoir la hausse des prix, plus exactement la hausse du niveau général des prix, la hausse des prix en moyenne. En situation d'inflation, certains prix peuvent baisser.

CANDIDE : Bien sûr ! On ne voit pas pourquoi tous les prix augmenteraient d'un même pourcentage, et pourquoi certains prix ne baisseraient pas. On peut vérifier cela tous les jours. Même en situation d'inflation, les prix des ordinateurs ont baissé, par exemple. Je dirais donc qu'en situation d'inflation, il y a plus de prix qui montent que de prix qui baissent de telle sorte qu'en moyenne il y a une hausse du coût de la vie.

ARCHIBALD : Mais comment se fait-il qu'il y ait plus de prix qui montent que de prix qui baissent ?

CANDIDE : Parce que les situations où la demande

est supérieure à l'offre sont plus nombreuses, plus fréquentes que les situations où elle lui est inférieure.

ARCHIBALD : Excusez-moi de vous le faire remarquer, Candide, mais vous ne répondez pas vraiment à ma question. Si certains prix montent, c'est en effet qu'il y a eu au départ déséquilibre entre l'offre et la demande.

CANDIDE : Il se peut que les entreprises soient obligées d'augmenter leurs prix parce que les salaires ont augmenté. C'est un argument que j'ai souvent entendu dans la bouche des patrons.

ARCHIBALD : Encore faut-il que la concurrence leur permette de répercuter les hausses de salaires sur les prix auxquels ils vendent leurs marchandises ou leurs services.

CANDIDE : Ou encore ils invoquent la hausse des matières premières, ou bien la hausse des impôts, ou la hausse des taux d'intérêt. Apparemment, il y a toujours une bonne raison pour expliquer telle ou telle hausse de prix.

ARCHIBALD : Ces explications peuvent être regroupées sous la même rubrique. C'est « l'inflation par les coûts ».

CANDIDE : Cela me dit quelque chose en effet, et j'ai lu cela sous des plumes très savantes. N'oppose-t-on pas l'inflation par les coûts à l'inflation par la demande ? Il me semble qu'il y a toute une littérature à ce sujet.

ARCHIBALD : Certes, mais cette opposition est factice. Quelle que soit son origine, une augmentation des coûts peut-elle être répercutée dans les prix si en face il n'y a pas une demande suffisante pour supporter cette augmentation ?

CANDIDE : Non, sauf en situation de monopole.

ARCHIBALD : Et nous savons ce qu'il faut penser des

situations dites de monopoles[1]. Aujourd'hui, avec des frontières grandes ouvertes, même les monopoles d'État sont en situation concurrentielle et sont obligés de faire attention à leurs tarifs. D'autre part, ces augmentations de coûts se traduisent forcément par des augmentations de revenus pour les salariés, intermédiaires, prêteurs, et producteurs qui sont à la source de ces augmentations de coûts. Ces augmentations de revenus ne se traduisent-elles pas par un accroissement de la demande ? Admettons que certaines entreprises parviennent à répercuter leur hausse de coûts dans leurs prix sans baisse notable de leurs ventes. Leurs clients, pour le même montant de marchandises ou de services achetés, ne vont-ils pas consacrer davantage de leur pouvoir d'achat ? Par conséquent, ils ne pourront acheter qu'une moindre quantité d'autres produits ou services.

CANDIDE : Non, si leurs revenus ont augmenté.

ARCHIBALD : Ce serait un hasard bien extraordinaire que les salariés qui sont à l'origine de l'augmentation des coûts soient aussi les seuls acheteurs de la marchandise ou des services en question.

CANDIDE : N'est-ce pas ce qu'a prétendu Ford, l'inventeur de la marque de voiture du même nom, pour justifier ses augmentations de salaires ?

ARCHIBALD : En effet, selon la légende fordiste, les hauts salaires créent des débouchés pour la production de masse, et ainsi les intérêts des patrons coïncident avec les intérêts des ouvriers. C'est de la pure idéologie patronale. Le plus étrange est que le « fordisme » a servi de base à des économistes français plutôt de gauche et d'inspiration néomarxiste et néokeynésienne pour fonder une école de pensée, l'école de la régulation. Ainsi, une école française, ou plutôt, si je peux me permettre, franco-française, a-t-elle revêtu d'habits neufs (marxo-keynésiens) la sempiternelle théorie de la sous-consommation. En tout cas, même ces économistes-là reconnaissent que depuis un certain nombre d'années, la « régulation fordiste[2] », comme ils disent, ne fonctionne plus. Donc passons. Et revenons à nos moutons.

Si le pouvoir d'achat est ponctionné par des hausses de prix, alors d'autres produits seront moins demandés, et leurs prix devraient baisser. A priori, il n'y a pas de raison que, dans le niveau général des prix, les baisses n'équilibrent pas les hausses. Par conséquent, l'« inflation par les coûts » ne peut déboucher sur une véritable inflation, c'est-à-dire sur une hausse du niveau général des prix que si les hausses des prix qu'elle entraîne ne sont pas compensées par des baisses de prix dans d'autres secteurs. Mais pour que cette compensation ne joue pas, il faut et il suffit qu'il y ait une augmentation des moyens de paiement en circulation.

CANDIDE : Autrement dit, un accroissement de la masse monétaire.

ARCHIBALD : Cette vieille évidence était tellement oubliée (grâce notamment à Keynes), que l'économiste américain Milton Friedman[3] a bâti sa fortune et sa réputation en la remettant au goût du jour de manière catégorique. Il répétera indéfiniment jusqu'à être entendu : « Je ne connais pas d'exception à la règle qui veut qu'une hausse des prix substantielle soit toujours accompagnée par un accroissement sensible de la masse monétaire, et inversement. En maintes circonstances, j'ai mis les gens au défi de me citer une seule exception, et je n'en ai moi-même jusqu'à présent trouvé aucune[4]. » Et encore : « L'inflation est toujours et partout un phénomène monétaire[5]. »

CANDIDE : N'est-ce pas à Friedman, le « monétariste », que l'on doit la résurrection de la très antique « théorie quantitative de la monnaie », que l'on disait dépassée ?

ARCHIBALD : Dépassée ? Est-ce qu'un billet ou une pièce de monnaie ne servent pas plusieurs fois au cours, par exemple, d'une année ? La masse des moyens de paiement existants — soit M — ne donne donc aucune indication par elle-même puisque son effet sur l'économie va dépendre de la vitesse à laquelle circulent les moyens de paiement. Appelons V la vitesse de circulation de cette masse au cours d'une période donnée. Ce qui va nous intéresser ici, c'est le produit de la masse par la vitesse. Soit MV. Ce produit doit être égal à la valeur globale des transactions qui se sont déroulées au cours de la même période de temps que celle qui a servi à calculer V. Mais notre objectif est d'étudier l'éventuelle influence de la monnaie sur les prix. Il va donc falloir que j'identifie les prix dans la valeur globale des transactions. Rien n'est plus simple en vérité. La valeur globale des transactions est égale aux quantités échangées multipliées par les prix unitaires de ces mêmes quantités. Si P est le niveau général des prix et si Q représente les quantités échangées de marchandises ou de services, la valeur globale des transactions sera égale à PQ. Si je réunis les deux définitions que je viens de faire de la valeur globale des transactions en une seule équation j'obtiens…

CANDIDE : $MV = PQ$.

ARCHIBALD : Vous venez de retrouver, Candide, l'équation inventée en 1911 par l'économiste américain Irving Fisher[6]. À l'époque, il était considéré comme le plus grand économiste des États-Unis. Un friedmanien avant la lettre, puisqu'il déduisait de son équation qu'il convient de contrôler le niveau de la masse monétaire si l'on veut que les prix restent stables. Une question tout de même : combien d'inconnues comporte cette équation ?

CANDIDE : Quatre.

ARCHIBALD : Combien d'inconnues de trop pour que cette question ait une solution ?

CANDIDE : Trois.

ARCHIBALD : Vous avez tout à fait raison. Telle qu'elle est, cette équation ne peut absolument pas nous dire quelle augmentation de prix correspondrait à telle augmentation de la masse monétaire.

CANDIDE : Si je me souviens bien de ce que l'on nous apprenait sur les bancs de l'école, ladite théorie quantitative de la monnaie prétend, par exemple, que si la masse monétaire augmente de 3 %, les prix doivent augmenter de 3 %.

ARCHIBALD : L'équation de Fisher ne dit rien de tel. Car il n'y a aucune raison d'exclure a priori qu'une variation de la masse monétaire puisse entraîner des modifications de la vitesse de la circulation (V) ou/et du montant des quantités échangées (Q). Donc, la relation entre la masse monétaire et les prix reste indéterminée.

Pour tirer de l'équation de Fisher une relation fiable entre la masse monétaire (M) et les prix (P) qui puisse servir de fondement à la « théorie quantitative », il va falloir faire des hypothèses tendant à rendre les deux autres variables indépendantes à la fois de la masse monétaire et de l'évolution des prix.

Si V et Q ne dépendent ni de la masse monétaire ni de l'évolution des prix, je peux les considérer, dans l'équation, comme des constantes. À ce moment-là, je n'ai plus que deux inconnues, M et P, et je peux exprimer la masse monétaire en fonction des prix et réciproquement. Et c'est exactement à cette manœuvre que se livrent les monétaristes, Friedman comme les autres. Pour eux, la vitesse de la circulation de la monnaie est relativement stable dans le temps d'une part[7] ; et d'autre part, la masse monétaire n'a aucune incidence sur les quantités échangées, sinon dans le court terme, du moins dans le long terme. Pour les monétaristes, l'évolution de ces quantités, c'est-à-dire en fait la croissance économique, dépend du nombre des travailleurs, du progrès technique, mais en aucune façon ni de l'évolution des prix, ni donc de la monnaie qui est reliée aux prix.

CANDIDE : Donc V et Q sont considérées comme des constantes dans l'équation.

ARCHIBALD : Friedman reprend ici le refrain des économistes classiques. L'inflation n'a et ne peut avoir aucune incidence sur le taux de croissance à long terme. Aucune corrélation n'est observable entre les deux phénomènes, et statistiques à l'appui, il montre que, dans le passé, des périodes de croissance ont été accompagnées de déflation. Ainsi pendant les quinze années (1865-1880) qui ont suivi la guerre de Sécession, on observa aux États-Unis « une baisse continue des prix, la plus importante par l'intensité et la durée qu'on ait jamais enregistrée », et en même temps l'une des plus fortes croissances de l'économie américaine[8]. À l'époque où ces lignes étaient écrites, le keynésianisme régnait encore sur les esprits, et l'on était persuadé qu'on ne pouvait connaître de croissance sans inflation. Beaucoup le croient encore. Un économiste américain, Paul Krugman, professeur au Massachusetts Institute of Technology, est allé jusqu'à prétendre dans *The Economist* qu'il était raisonnable de conserver un taux d'inflation de 3 à 4 %[9]. Quant à la Banque centrale européenne, elle se fixe comme objectif une hausse du niveau général des prix de 2 %. En deçà de ce chiffre, qui relève non de la science économique, mais d'une espèce de magie statistique, l'économie serait malade. Les idées fausses ont la vie dure, même quand elles sont à ce point contraires aux faits, c'est-à-dire à la possibilité réelle d'une combinaison de la déflation et de la croissance économique. Certes, la déflation a des inconvénients politiques, nous y reviendrons. Mais, pour le moment, efforçons-nous de rester sur le plan économique.

Les monétaristes ont encore une autre façon de présenter leur théorie. Ils prennent en considération la demande d'encaisse monétaire, notion qui nous est familière depuis que nous avons étudié Keynes.

CANDIDE : Comment la faire apparaître dans l'équation de Fisher ?

ARCHIBALD : C'est très simple. Il suffit de faire passer la vitesse de circulation (V) dans le second membre de l'équation. Il vient : M = PQ/V. M figure ici les besoins de monnaie en termes monétaires, on dit en « termes nominaux » correspondant à un certain niveau de transactions (Q), de prix (P) et de vitesse de circulation (V). M est donc bien la demande de monnaie. Cette équation est l'équation dite de Cambridge[10], parce qu'on la pratiquait beaucoup dans ce haut lieu de la science économique au début du XXe siècle. L'équation de Cambridge signifie que la demande d'encaisse nominale est fonction directe de la valeur des transactions et fonction inverse de la vitesse de circulation de la monnaie. Les monétaristes s'intéressent plus particulièrement à la demande d'encaisse réelle, c'est-à-dire la demande d'encaisse nominale divisée par l'indice général des prix, soit M/P. Il vient : M/P = Q/V.

CANDIDE : Pourquoi cette nouvelle formulation ?

ARCHIBALD : D'abord, il s'agit d'isoler dans le deuxième membre de l'équation les deux variables Q et V. Car, je le répète, on veut considérer ces deux variables Q et V comme indépendantes de la masse monétaire et des prix, et donc comme constantes dans le cadre de l'équation. Si ces deux variables sont constantes, le rapport Q/V est lui aussi constant, et par conséquent M/P, l'encaisse réelle, est égale à une constante.

CANDIDE : Quelle belle découverte !

ARCHIBALD : Fondamentale. C'est la base du monétarisme inspiré par Friedman. Friedman considère en effet que les particuliers ont une demande d'encaisse réelle stable. Ils ne sont pas sujets à l'illusion monétaire, et ils ne vont pas non plus enfouir leurs économies dans la trappe à liquidités. Ils vont garder assez de monnaie pour satisfaire à leur ratio M/P.

CANDIDE : Le contraire de ce que dit Keynes.

ARCHIBALD : Il est facile de voir d'après cette nouvelle équation que si le rapport M/P est une constante, toute augmentation de la masse monétaire va se traduire par une augmentation du niveau général des prix, et réciproquement toute hausse du niveau général des prix, quelle que soit sa cause, ne peut survenir sans un accroissement de la masse monétaire. C'est bien ce que nous disait Friedman tout à l'heure et qu'il a répété des centaines de fois, et nous allons le répéter à notre tour : « Je ne connais pas d'exception à la règle qui veut qu'une hausse des prix substantielle soit toujours accompagnée par un accroissement sensible de la masse monétaire, et inversement. » Bien évidemment la formule peut être inversée pour caractériser la déflation. Il ne peut y avoir de baisse substantielle du niveau général des prix sans diminution de la masse monétaire et réciproquement. Là-dessus des bibliothèques entières ont été écrites, mais leur résultat tient, encore une fois, en une ridicule petite équation, qu'on l'écrive à la manière de Fisher ou façon Cambridge. Ainsi a été ressuscitée, comme vous le disiez tout à l'heure, la vieille et vénérable théorie quantitative de la monnaie dont le père n'est autre que Jean Bodin.

La science économique, qui n'existait pas encore à l'époque, aurait été honorée qu'un tel esprit s'intéressât à ses problèmes (imaginons un instant que Machiavel ou Hobbes aient fait de même...). Jean Bodin, né en 1529, mort en 1596, est l'un des plus grands philosophes politiques de tous les temps. Inventeur du concept de souveraineté, il passe pour le théoricien de la monarchie absolue, voire de l'État absolu. Les économistes le connaissent surtout pour sa *Response aux paradoxes de M. de Malestroit touchant le faict des monnoyes et l'enchérissement de toutes choses*, publiée à Paris en 1568.

CANDIDE : C'est une controverse célèbre. Mais en quoi nous concerne-t-elle ?

ARCHIBALD : La grande question qui se posait à l'époque, comme elle se pose aujourd'hui, était de savoir pourquoi les prix avaient tellement augmenté. Jehan Cherruyt de Malestroit expliquait la hausse générale des prix par l'altération des monnaies ; il prétendait que les prix, exprimés en « monnaies de poids » (or, argent, etc.) n'avaient pas augmenté. Bodin répliqua — et il le répéta dans *Les Six Livres de la République*, son maître-ouvrage — que le raisonnement de Malestroit avait le tort de ne pas tenir compte de l'afflux de métaux précieux en provenance d'Amérique, et que les prix avaient bel et bien augmenté en termes d'or ou d'argent. Aussi bien le principal argument utilisé par Bodin est-il précisément l'abondance d'or et d'argent. C'est elle qu'il présente comme l'une des causes essentielles de la hausse des prix. Pour une même quantité de biens échangés et à condition que la vitesse de circulation des espèces reste constante, un afflux d'or et d'argent aboutit forcément à une modification des prix des marchandises par rapport aux métaux précieux.

CANDIDE : On donne plus d'or pour une même marchandise.

ARCHIBALD : Exactement. Les prix des marchandises augmentent en termes d'or et d'argent, et par conséquent les prix de l'or et de l'argent diminuent en termes de marchandises. Causée principalement par l'accroissement de la masse monétaire, la hausse des prix se traduit par une diminution du pouvoir d'achat de la monnaie-or. Ainsi est née la théorie quantitative de la monnaie.

CANDIDE : Elle aurait dû mettre fin à ce que vous appelez l'illusion monétaire.

ARCHIBALD : Certes, mais les hommes ont besoin de malentendus de temps en temps pour arranger leurs affaires ; ils ont besoin d'illusion, fût-ce une illusion aussi factice que celle que produit l'inflation. Encore que celle-ci ne puisse durer indéfiniment, comme on finit toujours par s'en apercevoir. Mais l'illusion demande toujours à renaître. On a vu même, au temps du franc, un ancien ministre du général de Gaulle proposer qu'on imprime 1 000 francs de billets de banque par Français pour sortir de la crise et retrouver le plein-emploi[11]. Récemment on a parlé d'*helicopter money*. Il s'agirait pour les banques centrales de distribuer de l'argent gratuitement — à partir d'un hélicoptère ! — pour relancer l'économie. À toutes les époques, ce serpent de mer refait surface. Souvenons-nous de Law et de son *système* déjà mentionné dans nos précédentes leçons. Souvenons-nous de Mirabeau déclamant devant l'Assemblée nationale en 1789 : « Quoi ? serait-il nécessaire de le dire ? On parle de vendre, et l'on ne fournirait au public aucun moyen d'acheter ! On veut faire sortir les affaires de leur stagnation, et l'on semblerait ignorer qu'avec rien on ne fait rien ; on semblerait ignorer qu'il faut un principe de vie pour se remuer, pour agir et se reproduire ! [...] C'est le numéraire qui crée le numéraire ; c'est ce mobile de l'industrie qui amène l'abondance ; [...] jetez donc dans la société ce germe de vie qui lui manque ; et vous verrez à quel degré de prospérité et de splendeur vous pourrez dans peu vous élever[12]. » Ainsi furent créés les premiers assignats qui devaient aboutir à la même abominable banqueroute que les billets de Law.

CANDIDE : Si l'illusion monétaire est si forte, je doute qu'il ait suffi à Friedman de rétablir la théorie quantitative de Bodin pour détrôner Keynes.

ARCHIBALD : C'était déjà beaucoup de montrer que l'on ne pouvait rien attendre d'une politique d'argent à bon marché. Mais souvenez-vous que Keynes prétendait lui aussi que la politique monétaire pouvait aboutir à l'échec.

L'un et l'autre établissent le même diagnostic, mais pas pour les mêmes raisons. Keynes prétend, nous l'avons vu, que la monnaie supplémentaire risque de se perdre dans la trappe à liquidités. C'est un argument de plus pour que l'État investisse lui-même et élargisse son domaine, mais aussi une façon de nier le risque inflationniste d'une politique d'expansion monétaire. Friedman affirme, pour sa part, que toute politique d'abondance monétaire est non seulement inefficace mais nuisible en ce qu'elle ne peut que dégénérer en hausse des prix, voire en hyperinflation si la vitesse de la circulation des moyens de paiement se met elle-même à s'accélérer du fait de la fuite devant la monnaie. Mais vous avez raison. Il en fallait plus pour détrôner Keynes. D'abord, il a fallu du temps, beaucoup de temps. Songez que la première œuvre monétariste de Friedman, écrite en collaboration avec Anna Schwartz, *A Monetary History of the United States, 1867-1960*[13], date de 1963. À l'époque le keynésianisme est triomphant.

Il a fallu aussi que Friedman s'installe — intellectuellement — dans le lieu hautement symbolique qu'avait occupé Keynes : celui de l'explication de la plus grande catastrophe de l'histoire du capitalisme, la crise de 1929 dont les effets se firent sentir pendant dix ans — pratiquement jusqu'à la Seconde Guerre mondiale. Keynes y voyait la preuve concrète, éclatante, tragique que le capitalisme de lui-même pouvait s'établir dans un équilibre de sous-emploi, et c'est pour sortir le système de l'ornière qu'il inventa la *Théorie générale*. L'explication keynésienne de la Grande Crise était devenue parole d'évangile pour toute une génération... Et c'est pourquoi la publication de l'*Histoire monétaire des États-Unis* de Friedman et Schwartz fut un véritable coup de tonnerre dans le ciel des économistes. On venait nous dire tout benoîtement que la catastrophe avait été provoquée par une erreur de manœuvre de la banque centrale américaine, le Système de réserve fédéral. Le capitalisme n'était pas la cause du séisme. Les vrais coupables, Friedman les avait trouvés. C'étaient les dirigeants d'une institution de création récente (le Fed avait été créé en 1913, rappelons-le, et à l'époque son rôle était juste limité à surveiller le fonctionnement de l'étalon-or, encore en vigueur) qui n'avait ni pour habitude ni pour vocation de gérer la masse monétaire. Au lieu de fournir les moyens de paiement réclamés par des agents économiques en panne de liquidités, la banque centrale a si bien joué que la masse monétaire a diminué d'un tiers, observe Friedman. Ainsi la banque centrale a-t-elle détruit de la monnaie, provoquant artificiellement une très grave déflation et des faillites en chaîne[14].

Pour Friedman, la crise de 1929, loin d'être la démonstration de l'incapacité congénitale des capitalistes à sortir des crises et à retrouver le plein-emploi, apportait la preuve qu'une intervention extérieure au système lui-même avait causé la catastrophe. Une intervention qui avait été erronée, parce que fondée sur l'ignorance du rôle de la monnaie. Si au lieu de négliger les indices monétaires, comme le recommandait Keynes, on faisait attention à leur évolution, alors, prétend Friedman, on pourrait éviter les cataclysmes. « La crise de 1929-1933, affirme-t-il, nous en fournit une illustration flagrante. Je suis tout à fait convaincu que l'effondrement monétaire ne se serait pas produit si, d'une part on avait disposé de relevés sur la masse monétaire, publiés périodiquement, et si, d'autre part, on avait admis que le comportement de la quantité de monnaie fournissait une indication sur l'état de la conjoncture monétaire. » C'est à ce point précis que nous pouvons dire que démarre le monétarisme friedmanien. Il se substitue au keynésianisme et dans l'explication de la crise et dans le remède à la crise. Les deux éléments sont liés. Car, bien évidemment, pour Friedman, les remèdes keynésiens ou pseudo-keynésiens qui ont été appliqués pour sortir de la Grande Crise — les fameux grands travaux de Roosevelt ou les non moins fameuses autostrades d'Hitler — n'ont rien résolu. De fait, aux États-Unis, le niveau du produit intérieur brut était encore en 1939 inférieur de 3 % à ce qu'il était en 1929[15]. Quant à l'économie allemande, elle était engagée dans une fuite en avant qui ne pouvait déboucher, on le sait maintenant, que sur le surarmement financé à crédit et la guerre pour régler la facture, ou tenter de la régler sur le dos des vaincus éventuels.

CANDIDE : Si une banque centrale comme le Federal Reserve System s'est trompée aussi lourdement, pourquoi ne se tromperait-il pas à nouveau ? et pourquoi d'autres banques centrales ne se tromperaient pas ?

ARCHIBALD : C'est la question à laquelle on peut dire que Friedman a essayé de répondre pendant tout le reste de son existence. Car l'inventeur du monétarisme contemporain, contrairement à ce que l'on pourrait croire, éprouve une méfiance profonde à l'encontre des gouverneurs des banques centrales. Il est très étrange qu'au moment où l'on a débattu en Europe, en France notamment, de l'indépendance qu'il fallait accorder aux banques centrales, dans la perspective du traité de Maastricht, signé le 7 février 1992, qui, comme vous le savez, avait pour programme l'indépendance de la future Banque centrale européenne, personne dans le camp libéral, sauf erreur de ma part, n'ait songé à rappeler la position du chef de file de l'école de Chicago. Il est vrai que sur la question du centralisme monétaire, les économistes libéraux n'en sont pas à une contradiction près, nous l'avons déjà remarqué[16]. Friedman a lui-même noté l'incohérence libérale à ce sujet[17]. Cette méfiance viscérale à l'encontre des banques centrales, il la nourrissait à partir de l'histoire de la

Grande Crise, mais aussi d'une réflexion qui, examinée aujourd'hui, cinquante ans après qu'elle a été formulée, est d'une troublante actualité. Surtout depuis l'instauration de la Banque centrale européenne, qui gère l'euro.

Par exemple, cette question qu'il pose, on l'entend tous les jours depuis que le traité de Maastricht a été signé : « En démocratie, est-il vraiment tolérable de concentrer autant de pouvoir entre les mains d'une organisation libre de toute directive et exempte de tout contrôle politique réel[18] ? »

Friedman raconte qu'il a été tout à fait convaincu que l'existence d'une banque centrale indépendante serait « intolérable sur le plan politique » en lisant les Mémoires[19] d'Émile Moreau, gouverneur de la Banque de France de 1926 à 1928. Il est vrai que ce livre de souvenirs est vraiment passionnant et instructif, mais ce qui nous intéresse ici, c'est ce qu'en dit Friedman. Or il en a gardé l'impression que Montagu Norman et Hjalmar Schacht, à l'époque respectivement gouverneurs de la Banque d'Angleterre et de la Banque d'Allemagne, « méprisaient à la fois les masses, la démocratie "vulgaire", et les classes de la ploutocratie, pour eux tout aussi vulgaires ». D'après Friedman, ces hauts personnages pensaient que si les gouverneurs des banques centrales voulaient seulement coopérer entre eux, « ils pouvaient à eux seuls rassembler assez de pouvoir pour diriger la destinée économique du monde occidental vers des objectifs rationnels, au lieu de la livrer aux errements de la démocratie parlementaire et du "laissez-faire" capitaliste[20] ». Et Friedman de conclure lui-même : « Nous sommes là en présence d'une doctrine implicite nettement favorable à la dictature et au totalitarisme ».

CANDIDE : N'est-ce pas Schacht qui a mis en rapport Hitler avec les milieux d'affaires allemands ?

ARCHIBALD : Exact. Il avait démissionné en 1930 de la présidence de la Reichsbank et s'était rapproché du mouvement nazi. Aussi bien, quand il arrive au pouvoir en 1933, Hitler demande-t-il à Schacht de reprendre la direction de la Reichsbank, puis le nomme ministre de l'Économie, poste qu'il occupera jusqu'en 1937. Considéré comme l'auteur du redressement économique de l'Allemagne hitlérienne, il restera ministre sans portefeuille jusqu'en 1943. Voilà le destin d'un banquier central « indépendant » !

CANDIDE : Tout gouverneur de banque centrale n'a pas vocation à devenir ministre de l'Économie d'un État totalitaire.

ARCHIBALD : Non. Mais il n'en reste pas moins que ce ne sont pas, non plus, des parangons de la démocratie. Il n'y a guère, un ancien chancelier de la République fédérale, dans une sorte de lettre ouverte adressée au gouverneur de la Bundesbank, la banque centrale allemande, rappelait les « erreurs » commises dans le passé. Il évoquait son « idée monomaniaque du pouvoir d'achat de la monnaie sur le marché intérieur ». Mais surtout il faisait allusion au passé : « Est-ce qu'en 1930, 1931, 1932, votre prédécesseur à la Reichsbank ne nous a pas précipités dans le malheur d'un chômage massif à cause de cette même idéologie monomaniaque déflationniste, avec les conséquences politiques affreuses que l'on connaît[21] ? » Sous-entendu, c'est la déflation qui a produit le nazisme et le retour du proto-keynésien Schacht aux commandes de l'économie allemande.

CANDIDE : Les Anglais partagent tout à fait l'avis de Friedman : la Banque d'Angleterre doit rester soumise au gouvernement, car il serait intolérable qu'une telle instance échappe à tout contrôle démocratique.

ARCHIBALD : Cette dépendance de l'*Old Lady* a constitué un obstacle supplémentaire sur le chemin qui devait conduire la livre sterling à intégrer l'euro. Le résultat final a été le Brexit : les Britanniques ont voté à 51,9 % en faveur d'une sortie historique de leur pays de l'Union européenne, le jeudi 23 juin 2016.

CANDIDE : Que propose Friedman ? De restaurer l'étalon-or ?

ARCHIBALD : Pas un instant ! Il lui paraît assez absurde « de travailler dur pour extraire quelque chose du sol en un endroit déterminé, par exemple pour extraire l'or en Afrique du Sud, dans le seul but de l'enterrer par la suite à Fort Knox [le coffre-fort du Federal Reserve System] ou dans quelque endroit similaire[22] ». Et comme c'est absurde, ce n'est pas réalisable. Donc les gens vont trouver un substitut à l'or. C'est le billet gagé sur l'or. Mais à partir de ce moment-là, raisonne Friedman, le système de l'étalon-or évolue vers un « système mixte » incluant des monnaies de papier, des dépôts bancaires, des titres d'État, etc. Une telle mixité impose ou permet tôt ou tard un contrôle de la part du gouvernement. Sans compter que le gouvernement lui-même est tenté d'en profiter pour émettre de la monnaie à son profit. Bref, les objections de Friedman contre l'étalon-or sont d'ordre pratique, et non théorique[23].

CANDIDE : Mais alors que suggère-t-il ?

ARCHIBALD : D'inscrire dans la Constitution, ou au moins dans la loi, une règle selon laquelle on ne doit pas émettre de monnaie plus qu'un certain pourcentage donné chaque année.

CANDIDE : Quel pourcentage ?

ARCHIBALD : Entre 3 et 5 %.

CANDIDE : Pourquoi ce pourcentage ?

ARCHIBALD : Parce qu'il lui paraît praticable. Friedman se veut pragmatiste, je le répète. Mais surtout, l'important pour lui n'est pas la valeur du pourcentage, mais qu'il soit fixé une fois pour toutes et hors d'atteinte du gouvernement ou du gouverneur de la banque centrale. On retrouve ici la grande leçon de l'économie du *Contrat social* que nous avons étudiée au début. Quelle que soit la nature des rapports entre gouvernant et gouvernés, elle doit comporter un terme fixe, « constitutionnel » qui empêche le gouvernant d'abuser de sa situation de gouvernant pour rompre le contrat. Pour Friedman, la fixité du taux annuel d'augmentation de la masse monétaire devrait faire partie de la Constitution ! Ainsi les citoyens auraient un point de mire monétaire invariable pour leurs anticipations.

L'idée est excellente sur le papier, mais en fait impraticable. La première raison, la plus dirimante, c'est qu'on ne parvient pas à définir correctement le contenu de la masse monétaire. Faut-il y inclure seulement les billets ? ajouter les dépôts dans les comptes courants ? les dépôts à terme ? les livrets d'épargne ? les Sicav dites monétaires[24] ? Personne n'est en mesure de répondre « scientifiquement » à cette question, pas même Friedman.

CANDIDE : Les fameux et mystérieux agrégats M1, M2, M3, etc., dont la presse financière fait état…

ARCHIBALD : M1 est limité aux disponibilités en billets et pièces de monnaie et aux dépôts en comptes chèques. M2, c'est l'ensemble des disponibilités monétaires et quasi monétaires. On obtient M2 en ajoutant à M1 les différents livrets et comptes analogues. M3, c'est M2 auquel on a ajouté les dépôts à terme, les bons et les titres émis par les institutions financières. M4 ajoute à M3 les titres émis par des agents non financiers. En général, les banques centrales européennes retiennent M3 comme critère de leur politique.

L'évolution de M1 peut présenter des caractères erratiques. Il suffit que les particuliers choisissent de transférer une partie de leurs liquidités dans des livrets d'épargne pour que M1 diminue. Si la banque centrale s'en tenait à cet indicateur, elle serait incitée à relâcher les freins monétaires qu'elle contrôle — par exemple en abaissant son taux d'intérêt — alors qu'en fait la masse des liquidités n'a pas vraiment diminué puisque l'on peut tirer facilement de l'argent sur son livret d'épargne. Mais M2 présente les mêmes défauts, puisque les livrets peuvent à leur tour se vider au profit des papiers émis par les institutions financières, et inversement.

La banque centrale se fixe sur M3, mais M3 n'est pas sans défaut, puisque M3 peut se vider à son tour au profit de M4. Mais M4 peut-il vraiment être considéré comme de la monnaie, c'est-à-dire comme parfaitement liquide ? C'est une sorte de fourre-tout trop vaste, trop composite pour avoir vraiment une signification du point de vue de la politique monétaire qui nous occupe ici. La conclusion, c'est qu'aucun agrégat n'est satisfaisant comme indicateur de l'action. Sans compter les délais incompressibles pour prendre la connaissance statistique de ces agrégats, alors même que la banque centrale doit chaque jour prendre des décisions en réaction aux évolutions du marché monétaire. Si aucun de ces agrégats n'est satisfaisant comme indicateur, il l'est encore moins comme base de contrôle quantitatif. Car les détenteurs de monnaie ont toujours la possibilité de naviguer entre ces différentes monnaies ou quasi-monnaies. Si par exemple la banque centrale s'avisait de rationner les disponibilités proprement monétaires, nul doute que la quasi-monnaie viendrait prendre le relais. Voudrait-elle punir cette quasi-monnaie en interdisant sa rémunération qu'aussitôt une autre quasi-monnaie prendrait son essor, comme le développement des Sicav dites monétaires en France dans les années 1980 le montre parfaitement[25].

La « loi de Goodhart » exprime ces phénomènes. Elle a porté le coup de grâce au travail byzantin des banques centrales. Son inventeur est un certain Charles Goodhart, professeur émérite à l'estimable London School of Economics. Le fait qu'il fut conseiller à la Banque d'Angleterre donne du poids à ses propos. La « loi de Goodhart » montre que si, par un heureux hasard, vous trouvez le bon agrégat pour mesurer la masse monétaire, cet agrégat cessera, *ipso facto*, d'être un bon indicateur dès que vous l'utiliserez comme cible monétaire pour votre politique. Les banques centrales peuvent donc toujours « courir », le bon indicateur restera hors de leur portée, et au moment où elles pourraient mettre la main dessus, il s'échappera à nouveau.

Chercher à contrôler la masse monétaire est donc aussi vain que de vouloir canaliser la mer. Tout est flottant, c'est bien le cas de le dire. D'autant plus flottant que les banques ont multiplié les cartes de crédit qui permettent à leurs clients de se servir de moins en moins des billets émis par la Banque centrale européenne et qui donc, de ce fait même, réduisent l'emprise que pouvait avoir cette même Banque centrale sur les organismes bancaires qu'elle est censée superviser. On voit même un opérateur de télécommunications (Orange) lancer sa propre carte de crédit, ainsi que des géants de la distribution (Carrefour, Fnac). Et ce n'est qu'un début sur un chemin frayé par les mastodontes Amazon et Apple.

Ajoutez à cela que les capitaux sont aujourd'hui libres de se mouvoir. Si la banque centrale a des obligations de soutenir sa devise, elle n'est même pas maîtresse de ses propres émissions, comme nous l'avons montré dans notre leçon sur la monnaie, vous vous en souvenez sûrement. Ce dernier argument ne vaudrait pas aux yeux de Friedman puisqu'il est partisan de changes flottants. Avec des changes flottants, les banques centrales ne sont pas tenues de soutenir leurs devises en cas d'attaque[26].

CANDIDE : Qu'en est-il résulté, finalement ?

ARCHIBALD : Le résultat final est assez paradoxal. Grâce à Friedman, les banques centrales ont certes abandonné le keynésianisme, mais comme le monétarisme friedmanien est impraticable, elles se retrouvent dans le vide. Évidemment, elles ne peuvent l'avouer. Aussi ont-elles trouvé un objet de substitution à leur désir. Et cet objet, c'est un objectif de stabilité des prix. Il ne faut pas que l'inflation dépasse 3 % par an. Bien entendu, un tel pourcentage n'a pas plus de fondement scientifique que celui que fixait Friedman à la progression de la masse monétaire. Pour ceux qui connaissent la musique, cette substitution est l'aveu même de l'impasse à laquelle les a conduits Friedman[27]. Et elle donne seulement l'apparence de l'efficacité. Pour être capable d'atteindre un tel objectif, la banque centrale devrait connaître l'évolution des productivités secteur par secteur pour en déduire les besoins monétaires de chacun d'entre eux. Il est évident qu'elle en est tout à fait incapable. Aussi tire-t-elle sur la cible comme un tireur de fléchettes le ferait avec un bazooka (la politique des taux d'intérêt) — la cible est atteinte et détruite en même temps !

La substitution d'un objectif de prix à un objectif de masse monétaire présente deux inconvénients supplémentaires. Le premier est qu'elle fournit un argument à ceux qui prétendent qu'on ne voit pas pourquoi le bon rythme de l'inflation serait le même pour tous les pays. Pour les néo-keynésiens, c'est du pain bénit. Le deuxième inconvénient, c'est qu'une norme implicite est ainsi instaurée qu'il faut un minimum d'inflation pour que le système fonctionne. En d'autres termes, la déflation est interdite.

CANDIDE : Mais l'inflation a tout de même quelques « avantages ». Celui d'alléger les dettes, par exemple, notamment les dettes de l'État.

ARCHIBALD : À condition que les créanciers soient victimes de l'illusion monétaire. S'ils sont lucides, et aujourd'hui ils ont des moyens de l'être ne serait-ce que parce que la liberté et la vitesse des mouvements de capitaux leur permettent de choisir leur débiteur sur l'ensemble de la planète, ils vont compenser l'inflation *qu'ils anticipent* en demandant des taux d'intérêt plus élevés.

CANDIDE : L'État ne gagnerait donc finalement rien à l'inflation.

ARCHIBALD : Il ne peut y gagner en fin de compte que si l'inflation qu'il provoque est supérieure à l'inflation que les créanciers anticipent. Il faut qu'il gagne de vitesse le plus malin de ses créanciers. Ce petit jeu-là, qui conduit à l'hyperinflation (par exemple 932 % en rythme annuel au Venezuela début 2017), se termine en général fort mal.

CANDIDE : On nous enseignait jadis que l'inflation pouvait être une source de revenus pour l'État.

ARCHIBALD : L'État ne peut obtenir de ressources que de deux manières : par l'impôt ou par l'emprunt. Il n'y a pas de troisième voie. Comme le dit magnifiquement Friedman lui-même : « Si on ne considère pas l'émission de monnaie comme un impôt, alors elle est un emprunt[28]. »

Expliquons. Si l'État émet de la monnaie, de deux choses l'une. Ou bien les particuliers conservent cette monnaie et ne la dépensent pas. Alors c'est comme si l'État avait emprunté. Il n'y a pas de différence, en effet, entre une promesse de paiement présentée sous la forme d'un titre d'État d'une valeur de 100 euros et la même promesse présentée sous la forme d'un billet de 100 euros, à ceci près que le premier bout de papier rapporte un intérêt, alors que le second n'en rapporte aucun. Si donc les particuliers conservent la monnaie émise dans leur bas de laine ou sur leur compte courant, c'est comme s'ils avaient prêté à l'État à un taux d'intérêt nul. Souvenez-vous. Je vous ai raconté la même histoire pour les pétrodollars détenus dans leurs cassettes par les émirs de l'or noir[29]. Mais cette première branche de l'alternative suppose l'existence d'une trappe à liquidités. Vous savez ce que j'en pense.

Considérons l'autre branche de l'alternative : les particuliers dépensent la monnaie émise, et il s'ensuit une hausse des prix. Alors tout se passe comme si l'État avait installé un impôt sur les encaisses monétaires.

Imaginons, ce qu'à Dieu ne plaise, que pour financer le déficit de la Sécurité sociale, le Parlement vote une loi de finances complémentaire obligeant tous les citoyens à payer un impôt équivalent à 3 % du montant moyen des encaisses monétaires qu'ils ont eu entre les mains pendant toute une année. Qu'est-ce que c'est que 3 % ? Ce n'est rien comparé aux 20 % de la TVA. Il s'agirait toutefois d'un impôt très difficile à mettre en œuvre. Comment calculer le montant de l'encaisse moyenne de chaque citoyen ? D'autre part, il faudra bien définir l'assiette fiscale de cet impôt, et donc définir ce que l'on entend par monnaie. Comment empêcher les détenteurs d'encaisse de trouver des substituts monétaires pour échapper au fisc ? Il est bien plus aisé pour l'État d'obtenir le même résultat en faisant émettre par la Banque centrale européenne des morceaux de papiers appelés euros à un rythme d'augmentation de 3 % par an, en engendrant sans doute une hausse des prix elle-même de 3 % par an (il n'y a pas, par hypothèse, de trappe à liquidités). Les particuliers qui veulent conserver leur encaisse réelle (M / P) au niveau antérieur devront accroître leur encaisse nominale (M) de 3 %. Et donc consacrer une partie de leur revenu à l'accroissement de cette encaisse nominale, exactement comme s'ils devaient payer un impôt de 3 %.

CANDIDE : Un impôt sans douleur !

ARCHIBALD : Nous reviendrons, dans nos leçons consacrées à la fiscalité, sur les impôts sans douleur. Pour le moment, je vous accorde qu'il est beaucoup plus facile d'imposer les encaisses par l'inflation que par le fisc, et c'est pour cela que les princes qui nous gouvernent y ont recours. Mais dans les deux cas, il s'agit d'une véritable taxation des encaisses. Donc l'inflation, si elle n'est pas un emprunt, est bien un impôt. Résultat qui n'est pas surprenant. On ne crée rien à partir de rien, même si la mise en marche de la planche à billets donne parfois l'impression du contraire.

Entendons-nous d'abord sur les termes. Qu'est-ce que la déflation ?

CANDIDE : C'est le contraire de l'inflation. L'inflation étant la hausse du niveau général des prix, la déflation ne peut être que la baisse du niveau général des prix.

ARCHIBALD : Ce qui signifie, si l'on se place du point de vue de la monnaie, que l'inflation se traduit par une baisse du pouvoir d'achat de la monnaie, alors que la déflation est une hausse de ce même pouvoir d'achat. Et en quoi une hausse du pouvoir d'achat de la monnaie serait-elle une mauvaise chose ?

Dans les discussions politico-médiatiques récentes sur la déflation, dans cette mauvaise comédie que jouent des experts plus ou moins intéressés, au sens propre du terme, je veux dire qu'ils sont payés pour dire ce qu'ils disent, il y a un personnage absent. Ce personnage dont on prétend pourtant solliciter le porte-monnaie pour « relancer la machine et venir à bout du chômage », c'est le consommateur, c'est-à-dire M. Toulemonde. C'est avec des cris de joie que M. Toulemonde, s'il était bien informé, devrait accueillir la nouvelle d'une baisse de l'indice général des prix, car les salaires étant plus rigides que les prix, nous l'avons appris de Keynes, *la déflation signifie d'abord une augmentation de son pouvoir d'achat*.

CANDIDE : Mais peut-il y avoir déflation à masse monétaire constante ?

ARCHIBALD : Il suffit qu'il y ait progrès technique. Si avec le même travail, j'obtiens plus de marchandises ou plus de services, à masse monétaire constante, le prix de ces marchandises ou services ne peut que baisser. La bonne nouvelle de la baisse des prix se double d'une bonne nouvelle sur l'efficience du progrès technique. Que demander de mieux ?

CANDIDE : Je me rappelle l'équation. MV = PQ. Si M (la masse monétaire) est constante, et si Q (les quantités échangées) augmente, P (l'indice des prix) ne peut que diminuer. À condition que V (la vitesse de circulation) reste constante.

ARCHIBALD : Notez-le bien : les économies que les consommateurs font sur les produits dont les prix baissent ne sont évidemment pas perdues, contrairement à ce qu'on laisse entendre. On retrouve la même incompréhension dans le débat sur les super- ou hypermarchés. On oublie toujours que beaucoup de ménages verraient leur pouvoir d'achat diminuer fortement s'ils étaient obligés de s'approvisionner uniquement dans le petit commerce traditionnel. Or c'est toujours le petit commerce qui se fait entendre, jamais ou rarement M. Toulemonde. Mais M. Toulemonde s'en fiche. Il vote avec ses pieds et avec son caddie, et il boude le petit commerce, aussi sympathique et convivial qu'il soit. Quant aux économies bien réelles que procure la baisse des prix aux consommateurs, elles sont utilisées soit à d'autres consommations, soit à accroître l'épargne.

CANDIDE : Mais en accroissant l'épargne, ne risque-t-on pas d'aggraver la déflation ?

ARCHIBALD : Je vois que vous n'êtes pas tout à fait guéri du keynésianisme. L'épargne n'est pas un puits sans fond, une trappe à liquidités où iraient s'enfouir les économies de citoyens suffisamment stupides pour préférer à tout autre placement une thésaurisation à intérêt nul. Même si c'était le cas, d'ailleurs, on ne pourrait que respecter leur choix. Ils sont libres de faire ce qu'ils veulent de leur argent. Et, comme nous venons de le voir encore, leur thésaurisation s'analyse comme un prêt à taux d'intérêt nul à la collectivité, laquelle ne peut qu'en profiter. Mais, la plupart du temps, il en va bien évidemment tout autrement, et l'argent ne dort que dans les cauchemars d'hommes politiques ou d'experts en retard d'une guerre (économique). Le capital accumulé par les épargnants travaille aujourd'hui vingt-quatre heures sur vingt-quatre jusque dans les coins les plus reculés de la planète. Et si les particuliers choisissent d'autres lieux que votre si beau pays, Candide, pour faire fructifier leur argent, je dois à la vérité de dire que la cause en est tout simplement que la rentabilité de ces placements-là est supérieure, tous les paramètres étant considérés, y compris les paramètres fiscaux. Aussi bien n'est-ce pas une « relance de la consommation » — comme le réclament certains économistes — qui pourrait les faire changer d'avis. Au contraire, elle risque de précipiter la recherche de placements extérieurs.

George Selgin, le grand théoricien américain de la « banque libre », déjà rencontré dans une précédente leçon[30], soutient que la déflation est moins injuste et plus efficace que l'inflation. D'abord, il prend comme objectif non la stabilité des prix ou une faible inflation, comme le font aujourd'hui les banques centrales et les gouvernements, mais la stabilité du revenu national nominal. Ce qui signifie que l'on aurait une croissance zéro en termes monétaires. Ensuite, on ferait en sorte que les prix suivent les progrès de productivité. Ainsi la distribution des gains de productivité devrait-elle se faire non pas par l'augmentation des salaires des secteurs qui connaissent ces gains, comme cela se pratique actuellement, mais par la baisse des prix des marchandises ou des services produits par ces secteurs. De cette manière, la distribution de ces gains ne profiterait pas seulement aux gens qui ont un emploi dans ces secteurs, mais à tout le monde, que l'on soit salarié, retraité ou chômeur. Est-ce injuste ?

Actuellement si vous êtes chômeur ou retraité, vous ne bénéficiez pas des gains de productivité s'ils sont entièrement reversés aux salariés du secteur concerné. Évidemment, vous pouvez demander que vos allocations ou vos retraites soient réévaluées pour tenir compte du progrès d'ensemble de la société. Mais, cela passe par une médiation politique forcément aléatoire, et même si vous y réussissez, cela se fera toujours avec retard et plus ou moins correctement. Avec le système de Selgin, la répercussion sur le pouvoir d'achat de tout un chacun est exacte et immédiate.

CANDIDE : Tout de même, la déflation profite beaucoup trop aux rentiers.

ARCHIBALD : Beaucoup trop ? Sur quel critère fondez-vous cette appréciation ? L'inflation spolie les créanciers au profit des débiteurs, elle organise l'euthanasie des rentiers, selon les intentions explicites de Keynes, nous l'avons vu. À n'en pas douter, la déflation favorise les titulaires de rentes et autres revenus fixes, dont le pouvoir d'achat augmente à mesure que baissent les prix. Mais on peut s'attendre que les taux d'intérêt soient plus faibles que dans une situation inflationniste. D'autre part, elle ne s'accompagne pas forcément d'une dégradation de la situation des débiteurs. Certes, le poids de leurs dettes et des intérêts qu'ils doivent payer s'alourdit. Mais les intérêts normalement sont plus faibles qu'en situation d'inflation, et grâce à la baisse des prix leurs revenus augmentent. Au total, si nous résumons notre leçon, la déflation, loin d'être le cataclysme que l'on nous décrit pour justifier une politique de « relance », est tout à fait compatible avec la croissance, et elle peut prétendre être au moins aussi juste (ou injuste) que l'inflation.

CANDIDE : Voilà que vous faites maintenant l'éloge de la déflation.

ARCHIBALD : Je n'en suis pas loin. La fameuse spirale déflationniste dont on nous rebat les oreilles, il suffit d'un peu de bon sens pour en montrer le caractère chimérique. Tirant argument de la théorie des anticipations rationnelles — tant décriée par ailleurs —, on nous raconte que les consommateurs, anticipant la baisse des prix, vont reporter leurs achats, et que ce report par lui-même va provoquer une nouvelle baisse des prix qui, elle-même étant anticipée, se traduira par des reports supplémentaires de consommation, et ainsi de suite. Mais, tout « rationnel » qu'il soit, un consommateur ne peut différer longtemps de se nourrir, de se vêtir, de se transporter, de se divertir, de s'éduquer, de se loger. Que l'on sache, les émeutes de la faim n'ont jamais été provoquées par une baisse des prix alimentaires, mais bien par leur flambée. Si l'inflation est l'impôt le plus injuste parce qu'il frappe les plus pauvres, on ne peut évidemment en dire autant de son contraire, la déflation. On oublie d'autre part que si baisse de la consommation il y avait, elle se traduirait par une augmentation de l'épargne — chose excellente à une époque d'endettement généralisé.

CANDIDE : Mais la déflation ne supprime-t-elle pas les opportunités de profit des entreprises qui vont donc investir moins, moins embaucher ?

ARCHIBALD : Poser cette question, excusez-moi, cher Candide, ce n'est rien connaître à ce qui fait la possibilité pour une entreprise de faire des bénéfices. Cette possibilité tient, non pas à la hausse ou à la baisse du niveau général des prix, mais à un différentiel entre un prix d'achat et un prix de vente, différentiel qui peut exister en inflation comme en déflation.

CANDIDE : Tout de même, la baisse des prix causée par la déflation entraîne une augmentation des taux d'intérêt dits réels. Si le taux d'intérêt nominal est de 2 % et que la baisse des prix est de 1 %, le taux réel de l'emprunt sera de 3 %. *Horresco referens* !

ARCHIBALD : De fait, les débiteurs, qu'ils soient publics ou privés, ont été tellement habitués à rembourser leurs créanciers en monnaie de singe que la perspective qu'il en soit autrement paraît apocalyptique. Il est vrai que pour l'État français, dont la dette continue d'augmenter alors même que les taux d'intérêt sont à un niveau exceptionnellement bas, une hausse de ces taux serait fatale. Permettez-moi de vous rappeler que la monnaie n'est ni un bien de consommation (elle ne se consomme pas), ni un bien de production, à elle seule elle ne produit rien, comme l'enseignaient Hume, Smith et Condillac. C'est dire que sa quantité n'a aucune incidence sur le niveau de la production ou de la consommation. Voilà qui paraîtra particulièrement scandaleux à nos anti-déflationnistes, ainsi que la conséquence que l'on en peut tirer, qui est imparable : multiplier les signes monétaires comme le font actuellement les banques centrales pour « relancer l'économie » ne peut donner en soi aucun résultat ni sur la production, ni sur la consommation, ni par conséquent sur l'emploi. Mais si l'émission de monnaie n'a pas d'incidence sur le niveau de la richesse, elle en a une, cette fois bien réelle, sur la distribution de cette même richesse. Mais c'est justement ce que l'on veut nous cacher.

Que Mario Draghi, président de la Banque centrale européenne depuis le 1er novembre 2011, finisse toujours par céder aux objurgations de ceux qui le poussent à faire tourner encore un peu plus vite la planche à billets n'est dû ni à son intelligence des choses ni à sa sagesse. Le président de la BCE est à la tête d'un système — un véritable système — qui enrichit ceux qui créent de la monnaie ou qui sont proches du processus de création monétaire. On aura reconnu ici les princes qui nous gouvernent, leurs financiers et leurs banquiers. Tous profitent de la fraîche manne monétaire avant qu'elle ne se traduise par des hausses de prix. Sous le règne de l'étalon-or ou argent, les intermédiaires financiers avaient moins de pouvoir, car ils jouaient un rôle beaucoup moins important, entreprises et banques étant dotées de ces fonds « propres » — dans tous les sens du terme — qui leur manquent tant aujourd'hui. Draghi et ceux qui l'entourent ont peur de la déflation et ils ont raison d'avoir peur. Car la déflation menace leurs privilèges. Mais nous, simples citoyens, sans pouvoir monétaire, pourquoi la craindrions-nous, alors que chaque euro qui est dans notre poche, ou dans notre compte en banque, verrait son pouvoir d'achat augmenter en cas de déflation ? L'hypertrophie de la sphère financière[31], les monstrueuses inégalités de revenus qu'elle génère, les troubles sociaux et politiques qu'elle produit dans la Cité, le populisme haineux qu'elle engendre, ce n'est pas la peine de les dénoncer si l'on n'attaque pas le vice à sa source première : une monnaie qui n'a plus d'ancrage dans aucune réalité tangible.

CANDIDE : L'inflation empêche les faillites que la déflation va provoquer.

ARCHIBALD : Certes, mais là encore l'illusion monétaire est trompeuse. Faillites et banqueroutes ne suppriment pas de richesses : terres, récoltes, marchandises, machines, brevets, marques, savoir-faire, infrastructures ne s'évanouissent pas en fumée parce que leurs prix diminuent ; elles sont toujours là, elles changent seulement de mains. Les nouveaux propriétaires, avec des prix de départ plus bas, ont de meilleures possibilités de développement que les anciens qui ont failli à leur tâche. Maintenir ces derniers en place, aux frais du contribuable ou au prix d'un endettement public accru, ne fait que ralentir, voire empêcher les nécessaires innovations et changements sans lesquels nulle croissance économique n'est possible.

Bref, refuser la déflation, c'est compromettre la « relance » tant attendue, et non pas la faciliter comme on le prétend.

Vive donc la déflation !

*Trente et unième leçon*

## DES AMBITIONS DU TRÉSOR FRANÇAIS

*Où l'on raconte, d'après un document très secret,*
*que pour se venger de son impuissance,*
*avant la création de l'euro,*
*le franc avait cherché à supplanter le mark.*

Cher Candide,

Vous avez bien voulu me communiquer la note confidentielle que vous a transmise le ministère français de l'Économie et des Finances. Cette note, manuscrite, adressée par le directeur du Trésor à son ministre, est en effet très intéressante. Pour mieux vous la commenter, je la recopie ici avec ses soulignements originaux. Cette note date de 1992. Elle montre quelles étaient à l'époque les ambitions monétaires de notre pays, et explique pour une part la rancœur de nombre de gouvernants français depuis qu'ils ne disposent plus, par le truchement de la Banque de France, de la planche à billets pour imprimer de la monnaie à leur guise.

Direction du Trésor
Le directeur

le 13 février 1992

Monsieur le Ministre,

1) La tendance générale au ralentissement se poursuit…

2) En ce qui concerne les agrégats du crédit, il semble que ce ralentissement accompagne — sans le précéder — le ralentissement de l'activité économique. Le glissement sur 12 mois du crédit global aux entreprises est de 12,7 % (en novembre dernier).

3) En revanche, en ce qui concerne les agrégats monétaires, la réduction est beaucoup plus forte. M1 et M2 sont en « croissance négative », M3 croît de 4,1 % (moyenne trimestrielle centrée sur novembre).

4) À l'évidence, en ce qui concerne ces agrégats monétaires, des effets monétaires puissants se surajoutent à ceux du ralentissement économique : M1 se « vide » au profit d'instruments d'épargne rémunérée… M3 connaît des « pulsations » importantes qui sont liées aux phénomènes de l'inversion des taux et de l'engouement — ou du moindre engouement — pour les SICAV monétaires. Après avoir crû nettement plus rapidement que le PIB en valeur au cours de ces dernières années, nous enregistrons maintenant une croissance plus modeste, inférieure à la croissance du PIB en valeur.

5) Le ministre s'est suffisamment battu — et de manière suffisamment ostensible…, et lors de la réunion du G7 et lors de la réunion de surveillance multilatérale des « 12 » — pour que la politique monétaire européenne soit moins restrictive (car

elle l'est exagérément à l'évidence par rapport aux politiques monétaires pratiquées aux États-Unis et au Japon) pour qu'il soit nécessaire d'insister sur ce point.

Le ministre connaît mon sentiment :

1) La BUNDESBANK ne changera de politique monétaire que lorsqu'elle sera pleinement rassurée sur l'inflation allemande (cela ne me paraît malheureusement pas être pour demain)...

2) Quoi que fasse la France (SME... pas SME, Maastricht... pas Maastricht), nos taux sont liés aux taux allemands par le truchement du marché mondial des capitaux totalement indépendamment de la volonté d'indépendance de la France ou d'une éventuelle volonté de domination de l'Allemagne...

3) Tant que l'Allemagne ne mérite pas (ou plus) d'être l'ancre monétaire du système, notre pays doit tout faire pour convaincre les investisseurs internationaux que nous sommes nous-mêmes candidats à être l'« ancre »..., que le franc est candidat à la réévaluation contre le deutschemark..., et qu'il aura le droit un jour — aussi proche que possible — d'avoir des taux à long terme inférieurs aux taux à long terme allemands...

En refusant la concertation préalable et la coopération étroite (plus par incapacité institutionnelle que par mauvaise volonté politique à mon avis...), l'Allemagne n'offre pas d'autre choix concret à la France que de contester fermement au deutschemark son rôle d'« ancre » du système...

(signé des initiales du directeur du Trésor)

Voici les remarques que m'inspire cette note.

a) Il se confirme que la direction du Trésor de

la France — un pays pourtant fortement centralisé et doté des meilleurs statisticiens du monde depuis plusieurs siècles — ne connaît en ce qui concerne les statistiques du crédit et de la monnaie en février que des chiffres datant de novembre de l'année précédente — soit un décalage de trois mois.

b) Il se confirme également que ni M1, ni M2, ni M3 ne sont des indicateurs fiables pour la conduite de la politique monétaire. L'inversion des taux dont il est question complique encore les choses. À l'époque en effet, du fait même des interventions de la Banque de France, les taux courts français étaient plus élevés que les taux longs, alors même que les Sicav monétaires étaient devenues moins attrayantes. C'est dire que la perception du paysage monétaire était brouillée par les autorités elles-mêmes.

c) La liaison, soulignée deux fois, des taux français aux taux allemands marque fortement l'impuissance de la Banque de France face à la Bundesbank — dont le nom est inscrit en majuscules — et ce, quelles que soient les décisions politiques ou monétaires. C'est un aveu très impressionnant, d'autant qu'il est formulé par l'un des hauts responsables de la quatrième puissance mondiale.

d) Mais cet aveu est compensé par une sorte de volonté de revanche, et même de fatalité de la revanche française — il n'y a pas d'autre choix — après tant d'années d'humiliation sur le plan monétaire. On croirait lire les *Souvenirs* de Moreau, le gouverneur de la Banque de France dans les années 1920. Et l'on est incité à partager la méfiance viscérale que Milton Friedman, nous l'avons vu, nourrit pour ces gens-là.

Moralité : dès que l'euro a été mis en place, beaucoup de responsables français ont reporté sur l'euro leur rancœur à l'encontre du deutschemark…

Veuillez croire, Cher Candide, etc.

ARCHIBALD

*Trente-deuxième leçon*

## DU CHÔMAGE VOLONTAIRE

*Où l'on réapprend à arbitrer entre travail et loisir.*

CANDIDE : Un nombre considérable de patrons ne parviennent pas à trouver la main-d'œuvre qu'ils recherchent. Des boulangers sont en manque de mitrons, des jardiniers ne trouvent pas d'aides. Même dans les secteurs les plus modernes comme le numérique, on observe de tels phénomènes. Voilà ce que je viens d'entendre au journal télévisé.

ARCHIBALD : Je vois avec le plus grand plaisir réhabilitée, sans que l'on dise son nom, la thèse du chômage volontaire.

Il n'y a pas si longtemps, quand on parlait de « jours chômés », on ne signifiait pas là qu'il s'agissait de jours de malheur. Au contraire, c'étaient des jours de fête. Et certains même se plaignaient qu'il y avait trop de fêtes chômées. On en trouve au moins un exemple dans les « cahiers de doléances » écrits pour les États généraux de 1789[1]. La thèse du chômage volontaire est au centre de la théorie économique classique de l'emploi, qu'elle soit anglaise ou française, et vous reconnaîtrez qu'il est plaisant de la voir ainsi illustrée à la télévision par des gens qui n'ont jamais lu une page ni de Ricardo ni de Smith ni de Turgot ni de Cantillon.

CANDIDE : Si j'ai bien compris vos leçons précédentes, et notamment celle sur la valeur-travail, pour ces économistes-là, le travail est une marchandise comme une autre.

ARCHIBALD : Vous mettez le doigt sur la plaie. D'un côté en effet, dans une économie de marché, le travail ne peut pas être autre chose qu'une marchandise obéissant aux lois de l'offre et de la demande. Mais de l'autre, il est évident pour tout le monde que le travail ne peut pas être traité comme une marchandise ordinaire, voire comme une marchandise tout court.

Avant de recourir au discours moralisateur, l'économiste doit aller jusqu'au bout des pistes que lui ouvre son savoir, et notamment celle-ci : le travail ne peut être une marchandise comme une autre, car, si j'ose dire, c'est une marchandise pensante. Même le pire des esclavagistes ne pourrait manier des hommes comme des objets.

Un être humain, quelle que soit la situation dans laquelle il se trouve, considère le travail d'abord comme une peine. Vous me direz peut-être que dans les sociétés dites primitives, on travaille dans la joie. Ou que pour certaines professions, artistiques notamment, le travail est un plaisir.

Les journées n'ont que vingt-quatre heures. Elles sont divisées en deux. Le travail et le loisir. La législation actuelle impose à la plupart des gens des horaires fixes de travail — fixité que l'on est, du reste, en train de remettre en cause. En effet, cette fixité est le résultat d'une discipline industrielle, datée du XIXe siècle, qui a peut-être fait son temps. Du moins peut-on l'espérer. Supposons que vous ayez le choix de vos horaires. Ce n'est pas une supposition gratuite. Sinon, tout ce discours, pas seulement écologiste aujourd'hui, sur le « temps choisi » n'aurait pas l'audience qu'il trouve actuellement. D'ailleurs, le temps choisi est déjà vécu dans certains cas. Vous par exemple, et moi, intellectuel en chambre en dehors des quelques heures de cours que j'assure chaque semaine, nous organisons notre travail comme nous le voulons. C'est un privilège.

Dans de telles situations, il apparaît clairement que le temps est une ressource limitée. À partir de cette constatation, l'économiste classique suppose que l'individu procède à un arbitrage entre travail et loisir. Il arrive un moment dans la journée où une heure supplémentaire de travail ne vaut pas l'heure de loisir que l'on sacrifie. À ce moment-là, qui peut être variable, l'individu en question s'arrête de travailler. On ne va pas reprendre ici la discussion sur la rationalité d'un tel comportement. Il suffit de dire qu'à un moment on s'arrête de travailler pour toutes sortes de raisons qui peuvent être « physiologiques » (la fatigue), « psychologiques » (goût pour la paresse), « sociales » (les nécessités de la vie en société), etc., qui, elles-mêmes, ne sont pas forcément rationnelles. On peut renverser l'ordre de l'arbitrage et dire que l'individu se met au travail — et quitte donc l'état de loisir — pour toutes sortes de raisons qui elles aussi ne sont pas toujours rationnelles. Un écrivain passionné par le roman qu'il est en train d'écrire passe des nuits blanches la plume à la main, un homme politique, mû par la *libido dominandi* — c'est une expression de saint Augustin, la passion du pouvoir, si vous préférez —, peut travailler quinze heures par jour, sept jours par semaine, et trois cent soixante-cinq jours par an. C'est le cas d'un ancien président de la République, si l'on en croit les confidences qu'il a faites à deux journalistes, condamné au plateau-télé de nombreux soirs à l'Élysée, entre des piles de dossiers, dans une solitude effroyable.

À ce moment où l'on passe du travail au loisir ou du loisir au travail, il y a équivalence de valeur entre temps de travail et temps de loisir. Comme il est difficile de donner une valeur marchande au temps passé à être oisif, on va se servir de la valeur du travail pour évaluer le loisir. Ainsi, « le prix d'une heure de loisir est le revenu que l'on aurait gagné si on l'avait consacrée à travailler, ou encore la consommation à laquelle on renonce en ne travaillant pas[2] ». Il suit de là ce paradoxe : plus vous gagnez en travaillant, plus votre loisir vous coûte cher. Dans le jargon des économistes, on appelle cela le « coût d'opportunité » du loisir.

CANDIDE : Peut-être ce paradoxe explique-t-il le « surmenage » des cadres supérieurs ?

ARCHIBALD : C'est une hypothèse qui mériterait d'être vérifiée. Elle montrerait qu'en fait de surmenage, il s'agit tout simplement d'un appât du gain. Le loisir « à la maison » — faire les courses, le ménage ou la vaisselle, s'occuper des enfants — ne vaut pas l'heure supplémentaire passée au bureau ! Mais s'il s'agit de lire un livre, d'écouter de la musique, d'aller au théâtre, de faire l'amour, il en ira peut-être autrement… Tout dépend de l'échelle des valeurs de chacun[3].

Que se passe-t-il en cas d'augmentation des salaires *horaires* ? La théorie classique distingue ici deux effets : l'effet de revenu et l'effet de substitution.

Avec l'effet de revenu, l'accroissement de salaires entraîne une diminution du travail : le salarié, puisqu'il peut garder le même revenu en travaillant moins, décide effectivement de moins travailler[4]. C'est un raisonnement que l'on tenait beaucoup au XIX^e^ siècle dans les pays qui connaissaient le décollage industriel, ou encore au XX^e^ siècle dans les colonies : si vous augmentez la paie de ces gens-là, ils vont moins travailler, ils sont tellement paresseux !

L'effet de substitution est exactement inverse : l'augmentation du salaire horaire accroît le coût (d'opportunité) du loisir et l'on est donc davantage enclin à y renoncer, et à lui substituer du travail. C'est dire qu'une augmentation des salaires peut entraîner une augmentation du chômage.

CANDIDE : Parce que la main-d'œuvre serait devenue trop coûteuse pour l'employeur ?

ARCHIBALD : Cela peut jouer, mais ce n'est pas ce que je voulais dire. Une augmentation des salaires peut inciter des personnes à entrer dans la « population active ». Les statisticiens appellent ainsi, par une convention qui n'est pas tout à fait innocente, la population qui se place sur le marché du travail. Les occupations ménagères non rétribuées, par exemple, ne sont pas considérées comme du « travail ». De même le travail au noir. Si de nouveaux venus sur le marché du travail ne trouvent pas d'emploi, ils vont s'inscrire à Pôle emploi, et cela fait autant de chômeurs en plus.

CANDIDE : Les chômeurs seraient donc des « actifs » ?

ARCHIBALD : Les chômeurs involontaires constituent cette partie de la population active qui n'est pas employée et qui, en principe, est à la recherche d'un emploi. En revanche les chômeurs volontaires, qui s'écartent volontairement du marché du travail, ne font pas partie de la population active.

Les statistiques sont faites de cette façon et il

faut bien se soumettre à leurs conventions. Mais ces mêmes conventions expliquent que les aides à l'emploi, même si elles sont efficaces, ce qui reste à démontrer, ne peuvent jamais être totalement efficaces en termes de réduction du chômage dans les statistiques officielles. Car elles attirent sur le marché du travail des personnes qui seraient restées hors de la population active. Dans l'un et l'autre cas des chômeurs volontaires sont transformés en chômeurs involontaires. Ce qui n'est pas très malin. D'abord parce que les chômeurs involontaires, figurant dans les statistiques du chômage, sont plus visibles que les chômeurs volontaires. Ensuite parce que les chômeurs involontaires, dans la mesure où ils touchent des indemnités de chômage, coûtent plus cher que les chômeurs volontaires qui, eux, ne demandent rien.

CANDIDE : On dit parfois que les indemnités de chômage sont telles que les chômeurs que vous appelez involontaires ont intérêt à rester… chômeurs. On dit la même chose des « rmistes ». N'est-ce pas l'effet de substitution qui joue ici ?

ARCHIBALD : Si. Pourquoi ?

CANDIDE : Parce que les indemnités de chômage ou le Revenu minimum d'insertion diminuent le coût du loisir.

ARCHIBALD : Plus précisément, le « coût d'opportunité » du loisir.

CANDIDE : Le supplément de revenu qu'apporterait un emploi n'est pas suffisant pour leur faire abandonner les avantages de la situation de chômeur, même si ces avantages sont très maigres.

ARCHIBALD : Des chômeurs involontaires sont transformés en chômeurs volontaires, tout en continuant à vivre aux frais de la collectivité !

CANDIDE : C'est un scandale régulièrement dénoncé. Il est très exagéré.

ARCHIBALD : En êtes-vous si sûr ? Je suis convaincu, en tout cas, que malgré les grands discours qu'elle faisait, la « classe politique » n'était pas vraiment persuadée que la situation était si grave qu'elle le disait. Qui ne connaît dans sa famille ou parmi ses proches un « chômeur » qui s'en tire en... tirant sur toutes les ficelles de l'État-Providence ; outre les indemnités de chômage proprement dites, il existe beaucoup d'allocations liées au statut de sans-emploi : l'allocation spécifique de solidarité, les aides concernant les crèches, la restauration scolaire, les allocations logement, l'exonération de la taxe d'habitation, la prise en charge des factures de gaz, d'électricité, d'eau, de téléphone et de télévision, l'aide à la cuve, aux impayés de loyers, les bons de vacances, les tickets de loisir, la Couverture maladie universelle... sans compter la kyrielle d'aides propres à chaque département ou commune, telles que les aides communales pour les activités sportives et culturelles, certains barèmes de cantine, les aides régionales au transport, les aides pour le paiement des places de crèche, tout un dispositif qui disparaît pour la personne qui retrouve du travail. Aujourd'hui, le niveau scandaleusement élevé du chômage est devenu vraiment dangereux pour l'ordre public et il faut recourir à de grands remèdes, d'autant plus douloureux qu'ils sont tardifs.

CANDIDE : Reprenons la question : en cas d'augmentation des salaires, quel est celui des deux effets qui est le plus influent ?

ARCHIBALD : On ne peut pas le dire à l'avance. À court terme, c'est plutôt l'effet de substitution qui l'emporte. Une hausse des salaires provoque une augmentation de l'offre de travail des travailleurs. Encore faut-il qu'ils trouvent des patrons pour les embaucher.

À long terme, l'Histoire montre que l'effet de revenu l'a clairement emporté sur l'effet de substitution. L'augmentation du niveau de vie s'est accompagnée partout d'une diminution des horaires de travail et par conséquent d'un accroissement des loisirs, soit dans la journée (les huit heures), soit au cours de la semaine (encore au début de ce siècle, la plupart des gens travaillaient au moins le samedi matin, aujourd'hui le week-end est quasiment sacré), soit dans l'année avec l'extension continuelle des congés payés. Certains « prophètes » vont jusqu'à prédire la « fin du travail[5] ». Ils vont un peu vite en besogne, c'est bien le cas de le dire !

La réduction du temps de travail a été plus forte pour les hommes que pour les femmes. Les situations de départ étaient très différentes, les hommes étant plus engagés que les femmes dans la population active, au sens défini plus haut. De fait, les hommes ont été plus sensibles à l'effet de revenu que les femmes, et les femmes plus sensibles à l'effet de substitution que les hommes.

Depuis un siècle, en effet, la durée hebdomadaire du travail des hommes ainsi que l'âge de la retraite diminuent. Les hommes ont donc arbitré en faveur du loisir (effet de revenu). C'est le contraire pour les femmes. La hausse des salaires les a incitées (effet de substitution) à entrer dans la « population active », à substituer du travail au loisir. Comme on peut s'y attendre, les crèches et les garderies d'enfants renforcent l'effet de substitution. En Allemagne où il y a peu de crèches, les femmes sont moins « actives » — au sens statisticien de population active — qu'en

France. Cela dit, il est bien connu que les femmes qui travaillent hors de la maison ne voient pas pour autant diminuer leurs tâches ménagères. L'appât du gain au sens large — salaires, statut social, indépendance vis-à-vis du mari ou du compagnon — a fait jouer l'effet de substitution d'autant plus facilement que le loisir dont jouissaient les femmes au foyer, une fois leurs tâches accomplies, n'était en général ni très long ni très attrayant, si vous voyez ce que je veux dire.

CANDIDE : Les revendications actuelles concernant la réduction du temps de travail ne sont-elles pas des demandes de loisirs ?

ARCHIBALD : La conquête du temps libre était sans doute l'une des plus profondes aspirations de la classe ouvrière. Rappelons-nous que le 1er Mai, jour chômé, commémore l'action internationale des ouvriers pour la journée des huit heures depuis 1891.

CANDIDE : Ce sont des demandes de loisirs, mais elles sont jointes à des demandes d'augmentations de salaires. Et la loi française dite des trente-cinq heures y fait droit.

ARCHIBALD : En effet. Il s'agit de compenser le manque à gagner causé par la réduction du temps de travail. Mais, dans ces conditions, on ne peut dire vraiment qu'il y ait arbitrage entre travail et loisirs. Ce n'est que dans le cas où les gens acceptent de gagner moins en travaillant moins que l'on se trouve dans le cas du chômage volontaire. Des enquêtes d'opinion[6] tendaient à montrer que l'effet de substitution continuait à jouer à court terme, surtout chez les jeunes[7]. Il faudrait actualiser ces données.

CANDIDE : Justement, je voudrais en savoir plus sur le fonctionnement du marché du travail.

ARCHIBALD : Pour cela, revenons à notre économiste classique qui considère que le travail obéit et ne peut qu'obéir, en économie de marché, aux lois de l'offre et de la demande. Sur le marché du travail se rencontrent l'offre et la demande de travail. Ici il y a une difficulté de vocabulaire. L'offre, c'est l'offre de travail des travailleurs qui figure dans les journaux sous la rubrique des demandes d'emploi. La demande, c'est la demande de travail des employeurs, laquelle est rangée dans la rubrique des offres d'emploi. Les économistes raisonnent en termes d'offre et de demande de travail. Nous ferons comme eux.

CANDIDE : Nous savons déjà que l'offre de travail (des travailleurs) est le résultat d'un arbitrage entre travail et loisir.

ARCHIBALD : Dans une population donnée, nous aurons donc une partie de la population au travail et une partie de la population « au loisir », si je peux dire. C'est dire que nous avons d'un côté des travailleurs et de l'autre des chômeurs volontaires. Cette répartition varie en fonction des salaires. À chaque niveau des salaires correspond un niveau d'emploi et un niveau de loisir. Il n'y a de chômeurs que volontaires.

Passons à la demande de travail. Cette demande est le fait des employeurs. Elle est aussi le résultat d'un arbitrage entre embaucher et… ne pas embaucher. Beaucoup de paramètres entrent ici en cause : les prévisions sur les ventes futures de l'entreprise, toujours entachées d'incertitude, la productivité du travailleur que l'on s'apprête à embaucher[8] comparée à son salaire, la possibilité de le remplacer ou non par une machine moins coûteuse, la possibilité, en cas de difficultés, de le licencier sans risquer des fortunes aux prud'hommes, etc. Il est évident que les patrons ne sont pas des philanthropes et que toute embauche correspond à leur intérêt.

CANDIDE : La rencontre entre l'offre et la demande de travail permet de déterminer un prix de marché comme sur n'importe quel marché.

ARCHIBALD : En effet, et ce prix n'est autre que le salaire. Il y a évidemment autant de salaires qu'il y a de marchés particuliers : les OS, les ouvriers qualifiés, les agents de maîtrise, les cadres, les cadres supérieurs, etc. Il y a même un marché pour les P.-D.G., qui est international. Sur chacun de ces marchés, le salaire établi par le jeu de la concurrence permet d'équilibrer l'offre et la demande de travail. Pour chaque marché, le salaire d'équilibre départage la population concernée en population au travail et population au loisir. Tout à l'heure, nous disions que quel que soit le niveau de salaire, il ne pouvait y avoir que du chômage volontaire. Cela reste vrai quand le salaire d'équilibre de l'offre et de la demande est atteint. À ce niveau comme à tous les autres, il ne peut y avoir que du chômage volontaire. Mais comme on ne peut pas considérer que quelqu'un qui n'a pas envie de travailler ou qui estime que travailler n'en vaut pas la peine est vraiment un chômeur, on en déduit qu'en économie de marché il ne peut y avoir de chômage du tout. C'est une application de la loi de Say[9].

Dès les premières pages de son ouvrage majeur, *Théorie générale de l'emploi, de l'intérêt et de la monnaie*, Keynes attaque la loi de Say[10]. Mais souvenez-vous plutôt de nos leçons sur la concurrence et sur la monnaie. Tout achat est une vente, et toute vente un achat, mais l'échange ne peut se faire que si le prix est le résultat de la libre confrontation de l'offre et de la demande. Ainsi, l'égalité entre l'offre et la demande suppose une flexibilité parfaite de tous les prix y compris du prix du travail, c'est-à-dire le salaire. Comme l'hypothèse centrale de Keynes est, nous l'avons vu, la rigidité des prix au moins à court terme, la loi de Say ne peut évidemment pas s'appliquer.

CANDIDE : Que la loi de Say soit ou non valide, il est difficile d'admettre que tous les chômeurs sont volontaires, qu'il n'y a pas de vrais chômeurs. Surtout aujourd'hui !

ARCHIBALD : Ce n'est pas moi qui le dis, c'est la théorie économique classique. Bien sûr, il y a des chômeurs involontaires, donc de vrais chômeurs. Mais il faut savoir pour quelle raison.

CANDIDE : D'abord, quand on quitte un emploi, il faut toujours un certain temps pour en retrouver un autre.

ARCHIBALD : La théorie classique tient bien évidemment compte de ce phénomène, appelé chômage frictionnel ou chômage de frottement. Un tel chômage provient de ce que les désajustements entre l'offre et la demande du travail ne peuvent se corriger dans l'immédiat. Mais de tels dysfonctionnements s'observent sur tous les marchés et n'invalident pas la théorie d'ensemble. L'objection est trop facile, et elle ne tient pas. Ce chômage de frottement ne devrait atteindre, si le marché du travail est bien organisé, pas plus de 2 % à 3 % de la population active.

CANDIDE : On est bien au-dessus de ce chiffre. Et vous ne me ferez pas croire que les 3,5 millions de chômeurs français sont ou volontaires ou frictionnels. Il faut bien qu'il y en ait d'involontaires.

ARCHIBALD : Il nous faudra une séance entière pour en venir à bout.

*Trente-troisième leçon*

## DU CHÔMAGE INVOLONTAIRE

*Où l'on se rend compte que*
*la désobéissance à la loi du marché*
*fabrique des millions de chômeurs.*

CANDIDE : Je reviens à ma question : comment expliquer le chômage involontaire ?

ARCHIBALD : Il est facile de deviner la réponse que donne la théorie classique. Le chômage involontaire provient tout simplement que l'on ne laisse pas jouer librement l'offre et la demande de travail. C'est comme une mévente sur le marché des carottes. S'il y a mévente, c'est qu'on a empêché d'une manière ou d'une autre le prix d'atteindre le niveau qui égalise l'offre et la demande de carottes. De la même façon, s'il y a du chômage involontaire sur tel ou tel marché du travail, c'est que le salaire qui est pratiqué sur ce marché ne permet pas d'égaliser l'offre et la demande de travail.

Il ne s'agit pas de comparer des hommes à des carottes. Il s'agit de remarquer simplement que la loi de l'offre et de la demande s'applique aussi bien au marché de carottes qu'au marché du travail, et que cela ne sert à rien de dénier cette réalité. Mais, de fait, les hommes ne sont pas des carottes. Ils pensent. Les carottes ne pensent pas ! Ils arbitrent entre travail et loisir. Les carottes n'arbitrent pas entre être mangées ou pourrir sur place.

CANDIDE : Mais entre l'employeur et l'employé, la situation n'est pas égale. L'employeur peut imposer son point de vue à l'employé ou au candidat à l'embauche.

ARCHIBALD : D'abord ce n'est pas toujours le cas. Telle personne du fait de sa qualification ou simplement de ses connaissances peut être ou devenir indispensable à la personne ou à l'institution qui l'emploie. Ensuite, quand bien même il y aurait asymétrie au profit de l'employeur, elle n'invalide pas la loi de l'offre et de la demande, sauf à remettre en cause toute l'économie de marché. En effet, sur aucun marché il n'y a de symétrie entre l'offre et la demande. Quand vous achetez des pots de yaourt dans un supermarché, croyez-vous que vous êtes dans une situation parfaite de symétrie vis-à-vis de l'établissement qui vous le vend ? Je vous renvoie ici à l'une de nos toutes premières leçons, celle consacrée à l'échange. Dès que l'échange est libre, ici il s'agit d'échanger du travail contre un salaire, il se traduit par une amélioration de bien-être pour les deux parties, quelles que soient leurs situations respectives. Toute autre considération nous fait sortir du cadre de l'économie de marché.

CANDIDE : Enfin, vous ne ferez pas croire que dans une situation où le chômage touche plus de 3 millions de personnes, comme c'est le cas en France, l'employeur ne soit pas en mesure d'imposer sa loi aux employés, et souvent de manière impitoyable.

ARCHIBALD : Il n'y a aucun doute à cela. Mais, d'abord, comme nous allons le montrer, l'économie de marché n'est pas responsable de cette situation désastreuse ; et ensuite, même dans cette situation, il y a une amélioration du bien-être pour les deux parties à la signature d'un contrat de travail. Sinon, on ne voit pas pourquoi tant de gens chercheraient à trouver un emploi.

CANDIDE : Il est tout de même légitime de prendre des mesures législatives, réglementaires, que sais-je, pour renforcer le pouvoir de négociation des plus faibles, rétablir un minimum de justice.

ARCHIBALD : À cela, l'économiste classique s'oppose radicalement. Il est logique avec lui-même. Il prétend que le chômage involontaire provient du non-respect de la loi de l'offre et de la demande. Et que donc la seule façon de revenir au plein-emploi est de respecter cette loi. Or vous venez de proposer des interventions correctrices qui nous éloigneraient davantage encore du libre jeu de l'offre et de la demande, et donc ne peuvent, selon lui, qu'empirer le mal qu'elles prétendent guérir. En demandant plus d'intervention, d'une certaine manière, vous entrez vous-même dans le jeu de l'économiste classique, qui pourra dire : vous voyez bien qu'une intervention étatique conduit à toujours plus d'intervention étatique, et qu'en mettant le doigt dans cet engrenage infernal, c'est la main, puis le bras, puis tout le corps qui va être broyé. Et voilà pourquoi la France s'enfonce depuis des années dans un chômage de masse qui est d'autant plus scandaleux que les solutions existent, mais qu'aucun homme politique jusqu'à maintenant n'a eu le courage de les mettre en œuvre[1]. Depuis des années, je crie comme dans un désert, le drame économique s'est mué en débâcle politique. Nous vivons sur un volcan…

CANDIDE : D'après ce que j'entends, je parie que

vous allez me parler maintenant de supprimer le Smic.

ARCHIBALD : J'y viens en effet. Par définition le Smic, le Salaire minimum interprofessionnel de croissance, est au-dessus du salaire qui s'établirait à la suite d'une libre confrontation de l'offre et de la demande de travail non qualifié et que nous avons appelé salaire d'équilibre. Il a été instauré, comme vous disiez tout à l'heure, pour renforcer la situation des plus démunis. Que va-t-il se passer ? Payées au Smic, les quantités de travail demandées par les employeurs seront inférieures à celles qu'ils demanderaient si les salaires les plus bas étaient au niveau de l'équilibre. D'un autre côté, les quantités offertes par les travailleurs vont être supérieures à celles qu'elles étaient au salaire d'équilibre si joue l'effet de substitution décrit plus haut. Donc, d'un côté la demande de cette catégorie de travail diminue, de l'autre l'offre de cette catégorie de travail augmente. La partie de cette offre qui ne pourra être embauchée constitue exactement le chômage involontaire. Toute une série de personnes prêtes à travailler au Smic ne trouvent pas d'emploi. Le Smic est donc bien à l'origine du chômage des moins qualifiés. Comme sa fixation se répercute au moins sur l'ensemble des bas salaires, cet effet pervers dépasse de beaucoup le cas des seuls smicards. Peut-être pourriez-vous raisonner par analogie en évoquant l'ancienne législation qui bloquait les loyers. Là encore était présumée une situation d'asymétrie que l'on entendait corriger par la loi. Mais cette fois l'offreur (le propriétaire d'appartement) jouait le rôle du vilain, et le demandeur (le locataire) celui de la victime. Pour rétablir l'équilibre entre l'offre et la demande, on a imposé un loyer maximum. Le loyer issu de ce blocage était forcément inférieur au loyer qui se serait établi à la suite d'une libre confrontation de l'offre et de la demande — sinon à quoi bon l'imposer. Il n'est pas besoin d'être grand clerc pour comprendre qu'à ce loyer inférieur au « loyer d'équilibre », l'offre de logements était inférieure à la demande, un loyer insuffisant décourageant l'offre et excitant la demande. Sur le marché du logement comme sur le marché du travail, les mêmes causes aboutissent aux mêmes effets : ici chômage involontaire, là pénurie de logement. Ces mécanismes sont archiconnus et figurent dans tous les manuels d'économie. Et pourtant l'économiste classique a beau jeu de remarquer une fois encore qu'on attribue ces dysfonctionnements non pas à la réglementation qui en est la cause, mais aux forces aveugles, égoïstes, désordonnées, irrationnelles et pour tout dire inhumaines de l'économie de marché. Et qu'une fois encore on propose de remettre en cause, non le règlement fautif, mais de rajouter d'autres interventions de l'État pouvant aller jusqu'à la réquisition des entreprises pour qu'elles soient obligées d'embaucher des chômeurs, ou à l'occupation par la force des logements vacants par des sans-logis. Bref, une nouvelle fois on ferait la démonstration qu'une intervention de la puissance publique incompatible avec les règles de l'économie de marché (Smic, blocage des loyers) conduit fatalement à des interventions supplémentaires. C'est ce que Hayek, déjà cité dans nos précédentes leçons, démontre éloquemment dans *La Route de la servitude*[2]. La seule réponse qu'un économiste peut opposer se trouve dans Keynes.

CANDIDE : Il n'y aurait donc rien entre Hayek et Keynes.

ARCHIBALD : Le grand duel, au niveau des économistes, c'est celui qui a opposé ces deux-là. Bien sûr, il y a une infinité de nuances dans chacun des deux camps, keynésien d'une part, libéral de l'autre. Mais la grande querelle se situe au niveau de ces deux esprits réellement supérieurs, de ces deux champions de la pensée économique. D'une certaine manière, au reste, on peut dire que la *Théorie générale* qui date de 1936 est la réponse de Keynes aux quatre conférences fulgurantes données par Hayek en 1930 à Cambridge.

Hayek, lors de ces conférences, n'a que trente et un ans. Et le jeune économiste autrichien subjugue l'establishment anglo-saxon. L'année suivante, il sera nommé professeur à la London School of Economics. Hayek redémontrait de manière rigoureuse ce qu'avait toujours prétendu la théorie classique, à savoir qu'une émission supplémentaire de monnaie non seulement était incapable de venir à bout du chômage, mais encore déformait à tel point la répartition de la production entre les différents secteurs de l'économie qu'elle créerait du chômage supplémentaire. Comme ce surcroît de chômage favoriserait les pressions politiques pour davantage d'inflation, on mettrait le doigt dans l'engrenage décrit plus haut, mais qui cette fois prendrait une allure dramatique : toujours plus d'inflation pour toujours plus de chômage… Dans les années 1980, on appellerait *stagflation* ce mélange étonnant de chômage et d'inflation — étonnant seulement pour ceux qui n'avaient pas lu Hayek. Publiées sous le titre *Prix et production*[3] à Londres en 1931, ces conférences furent qualifiées par Keynes de « plus horrible mélange qu'[il] avait jamais lu[4] ». Keynes avait bien identifié son principal ennemi. En fait, cet ennemi ne datait pas de Hayek, et la querelle Keynes-Hayek est la résurgence d'une opposition qui traverse la pensée économique au moins depuis Malthus, et on pourrait remonter plus avant.

CANDIDE : À vous suivre, on finirait par accuser les syndicats de créer du chômage en imposant aux patrons des salaires plus élevés que ceux qui s'établiraient sans leur intervention.

ARCHIBALD : Il est de fait que les syndicats défendent les intérêts des gens en place, non des chômeurs. Mais j'ajouterai cela qui va beaucoup vous surprendre : il y a sur ce point collusion entre syndicats et patronat. Le patron a lui aussi tendance à payer les gens au-dessus du salaire d'équilibre comme le montre la théorie dite des salaires efficaces, déjà rencontrée à propos de Ford. En relevant les salaires au-dessus du prix du marché, le patron recrute les meilleurs éléments, réduit le taux de rotation de sa main-d'œuvre, et en provoquant du chômage à cause de ces mêmes salaires élevés, il a plus facilement la « paix sociale » dans son entreprise.

Ce que je voudrais vous montrer maintenant, c'est que la sécurité sociale obligatoire est elle aussi responsable du chômage dans une économie de marché.

CANDIDE : De mieux en mieux, c'est-à-dire de pire en pire !

ARCHIBALD : Le point est si délicat que je vous ferai une note à ce sujet.

*Trente-quatrième leçon*

# DE L'INCIDENCE DE LA SÉCURITÉ SOCIALE SUR LE CHÔMAGE

*Où l'on s'attaque à un tabou très redoutable.*

Supposons que dans un premier temps tout salaire est versé en monnaie (situation 1). Puis dans un second temps qu'une partie du salaire est versée en nature (situation 2). Par exemple, le patron offre des logements gratuits à ses ouvriers. Cela s'est beaucoup pratiqué au XIX^e^ siècle dans les grandes cités minières ou sidérurgiques. Étant donné le complément en nature qu'ils reçoivent, les travailleurs se contentent pour chaque quantité de travail qu'ils fournissent d'un salaire inférieur à ce qu'il serait sans ce complément. De même le patron paie, pour chaque quantité de travail demandée à ses ouvriers, un salaire inférieur à ce qu'il serait s'il n'y avait pas ce complément en nature. Dans les deux cas, du côté de l'offre comme du côté de la demande de travail, la différence entre les salaires dans la situation 1 et dans la situation 2 est égale au complément en nature.

Question : est-ce que le niveau d'emploi va être le même ? Réponse : le niveau d'emploi correspondant à la libre rencontre de l'offre et de la demande de travail ne sera le même que si les employés sont aussi satisfaits de leur complément en nature que s'ils l'avaient choisi eux-mêmes. Dans l'exemple que nous avons évoqué, les logements que leur offre le patron correspondent exactement aux logements qu'ils auraient habités si touchant tout leur salaire en monnaie ils avaient eux-mêmes loué leur habitat.

Dès lors, on pourrait se demander pourquoi il en serait toujours ainsi.

Il est facile d'imaginer que certains employés préfèrent habiter ailleurs, dans un appartement et un environnement à leur goût, qu'ils auraient choisis plus librement que ce n'est le cas dans les logements fournis par le patron. Ces employés mauvais coucheurs, c'est bien le cas de le dire, vont considérer le paiement en nature comme nul. Ils maintiendront leurs exigences salariales au niveau de la situation 1. Mais de son côté, le patron considérera toujours que le salaire monétaire est complété par le salaire en nature. Par conséquent, il maintiendra le salaire monétaire au niveau de la situation 2. La rencontre, dans ces conditions, entre la demande de travail par le patron et l'offre de travail des travailleurs aboutira à un niveau d'emploi inférieur à ce qu'il était dans la situation 1. Au niveau de salaire monétaire proposé par le patron dans la situation 2, les « mauvais coucheurs » sont disposés à moins travailler qu'ils ne l'étaient pour le salaire monétaire de la situation 1. Si les mauvais coucheurs sont suffisamment nombreux, le chômage va se développer. Il s'agit d'un chômage volontaire, au sens défini dans la Trentième leçon. Il n'est pas aussi visible que le chômage involontaire. L'emploi n'en recule pas moins.

Or, du fait que la Sécurité sociale est obligatoire, les cotisations prélevées et les prestations reçues par les salariés peuvent être considérées comme des salaires en nature (situation 2). Si l'employé considère que le prix payé pour cette protection sociale imposée est nettement supérieur aux bénéfices qu'il en reçoit, il aura des exigences de salaires presque aussi élevées que s'il n'était pas couvert par la Sécurité sociale (situation 1). Mais les patrons maintiendront leur salaire monétaire au niveau atteint après prélèvement des cotisations sociales (situation 2). Il en résultera un recul de l'emploi et un accroissement du chômage volontaire comme dans l'exemple des logements patronaux refusés[1]. En revanche, si les salariés pouvaient s'assurer librement auprès de l'organisme de leur choix, comme ils le font pour leur automobile ou leur maison, ils retrouveraient l'entièreté de leur salaire sur lequel ils prélèveraient eux-mêmes leurs primes d'assurance. L'emploi se trouverait à un niveau supérieur (situation 1) par recul du chômage volontaire.

Si l'on suit ce raisonnement, la seule chose à faire est de mettre fin au monopole de la Sécurité sociale et tout ira mieux. Certes la violence des réactions aux tentatives timides de réforme du salaire minimum est de mauvais augure pour tout gouvernement qui s'aventurerait à attaquer ce monopole. Mais lisez donc Hayek, vous verrez que ce monopole n'a pas plus de légitimité qu'aucun monopole public[2].

Les gouvernements de gauche comme de droite préconisent d'alléger les cotisations sociales pour remédier aux défauts du système. Mais il y a beaucoup de confusion dans ce domaine. On distingue les cotisations qui sont perçues sur les salaires des cotisations qui sont à la charge des employeurs. Et l'on espère qu'en diminuant ces charges on va relancer l'emploi. Mais cette distinction n'a pas lieu d'être.

Que les cotisations soient payées par les patrons ou par les salariés ne change pas leur nature, si j'ose dire, de salaires en nature retenus par le système et transformés en prestations sociales. Exactement comme le loyer retenu sur le salaire par les patrons logeurs de tout à l'heure. L'« allégement des charges sociales », qui reste l'une des « armes » des gouvernements qui prétendent lutter contre le chômage, ne peut résoudre le problème. Car elle ne s'intéresse qu'à la demande de travail par les patrons. Elle néglige ce qui se passe du côté de l'offre de travail des travailleurs. En effet, ces charges sociales « allégées », il faudra bien les fiscaliser d'une manière ou d'une autre, et l'on a déjà commencé en France avec la Contribution sociale généralisée (CSG). Or il y a de grandes chances pour que ces nouveaux impôts pèsent directement ou indirectement sur la moins mobile des matières fiscales, c'est-à-dire sur le travail (les capitaux, en général beaucoup plus mobiles, sont plus difficiles à atteindre, surtout quand les États, y compris à l'intérieur de l'Union européenne, se font concurrence par la fiscalité pour les attirer à eux). Dès lors on peut craindre que les travailleurs n'adaptent leur comportement à ce surcroît d'imposition, de la même manière qu'ils s'adaptaient aux cotisations sociales par du chômage volontaire. Ce qui signifie que cette politique dans ces conditions échouera à relancer l'emploi. Le principal obstacle, nous l'avons maintenant identifié.

On dira que, politiquement, il est impossible de le faire sauter. C'est un autre problème. La seule chose que l'économiste dit est qu'il y a incompatibilité entre l'économie de marché d'une part, et d'autre part tout règlement ou institution (salaire minimum, horaire fixe de travail, interdiction de licenciement,

Sécurité sociale) et que cette incompatibilité génère du chômage. À partir de là on peut toujours choisir une société réglementée à fort taux de chômage. Cette situation a bien des avantages.

D'abord les patrons ont à leur merci une main-d'œuvre plus docile, plus obéissante, moins revendicatrice, comme nous l'avons déjà remarqué avec la « théorie des salaires efficaces ». Ensuite, le gouvernement n'a pas à redouter de grandes grèves comme autrefois. Les chômeurs par définition ne font pas grève. Ils défilent peu dans la rue. Ils ont plutôt tendance à cacher leur honte. On a essayé de monter des « syndicats de chômeurs ». Cela a fort peu marché. Qui se souvient aujourd'hui du mouvement des chômeurs français de la fin des années 1990 ? Très peu de monde ! Pour la bonne raison que le chômeur est typiquement un *free rider* au sens que les économistes donnent à ce mot, un « cavalier libre » qui, moins que personne, a le souci de coopérer avec les autres, à la recherche qu'il est, dans le naufrage général, d'une planche pour son propre salut. Je vous renvoie à ce que nous avons dit à ce sujet dans la leçon sur les biens collectifs. Pour ne rien dire des faux chômeurs qui, eux, vivent carrément dans l'illégalité, surtout s'ils complètent leurs indemnités par du travail au marché noir.

Certains économistes ou hommes politiques accusent le système capitaliste et plus récemment la mondialisation d'être facteurs de chômage. Mais ils n'expliquent pas pourquoi des pays aussi « capitalistes » que l'Angleterre et les États-Unis sont aujourd'hui proches du plein-emploi. Ils se rattrapent en plaidant que les inégalités se sont accrues dans ces deux pays d'une manière intolérable. On raconte beaucoup d'histoires à ce sujet en France. Il faut d'abord établir un fait. Les fameux « petits boulots » américains ou anglais, tant méprisés par les « penseurs » français, ce ne sont pas seulement des laveurs de carreaux ou des vendeurs de hamburgers. Ce sont aussi, comme les statistiques le montrent, des postes très qualifiés à haut revenu dans les nouvelles techniques de tous ordres qu'invente une économie dynamique libérée de toute entrave.

D'autre part, en matière d'inégalité, quel est le comble de l'injustice, si ce n'est de se trouver ou se retrouver au chômage pendant des années alors qu'on veut travailler, qu'on ne désire qu'une chose : avoir du travail pour retrouver une place dans la société.

Certes, aucune société n'échappe à la nécessité de redistribuer la richesse d'une manière ou d'une autre. La société américaine ou anglaise redistribue par le travail. La société française redistribue par des indemnités. N'est-il pas évident que la première est beaucoup plus dynamique que la seconde ? Il suffit de comparer les taux de croissance, le nombre de brevets déposés, etc.

La conclusion d'une telle analyse est qu'aucun gouvernement en France, qu'il soit de gauche ou de droite, n'a vraiment pris jusqu'à maintenant les moyens de lutter contre le chômage, car ces moyens sont incompatibles avec sa propre existence. Mettre en cause la Sécu serait signer son arrêt de mort immédiat. Aussi le discours antichômage est-il le discours le plus hypocrite que l'on ait tenu depuis longtemps. Mais reconnaissons à la décharge des hommes politiques que cette hypocrisie est partagée par la très grande majorité de nos concitoyens. Peut-être faudrait-il faire l'éloge de l'hypocrisie comme mode de « contrat social ». On évoque parfois les différences de culture. Voilà bien le dernier argument, que l'on vous sert quand on a épuisé les autres. Les différences de culture, qui ne sont pas niables, ont beau dos, si j'ose dire. Il fut un temps où le chômage était plus élevé aux États-Unis et en Grande-Bretagne qu'en France. Accusait-on les différences de culture ? Non. À l'époque on fustigeait l'horrible capitalisme impérialiste anglo-saxon. La France, la Belgique, l'Italie du Sud (l'Italie du Nord connaît le plein-emploi, mais personne n'en parle) et l'Espagne connaissent aujourd'hui le même type de chômage structurel. N'y a-t-il aucune différence de culture entre ces pays ?

*Trente-cinquième leçon*

## DE L'« EFFET LAFFER »

*D'où il résulte miraculeusement que*
*l'on peut augmenter les recettes fiscales*
*en diminuant les taux d'imposition,*
*tout en accroissant la richesse nationale.*

ARCHIBALD : Que diriez-vous d'annoncer une réduction massive d'impôt ? Je dis bien massive. Quelque chose d'énorme.

CANDIDE : En un temps où la priorité des priorités est de maintenir le déficit des finances publiques dans les critères dictés par la Commission européenne, je ne vois pas comment on pourrait de beaucoup baisser les impôts, ou même les empêcher d'augmenter, sans perdre de sa crédibilité.

ARCHIBALD : Cela demande en effet un peu de réflexion. J'ai là une copie de la première lettre envoyée en 1770 par Turgot au contrôleur général des Finances, du temps de Louis XV : « Les circonstances malheureuses où se trouve l'État ne vous permettent pas de diminuer les impôts, et il est bien plutôt à craindre que vous ne soyez forcé de les augmenter. Augmenter d'un côté les impôts et de l'autre diminuer les revenus des terres, c'est attaquer à la fois la feuille et la racine ; c'est, passez-moi la trivialité de l'expression en faveur de sa justesse, c'est user la chandelle par les deux bouts. »

J'ai déjà fait allusion à une autre lettre du même Turgot, à Louis XVI cette fois, en date du 24 août 1774 : « Il faut, Sire, vous armer, contre votre bonté, de votre bonté même ; considérer d'où vous vient cet argent que vous pouvez distribuer à vos courtisans[1]. » Cet argent tiré par force d'un peuple misérable enrichissait ce que l'on n'appelait pas encore les « avantages acquis ». Louis XVI venait d'arriver tout juste sur le trône et il avait encore sans doute bien des illusions sur son propre pouvoir de réformer. On dit pourtant que la première année d'un règne connaît un « état de grâce ».

CANDIDE : Turgot a en effet essayé de profiter de cet « état de grâce ». Il a finalement échoué comme vous le savez[2].

Moralité : le gouvernement, ce me semble, ne peut ni diminuer ni augmenter les impôts. Et il ne reste qu'une solution pour rééquilibrer les finances publiques : réduire les dépenses de l'État. C'est redevenu un thème très à la mode ces derniers temps. Comment faire autrement ?

ARCHIBALD : Il est remarquable que l'on trouve toujours de bons arguments pour ne pas réduire les impôts et repousser une vraie réforme de la fiscalité. Connaissez-vous Laffer ?

CANDIDE : J'en ai entendu parler.

ARCHIBALD : Il est vrai que ce nom dans notre pays n'a pas bonne presse auprès de l'intelligentsia, et notamment auprès des économistes. Par charité je ne le ferais pas, mais je pourrais vous citer certaines autorités déniant toute réalité à l'« effet Laffer », alors qu'il a fait merveille aux États-Unis[3]. Permettez-moi d'ajouter que l'« effet Laffer » est cohérent avec tout ce que je vous ai enseigné depuis le début.

C'est tout simple. En diminuant le taux de l'imposition, vous augmentez les recettes fiscales.

Arthur Laffer, l'économiste américain qui a inventé cet « effet » au milieu des années 1970, n'a fait que retrouver un phénomène bien connu de la théorie fiscale, à savoir que « les hauts taux tuent les totaux », comme on le dit en France sous forme de dicton. Ludwig von Mises y faisait allusion dans son œuvre majeure, *L'Action humaine*[4], reprenant lui-même une observation très ancienne, déjà mentionnée par Jean-Baptiste Say : « Un impôt exagéré détruit la base sur laquelle il porte[5]. » Dans la lettre de Turgot que je vous ai citée, on trouve de l'« effet Laffer ». L'impôt « attaque à la fois la feuille et la racine, brûle la chandelle par les deux bouts ». Ce sont autant d'expressions imagées qui nous font comprendre mieux que de longs discours que l'impôt ronge deux fois la richesse, une première fois en réduisant la base fiscale, et une seconde fois en pratiquant un prélèvement.

CANDIDE : Je veux bien admettre que trop d'impôt tue l'impôt. Mais cela ne me dit pas qu'une réduction du taux d'imposition va augmenter la recette fiscale.

ARCHIBALD : C'est ce que je vais maintenant vous démontrer. Partons d'un taux d'imposition égal à zéro. À ce taux, la recette fiscale est évidemment égale à zéro. Passons maintenant à un taux d'imposition égal à 100 %. La recette fiscale sera encore égale à zéro pour la bonne raison que personne n'acceptera de produire quoi que ce soit avec un taux d'imposition à 100 %, car ce serait travailler à 100 % pour le fisc. Que l'on croie ou non à la rationalité de l'homme ou à son libre arbitre, on est bien obligé d'admettre que personne n'a intérêt à produire quoi que ce soit si la totalité de sa production est confisquée. Les intellectuels annonciateurs de la « mort de l'Homme », les contempteurs de l'*homo economicus* ne sont pas les derniers à frauder le fisc le plus intelligemment, le plus rationnellement possible. Bref, à 100 %, la base sur laquelle est calculé l'impôt s'est évanouie d'une manière ou d'une autre : travail au noir, délocalisation à l'étranger, ou tout simplement renoncement à produire. La recette fiscale est le produit de la base par un taux. Montez le taux jusqu'à 1 000 %, si la base est réduite à néant, la recette sera nulle elle aussi.

Si maintenant on observe l'évolution de la recette fiscale en fonction du taux d'imposition, on observe au départ une recette nulle, correspondant à un taux d'imposition égal à zéro, et à l'arrivée, une recette encore nulle, avec un taux d'imposition égal à 100 %. Entre-temps, il faut bien admettre que la recette fiscale est devenue positive, sinon à quoi bon instituer l'impôt en question ? Autrement dit, la recette fiscale part de zéro, devient positive, puis retourne à zéro. Par conséquent, dans un premier temps, quand le taux d'imposition passe de 0 % à un certain pourcentage qui reste à déterminer, la recette fiscale augmente. Puis, lorsque le taux dépasse ce pourcentage, la recette fiscale décroît jusqu'à redevenir nulle lorsque le taux est à 100 %. La légende veut qu'Arthur Laffer ait exprimé cette « loi » en dessinant sur la nappe en papier d'un restaurant une courbe en forme de cloche. Mettez en abscisses le taux d'imposition et en ordonnées la recette fiscale, vous obtiendrez en effet ce genre de courbe, démarrant au point d'origine des axes (taux d'imposition et recette fiscale nuls) et aboutissant à un point d'arrivée lui aussi situé sur l'axe des abscisses (taux égal à 100 %, et recette nulle), après être passé par un sommet qui correspond au maximum de recette fiscale que l'État peut attendre de l'impôt en question maximum.

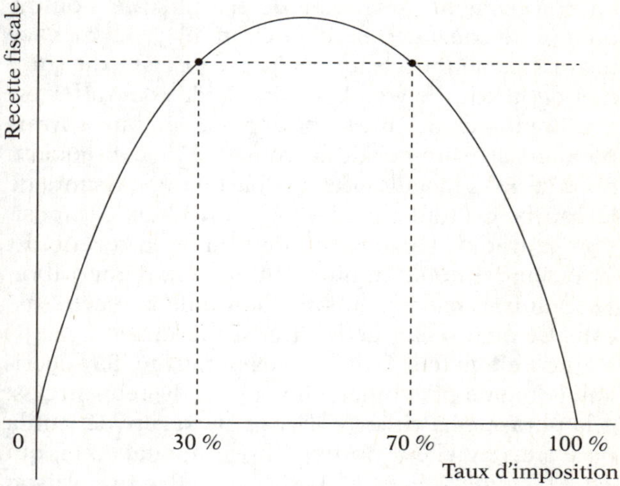


CANDIDE : Où se situe ce maximum ?

ARCHIBALD : Il est difficile de le déterminer. D'autant que le sommet de la courbe peut se déplacer de gauche à droite ou de droite à gauche selon les circonstances. En temps de guerre par exemple, du moins au début d'une guerre, on a toute raison de penser que le patriotisme ambiant fait supporter avec moins de douleur les indispensables augmentations de taux d'imposition nécessaires au financement des dépenses militaires. Par conséquent, l'abscisse de la recette maximale est plus proche du taux de 100 % qu'elle ne l'est en temps de paix. Dès que la paix est revenue, l'abscisse du sommet de la courbe se déplace vers la gauche en direction de 0 %. Les citoyens ont moins d'ardeur à payer l'impôt ; ou ils cherchent plus activement à lui échapper légalement ou illégalement. Aussi bien les lendemains de guerre s'accompagnent-ils souvent de crise fiscale, comme on a pu le constater en 1919 et en 1945. La menace terroriste, quant à elle, déplace l'abscisse du sommet de la courbe vers la droite. L'idée de Laffer est que la plupart des pays ont dépassé le point correspondant au sommet de la courbe. Par conséquent, nous serions installés dans la partie décroissante de la courbe où toute augmentation du taux d'imposition se traduit par une diminution de la recette. Et inversement, toute diminution du taux d'imposition se traduirait par une augmentation de la recette fiscale. Ce qu'il fallait démontrer. Enfantin.

Encore une fois, Laffer n'a rien inventé. Say décrivait le même phénomène il y a près de deux siècles. À la phrase déjà citée : « Un impôt exagéré détruit la base sur laquelle il porte […] », il ajoutait ceci, qui est exactement l'« effet Laffer » : « Par une raison contraire, une diminution d'impôt, en multipliant les jouissances du public, augmente les recettes du fisc et fait voir aux gouvernements ce qu'ils gagnent à être modérés[6]. » Si les Français n'avaient pas été habitués à mépriser ou à ignorer l'un de leurs meilleurs économistes, ils n'auraient pas besoin de recourir à un économiste américain pour retrouver une évidence.

CANDIDE : Admettons la réalité de votre « effet Laffer ». Mais supposez qu'il mette du temps à se produire. En attendant, la réduction d'impôt risque d'aggraver encore le déficit des finances publiques, et de provoquer la méfiance des milieux d'affaires.

D'où une hausse des taux d'intérêt sur les marchés financiers, un alourdissement de la charge de la dette publique, etc. On ne sort pas du cercle vicieux dans lequel les gouvernements précédents nous ont placés.

ARCHIBALD : Il est en effet impossible de faire abstraction des délais de réaction de l'activité économique aux changements de taux d'imposition. Il se peut que dans un premier temps le déficit se creuse. Mais ensuite, la recette fiscale doit augmenter. C'est un pari à prendre.

Partout où il a été expérimenté, l'effet Laffer a réussi. Pourquoi pas ici ? Dans notre pays, le taux de prélèvement obligatoire a dépassé les 45 % de la richesse produite (il était de 34 % en 1965 et a atteint 45,7 % fin 2016 selon la Commission européenne). On peut donc subodorer que l'on est placé sur la partie descendante de la courbe de Laffer où toute diminution du taux d'imposition se traduit par une augmentation de la recette fiscale. Encore que le taux de prélèvement obligatoire ne mesure pas toute l'emprise de l'État sur l'économie française. Pour être complet, il faudrait aussi tenir compte des recettes propres des administrations (7,3 % du produit intérieur brut, PIB), et des emprunts publics (5,9 % du PIB). On arriverait ainsi à un pourcentage total supérieur à 55 % du PIB[7].

Plus d'un euro sur deux passe par la puissance publique ! Le pari sur l'effet Laffer a toutes les chances d'être gagné. Les calculs ont été faits depuis longtemps[8]. Ce n'est pas la peine de les reprendre ici.

Vous vous souvenez de cette formule de Bentham : « Il est de l'intérêt du loup que les moutons soient gras et nombreux[9]. » Elle pourrait vous servir de guide. Ou bien préféreriez-vous suivre Colbert ? « Plumer l'oie de façon à obtenir le plus possible de plumes avec le moins possible de cris. » Entre Bentham et Colbert, il y a toute la différence entre l'État relativement libéral de la révolution industrielle anglaise, et l'État colbertiste, lourdement interventionniste, de la tradition française. Pourtant, une autre leçon de la courbe en cloche de Laffer est que l'on peut obtenir la même recette fiscale avec deux taux d'imposition tout à fait différents.

Prenez l'axe des abscisses. Nous voyons sur le graphique que je viens de vous dessiner qu'il coupait la courbe en deux points. Ces deux points correspondent à la même recette, qui est nulle, et à deux taux d'imposition : 0 et 100 %. Maintenant, si vous tracez une droite parallèle au-dessus de cet axe, vous obtiendrez également deux points correspondant à une même recette fiscale et à deux taux d'imposition, disons de 30 % et de 70 %. C'est seulement au sommet de la courbe que ces deux points se confondent. À ce point, la recette est maximale, et le taux d'imposition correspondant est unique.

Un représentant de l'État a, en effet, intérêt à engranger le maximum de recettes fiscales. Mais est-ce pour autant l'intérêt du citoyen ?

CANDIDE : N'est-ce pas le même ?

ARCHIBALD : Il serait trop facile de les confondre. Et peut-être même cela pourrait être dangereux. Mais laissons ce point pour le moment. Que répondriez-vous aux citoyens qui vous diraient : vous pouvez obtenir la même recette fiscale en passant du côté où la courbe est descendante au côté où elle est ascendante, et donc en diminuant drastiquement le taux d'imposition ? Vos recettes seront exactement les mêmes, et nous, nous serons plus gras et plus nombreux.

Pourquoi ce miracle ? Tout simplement parce que

si la recette est la même pour deux taux d'imposition différents, c'est que la base fiscale a changé. Supposons par exemple que les deux taux 30 % et 70 % produisent la même recette. Et que cette recette soit de 10 milliards d'euros. Soit A la base de l'imposition à 30 % et B la base d'imposition à 70 % ; 30 % de A et 70 % de B doivent tous deux produire 10 milliards d'euros. Il s'ensuit que A vaut 10 milliards / 30 %, soit 33,3 milliards d'euros tandis que B vaut 10 milliards / 70 %, soit 14,3 milliards d'euros. D'un taux à l'autre, de B en A, la base fiscale a plus que doublé. En passant de l'autre côté de la courbe, les moutons sont devenus au moins deux fois plus gras et nombreux. Dans ces conditions, l'intérêt du loup n'est-il pas d'abaisser le taux d'imposition de 70 à 30 % ?

CANDIDE : Dans ces conditions, la réponse est évidemment positive. Mais si la réponse est évidemment positive, pourquoi n'est-elle pas aussi évidente pour les candidats au pouvoir, voire pour les hommes qui sont au pouvoir ?

ARCHIBALD : Ici intervient la formule de Colbert. « Obtenir le plus de plumes possible. » L'État ne cherche pas que les citoyens soient le plus prospères possible. Son objectif, c'est le maximum de recettes fiscales.

CANDIDE : Vous oubliez la deuxième partie de la formule de Colbert : « avec le moins possible de cris ».

ARCHIBALD : Je ne l'oublie nullement, mais vous m'interrompez. L'objectif premier de l'État colbertiste, c'est bien d'obtenir de l'impôt le maximum de recettes fiscales. L'objectif second, c'est que l'imposition soit la moins douloureuse possible. Politiquement s'entend ! Et nous en arrivons à votre deuxième question de tout à l'heure : quels impôts baisser ? Qui est une sous-question d'une question beaucoup plus vaste : qui doit-on imposer et qui doit-on exempter ? Nous verrons cela la prochaine fois.

*Trente-sixième leçon*

## DE L'IMPÔT JUSTE ET NEUTRE

*Où il est démontré que le vieil impôt de capitation est proche de l'idéal et que pour cette raison il a été abandonné.*

Cher Candide,

Pour un sujet aussi délicat, la forme écrite est peut-être préférable. Qu'est-ce qu'un impôt juste et neutre ?

Juste, l'impôt doit demander des sacrifices égaux aux citoyens.

Neutre, il ne doit pas favoriser ou défavoriser telle branche ou tel mode d'activité.

Exemple, la Taxe sur la valeur ajoutée (TVA) est un impôt neutre. Elle a été créée pour éviter les distorsions que causerait un impôt sur la production qui donnait l'avantage à la firme intégrée sur les autres. Si une seule firme acheminait le pétrole du puits à la pompe, elle serait favorisée par une taxe sur sa production finale qu'elle ne paierait qu'une seule fois. Alors que la même activité assumée par plusieurs entreprises autonomes, depuis l'exploration pétrolière jusqu'au pompiste, supporterait une cascade d'impôts, chaque entreprise payant un impôt sur sa production. La taxe à la production était un puissant facteur d'intégration. La TVA, quant à elle, qui ne taxe que la valeur ajoutée à chaque stade du processus, est « neutre » par rapport au degré d'intégration des firmes concernées. Cette institution que le monde nous envie a été inventée par Maurice Lauré (1917-2001), polytechnicien et inspecteur des Finances.

L'impôt juste, ce serait l'impôt qui impose plus le riche que le pauvre, pour la raison que 1 000 euros auraient moins de valeur pour un milliardaire que pour un smicard. Il serait donc normal que le riche soit davantage imposé que le pauvre. Ainsi l'impôt sur le revenu est-il considéré comme un impôt juste depuis sa création en 1917 parce qu'il impose d'autant plus les riches qu'il est progressif. Son taux augmente à mesure que l'on passe d'une tranche de revenus à une autre qui lui est supérieure. Nous reviendrons sur ce point.

La première question qu'il nous faut poser, c'est : à supposer que l'impôt soit juste et neutre, pourquoi serait-il tout de même obligatoire ?

L'impôt, rappelons-le, sert à financer un bien dit « public » ou « collectif[1] ». Le paradoxe du « cavalier libre » (*free rider*) nous apprend que sans contribution obligatoire, c'est-à-dire sans impôt, ce type de bien ne pourrait être fourni et tout le monde y perdrait. Le cas le plus évident, en apparence, de bien public est la défense nationale. Chacun a intérêt à jouer le rôle du cavalier libre, c'est-à-dire à prétendre que le bien en question ne l'intéresse pas pour une raison ou pour une autre (il peut être pacifiste, antimilitariste, objecteur de conscience, il ne croit pas au danger de guerre, il juge que les militaires s'amusent avec de coûteux joujoux nucléaires bourrés d'électronique qui ne serviront jamais à rien, ou bien il estime que de toute façon l'ennemi, beaucoup plus fort, vaincra, ou encore que le danger principal est le terrorisme à l'intérieur de nos frontières, contre lequel seule une police forte serait efficace, etc.), mais en même temps il espère secrètement que les autres financeront la Défense et qu'il pourra en bénéficier sans en payer le coût. Comme tout le monde *peut* faire le même raisonnement, il s'ensuit que la Défense n'est pas assurée sans l'obligation de l'impôt. Seul un impôt, par définition obligatoire, donne l'assurance à tous que chacun contribue à la défense commune. L'impôt est forcément obligatoire, non pas seulement parce que certains, par manque de civisme, chercheraient à échapper à l'impôt, mais aussi parce que cette obligation rassure ceux qui de toute façon auraient payé l'impôt, en les informant qu'ils ne seront pas les seuls à le faire. (*Tout cela est une révision d'une leçon précédente.*)

Maintenant, pour que l'impôt soit juste et neutre, encore faut-il que le bien public qu'il finance soit lui-même juste et neutre. Si un impôt juste et neutre finance un bien public qui n'est ni juste ni neutre, le résultat sera aussi mauvais que si l'impôt était injuste et non neutre.

Exemple : l'éclairage public ne profite qu'à ceux qui se promènent la nuit, les stades ne sont d'aucune utilité pour ceux qui ont le sport en horreur, l'opéra est un plaisir pour seulement une catégorie de mélomanes, l'école publique avantage ceux qui ont des enfants et qui apprécient l'enseignement de l'État, etc.

Rappel : la leçon sur les biens collectifs nous a conduits à la conclusion qu'il n'y a pas de définition objective du bien public ou du service public. Le bien ou le service public est le bien ou le service que l'État a décidé de définir comme tel. Or il est relativement aisé pour un État de transformer n'importe quel bien ou service en bien public ou service public. Il lui suffit de le produire en quantités suffisantes pour que ce bien ou ce service acquière les deux caractéristiques du bien ou du service public[2]. Or c'est le péché mignon des bureaucraties d'État de produire de trop grandes quantités de biens ou de services sans considération de coût, uniquement pour assouvir des objectifs personnels ou partisans[3].

Ce n'est pas parce qu'un bien est public qu'il est produit par l'État. C'est parce qu'il est produit par l'État qu'il est public ou qu'il tend, à long aller, à devenir public. Mais rien n'assure qu'un tel bien soit neutre ni juste. Même s'il est décidé à la majorité des voix dans un régime démocratique. Qu'il soit voulu par la majorité ne change rien au problème. Que la majorité décide que certaines minorités ne puissent accéder à certains services publics (comme par exemple les juifs dans le régime hitlérien) n'en fait pas des services justes et neutres. Ainsi ne suffit-il pas qu'un impôt soit juste et neutre pour que le résultat de l'imposition soit juste et neutre. Encore faut-il, répétons-le, que le bien ou le service public qu'il sert à financer soit lui aussi juste et neutre.

Admettons maintenant que le bien public en question soit juste et neutre, et supposons que l'obligation de payer l'impôt soit pleinement justifiée. Reste à répartir le fardeau fiscal entre les citoyens. Quel serait l'impôt le plus juste ?

À première vue, l'impôt par tête, autrement dit l'impôt de capitation, paraît en effet correspondre à l'impératif de justice. Reprenons l'exemple de la Défense, qui a toutes les apparences d'un bien public neutre et juste. Puisque tous les citoyens sont égaux devant le risque d'une invasion étrangère, il paraît normal qu'ils contribuent également à l'effort de Défense. Reste à décider si cet impôt de capitation sera payé en nature ou en monnaie. Le paiement en nature n'est autre que le service militaire obligatoire. C'est, ou plutôt ce fut longtemps, le symbole même de l'égalité républicaine. Mais qui ne voit les très fortes inégalités des citoyens face à une telle obligation. Inégalités dues au sexe (les femmes ne peuvent remplir exactement les mêmes tâches que les hommes), à l'âge (les enfants, les vieillards ne peuvent porter les armes), à la santé, au niveau d'éducation, au goût plus ou moins prononcé pour la vie en collectivité, au degré de conscience morale, religieuse, politique. Bref, l'égalité devant le service militaire est pourvoyeuse d'énormes inégalités parmi les citoyens. Et c'est bien pourquoi on a fini par le supprimer. Les inégalités engendrées par la conscription obligatoire de réputation égalitaire étaient devenues tellement intolérables qu'il a fallu y renoncer. C'est une « leçon fiscale » à retenir. La République peut le regretter. Le service militaire était une dernière manifestation de l'impôt de capitation en nature. On aurait pu lui substituer le système suivant : ceux qui ne désiraient pas faire leur service pour quelque raison que ce fût auraient payé telle somme pour racheter leur conscription. C'était une pratique courante aux temps féodaux. La noblesse devait le service de l'épée et, du fait de ce paiement en nature, était dispensée de payer l'impôt en monnaie. Inversement, ceux qui ne portaient pas les armes subissaient l'impôt monétaire[4]. Une proposition moyenâgeuse ! Quels hurlements n'aurait-on pas déchaînés si on l'avait faite ! Aussi bien a-t-on préféré supprimer carrément le service militaire obligatoire.

L'impôt pour financer la Défense se paie maintenant uniquement en argent. Supposons qu'il prenne la forme d'un impôt par tête. Apparemment, l'impôt de capitation répond parfaitement à la situation. Chaque citoyen profitant pareillement de la Défense contribue également à son financement. C'est un impôt juste. C'est aussi un impôt neutre par rapport aux choix entre consommation et épargne, puisque le citoyen paie le même impôt, quelles que soient les parts de son revenu qu'il consacre à l'épargne ou à la consommation. En résumé, l'impôt de capitation impose, non pas le fait de produire des revenus monétaires, mais le fait de vivre tout simplement ! Et c'est bien de cela qu'il s'agit, puisque la Défense a pour objectif de maintenir les citoyens en vie.

Cet impôt est donc idéal, sauf que dans la mesure où il est maintenant payé en monnaie, il oblige d'avoir des activités marchandes qui rapportent au moins le montant de l'impôt. Par exemple, l'ermite, qui vit en autarcie, sera obligé de vendre (quoi ?) sur le marché pour pouvoir récolter la monnaie nécessaire à l'accomplissement de son devoir fiscal. L'impôt de capitation sous forme monétaire aura donc une influence sur le choix du citoyen entre activités marchandes et non marchandes. Même s'il est juste, il n'est pas neutre. Il pousse à la monétarisation de l'économie, c'est-à-dire à un usage de plus en plus répandu de la monnaie pour le règlement des échanges. Et de fait, historiquement, il a été un puissant facteur de la monétarisation de l'économie.

On a fini par l'abandonner paradoxalement parce qu'il ne laissait pas suffisamment de choix au citoyen. Pour y échapper, il ne pouvait se réfugier ni dans le loisir, ni dans le non-marchand, ni dans le travail au noir. S'il ne voulait pas payer cet impôt qui véritablement est un impôt sur la vie, il devait ou bien émigrer, ou se révolter, ou mourir. Bref, avec l'impôt de capitation, le seuil de tolérance (fiscale) était très vite dépassé. Margaret Thatcher en a fait la pénible expérience avec la *poll tax*, qui était un impôt par tête égal pour tous les habitants d'une même commune. La révolte qui a accueilli ce projet, au printemps 1990, n'a pas été pour rien dans la chute de celle qu'on surnommait la Dame de fer. Mais c'est justement cette rigidité de l'impôt de capitation qui aurait pu faire sa vertu. Gageons que si l'on avait inscrit dans la Constitution que tout impôt ne pourrait être qu'un impôt de capitation, on n'en serait pas à un taux de prélèvement obligatoire de 45 %. Le seuil de tolérance, dont certains doutent encore qu'il soit aujourd'hui atteint, aurait été dépassé depuis longtemps. La courbe de Laffer d'un impôt de capitation est sans doute peu bombée, et l'abscisse de son sommet n'est pas très éloignée du taux d'imposition zéro, avec une chute brutale, une fois ce sommet dépassé.

L'impôt de capitation est-il aussi juste lorsqu'il s'agit de financer les autres domaines du secteur public ? Il y a ici deux questions en une, qu'il convient de distinguer soigneusement si l'on veut y voir clair.

La première concerne l'égalisation des sacrifices en faisant l'hypothèse que, disons, une somme de 1 000 euros a moins de valeur ou d'utilité pour un riche que pour un pauvre.

La deuxième question est relative à l'utilisation des services publics. On pourrait faire l'hypothèse que cette utilisation est fonction du revenu. Plus vous êtes riche, et plus vous utilisez les services ou biens publics. On peut régler tout de suite le deuxième point.

D'abord l'hypothèse sous-jacente est plutôt hasardeuse. Les biens ou services publics sont en général davantage utilisés par les classes pauvres que par l'élite de la société. Que l'on songe aux jardins publics, aux plages publiques, aux transports en commun, à l'école publique, aux hôpitaux publics... En fait, on se trouve face à une contradiction insoutenable. De deux choses l'une, en effet : ou bien, l'hypothèse est réaliste, la consommation de ces biens ou services publics est fonction du revenu, ce qui signifie qu'elle est ou peut être individualisable (par un péage par exemple), et alors on sort du domaine public, et l'on a affaire à des biens ou services qui pourraient être fournis par des entreprises privées ; ou bien, l'hypothèse est irréaliste, et l'on ne peut absolument pas se fonder sur le revenu pour estimer la consommation qui est faite de ce bien ou service public.

Reste la première hypothèse. Le riche doit payer plus d'impôt parce qu'il est riche. Point final. Il est très curieux de voir des gens, en général hostiles au raisonnement marginaliste inventé par l'école de Vienne[5], l'utiliser quand cela va dans le sens de leurs préjugés. Quand l'on dit que 100 euros ont moins de valeur pour un riche que pour un pauvre, on fait un raisonnement marginaliste implicite. Ces 100 euros, sur le compte bancaire du riche, viennent s'ajouter à des centaines de milliers d'euros, alors que pour le pauvre ils s'agrègent à seulement une dizaine de milliers d'euros. De même que le deuxième verre d'eau a moins d'utilité que le premier, et le troisième moins que le deuxième, et ainsi de suite, de même les milliers d'euros perdent de leur utilité à mesure qu'ils s'accumulent dans la poche des citoyens.

L'affaire n'est pas réglée pour autant. Une chose est d'admettre que l'utilité marginale d'un bien pour un individu décroît à mesure de sa consommation, une autre est de comparer ces utilités entre les individus. Sans doute l'euro marginal du milliardaire a moins d'utilité que l'euro qui le précède dans sa bourse, mais rien ne nous autorise en théorie à affirmer que cet euro marginal a moins de valeur pour lui qu'il n'en a pour le pauvre. À moins d'être Dieu lui-même, nous ne pouvons sonder les reins et les cœurs de ses créatures.

Certes, il paraît tout de même évident qu'un euro a plus de valeur pour un clochard que pour un milliardaire ! Mais, en vérité, c'est trop facile, pour les besoins de la cause, de toujours comparer le milliardaire au pauvre, car il est clair, et même trivial que, pratiquement, l'euro marginal a moins de valeur pour le milliardaire que pour le mendiant qui fait la manche dans la rue. Mais ce n'est pas en enfonçant cette porte ouverte que vous allez bâtir une politique fiscale. Il est plus intéressant d'étudier des revenus comparables. Or, même avec des salaires horaires égaux, vous pouvez parvenir à des situations incommensurables.

J'ai un collègue à l'Éducation nationale, de même niveau et de même statut, qui est un acharné du travail. Il donne plus d'heures de cours que moi. Avec l'impôt progressif tel qu'il a été institué pour promouvoir la justice, les heures supplémentaires qu'il accomplit vont supporter un prélèvement fiscal plus que proportionnel. En moyenne, son heure de travail est plus imposée que la mienne. Est-ce juste ? Il gagne plus en argent, mais il a moins de temps pour ses loisirs, sa famille. C'est son choix. Moi je préfère cultiver mon jardin comme l'enseigne votre maître de philosophie. Chacun ses goûts. Pour quelle raison ce collègue paierait-il plus d'impôt par heure travaillée que moi-même ? Parce que l'euro marginal a moins de valeur pour lui que pour moi ?

Autre question tout aussi plaisante. Pourquoi les heures supplémentaires sont-elles généralement payées plus cher que les heures normales ? On peut répondre à cette question en se fondant sur l'arbitrage entre travail et loisir[6]. Souvenez-vous de cette formule paradoxale : le prix d'une heure de loisir est le revenu que l'on aurait gagné si on l'avait consacrée à travailler, ou encore la consommation à laquelle on renonce en ne travaillant pas. Ainsi à mesure que le travail se substitue au loisir, l'utilité marginale de l'heure de travail diminue et l'utilité marginale de l'heure de loisir augmente. Inversement, à mesure que le loisir se substitue au travail, l'utilité marginale de l'heure de loisir diminue et celle du travail augmente. Revenons au cas où augmente le nombre d'heures travaillées. En termes de loisir, la dixième heure de travail est plus coûteuse que la première heure. Dans le langage de tous les jours, on dira que l'heure de travail est de plus en plus pénible à mesure que s'écoule la journée de travail. Et c'est pour compenser cette augmentation de coût que l'on paie des heures supplémentaires à un tarif plus élevé. Sinon, on ne trouverait personne pour les faire.

Du reste, le tarif supérieur pour les heures supplémentaires a été instauré par des hommes d'entreprise, qui étaient conscients de la pénibilité croissante du travail, la législation reprenant ensuite cette pratique à son compte. Si on appliquait aux heures supplémentaires le principe qui fonde la progressivité de l'impôt, on devrait les payer moins cher, puisque l'individu qui les accomplit est plus riche que celui qui se contente d'un horaire de travail standard. Mais si on appliquait à l'impôt sur le revenu le principe qui admet un sursalaire pour les heures supplémentaires, alors on devrait instituer un impôt non pas progressif, mais dégressif. On trouve cette idée — parfaitement logique — exprimée par Hayek, déjà visité dans les précédentes leçons. La dégressivité de l'impôt compenserait le surcroît de pénibilité des heures supplémentaires. « Si nous devions suivre les implications de l'idée selon laquelle l'utilité du revenu en termes d'effort diminue, nous arriverions à de bien curieuses conclusions. Cela voudrait dire, par exemple, que lorsque le revenu d'une personne augmente, l'incitation de revenus additionnels qui serait requise pour susciter le même effort marginal augmenterait aussi. Ce qui pourrait nous conduire à préconiser une imposition dégressive, mais certainement pas une imposition progressive[7]. »

Les esprits ont beaucoup évolué à ce sujet. Il y a deux siècles, la progressivité de l'impôt était difficile à concevoir. « Ce n'est pas le projet qu'il faut exécuter, mais son auteur », déclara Turgot lorsqu'on lui présenta un projet d'impôt progressif sur le revenu[8]. Encore en 1830, un John Ramsay McCulloch, économiste britannique proche de Ricardo, objectait à l'idée de progressivité qui commençait à se répandre dans l'opinion publique : « À partir du moment où vous abandonnez le principe cardinal d'exiger de tous les individus *la même proportion de leur revenu ou de leur propriété*, vous êtes à la mer sans gouvernail et sans boussole[9]. » Stuart Mill lui-même, en dépit de ses sympathies socialisantes, voyait dans la progressivité de l'impôt « une forme adoucie du vol[10] ». Adolphe Thiers, qui ne passe pas couramment pour un réactionnaire, écrivait que « la proportionnalité est un principe, mais la progression n'est qu'un odieux arbitraire[11] ». Proudhon, que l'on connaît pour ses idées anarchistes, écrivait sous le Second Empire : « L'impôt progressif se résout, quoi qu'on fasse, en une défense de produire, en une confiscation... La progressivité, c'est l'arbitraire[12]. » Même Marx et Engels n'envisageaient l'instauration d'un impôt progressif sur le revenu qu'après la première étape de la révolution. Ce serait l'une des mesures grâce auxquelles « le prolétariat usera de sa suprématie politique pour arracher progressivement aux bourgeois tout le capital, afin de centraliser aux mains de l'État tous les moyens de production ». Ces mesures, précisaient-ils, seront « des moyens d'attaques despotiques contre les droits de propriété et les conditions bourgeoises de production [...], des mesures [...] qui paraissent économiquement insuffisantes et intenables mais qui, dans le cours des événements, s'appellent l'une l'autre, créent de nouvelles failles dans le vieil ordre social et sont les instruments inévitables pour révolutionner entièrement les modes de production[13] ».

Après la chute du mur de Berlin et l'effondrement du monde soviétique, peut-être serait-il possible d'informer les citoyens d'où nous vient la progressivité de l'impôt et où elle risque de nous mener ? La Prusse la première introduisit un impôt progressif sur le revenu. Cette petite révolution se produisit en 1891. Les taux allaient de 0,67 % à 4 %. La Grande-Bretagne suivit en 1910, les États-Unis en 1913, la France, on l'a dit, en 1917, au terme d'un débat houleux et dramatique. Au départ les taux supérieurs étaient modestes, ils ne dépassaient pas 10 %. Un demi-siècle plus tard, les taux sur les tranches supérieures de revenus atteignaient 70 à 90 %.

Or il y a de fortes chances pour que la progressivité ne rapporte rien à l'État, car, détruisant la base fiscale sur laquelle elle est assise, elle fait jouer l'effet Laffer à plein. De fait, en France, l'impôt sur le revenu des personnes physiques ne rapporte que 73 milliards d'euros, soit 7,5 % de l'ensemble des prélèvements obligatoires[14]. Hayek, qui écrivait ces lignes avant que Laffer ne dessine sa fameuse courbe, remarque lui-même : « Il semble à tout le moins probable (même si on ne peut rien affirmer de manière définitive), que l'impôt progressif suscite des recettes fiscales inférieures à la baisse de revenus réels qu'il provoque[15]. » Du même coup, la simple atténuation de cette progressivité a elle aussi un effet Laffer, cette fois dans le sens d'une augmentation de la recette fiscale comme on a pu le vérifier aux États-Unis et en Grande-Bretagne il y a trente ans[16]. Beaucoup de pays au cours des années 1980 ont abaissé leurs taux les plus élevés au-dessous de 50 % (40 % en Grande-Bretagne, 33 % aux États-Unis), et le résultat a été une augmentation de la contribution des plus riches.

Il est pertinent de rappeler ici ce que dit la Constitution française à ce sujet. L'article 13 de la Déclaration des droits de l'homme de 1789, attachée à ladite Constitution, stipule : « Pour l'entretien de la force publique et pour les dépenses d'administration, une contribution est indispensable. Elle doit être également répartie entre tous les citoyens, en raison de leurs facultés. » Multiplier par vingt-sept la contribution d'un citoyen sous prétexte que son revenu est huit fois supérieur à celui du plus bas revenu imposable signifierait que ses facultés sont vingt-sept fois supérieures ! En outre, la moitié des contribuables échappe à cet impôt et l'autre moitié se dispute des privilèges sous forme d'abattements de toutes sortes. Ce maquis de privilèges est digne de l'Ancien Régime. C'est une application de la formule de Colbert : plumer l'oie de façon à obtenir le plus possible de plumes avec le moins possible de cris. Ou plutôt de son inverse : la plumer le moins possible quand elle crie. Toutes les catégories privilégiées par le fisc ont un point en commun : la faculté de crier et donc de se faire entendre. On ne peut pas demander à une oie de ne pas crier.

Reste à l'État à faire comme les voleurs[17] : prendre l'argent là où il est, c'est-à-dire chez les plus riches, mais avec le souci colbertien de les faire crier le moins possible. De fait, les plus riches n'oseront pas se plaindre. C'est une vieille recette. En s'appuyant sur la majorité, on plume une minorité. Mais tout cela rapporte peu, finalement, aux caisses de l'État. C'est pourquoi j'en reviens à notre idée de frapper un grand coup.

Faites mieux encore que de réduire la progressivité de l'impôt sur le revenu. Supprimez-le purement et simplement.

À la semaine prochaine…
Je vous prie, cher Candide, etc.

VOTRE ARCHIBALD

*Trente-septième leçon*

## DE LA RÉFORME FISCALE

*Où l'on s'avise que tout impôt*
*étant un impôt sur le revenu,*
*on pourrait supprimer l'impôt*
*sur le revenu proprement dit.*

CANDIDE : À la fin de votre dernière lettre vous me suggérez de demander la suppression de l'impôt sur le revenu !

ARCHIBALD : Vous seriez en bonne compagnie. Cette idée a été défendue déjà plusieurs fois par des auteurs de gauche comme de droite : le socialiste suédois Gunnar Myrdal, le keynésien anglais James Meade, des Américains de renom tels que Milton Friedman, Franco Modigliani, James Buchanan. En France, des personnalités aussi diverses que feu Maurice Allais, Prix Nobel, feu Pierre Uri, expert fiscal du Parti socialiste, feu Michel Jobert, feu Eugène Schueller, ont milité dans le même sens. Malheureusement, personne de vivant dans ce palmarès.

CANDIDE : Renoncer à 73 milliards d'un trait de plume !

ARCHIBALD : C'est justement parce qu'il ne rapporte que 73 milliards que vous pourriez le supprimer.

CANDIDE : Mais c'est le seul élément de notre fiscalité qui prétend corriger les inégalités de revenus.

ARCHIBALD : Les inégalités de revenus *monétaires*. Il faut toujours préciser ce point. Or, nous l'avons observé plusieurs fois, il n'y a pas que des revenus monétaires. Et donc les revenus non monétaires sont privilégiés par l'impôt sur le revenu… monétaire. Nous en verrons d'autres exemples.

Nous n'en avons pas encore fini avec les défauts de l'impôt sur le revenu qui représente moins de 8 % des prélèvements obligatoires. Je vous montrerai tout à l'heure que tous les autres impôts peuvent s'analyser comme des impôts sur le revenu. Donc en supprimant l'impôt sur le revenu proprement dit, vous ne supprimez pas tous les impôts sur le revenu. En outre, l'impôt sur le revenu proprement dit, même s'il n'est pas progressif, présente le grave défaut de surtaxer l'épargnant.

C'est très simple à démontrer. Supposons que nous gagnions l'un et l'autre la même somme d'argent, soit 20 000 euros par an. Vous, vous épargnez 4 000 euros sur cette somme, et moi rien du tout. Si nous sommes assujettis à un impôt dont le taux moyen est de 30 %, nous allons payer chaque année 6 000 euros au fisc. Mais vous qui épargnez 4 000 euros, vous allez placer cette épargne, disons, à un taux de 5 %. Vous allez en tirer un revenu annuel de 200 euros, sur lequel vous paierez chaque année un impôt de 60 euros (30 % de 200 euros). Ainsi, sur la partie du revenu que vous épargnez, vous payez deux fois l'impôt sur le revenu. Une première fois 1 200 euros. Une deuxième fois 60 euros. À mesure que le temps passe, avec les intérêts composés, votre impôt va enfler plus vite que le mien. Rien ne peut justifier une telle discrimination contre l'épargnant.

Aussi bien, pour compenser cette discrimination, l'État a été lui-même obligé de prendre toute une série de mesures d'encouragement fiscal à l'épargne. Ainsi ce qu'il prend d'une main, il le rend de l'autre, les deux opérations donnant lieu à de la paperasserie, du contrôle et donc de la fraude. Le pire étant que personne ne peut dire, à moins de disposer d'un logiciel *ad hoc* sur son ordinateur, combien son épargne lui rapporte réellement.

CANDIDE : N'est-il pas normal d'imposer le capital ?

ARCHIBALD : Souvenez-vous de la formule reliant le capital au revenu. C.i = R (C : valeur du capital, i : taux d'intérêt, R : revenu). La valeur du capital dépend de la valeur du revenu que vous pouvez en tirer. Et réciproquement. Si donc vous attaquez fiscalement le revenu, vous diminuez la valeur du capital. Et réciproquement, si vous vous attaquez au capital, vous diminuez la valeur du revenu que vous pouvez en tirer. Donc un impôt sur le capital aura le même effet qu'un impôt sur le revenu, ou un impôt sur le revenu le même effet qu'un impôt sur le capital. Supposons un taux d'intérêt comme tout à l'heure égal à 5 %. Un revenu de 20 000 euros par an correspond à un capital de 400 000 euros. Il revient au même d'imposer ce capital à un taux de 1,5 % que d'imposer son revenu à un taux moyen de 30 %. Dans les deux cas, la recette fiscale sera de 6 000 euros. Ainsi, toutes les imperfections de l'impôt sur le revenu se reportent sur le capital. Et notamment son caractère monétaire. Donc cela ne sert à rien d'essayer de corriger les défauts de l'impôt sur le revenu par l'impôt sur le capital. On ne fait qu'aggraver les défauts du système fiscal.

De même que l'impôt sur le revenu introduisait un biais en faveur des revenus non monétaires, de même l'impôt sur le capital introduit un biais en faveur du capital non monétaire. Supposons que la moitié de votre capital de 400 000 euros soit constituée d'un tableau de maître d'une valeur de 200 000 euros. Admettons que l'on puisse appliquer à ce capital un taux d'intérêt de 5 % et qu'il engendre donc un revenu annuel de 10 000 euros. C'est une supposition qui n'est pas aussi absurde qu'elle en a l'air. Si vous gardez ce capital sous forme de tableau au lieu de le placer sous forme d'argent, c'est que la jouissance, le plaisir esthétique, l'orgueil, la sécurité qu'il vous procure sont au moins égaux au revenu que vous tireriez du même capital s'il était sous forme monétaire[1]. Le fait même que vous conserviez ce tableau signifie que vous en tirez un plaisir d'au moins 10 000 euros.

CANDIDE : Je vous avoue que je n'aime pas beaucoup cette façon que vous avez de chiffrer des plaisirs aussi purs que ceux que nous procure l'art.

ARCHIBALD : Je ne les chiffre pas. J'évalue seulement le minimum de ce qu'ils valent en termes monétaires[2]. Donc si nous admettons le raisonnement précédent, le fisc va avoir beaucoup de difficultés à égaliser nos contributions à vous et à moi. S'il prend le parti d'un impôt sur le revenu, je paierai 6 000 euros comme tout à l'heure, et vous, seulement la moitié puisque votre revenu monétaire est de 10 000 euros. Avec un impôt sur le capital, la situation est tout aussi délicate. Sur quelle base va-t-on évaluer ce qui orne votre salon ? Vous savez comme les experts varient pour ce genre d'évaluation — des experts qu'il faudra payer et départager avec d'autres experts. Le mieux est d'y renoncer, et c'est bien à quoi s'est résolu le gouvernement socialiste français quand il a instauré, en 1982, l'Impôt sur les grandes fortunes (IGF), devenu depuis l'Impôt de solidarité sur la fortune (ISF) — remplacé par un Impôt sur la fortune immobilière (IFI) en octobre 2017. Donc, là encore, vous échappez à l'impôt. Est-ce juste ? Le plaisant dans l'affaire, si j'ose dire, est que l'on trouve le plus de tableaux de maître dans les « grandes fortunes », précisément !

CANDIDE : Du moins l'« outil de travail » a-t-il été exonéré de l'Impôt sur les grandes fortunes.

ARCHIBALD : Qu'est-ce que l'outil de travail ?

CANDIDE : Un P.-D.G. peut transmettre à ses héritiers le capital de son entreprise comme « bien à usage professionnel ».

ARCHIBALD : Où est la logique ? On ne taxe pas l'outil de travail que constitueraient en effet les machines qu'un chef d'entreprise a achetées pour équiper ses usines. Et on ne taxe pas non plus les « œuvres d'art ». Souvenez-vous ! Dès notre Première leçon, nous avons récusé toute distinction entre le productif et le non-productif, l'utile et l'inutile, le nécessaire et le superflu. Un capital est utile, au sens économique du terme, dans la mesure seulement où l'on peut en tirer un revenu, qu'il soit ou non monétaire. Si l'on décide d'imposer le capital, il n'y a aucune raison de distinguer entre les différents types de capitaux. Le problème, en réalité, n'est pas un problème de justice ou de neutralité. Le problème est encore une fois celui de Colbert : plumer la volaille avec le moins de cris possible. Taxer l'outil de travail ou l'œuvre d'art, c'était prendre le risque de déclencher beaucoup de criailleries pour un résultat aléatoire.

CANDIDE : L'impôt sur les successions n'est-il pas juste, lui ?

ARCHIBALD : Il a toutes les apparences de la justice. N'est-il pas intolérable que des fils et des filles de famille qui ne se sont donné que la peine de naître héritent de fortunes considérables sans les mériter ?

Mais en fait le problème n'est pas là. Le problème est de savoir si nous sommes libres, vous et moi, de faire ce que nous voulons de ce qui nous appartient. Pourquoi cette liberté serait-elle limitée à des choix entre consommation et épargne, vente et achat ? Pourquoi ne serait-elle pas étendue aux dons ?

Vous pouvez prendre le problème dans tous les sens et vous verrez qu'il n'y a aucune raison de restreindre la liberté de donner, et donc de recevoir. Le plus curieux dans cette affaire, c'est que les droits de succession s'alourdissent en fonction des degrés de parenté. Comme si le fisc voulait, tout en les frappant, privilégier relativement les enfants par rapport aux petits-enfants et aux neveux, et ces derniers par rapport à des personnes étrangères à la famille. Ainsi la liberté du testateur est-elle à la fois limitée et orientée. Cette limitation et cette orientation ont, nous l'avons déjà remarqué, de graves conséquences sur les relations entre les générations, les enfants s'occupant peu de leurs parents au seuil de la mort puisque de toute façon ils en hériteront. Du coup, l'État est obligé de prendre à sa charge, plus qu'il ne le faudrait et qu'il ne sait le faire, une solidarité qui devrait fonctionner normalement à l'intérieur des familles. Ce qu'il récolte en droits de succession est largement compensé par ce que lui coûtent des vieillards de plus en plus nombreux qui sont à sa charge au travers de la Sécurité sociale et dont l'espérance de vie ne cesse de s'allonger.

CANDIDE : Je vous entends ! Et pourtant, les droits de succession sont relativement bien acceptés.

ARCHIBALD : Parce que les patrimoines sont plus concentrés que les revenus, et par conséquent parce que les droits de succession touchent surtout une minorité. Toujours le principe de Colbert : le moins de cris possible !

CANDIDE : Il s'agit aussi de calmer l'envie des déshérités. Un homme politique doit prendre en compte cette envie, même s'il ne la partage pas, même si au fond de lui-même il la méprise.

ARCHIBALD : Nous reviendrons de nouveau sur l'envie car elle est en effet au cœur du problème fiscal. Pour en finir avec les droits de succession, disons encore qu'étant un impôt monétaire ils présentent le défaut que nous avons déjà observé à propos de l'impôt sur le capital ou le revenu, à savoir un biais en faveur des biens non monétaires à condition bien sûr qu'ils puissent ne pas être déclarés, tableaux, bijoux, meubles, fourrures, tapis, et plus ils sont petits en taille, sinon en valeur, plus ils sont aisés à cacher au fisc. Pour corriger cet effet, l'État a dû inventer la dation — c'est-à-dire le paiement de l'impôt en tableaux (mais là encore pourquoi privilégier ce type d'œuvre d'art ?).

Les droits de succession ont encore un biais : ils favorisent le « capital humain ». Plutôt que de transmettre un capital monétaire à vos enfants, mieux vaut dépenser cet argent à leur offrir une éducation et des études, bref, à leur constituer un « capital » qui ne figurera dans aucun compte en banque et qu'aucun État, fût-il totalitaire, tyrannique, ne pourra confisquer. Ce n'est pas un hasard si de tout temps les minorités opprimées ont surinvesti dans des valeurs facilement transportables, et la plus facile à transporter est le capital humain, on l'a bien vu encore pendant la Seconde Guerre mondiale parmi ceux qui fuyaient le nazisme.

CANDIDE : Ainsi plus il y a d'impôt, plus on investit dans le capital humain. Voilà qui est excellent !

ARCHIBALD : Non seulement le capital non humain est surtaxé par rapport au capital humain, mais encore l'investissement en capital humain bénéficie de très larges subventions. C'est même aujourd'hui le premier budget de l'État : l'Éducation nationale ! Disposer d'un capital humain élevé et en jouir sans passer par le marché, voilà aujourd'hui la meilleure façon d'échapper au fisc. En revanche, si vous voulez payer le maximum d'impôt, il vous suffit d'hériter d'un capital monétaire, de le faire fructifier en l'investissant dans l'économie marchande, de travailler vous-même pour un salaire, de toucher des dividendes sur les revenus de votre épargne, de consommer des produits et des services marchands, et de léguer votre fortune. Il n'y a qu'un inconvénient. C'est que ce surinvestissement général en capital humain et ce sous-investissement en capital matériel ne sont sans doute pas étrangers à la surabondance de diplômes que l'on constate aujourd'hui et à leur mise au chômage. Et l'on en arrive à ce résultat que le marché du travail est tellement encombré que le capital humain ne suffit plus à un jeune pour obtenir un emploi, il faut encore lui adjoindre un « capital social », c'est-à-dire tout simplement le réseau de relations des parents. On avait voulu s'en prendre aux fils et aux filles de famille, égaliser les chances, et le résultat final, c'est que les fils et les filles de famille font prime à l'embauche. Dans un livre écrit en 1959, traduit en français seulement en 1994, Hayek avait prévu ce phénomène, et le passage est tellement lucide et intelligent que je me fais un plaisir de vous le lire : « Une autre considération, un peu cynique, suggère fortement que si nous souhaitons faire le meilleur usage de la sollicitude naturelle des parents envers leurs enfants, nous ne devrions pas exclure la transmission de la propriété. De tous les nombreux moyens grâce auxquels ceux qui ont acquis du pouvoir et de l'influence peuvent assurer l'avenir de leurs enfants, le legs d'une fortune est sans doute de loin le moins coûteux socialement. Sans cette possibilité, ces puissants chercheraient d'autres moyens, tels qu'obtenir pour leurs enfants des situations susceptibles de leur apporter les revenus et le prestige équivalents à ceux que procure une fortune ; et cela entraînerait un gaspillage de ressources et une injustice bien plus considérables que n'en cause la propriété héréditaire. C'est ce qui se passe dans toutes les sociétés où elle n'existe pas, y compris la société communiste. Ceux qu'indisposent les inégalités engendrées par l'héritage devraient donc reconnaître que, les hommes étant ce qu'ils sont, ces inégalités sont le moindre mal, même de leur point de vue[3]. »

CANDIDE : Vous voulez que je supprime aussi les droits de succession.

ARCHIBALD : Ce serait cohérent avec la suppression de l'impôt sur le revenu, qui est aussi, nous l'avons dit, un impôt sur le capital.

CANDIDE : Mais alors, si je vous suis, il ne restera plus que des impôts sur la consommation, réputés les plus injustes.

ARCHIBALD : Ce que vous appelez impôt sur la consommation est en fait un impôt sur le revenu. On suppose toujours que l'impôt sur la consommation est payé par les consommateurs. Il suffit de raisonner un tout petit peu pour s'apercevoir de la fausseté de cette proposition. Vous vous souvenez sans doute de notre leçon sur la concurrence. Le prix qui s'établit sur un marché a pour caractéristique d'être le maximum auquel les producteurs peuvent vendre leurs marchandises ou leurs services. Si le maraîcher peut vendre 5 euros son kilo de carottes, voyez-vous une raison pour laquelle il accepterait de le vendre moins cher ?

CANDIDE : Aucune, en effet.

ARCHIBALD : Arrive une taxe à la consommation de 1 euro par kilo. Si 5 euros est le prix maximum que nous venons de dire, comment notre maraîcher pourrait-il ajouter cet euro et vendre ses carottes 6 euros le kilo ?

CANDIDE : Si tous les autres maraîchers en font autant ?

ARCHIBALD : Pourquoi voulez-vous qu'ils en fassent tous autant ? Vous êtes en train de supposer que ces maraîchers sont organisés de telle façon qu'ils puissent décider d'imposer un nouveau prix. Vous êtes obligés d'imaginer une sorte de cartel en position de monopole dont les divers et innombrables membres auraient tous les mêmes conditions de production en ce qui concerne les carottes, et donc tous le *même* intérêt à une augmentation du prix du kilo. Mais vous oubliez que même si l'on admet cette hypothèse tout à fait irréaliste, il n'en reste pas moins que la carotte est concurrencée elle-même par d'autres légumes chez les consommateurs, mais aussi dans l'activité des maraîchers qui ne produisent pas seulement des carottes, et qu'on ne peut augmenter leurs prix sans risquer une baisse de sa consommation, sauf à imaginer une demande de carottes totalement captive. En fait, si le prix de la carotte avait pu passer à 6 euros, il y serait déjà. Par conséquent la taxe de 1 euro va en fait être supportée par le producteur, charge à lui de la répartir entre lui-même, ses ouvriers et ses fournisseurs. Comme le dit très bien Murray Rothbard, déjà rencontré, qui est l'un des rares économistes à l'avoir remarqué, « aucune taxe ne peut être répercutée en aval[4] ». Même Maurice Lauré, l'inventeur de la TVA, reconnaît que son impôt est une taxe sur la production. Toute taxe sur la consommation est en fait une taxe payée par les producteurs sur leur revenu et donc s'apparente à un impôt sur le revenu, avec tous les caractères propres à cet impôt.

CANDIDE : Vous avez tout de même des produits pour lesquels une hausse de la TVA ou des accises se traduit par une augmentation des prix à la consommation : le tabac, les alcools…

ARCHIBALD : Ce sont en effet des produits bien aimés du fisc, car leur demande est relativement captive. Mais la répercussion de la hausse d'impôt n'est jamais totale, même dans l'immédiat. Souvenez-vous de qui crie le plus fort quand le gouvernement annonce une hausse des taxes sur les cigarettes. Sont-ce les consommateurs ?

CANDIDE : Non, ce sont les buralistes. Ils viennent même me voir pour que je plaide leur cause. Et croyez-moi, ils ont des arguments sonnants et trébuchants, sinon frappants !

ARCHIBALD : Parce qu'ils savent bien qu'à court terme ils paieront de leur poche au moins une partie de cette taxe pour ne pas trop augmenter leur prix, et qu'à long terme, la consommation risque de baisser, et là encore leurs revenus seraient atteints.

CANDIDE : Et l'essence ? Toute hausse de la fiscalité est immédiatement répercutée à la pompe.

ARCHIBALD : Ni partout ni dans les mêmes proportions. Mais là encore, vous avez une demande captive, un prix qui à 60 % est constitué d'impôts, et des producteurs relativement bien organisés entre eux. Ce n'est pas pour rien que l'on parle si souvent de cartels pétroliers. Même dans ce cas, dont vous conviendrez qu'il est unique en son genre, le gouvernement ni les compagnies ne peuvent faire n'importe quoi. Ne serait-ce que parce que les consommateurs peuvent se rebiffer. Du moins ceux qui ont des gros bras et qui conduisent des poids suffisamment lourds pour obstruer les voies de communication.

CANDIDE : Si l'impôt sur la consommation et l'impôt sur le capital sont assimilables à un impôt sur le revenu, et que l'impôt sur le revenu a tous les défauts que vous dites, reportons-nous sur l'impôt sur les sociétés, l'impôt sur les bénéfices par exemple.

ARCHIBALD : Je vais sans doute encore vous surprendre, mais l'impôt sur les sociétés n'existe pas. Peut-on dire de quelqu'un qu'il est imposé s'il ne paie pas l'impôt ? Or les sociétés ne paient pas l'impôt. Donc l'impôt sur les sociétés n'existe pas.

CANDIDE : Comment pouvez-vous dire que les sociétés ne paient pas l'impôt ?

ARCHIBALD : Tout simplement parce que les personnes qui paient l'« impôt sur les sociétés », ce sont non pas les sociétés, mais des individus qui participent à ces sociétés en tant qu'actionnaires, en tant que patrons, en tant que salariés, en tant que fournisseurs, et en tant que clients (quand ces derniers sont « captifs », au sens où nous venons de le dire). L'impôt sur les sociétés est une fiction — l'une des nombreuses fictions d'un domaine qui est particulièrement riche en illusions et malentendus, comme si ces fictions étaient nécessaires à son fonctionnement. De fait pour prendre de l'argent aux gens contre leur consentement, il faut sans doute beaucoup de ruses.

CANDIDE : L'impôt sur les sociétés serait donc un impôt sur le revenu.

ARCHIBALD : De toute façon c'en est un. Mais l'astuce consiste à dire qu'il s'agit d'un impôt sur les « personnes morales ». C'est assez drôle. Vous avez déjà rencontré une personne morale payant des impôts ? Mais dans cette fiction générale, dans cette grande fiction « à travers laquelle, disait déjà Frédéric Bastiat il y a cent cinquante ans, tout le monde s'efforce de vivre aux dépens de tout le monde[5] », il y a, si j'ose dire, une sous-fiction, ce sont les cotisations sociales payées par le patron. On lit souvent dans la presse que ces cotisations sont une charge pour les patrons et qu'il convient de les alléger pour aider à la création d'emplois. Nous avons déjà montré dans une précédente leçon[6] que cotisations patronales et cotisations salariales devaient être mises dans le même sac, qu'elles sont toutes deux des prélèvements sur les salaires. L'entreprise ne joue dans cette affaire qu'un rôle de collecteur d'impôts. Étant elles-mêmes des impôts sur les salaires, les cotisations viennent s'ajouter à l'impôt sur le revenu. Et nous retombons dans le problème précédent. Tout ce que nous avons dit sur l'incidence négative de ces cotisations sur l'emploi dans notre leçon sur le chômage n'est en fait qu'un cas particulier des effets pervers de la fiscalité.

CANDIDE : Je vous accorde ce point. Toutefois, les cotisations sociales étant proportionnelles aux salaires, le pourfendeur que vous êtes de la progressivité de l'impôt sur le revenu devrait être satisfait.

ARCHIBALD : Pas vraiment, comme vous pouvez le supposer. Mais cela dépasse la question fiscale proprement dite. En tout cas, il me semble vous avoir démontré que vous pouviez sans risque supprimer l'impôt sur les revenus des personnes physiques proprement dites. Tous les autres impôts étant en fait des impôts sur le revenu, vous pouvez supprimer celui-là sans risque pour les effets de « justice sociale » que vous cherchez. Quant aux effets économiques, vous n'avez pas à redouter de réduction des recettes fiscales dans leur ensemble. Étant donné le niveau atteint par les prélèvements obligatoires en France l'« effet Laffer » jouera à plein.

*Trente-huitième leçon*

## DE L'ASSURANCE

*Où l'on apprend à ne confondre*
*ni l'assurance avec la solidarité,*
*ni l'envie avec le ressentiment.*

CANDIDE : Je vous disais la dernière fois que les cotisations sociales devaient vous satisfaire, car elles pouvaient s'analyser comme un impôt sur le revenu proportionnel, et non progressif.

ARCHIBALD : Certes. Mais les contreparties de ces cotisations, ce sont les prestations sociales, par exemple le remboursement de médicaments, les frais d'hospitalisation. Pourquoi devrais-je payer ces prestations plus cher si mon revenu est plus élevé ? Quand je vais acheter des aliments aussi nécessaires à ma santé que les drogues que je trouve en pharmacie, est-ce que je paie en fonction de mon revenu ?

Pourquoi, dès lors, serait-ce le cas pour lesdites prestations sociales ? Il y a là une séquelle de l'économie aristotélicienne bien étonnante[1].

CANDIDE : C'est que les cotisations ne servent pas seulement à financer les prestations sociales, elles font en même temps œuvre de redistribution des richesses en faveur des plus démunis.

ARCHIBALD : Je ne vous le fais pas dire. On mélange l'assurance sociale et la solidarité. Mais êtes-vous tellement sûr que la redistribution dont vous parlez est juste ? Je n'ai aucun a priori contre la solidarité. Je demande seulement à ce que l'on ne mélange pas les genres.

Le mélange des genres est source de toute une série de redistributions qui ne sont pas forcément souhaitables. Par exemple, les cotisations sur les jeunes aboutissent à une surtaxation. Dans un système qui serait complètement assurantiel et concurrentiel, les jeunes devraient pouvoir trouver des compagnies pour couvrir leurs risques maladie avec des primes moins élevées que celles qu'ils paient actuellement à la Sécurité sociale.

CANDIDE : Pourquoi ?

ARCHIBALD : Tout simplement parce qu'ils sont jeunes et que leur risque maladie est plus faible. Autrement dit, le système actuel, qui est un monopole, organise un transfert de richesses des jeunes vers les vieux. Évidemment, cette surtaxation pèse sur leurs possibilités d'embauche.

CANDIDE : Est-ce que les jeunes ne doivent pas être solidaires des vieux ?

ARCHIBALD : Peut-être. Mais on change de sujet. Il ne s'agit plus de redistribution de l'argent des riches vers les pauvres.

CANDIDE : Tout de même, il faut bien qu'à un moment ou à un autre la vieillesse soit prise en compte par l'assurance. Sinon, devenu vieux, je ne trouverais plus aucune compagnie pour m'assurer.

ARCHIBALD : Ce devrait être à la compagnie de décider du moment où l'assurance de l'âge adulte doit prendre en compte les vieux jours de son client. Autre exemple : une femme mariée qui reste au foyer pour s'occuper de ses enfants, qui ne travaille pas au sens marchand du terme, bénéficie de la Sécurité sociale de son mari. Admettons qu'elle trouve un emploi. La moitié de son salaire brut sera confisquée par la Sécurité sociale, et le salaire net qu'elle touche va faire entrer le revenu du ménage dans une tranche supérieure d'imposition, et donc susceptible d'un taux plus élevé. Dans quel sens se fait ici la redistribution ? Des femmes mariées qui travaillent vers les femmes mariées qui restent au foyer ! Quel sens cela peut-il avoir ?

Prenons maintenant l'exemple des prestations familiales. Les cotisations sont proportionnelles aux revenus, mais pas les allocations. Le gain net (allocations moins cotisations) est donc fonction du revenu. Plus on monte dans l'échelle des revenus, plus il est négatif ; plus on descend plus il est positif. Le plafonnement des allocations familiales, instauré le 1er juillet 2015, ne fait qu'aggraver le phénomène décrit ici.

CANDIDE : Voilà un bel exemple de redistribution des riches vers les pauvres.

ARCHIBALD : C'est à voir. Mais quel est le but principal de ces allocations ?

CANDIDE : La relance de la natalité.

ARCHIBALD : À supposer que l'on puisse relancer la natalité comme vous dites avec de l'argent, le résultat le plus clair du système est de subventionner les naissances dans les familles pauvres, et de les décourager dans les familles riches. Il s'agit là d'un bien étrange eugénisme. Pour la redistribution du patrimoine, que l'on dit tellement concentré chez les plus riches dans ce pays, il vaudrait beaucoup mieux encourager la natalité chez les riches que chez les pauvres. Ce faisant, ce n'est pas seulement le patrimoine monétaire que l'on redistribuerait entre un plus grand nombre de têtes, mais aussi le capital humain accumulé par l'éducation, la formation, les relations sociales, le « piston ».

Je pourrais allonger indéfiniment la liste des fausses redistributions ou des redistributions à l'envers. En corrigeant tel défaut, vous en aggravez un autre. La tâche est sans fin, comme on peut le constater : chaque gouvernement a eu son projet de réforme de la Sécurité sociale ; ils ont tous échoué. Ce n'est pas un hasard, car c'est le principe qui est mauvais. Il faut distinguer radicalement l'assurance et la solidarité. On y verrait beaucoup plus clair. Ce qui signifie que l'on mette un terme au monopole de la Sécurité sociale. Nous avons déjà dit les incidences négatives de ce monopole sur l'emploi[2]. Nous allons élargir le propos.

CANDIDE : Vous ne pouvez pas empêcher l'assurance d'être obligatoire.

ARCHIBALD : Pourquoi ?

CANDIDE : « La justification, Hayek le dit lui-même — je vous lis ici une note préparée par un de mes conseillers —, n'est pas que les gens devraient être contraints de faire ce qui est dans leur propre intérêt de faire, mais qu'en négligeant toute prévoyance, ils deviendraient une charge pour la communauté. C'est pour cette raison même que nous obligeons les conducteurs de véhicules à moteur à s'assurer contre les dommages à tierces personnes non dans leur intérêt, mais dans celui de ceux qui pourraient être victimes de leurs actes[3]. »

ARCHIBALD : Hayek n'est pas aussi libéral qu'on l'imagine en France. Pour ne vous donner qu'un exemple de ses tendances « socialisantes », je vous dirai qu'il est partisan d'un revenu minimum. En ce qui concerne le problème posé, je ne vois aucune raison pour que l'on ne puisse pas s'assurer contre un dommage causé par une personne qui ne serait pas assurée. On s'assure bien contre la grêle. Personne n'est responsable de la grêle. En vérité, tous les risques sont assurables. Mais admettons, pour vous faire plaisir, qu'il soit indispensable que l'assurance soit obligatoire. Même dans ce cas, on peut très bien imaginer un système concurrentiel. L'assurance de l'automobiliste est obligatoire. Cela n'empêche pas des compagnies privées de se disputer le marché.

CANDIDE : Mais des compagnies privées peuvent-elles couvrir le risque maladie sans injustice ? Les compagnies auront vite fait de repérer les « mauvais risques » et de leur infliger des primes supplémentaires.

ARCHIBALD : Qu'appelez-vous des mauvais risques ?

CANDIDE : Des gens qui tombent souvent malades, qui sont plus fragiles que les autres. Comme cette fragilité est souvent liée à la pauvreté, à l'indigence, ces pauvres et ces malades ne pourraient payer des primes supplémentaires et se verraient peu à peu éliminés du système d'assurances privées. Si coexistent des compagnies privées et un système public, les mauvais risques vont peu à peu se réfugier dans le système public, qui sera de ce fait condamné à un déficit permanent puisqu'il ne pourra relever suffisamment ses primes pour couvrir l'accumulation de mauvais risques, tandis que les compagnies privées recueillant tous les bons risques, engrangeront profit sur profit. Je vous répète ce que m'a dit l'expert que j'ai interrogé à ce sujet, car je prévoyais que vous en viendriez là, et ses propos me paraissent tout à fait sensés.

En outre, avec ce qu'on appelle la « médecine prédictive » — l'analyse des gènes permettant de prévoir l'évolution de la santé d'un individu — ceux qui sont dotés d'une bonne carte génétique pourront trouver plus facilement à s'assurer que ceux qui ont hérité de leurs parents une mauvaise carte génétique. Ce qui renforcerait le clivage entre les bons risques assurés avec profit par le secteur privé et les mauvais risques couverts par un secteur public condamné au déficit, donc au rationnement. C'est pour le coup que l'on aurait une médecine à deux vitesses, et donc une société à deux vitesses. Et ne me dites pas que l'on pourrait interdire la communication des informations génétiques. Vous ne pouvez pas empêcher quelqu'un de se faire faire son analyse génétique, et si elle est satisfaisante de trouver une compagnie qui lui accorde un bonus. Quant à ceux qui refuseraient de communiquer de tels renseignements sur leurs gènes, eh bien, ils seraient d'office renvoyés au secteur public qui du fait de ce handicap — c'est bien le cas de le dire — serait incapable de concurrencer le secteur privé.

ARCHIBALD : Il y aurait de mauvais malades comme il y aurait de mauvais automobilistes. Mais si l'automobiliste se rend coupable d'accidents par imprudence ou parce qu'il a bu ou parce qu'il n'a pas respecté le Code de la route, n'est-il pas normal que la compagnie lui inflige un malus, pour ne rien dire de l'amende qu'il encourt ? Le fumeur invétéré qui attrape un cancer, l'alcoolique impénitent atteint d'une cirrhose du foie, serait-il injuste de leur infliger un malus ?

La réponse, c'est qu'à défaut de malus les non-fumeurs et les non-alcooliques paient pour les amoureux du tabac, « la passion des honnêtes gens » (*Dom Juan*, Molière) et de la dive bouteille. C'est ce que vous appelez la solidarité. Encore une « redistribution » qui ne va pas forcément des riches vers les pauvres.

CANDIDE : Quelle compagnie, dans votre système, va assurer les risques encourus par un aveugle de naissance ou un handicapé à vie ?

ARCHIBALD : J'attendais la question. C'est la seule question qui, s'il n'y était trouvé de réponse, pourrait remettre en cause la privatisation de l'assurance maladie. Car vos considérations sur la médecine prédictive, permettez-moi de vous le dire, sont pour le moment encore un peu trop futuristes pour être prises en compte. Nous n'en sommes pas encore là, heureusement. Hormis quelques maladies particulières, monogéniques comme la chorée de Huntington, la plupart des troubles sont déterminés par un ensemble mal connu de gènes, fortement influencé par l'environnement et les conditions de vie. Autrement dit, la maladie reste un risque, et non une fatalité, et un risque, je le répète, peut toujours être assuré. Vous vous souvenez que nous avons déjà rencontré la notion de « risque moral[4] ».

CANDIDE : Vous aviez proposé de l'appeler « risque comportemental ».

ARCHIBALD : Je vous rappelle en deux mots de quoi il s'agit. La compagnie signe avec vous un contrat basé sur un certain comportement, et une fois signé le contrat vous changez de comportement. L'un des inventeurs du risque moral est l'économiste norvégien Karl Borch[5]. Mais son grand théoricien est Joseph Stiglitz, Prix Nobel 2001 de sciences économiques. Permettez-moi de le citer : « Le problème du risque [moral] surgit quand l'information sur le comportement des acheteurs d'assurance est imparfaite et incomplète, parce que les actions de l'assuré ne peuvent être parfaitement surveillées et prévues par le contrat d'assurance. Le propre de la garantie d'assurance est que les individus ne supportent pas toutes les conséquences de leurs actions [...]. Si un individu assuré est impliqué dans un accident, il ne devra payer qu'une fraction du coût du dommage. S'il est couvert par une assurance hospitalisation, mais est fumeur, il ne payera qu'une fraction du coût du cancer qu'il pourrait contracter [...]. Il y a là un conflit fondamental : plus la garantie est complète et de montant élevé, moins les individus seront incités à éviter l'événement assuré et moins ils supporteront les conséquences intégrales de leurs actions[6]. » En fait, vous le savez, les compagnies ont installé des systèmes pour réduire le risque moral : bonus, malus, franchise.

CANDIDE : La Sécurité sociale, quant à elle, a instauré le bien nommé ticket modérateur.

ARCHIBALD : Certes, le risque moral peut être diminué, mais il ne peut être supprimé, surtout en matière de santé. Parce qu'il n'y a pas de critères objectifs en la matière. Personne ne peut définir ce qu'est la santé. Et d'ailleurs les dépenses de santé, comparées de pays à pays, ne présentent aucune corrélation avec l'état de santé des populations en cause. C'est que la santé est aussi affaire d'hygiène, d'alimentation, etc., pour ne rien dire des incidences psychologiques. Comme le dit excellemment le fameux docteur Knock de Jules Romains, « la bonne santé est un état précaire qui ne présage rien de bon ». Chacun a une idée de sa propre santé, et s'il est un domaine où l'interférence d'autrui est problématique, c'est bien celui-là, surtout si cet autrui est l'État !

CANDIDE : Mais la vie n'a pas de prix !

ARCHIBALD : Ce que vous dites n'est tout simplement pas exact, excusez-moi de vous le dire. Même chacun d'entre nous n'accorde pas un prix infini à sa propre vie. Tous les jours que Dieu fait, il prend des risques pour sa santé, des risques parfois mortels, parce qu'il estime que ces risques ont une probabilité si infime qu'il peut se permettre de les courir pour vivre sa vie. Par exemple, les homosexuels qui fréquentent saunas et autres lieux de rencontre gays sans se « protéger », c'est comme s'ils jouaient à la roulette russe. Si nous accordions un prix *infini* à notre propre vie, nous n'oserions même pas traverser la rue. Et personne n'accorderait de baiser au lépreux ou au sidatique. Enfin, il ne s'agit plus aujourd'hui seulement de réparer un corps pour qu'il soit de nouveau capable de travailler, comme on peut concevoir que c'était le cas au moment de la révolution industrielle. Il s'agit aussi de diminuer la souffrance et d'allonger la vie le plus longtemps possible. Dans le combat contre la dégénérescence et finalement contre la mort, il n'y a tout simplement pas de limite.

Chacun devrait être libre de dépenser autant qu'il le veut pour ce qu'il estime être sa santé à condition bien sûr d'assumer lui-même cette dépense, et donc de l'assurer auprès de la compagnie de son choix. Le monopole de la Sécurité sociale ne peut conduire, on le vérifie chaque année davantage, qu'à un rationnement des dépenses de santé. Et qui dit rationnement, dit préposé au rationnement. Qui peut jouer ce rôle ? L'administration ? Le médecin ? L'infirmière ? Le pharmacien ? L'assistante sociale ? La famille du patient ? Le patient lui-même à qui l'on demande d'être « raisonnable » ? Le débat dure depuis des années, et il durera longtemps encore car il ne peut être tranché. Une chose est sûre, c'est que de plus en plus de gens cherchent à sortir d'un système à la fois trop coûteux et pas assez bénéfique, qu'ils trouvent les moyens d'en sortir, que bien évidemment ce sont les « meilleurs risques » qui partent les premiers, et qu'à partir de ce moment-là un processus s'enclenche où le secteur public s'alourdit de mauvais risques, et ne pouvant relever ses primes, s'enfonce inexorablement et dans le déficit et dans le rationnement. On peut même supposer que le processus de désolidarisation est déjà enclenché.

CANDIDE : Vous n'avez toujours pas répondu à ma question sur les handicapés de naissance.

ARCHIBALD : La solution est simple, il suffit que les parents assurent l'enfant à naître avant sa naissance.

CANDIDE : Vous n'empêcherez pas les compagnies d'enquêter sur les parents. C'est de l'eugénisme !

ARCHIBALD : On admet bien ce genre d'enquêtes pour les donneurs de sperme. Et n'oubliez pas que le risque de donner naissance à un handicapé est infime, qu'il est calculable puisqu'on dispose de séries très longues pour des populations très nombreuses, que les compagnies si elles sont privées se feront concurrence pour ce marché-là aussi. On peut encore concevoir que tout mariage ou tout concubinage doive comporter un contrat d'assurance pour les enfants à naître, comme tout achat de voiture implique la souscription d'une assurance automobile. Évidemment les gens seraient toujours libres de procréer à leur guise, mais ils en assumeraient eux-mêmes les risques.

CANDIDE : Très franchement, c'est parmi tout ce que vous m'avez proposé jusqu'à maintenant ce qui est le moins présentable.

ARCHIBALD : Et pourquoi donc ? Avec un système de compagnies privées, toute femme enceinte aurait déjà ou devrait souscrire un contrat d'assurance, et il serait de l'intérêt des compagnies d'assurances de payer les frais du dépistage, la liberté d'avorter ou de ne pas avorter restant entière puisque le contrat aurait été souscrit avant que l'on procède au dépistage. Mais au moins la femme enceinte pourrait décider du destin de son enfant en toute connaissance de cause.

J'espère que vous êtes convaincu maintenant qu'aucun prélèvement obligatoire, qu'il prenne la forme d'un impôt ou d'une charge sociale, ne peut être ni neutre ni juste. Rothbard, déjà cité, le dit très bien lui-même : « La théorie économique ne peut pas établir de principe de l'impôt qui soit juste, et personne n'a jamais pu le faire [;] un impôt neutre, qui semble un idéal pour beaucoup de gens, est conceptuellement impossible. Les économistes doivent donc abandonner leur quête futile de l'impôt juste et neutre[7]. »

Il n'y a qu'une chose à faire, je le répète : baisser le plus d'impôts le plus rapidement possible. Si vous vous engagez dans cette voie, vous êtes sûr d'être dans le droit chemin, quel que soit l'impôt par lequel vous commenciez. C'est une opportunité formidable pour quelqu'un de votre époque. Le premier qui s'en saisit est assuré de redresser l'économie et de réduire le chômage.

CANDIDE : Même si, ce faisant, on accroît le déficit des finances publiques ?

ARCHIBALD : Même dans ce cas. Car alors on joue sur les deux tableaux : le tableau classique (réduction des impôts) et le tableau keynésien (l'accroissement du déficit). Même si l'une des théories est fausse, les deux ne peuvent l'être en même temps. Vous êtes sûr de gagner. Reagan[8] l'avait fait aux États-Unis dans les années 1980. Et Reagan a gagné.

Soyez le premier des Européens à proposer de sortir de l'eurosclérose, ne vous préoccupez pas de ce que disent vos rivaux, et même vos conseillers et experts, « ils n'ont tous qu'une même pensée, ils verraient par ce coup leur puissance abaissée[9] ».

CANDIDE : Vous ne ferez qu'accroître les inégalités.

ARCHIBALD : Si même les plus démunis s'en trouvent mieux, s'il y a moins de chômage, moins de misère, que trouver à redire ? C'est l'un des résultats de la *Théorie de la justice* déjà rencontrée du grand philosophe américain John Rawls : « Les inégalités économiques et sociales doivent être organisées de façon à ce qu'elles apportent aux plus défavorisés les meilleures perspectives[10]. » Si on ne paie pas assez cher l'ingénieur, l'inventeur, le P.-D.G., ceux du bas de l'échelle en pâtiront parce que la société sera moins prospère.

CANDIDE : Vous raisonnez en économiste, il faut raisonner en politique.

ARCHIBALD : Vous n'admettez pas que les inégalités puissent s'accroître si cet accroissement améliore le sort des plus pauvres et des plus malheureux !? Les hommes politiques fondent leur programme sur le ressentiment, la jalousie, l'envie. Il faudrait que personne n'ait de plus belle femme, des enfants plus intelligents, une meilleure santé, une vie plus agréable que tout autre. Il faudrait réduire les inégalités même si cette réduction se solde par une moindre croissance économique et davantage de chômeurs. Ce n'est pas le bien-être de tous que vous cherchez, c'est flatter l'envie, « la plus antisociale et la plus funeste des passions ». Nous avons déjà cité cette phrase de Stuart Mill.

CANDIDE : Je crois que vous ne pouvez pas comprendre. Même la plus justifiée des inégalités est une cause de souffrance pour celui qui en pâtit. L'homme politique doit tenir compte de cette souffrance, il doit s'efforcer de la calmer, en tout cas il ne peut pas ne pas promettre de la réduire autant que possible. Telle est la politique.

ARCHIBALD : J'avoue que je ne savais pas que la politique consistait à se soumettre à la plus vile des passions humaines. Et je vous renvoie à tout ce que nous avons dit à ce sujet dans notre Dixième leçon sur la justice, et notamment aux analyses d'Aristote, de Kant et de Rawls.

CANDIDE : Encore une fois, il est vraiment trop facile pour ceux qui occupent les positions les plus élevées dans la société de prétendre que les autres, quand ils réclament plus de justice ou moins d'injustice, ne sont que des envieux.

ARCHIBALD : Je vous ai déjà fait remarquer que même Marx, à un moment, a pensé au premier stade du communisme comme à une expression de l'envie[11].

CANDIDE : Ce qui peut paraître de l'envie aux yeux des privilégiés est peut-être du ressentiment, tout simplement.

ARCHIBALD : Rawls, en effet, vous approuverait de distinguer le ressentiment de l'envie. Haine de l'humanité, l'envie est la haine de soi-même. Quelqu'un qui est sûr de soi et de la valeur de ses projets n'est pas enclin à l'envie. L'envieux doute de lui-même et rage de son impuissance à améliorer sa situation. En revanche, le ressentiment est un sentiment moral respectable. « Si nous éprouvons du ressentiment parce que nous avons moins que les autres, ce doit être en raison d'institutions injustes, ou d'une conduite malhonnête de leur part qui leur ont permis d'obtenir de tels avantages », comme le dit Rawls lui-même[12]. Mais Nietzsche vous enverrait en enfer, cher Candide. Pour lui, il n'y a aucune différence entre ressentiment et envie. L'un et l'autre sentiments fondent une morale d'esclaves.

CANDIDE : Disons, mon cher Archibald, que je suis plus proche de Rawls que de Nietzsche. Dans toute la question fiscale, il y a la présomption plus ou moins avouée que les fortunes accumulées à un moment donné par quelques-uns ont une origine ou/et une cause malhonnête, qui légitiment les ressentiments des autres. Et si vous êtes cohérent avec vous-même, vous ne pouvez même pas nier le péché originel de la richesse puisque nous sommes dans une économie mixte public / privé faite d'innombrables passe-droits, privilèges, fraudes.

ARCHIBALD : Ainsi, il se démontre une fois encore que l'État prétend corriger les effets pervers des interventions étatiques précédentes. L'État se reproduit lui-même indéfiniment.

CANDIDE : En tout cas, vous n'avez aucun critère à offrir à l'homme d'État qui lui permette de distinguer, dans quelque revendication sociale que ce soit, l'envie du ressentiment, et le vice de la vertu.

ARCHIBALD : Je vous rends les armes.

*Trente-neuvième leçon*

## DE LA CORRUPTION

*D'où il résulterait que le corrompu a plus de torts que le corrupteur tout en permettant à l'économie de fonctionner moins mal.*

CANDIDE : Que dit votre science à propos de la corruption ?

ARCHIBALD : Je vous ai préparé un rapport à ce sujet. Je dois dire que rares sont les économistes qui s'y intéressent. C'est dommage, car la corruption fait appel à la rationalité de l'*homo economicus* traditionnel. Le corrupteur comme le corrompu ne doivent-ils pas se livrer à un calcul soigneux des profits et des pertes ? Du même coup, la lutte contre la corruption doit elle aussi s'inspirer de la rationalité économique si elle vise à ce que les coûts pour le corrupteur ou le corrompu soient supérieurs aux bénéfices qu'ils attendent de leurs agissements. C'est une balance que vous ne devrez jamais oublier, Candide, quand vous aborderez ce sujet. D'autant que la lutte contre la corruption a elle aussi un coût. Et au niveau de l'État comme au niveau de n'importe quelle organisation, le coût des actions anticorruption ne devrait pas dépasser le profit que l'on peut en attendre. Je ne vais pas ici reprendre les leçons de Machiavel. Je considère comme acquis le fait que la responsabilité d'une collectivité, en d'autres termes la *raggione di stato*, la « raison d'État », se situe au-delà du bien et du mal. Aussi bien le prince « ne doit pas craindre d'encourir quelque blâme pour les vices utiles au maintien de ses États[1] ». Et parmi ces « vices utiles », nous comprenons l'avarice, la cruauté, l'infidélité. Encore qu'il soit préférable que le prince donne l'apparence de la vertu s'il veut conserver l'« affection que le peuple porte naturellement à ceux qui le gouvernent[2] ». Bref, le peuple attend du chef de l'État une apparence vertueuse, pas plus. Et non un prédicateur moral. C'est pourquoi l'économie, qui, comme nous l'avons dit dès nos premières leçons, est amorale, devrait avoir beaucoup de choses excellentes à dire sur la corruption.

## RAPPORT SUR L'ÉCONOMIE DE LA CORRUPTION

L'économie de la corruption peut être considérée comme une dérivation d'une théorie connue des économistes d'entreprise sous le nom de « théorie de l'agence[3] ». Cette théorie réfléchit sur les relations qui s'établissent entre un mandant, dénommé le *principal*, et son mandataire l'*agent*. Par exemple, vous m'avez fait l'honneur de me confier votre enseignement en économie. Dans cette relation, vous êtes, cher Candide, le principal, et je suis votre agent. De même, quand vous confiez votre bouche à un dentiste, le dentiste est l'agent dont vous êtes le principal. Si vous m'avez confié votre enseignement en économie, c'est que vous me faisiez confiance.

Cette confiance s'exerce dans le cadre d'un contrat implicite ou explicite. Ainsi, la *relation d'agence* comporte-t-elle un engagement contractuel implicite ou explicite assorti d'une délégation du pouvoir de décision de la part du principal au profit de l'agent, délégation limitée à l'objet de cet engagement. Nous retrouvons le problème classique de l'incomplétude des contrats et des moyens de la pallier[4]. Aussi bizarre que cela puisse paraître aujourd'hui, la théorie de l'agence a été considérée au moment de sa formulation, dans les années 1970, comme une découverte très utile pour combler une lacune de la théorie classique de l'entreprise. En effet, on croyait alors avoir tout dit quand l'on établissait que le but d'une entreprise était la recherche du profit maximum. Pour l'économiste classique, l'entreprise n'avait pas plus d'épaisseur qu'un point géométrique. La lacune — grossière, en vérité — est qu'une entreprise, quelle qu'elle soit, est faite de plusieurs types d'hommes ou de femmes, liés par différents types de contrats, et qu'ils peuvent avoir des intérêts divergents. Pour ne rien dire du fait, déjà maintes fois remarqué, que le point sans épaisseur de la théorie classique évolue dans un monde sans incertitude et sans risque, un point irréel dans un espace irréel !

Assurément, la théorie de l'agence n'a pas inventé l'opposition entre patron et salariés. Mais d'abord elle a mis l'accent sur de possibles divergences entre les actionnaires et les dirigeants de la firme, les seconds étant les agents des premiers. Ces divergences elles-mêmes étaient déjà connues[5]. Mais la théorie a systématisé la « relation d'agence » : en agissant pour le compte de son principal, un agent dispose forcément d'une marge de liberté, il agit à sa discrétion, et il ne peut pas ne pas voir les choses différemment de ce que son maître les verrait s'il se trouvait à sa place. Plus grand est le rayon d'action de l'agent, plus large doit être sa discrétion. Enfin, tant pour les relations entre actionnaires et dirigeants, que pour celles entre dirigeants et employés, la théorie en question a cherché à définir les types de rémunération qui permettent d'obtenir de l'agent qu'il agisse au mieux dans l'intérêt de son principal. Ce qui revient à abandonner l'hypothèse implicite de beaucoup de théories sociales, à savoir que les individus respectent spontanément les promesses qu'ils ont faites et obéissent d'eux-mêmes aux normes des organisations dont ils font partie.

La théorie de l'agence suppose que les normes sont respectées seulement si les individus observent qu'un tel comportement peut constituer un moyen efficace d'aboutir à la réalisation de leurs objectifs propres. Nous avons déjà rencontré une telle rationalisation de la morale quand nous avons étudié les fondements économiques du droit[6]. Aucun droit n'est respecté, avons-nous observé, si ceux dont on attend qu'ils le respectent n'ont pas intérêt à le respecter.

Supposons maintenant qu'au nom du peuple vous cherchiez à minimiser la corruption dans le pays. Que cet objectif surpasse tous les autres. Comment allez-vous sélectionner les ministres, qui sont ici les agents du peuple ? Il ne suffit pas de prendre ceux dans lesquels votre confiance est la plus grande.

Si vraiment votre objectif premier est de tout faire pour réduire la corruption — et l'on pourrait admettre un tel objectif, au vu de l'état dans lequel se trouve le pays — vous allez sélectionner les ministres non seulement à partir de la confiance que l'on peut leur faire, mais aussi de leurs scrupules à respecter les lois, toutes leurs autres qualités étant considérées comme nulles comparées à celles-là. Les ministres devraient en faire autant pour leurs propres agents. Le résultat serait le même si vous étiez l'actionnaire principal d'une entreprise dont vous auriez décidé d'éliminer toute corruption. Le directeur serait désigné en fonction des qualités que nous venons d'énumérer. Et il en ferait de même pour ses subordonnés. De proche en proche toute la société serait épurée. Et en effet, se dira-t-on, pourquoi ne pas distinguer les honnêtes gens des canailles ?

À supposer que vous puissiez le faire, c'est-à-dire que vous soyez capables de faire pareille distinction, cela ne suffirait pas, car le plus honnête homme ou femme, une fois en place, peut se laisser corrompre. Il faudrait donc aussi prévoir toute une série de récompenses à un niveau suffisamment élevé pour inciter vos agents une fois nommés à rester dans le droit chemin, et toute une série de punitions suffisamment lourdes pour qu'ils ne s'en écartent pas. C'est dire que votre système de primes et de pénalités devra être construit d'abord sur des critères moraux.

Et cela ne suffirait pas. Car il faudra encore — et c'est le plus difficile — que les buts que vous poursuivez, les intérêts du peuple dans le cas du pays à guérir de la corruption, vos propres intérêts si vous êtes le principal actionnaire de l'entreprise qu'il s'agit de moraliser, soient pleinement expliqués à vos agents, que les agents ne disposent pas de plus de discrétion qu'il n'est nécessaire pour accomplir leurs tâches, que les règles que vous établirez soient parfaitement définies, qu'elles ne souffrent d'aucune ambiguïté ni dans leur contenu ni dans leur application. Si le devoir d'un des agents requiert de lui qu'il poursuive des objectifs qui s'excluent mutuellement, si dans l'action, il se trouve placé devant des dilemmes, il devra à chaque fois s'en remettre à vous pour les résoudre. Les agents devront être surveillés et contrôlés par d'autres agents qui seront recrutés selon les critères définis plus haut et qui devront eux-mêmes être surveillés et contrôlés. Et ainsi de suite.

Vous m'objecterez que tout ce que je dis là peut être transposé à n'importe quelle direction qui implique un contrôle central. Mais je pense au contraire que ces difficultés sont propres au combat contre la corruption.

Une politique anticorruption ne peut avoir, en effet, qu'un seul objectif : sinon éradiquer la corruption du moins la réduire le plus possible. Le problème ne vient pas tant de la nature de l'objectif que du fait qu'il n'y en ait qu'un seul. En effet, le monde réel — dans lequel vous devrez vivre et agir, cher Candide — est un monde où il y a toujours plusieurs objectifs, lesquels peuvent entrer en conflit les uns avec les autres. Vous ne pourrez pas faire autrement, tous les jours que Dieu fait, qu'arbitrer entre les éléments de plusieurs objectifs. Même si vous étiez à la tête de l'État : gouverner c'est entre deux maux choisir le moindre ! J'irais plus loin : même si vous étiez à la place du pape en personne, la lutte contre la corruption ne pourrait être l'objectif unique de votre politique. Car chacune des mesures que vous prendriez pour minimiser la corruption aurait un coût. Il est coûteux de s'informer du degré de confiance que l'on peut faire à un agent, coûteux de connaître son ardeur à respecter les lois, coûteux de s'assurer les services des seuls honnêtes gens — coûteux non seulement à cause de l'argent qu'il faut dépenser pour les trouver, les payer, les garder, mais aussi et surtout à cause des occasions perdues en les choisissant, car ce serait un hasard tout à fait extraordinaire que les gens les plus dignes de confiance soient aussi les plus intelligents, les plus énergiques, les plus aptes à prendre des risques — autant de qualités que vous aurez aussi à rechercher pour vos agents.

Sans doute dira-t-on qu'à Athènes dans l'Antiquité, les magistrats, qu'ils fussent élus ou nommés, devaient se soumettre à un examen, non de leurs capacités ou de leurs talents, mais de leur probité[7].

Je ne nie pas que cela soit théoriquement possible. Je dis seulement qu'une telle pratique a un coût d'opportunité, dans le sens que vous connaissez bien maintenant. Et que ce coût peut être très lourd, car il comprend d'autres éléments. L'argent et le temps que vous allez dépenser pour inciter vos agents à rester dans le droit chemin, pour les surveiller, l'argent et le temps que vous dépensez déjà du fait que leur marge de liberté est étroite et qu'ils font appel à vous devant le moindre dilemme[8], ce sont des ressources que vous auriez pu consacrer à des tâches peut-être plus utiles ; et surtout, la surveillance constante et le manque de discrétion peuvent peser sur le moral de vos agents. À supposer qu'ils aient, comme c'est probable, horreur d'être espionnés toute la journée, cette vigilance permanente nuira à leur productivité, surtout si une partie du plaisir ou de la joie qu'ils trouvent à leurs tâches vient des initiatives qu'ils pourraient prendre librement. Admettons que pour minimiser la corruption vous réduisiez la marge de manœuvre de vos agents au-dessous du seuil optimal qu'elle devrait avoir s'il n'y avait pas de corruption, pas même de possibilité de corruption, votre organisation perdrait en efficacité. Et cette perte d'efficacité est comparable à un coût. L'usine ni l'administration ne peuvent être aujourd'hui, si elles l'ont jamais été, tout à fait des casernes, encore moins des prisons, même si parfois elles en ont les apparences.

La lutte contre la corruption a donc un coût que vous ne pouvez pas ne pas comparer à celui de la corruption elle-même. Aussi votre devoir d'État, si je peux dire, sera-t-il de mener la lutte contre la corruption tant que les coûts de cette lutte resteront inférieurs à ses gains.

Il est vrai que le moment où les gains dépassent les coûts est difficile à déterminer. D'autant plus difficile que vous ne savez pas ce que, de l'autre côté, les corrupteurs sont prêts à mettre dans la balance pour acheter vos ministres ou vos fonctionnaires. Donc vous ne savez pas combien vous devez les surpayer vous-même pour contrebalancer la tentation. En outre, vous découvrirez très vite, si ce n'est déjà le cas, qu'il y a des postes ou des situations où il est impossible de substituer la surveillance à la confiance. Un agent secret, par exemple, vous ne pouvez pas ne pas lui laisser une grande marge de discrétion, c'est bien le cas de le dire. Même un ministre, même un Premier ministre, il faut bien que le chef de l'État lui laisse une certaine initiative. Sinon, à quoi serviraient-ils ? De toute façon, même si vous décidez de recourir à des agents de contrôle, il faudra bien les surveiller eux aussi. Vous n'en sortirez pas sans un minimum de confiance, et donc sans courir le risque que votre agent cède à la corruption.

Vous me demanderez sans doute s'il y a davantage de corruption dans l'État que dans les entreprises.

La corruption dans les entreprises intéresse moins que celle de l'État pour une raison bien simple. Dans le premier cas il s'agit de l'argent des autres, dans le second de notre argent en tant que contribuables.

Cela explique que la presse se focalise sur la corruption du secteur public. Toutefois, il est probable que l'État soit plus corruptible que l'entreprise pour des raisons institutionnelles comme un économiste américain, Edward Banfield, professeur à Harvard, a tenté d'en faire la démonstration dans un article qui date déjà d'une quarantaine d'années[9].

Appliquant la théorie de l'agence d'abord à l'entreprise privée, Banfield remarque plusieurs traits caractéristiques du business, qui peuvent, nous le verrons, avoir une incidence sur le degré de corruptibilité des milieux d'affaires :

1. Dans l'organisation d'une entreprise, l'intérêt du principal est attaché à la poursuite d'un seul objectif, ou à la rigueur d'un très petit nombre d'objectifs. Les paramètres de ces objectifs, par exemple un niveau satisfaisant de profit, la maximisation des émoluments des dirigeants, sont faciles à mesurer.

2. Le système d'incitations dans une entreprise est très largement fondé sur des stimulants matériels, le plus souvent en argent. Il se peut que les employés trouvent dans leur travail un intérêt intrinsèque et donc une satisfaction indépendamment du salaire qu'ils touchent. Il n'en reste pas moins que les rémunérations monétaires ou l'attente de ces rémunérations sont de loin, dans la plupart des cas, les plus importants des stimulants qui puissent les motiver. L'attachement à une firme pour des raisons uniquement pécuniaires n'est sans doute pas hors du commun.

3. Il existe un système hautement intégré de contrôle grâce auquel un directeur général (*chief executive*) peut :

a. réduire les objectifs de l'organisation à de bas niveaux de généralités en définissant des « cibles » ;

b. sélectionner des agents ;

c. fixer des limites à leur marge de manœuvre, à leur discrétion ;

d. donner ou retenir des récompenses ou des punitions ;

e. organiser le contrôle des résultats des agents, et aussi des contrôleurs.

Le directeur général peut lui-même être choisi et contrôlé par un conseil d'administration représentant les actionnaires. Aussi longtemps que les profits sont satisfaisants, il n'aura pas à s'inquiéter pour son poste. « Fréquemment, écrit Banfield, le contrôle du directeur général est *pro forma* [pour la forme], et le conseil d'administration dépend largement du directeur général pour son information (bien que certains conseils d'administration aient leurs propres comités d'audit indépendants). » Ces lignes étaient écrites en 1975, rappelons-le. Elles sont évidemment influencées par le mode de gestion des entreprises aux États-Unis à cette époque. Depuis, la mode de la *corporate governance*, qui renforce le contrôle des actionnaires, et notamment des actionnaires minoritaires sur les directeurs généraux, a fait des ravages outre-Atlantique. Elle s'est implantée en Grande-Bretagne et n'a pas tardé à s'imposer sur le continent européen.

4. Puisque dans une entreprise il existe une autorité ultime, le directeur général, ou pour certaines matières, le conseil d'administration, les agents peuvent, au moins sur le plan des principes, obtenir de la direction des règles impératives qui leur permettent de résoudre des conflits d'objectifs, c'est-à-dire des situations où les objectifs sont mutuellement incompatibles. C'est autant de moins qui est laissé à la discrétion des agents.

5. Le directeur général d'une entreprise reste normalement à son poste jusqu'à ce qu'il atteigne l'âge de la retraite si les profits sont satisfaisants. Ceci revient à dire que la seule condition qu'il doit normalement remplir pour rester à la tête de l'entreprise est le succès dans les affaires. Excepté des résultats décevants à son bilan, le principal danger qu'il doit redouter ne peut venir que d'une OPA ou d'une fusion « hostiles » à sa présence en tant que dirigeant de l'entreprise. Ce genre d'opérations est mené par des *raiders*, c'est-à-dire des investisseurs qui tentent de prendre le contrôle d'une entreprise cotée en Bourse sans l'accord de son conseil d'administration, et de « virer » ses dirigeants jugés incompétents.

6. L'entreprise privée peut faire tout ce qui n'est pas interdit par la loi ou les règlements administratifs. Dans les limites définies par la loi et les règlements, elle peut abandonner une activité pour s'adonner à une autre, embaucher et débaucher, récompenser et punir, acheter ce qui lui convient, y compris les services de consultants de toutes sortes, au prix qu'elle peut et qu'elle veut payer. À part ce qu'elle doit publier pour être en règle avec l'administration, elle a droit au secret des affaires.

Les caractères de l'entreprise ont neuf incidences sur leur degré de corruptibilité.

1. La première des incidences est que l'objectif principal, pour ne pas dire le seul objectif, étant le profit, la firme va supporter des coûts pour prévenir la corruption pour autant, et seulement pour autant qu'elle en attend un rendement au moins égal à ce qu'elle pourrait obtenir dans d'autres investissements. De la même façon, elle va dépenser de l'argent

pour corrompre les agents d'autres organisations pour autant, et seulement pour autant, qu'elle en attend des profits. Sans doute se dessine-t-il, depuis quelques années, y compris aux États-Unis, tout un mouvement pour promouvoir l'éthique dans les affaires. Il se peut qu'il y ait un progrès de la moralité dans les milieux d'affaires, mais on peut aussi voir dans cet effort collectif une tentative d'entente implicite pour faire des économies sur les dépenses de corruption.

2. La deuxième incidence est que les conseils d'administration feront de lourds investissements en recherche de personnalités et dépenseront beaucoup d'argent en primes de toutes sortes pour s'assurer que le directeur général (en France le P.-D.G.) qu'ils auront nommé non seulement ne se laissera pas corrompre par rapport aux intérêts de l'entreprise, mais encore acceptera de se corrompre pour le bien de la firme pour autant que cela sera nécessaire à son succès ou à sa survie. Le premier type de corruption est nommé par Banfield *personnally corruption*, le second type : *officially corruption*. Être irréprochable sur le plan de la corruption-pour-soi tout en étant capable de corruption-pour-la firme, ce sont des qualités plutôt rares. Elles se paient très cher. C'est pourquoi on rencontre tellement de difficultés à trouver des personnes de ce calibre-là qu'il faut leur assurer des émoluments astronomiques, le marché des P.-D.G. étant *très* étroit. Le conseil d'administration qui veut s'assurer de la loyauté du P.-D.G. peut choisir une personnalité qui a des liens de famille ou d'amitié avec l'actionnaire principal de l'entreprise. Quelqu'un sorti du rang fera aussi l'affaire, car sa loyauté envers la firme aura pu être testée pendant une longue période et sur des

postes de responsabilité de plus en plus importants. Pour faire en sorte que l'intérêt du directeur général s'identifie le plus possible à l'intérêt de l'entreprise, le conseil d'administration lui accordera non seulement un haut salaire, une retraite généreuse, mais encore des primes et des bonus, des émoluments en nature (voiture, chauffeur, logement...), des *stocks options* (des droits d'acheter des actions de la firme à un prix de faveur), etc. Ainsi pourrait-on expliquer les revenus faramineux de certains P.-D.G. que l'on vient de signaler. C'est un indice que leur trahison coûterait très cher à la firme. Ou un indice des sommes que les ennemis de la firme sont prêts à payer pour corrompre son directeur général. Ce ne sont pas les explications qui sont présentées habituellement. Dans les précédentes leçons, nous avons beaucoup cité Rawls, pour qui les inégalités de revenu sont justifiées, même les plus fortes, si les plus démunis s'en trouvent mieux. Les deux discours ne sont pas incompatibles. Mais il me semble que la théorie de l'agence est plus proche de la réalité.

3. La troisième incidence, c'est que la tâche des dirigeants de la firme est d'optimiser plutôt que de minimiser la corruption. On va donc fermer les yeux sur les petites corruptions des agents subalternes, les pots-de-vin médiocres, le chapardage, la « gratte ». Faire autrement nuirait au moral des troupes. Il se peut que toutes ces petites privautés fassent partie d'un système de rémunération non officielle. Mais s'il arrive que la corruption des employés sort des limites de ce système, alors la punition doit être impitoyable, d'autant plus impitoyable qu'elle doit apparaître comme un signe de bonne gestion. On ne peut pas ne pas évoquer ici l'affaire Kerviel, du nom de cet opérateur de la Société générale qui a

fait perdre à sa banque la bagatelle de 4,9 milliards d'euros en janvier 2008 et a été condamné pour abus de confiance, faux, usage de faux. Cette affaire continue de défrayer la chronique.

4. La quatrième incidence, c'est qu'une corruption personnelle découverte à un haut niveau de la hiérarchie devra être traitée, au contraire, avec beaucoup de doigté et de discrétion. Le directeur général évitera la publicité. Plutôt que de poursuivre un coupable devant les tribunaux, il peut essayer de lui trouver un autre poste, de l'obliger à démissionner, ou s'il n'y a pas d'autre moyen, de le faire partir en préretraite. Car reconnaître que la corruption a atteint un haut niveau de l'organisation pourrait être mauvais pour l'image de l'entreprise. C'est une détestable publicité, l'indice d'une gestion défectueuse qui pourrait donner des idées d'OPA hostile à d'éventuels *raiders*, comme nous l'avons vu plus haut. Pour autant, le directeur ne peut pas choisir de « couvrir » complètement le corrompu, car il se rendrait lui-même complice de corruption. Ce sont des situations fort délicates. Et c'est bien pourquoi la corruption est tellement contagieuse dans les hautes sphères.

5. La cinquième incidence que l'on peut tirer des caractéristiques de la vie des affaires, c'est que le système de contrôle à l'intérieur des entreprises demande un certain doigté. Aux niveaux inférieurs de la firme, le système doit garder la corruption dans les limites permises. Aux niveaux élevés, le directeur général doit être informé des faits de corruption, mais d'une manière qui n'oblige pas ce dernier à les rendre publics. Là encore un chantage est possible de la part de gens qui savent ce que sait le directeur général.

6. La sixième incidence concerne les conflits d'ob-

jectifs, par exemple entre le respect de la loi et la recherche du profit maximum. C'est le problème classique du pot-de-vin qu'il faut payer pour emporter une commande.

Normalement, la manière dont l'entreprise est organisée doit permettre de les résoudre. Mais il peut arriver qu'elle y échoue. C'est-à-dire que le dilemme remonte au sommet de la hiérarchie. Quand les dirigeants de la firme ordonnent plus ou moins consciemment à leurs employés de faire ce qu'ils ne peuvent faire sans violer la loi, il est probable que le système de contrôle de l'entreprise fermera les yeux sauf pour les cas flagrants. Il se pourrait même que les dirigeants ou leurs surveillants réduisent le coût psychique de la corruption pour les agents subalternes par des formules du genre : « c'est contre le règlement, mais ce n'est pas vraiment mal ou contraire à l'éthique ». Nous nageons en pleine hypocrisie !

7. La septième incidence concerne directement les accommodements avec la « morale » que nous venons d'évoquer. Ces arrangements pourraient facilement engendrer des dysfonctionnements pour l'entreprise. D'abord, il y a des informations qui ne remontent plus au niveau du directeur général. Ensuite, une situation qui admet des violations répétées de la loi tend à privilégier les agents qui ont peu de scrupules par rapport aux autres. Entre la corruption-pour-la-firme et la corruption-pour-soi, la ligne de démarcation est assez floue. On pourrait appeler ce processus les glissements progressifs du plaisir de corrompre ou d'être corrompu !

8. Venons-en à la huitième incidence. Étant donné que le seul objectif est la recherche du profit maximum, on peut s'attendre que la firme soit incitée à

corrompre les agents des autres organisations auxquelles elle a affaire : firmes concurrentes, syndicats, administration, États étrangers. Le seul frein est le risque d'être découvert : atteinte à la réputation dans le milieu des affaires, publicité négative, amendes et emprisonnements éventuels. La décision de corrompre proviendra d'une analyse des coûts et des bénéfices d'une telle action, comme pour n'importe quelle autre décision. On peut supposer que plus le risque est important, plus les bénéfices de la corruption doivent être importants.

9. Enfin, la neuvième et dernière incidence des caractéristiques du business est que l'on peut s'attendre que la tendance à corrompre autrui sera d'autant plus forte que la firme aura peu de fournisseurs ou de clients. Une firme qui produit des yaourts pour des millions de consommateurs aura beaucoup de difficultés à corrompre chacun de ses clients. Une entreprise dont le seul client est telle branche de l'administration ou telle entreprise privée sera très fortement tentée de corrompre le fonctionnaire ou l'employé chargé de son dossier.

Voyons maintenant ce qu'il en est de l'État et quelles sont ses caractéristiques, du point de vue de la théorie de l'agence. Vous vous souvenez, cher Candide, comment nous sommes passés de l'état de nature à l'État tout court. Maintenant, l'état de nature est oublié depuis longtemps, et nous avons face à face deux modes d'organisation, l'entreprise et l'État. Nous allons essayer de caractériser l'État.

La première des caractéristiques, tout à fait opposée à celle de l'entreprise, est que l'État a de nombreux objectifs, non hiérarchisés, vagues, ambigus, contraires quand ils ne sont pas franchement contradictoires. C'est seulement dans les manuels que le concept d'intérêt général est évident. Dès que l'on essaie de le définir en termes concrets pour tel ou tel segment de la vie en société, c'est une autre paire de manches. Le « produit » d'une administration, qui prend la plupart du temps la forme de services, est fréquemment d'une nature telle, ou l'État s'est arrangé pour qu'il soit d'une nature telle[10] qu'il ne peut être évalué par un prix de marché ou par quelque autre mesure quantitative que ce soit. Les produits qui pourraient être tarifés, ou bien ne le sont pas (la Défense, la police, l'éclairage des voies publiques, etc.), ou bien le sont à un prix si bas que cela revient à subventionner le consommateur de ces produits. La demande étant alors supérieure à l'offre, il devient nécessaire de mettre en place un dispositif de rationnement quantitatif. La mise en place de ce dispositif ne peut se faire qu'en laissant une certaine marge de manœuvre ou discrétion aux fonctionnaires chargés de l'appliquer, marge d'autant plus grande que les objectifs généraux de l'État sont nombreux, non hiérarchisés, ambigus, etc. (voir plus haut). Un règlement engendre nécessairement une incitation soit à ne pas le respecter soit à corrompre les fonctionnaires chargés de son application. En cas de monopole public, la tentation est, là aussi, forte de chercher à influencer le fonctionnaire par des pots-de-vin. Il s'agit d'une situation qui peut perdurer car l'existence d'une administration n'est pas compromise, alors que celle d'une entreprise le serait, par le fait qu'elle vende ses « produits » à des prix inférieurs à ses coûts de production, puisqu'elle tire des impôts au moins une partie de ses revenus.

La deuxième caractéristique concerne le système d'incitations. Dans l'administration, il est certes fondé lui aussi sur des stimulants monétaires et matériels, mais d'autres types de stimulants y jouent un rôle beaucoup plus large que dans de l'entreprise privée. Au niveau inférieur, la sécurité de l'emploi joue traditionnellement un rôle considérable. Au niveau moyen, la satisfaction de participer à de « grandes affaires », de servir la « bonne cause », de partager, même indirectement, le charisme qui s'attache aux corps d'élite ou à un personnage public, n'a sans doute pas une influence négligeable. Au plus haut niveau de l'État, le pouvoir et la gloire sont les principaux stimulants. Il serait certainement très difficile de trouver à ce niveau-là des personnes qui ne seraient intéressées à leur *job* que pour des considérations purement monétaires. Souvenez-vous de notre leçon sur l'honneur. Bref, plus on monte dans la hiérarchie de l'État, moins on est intéressé par l'argent, alors que dans l'entreprise, on l'est à tous les niveaux. N'est-ce pas là une caractéristique qui plaide pour une moindre corruptibilité de l'État ? Réponse plus loin.

Troisième caractéristique : la surveillance d'une administration est entre les mains de beaucoup plus de contrôleurs que dans de l'entreprise privée. Là encore le contraste est très grand avec le monde des affaires. Pour Banfield, une administration publique est « habituellement gouvernée par une coalition incohérente et instable » de fonctionnaires, chacun d'entre eux exerçant son contrôle sur un aspect (législatif, judiciaire, budgétaire, comptable, politique, économique, social) de l'action entreprise. L'autorité du contrôleur est souvent nominale dans la mesure où il n'a pas de pouvoir direct sur les salaires ou la carrière de ceux qu'il contrôle. C'est contraire à l'idée convenue que l'on se fait de la bureaucratie.

Quatrième caractéristique : tandis que l'entreprise peut embaucher, promouvoir, déclasser et licencier son personnel comme elle le veut, dans les limites imposées par la loi et les règlements, l'administration a beaucoup moins de libertés dans ce domaine.

Cinquièmement, la fragmentation de l'autorité dans l'État est compensée plus ou moins par des arrangements informels et autres échanges de bons procédés. « Dans le cas extrême, nous dit Banfield, le résultat est une structure stable dans laquelle le contrôle est aussi hautement intégré que dans une entreprise privée. » Il en ressort une sorte de « machine » bureaucratique avec un véritable patron. On voit ainsi de fortes personnalités s'affirmer dans la fonction publique. On les appelle les « grands commis de l'État », comme si leur exception confirmait la règle de la médiocrité de l'ensemble. Mais il y a une grande différence entre de tels patrons et les chefs d'entreprise. Ceux-ci ont un pouvoir stable tandis que la puissance de ceux-là dépend d'arrangements *ad hoc* qui doivent être continuellement renouvelés.

Sixième caractéristique du secteur public : la nature des objectifs étatiques étant ce qu'elle est (point n° 1), il est très difficile à un agent de se retourner vers sa hiérarchie pour lui demander de trancher un dilemme naissant d'objectifs contradictoires. La réponse qu'il risque d'entendre est : « maximiser *tous* les objectifs », ce qui revient à dire « débrouillez-vous », ou « faites au mieux, mon vieux » et ne résout évidemment pas son problème. Le fait fondamental dans toutes ces affaires, c'est que l'électorat ou les différents groupes de pression, qui constituent ici le *principal*, formulent des demandes contradictoires à tel ou tel démembrement de l'État, son *agent*. Et qu'il est difficile à l'agent en question, constitué en fait d'une multitude d'agents, de trancher.

La septième caractéristique de l'État est bien connue. Les ministres ont des mandats beaucoup plus courts et incertains que les directeurs généraux, leurs homologues dans le monde des affaires. Les actions des ministres, quand ils sont élus, sont principalement motivées par le souci d'accroître la probabilité de leur réélection. On parle toujours, je vous le rappelle, de la myopie du business, en oubliant que les hommes ou les femmes politiques ont souvent des objectifs à court terme.

La huitième caractéristique de l'État est un peu moins connue que la précédente. Dans le secteur privé, le principal, c'est l'actionnaire de l'entreprise. Il peut vendre son action s'il est mécontent de la manière dont l'entreprise est gérée. Dans le secteur public, le *principal* c'est, en principe, le citoyen, et il ne peut se désolidariser facilement d'une administration corrompue, sauf à émigrer dans un autre pays. Il peut certes essayer d'organiser une lutte contre la corruption. Néanmoins, il faut bien voir qu'il n'a pas d'intérêt à s'investir personnellement dans une telle action, car si cette action portait ses fruits, elle profiterait tout autant à ceux qui s'en fichent qu'à ceux qui comme lui se sont donné le mal de combattre le fléau. On retrouve le problème du cavalier libre — *free rider* — qui fait le calcul suivant : ma contribution à la lutte contre la corruption est de toute façon d'une si faible incidence que de deux choses l'une : ou bien tous les autres s'y mettent, et le résultat sera le même que j'y contribue ou que je n'y contribue pas ; ou personne ne s'y met sauf moi, et je me serais donné du mal pour rien. Et comme j'anticipe que tout le monde fera le même raisonnement, je m'abstiens. Cette belle leçon de civisme démontre comment la corruption peut se répandre et prospérer dans les sociétés les plus saines.

La neuvième caractéristique de l'État est que, d'un point de vue formel, l'administration publique peut faire *seulement* ce que la loi lui autorise expressément et qu'elle *doit* faire ce que la loi requiert d'elle. Ce qui l'expose davantage aux tentations de la corruption par rapport à une entreprise privée qui a une beaucoup plus grande liberté d'action puisqu'elle peut faire, nous l'avons dit, tout ce qui n'est pas interdit par la loi, du moins dans une économie de marché.

Enfin, dixième et dernière caractéristique, l'administration a peu de secrets en comparaison du secteur privé. Son budget est étalé sur la place publique. Le Parlement, la Cour des comptes ont des moyens d'investigation puissants et ne se heurtent pas à un secret aussi protégé que celui des affaires privées, sauf en ce qui concerne les « fonds secrets » ou le « secret Défense ».

Les incidences de ces caractéristiques sur la corruptibilité de l'État sont les suivantes :

a) Pour l'État il n'y a pas, il ne peut pas y avoir de calcul visant à optimiser la lutte contre la corruption en mettant en balance les profits et les coûts d'une telle action. La corruption est pensée comme un mal qu'il faut éliminer, quel que soit le coût de cette élimination. Ainsi, par exemple, l'administration des Impôts va-t-elle dépenser en principe autant de temps et d'argent pour poursuivre un petit délinquant fiscal qu'un gros requin, bien que les bénéfices financiers qu'elle peut tirer de ces actions varient du simple au centuple. C'est un handicap dans la lutte contre la corruption, et donc un avantage pour corrupteurs et corrompus. À courir tous les lièvres, on n'attrape que des lapins dans le meilleur des cas. On a même vu en France, sous un gouvernement socialiste, un ministre du Budget, à ce titre grand chasseur des fraudeurs du fisc, être lui-même un champion de la fraude et du mensonge !

b) En l'absence de contrôle central, la direction de l'administration ne peut pas faire d'arbitrage entre les différentes actions contre la corruption en sorte d'égaliser les rendements des actions à la marge, par exemple investir davantage dans la recherche de fonctionnaires loyaux plutôt que dans des moyens de surveillance, ou l'inverse.

c) En l'absence de contrôle central, un agent dont les obligations sont mutuellement incompatibles (cas du « conflit d'objectifs ») ne peut pas résoudre son dilemme par un recours à sa hiérarchie. Par conséquent, à moins de démissionner, il est obligé d'agir d'une manière corrompue.

d) En l'absence de contrôle central, la corruption est plus facile dans la mesure où le corrupteur potentiel a besoin de s'attaquer seulement à un segment de l'administration. D'autant qu'il n'y a pas de système efficace pour contrôler les contrôleurs. Et encore moins pour contrôler les contrôleurs des contrôleurs.

e) À cause de la rigidité de la grille des salaires et des promotions dans la fonction publique, le chef d'une administration est souvent incapable d'influencer ses agents par des stimulants monétaires et non monétaires égaux à ceux qu'ils pourraient obtenir ailleurs. Une conséquence de cet état de fait est qu'il y a des chances pour qu'un agent gouvernemental soit moins digne de confiance et moins capable que son homologue dans le privé. Plus important encore peut-être : le fonctionnaire a moins à perdre en cas de démission. Comme le remarquent Becker et Stigler, « la confiance nécessite une prime de salaire non pas nécessairement parce que des personnes d'une meilleure qualité pourraient être attirées, mais parce que de plus hauts salaires imposent un coût en cas de violation de la confiance[11] ». En résumé, ceux qui restent dans la fonction publique, bien qu'ils soient de plus en plus mal payés, ne sont ni les plus intelligents, ni les plus imaginatifs, ni même les plus honnêtes.

f) La nature de l'administration publique exclut, nous l'avons vu, d'établir avec précision ou de limiter étroitement la marge de manœuvre de l'agent. Si l'objectif assigné n'est pas mieux défini que, par exemple, « améliorer la qualité de la vie », les décisions des fonctionnaires seront prises sur des critères forcément hautement subjectifs. Le contrôle de ce type de décisions présente, quant à lui, d'évidentes difficultés. Avec de tels mots d'ordre, à peu près n'importe quoi peut trouver une justification. On le voit bien aujourd'hui dans le domaine de la lutte contre la pollution ou pour la protection de l'environnement. C'est une faiblesse supplémentaire face aux tentatives ou aux tentations de corruption.

g) À partir du moment où les « produits » de l'administration ne peuvent être mesurés objectivement, on va essayer de compenser cette lacune en établissant des spécifications très détaillées pour les fournitures. Ne pouvant définir ni quantifier les *outputs*, on se rattrape sur les *inputs*. La conséquence en sera de réduire le nombre des fournisseurs en compétition, et donc de rendre plus facile la collusion entre eux et les fonctionnaires chargés des achats de fournitures. Il peut même arriver qu'un fonctionnaire établisse des spécifications que seulement un fournisseur peut satisfaire — ce qui est une manière subtile pour le fonctionnaire de se laisser corrompre par le fournisseur.

h) Étant donné la relative transparence de l'administration et l'absence de contrôle central, la surveillance viendra plus facilement de l'extérieur que dans le cas des entreprises. Par extérieur, on entend ici les clients, les concurrents, les médias, les accusateurs publics, les groupes civiques. Il s'agit là de *feedback* non programmés qui viennent compenser le défaut de *feedback* programmé.

i) L'administration est probablement beaucoup moins permissive que l'entreprise à l'égard des petits pots-de-vin. Puisqu'elle n'est pas à la recherche du profit maximum, elle peut se permettre de perdre de l'efficacité en espionnant le moindre des employés, d'une part. Et d'autre part, personne dans l'administration n'a autorité pour permettre à quelqu'un de voler l'État. Du coup, le moindre pot-de-vin est l'aveu d'une défaillance de la gestion, alors que dans une entreprise privée, il peut être considéré comme un coût délibérément supporté pour éviter un plus grand dommage.

j) Pour autant que les ministres et les hauts fonctionnaires soient plus motivés par des valeurs non monétaires (participer à de grandes affaires, servir pour la bonne cause, etc., voir plus haut) que les dirigeants d'entreprise privée, ils sont probablement moins sensibles à des offres pécuniaires de la part d'éventuels corrupteurs. Pour la même raison, ils sont probablement *plus* sensibles à des arguments non pécuniaires tels qu'« agir pour le bien de l'État » ou au nom de l'« intérêt général », ou encore au nom du « Peuple » ou du « Parti » — ce qui est une autre façon, peut-être plus dangereuse encore, de se laisser corrompre quand on sait ce que peut recouvrer l'« intérêt général ».

k) Un contrôle serré des décideurs est sans doute plus gênant pour le fonctionnement de l'administration que pour celui d'une entreprise, parce que la marge de discrétion est beaucoup plus grande dans l'État que dans le business. De la difficulté d'un tel contrôle découlent de plus grandes tentations pour la corruption.

Tous ces arguments développés par Banfield sont de bon sens. Mais leur accumulation est accablante. Que peut-on faire ? Pas grand-chose, à moins d'augmenter massivement les traitements des ministres, hauts fonctionnaires, députés et sénateurs, car les écarts actuels avec les salaires du privé sont trop grands pour que les vertus moyennes résistent à la tentation. Il vaudrait mieux avoir moins de fonctionnaires mieux payés et moins corruptibles que cette multitude de bureaucrates mal payés et soumis d'autant plus à la tentation de la corruption.

« Il y a deux genres de corruption, observe Montesquieu : l'un lorsque le peuple n'observe point les lois ; l'autre, lorsqu'il est corrompu par les lois ; mal incurable, parce qu'il est dans le remède même[12]. » On peut craindre que la situation actuelle soit plus proche du deuxième type de corruption que du premier. Le poids fiscal de l'État est devenu tellement énorme, ses lois et règlements ont atteint une telle complexité qu'il faudrait que le pays soit peuplé d'anges ou de saints pour échapper à une corruption généralisée. Ce qui peut vous rassurer, c'est qu'une telle situation n'est pas nouvelle.

Un historien anglais, James Scott, faisait remarquer dans une étude déjà ancienne[13] que l'Angleterre de la première moitié du XVIIIe siècle connaissait un état de corruption généralisée où la grande liberté d'action des fonctionnaires se conjuguait à une permissivité morale encore plus grande. Les serviteurs de l'État géraient leurs fonctions, leurs offices, comme autant d'épiceries. Selon cet auteur, ces pratiques, loin d'être condamnées par les lois, « se présentaient souvent sous une forme publique et légale ». Et l'historien de conclure que les fonctionnaires de Sa Gracieuse Majesté n'avaient pas conscience de leur corruption. Ils en faisaient sans le savoir, comme M. Jourdain de la prose. Et puisqu'ils ne savaient pas qu'ils étaient corrompus, ils ne l'étaient pas. Si les corrompus sont innocents, ils ne sont plus corrompus... Et, en plus, ils sont utiles.

John Ulric Nef, historien américain, a observé que le Royaume-Uni était en avance sur la France dans ladite révolution industrielle parce que les fonctionnaires anglais étaient plus corrompus que leurs homologues français. On a aussi fait remarquer que les fonctionnaires anglais pouvaient plus facilement vendre ou acheter leurs « bénéfices » que les Français.

La corruption peut être analysée, en effet, comme une revanche de l'économie de marché sur l'étatisme. Elle permet à une économie étouffée par les réglementations et les impôts de fonctionner quand même. Sans marché noir, le régime soviétique se serait écroulé beaucoup plus tôt. Mais sans aller jusqu'aux extrêmes du communisme étatique, il suffit d'analyser la manière dont fonctionne la corruption pour se rendre compte de sa fonctionnalité, pour employer un terme barbare. Il n'y a pas dix mille mécanismes corrupteurs. Il y en a deux, que nous avons déjà entrevus et que nous allons maintenant systématiser. Ces deux mécanismes correspondent aux deux fonctions économiques de l'État : la vente et l'achat de biens et services.

La vente de services par l'État, autrement dit le service public, a pour caractéristique générale de se faire à des prix inférieurs aux prix qui résulteraient du libre jeu de l'offre et de la demande ; ces prix peuvent même être nuls. Comme à chaque fois qu'un bien est vendu au-dessous de son prix, la demande est supérieure à l'offre, et il se forme une *file d'attente*. L'agent public chargé de gérer cette queue est évidemment et éminemment corruptible. Il fera passer le « mieux disant » — en prélevant sa dîme au passage. Cette corruption ne prend pas forcément la forme vulgaire de pots-de-vin. Il peut s'agir d'échanges de bons procédés. Exemples : accès privilégiés aux hôpitaux publics les plus réputés pour la qualité de leurs soins ; placement des fils de bonne famille dans les meilleurs lycées, et ensuite dans les filières d'emplois. Avez-vous remarqué à ce propos combien d'enfants de journalistes deviennent eux-mêmes journalistes ? On assiste à la naissance de véritables dynasties, dans un métier qu'on n'aurait pas imaginé doté de qualités héréditaires. C'est un indice supplémentaire de la fermeture du marché de l'emploi et de l'autoreproduction des élites... On observe, hélas, ce phénomène dans beaucoup d'autres professions. Souvenez-vous, Candide, de ce que je vous ai dit des droits de succession[14].

Le deuxième mécanisme de la corruption concerne l'achat de biens et services par l'État. Cet achat passe par des contrats de marchés publics. Un fonctionnaire est chargé de choisir le fournisseur en fonction de critères définis par les règlements. Tant qu'il s'agit de produits soumis réellement à la concurrence, la corruption ne peut intervenir. Dès que l'on sort de ce schéma — et l'on ne peut en sortir que par l'intervention de l'État, je vous le rappelle, il n'y a de monopole que public[15] — le marché public est presque forcément traversé de trafics d'influence de toutes sortes. Là encore, le marché sera emporté par celui qui versera le plus gros pot-de-vin au sens général de ce terme.

Dans les deux cas, le produit acheté ou vendu retrouve un prix plus proche de celui qui serait le sien si l'offre et la demande pouvaient jouer librement. Un économiste libéral dirait que loin de s'éloigner de l'optimum social, l'on s'en rapproche grâce à la corruption.

Qui faut-il blâmer le plus dans cette affaire ? Le corrupteur qui paie de ses deniers un bien artificiellement raréfié par l'intervention de l'État, ou le corrompu qui profite de la situation pour s'enrichir personnellement ?

Vous rappelez-vous de ce qui s'était dit au moment du procès du maire de Grenoble en 1995 ? Événement bien oublié aujourd'hui ! Dommage, parce que les Français apprennent l'économie dans les prétoires.

À ce procès, donc, le procureur de la République française a dit textuellement : « Les agissements des corrompus sont plus graves que ceux des corrupteurs. » Pourtant le Code pénal français, je me suis renseigné, ne fait pas ce genre de distinguo. Explication de texte : les corrompus, à savoir les fonctionnaires, ou les hommes politiques, trahissent les devoirs de leurs charges, alors que les corrupteurs, sous-entendu les chefs d'entreprise, ne font que faire du business *as usual*. Si l'on osait faire cette comparaison biblique, le coupable ne serait pas le Tentateur, mais Ève qui croque la pomme. Il est vrai que disserter sur la culpabilité du Diable n'aurait pas grand sens. Ce procureur n'a fait que répéter la version libérale de l'économie de la corruption, telle qu'on peut la trouver exprimée, par exemple, par Murray Rothbard[16]. D'un côté vous avez des patrons qui ont le devoir, vis-à-vis des actionnaires comme des salariés, de faire prospérer l'entreprise qu'ils dirigent. De l'autre, les ministres, maires, fonctionnaires disposent de pouvoirs réglementaires qui leur permettent, même quand ces pouvoirs sont minuscules, de fausser les règles du marché en avantageant ceux qui paient le plus sous la table. Le procureur de Grenoble l'a très bien dit lui-même : « Le corrupteur n'a qu'un seul moyen à sa disposition, c'est celui de payer. Le corrompu a le pouvoir de monnayer ou de ne pas monnayer. » De là à considérer que les corrupteurs sont victimes d'un racket de la part des corrompus, il n'y a qu'un pas… qui a été franchi par le P.-D.G. d'une grande compagnie des Eaux. Il est venu à la barre du tribunal se plaindre qu'il était l'objet d'un véritable « racket » de la part des municipalités et des partis politiques. Ce mot a eu une certaine fortune, c'est bien le cas de le dire. Mais il est sans doute exagéré.

La vérité est que le corrompu profite d'une situation créée artificiellement par l'État et qu'une sorte de main invisible le conduit à servir le bien commun. Si l'administration était seulement composée d'abeilles vertueuses, comme la ruche de Mandeville, il y a fort à parier que l'État serait complètement paralysé, et l'économie avec lui. Bref, ce n'est pas la corruption qu'il faut combattre en premier lieu, mais l'État en ce qu'il est criminogène.

*Quarantième leçon*

## DE LA NATURE DE LA SCIENCE ÉCONOMIQUE

*Où l'on montre l'incapacité des économistes à faire des prévisions chiffrées.*

CANDIDE : J'ai lu votre démonstration, mon cher Archibald, avec beaucoup d'attention. Et je suis prêt à vous suivre et à dénoncer les corruptions de l'État. Mais depuis qu'en 2008 une nouvelle crise géante a ébranlé le système économique mondial, la plupart de vos confrères ont réclamé une plus grande intervention de l'État pour nous sortir de là, et nombre de politiciens en ont évidemment profité pour élargir leur clientèle. Peut-être l'État est-il « criminogène », pour reprendre vos propres termes, mais on s'en moque s'il peut nous sauver.

ARCHIBALD : C'est bien ce qui s'est passé en effet. Ce retour à l'État fut général, universel…

CANDIDE : Eh ! N'est-ce pas ce qui nous a épargné une banqueroute générale ?

ARCHIBALD : Première nouvelle ! Nous sommes sauvés !

CANDIDE : Peut-être pas, mais du moins avons-nous évité le pire.

ARCHIBALD : « Le pire n'est pas tant que nous pouvons dire : voici le pire[1]. »

CANDIDE : Je connais cette citation de Shakespeare, mais sous cette forme : « Le pire n'est pas tel que nous puissions dire : voici le pire. »

ARCHIBALD : On ne va pas se lancer, Candide, dans une exégèse du Grand Will…

CANDIDE : Que vouliez-vous donc dire ?

ARCHIBALD : Étant donné mon âge, je ne pensais pas vivre une crise économique analogue à celle que nos pères ont connue en 1929. J'aurais dû la prévoir.

CANDIDE : Et tout savant que vous êtes, vous ne l'avez pas prévue ! Ah ! Ah ! (*rires*)

ARCHIBALD : Le propre d'une crise de cette ampleur, c'est précisément de n'être pas prévisible. Et c'est là que nous retrouvons *King Lear*.

CANDIDE : Mais vous, tout de même, vous, Archibald…

ARCHIBALD : Je vais vous faire un aveu : les économistes sont incapables de prévoir…

CANDIDE : Vous moquez-vous ? Ils passent leur temps à établir des prévisions…

ARCHIBALD : Certes, mais ces prévisions chiffrées sont toujours démenties. Et c'est la seule prévision que l'on puisse faire !

CANDIDE : Vous m'étonnez !

ARCHIBALD : Cela, en fait, n'a rien d'étonnant. L'économie fait intervenir l'action des hommes et leur liberté de choix, et cette marge d'imprévisibilité ruine toute tentative de prévisions chiffrées.

CANDIDE : Pourtant ce Milton Friedman, dont vous me disiez tant de bien, a écrit tout un livre que je me suis procuré croyant bien faire, *Essais d'économie positive*[2]. Le titre est sans équivoque. (*Candide va à sa bibliothèque et revient avec le livre de Friedman.*)

Permettez-moi de vous lire cette phrase, à la page 6 : « La finalité d'une science positive est la constitution d'une "théorie" ou d'une "hypothèse" qui permette des prédictions valides et signifiantes (c'est-à-dire qui ne soient pas de l'ordre du truisme) concernant des phénomènes non encore observés. » Ce n'est pas la peine d'aller très loin dans le livre pour se faire une idée des conceptions de votre cher Friedman.

ARCHIBALD : Je connais ce texte…

CANDIDE : Et ce qui est écrit à la page suivante ?

ARCHIBALD : N'enfoncez pas le clou !

CANDIDE (*lisant*) : « Considérée comme un corps d'hypothèses se rapportant à la réalité, la théorie doit être jugée sous l'angle de son pouvoir de prédiction par rapport à la catégorie des phénomènes qu'elle est censée "expliquer". Seules les données factuelles peuvent montrer si elle est "vraie" ou "rejetée". »

ARCHIBALD : Ce texte est désastreux. Friedman flatte ici les économistes — et lui-même — en faisant croire que notre science fonctionne selon les mêmes règles que les sciences de la nature, et que par conséquent elle leur permet de prévoir l'avenir et même de faire des prévisions quantifiées. Si je chauffe un morceau de tel métal de tant de degrés dans telles conditions, je peux prévoir avec une précision absolue que ce métal va se dilater de tant de centimètres. Il devrait en être de même pour les « lois » économiques.

CANDIDE : Mais une science digne de ce nom ne doit-elle pas être capable de prévision ?

ARCHIBALD : Eh bien non ! Il n'y a pas un seul modèle de science… contrairement à ce que beaucoup d'économistes veulent croire ou sont invités à croire. D'énormes quantités d'argent et de matière grise sont en effet dépensées chaque année à financer des « laboratoires » — notez ce terme qui évoque le four du physicien ou les cornues du chimiste — qui sont supposés prévoir, et même accoucher de prévisions chiffrées sur les taux de croissance, de chômage, d'inflation, etc. Évidemment, ces prévisions sont régulièrement démenties par les faits. Mais cela ne fait rien. L'État, évidemment, est particulièrement friand de cette marchandise douteuse, et beaucoup d'économistes en vivent.

CANDIDE : Vous voulez leur enlever leur gagne-pain…

ARCHIBALD : Je ne m'inquiète pas pour eux. La soif des gouvernants en matière de prévisions est inextinguible. Certains de ces princes vont même consulter des cartomanciennes. Ils sont prêts à payer très cher pour connaître leur avenir. En économie comme dans d'autres domaines. George Stigler, Nobel d'économie 1982, déjà cité, a observé que durant les années 1980, moins le gouvernement des États-Unis payait les « laboratoires » d'économie et moins ces « laboratoires » recommandaient une intervention active de la puissance publique, la baisse des fonds publics poussant les chercheurs à s'appuyer sur des fonds privés. Si l'on inverse cette corrélation…

CANDIDE :… plus l'État paye, et plus il y aura d'études économiques favorables à un renforcement de son action !

ARCHIBALD : Soyons moins méchants que ce cher Stigler. Et revenons à la question de fond : qu'est-ce qu'une science ?

CANDIDE : Une science, dirais-je, cherche à expliquer des faits par d'autres faits.

ARCHIBALD : Fort bien. La relation établie est communément appelée « loi ».

CANDIDE : La loi ainsi établie est-elle aussi un fait ?

ARCHIBALD : C'est un fait d'une nature particulière, Candide, car il transcende le ou les cas particuliers qui ont servi à l'établir. Reprenons l'exemple de la dilatation. La « loi » que j'ai établie par l'expérience n'est pas seulement valable pour le morceau de métal que j'ai choisi pour mon expérience. Elle vaut pour tout morceau de métal que j'ai approché d'une source de chaleur. J'en déduis cette « loi » qu'il est de la nature du métal de se dilater au contact de la chaleur, ou qu'il est de la nature de la chaleur de dilater le morceau de métal qu'elle approche. Chaque loi, dans cette science de la nature, est un rapport entre certaines propriétés des choses (ici un certain métal, avec ses propriétés, mis en contact avec une source de chaleur, qui elle aussi a ses propriétés), et donc chaque loi s'applique toutes les fois que les propriétés en question sont en cause. La prévision de ce qui va se passer quand le contact sera établi est sûre et certaine.

CANDIDE : Et pourquoi n'en est-il pas de même en économie où l'on dispose de milliards de tonnes de statistiques de plus en plus copieuses sur n'importe quel sujet et à partir desquelles on peut bâtir des algorithmes « prédictifs » ? Regardez ce qui se passe en matière judiciaire. La mise en ligne de millions de décisions de justice permettrait de prédire les jugements, nous dit-on. Et en matière de santé, on parle de « médecine prédictive », comme nous l'avons déjà observé[3].

ARCHIBALD : Je peux répondre pour l'économie. L'objet de notre science, c'est l'action humaine, pour reprendre le titre de l'ouvrage fondamental de Mises, déjà évoqué. Toute action humaine repose sur un choix. Ce choix est un fait. Il existe. Nous le savons depuis la toute première leçon. L'aptitude à faire des choix est un trait essentiel de la nature humaine. L'homme choisit, il ne peut pas ne pas choisir, ne pas choisir c'est encore choisir — choisir de ne pas choisir ! Attention ! Ces choix ne sont pas forcément rationnels. Les djihadistes nous paraissent absurdes. Ils n'en font pas moins des choix. Lesquels sont des faits individuels. La société, quant à elle, ne choisit pas, contrairement à ce que veulent nous faire croire toutes sortes d'intellectuels. Dire que la société choisit n'a pour moi aucun sens. C'est un *flatus voci*.

CANDIDE : Je vous suis. Mais si vous dites que le choix est un fait, pourquoi ne pourrait-il pas être l'objet d'une science qui le mettrait en rapport avec d'autres faits, selon la méthode « scientifique » que vous venez vous-même d'exposer, mon cher Archibald.

ARCHIBALD : Vous croyez me mettre en difficulté… et vous me donnez seulement l'occasion de m'expliquer davantage. Par sa nature, le choix humain n'est ni déterminé ni déterminable. Il est donc impossible d'expliquer un choix par un choix antérieur ou postérieur. Par exemple, le fait que j'écoute la radio en prenant mon petit déjeuner n'implique aucune relation de nature ou de propriété entre le fait de prendre mon petit déjeuner et le fait d'écouter la radio. C'est une relation purement contingente. Ce n'est pas une loi. Même si j'ai pris l'habitude depuis des années de prendre mon petit déjeuner en écoutant la radio, nul ne peut prévoir à coup sûr que demain je vais en faire autant. Le mieux que l'on puisse dire est que c'est plus ou moins probable. Cette habitude n'a rien de commun avec la loi de dilatation physique que j'ai évoquée plus haut.

CANDIDE : Cela me rappelle le temps où je ne pouvais écrire une ligne sans allumer une cigarette. Puis, du jour au lendemain, j'ai arrêté de fumer.

ARCHIBALD : Il s'ensuit qu'entre un choix et n'importe quel autre choix ou n'importe quel autre fait il n'y a aucune relation de nature ou de propriété. La nature même du choix compromet toute tentative de relier un choix quel qu'il soit à un événement quel qu'il soit. Le choix que nous faisons est toujours dans une relation essentiellement contingente ou accidentelle avec d'autres choix ou d'autres faits.

CANDIDE : Mais enfin ! Nous n'agissons pas dans un brouillard total…

ARCHIBALD : Sans doute existe-t-il des frontières de possibilités, sans lesquelles aucune action ne serait possible. Comment pourrais-je agir si je n'avais aucune idée des conséquences possibles ou probables de mes choix ? Mais la marge laissée à la décision n'est jamais nulle. Ce qui veut dire que toujours, en toutes circonstances, l'homme est fondamentalement libre — postulat que nous avons posé dès le début de nos entretiens, souvenez-vous.

CANDIDE : Libre de continuer à vivre, même sur le fumier de Job, ou…

ARCHIBALD :… de se suicider. Les veines de notre bras sont les chemins de la liberté.

CANDIDE : Cette réflexion de Sénèque a d'autant plus de valeur qu'il se l'est appliqué à lui-même…

ARCHIBALD : Ce monde n'est pas très gai, mais il serait pire s'il était ou totalement prévisible — ce serait un enfer — ou totalement imprévisible : je n'oserais pas prendre la route avec ma voiture ou même sortir de chez moi. Assurément, le pire, nous l'avons dit, n'est pas tant que nous pouvons dire : voici le pire. Mais le mieux non plus ! Personne ne peut dire : voici le mieux !

CANDIDE : Mais alors, si la « science » économique ne peut pas permettre de prévoir ne serait-ce que le prix du pain, à quoi sert-elle, nom d'une pipe ? Et à quoi servez-vous, mon pauvre ami ?

ARCHIBALD : Prenons trois des « lois » les plus connues de l'économie : une augmentation de la quantité de monnaie se traduit par une hausse des prix ; le blocage des loyers cause une pénurie de logements ; l'aide aux pauvres se traduit par une multiplication de ceux-ci. Je cite ici les « lois » considérées comme les mieux établies. On les trouve dans tous les manuels de qualité.

CANDIDE : Elles sont tout à fait justes, et crédibles. Et l'on a raison de les enseigner. On devrait mieux les connaître.

ARCHIBALD : Sauf que ce ne sont pas des « lois » au sens que nous avons donné à ce mot tout à l'heure. Il peut très bien arriver qu'un accroissement de la masse monétaire ne se traduise pas par une hausse des prix, qu'un blocage des loyers n'engendre pas de pénurie de logements, qu'une assistance aux pauvres ne provoque pas une augmentation de leur nombre.

CANDIDE : Et pourquoi donc ?

ARCHIBALD : Parce que, entre-temps, d'autres événements, d'autres faits sont intervenus. Par exemple, un changement de comportement pousse des détenteurs de monnaie à thésauriser pendant un certain temps le surcroît de billets qu'ils ont reçus. C'est ce qu'on appelle dans notre jargon la « trappe à liquidités », comme vous le savez[4] ; elle explique que les milliards d'euros déversés actuellement par la Banque centrale européenne ne se traduisent pas par une hausse des prix.

CANDIDE : Mais en ce qui concerne les logements ?

ARCHIBALD : C'est pareil. Les propriétaires anticipent que le blocage des loyers ne tiendra pas ou que les occasions de gagner de l'argent hors de l'immobilier sont encore moins sûres ou moins alléchantes.

CANDIDE : Et la multiplication des pauvres par la multiplication des pains ?

ARCHIBALD : Les bénéficiaires de l'aide publique peuvent changer de mœurs, se dégoûter de l'assistanat, retrouver de l'ardeur ou de l'intérêt pour le travail.

CANDIDE : Hypothèse selon moi peu probable. Regardez les statistiques des Restos du Cœur. Au départ, pendant l'hiver 1985-1986, le nombre de repas distribués était de 8,5 millions. Il est maintenant supérieur à 130 millions...

ARCHIBALD : Il faut aussi tenir compte d'événements extérieurs aux personnes concernées par l'action en question : une accélération du progrès technique entraînant une baisse des prix, qui vient contrer la tendance inflationniste causée par l'accroissement de la masse monétaire ; une destruction de logements par une catastrophe naturelle qui vient subitement raréfier l'offre immobilière et causer une hausse des prix ; des perspectives meilleures de croissance économique qui font qu'il est plus facile de trouver du travail à un salaire correct et moins coûteux de sortir de l'assistanat.

CANDIDE : À quoi donc peut servir, Archibald, une « loi » économique qui n'a pas les attributs d'une loi valable en tout temps et en tout lieu ?

ARCHIBALD : Il y a deux façons habituelles d'esquiver la question. La première est de dire : la loi en question est valable *ceteris paribus*, c'est-à-dire toutes choses égales par ailleurs. Pour reprendre l'exemple de l'influence de la monnaie sur les prix, je vous renvoie à l'équation que nous avons étudiée à la Trentième leçon : MV = PQ, où M représente la masse monétaire, V la vitesse de circulation de la monnaie, P le niveau général des prix et Q les quantités des biens échangées. Je vous ai déjà fait remarquer que cette équation à quatre inconnues ne pouvait absolument pas nous dire quelle augmentation de prix correspondrait à telle augmentation de la masse monétaire. Évidemment, si V et Q sont des constantes, alors, en effet, une augmentation de M cause une augmentation proportionnelle de Q. Mais dans la réalité ce n'est jamais le cas.

CANDIDE : Et la deuxième façon ?

ARCHIBALD : La deuxième est encore plus maladroite. Elle consiste à dire que les lois économiques seraient toujours valables si les gens — vous, moi, n'importe qui — avaient une connaissance parfaite de la situation ou se comportaient de manière purement rationnelle. Ce qui va à l'encontre de l'évidence. Nos connaissances sont imparfaites et nous ne sommes jamais complètement rationnels. Dès lors, la conclusion s'impose : puisque nous ne sommes ni omniscients ni toujours rationnels, les « lois » économiques ne sont valables que pour un *homo economicus* qui n'a jamais existé, n'existe pas et n'existera jamais, nous l'avons déjà dit, mais on ne le répétera jamais assez.

CANDIDE : Résultat ?

ARCHIBALD : Ces deux esquives cherchent à sauver le dispositif central d'une science économique calquée sur le modèle des sciences de la nature, à savoir que les « lois » sont des relations entre des faits. Elles ne font qu'empirer la réputation de la science économique, qui n'est déjà pas très bonne, pour lui faire perdre un peu plus ce qui lui reste de son crédit.

CANDIDE (*condescendant*) : Je suis curieux, cher

Archibald, de voir comment vous allez vous tirer de cette impasse où vous vous êtes vous-même fourré.

ARCHIBALD : Il faut revenir à Gide…

CANDIDE : Charles Gide ?

ARCHIBALD : Non, cette fois, il s'agit de son célèbre neveu, lequel a peut-être profité des leçons d'économie de l'Oncle Charles, rencontré dès la Première leçon, souvenez-vous, Candide. Dans *Les Nourritures terrestres*, André Gide décrit somptueusement que n'importe quel choix est en même temps un renoncement. « Choisir, c'était renoncer pour toujours, pour jamais, à tout le reste[5]… » Les économistes utilisent, nous le savons depuis la Trente-deuxième leçon, un terme pour exprimer ce dilemme : c'est le coût d'opportunité. Ce coût est la valeur de la chose à laquelle je dois renoncer quand je fais un choix. Je me promène dans un parc. C'est la part visible du choix que je viens de faire. Mais il y a les actions auxquelles j'ai renoncé par ce choix, et qui sont invisibles : rester chez moi à lire, aller au cinéma, au café, rendre visite à une amie… Ces actions n'ont pas d'existence réelle pour la simple raison qu'elles ne sont pas réalisées. Elles ne sont pas observables. Elles n'en sont pas moins des faits, ou, mieux dit, des contre-faits.

CANDIDE : Où voulez-vous en venir ? À faire parler des esprits ?

ARCHIBALD : À ceci que la science économique met en relation des faits et des contre-faits, et que cette relation peut être découverte par des raisonnements qui sont à la portée de tout le monde. Reprenons l'exemple d'une augmentation de la masse monétaire. La nouvelle monnaie émise fait qu'il y a maintenant davantage de monnaie en circulation ; ceux qui profitent de cette manne ont davantage de monnaie entre leurs mains ; la valeur marginale de la monnaie décroit à leurs yeux (pour le marginalisme je vous renvoie à la Deuxième leçon). Ils vont donc dépenser davantage qu'ils ne l'auraient fait si la masse monétaire n'avait pas augmenté, et les prix seront donc plus élevés qu'ils ne l'auraient été si la masse monétaire était restée stable. Dans la réalité, il n'est pas impossible que, l'environnement ayant changé, les prix soient restés constants, ou même qu'ils aient baissé. Cela ne change rien à la validité de la loi. Si les prix ont baissé, du fait par exemple du progrès technique ou de l'importation de marchandises *made in China*, ils auraient davantage baissé en l'absence d'une augmentation préalable de la masse monétaire. S'ils ont augmenté par suite d'une pénurie de marchandises ou de mesures protectionnistes, ils ont plus augmenté que s'il n'y avait pas eu accroissement de la masse monétaire. La loi contre-factuelle que j'ai établie ne peut pas être démentie. Elle ne peut pas pour autant être prouvée par l'expérience. À supposer même que la hausse des prix soit strictement proportionnelle à l'accroissement de la masse monétaire comme le prétend Milton Friedman, on ne pourrait en tirer aucune conclusion quant à la validité de la loi.

CANDIDE : Et cette loi-là serait valable en tout temps et en tout lieu ? Elle serait universelle ?!

ARCHIBALD : Exactement. Celui qui voudrait invalider une telle loi devrait en même temps nier que les êtres humains font des choix, que ces choix, rationnels ou irrationnels, impliquent l'abandon des autres branches des alternatives qui se présentent à eux, et que la valeur marginale d'un bien dépend de la quantité de ce bien détenu ou consommé par la personne en question. Aussi bien puis-je me passer de la béquille du *ceteris paribus* évoquée plus haut. Je ne dis pas que, toutes choses égales par ailleurs, l'impôt fait que l'horizon temporel des contribuables est plus court qu'il ne l'aurait été sans taxation. Je ne dis pas que, toutes choses égales par ailleurs, la dette gouvernementale pousse les taux d'intérêt à un niveau supérieur à celui qu'ils auraient atteint sans cette dette. Je dis seulement que ces lois sont absolues, qu'elles ne sont conditionnées par aucun facteur, qu'elles sont valables en tout temps et en tout lieu, en un mot qu'elles sont universelles.

CANDIDE : À quoi bon si je ne peux pas m'en servir pour prévoir l'avenir ?

ARCHIBALD : Toute tentative de divination est vouée à l'échec, je vous l'ai montré, à cause de l'indétermination foncière de tout choix humain. Je prétends seulement que celui qui connaît les lois contrefactuelles de la science économique est dans une meilleure position que celui qui ne les connaît pas. Et j'ajoute que, dans ce sens, la science économique n'est pas une science « molle » que certains voudraient opposer aux sciences « dures » de la nature. La science économique n'est ni dure ni molle. C'est une véritable science.

CANDIDE : Je veux bien vous suivre. Mais je vois tout de même un inconvénient à votre présentation des choses. Puisqu'on ne peut montrer ni la validité ni la fausseté des lois économiques, on ouvre la porte à toutes sortes d'erreurs, d'impostures, qui ont des conséquences tragiques pour nous.

ARCHIBALD : Il est vrai qu'à l'entrée sur le marché des idées économiques il y a très peu de barrières. Mais il est possible tout de même de démontrer leur fausseté quand c'est le cas, car il y a toujours dans ce cas un défaut, non pas de vérification statistique, mais de raisonnement… et c'est bien pourquoi vous continuez à suivre mes leçons, non ?

*Quarante et unième leçon*

## DE LA CRISE DE 2008

*Où persévérer dans l'erreur paraît vraiment diabolique.*

ARCHIBALD : Je vais vous donner un exemple pour illustrer ce que je vous disais à la fin de la dernière leçon.

CANDIDE : Tant mieux, car je ne suis pas encore tout à fait convaincu.

ARCHIBALD : En même temps, cela me donne l'occasion de parler de la méga-crise qui s'est déclenchée en 2008. Vous me disiez qu'on s'en était sorti par un recours accru à des interventions étatiques.

CANDIDE : Ce qui va à l'encontre de vos conceptions.

ARCHIBALD : Le plus inquiétant dans la crise actuelle, voyez-vous, ce n'est pas la crise elle-même, mais l'analyse qu'en font les princes qui nous gouvernent, mal conseillés par des économistes qui ont pignon sur rue. Cette méga-crise est d'abord une crise de la pensée économique dominante. Partout on nous répète — et vous reprenez vous-même ce refrain — qu'il s'agit d'une crise de marchés. On aurait eu la folie de « déréguler » les marchés et il a fallu d'urgence les réglementer à nouveau pour mettre un terme à l'« exubérance irrationnelle des marchés », pour reprendre la célèbre expression d'Alan Greenspan[1]. Ce monsieur sait de quoi il parle : il a été président de la Banque centrale américaine de 1986 à 2006. On a même entendu des économistes se féliciter du retour de Keynes, ou plutôt de son fantôme, dont on réédite la *Théorie générale*. En même temps, on a réclamé davantage de coopération internationale, sans se rendre compte que ce deuxième souhait n'était pas forcément compatible avec une soi-disant reprise par les États des manettes de l'économie.

CANDIDE : La crise de 2008 ne serait donc pas une crise née de la dérégulation outrancière des marchés que vos théories ont inspirée.

ARCHIBALD : Non, définitivement non. La grande crise de 2008 est le résultat, je cite, « d'une défaillance massive du système de régulation financière, de sa conception à sa mise en œuvre ». Ce diagnostic a été établi dès 2008 par Jean Tirole dans un texte intitulé *Leçons d'une crise*[2]. Cet avis est d'autant plus important que Tirole est un grand critique de l'économie de marché et de ses « défaillances » (*market failures*, pour reprendre le jargon en cours) et un non moins grand spécialiste de la régulation. Du reste, c'est pour ses travaux dans ce domaine qu'il a été honoré du Nobel d'économie en 2014. Il est le seul économiste français à porter ce titre après le décès de Maurice Allais en 2010. Donc cet orfèvre en matière de régulation et de *market failures* vient nous dire que l'origine de la crise est dans la régulation.

CANDIDE : Peut-être Tirole a-t-il révisé depuis sa position.

ARCHIBALD : Pas du tout. Il l'a confirmée en majesté dans *Économie du bien commun*[3], l'ouvrage qu'il a publié en 2016. Il lui fallait satisfaire par un ouvrage de vulgarisation à la demande d'un public impressionné par son Nobel, sortir de sa tour d'ivoire, à savoir la Toulouse School of Economics — les économistes ne parlent plus et ne publient plus qu'en anglais, même en France, et il s'agit sans doute pour les Toulousains de mimer la fameuse LSE (London School of Economics) — et se mêler au débat économique. Je ne peux que me féliciter que Tirole ait rejoint une position que j'ai prise, moi aussi, dès 2008, en compagnie de quelques rares confrères, tant le mythe de la défaillance du marché comme *deus ex machina* de la catastrophe économique reste dominant, non seulement dans les médias mais aussi dans les discours des hommes politiques les plus « distingués ».

CANDIDE : J'attends votre démonstration.

ARCHIBALD : Elle se fait en trois temps. Premier temps : les fameux crédits aux *subprimes* sont en fait le fruit d'une intervention étatique qui a enjoint aux banques d'accorder une quote-part de leurs prêts à des catégories de population défavorisées, donc peu, voire pas du tout, solvables. *Prime* désigne un bon client. *Subprime* vise un client en dessous du bon client, un client fauché. On a aussi inventé un acronyme pour désigner ces gens-là : NINJA, No Income, No Job, (no) Assets (zéro revenu, zéro emploi, zéro capital).

CANDIDE : Voilà nos banquiers transformés en philanthropes !

ARCHIBALD : On les force à l'être. Soit dit en passant, il faudrait être cohérent dans la critique de la libre entreprise : on ne peut à la fois reprocher aux vilains capitalistes de ne s'intéresser qu'à la demande solvable et les mettre en cause dans la diffusion des prêts à une population sans moyens. Maintenant, si l'origine de la crise doit être recherchée du côté des *subprimes* et si les *subprimes* ne sont pas un produit du marché, alors le marché n'est pas à l'origine de la crise. De fait, les prêts *subprimes* résultent d'une loi votée sous Jimmy Carter en 1977 et renforcée par Bill Clinton en 1997. Cette législation interdisait aux banques de discriminer les gens les plus défavorisés dans leurs activités de prêts, et donc leur imposait de faciliter l'attribution de prêts aux ménages pauvres ou appartenant à une minorité ethnique ou sociale (Blacks, Latinos, Indiens, familles monoparentales, etc.). Elle obligeait ces banques à publier *urbi et orbi* un suivi détaillé de leurs opérations financières, en mettant en évidence les différentes composantes communautaires de leur clientèle. Leur autorité de tutelle, notamment le Système de réserve fédéral, avait mandat de vérifier qu'elles répondaient convenablement aux besoins de ces communautés.

CANDIDE : C'est ce qu'on appelle au États-Unis de l'*affirmative action*.

ARCHIBALD : En français, discrimination positive. Le deuxième facteur de la méga-crise se trouve au sein des deux agences de crédit hypothécaire disposant de la signature publique, à savoir les tristement célèbres « Fannie Mae » et « Freddie Mac »[4]. Leur existence ne doit rien non plus aux mécanismes de marché. Ces deux organismes étaient des institutions directement « sponsorisées » par le gouvernement fédéral américain, et leur signature était réputée aussi bonne que celle du Trésor des États-Unis. Elles disposaient d'une ligne de crédit garantie par l'État, ce qui leur donnait la possibilité d'emprunter sur le marché à des taux d'intérêt plus faibles qu'une banque ordinaire. « Elles assuraient de la sorte le maintien d'une offre de crédit à des conditions plus favorables que si le marché se régulait seul », écrit l'économiste français Michel Aglietta. Si le marché avait été laissé libre de fonctionner selon ses propres lois, de tels excès, calamiteux, ne se seraient pas produits, de l'aveu de cet autre champion français de la Régulation avec un grand R, dans son livre au titre éloquent : *La Crise. Pourquoi en est-on arrivé là ? Comment en sortir*[5] ?

CANDIDE : Et le troisième facteur ?

ARCHIBALD : Enfin, derrière toute cette mécanique, agit la Banque centrale américaine, c'est-à-dire le Système de réserve fédéral qui, en se posant comme prêteur en dernier ressort du système, permet aux organismes financiers sous son « contrôle » de prendre des risques qu'ils ne devraient pas prendre. De fait, la banque centrale, en tant que prêteur en dernier ressort, introduit dans l'économie bancaire, et à travers elle dans l'économie tout entière, ce que dans la littérature anglo-saxonne on appelle un « risque moral », dont nous avons déjà parlé lors de notre Dix-huitième leçon. En résumé, les banques, du fait même de la couverture que leur offre la banque centrale, sont conduites à prendre des risques plus élevés qu'elles ne le feraient si cette couverture n'existait pas et si elles devaient par conséquent accorder des prêts seulement sur la base d'un capital propre suffisant. Des investissements sont financés qui ne mériteraient pas de l'être, et des emplois sont créés qui ne correspondent pas à des besoins réels. Le résultat final, quand la « bulle » explose, ne peut être que faillites en chaîne et chômage de masse. Du reste, au moment où la bulle est sur le point d'éclater, la banque centrale a le choix entre deux solutions, également détestables : soit elle refinance les banques en difficultés, surtout les plus grandes, qui se sont fiées à l'adage pervers que nous avons déjà évoqué, « *too big to fail* » (trop gros pour faire faillite), pour continuer leur fuite en avant, mais ce faisant elle nourrit un peu plus la spéculation ; soit elle refuse et condamne à la faillite la banque prise au piège (ce fut le cas de Lehman Brothers le 15 septembre 2008) au risque de déclencher des réactions en chaîne dans tout le système.

CANDIDE : On m'a dit que vous étiez assez proche de cette banque anglo-américaine.

ARCHIBALD : En effet. Et j'ai vécu avec stupéfaction les moments de sa fin. Contrairement à ce qui a été dit un peu partout, ce ne sont pas les autorités américaines qui lui ont porté le coup de grâce, mais le gouvernement britannique.

CANDIDE : Ah ! Bon ! C'est la première fois que j'entends ça. Racontez-nous, Archibald.

ARCHIBALD : Je me trouvais au Fed de New York, la branche new-yorkaise du Système de réserve fédéral, ce 12 septembre 2008 où une partie du gotha de la banque américaine avait été conviée par Henry Paulson, secrétaire au Trésor des États-Unis, c'est-à-dire ministre des Finances, et Timothy Geithner, président du Système de réserve fédéral, pour essayer de sauver Lehman Brothers d'une faillite causée par ses acrobaties sur les *subprimes*. Ce 12 septembre était le lendemain du septième anniversaire du 11-Septembre. La blessure était encore vive dans la mémoire des New-Yorkais. Paulson nous avait convoqués dans les locaux du Fed, 33 Liberty Street — un énorme bâtiment datant de 1924 qui se veut une réplique du palais Strozzi à Florence, avec cette différence que dans les caves, creusées dans le roc de Manhattan, gisent quelque 6 milliards de dollars en lingots d'or. Si Lehman Brothers devait être sauvé, ce ne pouvait être que là.

CANDIDE : Vous n'alliez tout de même pas commettre un hold-up…

ARCHIBALD : Pour éviter le mitraillage des dizaines de photographes de presse qui étaient massés devant le porche de Liberty Street, je suis entré par la porte de service, sur Maiden Lane, comme on me l'avait conseillé. Mon nom figurait bien sur le registre que consulta le gardien et je fus conduit sous bonne escorte jusqu'à la salle de conférences, à l'angle de Liberty Street et de William Street. Les rideaux étaient fermés, de peur des snipers, je veux dire des photographes planqués un peu partout dans les immeubles voisins. La réunion a commencé vraiment quand Paulson et Geithner ont fait une entrée solennelle vers 18 heures 45.

Les P.-D.G. et les banquiers présents avaient jusque-là tourné en rond dans la pièce, une salle calfeutrée, sans aération et saturée d'humidité, pianotant sur leurs BlackBerrys et se versant des litres d'eau glacée pour se rafraîchir. L'un d'entre eux, je ne me souviens plus si c'était un représentant de JP Morgan ou de Morgan Stanley, avait crié : « Ils sont en train de nous refaire le coup de John Pierpont Morgan ! » Il faisait allusion à la célèbre réunion de banquiers new-yorkais convoquée par le plus puissant d'entre eux pendant la crise financière de 1907. Comme les banquiers refusaient de coopérer en acceptant la solution qu'il préconisait, Morgan les avait enfermés à double tour dans sa bibliothèque personnelle jusqu'à ce qu'ils trouvent un accord, lequel, en effet, mit fin à la crise. Ce qu'il oubliait de dire, c'est que, toute puissante fût-elle, la banque Morgan n'était pas une banque centrale et ne disposait pas de la planche à billets.

Brillait par son absence le patron de Lehman Brothers, Robert Fuld, Dick pour les intimes, ou encore Big Dick — une allusion à des prouesses sexuelles réelles ou imaginaires. On devinait qu'il n'avait pas été invité à ce qui allait être, d'une manière ou d'une autre, la mise à mort de sa banque, un des plus beaux et des plus anciens joyaux de Wall Street. Soit elle serait reprise par une autre banque, soit elle serait acculée à la faillite. Fuld avait fondé beaucoup d'espoirs, pendant tout l'été, sur un refinancement par une banque coréenne, la Korean Development Bank. En vain. Il avait alors essayé auprès du milliardaire Warren Buffet. Nouvel échec. Maintenant, il y avait deux repreneurs en piste : Bank of America, et Barclays de Londres. Secrètement, Bank of America avait jeté son dévolu sur Merrill Lynch, elle aussi en grandes difficultés, et il ne restait plus qu'un pigeon : la banque britannique. Mais beaucoup des banquiers présents croyaient savoir que les deux établissements étaient encore en lice.

Les hommes d'affaires réunis là, dans la moiteur de l'été indien new-yorkais, étaient de mauvaise humeur. On allait leur demander d'aider un concurrent à prendre le contrôle de Lehman Brothers. Les actifs sains seraient pour ce repreneur, et les actifs pourris pour leur pomme. C'est comme si on avait demandé à des Croisés de cracher sur le crucifix et de renoncer au Christ.

« Merci d'avoir répondu à une invitation aussi impromptue », dit Paulson qui avait déjà plusieurs nuits d'insomnie dans les yeux et dans la voix. Puis : « Nous devons trouver une solution avant la fin du week-end. » Et enfin : « Il n'y aura pas un dollar du gouvernement dans cette affaire. Il faut que vous le fassiez vous-même. »

Geithner prit le relais d'une voix qui se voulait plus assurée : « Si vous ne trouvez pas une solution, ce sera encore pire pour vous tous ici présents. »

Il était maintenant clair pour tout le monde qu'après avoir renfloué à coups de milliards Bear Sterns pour la livrer en mars 2008 à JP Morgan, puis consacré 400 milliards de dollars au sauvetage de « Fannie » et « Freddy » au début septembre de la même année, les autorités américaines ne feraient pas un pas de plus en faveur d'une banque, quitte à la condamner à la faillite. Le fantôme du *moral hazard* errait dans la pièce comme celui de Banquo au festin de Macbeth. L'assistance était maintenant plongée dans un silence accablé. Geithner fit circuler un document sur les bilans de Lehman. Nul besoin d'être grand clerc pour deviner qu'il n'y avait plus un dollar dans la caisse de Dick Fuld, et si une solution n'était pas trouvée d'ici lundi, Lehman Brothers serait hors circuit dans la minute qui suivrait l'ouverture des marchés. Pour tous ses créanciers, ce serait un bain de sang.

Lloyd Blankfein et Jamie Dimon, respectivement patrons des banques d'affaires Goldman Sachs et JP Morgan Chase, prirent la parole pour dire que tout cela était très exagéré, du moins de leur point de vue. Je ne m'étonnais pas de leur position, puisque j'avais appris qu'ils s'étaient déjà débarrassés, en douce, de nombre de positions qu'ils avaient sur Lehman Brothers.

Christopher Cox, président de la Securities and Exchange Commission (SEC), le « gendarme » de la Bourse de New York, en rajouta une couche. Ils seraient de « Grands Américains » et ils accompliraient leur « devoir de patriotes ».

Vickram Pandit, mon complice à la banque Citigroup, mit alors les pieds dans le plat en persiflant : « Je suppose que nous allons parler aussi de l'American International Group. » Beaucoup autour de la table étaient au courant des difficultés énormes du géant américain de l'assurance. Geithner lui jeta un regard noir. « Concentrons-nous sur Lehman Brothers, s'il vous plaît, répliqua-t-il, nous avons le contrôle de la situation d'AIG. » La tension monta d'un cran. John Thain, P.-D.G. de Merrill Lynch, qui savait qu'il était en train de se faire bouffer par Bank of America, ne disait pas un mot, lui si bavard d'habitude. Je ne pouvais m'empêcher de l'observer du coin de l'œil : il était livide. En catimini, je passai un coup de fil à Harvey Miller, le conseil juridique de Lehman Brothers (son tarif est de 1 000 dollars l'heure) pour le prévenir qu'il aurait beaucoup de boulot sur sa table. Il n'eut pas l'air étonné, mais me remercia tout de même pour mon obligeance.

Cela dit, le représentant de Citigroup aurait dû la jouer plus modeste. Sa banque avait déjà été sauvée trois fois : 1. pendant la crise de 1929, 2. à la suite du défaut de paiement du Mexique sur des dettes détenues par la banque, au début des années 1980, et 3. après l'explosion de la bulle de l'immobilier commercial dix ans plus tard. Ce qui ne l'empêcherait pas d'être à nouveau repêchée cette fois-ci — pour la quatrième fois en moins d'un siècle !

On se sépara dans la soirée, des groupes ayant été formés pour étudier tel ou tel aspect du bilan catastrophique de Lehman Brothers, comme pour un séminaire de travaux pratiques à la fac. Les centaines de milliards de dollars de dettes à court terme qu'elle avait émis avaient perdu les trois quarts de leur valeur, au moins...

Le lendemain, samedi 13 septembre, dès 8 heures

du matin, le hall d'entrée de la Réserve fédérale de New York grouillait de banquiers et d'avocats, non loin de la grande statue en bronze d'Apollon — du moins je supposai qu'il s'agissait de lui, le bras tendu tenant une lyre tout à fait ridicule, faite de grandes cornes (de buffle ?) et d'une carapace de tortue. L'œuvre d'art, si on peut l'appeler ainsi, qui était censée représenter l'harmonie divine, allait-elle sombrer à son tour dans le chaos ?

Timothy Geithner reprit son discours de la veille et nous intima de trouver des solutions dans les deux heures. Il reviendrait ramasser les copies. Il ne le dit pas en ces termes, mais ce fut le ton qu'il employa. Je le trouvai ridicule et je n'étais pas le seul. Je pris la parole : « Tim, comment veux-tu que nous soyons des deux côtés à la fois ? » Je voulais dire que je ne pouvais pas à la fois représenter une firme qui reprendrait Lehman Brothers et demander à mes collègues-concurrents de m'aider financièrement dans cette tâche. Geithner ne me répondit pas et quitta la salle. Il rejoignit dans une salle située à un autre étage des représentants de Lehman Brothers qui attendaient de savoir quel « mari » on leur proposerait. Ils étaient tout sauf vierges. Mais pourtant très effarouchés.

Deux heures après, Geithner revint accompagné de Paulson. Nous leur fîmes part des maigres progrès que nous avions faits dans nos discussions. En fait, nous étions en désaccord sur l'évaluation des actifs de Lehman Brothers. L'écart allait du simple au double. Des milliards de dollars étaient en cause. Non seulement les créanciers de la banque faisaient grise mine, mais aussi ses employés, qui détenaient plus de 30 % des actions de la firme — comme chez Bear Stearn — : « participation, piège à con », comme diraient les gauchistes.

L'ami Pandit remit délibérément les pieds dans le plat : « Et si l'on parlait d'AIG ? ». Il reçut la même réponse que la veille. « Je pourrais aussi poser la question de Merrill Lynch, qui est la prochaine banque qui sautera, mais ce ne serait pas très convenable… », glissa-t-il à mon oreille à quelques mètres de John Thain. Et il mit un doigt sur ses lèvres.

On s'accorda une pause d'une heure devant un buffet campagnard — sans une goutte d'alcool — qui avait été servi dans le hall sous la statue du supposé Apollon. Puis retour à la salle de conférences où cette fois chaque banquier commença à s'inquiéter des conséquences d'une faillite de Lehman Brothers sur ses propres comptes. Qu'ils représentent Morgan Stanley, Goldman Sachs, JP Morgan, Citigroup, Merrill Lynch, Barclays, UBS, Crédit Suisse — même la BNP était là —, ils auraient pu réciter en chœur ce vers de La Fontaine : « Ils ne mouraient pas tous, mais tous étaient frappés. » Moutons ou lions, ces animaux étaient malades de la peste[6]. Ou encore, comme dans les *Dix Petits Nègres*, œuvre qui leur était plus familière, il en manquait déjà un : John Thain, le patron de Merrill Lynch, s'était esquivé entre la poire et le fromage.

J'appris alors que la Bank of America était disposée à reprendre Lehman Brothers, mais à condition que le Trésor des États-Unis fasse un effort encore plus grand que ce qui avait été envisagé, et que Paulson maintenait son refus. Le bras de fer continuait. Robert Diamond, P.-D.G. de Barclays, Bob pour les intimes, tapait des pieds d'impatience. Sourire d'acier, sang glacial, d'une agressivité formidable dans le business. Je l'entendis murmurer : « J'suis là comme boute-en-train pour exciter la jument, mais l'étalon qui fera la saillie, ce sera Bank of America. »

J'essayai de le convaincre du contraire sans dévoiler ce qui se tramait au même moment entre Bank of America et Merrill Lynch. Je ne me rendais pas compte alors que ce serait lui qui emporterait le morceau, au *finish*.

Le reste de l'après-midi, on continua de faire du surplace dans une ambiance de plus en plus morne. Le soir, comme il faisait un temps délicieux, je me retrouvai à dîner à la terrasse du San Pietro, le restaurant italien à l'angle de la 54$^{e}$ rue Est et de Madison Avenue, l'un des plus select de New York. On y croisait parfois Bill Clinton. Je pensais glaner quelques informations supplémentaires tout en dégustant une merveilleuse *zuppa dei pescatori salernitani* — 48 dollars (de 2008) tout de même ! Et, de fait, j'appris que les négociations entre Bank of America et Merrill Lynch étaient bien avancées. Je le dis à Robert Diamond, de Barclays, qui était à la table voisine. Il accueillit la nouvelle avec un air entendu. Demain serait son jour de gloire.

Dimanche matin, à 8 heures, tout ce petit monde se retrouva derechef dans le hall du Fed de New York, puis dans la salle de conférences. Selon un rituel maintenant bien établi, Paulson et Geithner firent ensemble leur apparition. Mais cette fois avec une bonne nouvelle. Pendant la nuit, Barclays avait déclaré qu'il était prêt à reprendre Lehman Brothers. La salle se soulagea d'un grand soupir. « Mais il y a une condition, indiquèrent-ils presque d'une seule voix, c'est que les autres banques réunissent quelque 33 milliards de dollars pour financer une *bad bank* où seraient confinés tous les actifs vérolés de Lehman Brothers. » Puis ils quittèrent la salle avant même que quiconque ait eu le temps de poser une question. Alors il se passa une chose assez extraordinaire. Chacun des douze banquiers présents à cette Cène dont le Christ s'était absenté accepta de mettre entre 1 et 2 milliards de dollars au pot. Il n'y avait même pas de Judas !

Mon portable vibrant contre ma cuisse, je sortis de la pièce pour répondre. Je reconnus la voix de Sir Callum McCarthy. Je l'avais rencontré quand il était à la Barclays. Il était maintenant président de la Financial Services Authority (FSA), l'organe britannique chargé de surveiller les opérations financières. Il est aujourd'hui quelque chose dans le Callum Trust, un fonds financier qui s'occupe des problèmes des gens âgés. L'Anglais pur sucre avait peu de considération pour Robert Diamond, cet Américain qui avait réussi à prendre le pouvoir à la Barclays, mais non à entrer dans le club très fermé des gentlemen londoniens. « Excusez-moi de vous déranger, mais je n'arrive à joindre ni Mr. Paulson, ni Mr. Geithner. Je ferai une autre tentative, mais au cas où les communications avec Londres seraient à nouveau coupées, pourriez-vous s'il vous plaît transmettre à l'un ou à l'autre ce message urgent ? » « Avec plaisir », répondis-je, tout ouïe.

D'après ce que je crus comprendre, la FSA craignait que le patron de Barclays, trop pressé de racheter Lehman Brothers, n'ait pas informé les autorités américaines des subtilités de la réglementation anglaise qui s'imposait à sa banque, à New York comme à Londres et comme n'importe où dans le monde. Il faudrait d'abord que les autorités de régulation donnent leur accord. Si Barclays mettait en danger ses bilans en rachetant Lehman Brothers, c'est toute la place de Londres qui serait affectée, alors même qu'elle se débattait dans ses propres difficultés, qui n'étaient pas moindres que celles de

New York. D'autre part, la London Clearing House, c'est-à-dire la Chambre de compensation de Londres, était en train de changer son système informatique, et rien ne pouvait être décidé avant lundi matin. Enfin, les actionnaires de Barclays auraient leur mot à dire, ce qui pourrait prendre des semaines, voire des mois. En un mot comme en cent, la FSA mettait son opposition au rachat immédiat de Lehman Brothers projeté par Barclays.

Je montai immédiatement dans le bureau de Tim Geithner et demandai aux secrétaires de me laisser passer. Mais sa porte était fermée à double tour et ordre avait été donné de ne laisser entrer personne. Je dus attendre jusqu'à 16 heures 30. Enfin elle s'ouvrit, et il en sortit une bonne partie de l'état-major d'AIG. M'apercevant dans l'antichambre alors que je lui faisais des signes désespérés, Tim vint vers moi. Je lui soufflai à l'oreille : les autorités anglaises sont opposées au deal sur Lehman Brothers. Il me poussa dans son bureau et je lui racontai toute l'histoire. « Mais, explosa-t-il, cet enfoiré de Bob Diamond m'a dit qu'il avait tout verrouillé de ce côté-là ! » « Appelez-moi ce foutu Brit ! », hurla-t-il à la secrétaire qui était sur le pas de la porte. « C'est qu'il vous a appelé plusieurs fois, Monsieur. » Elle s'exécuta. « Sir Callum, cria Geithner dans le parlophone quand il eut la communication, j'avais des raisons de penser que le gouvernement britannique avait déjà indiqué qu'il approuverait la transaction ! » J'entendis McCarthy répondre fermement : « Je n'ai aucune indication que ce soit le cas. » « Écoutez, la décision doit être prise dans la demi-heure qui suit, l'argent est sur la table, chaque minute compte ! », clama Geithner, exaspéré. « Bonne chance », dit McCarthy qui avait gardé son calme. Alors Geithner se rua dans le bureau voisin qui était occupé par Paulson. « Je ne peux pas croire que ça arrive maintenant, s'exclama le secrétaire au Trésor. Il a vraiment dit non !? » « Il n'a pas dit "non", mais c'est comme s'il l'avait fait… », répondit Geithner d'une voix blanche.

Paulson donna l'ordre d'appeler le chancelier de l'Échiquier, Alistair Darling, à Londres. Il s'avéra que Darling était à cette heure-là encore à Édimbourg et sur le point de regagner la capitale britannique. Darling savait déjà que la Bank of America avait abandonné le projet de rachat de Lehman Brothers et il pouvait craindre que Barclays ait été choisi comme *second best*, et qu'on lui ait accommodé les restes.

Personne ne faisait attention à moi, et je me faisais tout petit dans une encoignure pour capter en direct cette conversation entre le secrétaire au Trésor des États-Unis et le chancelier de l'Échiquier de sa Gracieuse Majesté.

« Alistair, grogna Paulson quand il eut le chancelier au bout du fil, nous venons juste d'avoir une conversation déprimante avec la FSA. » « Je n'ai pas d'objection de principe à ce deal, répondit le chancelier avec un fort accent écossais, mais… » À ce moment-là, la porte du bureau de Paulson fut refermée par l'un de ses assistants et je ne pus entendre la suite. Puis le secrétaire au Trésor sortit furibard de la pièce, suivi d'un Tim Geithner dépité. Je l'entendis dire à la cantonade, en levant les bras au ciel, les yeux hors de la tête : « Il n'en veut pas ! Il ne veut pas "importer notre cancer", comme il dit, le bougre de roastbeef ! Vous savez ce que je lui ai répondu, à cet enculé, avant de raccrocher ? "C'est en refusant ce deal que vous allez attraper notre vérole !" » En fait il aurait pu ajouter que la vérole était déjà à Londres, qu'en ce qui concernait AIG, elle était même venue de la capitale britannique, puisque les traders de la filiale anglaise du géant américain de l'assurance étaient, par leurs folles imprudences, en grande partie responsable de la panade dans laquelle se trouvait la maison mère. Mais peut-être Paulson ne connaissait-il pas ce détail. Au moins s'était-il assuré auprès des dirigeants chinois, qu'il fréquentait depuis de nombreuses années, qu'ils garderaient leur sang-froid dans la tourmente et que leur banque centrale continuerait à soutenir le dollar.

C'est ainsi, mon cher Candide, que l'affaire a capoté. Il faut dire à la décharge de Paulson et Geithner qu'au même moment ils étaient en train de renflouer AIG, comme on l'apprit le surlendemain. De toute façon, ils ne pouvaient sauver à la fois Lehman Brothers et AIG, et ils avaient choisi, après réflexion, la moins mauvaise des deux solutions, puisque la faillite d'AIG aurait eu des conséquences encore plus graves que celle de Lehman Brothers. Mais celle-ci n'aurait pas eu lieu si les Anglais n'avaient pas fait faux bond. Voilà toute l'histoire.

Le titre Lehman Brothers, qui avait atteint 85,80 dollars le 4 février 2007, ne valait plus le 12 septembre que 3,65 dollars, pour descendre ensuite à 13 cents avant cessation définitive de sa cotation. Dès le lendemain, Bob Diamond se rendit sur place, au siège de Lehman Brothers, déclarée en faillite aux premières heures, pour évaluer les actifs qu'il achèterait à un prix encore plus bas que si le deal refusé par les Anglais avait été conclu, à commencer par le bel immeuble new-yorkais qui lui servait de siège et la matière grise qui s'y trouvait. « L'occasion était presque trop belle pour être vraie », jubilera-t-il dans une interview à la BBC quelques heures plus tard. Un vrai vautour. Je l'ai vu de mes yeux dévorer sa proie.

CANDIDE : Horreur et damnation !

ARCHIBALD : Damnation, vous l'avez dit. Par la suite, le sort s'est acharné sur Bob Diamond. En juillet 2012, celui qui était devenu entre-temps le patron de l'ensemble de Barclays fut acculé à la démission, à la suite du scandale de la manipulation des taux d'intérêt. Barclays reconnut avoir falsifié ce taux à partir de 2005, pour engranger des profits mais aussi pour donner une image avantageuse de sa situation financière après la crise de 2008. Les traders de chez Barclays avaient artificiellement augmenté ou abaissé en leur faveur le LIBOR (London Interbank Offered Rate). Ce taux détermine le prix auquel les banques se prêtent entre elles. Il sert de référence à des produits financiers d'une valeur de quelque 500 000 milliards d'euros ! C'est dire l'immense ampleur de la fraude.

Barclays a été condamnée à une amende record de 360 millions d'euros. Convoqué devant un comité parlementaire britannique très remonté, Bob Diamond a été publiquement humilié. Le député travailliste John Mann l'a apostrophé dans ces termes : « Vous étiez soit complice de ce qui s'est passé, soit grossièrement négligent, soit incompétent. »

CANDIDE : Le pauvre !

ARCHIBALD : En effet. « Bob le Magnifique », comme on l'appelle parfois, a accumulé lors de son passage chez Barclays une belle fortune qui lui a permis notamment d'acheter, pour 37 millions de dollars, un superbe appartement au dernier étage du 15 Central Park West à Manhattan. La vue sur New York est sublime.

CANDIDE : À la retraite ?

ARCHIBALD : Que nenni ! Notre homme a créé son propre fonds d'investissement en Afrique. On ne se refait pas.

CANDIDE : Un bon signe pour l'Afrique.

ARCHIBALD : Oui, sans doute. L'Afrique est en plein décollage. Je vais vous dire une chose, mais cela restera entre nous. La faillite de Lehman Brothers était une bonne chose. Au lieu du « *too big to fail* », on lui a appliqué le principe du « *too big to bail* », trop gros pour être renfloué. Ce deuxième principe devrait être plus souvent respecté. Il faut tout de même qu'il y ait des sanctions de temps en temps, même si elles profitent à des requins comme Diamond. Mais l'arbre Lehman Brothers ne doit pas cacher la forêt — ou plutôt la planche à billets qui a commencé à tourner de plus en plus vite aux États-Unis d'abord, en Europe ensuite.

*Quarante-deuxième leçon*

# DU RÉTABLISSEMENT ÉVENTUEL DE L'ÉTALON-OR

*Où l'on cherche une solution durable à la crise.*

CANDIDE : Après tout ce que vous venez de raconter à propos des banques, des banques centrales et de leurs pouvoirs de nuisance monétaire, je me demande s'il ne faudrait pas trouver un moyen, tout de même, de les contrôler...

ARCHIBALD : Un moyen qui ne soit pas étatique, s'il vous plaît. Car demander à l'État d'intervenir, ici comme dans d'autres domaines, c'est comme faire entrer le Grand méchant loup dans la chambre des enfants.

CANDIDE : J'ai cru comprendre de vos propos qu'il faudrait revenir à l'étalon-or. N'est-ce pas un retour à Mathusalem ?

ARCHIBALD : Comme je m'y attendais, vous êtes encore imprégné de keynésianisme.

CANDIDE : Vous n'auriez pas su m'en guérir.

ARCHIBALD : Je veux dire que la formule de Keynes, qui est évoquée à chaque fois que l'on parle d'étalon-or, est certainement quelque part nichée dans votre mémoire.

CANDIDE : L'or, cette « relique barbare ».

ARCHIBALD : Vous voyez bien. Or c'est un contresens historique. Sous le règne de l'étalon-or, la monnaie a été « dématérialisée », comme nous l'avons montré[1]. Le billet ou le compte courant tenaient lieu de « certificats d'or », qui se substituaient aux espèces pour des raisons évidentes de commodité et de sécurité. Alors, on vérifie qu'une monnaie gagée sur l'or, aussi bonne que l'or, *as good as gold*, permet d'économiser de l'or en le faisant quasiment disparaître de la circulation. Les adversaires de l'étalon-or trouvent absurde de creuser des trous dans la terre pour trouver de l'or pour l'enfouir dans d'autres trous, creusés sous les banques. Mauvaise argumentation : c'est lorsque la monnaie n'est pas aussi bonne que l'or dans l'esprit de ceux qui la détiennent que l'or revient dans la circulation et qu'il est nécessaire de creuser des mines pour satisfaire à ce besoin. En résumé, il y a plus d'or en circulation dans un système monétaire sans étalon-or que dans un système d'étalon-or. L'étalon sans or est plus coûteux en or que l'étalon-or !

CANDIDE : Je veux bien, mais nous sommes tellement habitués à une monnaie sans or...

ARCHIBALD : Savez-vous au moins depuis quand ?

CANDIDE : Hum !

ARCHIBALD : Cent ans et des poussières. Que sont cent années dans l'histoire de l'humanité ?

CANDIDE : Comme vous y allez !

ARCHIBALD : En 2014 nous avons fêté en grande pompe le centième anniversaire du déclenchement de la grande catastrophe européenne, mais personne, je dis bien personne, n'a songé à rappeler que l'étalon-or a été abandonné en cette année fatidique.

Le déclenchement de la guerre en août 1914 a en effet forcé les États belligérants à recourir à la planche à billets pour financer les dépenses de guerre. Il fallait donc *suspendre* l'étalon-or en apparence provisoirement, en réalité définitivement. Le *gold standard* avait assuré pendant un à deux siècles la stabilité des grandes monnaies occidentales : livre sterling, franc germinal, dollar, reichsmark. Ces monnaies étaient définies les unes et les autres par des poids de métal. Ainsi, avant 1914, pas moins de soixante pays étaient interconnectés par l'étalon-or dans une mondialisation silencieuse et inégalée depuis l'Empire romain. Comme l'a écrit justement l'économiste français Francis Delaisi, dans *La Bataille de l'or*[2] : « En somme, avant 1914, toutes les comptabilités (publiques ou privées) se trouvaient sans qu'on s'en doutât écrites en grammes d'or et le gramme d'or (sous les différentes dénominations de dollar, livre, franc, pengo ou yen) était en réalité la monnaie universelle. » Karl Marx lui-même avait décerné à l'or le même titre de monnaie universelle au XIXe siècle. Sur ce fond de stabilité monétaire s'était mobilisée tout au long des XVIIIe et XIXe siècles une épargne croissante, permettant le financement de grands projets par l'émission d'emprunts ou l'augmentation de capital des entreprises concernées. Ainsi s'est produit le « décollage » économique des grands pays industriels qu'on appelle aujourd'hui les pays développés.

CANDIDE : La suspension de la convertibilité-or à laquelle s'étaient engagées solennellement les banques centrales était-elle vraiment nécessaire ?

ARCHIBALD : Les détenteurs de billets, en ce terrible début d'août 1914, se précipitaient déjà aux guichets des banques pour échanger leur papier contre du métal jaune sous forme de lingots ou de pièces. Paradoxalement, la Suisse, pays pourtant neutre, a ouvert ce bal sinistre le 2 août 1914 en fermant ses guichets d'or, suivie par l'Allemagne le 4 août, la France le 5 août et la Grande-Bretagne le 6 ; l'Italie, quant à elle, avait décrété le cours forcé de la lire depuis 1891. Seul le dollar, devise d'un pays non belligérant jusqu'en 1917 (les États-Unis interdiront les sorties d'or dès qu'ils entreront en guerre), restera convertible en or et profitera de cette position pour devenir la monnaie la plus solide et la mieux « gagée » au monde. Alors que l'Europe bascule dans la guerre, pour quelques mois pense-t-on alors, elle bascule aussi, inconsciemment, dans un nominalisme monétaire qui permettra au fléau de la guerre de durer et de se propager pour devenir la Première Guerre mondiale.

CANDIDE : Pourquoi n'a-t-on pas rétabli l'étalon-or après la fin de la guerre de 14-18 puisqu'il était si utile, si bénéfique ?

ARCHIBALD : On a essayé. Dès que les canons se sont tus, les dirigeants politiques des grands pays occidentaux ont songé à refermer ce qu'ils croyaient être une parenthèse dans l'histoire mondiale de la monnaie. Mais hélas on confond dans l'étalon-or l'essentiel avec l'accessoire. L'essentiel est l'obligation pour les banques d'émission de faire face à leur clause de convertibilité, ce qui aboutit à une autorégulation de la masse monétaire et à toutes les disciplines qui s'ensuivent pour le système bancaire et pour les finances publiques. L'accessoire, c'est le niveau des parités de chaque monnaie avec l'or. On fétichise les parités du passé.

Or les prix ont été multipliés par deux ou par trois selon les pays et leur hausse se poursuit après la guerre. Rétablir les parités d'avant-guerre imposerait donc une déflation des valeurs nominales considérable. Impossible.

Pourtant un certain Winston Churchill, alors chancelier de l'Échiquier, va lancer son pays sur la voie hasardeuse du rétablissement de la parité-or d'avant-guerre. Redonner force et validité à un contrat monétaire souscrit par la Banque d'Angleterre avant la Grande Guerre, quel aboutissement inespéré ! Le dollar était la seule des grandes monnaies à avoir gardé sa valeur-or d'avant 1914. En retrouvant la parité d'avant-guerre, la livre retrouve sa gloire d'antan aux applaudissements enthousiastes de la City. Dans la rivalité féroce qui oppose les places de Londres et de New York pour le leadership financier du monde, le coup paraît magnifiquement joué.

Pourtant, Churchill peut constater comme tout le monde les effets lamentables de sa politique. La réévaluation de la livre sterling a très vite des conséquences désastreuses sur le commerce extérieur britannique. La croissance est bridée. Le chômage, qui avait déjà atteint un niveau élevé, augmente encore à cause de la combinaison d'une forte déflation des prix et d'une résistance à la baisse des salaires nominaux du fait de l'introduction de l'assurance publique pour les chômeurs.

Toutefois, Winston persévère dans l'erreur — diaboliquement ! Il s'entêtera dans sa politique jusqu'à ce que son gouvernement soit chassé du pouvoir par la défaite des conservateurs aux élections de 1929. L'année du krach de Wall Street.

CANDIDE : Peut-on dire alors que la folle parité de Churchill a joué un rôle dans la grande crise de 1929 ?

ARCHIBALD : En effet, les États-Unis sont venus au secours de la Grande-Bretagne, épuisée par la surévaluation de la livre sterling, en lui accordant des prêts à bas taux d'intérêt, ainsi qu'à d'autres pays européens, ce qui a favorisé les exportations américaines, et donc accru les tensions inflationnistes aux États-Unis et ailleurs. On a dit qu'à cette époque l'Amérique était retournée à l'« isolationnisme ». C'est un mythe ! Au moins sur le plan monétaire, la coopération entre la Banque d'Angleterre, la Banque de France et la Réserve fédérale est très intense, encore que secrète. Et si la Banque de France trouve parfois les moyens financiers et intellectuels de résister aux pressions de l'*Old Lady* de Londres, il n'en est pas de même des néophytes de la Réserve fédérale (le Système de réserve fédérale des États-Unis, né en 1913, a peu d'expérience), qui acceptent, à la demande de Londres, de donner des petits « coups de whisky » à la cote, pour reprendre l'expression employée à l'époque, en faisant marcher la planche à billets — un procédé remis à l'honneur après la crise de 2008.

Le 21 septembre 1931, il faudra dévaluer la livre en catastrophe de 30 %, transformant la crise américaine en crise mondiale.

Aux États-Unis, Roosevelt accède au pouvoir au début de l'année 1933 et décide de sacrifier la vénérable parité du dollar établie en 1834. La dévaluation massive du dollar le 31 janvier 1934, de 20,67 dollars l'once à 35 dollars l'once, donne un répit à l'économie américaine.

CANDIDE : Le fameux New Deal de Roosevelt a donc sauvé l'économie américaine !

ARCHIBALD : C'est une légende soigneusement entretenue par les keynésiens. Elle est contraire à la réalité. Le répit donné par la dévaluation du dollar sera de trois ou quatre ans. Henry Morgenthau, secrétaire au Trésor sous le règne de Roosevelt, en fera lui-même l'aveu en mai 1939 : « Nous avons essayé de dépenser de l'argent. Nous dépensons plus que nous n'avons jamais dépensé et ça ne marche pas… Nous n'avons jamais tenu nos promesses… Après huit années au pouvoir nous avons autant de chômeurs que lorsque nous avons commencé… Et une dette gigantesque en plus ! »

CANDIDE : Mais, au lendemain de la Seconde Guerre mondiale, n'a-t-on pas essayé de mettre de l'ordre dans tout ça ?

ARCHIBALD : Oui, c'est ce qu'on appelle les accords de Bretton Woods, que nous avons déjà évoqués[3]. Comme vous le savez, ces accords ont été signés le 22 juillet 1944, avant même la capitulation de l'Allemagne nazie, par pas moins de quarante-quatre pays[4]. Les combats faisaient rage en Normandie après le débarquement américain du 6 juin 1944 et des V1 (bombes volantes allemandes) continuaient à tomber sur Londres, au grand effroi de ses habitants.

Les représentants des quarante-quatre pays ont été invités par le gouvernement américain à Bretton Woods, une petite bourgade du New Hampshire au pied du mont Washington. La France, qui n'est pas encore totalement débarrassée de l'Occupant, y est représentée par Pierre Mendès France, commissaire aux Finances dans le gouvernement provisoire d'Alger. Le malheureux fait figure de parent pauvre et n'est pas vraiment pris au sérieux. Il est traité d'« arrogant » parce qu'il prétend représenter la France alors qu'officiellement il n'est que le délégué des « Français libres ». De fait, à ce moment-là, notre pays n'est pas convié à s'asseoir à la table des Grands, c'est-à-dire les Big Four : États-Unis, Russie, Grande-Bretagne et Chine.

La conférence se tient au Mount Washington Hotel, un palace de 234 chambres. Trop petit pour accueillir les 730 délégués et les 500 journalistes. Beaucoup d'entre eux doivent trouver des hôtels dans les alentours.

Les États-Unis émergent du conflit à l'état de superpuissance économique et financière. Les trois quarts du stock d'or des banques centrales du monde entier sont alors détenus à Fort Knox par le Trésor américain. Prépondérance qui s'impose aux autres vainqueurs, qui lui doivent d'une manière ou d'une autre leur victoire.

Les discussions, qui durent du 1er au 22 juillet 1944, sont dominées par deux personnalités : l'Anglais John Maynard Keynes et l'Américain Harry Dexter White.

Keynes est encore cette année-là une célébrité mondiale, vénéré comme jamais aucun économiste ne l'a été et comme aucun, sans doute, ne le sera jamais. Son seul rival sur place est le magicien britannique Cardini[5], à la renommée elle aussi mondiale. Tous les soirs, le célèbre prestidigitateur est chargé de distraire les délégués par des tours de passe-passe, le plus connu et le plus apprécié du public consistant à faire apparaître des billets de banque à partir de rien[6]. Il est vrai que Keynes a lui aussi quelque chose d'un illusionniste, comme nous l'avons expliqué, principalement en matière monétaire… Mais il est malade du cœur, menacé à tout moment par un collapsus (il mourra prématurément deux ans plus tard, le 21 avril 1946, à l'âge de soixante-deux ans). À Bretton Woods, il est déjà épuisé, obligé souvent de s'aliter[7]. C'est un handicap face à Harry White, un obscur expert du Trésor américain, qui va accéder à la célébrité parce qu'il ose s'opposer — avec succès — à l'économiste-vedette[8].

Keynes croit tenir sa revanche sur la « relique barbare », c'est-à-dire l'étalon-or. Il préconise la création d'une Banque internationale, qui émettrait une monnaie, le Bancor, selon les « besoins réels courants du commerce mondial » et qui pourrait soumettre le volume monétaire à « une expansion ou à un resserrement réalisé à dessein pour contrebalancer les tendances inflationnistes ou déflationnistes dans la demande mondiale ». L'organisation et la direction de la Banque auraient un caractère supranational.

White oppose à cette utopie l'instauration d'un Gold Exchange Standard, mais cette fois avec une seule devise clef, le dollar. Désormais, les banques centrales pourront émettre de la monnaie non plus seulement en fonction de leur stock d'or, mais aussi en fonction de leurs réserves en dollars. White va l'emporter sur toute la ligne, y compris sur la localisation aux États-Unis des deux institutions qui seront issues de Bretton Woods : le Fonds monétaire international et la Banque mondiale. Au départ, dans l'esprit de la délégation britannique, au moins l'une des deux institutions devait être située en Europe, de préférence à Londres. Toutes les deux seront finalement implantées à Washington. En compensation, il est admis que le directeur général du FMI serait européen, tandis que le président de la Banque mondiale serait américain.

On commet l'erreur de croire qu'il n'y a pas assez d'or pour gager le système monétaire mondial, erreur que l'on retrouve encore aujourd'hui chez les contempteurs de l'étalon-or. Le Gold Exchange Standard est instauré sous le prétexte d'économiser l'or, alors que la pénurie de métal jaune est causée tout simplement par le fait que son prix officiel, 35 dollars l'once, n'a pas bougé depuis la dévaluation opérée par Roosevelt en 1934, alors que tous les autres prix ont doublé, triplé, voire quintuplé. Or cette parité de 35 dollars l'once est considérée par les Américains comme sacro-sainte. Y toucher serait mettre en cause le prestige de leur leadership mondial. Le vainqueur des vainqueurs, il est impensable qu'il dévalue sa monnaie ! Et il s'entêtera dans cette position pendant les trois décennies suivantes, jusqu'à la honteuse capitulation monétaire de Richard Nixon le 15 août 1971, comme vous le savez. Si fétichisme il y avait, c'était bien celui d'une certaine parité datant d'avant-guerre et donc forcément dépassée. Le même fétichisme qui avait conduit l'Angleterre en 1925, on vient de le voir, à rétablir la livre à sa parité-or de 1914. Orgueil calamiteux des grandes nations victorieuses !

Le système de Bretton Woods s'est donc effondré le 15 août 1971 pour faire place à un système de changes flottants dont nous ne sommes toujours pas sortis.

CANDIDE : Finalement, Keynes l'a emporté puisque l'or a été définitivement chassé du système.

ARCHIBALD : Hélas oui. Mais voyez ce qui se passe depuis ce fatal 15 août 1971. À partir du moment où la monnaie n'est pas gagée sur l'or, chaque pays peut manipuler, « véroler » sa monnaie comme il l'entend. Depuis le début du nouveau millénaire, l'inflation semble avoir disparu au niveau des biens et services, mais c'est pour reparaître ailleurs dans les actifs. Et cette inflation-là est plus dangereuse encore car elle attise la spéculation sur les matières premières, sur l'immobilier, sur le numérique, sur le bitcoin, comme nous le verrons, en vérité sur n'importe quoi susceptible de nourrir les fantasmes de la Bourse. Le plus terrifiant est que les banques centrales ont réussi à obtenir leur indépendance, qui les rend au sens plein, juridiquement et politiquement, totalement irresponsables. Les autorités politiques n'ont certes pas eu tort de renoncer à leur pouvoir monétaire, tant il est vrai que l'histoire a montré à maintes occasions le mauvais usage qu'elles font de cette prérogative de « battre monnaie ». Cependant, au lieu de le confier à des instances comme les banques centrales, totalement hors de contrôle et régies par des conceptions inadaptées, ils auraient dû adopter le système de l'étalon-or, le seul à pouvoir réguler le système avec efficacité et stabilité. Contrairement à ce qu'avait cru Milton Friedman — preuve qu'un grand économiste peut aussi se tromper —, une monnaie sans banque centrale est viable. Je plaide pour une monnaie libre, c'est-à-dire non soumise aux intérêts des politiques et non pas gérée par des institutions mais en référence à l'étalon-or. Dans ce cadre, aucun pays ne peut plus déployer son nationalisme monétaire puisque personne ne peut dévaluer l'or pour son propre bénéfice.

Il y a urgence à adopter l'étalon-or car la guerre monétaire ne peut que s'intensifier, les grandes monnaies du monde étant aux mains des politiques. C'est vrai un peu partout, mais particulièrement en Chine, au Japon et aux États-Unis. Résultat, le protectionnisme monétaire prend la place du protectionnisme commercial classique, qui du reste, fatalement, est de retour avec la montée des populismes un peu partout. Nous sommes arrivés au stade ultime des contradictions du système. À partir du moment où la monnaie n'est plus reliée à aucune réalité économique, on fait n'importe quoi. Les assignats de la Révolution qui ne se référaient à rien ne sont plus très loin.

De plus, l'instabilité monétaire a augmenté considérablement, comme on pouvait s'y attendre, les risques de change pour les banques et les entreprises, obligeant ces dernières à couvrir ces risques. Pour répondre à cette demande, des organismes financiers ont créé tout un business assez juteux qui n'a cessé de croître et embellir. Fin 2013, le chiffre d'affaires global des marchés des changes avait atteint la somme colossale de 5 300 milliards de dollars[9], et il n'a cessé de croître depuis lors. En même temps, et grâce à cette mutation, l'activité bancaire a bénéficié de ce que l'on pourrait bien appeler des superprofits, le taux de rendement sur capital passant de 7 % par an en moyenne à 20 % — ce dernier pourcentage étant considéré comme une sorte de norme dans les milieux financiers, au moins jusqu'à la crise de 2008[10].

CANDIDE : Excusez-moi de revenir à cette question : y a-t-il assez d'or ? y aura-t-il assez d'or ? Projetons-nous en 2100 : la planète sera peuplée de 10 milliards d'individus…

ARCHIBALD : Votre entêtement me désespère. Une fois encore je vais essayer de vous convaincre. D'abord, on peut très bien découvrir de nouveaux gisements d'or. Qu'allait chercher Christophe Colomb en découvrant l'Amérique ? De l'or ! Mais à la limite peu importe, car la question de la quantité nécessaire se règle nécessairement par les prix. Il ne peut y avoir un manque d'or si son prix est au bon niveau d'équilibre. Comme pour toute chose en économie.

CANDIDE : Mais il y a bien des banques centrales dans le Gold Standard que vous voulez rétablir. Or qui va les contrôler ?

ARCHIBALD : Une monnaie-or peut fonctionner — et elle a fonctionné — sans banque centrale. On ne le sait pas assez ou on ne le sait pas du tout.

Démonstration : à un moment donné, pour une

société donnée, on peut considérer que la masse d'or à la disposition de l'économie est fixe, ou du moins qu'elle ne dépend pas des décisions des partenaires à l'échange, si l'on met à part les propriétaires des mines concernées. Et ceux-ci ne prendront leur décision d'augmenter ou de réduire leur production d'or qu'en fonction de leurs coûts et de la demande qu'on leur adresse. Cette demande est à la fois industrielle, puisque toutes sortes d'activités (bijouterie, dentisterie, alliages de toutes sortes) ont l'or comme matière première, et « monétaire », puisque l'or sert de monnaie, directement sous forme d'espèces ou indirectement sous forme de « certificats d'or » que sont les billets de banque.

Supposons une augmentation de la quantité des biens et services disponibles. La masse d'or à la disposition de cette société, soit pour ses besoins industriels, soit pour ses besoins monétaires, reste constante à court terme, puisqu'on ne peut accélérer l'exploitation minière du jour au lendemain, encore moins ouvrir de nouvelles mines. C'est dire que cette masse d'or devient relativement plus rare que les biens et services qui sont offerts sur le marché. Exprimés en or, les prix de ces biens et services vont diminuer. Exprimé en biens et services, le prix de l'or va augmenter. Les propriétaires des mines concernées vont donc avoir tendance à augmenter leur production, à découvrir puis à exploiter de nouvelles mines. De plus, les princes qui nous gouvernent feront fondre leurs vaisselles d'or (c'était autrefois), ou bien on cherchera davantage d'or dans les déchets industriels (c'est aujourd'hui) — ce qui va permettre tôt ou tard de fabriquer davantage de monnaies-or.

On peut faire la même démonstration dans l'autre

sens : si la quantité des biens et services diminue, l'or va se trouver relativement abondant et, à terme, les propriétaires des mines auront intérêt à réduire leur production, les bijoutiers et les orfèvres travailleront davantage, ce qui aura tendance à réduire la masse des monnaies en circulation. Ce que l'on appelle dans le langage contemporain la masse monétaire n'est pas fixe, elle fluctue en fonction de l'évolution de l'ensemble de l'économie, quasiment au mois le mois. À aucun moment, on ne manque de monnaie ou on a trop de monnaie. En termes savants, on dira que la création monétaire est endogène au système économique. Aucune autorité centrale n'est nécessaire pour assurer la régulation de la masse monétaire en fonction des besoins de l'économie. Cette régulation se fait d'elle-même, parce que la monnaie en question est elle-même ancrée dans la réalité la plus matérielle.

CANDIDE : Mais l'or est inégalement réparti sur la surface du globe !

ARCHIBALD : Comme n'importe quelle matière première ! Mais les pays détenteurs de matières premières ne sont ni les plus industrieux du monde ni les plus puissants au monde, loin s'en faut.

CANDIDE : L'Europe en est aujourd'hui dépourvue...

ARCHIBALD : Savez-vous, Candide, quelle est la première puissance mondiale si l'on prend comme critère l'or détenu par les banques centrales ?

CANDIDE : J'avoue que non.

ARCHIBALD : C'est l'Europe, justement. Avec 10 789 tonnes, elle dépasse les États-Unis (8 134 tonnes). L'Allemagne est la mieux dotée des pays européens (3 381 tonnes). Vient ensuite l'Italie (2 452 tonnes), quasiment à égalité avec la France (2 435 tonnes). La Chine, avec 1 743 tonnes, vient maintenant devant la Russie : 1 392 tonnes. Ces chiffres datent de 2016. L'Europe a donc les moyens en or de fonder un euro sur l'or ! Une opportunité en or…

CANDIDE : Vous ne vous sentez pas un peu seul à soutenir cette… lubie, Archibald ?

ARCHIBALD : J'ai au moins un allié, et pas n'importe lequel, en la personne d'Alan Greenspan, déjà nommé. En tant que président du Système de réserve fédéral pendant près de vingt ans, il était aux premières loges pour observer les vices et les méfaits du *fiat money*. « Seulement aujourd'hui, a-t-il déclaré au magazine *Gold Investor* en février 2017[11], il y a une idée répandue selon laquelle l'étalon-or du XIXe siècle n'a pas fonctionné. Je pense que c'est comme enfiler des chaussures qui ne sont pas à votre taille tout en accusant ces chaussures d'être inconfortables ! Ce n'est pas l'étalon-or qui a échoué. Ce sont les politiques publiques […]. Aujourd'hui, retourner à l'étalon-or serait vu comme un acte de désespoir. Mais dans un régime d'étalon-or, nous ne nous serions jamais retrouvés dans la situation dans laquelle nous sommes aujourd'hui. […] Nous n'aurions jamais atteint ce niveau extrême d'endettement, car l'étalon-or est un moyen de s'assurer que les politiques budgétaires ne dérivent jamais. » Je n'ai rien à ajouter pour aujourd'hui.

*Quarante-troisième leçon*

## SUR UNE LOI DU TALMUD

*Où l'on se demande à qui appartient l'argent déposé à la banque.*

CANDIDE : Je voudrais revenir sur le contrôle des banques. Je comprends bien maintenant votre plaidoyer en faveur d'un retour à l'étalon-or. Mais, politiquement, je ne le sens pas. Je ne vois aucun homme ou aucune femme politique, à gauche comme à droite, soutenir une telle proposition. Comme je ne veux pas de nationalisation, d'intervention de l'État ou de Régulation, même avec un grand R, que me reste-t-il pour empêcher les banques de créer trop de monnaie et de courir à la banqueroute ? La loi des grands nombres que vous avez invoquée vous-même[1] qui veut que les clients, en temps normal, ne vont pas venir tous en même temps aux guichets des banques pour retirer leur argent est-elle toujours valable ?

ARCHIBALD : Vous avez tout à fait raison de poser cette question, excellent auditeur que vous êtes. Connaissez-vous la parabole des moutons et des lions ?

CANDIDE : Certes non !

ARCHIBALD : Je l'ai entendue de la bouche de Jacques Rueff, l'économiste français qui a converti de Gaulle à l'étalon-or. Il la tenait lui-même d'un banquier belge qui, au sortir d'une assemblée d'actionnaires houleuse, avait exprimé sa hargne en un adage lapidaire : « Quand ça va bien, ce sont des moutons, quand ça va mal ce sont des lions. » Apparemment il n'avait pas aimé se retrouver dans la cage aux lions. Il en va de même des déposants. Quand ils ont confiance dans leur banque, ils laissent leur argent tranquille. Mais quand la confiance a disparu, ils se battent comme des lions pour récupérer leur fric. C'est ce que les Anglais, vous le savez, appellent un *run* ou un *bank run*. Les gens courent au guichet et sont prêts à se marcher les uns sur les autres. Cela peut tourner à l'émeute, comme on l'a vu en septembre 2007, à Newcastle, devant les guichets de la banque britannique Northern Rock, jusqu'à ce que la Banque d'Angleterre se décide à venir à son secours.

CANDIDE : Est-ce que cela signifie qu'aucun calcul de probabilité ne permet de prévoir quand des moutons vont se transformer en bêtes féroces ?

ARCHIBALD : Jusqu'à la dernière minute ils ont un air tout gentil. « Moutons ou lions, ajoutait insolemment le banquier belge de Rueff, ce sont toujours des animaux. »

CANDIDE : Je vois où vous voulez en venir. Si la loi des grands nombres ne s'applique pas aux dépôts bancaires, alors il faut interdire aux banques d'utiliser ces dépôts pour faire des prêts.

ARCHIBALD : Un risque que l'on ne peut calculer, personne ne doit le prendre.

CANDIDE : Mais alors, avec quoi les banques feraient-elles des prêts ?

ARCHIBALD : Tout simplement avec de l'épargne,

qu'il ne faut pas confondre avec le dépôt à vue. Le dépôt à vue, c'est de la monnaie prête à un usage immédiat en vue de consommer. L'épargne est un renoncement durable à la consommation. La distinction entre monnaie et épargne est fondamentale.

CANDIDE : J'avoue que ce n'était pas aussi clair dans ma tête.

ARCHIBALD : Les banques peuvent tout naturellement servir d'intermédiaire entre épargnants et investisseurs. Les épargnants n'ont pas toutes les informations disponibles pour placer au mieux leurs économies. Il en va de même pour les investisseurs, qui n'ont pas toutes les informations disponibles pour trouver de l'argent dans les meilleures conditions. La banque, qui se situe entre les deux, dispose de ces informations, c'est son métier, et elle peut rendre le service de mettre face à face la demande de capital des investisseurs et l'offre de capital des épargnants. Elle peut même faire des gains sur un différentiel entre le taux d'intérêt qu'elle paie aux épargnants et celui que les investisseurs lui consentent. Ce différentiel est justifié par les facilités qu'elle procure aux deux parties qui, sans elle, ne se seraient accordées ni aussi facilement ni aussi rapidement au cas — peu probable — où elles auraient réussi à se rencontrer. De la même façon et pour la même raison, une agence immobilière prend une commission pour avoir mis face à face le vendeur et l'acheteur de tel appartement ou de telle maison.

CANDIDE : N'est-ce pas ce que l'on a en vue lorsque l'on parle de séparer en deux types l'activité bancaire, la banque de dépôt et la banque d'affaires ?

ARCHIBALD : Je me méfie des réglementations, vous le savez, et l'activité bancaire est déjà l'une des professions les plus réglementées du monde — pour quel résultat ?! Il faudrait créer les conditions pour qu'une telle séparation vienne naturellement.

CANDIDE : Comment fait-on ?

ARCHIBALD : Il me semble qu'il faut se placer sur le plan du droit, plus précisément sur le plan du droit de propriété.

CANDIDE : Je suis prêt à vous suivre.

ARCHIBALD : Quand vous déposez de l'argent à la banque, à qui, selon vous, cet argent appartient-il ?

CANDIDE : À moi, bien sûr.

ARCHIBALD : Alors comment se fait-il que le banquier en dispose comme si cet argent était à lui ou comme si vous le lui aviez prêté ?

CANDIDE : Si je le lui avais prêté, je ne pourrais pas en disposer à ma guise pendant la durée de ce prêt, il me paierait un taux d'intérêt, et à l'échéance il me rembourserait mon argent.

ARCHIBALD : Nous sommes bien d'accord. Votre dépôt *à vue* n'est pas un prêt ; par définition, il n'a pas de terme, il ne vous rapporte aucun intérêt et vous en gardez la pleine propriété.

CANDIDE : N'y a-t-il pas un adage latin qui dit *Nemo dat quod non habet* : Personne ne peut céder ce qui ne lui appartient pas ?

ARCHIBALD : Bien vu. Votre banquier ne peut donc se servir d'un argent qui ne lui appartient pas.

CANDIDE : Alors comment arrive-t-il qu'il le fasse ?

ARCHIBALD : Sur le plan du droit romain, c'est une fraude.

CANDIDE : À laquelle néanmoins je consens.

ARCHIBALD : D'abord, Candide, vous n'y consentez pas. Il y a moins d'une minute, vous ignoriez le problème — tout simplement. Mais même si vous y consentiez implicitement ou explicitement, cela ne changerait rien au caractère frauduleux de l'usage que fait la banque de votre argent. Une telle entorse au droit de propriété est une atteinte à l'ordre public, d'autant plus grave selon moi qu'il n'y a pas de prospérité économique sans respect des droits de propriété.

CANDIDE : Fort bien. Je vais de ce pas voir mon avocat et engager une procédure contre mon banquier pour une fraude dont je ne savais rien, dont je ne veux plus être complice et que maintenant je dénonce.

ARCHIBALD : Pas si vite. Il faut d'abord savoir depuis quand les banquiers se permettent d'outrepasser cette règle.

CANDIDE : Vous voulez dire qu'une loi qui n'est pas appliquée n'a plus de valeur.

ARCHIBALD : Je veux d'abord faire un peu d'histoire pour comprendre comment on en est arrivé là.

CANDIDE : Jusqu'à quand dans le temps faut-il donc remonter ?

ARCHIBALD : Jusqu'au XVII^e^ siècle, pour l'instant. À cette époque, les riches Londoniens déposaient leur argent à la Tour de Londres, pensant qu'il y était en sûreté. La Tour était juste un entrepôt et elle avait les moyens armés d'assurer la sécurité des dépôts qu'elle recevait. Mais il n'était pas question qu'elle se serve de cet argent sous quelque prétexte que ce soit. Cet argent devait rester à la disposition des déposants. À la même époque, la Banque d'Amsterdam jouait exactement le même rôle d'entrepôt pour les Hollandais, mais elle était plus sophistiquée : elle avait mis au point un système de comptes qui permettait aux déposants de faire circuler leur argent de compte à compte en fonction de leurs paiements ou de leurs recettes sans qu'il soit besoin de sortir la moindre pièce de la banque.

Étant donné les économies d'échelle que permettait cette concentration de richesses en un seul lieu — comme un énorme silo qui aurait recueilli tout le blé de la région —, les droits de garde que la Tour de Londres ou la Banque d'Amsterdam imposait à leurs déposants étaient modestes. La Tour et la Banque gagnaient de l'argent et les riches, bons ou mauvais, dormaient tranquilles. Mais en Angleterre l'affaire a mal tourné.

CANDIDE : Qui gardait le gardien ?

ARCHIBALD : *That is the question* !

CANDIDE : *Hamlet* ?

ARCHIBALD : Non, Juvénal !

CANDIDE : ?!

ARCHIBALD : Ce satiriste romain, du Ier siècle de notre ère, a posé LA question à propos de la garde des femmes. Il supposait que leur lubricité était telle que les hommes préposés à leur garde céderaient tôt ou tard à leurs charmes. D'où la question : *Quis custodiet ipsos custodes ?* Qui garde les gardiens eux-mêmes ?

CANDIDE : C'est bien pourquoi on employait des eunuques pour cette charge.

ARCHIBALD : Même dans ce cas, semble-t-il, les maris jaloux n'étaient pas tout à fait tranquilles…

CANDIDE : Mais quelle idée aussi d'enfermer des femmes ! Revenons à la Tour de Londres, s'il vous plaît. Qui était le gardien du gardien de la Tour ?

ARCHIBALD : Si l'on remonte au bout de la chaîne, c'était le roi, qui à l'époque du pouvoir absolu, se gardait lui-même ! Et il arriva ce qu'il arriva. Ce roi s'appelait Charles Ier et il a cédé à la tentation de mettre la main sur cet immense trésor au cours d'un raid sur la Tour. Cet « emprunt » forcé ne serait jamais remboursé. Les braves gens qui avaient confié leur argent à cette forteresse, qui paraissait si bien gardée par le roi lui-même, avaient oublié l'adage du poète latin. Le roi lui-même l'avait oublié. Il sera envoyé à l'échafaud par Cromwell le 30 janvier 1649.

CANDIDE : À qui donc nos bourgeois londoniens allaient-ils désormais confier leurs économies ? À leur matelas ?

ARCHIBALD : Vous riez, mais la vie des riches est difficile, même si elle n'est pas aussi tragique que celle des rois. C'est un souci, en tout temps, non pas de faire fructifier son argent (c'est réservé aux plus habiles), mais seulement de le conserver intact. À l'abri des voleurs, mais aussi des héritiers, des impôts, de l'inflation qui le ronge silencieusement… Rappelons-nous que le financier de La Fontaine, « tout cousu d'or, chantait peu, dormait moins encor ». Pour revenir à nos riches Londoniens, ils confièrent leurs économies aux différents orfèvres de la capitale.

CANDIDE : Pourquoi aux orfèvres ?

ARCHIBALD : Parce qu'ils étaient orfèvres en la matière ! Et parce que les bourgeois pouvaient les contrôler moins difficilement que la Tour de Londres. En ces temps-là, je vous le rappelle, les moyens de paiement en circulation étaient constitués par une multitude de pièces d'or, d'argent, de bronze, de poids différents et de différentes provenances, et il fallait vraiment être expert pour s'y reconnaître. Rappelez-vous, Candide, les célèbres tableaux hollandais de cette époque, montrant le changeur occupé à peser des pièces avec sa fine balance.

En décentralisant leurs dépôts sur une multitude d'officines, les riches Londoniens réduisaient quasiment à zéro le risque d'un nouveau raid royal sur leurs économies, désormais dispersées aux quatre coins de la capitale. De plus, un orfèvre malhonnête eût été immédiatement repéré, dénoncé, traîné en justice et, sinon mis en prison, du moins sorti du marché.

Comme les orfèvres étaient en concurrence, ils cherchaient à réduire le prix de leurs services de gardiennage. Certains, pour attirer la plus grande clientèle possible, les ont même réduits à zéro.

CANDIDE : Comment ont-ils fait ?

ARCHIBALD : Tout simplement en faisant travailler l'argent qu'ils recevaient. Grâce au profit qu'ils tiraient de cette activité, ils ont pu prendre à leur compte les frais de gardiennage.

CANDIDE : N'était-ce pas frauduleux d'utiliser ainsi l'argent d'autrui ?

ARCHIBALD : Ni dans leur esprit, ni dans celui de leurs clients. Tout le monde trouvait normal que cet argent ne restât pas oisif dans des coffres. Il faut se rendre compte que les clients de ces orfèvres n'étaient pas n'importe qui. Il s'agissait des grands marchands de Londres, tout à fait au courant des subtilités financières. Ce n'était pas à eux que l'on aurait pu faire croire que leur argent dormait dans les échoppes des orfèvres. Ils savaient très bien ce qui se passait.

CANDIDE (*en colère*) : Mais vous venez de prétendre qu'un acte frauduleux reste frauduleux même si la victime en est consciente. C'est une question d'ordre public. N'est-ce pas ce que vous m'avez dit ?

ARCHIBALD : Je vous l'ai dit, en effet, au regard du droit romain.

CANDIDE : Les Anglais ne se sont-ils pas inspirés eux aussi du droit romain, le père de tous les droits ?

ARCHIBALD : Pas dans tous les domaines et pas dans celui-ci, justement. Les orfèvres qui faisaient travailler l'argent d'autrui ont vu leur pratique justifiée par les Cours de justice devant lesquelles ils avaient été traînés par quelques déposants mécontents. Certes, ils n'étaient pas sans défaut et on leur reprochait de prêter trop peu ou à des taux d'intérêt usuriers. Mais ils ne furent jamais convaincus de fraude. Par la suite, beaucoup d'économistes prirent le train en marche et qualifièrent la pratique des orfèvres de Londres de révolution aussi importante que celle de Newton, allant jusqu'à dire qu'elle avait permis à la « révolution industrielle » d'éclore en Grande-Bretagne.

CANDIDE : Vous y croyez ?

ARCHIBALD : Pas un instant. Ce ne sont pas les orfèvres de Londres au XVII^e^ siècle qui ont inventé d'utiliser l'argent de leurs clients. La pratique remonte aux lendemains de l'arrivée en Angleterre de Guillaume le Conquérant. À cette époque et jusqu'à leur expulsion par Édouard Ier en 1290[2], les juifs ont le monopole des activités de prêt à intérêt — interdites aux chrétiens. Or les juifs qui ont suivi Guillaume ou qui se sont installés en Grande-Bretagne après la Conquête ont importé avec eux les anciennes lois du Talmud. Selon l'une de ces lois, résumée au chapitre 9 de la Mishnah, d'après ce que j'ai compris du rabbin que j'ai consulté à ce sujet, quand on confie un sac d'argent à un changeur, celui-ci ne peut faire usage des pièces qu'il contient si le sac est scellé ; dans le cas contraire, il le peut. Autrement dit, le dépositaire peut utiliser l'argent d'un dépôt à vue non scellé, son seul engagement étant alors de le restituer à la demande du déposant sans aucune obligation explicite de garder en permanence tels dépôts en caisse. En revanche, un marchand qui choisit explicitement de ne pas transférer le titre de propriété sur ses pièces de monnaie quand il les dépose prend la précaution de les sceller dans un sac.

Quand les « Lombards » (des banquiers italiens) ont succédé aux juifs après leur expulsion d'Angleterre, à la fin du XIIIe siècle, ils ont repris cette pratique qui leur permettait en toute impunité de faire travailler l'argent de leurs clients. Ils étaient d'ailleurs assistés par des juifs restés clandestinement sur place. Et c'est ainsi que la pratique juive a été transmise de génération en génération jusqu'au raid de Charles Ier sur la Tour de Londres qui, par contrecoup, a donné aux orfèvres un rôle central dans la création monétaire.

CANDIDE : Et hors de l'Angleterre ?

ARCHIBALD : La pratique a eu un tel succès qu'elle s'est répandue sur le continent européen, puis dans le monde entier.

CANDIDE : En France même ?

ARCHIBALD : Bien sûr. Si vous vous reportez, par exemple, au Code monétaire et financier, vous lirez à l'article L. 312-2 : « Sont considérés comme fonds reçus du public les fonds qu'une personne recueille d'un tiers, notamment sous forme de dépôts, avec le droit d'en disposer pour son propre compte, mais à charge pour elle de les restituer. »

CANDIDE : Autrement dit, le Talmud l'a emporté sur le droit romain. Vous ne craignez pas d'alimenter l'antisémitisme en disant que la banque obéit au Talmud ?

ARCHIBALD : C'est bien pourquoi l'affaire est si peu connue. Du reste, on pourrait tout aussi bien dire que c'est grâce au Talmud que le miracle dont parle Newton a pu se produire.

CANDIDE : En tout cas, la messe est dite, si j'ose dire. Vous me donnez le choix entre le retour à l'étalon-or ou à des réserves à 100 % dans les banques, c'est-à-dire entre revenir en arrière de cent ans ou de quatre siècles.

ARCHIBALD : Le Bitcoin vous offre les deux à la fois.

CANDIDE : Vous voulez dire la monnaie électronique ?

ARCHIBALD : Tout à fait.

CANDIDE : Vous parlez sérieusement ?

ARCHIBALD : Le plus sérieusement du monde. Mais le sujet est trop complexe et trop important pour une fin de leçon. On y revient le plus vite possible.

*Quarante-quatrième leçon*

## DU BITCOIN

*Où l'on cherche à savoir si l'« or digital » peut se substituer à la monnaie.*

« Il n'est point de secret que le temps ne révèle. »

JEAN RACINE, *Britannicus,* IV, 4

Cher Candide,

Le sujet est si complexe que j'ai préféré vous faire une note que vous pourrez méditer tranquillement.

D'abord une question de vocabulaire : par convention, le Bitcoin avec un B majuscule désigne l'ensemble du système, le bitcoin avec un b minuscule étant réservé à l'unité de compte du système.

La valeur du bitcoin a progressé de 125 % en 2016, bien plus que n'importe quelle autre devise, une surperformance constatée chaque année depuis 2010, à l'exception de 2014. Le S&P 500, l'indice de référence des marchés actions aux États-Unis — bref, le CAC 40 américain —, a gagné 9,5 % l'année dernière. Les marchés européens, aux performances désespérément modestes, font figure de parents pauvres dans cette orgie spéculative. À sa création en 2008 par un certain Satoshi Nakamoto, le bitcoin valait un millième d'euro. Il a passé deux fois la barre des 1 000 euros. Il est vrai que la nouvelle monnaie électronique a été secouée par de violents soubresauts à cause de ses accointances avec les marchés de la drogue, de la pornographie interdite et du blanchiment d'argent sale. De ces crises, il est toujours sorti par le haut. La question de sa disparition n'est plus aujourd'hui à l'ordre du jour, même si Satoshi Nakamoto, lui, s'est évanoui dans la nature. Le génie informaticien qui se cache derrière ce pseudonyme ne s'est jamais découvert — et n'a jamais été identifié. Il est peut-être aujourd'hui milliardaire, ce qui est une raison de plus pour lui de rester caché…

Pourquoi ce succès foudroyant ? À mon humble avis, il s'explique par le fait que le Bitcoin singe la monnaie-or jusque dans son vocabulaire, comme nous le verrons. Ce n'est pas pour rien qu'on a surnommé cette nouvelle monnaie cryptographique le *digital gold*[1].

Pour commencer à comprendre de quoi il est question, il faut remonter jusqu'à… la Guerre des Gaules. Le récit que vous allez lire, Candide, est une fiction. Toute ressemblance avec des personnages réels ne peut être que fortuite.

## UN ÉPISODE DE LA GUERRE DES GAULES

Lors de la Guerre des Gaules, deux armées, à peu près équivalentes en nombre et en armes, faisaient face à César. Respectivement commandées par Goudurix et Keskonrix, ces armées étaient séparées par une distance qu'un cavalier pouvait franchir au galop en un quart d'heure minimum, au risque d'être capturé par les Romains. En attaquant ensemble, les deux armées pouvaient battre celle de César. Mais César pouvait battre séparément chacune d'entre elles.

Goudurix et Keskonrix sont dans une relation de pair à pair, comme on dit dans le jargon d'aujourd'hui, dérivé du *peer-to-peer* (en abrégé P2P) anglais. Le problème qui se pose à eux est une question de vie ou de mort pour chaque combattant, y compris pour les plus hauts gradés — les rares prisonniers que l'on faisait en ce temps-là étaient promis à un sort pire que la mort, comme en témoigne le destin du malheureux Vercingétorix. Si Goudurix et Keskonrix n'attaquent pas ensemble, ils seront battus par César. Il faut donc qu'ils attaquent ensemble. Mais comment vont-ils coordonner leurs actions ?

Conscient de l'enjeu, Goudurix prend l'initiative et fixe le jour et l'heure de l'attaque. Il envoie un messager à Keskonrix pour lui faire part de son intention d'attaquer *si* Keskonrix est d'accord pour attaquer lui aussi le même jour à la même heure. Il lui demande donc de lui renvoyer le messager pour lui confirmer cet accord. Toujours au risque de se faire capturer par la cavalerie romaine, le messager met un quart d'heure pour revenir auprès de Goudurix et lui confirmer que Keskonrix a bien reçu le message et qu'il est prêt à attaquer au jour et à l'heure indiqués dans le message. Bien sûr, Keskonrix fait comprendre dans ce même message qu'il n'attaquera pas seul et ne le fera que s'il sait que Goudurix a accusé réception de son accord. Mais alors, pour que Goudurix attaque, il faut qu'il sache que Keskonrix a bien reçu l'accusé de réception qu'il lui renvoie par le même messager. Mais Goudurix n'attaquera que s'il a reçu l'accusé de réception de l'accusé de réception. Bref, l'attaque n'aura lieu que si Goudurix sait que Keskonrix sait que Goudurix sait que Keskonrix sait... et ainsi de suite jusqu'à l'infini. C'est dire qu'en fait l'attaque n'aura pas lieu et que les Gaulois seront vaincus. Et voilà pourquoi, finalement, César, à son retour à Rome, a pu déclarer devant le Sénat « *Veni,* Vidi, *Vici* »... J'ai vaincu parce que j'avais une *vision* d'ensemble de la situation. Ajoutons que le Grand Jules, pour son époque, était un champion de la cryptographie.

En langage contemporain, on dit que Goudurix et Keskonrix ne peuvent acquérir une « *connaissance commune* » par des transmissions « *asynchrones* » (un quart d'heure pour aller d'un général à l'autre) et « *non fiables* » (le messager peut périr en route ou être fait prisonnier, ou même trahir le camp gaulois).

Goudurix et Keskonrix pourraient tenter de résoudre leur problème en installant le messager sur une colline suffisamment élevée pour que les signaux émis par sémaphore ou par des ronds de fumée — codés bien sûr, pour ne pas être compris par l'ennemi — soient visibles exactement au même moment par les deux généraux gaulois. On dira dans le jargon actuel que les deux généraux ont installé entre eux un « tiers de confiance », un de ces *middlemen* que l'on rencontre si souvent dans les négociations entre des personnes qui ne peuvent se connaître directement. C'est ainsi que le commerce international a pu prospérer grâce aux liens familiaux ou religieux, aux confréries, aux guildes, aux mafias... Mais alors on sort d'une relation pair à pair (P2P), horizontale, pour entrer dans un système centralisé — une dérive que le Bitcoin veut éviter à tout prix, comme on le verra.

Comment et pourquoi, en effet, se fier au « tiers

de confiance », même s'il a l'agrément des deux parties ? Ici nous retombons dans l'aporie de Juvénal que vous connaissez[2]. Qui va surveiller le messager ? Et qui surveillera le surveillant ? Etc. Tout à l'heure, la *connaissance commune* était impossible. Ici c'est la *confiance* elle-même qui est impossible.

Question tout à fait actuelle que l'on se pose tous les jours. Beaucoup de mystère entoure la naissance du Bitcoin, mais ce n'est sans doute pas un pur hasard s'il est né en 2008, l'année fatidique où l'ensemble du système bancaire mondial était secoué par une défiance que l'on n'avait pas vue depuis la méga-crise de 1929.

## EMBARQUEMENT POUR YAP

Pour avancer dans notre compréhension de la manière dont le Bitcoin résout tout à la fois les problèmes de la *connaissance commune* et de la *confiance pair à pair*, il nous faut quitter l'Europe aux anciens parapets pour une croisière dans le Pacifique. Faisons donc escale à Yap, l'une des îles Carolines, avec comme guide un certain William Henry Furness III. Cet anthropologue américain y passa plusieurs mois en 1903. De l'étrange système monétaire qui gouvernait les échanges à Yap, Furness tira un livre, *The Island of Stone Money*[3], fort intéressant pour notre propos. Leur île était dépourvue de ces métaux que d'autres peuplades, mieux pourvues par la nature, choisissaient comme moyens de paiement. Aussi bien les Yapiens avaient-ils recours à de la pierre pour « fabriquer » de la monnaie. Pas n'importe quel caillou ou galet évidemment.

Il s'agissait de grosses pierres solides, épaisses, de 30 centimètres à 3,6 mètres de diamètre, tirées d'une carrière qui se trouvait dans une île située à plus de 600 kilomètres de là. Ces pierres, après avoir été extraites, « minées » dans le langage du Bitcoin, étaient acheminées sur des radeaux jusqu'à leur île par des Yapiens, habiles navigateurs. Ensuite ces mêmes pierres servaient de moyens d'échange, avec cette particularité qu'étant trop lourdes pour être déplacées, elles restaient immobiles, ne bougeant plus de l'endroit où on les avait roulées tant bien que mal après leur débarquement. Chaque Yapien avait en mémoire, à un moment donné, le montant de monnaie dont il disposait à la suite d'échanges, de travail, d'héritage, de dons. Il connaissait aussi les « sommes » dont disposait chacun des habitants de l'île. Autrement dit, chacun se souvenait pour chaque pierre de l'ensemble des transactions pour lesquelles elle avait servi d'instrument d'échange. Depuis qu'elle avait été apportée sur l'île, chaque pierre portait — dans le souvenir des Yapiens — la trace des transactions dont elle avait été le truchement.

Ces braves gens devaient avoir une capacité phénoménale de mémorisation pour savoir à n'importe quel moment qui avait quoi sur leur île, et de qui il le tenait. Il est vrai qu'ils n'avaient pas inventé quelque écriture que ce soit, ce qui les obligeait à apprendre toutes sortes de choses par cœur. Qui a dit que l'oralité a une force qui ne s'efface pas ? La sophistication de leur système était poussée très loin, comme on va le voir par l'anecdote que raconte William Furness.

L'anthropologue s'était fait un ami sur place, du nom de Fatumak, en qui il avait toute confiance. Et Fatumak lui avait certifié que vivait dans le village voisin une famille dont la fortune était bien connue de tous, matérialisée par une énorme pierre. Un ancêtre était à l'origine de l'expédition qui avait permis de rapporter ce trésor. Pourtant personne, pas même les membres de cette opulente famille, n'avait vu cette pierre. Et pour cause ! Depuis deux ou trois générations, cette pierre gisait par trente mètres au fond de la mer. Au moment d'aborder la plage de Yap, en effet, l'équipage de l'esquif avait subi une violente tempête et pour sauver leur peau les navigateurs s'étaient séparés du radeau où ils avaient installé leur pesant butin, lequel fut immédiatement englouti par les flots. Depuis cet accident, dont il fut reconnu que personne n'était responsable, la pierre gisait donc à 30 mètres sous le niveau de la mer. Avec les moyens de l'époque, il était évidemment impossible de la sortir de là. Mais à quoi bon ? Cette énorme pierre avait autant d'existence que les autres pierres disséminées un peu partout dans l'île de Yap. Elle était inscrite dans la mémoire de tous les Yapiens. Pourquoi ne resterait-elle pas immobile comme les autres, fût-ce au fond de l'eau et strictement invisible ?

S'ils avaient inventé l'écriture, les Yapiens auraient peut-être été tentés d'installer au centre du système un personnage qu'ils auraient chargé de tenir le livre des comptes des habitants de l'île, une sorte de banque centrale avant la lettre, ou bien une manière de Tour de Londres. Les Yapiens auraient pu alors se passer de mémoriser l'ensemble des transactions de chacun avec chacun ainsi que l'historique de chaque pierre, visible ou invisible. Évidemment, le personnage au centre, ce « tiers de confiance », aurait dû être insoupçonnable de la moindre tricherie. Comment en être sûr ? Ce gardien des comptes, qui le garderait ? Même s'ils n'avaient jamais entendu parler de Juvénal, les Yapiens seraient tombés dans le piège de la question que le poète latin avait posée à l'autre bout du monde, et que les riches Londoniens, on le sait, expérimenteraient à leur tour. Mais justement ! Ne sachant ni lire ni écrire, ils nous ont laissé la trace d'un système monétaire effectivement décentralisé, P2P et sans gardien. Une trace vivante bien qu'inconsciente : un certain Narayana Kocherlakota, président de la Federal Reserve Bank of Minneapolis, a écrit en 1996 tout un papier pour démontrer que « d'un point de vue technologique la monnaie était équivalente à une forme primitive de mémoire[4] ». Alors même qu'il paraît ignorer tout de l'exemple yapien.

Supposons maintenant que ces mêmes Yapiens disposent de la formidable puissance de mémoire et de calcul dont jouit aujourd'hui le moindre de nos smartphones ou de nos tablettes. Alors ils se passeraient de toute banque centrale et auraient inventé le Bitcoin. C'est exactement ce qui est arrivé à une minuscule équipe d'informaticiens qui ont introduit sur le marché une monnaie qui n'a pas besoin de « tiers de confiance », qui fonctionne « de pair à pair ». Ce système n'aurait-il pas enfin résolu, au moins sur le plan monétaire, le problème posé par nos deux généraux gaulois et par ce cher Juvénal ? La performance du Bitcoin est si spectaculaire qu'on se propose maintenant de l'extrapoler dans beaucoup d'autres domaines où l'on a besoin de certificats infalsifiables (identité, passeport, droit de propriété, cadastre, brevet, etc.).

Encore nous faut-il examiner de plus près le fonctionnement du Bitcoin pour lever tous les doutes que l'on pourrait encore avoir. C'est ici qu'intervient un curieux animal dénommé Blockchain.

## DOUBLE CODAGE

Le premier secret de cette chaîne miraculeuse est le double codage.

Enfants, nous avons tous joué au cryptage des messages que nous voulions secrets. Si sur l'aile d'une flèche de papier envoyée à une copine à l'autre bout de la classe, le prof ayant tourné le dos pour écrire quelque chose au tableau, j'inscrivais cette suite de chiffres : 1410321951514979, je comptais bien qu'elle seule serait capable de comprendre mon message puisqu'elle seule connaissait mon code. C'est ce qu'on appelle un codage symétrique. Le même code permet de chiffrer et de déchiffrer le message. Tout l'art du codage est de rendre ce déchiffrage le plus difficile possible. Mais le déchiffrage n'est jamais impossible si l'on dispose de machines de calcul suffisamment puissantes. On sait le rôle crucial qu'a joué ce facteur dans la Première comme dans la Seconde Guerre mondiale. Mais aussi dans le destin de Marie Stuart. L'ennemie jurée d'Élisabeth I^re^ participait de sa prison à un complot contre la reine d'Angleterre, communiquant avec ses partisans au moyen de messages codés. Mais ceux-ci furent interceptés et décryptés. Accusée de complot, et condamnée à mort, elle fut décapitée en 1587. Cher Candide, je suis sûr que vous parviendrez à décrypter le message 1410321951514979 que j'ai confectionné à la main.... (mais je ne joue pas ma tête*).

Le codage asymétrique, quant à lui, est beaucoup

* Les dix premiers lecteurs qui déchiffreront 1410321-951514979 auront droit à un exemplaire dédicacé par l'auteur.

plus difficile à percer. Mathématiquement, il a été rendu possible par des découvertes relativement récentes. Mais *physiquement*, si l'on peut dire, il est connu au moins depuis que les boîtes aux lettres existent.

### SAVEZ-VOUS VRAIMENT, CANDIDE, CE QU'EST UNE BOÎTE AUX LETTRES ?

Une boîte aux lettres peut se définir comme une boîte à laquelle tout le monde a accès pour y déposer une lettre ou un message, mais que seul le propriétaire de la boîte peut ouvrir. Car lui seul en a la clef. Notez bien qu'une fois que vous avez glissé votre missive dans la fente de la boîte, c'est terminé, vous ne pouvez pas la récupérer, vous ne pouvez plus rien y corriger. Si vous vouliez modifier votre message, même changer une seule lettre, par exemple pour corriger une faute d'orthographe humiliante que vous croyez avoir commise, ce serait impossible. Il vous faut envoyer un nouveau message — ce qui en cas de faute d'orthographe ne fera qu'aggraver votre humiliation. Et ce nouveau message, lui aussi, sera définitif. En revanche, si vous glissez une lettre dans votre propre boîte aux lettres, alors vous pourrez corriger votre missive. Mais vos esprits seraient en même temps un peu dérangés au point de vous envoyer des lettres à vous-même !

Internet fonctionne aussi avec un codage asymétrique. Ma boîte aux lettres mail est certes moins publique que la boîte qui est installée à la porte d'entrée de ma maison ou de mon appartement puisqu'elle n'est connue que des personnes à qui j'ai confié mon adresse mail. Toutes ces personnes peuvent m'envoyer tous les messages qu'elles veulent, mais je serai le seul à pouvoir les lire puisque je suis le seul à pouvoir ouvrir cette boîte. Ces messages sont eux aussi définitifs.

Dans le langage Bitcoin, on dira que la boîte aux lettres est une « clef publique ». Pour que je puisse vous envoyer un message, il faut que je connaisse le code correspondant à cette clef publique. Mais pour ouvrir cette même boîte, il faut une « clef privée » qui n'appartient qu'au propriétaire de la boîte aux lettres à qui j'ai envoyé mon message.

## PROPRIÉTÉS DES NOMBRES PREMIERS

Il est impossible de décrire ici les mathématiques complexes qui permettent la création de ces deux types de clef en langage alphanumérique. Contentons-nous de dire que cette cryptographie utilise quelques propriétés de nombres premiers. Rappelons qu'un nombre premier se définit par le fait qu'il est divisible seulement par lui-même. Maintenant, si on multiplie un nombre premier par un autre nombre premier, on obtient un chiffre qui n'est divisible que par les deux nombres premiers qui ont permis de le calculer. Par exemple, si je multiplie 7 par 11, j'obtiens 77 qui est divisible seulement par 7 et par 11. En revanche la multiplication de deux nombres qui ne sont pas premiers, par exemple 8 par 12, aboutit à un chiffre, 96, dont la divisibilité est bien plus grande : 96 = 2 × 58 = 3 × 32 = 4 × 24 = 8 × 12, soit quatre solutions au problème du « déchiffrage » de 96. Et huit solutions si l'on tient compte de l'ordre des facteurs : 96 = 2 × 58 = 3 × 32 = 4 × 24 = 8 × 12 = 12 × 8 = 24 × 4 = 32 × 3 = 58 × 2.

Tout cela paraît enfantin, mais dès que l'on atteint des chiffres de grande taille, la puissance de calcul qu'il faut mettre en œuvre pour faire la multiplication dans l'autre sens peut devenir gigantesque, et il est donc préférable de savoir par avance qu'il n'y a qu'une seule solution possible. Par exemple je multiplie le nombre premier 8 191 par le nombre premier 131 071 et j'obtiens 1 073 602 561. Ma clef publique va être associée à ce dernier chiffre que je publie *urbi et orbi*. Restent donc inconnus les deux nombres premiers qui ont permis de le calculer. En revanche ma clef privée est associée à l'un et l'autre de ces deux nombres premiers. Pour la retrouver à partir de la clef publique (1 073 602 561), il faut une certaine puissance de calcul. Pour un ordinateur qui a en mémoire tous les nombres premiers jusqu'à 8 191, c'est un jeu d'enfant que de retrouver ma clef privée à partir de ma clef publique. Mais les nombres qui sont aujourd'hui maniés par les neurones numériques sont encore beaucoup plus grands.

Maintenant, je prends $2^{74\,207\,281}$, le plus grand nombre premier connu aujourd'hui (il a été calculé en 2016) ; ce nombre s'écrit avec 22 338 618 chiffres. Longueur : 22,3 kilomètres à raison de 1 millimètre par chiffre ! Ou encore, il me faudrait vingt-deux livres de la taille de celui-ci quand il sera terminé pour coucher ce nombre sur le papier. Je multiplie ce monstre par le nombre premier qui vient juste avant dans la liste. À partir du résultat de cette multiplication, qui comportera plus de quarante-quatre millions de chiffres (44 kilomètres de long !), il sera vraiment difficile de trouver les deux nombres premiers qui ont servi à le constituer. Ma clef privée sera donc bien protégée. Je vous renvoie ici à l'annexe algébrique où le système de la double clef est démonté et démontré.

Je dois tout de même ajouter ici un bémol. Dans l'histoire de la cryptographie, il n'est pas d'exemple où un code n'ait fini par être « craqué ». D'où une dialectique sans fin entre les possibilités du chiffrage et du déchiffrage. Jusqu'à ce moment où nous écrivons (mai 2017), le Bitcoin a résisté à toutes les attaques. Mais il y a un « mais ». Et même deux : 1. l'impossibilité théorique de son déchiffrage n'a pas été démontrée, 2. il se peut que le Bitcoin ait déjà été craqué, mais que la personne ou le groupe de personnes qui ont réussi cet exploit se gardent bien de le faire savoir — exactement comme les Anglais au cours de la Seconde Guerre mondiale ont caché leur résolution des codes d'Enigma, la célèbre, redoutable machine allemande à chiffrer — car le moindre doute sur la fiabilité du système de cryptage du Bitcoin le ferait s'effondrer en quelques secondes, et ces déchiffreurs de génie n'y ont sans doute pas intérêt eux-mêmes. Mais le jour où…

## LE PROBLÈME DE LA DOUBLE DÉPENSE

En tout cas, pour le moment, ce savant cryptage a permis de résoudre un problème qui, s'il n'était pas résolu, ruinerait tout système monétaire : celui de la double dépense. Récemment, le romancier helvétique Martin Suter a fait, non pas de la fabrication d'un faux billet de 100 francs suisses, mais de la duplication d'un seul billet de 100 francs suisses le départ d'un amusant et instructif polar financier, *Montecristo*[5].

Si je peux dupliquer un seul bitcoin, comme je peux le faire de n'importe quoi sur Internet, alors tout le système explose. Car rien ne m'empêche, avec les moyens électroniques dont je dispose sur mon ordinateur, de multiplier ce même bitcoin à l'infini. Or le bitcoin dont je dispose n'est pas multipliable. Parce qu'il est unique. La vache dont le numéro de matricule est accroché à l'oreille (en d'autres temps, le bétail servait lui aussi de monnaie) est elle aussi unique. Mais à la différence de cette vache traçable, ce bitcoin, lui aussi traçable, est éternel. À mesure qu'il change de main, il porte en lui — comme souvent un tableau de maître sur son dos — les traces des transactions successives dont il a été le truchement — traces qui vont s'inscrire dans la mémoire de *tous* les participants au Bitcoin, une fois qu'elles ont été validées. Je vous envoie un bitcoin pour une raison ou pour une autre ; cette ultime transaction, si elle est validée, va s'inscrire *à la suite* de la transaction qui lui a permis de venir dans mon portefeuille, qui lui-même portait la trace de la transaction précédente. Chaque bitcoin traîne avec lui la *chaîne* qui le rattache à son passé, et à chaque nouvelle transaction qu'il permet, un nouveau maillon s'attache à cette chaîne. Les Yapiens avaient un système analogue, on s'en souvient. Mais ils n'étaient qu'une centaine sur leur île, et il ne fallait pas que certains d'entre eux souffrent de troubles de mémoire. Le nombre de bitcoins en circulation dépasse aujourd'hui le milliard ; 300 000 transactions ont lieu chaque jour que Dieu fait. En outre, si le bitcoin est complètement transparent, ceux qui s'en servent restent dans le pseudonymat le plus strict, alors que l'identité réelle de chaque Yapien était connue de tous. C'est dire le rôle que joue ici la puissance de calcul des ordinateurs impliqués dans le Bitcoin, mais aussi l'attraction de tous ceux qui veulent cacher leur argent ou l'usage qu'ils en font.

### *QUI* SE CHARGE DE LA VALIDATION, *COMMENT* ET *POURQUOI* ?

Question : *qui* se charge de la validation, *comment* et *pourquoi* ?

*Qui* ? Réponse : n'importe qui dans le système peut s'atteler à cette tâche. Il devient alors un « mineur ».

*Comment* ? Avec sa « pioche », c'est-à-dire avec son ordinateur, il va vérifier que tel bitcoin est passé d'un portefeuille à un autre. Après ce que nous avons exposé plus haut, chacun comprend que pour « miner » il faut une puissance de calcul considérable. Plus grande la puissance, plus élevée la chance d'être le premier à réussir. Quand un mineur a validé l'opération, cette validation s'inscrit sur tous les ordinateurs impliqués dans le Bitcoin, exactement sur le modèle mémoriel des Yapiens.

Une fois certifiées, les transactions vont les unes après les autres être inscrites de manière indélébile dans une sorte de grand livre de comptes, page après page — une fois arrivé au bas d'une page, on passe à la suivante. C'est une sorte de roman qui s'écrit ligne par ligne, page par page, *block* par *block* pour utiliser le terme employé par les Bitcoiners — d'où le terme de *blockchain* — et il est aussi impossible de revenir en arrière que de remonter le temps. À moins de réécrire l'« histoire » qui a été racontée, c'est-à-dire de déchirer les pages ultimes pour remonter à la page, puis à la ligne qui est à l'origine du désaccord. C'est ce que dans le sabir de nos modernes Yapiens on appelle un *fork* (comprenez une fourchette à deux dents) à partir de laquelle deux chaînes se sont développées. Ce retour en arrière, qui supposerait l'accord de la majorité des centaines de milliers de lecteurs de ce « roman », qui sont en même temps ses auteurs, est d'autant plus difficile à obtenir qu'ils y ont cru jusque-là. Et il faut développer, pour ce retour en arrière, une puissance de calcul pratiquement hors de portée des ordinateurs les plus puissants. Revenir de trois blocs en arrière est réputé strictement impossible. Aussi la coutume que la Blockchain a retenue est-elle la suivante : en cas de *fork*, retenir seulement la plus longue des deux chaînes de blocs qui se sont formées. Comme il faut en moyenne 10 minutes pour constituer un bloc, au bout d'une demi-heure (trois blocs), vous pouvez être sûr que votre transaction est définitivement validée.

*Pourquoi* les mineurs minent-ils ? Pour gagner des bitcoins, tout simplement. Au départ, en 2008, la récompense était de 50 bitcoins (au cours de mars 2017, cette prime équivaudrait à plus de 50 000 dollars, mais à l'époque le bitcoin valait seulement quelques millièmes d'euro, et les tout premiers mineurs travaillaient pour la beauté de la chose). Le protocole de Bitcoin inventé par Satoshi Nakamoto prévoit une division par deux de cette récompense tous les quatre ans. En 2012, la prime est donc passée à 25 bitcoins. Elle est maintenant de 12,5 bitcoins (ce qui fait tout de même près de 13 000 euros pour chaque minage, si le bitcoin vaut 1 000 euros). En 2018, la prime sera de 6,25 bitcoins. Et ainsi de suite. Cette série tend asymptotiquement vers 21 millions de bitcoins, limite qui sera approchée aux alentours de l'an 2140. Une éternité !

En plus des bitcoins générés par le système, les mineurs reçoivent un *fee*, une commission variant en fonction de la taille en octets de la transaction, une fois qu'elle est stockée sur la Blockchain.

## LA CHINE EST DEVENUE L'ATELIER MONDIAL DU BITCOIN

Le minage génère des recettes, mais il comporte aussi des coûts. Et ce n'est que si la balance coûts / bénéfices est favorable que l'opération est rentable. Les coûts sont fonction de la puissance de calcul installée et de l'énergie qu'il faut dépenser pour faire tourner les machines et les refroidir vingt-quatre heures sur vingt-quatre. D'où la localisation du minage dans certains pays nordiques, comme la Norvège ou l'Islande, où la chaleur dégagée par les neurones électroniques est récupérée pour chauffer des appartements, ou en Chine, où les ingénieurs sont les moins bien payés du monde à compétence égale, où les machines numériques dédiées au minage, dont nous allons parler dans un instant, sont les moins chères et où le minage lui-même se fait dans des sites proches des centrales au charbon ou des barrages hydroélectriques où le prix de l'électricité est le plus bas ; l'électricité peut aussi être gratuite si le mineur local parvient à acheter le bon vouloir de la centrale voisine moyennant quelques accommodements et cadeaux (en bitcoins ?). Il n'y a pas un seul mineur en France…

Grand silence des écologistes à ce propos, soit dit en passant. En 2014, Karl J. O'Dwyer et David Malone, deux chercheurs du Hamilton Institute de la National

University of Ireland à Maynooth, ont calculé que le minage du Bitcoin utilisait autant d'énergie par an que l'Irlande[6] ! Et c'est une énergie particulièrement sale parce qu'elle est tirée du charbon chinois... Mais il est vrai que la fabrication des billets, les distributeurs automatiques, les transports de fonds en voitures blindées dépensent aussi beaucoup d'énergie.

Les « pioches » dont on se sert pour miner, les ASIC (Application Specific Integrated Circuit), sont des machines tout à fait adaptées au minage des bitcoins, munies d'un ventilateur intégré ; elles sont quasiment toutes fabriquées en Chine et en vente libre chez Alibaba, le grand concurrent d'Amazon. Les prix de ces ASIC vont de 300 dollars à 10 000 dollars. Pour être efficace et avoir une chance de miner pour de bon, on met une centaine de ces ASIC en batterie, un investissement qui peut très vite dépasser les 300 000 dollars. Les économies d'échelle étant très fortes dans ce jeu, qui s'apparente par beaucoup d'aspects à une loterie, les mineurs chinois se mettent en pool. Résultat : quelques pools, tous chinois, se partagent beaucoup plus que la moitié du marché mondial du minage. En tête de ces pools, en mars 2017, on trouvait Huobi, BTCC et OKCoin. La Chine est devenue en quelques années l'atelier mondial du Bitcoin. Quel résultat paradoxal pour une monnaie qui se voulait décentralisée et qui est maintenant aux mains de quelques groupes, liés à une dictature communiste qui n'a rien perdu de sa férocité, et qui joue au chat et à la souris avec le monde de la finance ! Il est vrai que le Bitcoin permet à beaucoup de Chinois d'échapper au contrôle gouvernemental sur les changes et d'assouvir une passion millénaire pour les jeux de hasard. Il n'empêche, ce résultat est paradoxal et il irrite et inquiète beaucoup le petit monde du Bitcoin non chinois. Il n'est guère de conversation en Europe ou aux États-Unis sur l'« or digital » qui ne se termine par des lamentos quant à la mainmise des Chinois sur la nouvelle monnaie.

De fait, il est arrivé dans un récent passé que l'un des pools chinois dépasse la barre des 51 %, faisant courir au système le danger mortel d'un *fork* qu'on ne parviendrait pas à résoudre. Autre risque en cas de dépassement des fatidiques 51 % : la majorité pourrait imposer une modification du système à son profit exclusif. En réalité, le pool en question a immédiatement régressé au-dessous de la barre des 51 %, car, en la franchissant, il mettait en danger la crédibilité même d'une organisation dont le principe se veut encore et toujours l'absence de « tiers de confiance » et le maintien de relations P2P, pair à pair. Ainsi le système a montré une certaine capacité à s'autoréguler pour se sauvegarder. Mais pour combien de temps ?

Actuellement, ce que redoutent les non-Chinois, c'est non pas que la forte majorité chinoise au sein du Bitcoin impose une nouvelle règle du jeu, c'est qu'elle empêche toute évolution du système. Car, aux yeux de ces critiques, le système est beaucoup trop lent. Selon le site BitcoinWiki, le système Bitcoin ne supporte que 7 transactions par seconde, ce qui est minuscule par rapport à Visa, par exemple, qui gère en moyenne 2 000 transactions à la seconde et peut supporter des pics de 56 000 transactions/seconde ! Avec 7 transactions par seconde, il faut dix minutes pour constituer un bloc dans la Blockchain du Bitcoin : une éternité pour les geeks non-chinois. Quant aux blocs eux-mêmes, les non-Chinois voudraient augmenter leur capacité actuellement limitée à un seul megabit (1 million de bits). Mais les pools chinois refusaient de bouger.

D'où la création d'un nouveau système, l'Ethereum, lancé par un programmateur russo-canadien, Vitalik Buterin, en 2015. Ether est le nom de la monnaie créée par ce Mozart du numérique qui a juste vingt et un ans au moment du lancement de la nouvelle fusée monétaire dans l'espace cryptographique. Sa capitalisation était en mars 2017 de 1,5 milliard d'euros — contre 19 milliards d'euros pour Bitcoin. La rémunération du mineur est de 5 ethers par bloc. Il faut 5 secondes pour remplir un bloc (contre 10 minutes, rappelons-le, dans le Bitcoin). Ce système est donc beaucoup moins énergivore que Bitcoin. La rémunération du mineur ne diminue pas dans le temps, ce qui signifie que, contrairement au Bitcoin, la masse monétaire d'Ethereum continuera d'augmenter en *valeur absolue*, mais son taux de croissance, il est vrai, ne cessera de diminuer automatiquement.

Rapidement, la nouvelle Blockchain a subi l'épreuve d'un *fork* qui n'a pas été surmontée. De ce fait, il existe maintenant deux ethers dans le système, symbolisées respectivement par ETH, coté en mars 2017 à 17 euros, et ETC, coté dix fois moins, ce dernier étant l'apanage des 15 % des mineurs qui ont refusé de subir la loi de la majorité par fidélité au principe du P2P. En bref, Ethereum est loin de pouvoir concurrencer sérieusement Bitcoin qui bénéficie encore d'avoir été le premier à occuper la place. À l'été 2017, le Bitcoin a lui-même connu un *fork* donnant lieu à la naissance du « bitcoin cash », à transactions beaucoup plus rapides. En octobre 2017, il était coté au-dessous de 300 dollars. Quant au bitcoin classique, à cette même date, il avait franchi le seuil des 6 000 dollars, avec une capitalisation de 100 milliards de dollars. Deux nouveaux *forks* étaient en préparation au moment où nous mettons sous presse. On redoutait un krach…

## LE FANTÔME DE L'ÉTALON-OR

Ce n'est pas un hasard si le Bitcoin a une véritable dévotion pour le langage minier. Ce n'est pas non plus un hasard si une grande partie de son succès provient de ce que la quantité des bitcoins émis est à terme strictement limitée. Aucune autorité dans le système, a-t-on annoncé d'emblée, ne peut « imprimer » des bitcoins à volonté comme le font les banques centrales depuis qu'elles existent. Pas de *quantitative easing* (assouplissement quantitatif), la forme moderne de la planche à billets. Même le minage de bitcoin s'apparente à celui de l'or. Au XIXe siècle, quelques aventuriers, immortalisés par Charlie Chaplin, se ruaient vers l'or avec leurs propres et pauvres moyens. Ils sont aujourd'hui remplacés par d'énormes complexes de machines, de même que la pioche de l'ancien chercheur d'or a fait place à de gigantesques excavatrices financées par d'énormes capitaux.

Toutes ces ressemblances ne sont pas dues à un pur hasard. L'économie mondiale est hantée par le fantôme de l'étalon-or, qu'elle se refuse à envisager en raison de tabous hérités de Keynes. Sa célèbre formule, l'or comme « relique barbare », vous le savez[7], fait encore des ravages dans les têtes non seulement des princes qui nous gouvernent, qui ont un intérêt évident à fabriquer de la monnaie ex nihilo, mais aussi de la plupart des économistes, élevés au biberon du *fiat money*.

Le Gold Standard hante les Bitcoiners eux-mêmes[8]. On ne le sait pas assez, ou on ne le sait pas du tout, je le répète, l'étalon-or fut d'abord un système pair-à-pair avant que les banques centrales ne viennent le centraliser, comme leur nom l'indique. Dans ces temps-là, le chercheur d'or le plus modeste participait lui aussi à l'augmentation de la « masse monétaire ».

Le système de l'étalon-or, en effet, s'autorégule sans intervention d'une quelconque autorité extérieure. Je vous renvoie à notre leçon sur l'étalon-or. Cette régulation se fait d'elle-même parce que la monnaie en question est elle-même ancrée dans la réalité la plus matérielle — un caractère que, par définition, aucun *digital gold* ne peut acquérir. Même la plus jolie fille ne peut donner que ce qu'elle a. La monnaie cryptographique ne peut offrir les vertus de l'or en matière de régulation économique automatique, justement à cause de son immatérialité même. Encore que le minage coûte…

Marâtre Nature nous a fait cadeau d'un métal aux propriétés exceptionnelles, comme s'il avait été créé pour servir de monnaie mondiale — cet or qui, disait Charles de Gaulle en 1965, « ne change pas de nature, qui se met, indifféremment, en barres, en lingots ou en pièces, qui n'a pas de nationalité, qui est tenu, éternellement et universellement, comme la valeur inaltérable et fiduciaire par excellence[9] ».

Ainsi le Bitcoin nous invite-t-il à poser la question : pourquoi faire compliqué quand on peut faire simple ? La monnaie-or étant d'une facilité biblique, comparée à son mime cryptographique, beaucoup moins coûteuse à faire fonctionner, beaucoup plus écologique, pourquoi ne pas y revenir pour de bon ?

### *Annexe*

Je reprends le message que je cherchai à envoyer à ma petite copine — elle s'appelle Betty — à l'autre bout de la classe. Soit 1410321951514979. Il était à la merci d'un décodage relativement aisé. Le code qui avait servi à le chiffrer est le même que celui qui permet de le déchiffrer. Vous abandonnez ce code et écrivez ce message en clair. Soit A le résultat en langage numérique (une suite de 0 et de 1 que tout le monde peut déchiffrer).

Un codage asymétrique va entrer en jeu.

Betty choisit deux nombres premiers p et q. D'où elle tire N = p.q

Elle associe à N un chiffre e, qui est un entier premier avec (p – 1)(q – 1).

Betty publie N et e *urbi et orbi*. C'est sa clef publique, connue de tous. Mais Betty garde secrets les deux nombres premiers p et q qui ont permis de calculer N.

Vous, vous allez crypter votre message à l'aide de la clef publique de Betty selon la formule suivante : $B = A^e$ (modulo N)

Pour simplifier, remplaçons (modulo N) par [N]

Donc $B = A^e$ [N]

À ce stade, personne n'est capable de retrouver A à partir de B, sauf Betty qui dispose de sa clef privée. Cette clef privée est fabriquée à partir de e, p et q. Elle est la seule à pouvoir la fabriquer, car elle est la seule à connaître p et q.

e étant un entier premier avec (p – 1)(q – 1), il existe un nombre entier d tel que

e.d = 1 [modulo (p – 1).(q – 1)] = 1 [(p – 1).(q – 1)]

Maintenant Betty déchiffre B avec sa clef privée, ce qui donne $B^d = A^{ed}$

Or nous savons, grâce au théorème d'Euler[10], que $A^{ed} = A[N]$

Donc $B^d = A^{ed} = A[N]$.

Betty a réussi à lire votre message A en clair et elle est bien seule à pouvoir le faire.

*Quarante-cinquième leçon*

## DE L'OR NOIR

*Où l'on s'interroge sur l'épuisement du pétrole et des autres matières premières.*

CANDIDE : L'or noir me fascine tout autant que le métal jaune ou maintenant le *digital gold*. J'ai lu le dernier rapport « prospectif » de la British Petroleum (*Energy Outlook 2017*[1]) publié le 25 janvier 2017, et je vous avoue que je n'y comprends plus rien.

ARCHIBALD : Qu'est-ce que vous ne comprenez pas ?

CANDIDE : Pendant des années, on nous a bassinés avec la perspective d'un épuisement inéluctable des réserves d'hydrocarbures. Les compagnies pétrolières étaient les premières à entonner ce refrain. Et voici que l'une d'entre elles, et non des moindres, vient nous dire qu'il y a deux fois plus de réserves de brut récupérables — 2 600 milliards de barils — que la consommation attendue d'ici à 2050.

ARCHIBALD : J'ai même entendu mon collègue Spencer Dale, économiste en chef de BP, proclamer « Il est très probable que des réserves récupérables ne seront jamais extraites. » Je trouve ça plutôt rigolo…

CANDIDE : Je ne vois pas en quoi.

ARCHIBALD : Il est enfin mis un terme à l'enfumage

fantastique mis en œuvre par une collusion contre-nature entre les compagnies pétrolières, l'OPEP (Organisation des pays exportateurs de pétrole) et les écologistes, pour nous faire croire que nous allions manquer de pétrole, que le pétrole serait de plus en plus rare, et donc de plus en plus cher, particulièrement dans les pompes à essence.

CANDIDE : N'était-ce pas évident ?

ARCHIBALD : Toute cette fantasmagorie a fait monter le baril de pétrole brut jusqu'à 144 dollars en juillet 2008 ! Il y a même des « experts » qui le voyaient aller jusqu'à 300 dollars. Ces prix vertigineux convenaient fort bien à l'OPEP dont les recettes flambaient (le coût de production d'un baril dans les pays membres de cette organisation est au maximum de quelques dollars), aux compagnies pétrolières qui sont encore propriétaires de gisements ou qui ont besoin d'un prix élevé pour chercher de nouveaux gisements et de nouvelles occasions de profit, et aux écologistes qui considèrent qu'avec de tels prix, il faut arrêter la croissance. Et il s'est trouvé, comme toujours dans ces cas, des « scientifiques » pour accréditer cette thèse. La chute n'en a été que plus forte. Après avoir évolué aux alentours de 100 dollars et plus, le baril a dégringolé à 31 dollars début 2016. Panique totale chez la gent pétrolière. Depuis « on » essaye de le stabiliser autour de 50 dollars.

CANDIDE : Qui ça, « on » ?

ARCHIBALD : C'est une longue histoire. Il faut un peu de temps pour la raconter.

CANDIDE : Prenez tout votre temps.

ARCHIBALD : Le marché s'est vengé. On ne viole pas ses lois sans conséquence. On l'a déjà dit. Mais ici le viol a été particulièrement douloureux. Manipuler le prix d'une telle matière première ! « Une goutte de pétrole vaut une goutte de sang. » Cette formule attribuée à Clemenceau était encore actuelle dans les années 1970. Hausser un prix durablement dix à vingt fois au-dessus du coût de production, cela a des effets tant sur l'offre que sur la demande qui viennent corriger la situation. Cette correction prend du temps mais elle est inéluctable. Ce que nous vivons aujourd'hui, ce sont les effets ultimes de cette correction.

CANDIDE : Un peu moins de doctrine, s'il vous plaît, Archibald, et plus de faits.

ARCHIBALD : Ce qui a déclenché la première hausse du prix du pétrole en octobre 1973, c'est la guerre du Kippour en 1973.

CANDIDE : Tout simplement !

ARCHIBALD : Oui. Je me souviens précisément des circonstances. L'OPEP et les compagnies s'étaient réunies à Vienne pour l'une de ces conférences habituelles prévues par les accords dits de Téhéran de 1971. Tout le gratin des patrons du pétrole, ce qu'on appelait à l'époque le « cartel des Sept Sœurs », forcément maléfique, faisait face aux ministres des pays de l'OPEP. Ces derniers se plaignaient que les compagnies vendissent le pétrole à un prix trop bas pour hausser les royalties qu'ils recevaient au niveau de leurs besoins budgétaires. Vous entendez, ce méchant cartel pétrolier faisait baisser les prix, pour le plus grand profit des pays consommateurs d'or noir. Habituellement, vous le savez, Candide, on attend d'un cartel qu'il cherche à augmenter ses prix. Ce n'était pas le cas au début des années 1970. Toujours est-il qu'en ce début d'octobre, l'atmosphère était tendue à Vienne, mais pas beaucoup plus que d'habitude. Et puis le canon a commencé à tonner le 7 octobre sur le canal de Suez. La guerre du Kippour venait de commencer. Et la réunion de Vienne s'est interrompue. Elle ne reprendrait jamais. Plus jamais les vilains *oilmen* des Sept Sœurs démoniaques et les ministres de l'OPEP ne discuteraient du prix de l'or noir. Les seconds dicteraient leurs desiderata aux premiers, au détriment cette fois des consommateurs.

CANDIDE : Mais comment ?

ARCHIBALD : On s'est retrouvé au Koweït. Pas tout le monde. Les patrons pétroliers avaient regagné leurs pénates, la queue entre les jambes si j'ose dire. Seuls se trouvaient là les représentants d'une autre organisation, beaucoup moins connue, l'OPAEP, l'Organisation des pays *arabes* exportateurs de pétrole, c'est-à-dire en gros l'OPEP moins les pays non arabes (Indonésie, Venezuela, Iran, Nigeria). Le siège de cette organisation était et est toujours à Koweït City.

CANDIDE : Vous y étiez, Archibald ?

ARCHIBALD : Oui, j'avais réussi à me joindre à la caravane ministérielle, ayant quelques connaissances parmi les représentants des pays concernés. Quelques heures d'avion nous permirent d'atterrir à Koweït.

CANDIDE : Et là ?

ARCHIBALD : Je me souviens encore de l'atmosphère religieuse qui régnait dans les modestes locaux de l'OPAEP. Une poignée d'hommes, dont la moitié étaient vêtus de djellabas d'un blanc immaculé, se sont enfermés pendant plusieurs heures dans une minuscule salle de conférences. Ils ne cessaient de discuter que pour des moments de prières qu'ils récitaient dans une salle encore plus petite. C'était le mois du Ramadan. Le jeûne avait été rompu vers 17 heures. « Nous allons prendre notre petit déjeuner », dirent ces ministres en souriant, alors qu'ils étaient en train de bouleverser le marché mondial de l'or noir. L'ambiance était électrisée par les nouvelles qui nous provenaient du front israélo-arabe. Au même moment, la télévision koweïtienne diffusait le discours du président égyptien Anouar el-Sadate prononcé la veille devant l'Assemblée nationale d'Égypte — Sadate transfiguré par le dieu de la guerre et croyant célébrer la dignité retrouvée de la « nation arabe », qui avait été humiliée, foudroyée par l'État juif, six ans plus tôt, lors de la « guerre des Six-Jours ». On disait même dans les couloirs de la conférence de l'OPAEP que Houari Boumediene, le président algérien, dans un télégramme à son homologue égyptien, annonçait qu'il arrêterait ou retarderait les plans de développement de son pays pour mettre l'Algérie, hommes et capitaux, au service de la guerre sainte — du djihad — contre Israël.

CANDIDE : C'était du délire !

ARCHIBALD : En apparence, oui. Mais en apparence seulement. J'ai appris par la suite que Sadate s'était rendu en juillet 1973 à Riyad pour convaincre Fayçal, le roi d'Arabie saoudite, d'utiliser l'« arme du pétrole », à savoir l'embargo sur les livraisons de pétrole à destination des pays amis d'Israël, en cas de déclenchement d'une attaque contre l'État juif — ce que les Saoudiens n'avaient même pas imaginé jusque-là. Le but et le résultat de cette visite de Sadate sont restés ignorés, même à un haut niveau, car ils mettaient le trône saoudien en porte-à-faux vis-à-vis de son grand allié américain. Le résultat, ce fut le feu vert donné par Fayçal à Sadate pour attaquer Israël. Les ministres de l'OPAEP allaient maintenant mettre en musique le versant pétrolier du pacte Sadate-Fayçal, c'est-à-dire réduire chaque mois de 5 % les livraisons d'hydrocarbures « jusqu'à ce que les Israéliens se soient complètement retirés des territoires occupés et que les droits légaux du peuple palestinien aient été restaurés », pour reprendre les termes du communiqué diffusé à l'issue de la réunion de l'OPAEP, et qui sont encore dans mon oreille.

CANDIDE : Il s'agissait d'une sorte de guerre totale contre Israël — c'est-à-dire de rejeter les juifs à la mer, n'est-ce pas ?

ARCHIBALD : En ce 17 octobre 1973, l'issue de la guerre était encore incertaine. Les Arabes pensaient que la guerre serait longue et qu'ils finiraient par la gagner. L'embargo visait uniquement les pays consommateurs de pétrole « amis » d'Israël : les États-Unis — mais ces derniers, important relativement peu de pétrole du Moyen-Orient, n'étaient pas directement touchés — et surtout l'Europe, notamment les Pays-Bas, la France étant plus ou moins épargnée en raison de sa politique pro-arabe. Michel Jobert, le ministre des Affaires étrangères de Pompidou, avait déclaré qu'après tout, il était normal que les Arabes rentrent chez eux en Palestine. Et dans un voyage de presse en Arabie saoudite, les journalistes juifs avaient été exclus. Les gouvernements des autres pays européens touchés par l'embargo se sont livrés eux aussi à des danses du ventre assez misérables pour se faire bien voir des émirs du pétrole, n'osant dire un mot de trop ni sur le chantage de l'OPAEP, ni sur le conflit israélo-arabe, ni même sur les incidences calamiteuses qu'aurait une hausse aussi brutale des prix de l'or noir sur les pays consommateurs d'hydrocarbures.

CANDIDE : On était déjà dans la « soumission[2] » que décrirait l'ami Houellebecq quarante-deux ans plus tard !

ARCHIBALD : Cet embargo était une rupture complète des contrats qui avaient été conclus entre ces pays et les compagnies pétrolières et, par leur truchement, les pays consommateurs de pétrole. Il a fait prendre conscience à tout le monde que le pétrole était désormais une matière première politisée et, dans le cas d'espèce, « islamisée ». L'émotion d'un tel « choc » a été immense. D'autant plus énorme que la raréfaction artificielle de l'offre d'or noir s'est très vite traduite par un quadruplement du prix du baril.

Ensuite, les prix du pétrole ont de nouveau augmenté à la suite de la Révolution iranienne. C'est un jeu d'enfants que de faire monter les prix en raréfiant l'offre. Par la suite, il y eut une assez courte période d'accalmie, bientôt troublée par la guerre Iran-Irak durant les années 1980, l'invasion du Koweït en 1990 puis l'invasion de l'Irak par les Américains en 2003, et en fin de période une flambée des prix boostée par la progression de la demande chinoise. Tout cela, figurez-vous, était présenté à l'opinion sous des aspects à la fois écologistes et tiers-mondistes.

CANDIDE : Écologistes ?

ARCHIBALD : Oui. Le pétrole est une ressource non renouvelable, donc il faut l'économiser. Et pour l'économiser, il faut augmenter son prix. L'OPEP reprenait cette manière de syllogisme mot à mot.

CANDIDE : Et tiers-mondistes ?

ARCHIBALD : L'OPEP et sa cousine l'OPAEP se présentaient à l'époque comme le fer de lance des « nations prolétaires ». Dans les années 1970, on en est encore à considérer le tiers-monde comme une seule entité qui serait, en bloc, victime de la détérioration des termes de l'échange entre produits industriels et matières premières. Toute une théorie économique s'est bâtie sur le thème de l'« échange inégal », qui est en fait une nouvelle mouture de l'analyse marxiste-léniniste de l'impérialisme en tant que stade suprême du capitalisme. Mouture simplificatrice en ce qu'elle oublie que beaucoup de pays capitalistes développés sont eux aussi producteurs de matières premières, à commencer par les États-Unis ! En fait, le plumage tiers-mondiste de l'OPEP s'est vite dézingué sur l'aspérité des faits. À la suite du premier choc pétrolier, la moitié de l'aide publique au tiers-monde a été engloutie pour régler une facture pétrolière multipliée par quatre. Mais si le mythe tiers-mondiste de l'OPEP s'est effondré assez vite à cause de son évidente imposture, il n'en a pas été de son écologisme. Il a pris des allures savantes avec la théorie du « *peak oil* ».

CANDIDE : C'est-à-dire ?

ARCHIBALD : La production pétrolière augmente jusqu'à atteindre un sommet — un pic — pour ensuite descendre inexorablement à cause de l'épuisement progressif des réserves.

CANDIDE : Si les réserves de pétrole sont finies et que l'on ne cesse d'en extraire de plus en plus de barils, cette théorie me paraît tout à fait plausible.

ARCHIBALD : La théorie du *peak oil* fait partie, mon cher Candide, d'une idéologie plus large tirée de l'image que l'on se fait de notre planète comme quelque chose de fini.

CANDIDE : Une idéologie ?

ARCHIBALD : Elle était véhiculée à l'époque par ce qui s'appelait le Club de Rome. Ce club avait réuni des savants et des économistes qui se clamaient « passionnés de l'avenir à long terme de l'humanité ». Et il avait utilisé les ordinateurs du prestigieux MIT (Massachusetts Institute of Technology) — fonctionnant encore à l'époque avec des cartes perforées, ils passaient pour être parmi les plus puissants du monde — pour confectionner un rapport intitulé *The Limits to Growth* (Les Limites de la croissance), édité en 1972 à 10 millions d'exemplaires et vendu dans trente-sept pays, dont la France[3]. Les prévisions étaient apocalyptiques. Ce n'est pas seulement les réserves de pétrole que les Cassandre du Club de Rome voyaient épuisées d'ici à vingt ans, mais aussi celles du mercure, exténuées d'ici treize ans, d'étain, d'ici quinze ans, de cuivre, d'ici vingt et un ans, d'aluminium, d'ici à trente et un ans, etc.

CANDIDE : Aucune de ces prévisions ne s'est réalisée !

ARCHIBALD : Le procédé intellectuel paraissait imparable, qui consistait à confronter une croissance supposée géométrique (celle de l'extraction des matières premières) à des réserves finies.

CANDIDE : Ces réserves sont pourtant bel et bien finies sur notre planète, Archibald !

ARCHIBALD : Revenons au pétrole (le raisonnement s'applique tout aussi bien aux autres matières premières). En 1973, les plus optimistes parlaient d'un horizon à trente ans, ce qui amenait ce moment fatal à 2003. Or qu'a-t-on vu à cette date ? Rien, naturellement. Cet horizon n'a pas cessé de reculer à mesure qu'on avançait... comme tout horizon !

CANDIDE : D'où vient ce miracle ou ce... mirage ?

ARCHIBALD : Aujourd'hui, les tenants de l'épuisement des ressources parlent toujours d'un horizon pétrolier à trente ans... En fait, cette approche n'est en rien pertinente car elle repose sur l'idée que les réserves sont connues. Or, et c'est le point crucial de la démonstration, le volume des réserves est *inconnu*. D'abord, le calcul des réserves est en soi compliqué : reposant sur une probabilité basée sur les découvertes les plus récentes, il est sans cesse révisé. Ensuite et surtout, le montant des réserves dépend à la fois de la physique et des capacités technologiques de recherche, d'exploration et d'exploitation. Physiquement, on n'a aucune idée de ce qu'il y a dans le sous-sol en dessous de 5 000 mètres, ni sous les océans et les pôles. C'est un point d'interrogation majeur sur lequel la théorie du *peak oil*, qui prétend connaître les réserves, fait l'impasse. De plus, les théoriciens du *peak oil* raisonnent trop souvent à technique constante. Or on a accompli des progrès extraordinaires dans l'exploration du pétrole, en mers profondes notamment, mais aussi dans l'exploitation des gisements, le taux de récupération du pétrole sous terre ou sous mer ayant considérablement augmenté. Et encore dans l'extraction du pétrole et du gaz de schiste, ce dernier n'entrant pas jusque-là dans les calculs de réserve. Selon le Département américain de l'Énergie, les seules réserves de gaz non conventionnel que l'on a récemment découvertes en Argentine pourraient recouvrir cinq années de consommation gazière mondiale[4] !

CANDIDE : Je maintiens toutefois qu'il vaudrait mieux économiser le pétrole et autres matières premières.

ARCHIBALD : Mais c'est ce que nous avons fait, particulièrement dans le domaine énergétique.

CANDIDE : Vous me surprendrez toujours, Archibald.

ARCHIBALD : Le choc brutal de l'embargo de 1973 a touché un point vital chez les pays consommateurs, suscitant de la part de ces derniers une impulsion décisive qui s'est traduite par un énorme déploiement technologique en matière énergétique. Tout d'un coup on s'est dit : le pétrole risque de nous manquer.

Horrible, terrifiante perspective de pompes à essence asséchées ! Ne plus pouvoir prendre sa bagnole pour partir en week-end, un cauchemar. Et ces peurs ont provoqué des réactions, des contre-chocs, à la fois du côté de l'offre et du côté de la demande. Du côté de l'offre, pour échapper à la mainmise de l'OPEP, les compagnies ont cherché — et trouvé — des hydrocarbures dans des zones non contrôlées par l'OPEP, par exemple en mer du Nord, dans l'Atlantique, ou encore de nouvelles formes d'hydrocarbures (gaz et pétrole de schistes). En même temps, on a poussé l'exploitation d'autres sources d'énergie : gaz, charbon, hydraulique, éolien, solaire, nucléaire, agrocarburant. Du côté de la demande, le même énorme choc a stimulé les économies d'énergie dans les transports, l'industrie, l'habitat où il reste beaucoup à faire. Le résultat est spectaculaire, encore que peu connu, voire inconnu. En 1973, la France consommait 127 millions de tonnes, pour moins de 80 millions aujourd'hui, alors que le PIB, en valeur nominale, a triplé entre-temps. Et ce phénomène d'efficacité énergétique a été observé dans tous les pays occidentaux, par exemple en Italie, pays que l'on dit pourtant mal gouverné, où pourtant la consommation de pétrole a diminué quasiment de moitié. S'il faut absolument parler de *peak oil*, c'est du côté de la *consommation*. Dans les pays développés, ce pic a été atteint depuis longtemps. Pour le monde entier, il pourrait survenir entre 2035 et 2040. C'est demain !

CANDIDE : J'ai entendu dire que l'Arabie saoudite avait elle-même changé de stratégie.

ARCHIBALD : Oui, mais c'est un résultat des contre-chocs que je viens d'évoquer. Pendant près de quatre décennies, depuis 1973, l'OPEP a veillé à réguler le marché, ouvrant ou fermant les robinets en fonction de ses intérêts compte tenu du marché. Mais, derrière, c'était l'Arabie saoudite qui était à la manœuvre. Avec ses réserves pétrolières énormes (70 % des réserves mondiales) et un niveau de production entre 8 et 11 millions de barils par jour, le Royaume est l'acteur majeur.

CANDIDE : Comment comprendre dès lors son attitude qui a consisté pendant deux ans à laisser baisser le prix du pétrole ?

ARCHIBALD : C'est une grande question. Le problème de l'Arabie saoudite, propre aux dynasties musulmanes, c'est la polygamie : parce que les dirigeants ont plusieurs femmes, la succession ne se fait pas de père en fils, mais de frère à frère, ce qui retarde le renouvellement des générations. D'où des dirigeants âgés, souvent malades et impotents, exerçant un pouvoir aux visées impénétrables. L'actuel monarque, Salmane ben Abdelaziz, a essayé de rompre avec cette gérontocratie à bout de souffle en propulsant aux premiers rangs des responsabilités pétrolières, puis militaires, Mohammed ben Salame, un fils de sa troisième épouse. « MBS » pour les intimes est né en 1985. Ce prince resplendissant a cinquante ans de moins que son père…

Jusqu'ici, il était acquis que la stratégie saoudienne était d'avoir des prix du pétrole élevés. Or, en 2015, le revirement a été total : on laisse tomber les cours. En réalité, d'après ce que je sais, ce changement de pied, incarné maintenant par « MBS », était en préparation depuis une bonne dizaine d'années : les dirigeants saoudiens ont pris conscience que sous l'énorme impulsion technologique, décrite précédemment, le monde allait entrer dans une période post-pétrolière. Dans leur esprit, le développement des substituts au pétrole allait inéluctablement diminuer la demande de pétrole OPEP. Ce type de scénario était esquissé dans les analyses de l'OPEP dès les années 2000, à partir notamment de l'expansion des biocarburants qui était prise alors pour une menace très sérieuse. Dans un premier temps, les stratèges saoudiens ont réagi en essayant de remonter le prix du marché par diminution de leur propre production, quitte à perdre des parts de marché. L'émergence du pétrole de schistes américain a agi comme le coup de grâce. Alors s'est imposée à eux l'idée que le monde allait entrer définitivement dans une ère post-pétrolière et que donc le pétrole ne vaudrait presque plus rien. D'où la volonté de « sortir » leur pétrole des sables tant qu'il est encore temps, plutôt que de conserver des réserves sous leurs pieds qui bientôt ne vaudraient plus rien. C'est pour cela que je riais tout à l'heure quand je rappelais ce qu'avait dit l'économiste en chef de BP : « *Il est très probable que des réserves récupérables ne seront jamais extraites.* » C'est exactement ce que craignent les Saoudiens. Au rythme actuel d'extraction, leurs réserves, telles qu'elles sont aujourd'hui estimées, seraient épuisées au bout de soixante-quinze ans ! Nous voilà renvoyés quasiment à la fin du XXIe siècle. Quelle place le pétrole aura-t-il à cette échéance dans la production d'énergie ? Très inférieure sans doute à celle qu'elle occupe aujourd'hui dans tous les cas de figure, si je peux risquer cette prévision.

CANDIDE : Depuis, l'OPEP a tout de même décidé de restreindre sa production, et le cours du baril est remonté au-dessus des 50 dollars.

ARCHIBALD : J'ai pris le pari, Candide, qu'il ne pourra pas monter durablement beaucoup plus haut. Car 50 dollars, c'est à peu près le coût d'extraction du pétrole de schistes aux États-Unis. Par conséquent, dès que le cours du baril dépasse ce seuil, l'extraction de pétrole est relancée aux États-Unis, et donc le cours du pétrole est ramené à ce niveau et pourrait même redescendre en dessous.

CANDIDE : Toutes ces énergies concurrentes au pétrole ont tout de même été largement subventionnées par les États...

ARCHIBALD : Elles auraient pu ne pas l'être, et il y a eu beaucoup de gâchis dans ce domaine, tout le monde peut le constater. Le paradoxe de cette histoire est le suivant : plus les pays consommateurs subventionnent les énergies concurrentes, plus le prix du pétrole baisse, et plus ce prix baisse, moins ces énergies renouvelables sont rentables. Mais aujourd'hui le mouvement est lancé et rien ne semble pouvoir l'arrêter. Nous entrons à vitesse grand V dans un monde post-pétrolier. Une mauvaise nouvelle pour tous ceux qui ont bâti leurs économies sur un baril entre 100 et 150 dollars : géophysiciens, compagnies pétrolières, mais aussi pays exportateurs de brut comme le Venezuela qui sombre dans la violence — inflation plus véloce encore que dans l'Allemagne de Weimar, kidnappings en série pour rançonner les familles riches ; files d'attente de plusieurs heures devant les magasins ; débuts de famine ; hôpitaux dévastés par la pénurie de médicaments et la saleté ; exode massif des médecins. Figure d'avenir pour une Algérie, toute proche de nos côtes, qui s'est habituée à vivre avec un baril en dessous de 90 dollars.

L'enseignement que je tire d'une histoire de quarante ans est double : 1. en cas de manipulation politique du prix, les forces de rappel économiques jouent puissamment, 2. une fois encore, on a sous-estimé les capacités du génie humain à faire face à la nécessité. Ce n'est pas pour rien qu'on a inventé la bombe atomique en quelques années, il fallait en finir avec le danger hitlérien et japonais. Le coup d'État pétrolier de 1973 restera un *one shot game*. En rompant à cette date le contrat qui les liait aux pays consommateurs d'or noir, les pays arabes ont remporté la mise *une fois* — mais maintenant c'est fini. Il n'y aura pas de deuxième partie, car le pétrole n'est plus une arme menaçante et aujourd'hui, comme n'importe quel marchand, l'Arabie saoudite ne cherche plus qu'à protéger ses parts de marché.

CANDIDE : Le pétrole était pour nous, pays consommateurs, d'une importance vitale…

ARCHIBALD : Sans doute, mais ce n'était pas et ce n'est toujours pas une ressource essentielle. Et l'on pourrait en dire autant de toutes les autres matières premières.

CANDIDE : Qu'est-ce, pour vous, qu'une ressource essentielle ?

ARCHIBALD : C'est une ressource pour laquelle il n'y a pas de substitut. Pendant des millénaires, l'humanité a vécu sans pétrole, et il est concevable qu'à l'avenir elle puisse s'en passer. Une ressource non essentielle est une ressource substituable. C'est dire que nous pouvons substituer le charbon au pétrole ou au gaz, l'éolien au nucléaire, etc. La substitution peut se faire aussi avec du capital humain — science, brevets, éducation —, le grand facteur oublié par nos écologistes qui se réclament pourtant de l'humanité.

CANDIDE : Il faut tout de même penser aux générations futures.

ARCHIBALD : Je peux admettre qu'il faille laisser du capital à nos descendants. Encore que l'on puisse discuter du nombre de générations qu'il faut prendre en considération. S'il fallait tenir compte de l'ensemble des futures générations jusqu'à la fin des temps, jamais on n'aurait ouvert une seule mine de quoi que ce soit. Du reste, aucun principe d'équité ne permet d'accorder plus de poids aux générations futures qu'à la génération présente. Ajoutons que le raisonnement économique considère que le capital que l'on laisse derrière soi peut prendre différentes formes, que le capital humain peut se substituer au capital naturel et permettre soit d'économiser les ressources naturelles, soit d'inventer de nouvelles techniques d'exploitation des ressources déjà découvertes, soit d'inventer de nouveaux usages qui donnent de la valeur à des ressources naturelles qui jusqu'alors n'en avaient pas. Avec les techniques du début du XXe siècle, les réserves de pétrole, dont l'horizon à l'époque était de dix ans, auraient été depuis longtemps épuisées, alors même que la production n'était que de quelques milliers de barils par jour !

## *Quarante-sixième leçon*

## DE LA RELIGION

*Où l'on étudie les étranges rapports entre l'économie et les croyances religieuses.*

CANDIDE : Je voudrais revenir sur votre leçon, que j'ose dire talmudique. Elle ouvre une boîte de Pandore, que de toute façon je voulais ouvrir, celle de la religion. N'a-t-on pas dit que « le XXIe siècle sera religieux ou ne sera pas » ? Excusez-moi de recourir à cette phrase...

ARCHIBALD :... que Malraux, disons-le tout de suite, n'a jamais prononcée.

CANDIDE : Justement. C'est son caractère apocryphe qui fait de son succès quelque chose de fascinant. D'autant que nul ne peut nier le retour du religieux dans notre bas monde, avec son cortège de « martyrs » et de cadavres. Ma question est : qu'est-ce que l'économiste que vous êtes peut dire à ce propos, s'il a quelque chose à dire ?

ARCHIBALD : Le « retour du religieux », pour reprendre votre formule, suppose que le religieux avait « disparu ». Dès notre premier entretien, il me semble vous avoir rappelé cette parole christique : l'homme ne vit pas que de pain. L'*homo economicus*, vous ai-je dit, est une simplification outrancière qui ne correspond à aucune réalité et l'économiste peut s'en passer comme nous l'avons montré tout de suite.

CANDIDE : Donc vous n'avez rien à dire à ce sujet !

ARCHIBALD : Je veux bien m'aventurer sur ce terrain glissant, mais à condition de nous limiter aux religions les plus courantes dans notre voisinage, à savoir le christianisme, l'islam et le judaïsme. Pour les autres, j'avoue mon incompétence.

CANDIDE : D'accord.

ARCHIBALD : J'observe d'abord que les guerres de Religion qui ont ravagé l'Europe aux XVIe et XVIIe siècles ont pris fin lorsque, d'une manière ou d'une autre, on a résolu d'abaisser les objectifs assignés à l'individu. Et c'est ainsi qu'on a connu une paix relative pendant plusieurs générations, permettant à l'Europe le célèbre « décollage » industriel. Chacun a cherché à torturer son compte en banque plutôt que son voisin, pour reprendre une formule de Keynes que j'aime bien, et tout le monde s'en est bien porté. Montesquieu est inégalable dans ce registre : « Le commerce guérit des préjugés destructeurs ; et c'est presque une règle générale que, partout où il y a des mœurs douces, il y a du commerce ; et que, partout où il y a du commerce, il y a des mœurs douces. [...] Qu'on ne s'étonne donc point si nos mœurs sont moins féroces qu'elles ne l'étaient autrefois. Le commerce a fait que la connaissance des mœurs de toutes les nations a pénétré partout : on les a comparées entre elles, et il en a résulté de grands biens. » Puis, citant Platon, le châtelain de La Brède résume sa pensée ainsi : le commerce « polit et adoucit les mœurs barbares, comme nous le voyons tous les jours » (*De l'Esprit des lois*, Livre XX, chapitres I et II).

CANDIDE : Fort bien. Et alors ?

ARCHIBALD : Un tel prosaïsme ne pouvait durer éternellement. On a inventé la « nation », qui a remplacé la religion, puis l'« État-Nation ». La nature « sacrée » de l'idée moderne de nation — bien éloignée de l'idée désincarnée que s'en faisaient au XVIIIe siècle Diderot et d'Alembert[1] — est liée à la liturgie de la prestation de serment à l'État, implicite ou explicite. La formule *Dulce et decorum est pro patria mori* (Il est doux et honorable de mourir pour la patrie) a souvent été décrite comme une invitation moderne au martyre, notamment par l'historien Ernst Kantorowicz dans son texte *Mourir pour la patrie*[2]. On la trouve inscrite, par exemple, sur le mur de la chapelle de l'Académie royale militaire de Sandhurst, l'école de formation des officiers de l'armée de terre britannique. À la suite de Kantorowicz, on pourrait dire que l'État est une pseudo-Église qui a pour religion, ou plutôt pour pseudo-religion, la laïcité, tout à fait capable elle aussi de violence et d'intolérance. En d'autres termes, l'État n'est pas au-dessus des religions, mais en concurrence avec elles, sur le plan économique comme sur celui de la « direction des âmes ». Le résultat a été l'immonde boucherie de 14-18, suivie de l'horreur absolue de 39-45. Alors on est revenu à l'économie, rabaissant de nouveau les objectifs. Cette trêve a duré un demi-siècle, et nous voici de nouveau dans la guerre religieuse… Comme si on ne pouvait éviter de verser le sang !

CANDIDE : Voilà qui ne nous avance guère…

ARCHIBALD : Il faudrait réfléchir à la religion comme objet de l'économie, cela permettrait peut-être de calmer les esprits.

CANDIDE : Faites donc.

ARCHIBALD : Nombreuses sont les sciences qui se

sont intéressées depuis deux siècles à la religion : l'exégèse, la linguistique, l'histoire, l'anthropologie, l'ethnologie, la sociologie, l'archéologie, la psychologie et même la psychanalyse. Il serait temps que les économistes s'y mettent.

CANDIDE : Que pourraient-ils dire ?

ARCHIBALD : Il se trouve qu'Adam Smith, qui passe pour le Père fondateur de la science économique, fait une démonstration éblouissante, encore que peu connue, de ce que pourrait être une authentique économie de la religion. Dans son *Histoire naturelle de la religion*[3], son compatriote écossais, David Hume, a un point de vue militant contre les superstitions religieuses. Smith, quant à lui, applique à l'Église les catégories scientifiques qu'il tire de son propre savoir, et notamment celle du monopole.

Tout monopole, remarque-t-il, se traduit par une hausse du prix et une baisse de qualité de son produit, car il n'est pas aiguillonné par la concurrence du fait même de sa situation de monopole. Une religion « bien établie » n'échappe pas à la règle, dans le cas de l'Église catholique comme dans celui de l'Église anglicane. Le prix du « produit » est plus élevé et sa qualité moindre que s'il y avait libre concurrence. « Dans de telles circonstances, écrit Smith, ce genre de clergé n'a communément pas d'autre recours que de demander au magistrat civil de persécuter, détruire ou chasser ses adversaires comme perturbateurs de la paix publique. Ce fut ainsi que le clergé catholique demanda au magistrat civil de persécuter les protestants et que l'Église d'Angleterre lui demanda de persécuter les dissidents » (*La Richesse des nations*, Livre V, section I, p. 375). Smith confirme au passage que tout monopole, fût-il religieux, a besoin de la force de l'État pour se maintenir durablement.

Malheureusement, l'économie de la religion qui avait si bien démarré avec Adam Smith a eu fort peu d'émules. Et Smith en est le premier coupable, il est vrai. Car tout le reste de la *Richesse des nations* développe une conception de l'économie plutôt matérialiste qui laisse peu de place à l'immatériel. Mais avec la part grandissante des services dans le PNB, l'économiste ne peut plus ignorer ce qui relève de la « matière grise », sauf à passer à côté de la réalité sociale contemporaine. Aussi bien les économies du sport, de la santé, de la culture, de l'information, du droit, de la politique ont-elles pris ces dernières années un essor dont on ne peut que se féliciter. On ne voit pas pourquoi la religion échapperait à l'emprise de l'analyse économique...

CANDIDE : Vous chagrinez mes sentiments religieux.

ARCHIBALD (*imperturbable*) :... mais s'il faut absolument des excuses à l'économiste pour s'attaquer à un domaine réputé anti-économique, il dira que l'économie de la religion se trouve dans la religion elle-même — du moins dans l'un des mythes les plus anciens, à savoir que les hommes, croit-on, sont inutiles aux dieux sauf s'ils les révèrent. Ainsi l'humanité aurait-elle été créée pour leur plaisir ; les dieux doivent boire et manger et c'est la responsabilité des humains de leur donner à boire et à manger. En d'autres termes, la divinité requiert des sacrifices, cette « part bénite » prise sur ce que les hommes s'échinent à produire, travaillant selon le commandement biblique « à la sueur de leur front ».

CANDIDE : Cela me rappelle *La Part maudite*, un livre de Bataille.

ARCHIBALD : Dans cet ouvrage célèbre, le poète surréaliste croit déceler dans le processus économique une tendance permanente à l'excès...

CANDIDE :... que nous retrouvons aujourd'hui dans le langage courant où l'on use et abuse de l'adverbe « trop », genre « c'est trop bien », « il est trop beau », ou pire : « il est trop »...

ARCHIBALD (*sur sa lancée*) :... excès qui ne peut se résorber que par la « consumation » — opposée à la simple consommation — c'est-à-dire par le sacrifice, le don, la fête, le jeu, le gaspillage, la guerre, la destruction... La « part bénite » serait la « part maudite » par antiphrase, si l'on peut dire.

CANDIDE : Admettons, Archibald, mais alors quelle sorte de bien économique serait la religion ?

ARCHIBALD : Nous allons être obligés d'introduire ici — c'est le mérite de l'exercice auquel nous nous livrons — une distinction que nous n'avons pas encore faite entre les biens économiques.

CANDIDE : Jusqu'à maintenant je ne connais que deux catégories : les biens de consommation et les biens de production.

ARCHIBALD : Je vous propose de distinguer trois types de biens de consommation : 1. les biens d'« inspection » dont on peut mesurer la qualité à vue d'œil (pommes, poissons à l'étalage) ; 2. les biens d'« expérience » qui ne se révéleront qu'après expérimentation (le repas qui vous est servi dans un restaurant) ; et 3. les biens de « croyance » dont la qualité repose sur la confiance que vous faites à leur producteur : si vous êtes guéri, vous ne saurez jamais si vous devez la guérison à votre médecin ou à la nature ou encore à la chance ; de même, si vous gagnez ou perdez un procès, vous ne pourrez vérifier la part attribuable à votre avocat ; si vous faites fortune grâce à votre banquier, vous pourrez toujours prétendre qu'il n'y est pour rien ; avec le psychanalyste, l'incertitude est encore plus flagrante, elle confine même à la certitude puisque le psychanalyste lui-même prétend ne pas vous guérir !

Pour les biens de « croyance », on a institué non par hasard des ordres (l'Ordre des médecins, l'Ordre des architectes, l'Ordre des avocats, etc.), en sorte de fournir un label de qualité qui puisse réduire l'asymétrie d'information (notion que nous avons introduite à la Treizième leçon, souvenez-vous) entre le producteur et le consommateur qui est bien plus forte que dans les deux premières catégories.

CANDIDE : Et la religion dans tout ça ?

ARCHIBALD : Justement, au cœur de cette catégorie, on pourra encore distinguer les biens de « croyance pure », où l'asymétrie d'information est à la fois maximale et bilatérale. Maximale parce que le résultat de la pratique religieuse est à la fois invérifiable et infalsifiable, pour reprendre les catégories bien connues de Popper (on ne peut vérifier ni que le résultat est vrai, ni même qu'il est faux), surtout s'il se situe dans une « autre vie », post-mortem. Bilatérale, parce que le « client » ne peut pas vérifier la qualité du « produit » qu'on lui sert, et parce que le « producteur » ne peut pas non plus apprécier la sincérité du « client », sauf à sonder son rein et son cœur. Certes, il a parfois recours à des « inquisitions », mais leur résultat, on le sait, n'est guère probant. Si donc il y a de l'ordre pour des médecins, des avocats, des huissiers, des banquiers, a fortiori faut-il s'attendre à trouver de l'ordre dans la religion, et c'est bien ce que l'on observe…

CANDIDE : En effet, il y a de multiples ordres en vigueur.

ARCHIBALD (*continuant son raisonnement*) :… C'est dire que, dans le domaine religieux, on doit s'attendre à une certaine méfiance pour la concurrence et à un goût non moins certain pour la cartellisation, voire la monopolisation. La valeur d'un bien de pure créance reposant entièrement sur la crédibilité de son fournisseur, on peut s'attendre que ce dernier supporte difficilement la présence d'un concurrent rival, qui voudra forcément mettre en cause cette crédibilité pour assurer la sienne propre. Le monopole religieux veut régler un problème que nous connaissons bien, celui du « tiers de confiance ». Il prétend même échapper à l'aporie de Juvénal, puisqu'au bout de la chaîne c'est Dieu lui-même qui est le gardien des gardiens. Il suffit d'y croire. L'économiste peut aussi expliquer la manière dont une religion entre sur le « marché ». Il faut qu'elle apparaisse comme très nouvelle, bien sûr, pour attirer de nouveaux « clients », mais aussi très ancienne, pour rassurer, l'ancienneté étant un gage de qualité dans ce domaine. Ainsi le christianisme du Ier siècle, tout en étant nouveau, a prétendu à l'antériorité par rapport au judaïsme en se référant directement à Abraham. Et l'islam a fait exactement la même chose six siècles plus tard.

CANDIDE : Mais la religion a aussi comme fonction de lier ou de relier les individus les uns aux autres.

ARCHIBALD : C'est un aspect qu'ont bien exploré les sociologues depuis Auguste Comte et Émile Durkheim. Ici aussi, l'économiste a son mot à dire, surtout aujourd'hui où des réseaux de toutes sortes envahissent la vie quotidienne via Internet. Toute une réflexion économique s'est développée à propos de l'« effet de réseau » qui s'applique parfaitement à la religion. Cet effet se définit ainsi : la valeur qu'un consommateur accorde à un bien dépend du nombre d'utilisateurs de ce bien. De même qu'une voie ferrée isolée ne peut fonctionner lorsqu'elle n'est pas connectée au réseau, de même ceux dont les ordinateurs ou les logiciels ne sont plus compatibles avec la majorité des autres utilisateurs voient leur investissement dévalorisé. Les plus forts sont renforcés et les plus faibles affaiblis. L'effet de réseau a même été mis en équation sous le nom de loi Metcalfe, du nom de son inventeur Robert Metcalfe, un ingénieur informaticien américain : la valeur d'un réseau augmente en raison du carré du nombre d'utilisateurs. Si par exemple la valeur d'un réseau pour chaque utilisateur est égale à 1 euro, et qu'il y a un million d'utilisateurs, la valeur totale du réseau est de 1 million d'euros. S'il y a dix millions d'utilisateurs, la valeur totale du réseau tend vers 100 millions d'euros, soit 10 euros par tête. Et ainsi de suite. Cette loi qui, évidemment, n'a rien de scientifique, même si elle est observable sur certains segments de certains marchés d'information, n'en donne pas moins une image parlante de l'effet réseau.

CANDIDE : « Car à tout homme qui a, l'on donnera, et il sera dans la surabondance ; mais à celui qui n'a pas, même ce qu'il a lui sera retiré. » Je vous cite l'Évangile selon saint Matthieu (25, 29).

ARCHIBALD : Vous forcez un peu le trait. Mais à peine. Les effets de réseau sont si puissants qu'ils aboutissent souvent à un résultat que l'on appelle en américain le *winner takes all* (le gagnant rafle toute la mise). Rappelons-nous de la compétition initiale entre Myspace et Facebook : les deux coexistaient en tant que réseaux sociaux. Puis Myspace s'est retrouvé complètement dépassé. Et Facebook est devenu incontournable pour des centaines de millions de personnes qui cherchaient des « amis ». De tels effets sont bien connus des industries du transport et des communications, où la concurrence entre les entreprises se fait par l'extension des réseaux et où la valeur d'un réseau s'accroît considérablement s'il peut se connecter à d'autres réseaux. Dans ces domaines, le réseau a vocation à s'étendre à l'ensemble de la planète. Il n'est que de citer ce que l'on appelle les GAFAM pour s'en convaincre.

CANDIDE (*sur le ton de la récitation*) : C'est-à-dire Google, Apple, Facebook, Amazon, Microsoft. On pourrait encore citer Airbnb, Skype, eBay, Uber. En Chine les géants du Web forment les BATX : Baidu, Alibaba, Tencent et Xiaomi.

ARCHIBALD : Au risque de vous choquer, je vous dirai que ces géants fonctionnent sur le même modèle économique que les religions. De fait une religion a d'autant plus de « valeur » pour le croyant qu'elle a plus de fidèles. L'effet de réseau renforce la crédibilité de la religion qui en bénéficie et vient suppléer en cas de besoin au manque d'ancienneté des nouvelles croyances.

Aussi bien devra-t-on s'attendre de temps à autre à des expansions foudroyantes de nouvelles sectes — ces start-up de la religion —, comme c'est le cas en Amérique latine et en Afrique où les évangélistes ont conquis des « marchés » à une vitesse spectaculaire. Aussi ne sera-t-on pas surpris de constater ici des tendances au cartel, voire au monopole, tant il est difficile pour les PME religieuses de se maintenir au milieu de ces géants.

CANDIDE : C'est bien gentil tout ça. Mais comment cette chose se finance-t-elle ? Les GAFAM ? Les BATX et autres champions du Web, on me dit que c'est la publicité qui est le nerf de la guerre. Je ne vois rien de tel dans les religions.

ARCHIBALD : Il faut en effet que toute religion trouve à se financer. Ici intervient un fait observable en tout temps et en tout lieu : les gens ont besoin de donner. Même dans nos sociétés que l'on dit dominées par l'économie de marché, la part du don reste considérable. D'abord dans la vie de tous les jours, scandée par les fêtes, les anniversaires, les commémorations de toutes sortes, qui sont autant d'occasions de faire des cadeaux à ses parents et à ses amis. Mais il y a aussi des événements exceptionnels, les uns causés par des catastrophes naturelles : tremblement de terre, inondation, tsunami, les autres qui n'ont d'autre source que la cruauté humaine : migrants fuyant la guerre, la dictature, la misère, d'autres encore, créés par la radio et la télévision pour de grandes causes : lutte contre le cancer, la lèpre, le sida, etc., qui permettent de mobiliser la générosité publique. Il y aurait donc, sous-jacent à toute société, un gisement financier constitué de sommes, grandes ou petites, que de braves gens sont prêts à donner pour le salut de leur âme ou leur santé mentale, ou pour tout autre objectif. L'économiste peut se passer d'analyser ce besoin de donner, il laisse ce soin à l'historien, au psychanalyste, au sociologue. Il lui suffit de constater que le besoin de donner est un fait.

La division du travail aidant, des « compagnies » se constituent pour explorer, forer et exploiter ce gisement. Ce dernier n'est pas indéfiniment extensible, même s'il est indéfiniment renouvelable à condition de ne pas toucher au capital. Tout lieu de culte, même la plus humble cure, peut ainsi être considéré comme une sorte de derrick planté là pour tirer, si possible, le maximum de la « part bénite » qu'il y a dans la richesse de chacun, même chez le plus démuni. Toute religion cherche à se brancher sur ce gisement fabuleux et, si elle le peut, à s'en assurer le monopole sur un territoire donné. Il s'agit donc d'explorer, puis d'exploiter ce gisement de « part bénite » — au sens que nous avons dit plus haut —, puis d'acheminer les produits de cette exploitation. Une telle « industrie », comme l'indique l'histoire minière, a une tendance naturelle au monopole pour des raisons bien connues d'économies d'échelle et d'intégration verticale. Nous avons donc au moins trois raisons de soupçonner dans l'économie même de la religion un fort tropisme au monopole. Ces raisons tiennent à sa nature de bien de pure créance, aux effets de réseau qu'elle engendre et aux gisements de « part bénite » qu'elle exploite.

CANDIDE : Mais vous m'avez dit, Archibald, qu'il n'existe pas de monopole durable dans la nature.

ARCHIBALD : Je maintiens cette assertion. Un monopole ne peut persister que par l'intervention de l'État, qui seul en principe dispose de la force armée pour ériger des barrières à l'entrée sur un marché (droits de douane, patentes, brevets, autorisation de mise sur le marché...).

Et de fait, dans l'histoire, tout monopole religieux s'est appuyé sur l'autorité publique, ou bien se l'est appropriée. Se met en place la dialectique du sabre et du goupillon, du trône et de l'autel, du Noir et du Rouge. Avec le risque que le monopole religieux, comme tout monopole, abuse de sa position, comme l'avait si bien remarqué Adam Smith : échappant à la concurrence, il augmente le prix de son produit alors même que la qualité du même produit se dégrade ; en même temps, du fait de sa position, il peut appliquer à ses « clients » des tarifs que l'économiste appelle « discriminatoires » (en termes vulgaires, on dira que les « services religieux », par exemple messes et enterrements, sont tarifés « à la tête du client », notamment en fonction de ses revenus ou de son capital).

CANDIDE : C'est alors que vont surgir des concurrents...

ARCHIBALD : Exactement. On retrouve en religion les phénomènes bien connus des économistes qui ont étudié les réseaux. Les monopoles, à un moment ou à un autre, s'appuient sur l'État pour empêcher la concurrence de jouer pleinement. En échange, l'État leur impose des « obligations de service public » au nom de l'équité : des consommateurs aisés subventionnent les consommateurs moins favorisés via des « tarifs sociaux » ; inversement, grâce à des tarifs uniformes, dits de péréquation, ceux qui vivent dans des zones coûteuses à desservir sont subventionnés par ceux qui habitent dans des zones faciles à desservir. Mais, alors, ces derniers paient plus qu'ils ne le devraient. Ils vont être « écrémés » par la concurrence.

CANDIDE : Curieux terme ! Les économistes ont parfois un vocabulaire bucolique.

ARCHIBALD : Ce terme dit bien ce qu'il veut dire. En faisant payer ses prestations au-dessus des coûts dans certaines zones, pour compenser les pertes dans les zones déficitaires, le monopoleur ouvre des marges de manœuvre à des concurrents au moins aussi efficaces que lui, mais qui n'ont pas les mêmes obligations de servir des clients ou des zones qui ne sont pas rentables.

Pareillement, le « monopole » religieux va s'imposer des espèces d'« obligations de service public » (les services que nous avons dits tarifés à la tête du client) — pour des raisons éthiques, par exemple. Dès lors vont surgir des concurrents à l'intérieur même de l'Église en question, on les appelle des réformateurs, des schismatiques ou des hérétiques (des protestants au XVIe siècle). Les concurrents peuvent aussi surgir de l'extérieur, avec l'apparition de nouvelles religions, comme l'islam. Du reste, cette religion doit sa progression foudroyante au VIIe siècle au moins en partie au fait que les cavaliers d'Allah promettaient une exemption fiscale à ceux qui se convertissaient, et ils étaient fort tentés de le faire, étant donné qu'ils étaient écrasés d'impôts par un empire byzantin décadent.

À partir de là, on pourrait imaginer, à la manière des célèbres « *business cycles* », une sorte de « cycle » religieux qui se reproduirait de lui-même indéfiniment : dans un marché ouvert à la concurrence, une religion tend au monopole ; ce monopole ne peut que s'appuyer sur l'État ; une fois appuyé sur l'État, il abuse de sa position ; le « produit » se dégrade ; pour compenser ces abus, le monopole s'impose ou l'État lui impose des « obligations de service public » ; d'autres religions apparaissent à la marge du système et font de l'« écrémage » ; on retrouve la situation de concurrence ; et ainsi de suite. Ainsi la papauté, appuyée sur l'empire, est devenue à certains moments de l'histoire l'une des plus grandes puissances financières du monde, attirant les banquiers les plus influents : les Médicis, les Fugger, les Rothschild, pour ne citer que les plus connus. Bien sûr ce gigantesque monopole a été contesté et finalement détruit.

CANDIDE : Est-ce que l'État et la religion ne sont pas concurrents en ce qui concerne les ressources qu'ils prélèvent sur les citoyens ? Après tout, c'est une sorte d'impôt, de dîme en langage ecclésiastique, qu'une religion impose à ses fidèles.

ARCHIBALD : Excellente remarque, mon cher Candide. Encore plus justifiée quand l'Église était puissante.

Dans la jurisprudence du Moyen Âge, on trouve une expression qui en dit long à ce sujet : « *Quod non capit Christus, rapit Fiscus* » (Ce que le Christ ne prend pas, le Fisc le rapte). Elle trouve son origine dans le célèbre Decretum de Gratien (première compilation raisonnée du droit canonique, établie vers 1140 et restée en vigueur jusqu'en 1918) où on pouvait lire : « *Hoc tollit fiscus, quod non accipit Christus* » (Ce qui n'est pas perçu par le Christ est exigé par le fisc). Par ces mots, Gratien concluait un bref exposé sur les dîmes dues à Dieu et à l'Empereur, après avoir cité un prédicateur inconnu qui démontrait que les impôts payés au fisc devenaient d'autant plus élevés que l'on payait moins de dîmes à l'Église. Ainsi, dès le XIIe siècle, non seulement un parallèle était établi entre fisc d'État et fisc d'Église, faisant réverbérer sur l'impôt, et donc sur l'État, une sacralité christique, mais encore remarquait-on que les deux domaines fonctionnaient comme des vases communicants. Une sorte de loi physique laissait ainsi prévoir huit siècles à l'avance ce qu'il adviendrait de la fiscalité d'État quand seraient réduits au minimum les revenus de la papauté. S'il est vrai qu'au XXe siècle le fisc n'a laissé à l'Église qu'une portion congrue, c'est bien le cas de le dire, n'est-ce pas aussi que l'État-Providence s'est substitué tant bien que mal à la Charité chrétienne ?

CANDIDE : Reste à savoir si ces mêmes vases peuvent communiquer en sens inverse, si donc, et comment, et selon quel mode, *Christus* profiterait d'une réduction de *Fiscus*.

ARCHIBALD : En effet. À l'heure où il est partout question de diminution, ou du moins de révision du rôle de l'État et de son prélèvement sur l'économie, ce que l'on pourrait appeler l'« équivalence de Gratien » — par allusion à l'« équivalence ricardienne », établie par le célèbre économiste britannique entre impôt et emprunt — mérite aujourd'hui d'être considérée avec attention. Du reste, on observe une corrélation négative entre fisc et donation. Moins le prélèvement fiscal est élevé, plus grandes sont les donations. Aux États-Unis, les dons atteignent 11,1 % du PNB contre 5 % en Angleterre…

*Quarante-septième leçon*

## DE LA RELIGION (SUITE)

*Où l'on se demande de quel Dieu le capitalisme est le plus proche.*

CANDIDE : Vos dernières réflexions sur les rapports entre la religion et l'économie m'invitent à vous poser la question suivante : de laquelle des trois grandes religions issues de la Bible le capitalisme est-il le plus proche ?

ARCHIBALD : Votre question est tout à fait opportune, mais je parie qu'en la posant, vous avez en tête un certain sociologue allemand…

CANDIDE : Pari gagné : Max Weber, et son illustrissime essai *L'Éthique protestante et l'esprit du capitalisme*[1].

ARCHIBALD : Nous avons déjà beaucoup évoqué cet auteur quand il s'est agi de définir l'État. Et vous me le jetez de nouveau dans les jambes.

CANDIDE : Ne partagez-vous pas l'opinion qu'il exprime dans ce livre ?

ARCHIBALD : Je vous avoue que je suis un peu agacé par un essai qui met en rapport l'« esprit » du capitalisme avec l'« éthique » du protestantisme. Il en est résulté des tonnes d'exégèse sur ce que Weber a voulu dire par éthique, par esprit, tonnes qui encombrent toute discussion sur ce sujet. De plus, en voulant montrer qu'une certaine branche du christianisme, issue de la Réforme, n'était pas tout à fait étrangère aux choses de l'argent, Weber a empêché de voir les relations profondes et anciennes, bien antérieures à Luther, qui se sont nouées entre christianisme et capitalisme. D'une certaine manière, Weber a blanchi l'argent des autres branches du christianisme et fait oublier que l'Église, pendant des siècles, avait été la première puissance capitaliste du monde. J'ajoute enfin qu'il y a une pointe d'antisémitisme dans l'essai de Weber qui me déplaît. En effet, il oppose le « capitalisme entrepreneurial » au « capitalisme financier », le bon capitalisme imprégné de l'éthique protestante au vilain capitalisme, forcément spéculatif, sous-entendu à l'époque forcément juif. On retrouve, encore aujourd'hui, cette distinction chez beaucoup de protestants, même s'il leur est plus difficile de reconnaître l'antisémitisme qui lui est sous-jacent.

CANDIDE : Mais à l'époque ?

ARCHIBALD : À l'époque de la parution de *L'Éthique protestante et l'esprit du capitalisme,* publié en 1905, l'antisémitisme était ouvertement professé. Et la réplique à Weber n'a pas tardé. C'est le livre de Werner Sombart, *Les Juifs et la vie économique*[2], paru sept ans plus tard, qui n'est pas tendre pour le peuple élu, reprenant de vieilles antiennes sur la question.

CANDIDE : *Quid* de l'islam ?

ARCHIBALD : Mahomet a d'abord été un marchand, et les caravaniers qu'il envoyait en mission n'avaient de leçons à recevoir de personne en matière économique. Nous avons vu dans la précédente leçon comment l'islam s'est répandu par des exemptions fiscales. Le christianisme, pour sa part, a semblé longtemps le plus éloigné de la sphère marchande avec cette célèbre parole du Christ : « Il est plus facile à un chameau de passer par le trou d'une aiguille qu'à un riche d'entrer dans le royaume de Dieu » (Matthieu, 19-24).

CANDIDE : Dites-moi enfin votre position.

ARCHIBALD : Sans le christianisme, il n'y aurait pas eu de capitalisme. C'est la face cachée, ou déniée, de la religion chrétienne.

CANDIDE : *My God* !

ARCHIBALD : Il faut revenir à la racine des choses. Il n'y a pas de capitalisme sans capital et il n'y a pas de capital sans appropriation et donc sans droit de propriété.

La Rome antique avait institué les trois composants de ce droit fondamental : l'*usus* (jouir de sa propriété), le *fructus* (pouvoir en tirer un revenu ou un intérêt), l'*abusus* (pouvoir le donner ou le vendre). Mais cet enseignement s'est perdu avec la chute de l'empire romain d'Occident, laquelle a plongé l'Europe pendant plusieurs siècles dans un profond marasme économique et démographique.

On date en général du XVIIIe siècle la redécouverte d'un droit de propriété à la romaine. L'idée répandue à la grande époque des Lumières par les théoriciens de l'école du droit naturel est opposée à l'école positiviste qui fait du droit l'œuvre d'une autorité (Dieu, l'État). Pour l'école du droit naturel, la propriété constitue la mise en œuvre d'un droit inné de l'homme sur les choses qui l'entourent. L'aboutissement le plus évident et le plus célèbre de cette réinvention a été le Code civil napoléonien, qui consacre en effet les trois composants du droit de propriété et a permis à la bourgeoisie de prendre son essor, en France et dans tous les pays où ce Code s'est implanté. Le Code s'inspirait de la Déclaration des droits de l'homme et du citoyen, et notamment de son article II : « Le but de toute association politique est la conservation des droits naturels et imprescriptibles de l'homme. Ces droits sont la liberté, la propriété, la sûreté et la résistance à l'oppression. »

CANDIDE : Où est le christianisme là-dedans ?

ARCHIBALD : En fait, cette nouveauté qui a des apparences révolutionnaires pourrait bien être le réaménagement d'éléments empruntés à la théorie de la propriété développée par les théologiens de la fin du Moyen Âge, comme nous l'enseigne mon excellente consœur Marie-France Renoux-Zagamé dans son maître-ouvrage *Origines théologiques du concept moderne de propriété*[3]. Le droit de propriété du Code civil, qui paraît tiré directement du droit romain — et l'on sait la passion de la Révolution et de l'Empire pour l'Antiquité romaine —, serait en fait la version laïcisée d'une construction dont le premier modèle se trouve chez les penseurs de l'Église. Chassez la religion par la porte, elle revient par la fenêtre — surtout quand il s'agit d'argent !

CANDIDE : Votre anticléricalisme vous perdra.

ARCHIBALD (*qui ne se laisse pas démonter*) : Encore aux IVe et Ve siècles, les Pères de l'Église estiment que l'appropriation privée est une usurpation et vient détruire un état originaire qui ignorait le tien et le mien. Cette propriété privée, enseignent-ils, ne sépare pas seulement les hommes entre eux, elle les sépare également de Dieu en faisant disparaître cet état premier où rien n'était à personne parce que tout était à Dieu. À la rigueur, comme dans le judaïsme ancien et dans l'islam primitif, pouvait-on concevoir un droit de propriété limité à l'*usus*, et, qui plus est, restreint par les nécessités de l'État ou du bien commun. Mais certainement pas ce droit de propriété, plus absolu encore que celui du droit romain, que des théologiens chrétiens, du XIe au XIIIe siècle, allaient inventer.

CANDIDE : Comment ont-ils pu faire ?

ARCHIBALD : Pour asseoir un droit de propriété complet et absolu, ces théologiens vont remonter, non pas à la Loi des Douze Tables (450 avant J.-C.), matrice du droit romain, qui est païen, mais bien au-delà, jusqu'à… Adam, notre père à tous.

CANDIDE : Au péché originel ?

ARCHIBALD : Non, encore avant. (*Sortant une Bible de son cartable.*) Écoutez bien : « Dieu dit : "Faisons l'homme à notre image, comme notre ressemblance, et qu'ils dominent sur les poissons de la mer, les oiseaux du ciel, les bestiaux, toutes les bêtes sauvages et toutes les bestioles qui rampent sur la terre." Dieu créa l'homme à son image, à l'image de Dieu il le créa, homme et femme il les créa. Dieu les bénit et leur dit : "Soyez féconds, multipliez, emplissez la terre et soumettez-la ; dominez sur les poissons de la mer, les oiseaux du ciel et tous les animaux qui rampent sur la terre." Dieu dit : "Je vous donne toutes les herbes portant semence, qui sont sur toute la surface de la terre, et tous les arbres qui ont des fruits portant semence : ce sera votre nourriture." » (Genèse, 1, 26-30).

CANDIDE : La Bible nous enseigne en effet que le premier homme est « maître du monde » par la volonté de Dieu.

ARCHIBALD : Exactement. Le premier homme est intronisé par Dieu comme son ministre sur la terre, et donc pouvant exercer un droit de propriété sur l'ensemble de l'univers, et pas seulement sur ce petit morceau que constitue la Terre promise au peuple hébreu. Ainsi les théoriciens modernes du droit naturel ont-ils retrouvé, sans s'en rendre compte, un droit qui pour les théologiens était, non pas un droit naturel, mais une sorte de mission confiée par Dieu à l'homme ! La première trace d'un tel travail sur la Bible se trouve chez Hugues de Saint Victor (1096-1141) et Alexandre de Halès (1180-1245). Ces deux éminents théologiens rappellent que l'homme est supérieur aux autres créatures et que le pouvoir de domination qu'il exerce sur elles est nécessaire à l'ordre et à la beauté de l'univers voulus par Dieu, *malgré* le péché originel.

CANDIDE : Et Thomas d'Aquin ?

ARCHIBALD : Je vous ai déjà dit que Thomas d'Aquin (1225-1274) était un défenseur du droit naturel. Mais pas en ce qui concerne le droit de propriété. Pour le Docteur angélique, un tel droit reste subordonné à la raison. Cette subordination ne va pas sans danger, car le droit de propriété peut être remis en cause si la société estime que l'intérêt général l'exige. Ce qui ouvre la porte à l'étatisme, au socialisme, au totalitarisme… Heureusement pour la cause du droit de propriété absolu, un certain Jacques Duèze (1244-1334), issu d'une famille de la bourgeoisie aisée de Cahors, devient pape en 1316 sous le nom de Jean XXII. Il est le deuxième à régner à Avignon, devenue résidence pontificale. Cet habile administrateur de la fiscalité pontificale va prendre le contre-pied d'une doctrine très dangereuse pour les gens d'argent qui se développe à l'époque. Il s'agit de la doctrine des franciscains, disciples du « petit frère des pauvres », qui se prétendent étrangers à toute forme de propriété.

CANDIDE : Le petit frère en question, c'est bien sûr François d'Assise. Il m'inspire une dévotion particulière.

ARCHIBALD : Ce nouveau « Christ », qui porte

les stigmates du Crucifié à la fin de sa vie, aurait pu mettre en danger l'autorité du pape et devenir hérétique. Il a fait au contraire acte de soumission. Mais sa doctrine n'en était pas moins subversive. Le domaine des choses temporelles, répond Jean XXII à ces franciscains proto-communistes, n'a pu être donné aux hommes que par celui qui pouvait donner. Or Dieu seul a la capacité de donner une chose à celui à qui elle appartient. Puisqu'il n'est pas douteux que Dieu soit le *dominus*, le propriétaire de l'univers, il n'est pas non plus douteux que le domaine des choses ait été introduit par la volonté divine. Le domaine humain n'a donc pas été introduit par le droit humain, mais, ainsi que l'affirme l'Écriture, par droit divin. Le droit de propriété est donc d'origine divine. D'où son caractère absolu — justement ce dont a besoin le capitalisme.

CANDIDE : Et le tour est joué !

ARCHIBALD : Pas tout à fait. Pour donner toute sa force au nouveau droit de propriété absolu encore dans l'enfance, et notamment à son composant, le *fructus*, il fallait encore renverser le tabou de l'usure. Cet interdit entravait le commerce de l'argent aussi bien chez les juifs que chez les musulmans et les chrétiens. Ce fut chose faite par le truchement de l'invention du… Purgatoire[4] !

CANDIDE : Incroyable !

ARCHIBALD : Jusqu'au XIIIe siècle, l'au-delà de la mort était divisé en deux parties distinctes et opposées : le Paradis et l'Enfer. Cette division avait l'inconvénient de n'établir aucune proportionnalité entre le péché et la sentence. À mesure que le christianisme pousse ses racines plus profondément dans la société, il lui faut un système moins rudimentaire pour gouverner les âmes. Ainsi devait apparaître, dans le courant du XIIe siècle, un nouveau type de péché, le péché véniel — qui signifie digne de pardon —, distingué du péché mortel. Ensuite, on établira que si les pécheurs, au moment de mourir, ne sont plus chargés que de péchés véniels, ils ne sont pas condamnés à perpétuité, mais à un temps limité de supplice dans un lieu fait pour purger les fautes, le Purgatoire. Les morts qui allaient dans ce lieu bénéficient ainsi d'un supplément de biographie ! Surtout, ils sont sûrs qu'au sortir de leurs épreuves purifiantes, ils seront sauvés. Car le Purgatoire n'a qu'une porte de sortie, celle qui ouvre sur le Paradis.

CANDIDE : J'aime bien ces petits arrangements avec les morts.

ARCHIBALD : La durée du séjour dans les flammes purgatives ne dépend pas seulement du nombre et de la gravité des péchés du mort, mais aussi de l'affection de ses proches — laquelle se manifeste par des prières et par des offrandes, une occasion supplémentaire pour l'Église de recevoir dons et legs. Pour que les usuriers évitent la damnation de l'Enfer, ne restait plus à faire de leur faute qu'un péché seulement véniel. Pour cela, le taux d'intérêt doit être modéré, donc ne pas dépasser un certain plafond considéré comme « usuraire ». Ensuite on a trouvé des excuses à la perception d'un intérêt. On a considéré que le prêteur, s'il n'est pas remboursé à la date prévue, encourt un dommage que l'on peut indemniser par un intérêt. Ou encore, plus subtilement, que le prêteur, en se séparant de cette partie de son capital, a été empêché de consacrer cet argent à un placement peut-être plus avantageux, ce que les économistes appellent, vous le savez, un coût d'opportunité. Enfin, on a estimé que le prêteur encourt le risque de n'être pas remboursé à cause de l'insolvabilité ou de la mauvaise foi du débiteur.

Cette notion capitale est étendue de l'activité du prêteur à celle du marchand par un génie méconnu de l'époque, le franciscain Pierre de Jean Olivi (1248-1298). Grand rival de Thomas d'Aquin, persécuté par les autorités ecclésiastiques de son temps, il fut l'objet après sa mort d'une véritable dévotion populaire. Pour y mettre fin, son corps fut sorti de terre pour être réduit en cendres, sa tombe elle-même fut détruite... Olivi annonçait les temps nouveaux. Pour lui, en effet, le marchand a droit à une récompense non seulement en raison des risques d'entreprise qu'il court, mais encore parce qu'il montre sa capacité à évaluer et à maîtriser les dangers que comporte la pratique commerciale. Le négociant peut donc vendre sa marchandise à un prix plus élevé que celui auquel il l'a achetée, parce qu'il a une fonction utile à la collectivité et parce qu'il court des risques. En ce qui concerne les opérations de crédit, elles échappent à la condamnation de l'usure si elles sont faites en fonction d'opérations commerciales utiles à la collectivité. La brèche béante qui est ouverte ici ne se refermera plus. La première apparition connue d'un contrat d'assurance date de 1287, sous la forme d'un acte notarié rédigé par un notaire de Palerme. Par la suite, son usage allait se répandre, favorisant l'exploitation des mécanismes du marché pour le partage des risques.

Dès lors le capitalisme, libéré des chaînes religieuses par les religieux eux-mêmes, put prospérer, dévorer ses propres géniteurs et partir à la conquête du monde entier. Nous vivons les moments ultimes de ce triomphe planétaire.

*Quarante-huitième leçon*

## DE L'IMMIGRATION

*D'où il ressort que le droit de propriété est questionné.*

CANDIDE : Je vais maintenant vous poser une question difficile, peut-être la plus difficile des questions que l'on puisse poser à un économiste. Cette question n'est du reste pas sans rapport avec la religion. Faut-il stopper l'immigration ou l'accepter ou l'encourager ?

ARCHIBALD : Ce n'est pas la question la plus difficile si l'on en revient aux fondamentaux.

CANDIDE : J'admire votre flegme. Car le terrorisme a fait tellement de dégâts dans nos esprits qu'il n'est plus possible de discuter aujourd'hui de migration humaine sans se faire insulter soit par de bonnes âmes toujours prêtes à accueillir la misère du monde avec l'argent des autres, c'est-à-dire des contribuables, soit par les populistes, « patriotes », protectionnistes, néo-nationalistes et autres souverainistes qui n'avouent pas leur racisme.

ARCHIBALD : C'est pourquoi en effet il est nécessaire, et même urgent, de faire le point sur les rapports entre migration et libre-échange.

Commençons par dire que dans un monde où circulent librement les capitaux, les marchandises et la monnaie, il n'y a aucune raison que la liberté de mouvement soit refusée aux seuls êtres humains, quels qu'ils soient. Par conséquent, les obstacles légaux à la migration humaine (émigration ou immigration) doivent être considérés, au même titre que les droits de douane, les barrières non tarifaires et les contrôles des changes, comme des violations des principes de l'économie de marché. Avant la Première Guerre mondiale, il était possible de circuler dans le monde avec une liberté bien oubliée aujourd'hui. Il y avait peu de contrôle aux frontières. Dans la plupart des cas, on pouvait entrer dans un pays ou en sortir sans produire de documents officiels. Keynes a écrit de très belles pages à ce sujet au début de ses *Conséquences économiques de la paix*[1] où il exprime sa nostalgie d'une Belle Époque révolue.

Dans un monde libre-échangiste, l'usage légitime de la force, qu'elle soit privée ou publique, ne peut être que défensif, c'est-à-dire aux fins de se protéger soi-même ou/et sa propriété. La seule question qui vaille en ce qui concerne le problème de la migration humaine est donc la suivante : constitue-t-elle en elle-même une menace pour l'intégrité physique ou/et la propriété de quiconque ? Si ce n'est pas le cas, alors il n'y a aucune raison de l'entraver, encore moins de l'interdire.

CANDIDE : N'y aurait-il pas des accommodements à ce principe en fonction de la mission historique ou religieuse de tel peuple, de l'héritage traditionnel de tel autre, de la « capacité d'absorption » de telle société ?

ARCHIBALD : Le « seuil de tolérance » évoqué autrefois par un certain François Mitterrand[2] ?

CANDIDE : Par exemple. Ou encore ne faut-il pas

tenir compte des problèmes démographiques de tel pays d'origine ou d'accueil, de la nature même de la migration, qu'elle soit dite « économique » ou impulsée par les horreurs d'une guerre, d'un nettoyage ethnique, ou d'une dictature sanguinaire ?

ARCHIBALD : Toutes ces considérations sont *irrelevant*, pour parler en anglais.

CANDIDE : Ou encore : des immigrés ne viendraient-ils pas combler les trous de notre pyramide démographique et équilibrer nos régimes de retraite ? Je lis dans un récent rapport de l'OCDE consacré aux migrations[3] que « les personnes immigrées occupent le plus souvent [en France] les postes pénibles, permettant aux natifs d'aller vers des emplois plus élaborés, donc mieux rémunérés ». Ou encore : « L'immigration répond à des besoins non pourvus. »

ARCHIBALD : Ce point de vue utilitariste n'est pas à la hauteur de l'enjeu.

CANDIDE : Quel enjeu ?

ARCHIBALD : Encore et toujours le droit de propriété, et d'abord la propriété de soi-même. Si l'on veut y voir clair, il faut distinguer l'émigration de l'immigration.

CANDIDE : Commençons par l'émigration.

ARCHIBALD : C'est le moins difficile. Des barrières à l'émigration continuent d'exister en Corée du Nord et à Cuba. Elles ont longtemps caractérisé l'empire soviétique retranché derrière son « rideau de fer », le tristement célèbre mur de Berlin en étant l'incarnation la plus spectaculaire, et la plus lamentable, avec quelques dizaines de morts dans ses fossés, bien oubliés. Souvenons-nous que beaucoup d'intellectuels parvenaient à soutenir cette barbarie au prix d'acrobaties « philosophiques ». Les « fuyards » n'avaient-ils pas été nourris, éduqués par le système ?

CANDIDE : Ce refrain est parfois entonné à l'encontre de nos compatriotes diplômés qui quittent la France pour chercher emploi, voire fortune sous d'autres cieux.

ARCHIBALD : Il est impossible à qui que ce soit, même le moins ingrat des « patriotes », de partir sans emmener avec soi son capital intellectuel (c'est l'insigne mérite, nous l'avons dit, de ce type de capital, bien connu des minorités opprimées). Donc toute sortie du territoire serait en principe interdite avec un tel argument. Aussi bien les barrières à l'émigration ont-elles été presque partout démantelées comme contraires aux « droits de l'homme ».

CANDIDE : Remarque en passant : si l'on s'accorde à estimer que l'émigration est légitime, alors il faut bien que les émigrés aillent quelque part... et se transforment en immigrés.

ARCHIBALD : Tout à fait.

CANDIDE : Mais où et comment ?

ARCHIBALD : Appliquons, Candide, le principe énoncé plus haut. Aussi longtemps qu'un immigrant se trouve sur la propriété d'un citoyen du pays-hôte avec l'accord de ce dernier, il n'y a aucune violation du droit de propriété, et personne ne peut empêcher l'accord conclu entre l'immigrant et son hôte, que celui-ci offre son hospitalité par charité ou pour de l'argent. Et quelles que soient la race, la religion, les mœurs de l'une et l'autre parties au contrat conclu. Les « travailleurs détachés » entrent tout à fait dans cette catégorie. Je le répète : si l'immigrant ne fait peser aucune menace sur l'intégrité physique ou/et la propriété de quiconque, alors il n'y a aucune raison d'entraver son entrée, encore moins de l'interdire.

Toute autre position ne peut que se fonder sur une forme ou une autre de racisme.

CANDIDE : Et s'il ne se trouve personne pour accepter cette transaction ?

ARCHIBALD : Dans ce cas, il n'y a pas d'immigration. Mais on peut parier qu'il se trouvera toujours quelqu'un qui sautera sur l'occasion volontairement, soit pour faire une bonne œuvre (rappelons ce que nous avons dit sur le besoin de donner), soit — plus probablement — pour faire de l'argent en louant sa propriété ou en la vendant, ou en offrant un emploi à l'individu concerné.

Par exemple, des patrons de restaurants chinois en France auront tendance à faire venir des cuisiniers de Chine pour donner plus d'authenticité à leur établissement. Qui pourrait s'y opposer et au nom de quoi ? De même, des start-up françaises dans la Silicon Valley recrutent des informaticiens français. Comment ne pas s'en féliciter ? Ou bien un paysan français à la retraite trouve un petit bourgeois anglais pour acheter sa chaumière. Ce qu'il faut incriminer dans ce cas, c'est la politique agricole absurde qui a appauvri notre paysan au point de l'obliger à aliéner son patrimoine pour assurer ses vieux jours.

CANDIDE : J'en conclus que si l'ensemble de l'espace disponible était sous le règne de la propriété privée, l'immigration ne poserait aucun problème.

ARCHIBALD : Elle serait seulement soumise au droit des contrats entre personnes adultes, c'est-à-dire libres et responsables de leurs actes.

CANDIDE : Mais ces immigrés, même s'ils ne violent aucune propriété, ne vont-ils pas prendre le travail des indigènes au cas où ils chercheraient à entrer sur le marché du travail ?

ARCHIBALD : Cela m'étonne que vous puissiez utiliser un argument utilisé par les analphabètes en économie. Il n'y a jamais, et il n'y aura jamais, dans aucune société, de quantité de travail fixe qu'il faudrait partager entre ses membres.

CANDIDE : Mais ces nouveaux arrivés sur le marché du travail ne feront-ils pas baisser les salaires[4], tout en augmentant les profits des patrons et la valeur du foncier si les immigrés, au même moment, se portent acheteurs de propriétés immobilières ? En bref, les patrons et les propriétaires fonciers gagnent à l'affaire et c'est pour cette raison qu'ils sont favorables à l'immigration et rejoignent les élites cosmopolites sans foi ni âme, etc., dans une sorte de complot mondialiste contre les peuples. Cette chanson nauséabonde se répand à la vitesse des courriers électroniques. Mais n'est-ce pas inévitable ?

ARCHIBALD : Il est possible que cette baisse de salaires soit accompagnée par une baisse des prix à la consommation, causée précisément par la réduction du coût du travail, ce qui fait que, finalement, le pouvoir d'achat soit maintenu. Mais ce n'est qu'une éventualité. De même, la hausse du foncier peut être bénéfique aux travailleurs indigènes qui sont eux-mêmes propriétaires, ce qui compenserait l'éventuelle réduction des salaires. Là encore, c'est une simple possibilité.

CANDIDE : Vous voyez !

ARCHIBALD : En fait la réponse correcte est la suivante, et assez cruelle : si chacun, dans un monde de libre-échange, est propriétaire de son bien ou du fruit de son travail, au sens physique du terme, personne n'est propriétaire de la *valeur* de ce bien ou de ce travail. Si c'était le cas, il faudrait pour une seule personne figer les milliers de relations qui font que tel bien ou tel travail de cette personne ont telle valeur — et arrêter les pendules. Si chacun était vraiment propriétaire de la valeur de son bien et/ou de son travail, ce serait la fin de tout système économique, capitaliste ou non.

CANDIDE : Mais vous ne pouvez nier, Archibald, que les immigrés sont attirés par les largesses de l'État-Providence.

ARCHIBALD : Je vous l'accorde, mais non seulement cet État n'a rien à voir avec le libre-échange, mais il est son contraire. Les reproches que l'on fait sur ce plan-là doivent donc être adressés non pas aux vilains capitalistes, assoiffés de main-d'œuvre servile, mais à l'État lui-même.

CANDIDE : Ce ne sont que les miettes de notre festin.

ARCHIBALD : Sans doute, mais ces miettes sont du pain bénit pour des populations misérables, affamées, exploitées. Même le niveau de vie d'un prisonnier, dans nos geôles, qui sont pourtant surpeuplées et indignes, est supérieur à celui de beaucoup de ces migrants dans leur patrie d'origine.

CANDIDE : Empêchons donc ces gens d'approcher de nos côtes, car ils risquent de venir s'attabler à notre table avec les droits que leur accorde notre État.

ARCHIBALD : Non, Candide. Car ce serait revenir sur le principe de la liberté de mouvement pour tout être humain que nous avons rappelé tout au début de notre discussion.

CANDIDE : Alors ?

ARCHIBALD : La seule réponse est de supprimer sinon tout État-Providence, ce qui aurait ma préférence, mais du moins ce qui dans cet État-Providence joue le rôle de « pompe aspirante ». L'immigration fait problème en effet parce que les migrants s'introduisent sur divers espaces publics, bâtiments publics, routes publiques, transports publics, hôpitaux publics, écoles publiques…

CANDIDE : Ne suffirait-il pas d'appliquer à ces espaces les mêmes règles qu'à la propriété privée ? Pour s'y installer, il faudrait le consentement de l'autorité concernée, municipale pour ce qui concerne les rues, les squares, les jardins publics, les bibliothèques ; départementale pour les routes, les forêts, les plages ; régionale ; nationale, etc.

ARCHIBALD : Il est vrai que ces autorités publiques mettent souvent beaucoup de temps à se manifester, en tout cas plus de temps que ne le feraient des propriétaires privés confrontés à un problème d'intrusion, car elles ne sont pas les vraies propriétaires de ces lieux publics, financés par l'impôt, et de ce fait sont des gardiens négligents de leur domaine. Ces « retards à l'allumage », si l'on ose dire, ne font qu'aggraver le problème et rendre plus douloureuse la solution inéluctable, comme on l'a vu pour la dite jungle de Calais.

Mais même si les pouvoirs publics étaient plus prompts à garder les espaces publics, la question ne serait pas réglée pour autant. Car l'État-Providence pousse ses ramifications d'une manière plus souterraine, moins visible, mais tout aussi calamiteuse pour le libre-échange.

CANDIDE : Expliquez-moi.

ARCHIBALD : Les propriétaires et/ou les patrons sont obligés par la loi de faire affaire avec des gens avec lesquels ils ne voudraient pas commercer pour des raisons qui ne regardent que leur conscience. Les patrons ne peuvent pas toujours employer ou licencier qui ils veulent, ou sont obligés d'embaucher des gens dont ils ne veulent pas pour une raison ou pour une autre, par exemple la religion. Le Code du travail les oblige en outre à les payer à un certain salaire. La durée du travail n'est pas négociable, etc. Les propriétaires sont obligés d'accepter des locataires dont ils ne voudraient pas pour des raisons ethniques s'ils étaient vraiment libres de choisir. Les patrons de restaurants ou de boîtes de nuit doivent accepter des clients qu'ils refuseraient s'ils pouvaient appliquer librement leurs propres critères aux fins de conserver la réputation de leur établissement (tenues vestimentaires, comportements, mœurs, niveau d'alcoolémie, consommation de drogues...). On a vu dans une leçon précédente qu'à l'origine de la crise de 2008, les *subprimes* avaient obligé des banques américaines à prêter contre leur gré à des gens peu solvables, voire insolvables, appartenant souvent à des minorités ethniques. Pour résumer, une transaction dans laquelle au moins une partie n'est pas libre de ses choix à cause des *affirmative actions*, des lois antidiscriminatoires, est contraire aux principes fondamentaux du libre-échange. Et ces lois devraient donc être abolies.

CANDIDE : L'immigration qui est causée, mieux vaudrait dire forcée, par l'État-Providence et ses règlements peut donc tout à fait être stoppée sans porter atteinte aux principes du libre-échange.

ARCHIBALD : C'est un projet concevable, à condition toutefois qu'en même temps on ne proclame pas à cor et à cri l'installation de nouvelles entraves au commerce des biens et des services ou au mouvement des capitaux. Car ce serait jeter le bébé avec l'eau du bain. Il serait bien étonnant, certes, que ceux qui veulent arrêter l'immigration par l'armée et la police ne soient pas aussi des contempteurs du libre-échange, montrant ainsi eux-mêmes que la liberté serait indivisible. Or la liberté de chacun a une limite, c'est, répétons-le, de ne pas empiéter sur la propriété d'autrui, que ce soit son corps ou le fruit de son travail.

*Quarante-neuvième leçon*

## DE LA FIN DU CAPITALISME

CANDIDE : Mon cher Archibald, je vous plains. Vous aviez cru en finir avec la critique de l'économie de marché depuis la chute du mur de Berlin, le 9 novembre 1989, et voilà que cette critique ressurgit sous toutes sortes de formes : néo-socialiste, régulationniste, écologiste, nationaliste, étatiste. Vous me faites penser à Sisyphe. Vous espériez avoir réussi à monter votre rocher jusqu'au sommet de la montagne, et voici qu'il dégringole à nouveau... Robotisation, numérisation, ubérisation, économie collaborative, monnaie électronique, autant d'innovations qui annonceraient la fin du capitalisme.

ARCHIBALD : Vous ne croyez pas si bien dire. Les orphelins de Marx et de Lénine ont vite retrouvé des chevaux de bataille, pour ne pas dire leurs vieilles chimères, tout en endossant de nouvelles armures...

CANDIDE : Vous n'allez pas vous en tirer comme ça...

ARCHIBALD : Il est vrai qu'ils n'ont plus à balayer devant leurs portes — c'est bien le cas de le dire. Au moment de la chute du mur de Berlin, l'émission de polluants industriels et domestiques était cinq fois plus élevée en URSS qu'aux États-Unis, pour un PIB deux fois moins élevé. Pour ne rien dire de la mer d'Aral qui, en 1970, avait déjà perdu les neuf dixièmes de sa surface. Quant à la Chine communiste, elle bat tous les records en la matière…

CANDIDE : Il ne s'agit pas seulement du marxisme-léninisme. Keynes lui-même…

ARCHIBALD : L'imposteur le plus malfaisant du XXe siècle !

CANDIDE :… est de retour. Je lis dans le journal ce gros titre : « John Maynard Keynes : une valeur en hausse ». Et en sous-titre : « Soixante-dix ans après sa mort, les écrits du théoricien britannique sont tombés dans le domaine public. Un temps éclipsés par le triomphe du néolibéralisme, ses concepts suscitent à nouveau l'intérêt ».

ARCHIBALD : Hélas ! Trois fois hélas !

CANDIDE : Dans sa *Lettre à nos petits-enfants*[1]…

ARCHIBALD : Une imposture de plus. Il n'a jamais été père, ni donc grand-père…

CANDIDE :… lettre qui date de 1930, il prédit la fin du capitalisme d'ici cent ans. Donc en 2030…

ARCHIBALD : Je vous fiche mon billet qu'en 2030 le capitalisme sera toujours bien vivant. Pour le reste, je vous renvoie aux sept leçons — de la Vingt-deuxième à la Vingt-neuvième — que j'ai consacrées à démolir le keynésianisme. On ne va pas y revenir.

CANDIDE : Ne vous esquivez pas, Archibald !

ARCHIBALD : Les chimères keynésiennes prospèrent particulièrement bien en France où l'anticapitalisme primaire, au moins dans les discours politiques, se porte bien. Pour prendre le pouvoir, François Hollande, on s'en souvient, dans le célèbre « discours du Bourget », le 22 janvier 2012, avait identifié son « véritable adversaire » : « Il n'a pas de nom, pas de visage, pas de parti, il ne présentera jamais sa candidature, il ne sera donc plus élu, et pourtant il gouverne. Cet adversaire, c'est le monde de la finance. » Il mettait ses pas dans ceux d'un autre François...

CANDIDE : Mitterrand.

ARCHIBALD : Exactement. Au congrès d'Épinay de juin 1971, quand il était à l'assaut du parti socialiste, Mitterrand avait fustigé « toutes les puissances de l'argent, l'argent qui corrompt, l'argent qui achète, l'argent qui écrase, l'argent qui tue, l'argent qui ruine, et l'argent qui pourrit jusqu'à la conscience des hommes ».

CANDIDE : Ce sont là des effets de manche sur des tréteaux de gauche.

ARCHIBALD : Vous trouvez la même logorrhée à droite. Une des phrases les plus célèbres de Charles de Gaulle n'est-elle pas : « Mon seul adversaire, celui de la France, n'a jamais cessé d'être l'argent[2] » ? Même Édouard Balladur, qui ne passe pas pour un étatiste farouche (il y en a beaucoup à droite), s'était laissé aller à déclarer au *Financial Times* dans un entretien en 1993, alors qu'il était Premier ministre, « Qu'est-ce que le marché ? C'est la loi de la jungle, la loi de la nature. Et qu'est-ce que la civilisation ? C'est la lutte contre la nature. » *Ergo* c'est être civilisé que de lutter contre le marché. Contresens absolu !

CANDIDE : Le renard dans le poulailler, qu'en faites-vous ?

ARCHIBALD : Il n'y a pas de poulailler dans la nature. Mais même s'il y en avait un, le renard y serait bien inoffensif si la loi du marché s'imposait à lui comme à tout le monde. Oui, la loi du marché, et non celle de la jungle, la loi qui impose le respect des droits de propriété empêcherait le fauve de recourir à ses moyens ordinaires de coercition et l'obligerait à la persuasion, à la publicité, au contrat de travail pour parvenir à ses fins. Le renard dans le poulailler, c'est plutôt l'État qu'il symbolise, avec son monopole de la force armée. Quel affreux capitaliste pourrait reprendre à son compte les propos d'un bureaucrate français tels que les rapporte le sociologue américain Laurence Wylie dans *Un village du Vaucluse*[3] : « Si les usagers disent du mal de moi, je leur chie dessus en toute sérénité. Leurs plaintes ne font que confirmer la valeur de mon bureau et de mes méthodes. Plus on leur chie dessus, mieux je sers l'État. »

CANDIDE : Grossière caricature !

ARCHIBALD : Essayez un peu de refuser les services de l'État et de ne pas payer l'impôt, et vous verrez qui a le pouvoir dans le poulailler. En revanche, le produit ou le service d'un monopole, s'il n'est pas essentiel à votre survie, est toujours substituable. Je vous renvoie à notre leçon sur les matières premières.

CANDIDE : Tout de même, l'économie de marché a fait des progrès dans l'esprit public, même en France. Elle trouve des défenseurs à droite et même à gauche. Et Emmanuel Macron est président de la République.

ARCHIBALD : Malheureusement, et pas seulement en France, ce progrès de l'idée de liberté est contrebalancé par une montée du populisme, à gauche comme à droite, avec toutes les sottises qu'il véhicule sur le plan économique.

CANDIDE : Les esprits sont moins crédules. Cela fait maintenant un demi-siècle qu'on enseigne l'économie aux collégiens français dans le secondaire.

ARCHIBALD : Un désastre. On aurait mieux fait de s'abstenir de tout enseignement d'économie. Au départ, des professeurs d'histoire-géo, reconvertis aux « sciences économiques et sociales » (SES) et formés à la va-vite, ont diffusé un sabir pseudo-marxiste et néo-keynésien. Le capitalisme y était présenté comme « brutal » ou encore « sauvage ». Les patrons se trouvaient forcément à l'origine des conflits sociaux et des inégalités de revenus. Dans les illustrations, ils avaient encore un gros cigare entre les dents.

CANDIDE : On n'en est plus là aujourd'hui.

ARCHIBALD : Encore en 2013, un sondage indiquait que 80 % des Français désapprouvaient le système capitaliste et 25 % des interrogés considéraient que nous devrions abandonner le capitalisme !

CANDIDE : Sondage, sondage…

ARCHIBALD : En 1974, Valéry Giscard d'Estaing déclarait : « Au-dessus de 40 % de prélèvements obligatoires, c'est le socialisme. » Nous avons depuis longtemps dépassé ce seuil.

CANDIDE : Il n'empêche ! Les idées de liberté ont tout de même progressé…

ARCHIBALD : De temps en temps, l'esprit anti-marché ressurgit sous sa forme la plus pure. Le comble a été la décision du ministère de l'Éducation, annoncée en juin 2016, d'alléger le programme d'économie en classe de seconde. Des représentants des professeurs de SES reprochaient aux programmes d'être trop lourds, impossibles à boucler. Le lamento habituel. Et savez-vous quelle est la partie du programme que l'on se proposait de supprimer ?

CANDIDE : Je ne m'en souviens pas.

ARCHIBALD : La formation des prix sur un marché ! Restait au programme, bien sûr, l'étude des phénomènes « sociaux », ou mieux, « socio-culturels » ou « sociétaux ». Blablablabla… Mais revenons à nos prophètes de la fin du capitalisme. Ils ont raison au moins en ce qui concerne le capitalisme français dont il ne reste plus grand-chose, il est vrai ! De grands champions sont passés à l'étranger. Lafarge est devenu suisse, Alcatel finlandais, le Club Med chinois. Technip a fusionné avec l'américain FMC et transféré son siège au Royaume-Uni tandis que l'essentiel d'Alstom était avalé par General Electric, le reste étant maintenant mangé par Siemens. Quant aux grands champions de l'économie publique française, Électricité de France, Air France, France Telecom, Société nationale des chemins de fer français, c'est déficit, grèves et compagnie. Gaz de France se planque derrière Engie, parce que le mot même de France effraie les investisseurs. Cela n'a pas empêché la valeur boursière d'Engie d'être divisée par trois depuis 2010. Au moins la compagnie gazière est-elle restée dans le CAC 40, alors qu'EDF a dû en sortir le 21 décembre 2015, sa valeur boursière ayant été divisée par sept depuis son entrée en fanfare en 2005. À l'autre bout de l'échelle, nombre de start-up et de sociétés de taille moyenne ont, elles, été vendues à des étrangers, comme le transporteur Norbert Dentressangle, le fabricant d'objets connectés Withings ou le site de réservation de trains Captain Train. En 2016, environ 39 % des PME françaises qui ont changé de mains auraient été acquises par des étrangers, un taux record. On ne compte aucun champion français du numérique dans le CAC 40. La France n'aime pas le capitalisme, disent les politiques de tout bord. Eh bien ! Le capitalisme le lui rend bien. Résultat : notre pays est à la traîne... Mais sortons de l'Hexagone, s'il vous plaît.

CANDIDE : Ces prophètes parlent de la fin du travail... Les robots, l'« internet des objets », le numérique, tout ça...

ARCHIBALD : Il n'y a jamais, dans aucune société, de quantité de travail fixe à partager entre les membres de cette société, nous l'avons dit et répété. Si c'était le cas, n'importe quelle invention qui permet d'économiser de la main-d'œuvre serait cause de chômage. Et comme depuis des siècles nombre d'individus passent leur temps à inventer des machines, nous devrions être tous au chômage. Faudrait-il derechef gratter la terre avec nos ongles pour permettre à notre société de retrouver le plein-emploi ? L'Allemagne a deux fois plus de robots par travailleur que la France, et deux fois plus d'emplois industriels également. Cherchez l'erreur ! Dans tous les métiers à forts contenus décisionnels et demandeurs de créativité, il y aura des créations d'emplois. La « fin du travail », annoncée de temps à autre depuis quelque trois siècles par quelques bonnets d'âne, tel Jeremy Rifkin, avec son livre préfacé par feu Michel Rocard[4], n'est pas pour demain… Oublions !

CANDIDE : Rifkin est revenu en piste avec *La Nouvelle Société du coût marginal zéro*[5], et il fait de nouveau un tabac.

ARCHIBALD : L'idée à la base est que le coût de la dernière unité produite (le « coût marginal ») tend vers zéro à cause des économies d'échelle gigantesques permises par les nouvelles technologies, lesquelles permettent des rendements indéfiniment croissants. Cette tendance serait capable de détruire les bases de l'économie de marché.

CANDIDE : Le raisonnement me paraît juste.

ARCHIBALD : Juste ?

CANDIDE : Si le coût marginal est nul, il n'y a plus de prix. S'il n'y a plus de prix, il n'y a plus de rareté. Et s'il n'y a plus de rareté, il n'y a plus d'économie, puisque l'économie est la science de la rareté. Voilà ce que j'entends dire très souvent. Et que prédisait Keynes en 1930, je le répète.

ARCHIBALD : Ces déductions sont justes à ceci près que le coût marginal n'est pas vraiment nul — ce n'est pas possible dans notre bas monde —, il tend vers zéro, ce qui est différent. Autrement dit, il est décroissant.

CANDIDE : Nous voilà bien avancés, Archibald !

ARCHIBALD (*imperturbable*) : Or, quand une valeur marginale est décroissante, elle est toujours inférieure à la valeur moyenne correspondante. Cela se démontre algébriquement.

CANDIDE : Épargnez-moi vos équations !

ARCHIBALD : On peut s'en passer. Vous êtes un mauvais élève...

CANDIDE : Si mauvais que cela ?

ARCHIBALD : C'est juste un exemple. Vous êtes un élève de plus en plus mauvais et chaque fois que je vous note, la note que je vous donne est inférieure à la précédente. Donc chaque note non seulement fait baisser votre moyenne, mais encore elle est inférieure à la moyenne des notes que je vous ai données, la dernière étant incluse dans le calcul de cette moyenne. Ce n'est pas pour rien qu'un mauvais élève entend son professeur lui seriner : il vous faudra, mon pauvre ami, de meilleures notes si vous voulez relever votre moyenne !

CANDIDE : Cela me rappelle des souvenirs !...

ARCHIBALD : Il en va de même pour les coûts. Si le coût marginal est décroissant, c'est 1. que le coût moyen est lui-même décroissant, et 2. que le coût marginal est toujours inférieur au coût moyen.

CANDIDE : Et alors ?

ARCHIBALD : Rappelez-vous que pour une bonne gestion économique, il faut que le prix de vente d'une marchandise ou d'un service soit égal à son coût marginal. Si l'on obéit à cette règle, le prix de vente, égalisé au coût marginal, sera inférieur au coût moyen en cas de coût marginal décroissant.

CANDIDE : Ce qui veut dire que je vends cette marchandise ou ce service à perte.

ARCHIBALD : Exactement. Or aucune entreprise digne de ce nom ne peut se permettre de vendre à perte — sauf à disparaître dans un délai plus ou moins court.

CANDIDE : Donc ?

ARCHIBALD : Donc nous avons affaire à une authentique faille de l'économie de marché, *a market failure*, pour dire la chose en anglais. L'économie de marché fonctionne avec des prix égaux aux coûts marginaux. Or, dans certains cas, ces prix sont inférieurs aux coûts moyens et conduisent donc au déficit les entreprises concernées. Donc, dans ces cas-là, l'économie de marché ne peut pas fonctionner. CQFD.

CANDIDE : C'est bien ce que dit Rifkin.

ARCHIBALD : Nenni. Rifkin se contente de parler de coût zéro et n'entre pas dans cette problématique des coûts décroissants.

CANDIDE : Pourquoi ?

ARCHIBALD : Il faudrait lui demander, cher Candide. Je n'ose pas dire qu'il ne la connaît pas. Je suppose plutôt que, cette problématique étant bien connue des économistes, il ne veut pas avoir l'air d'enfoncer des portes ouvertes.

CANDIDE : Et que disent les économistes à ce sujet ?

ARCHIBALD : Ils parlent de « monopole naturel ».

CANDIDE (*péremptoire*) : Mais vous passez votre temps à dire qu'il n'y a pas de monopole dans la nature !

ARCHIBALD : L'expression est en effet ambiguë. Elle

veut dire en fait qu'il est dans la nature de tel secteur de l'économie d'engendrer des monopoles naturels, comme nous l'avons étudié dans la Treizième leçon, puis-je vous le rappeler. D'autant que, dans ces secteurs, viennent souvent s'ajouter aux effets d'un coût marginal décroissant des effets de réseau que nous avons aussi étudiés[6]. Ces deux types d'effets aboutissent au résultat du *winner takes all* (le gagnant rafle toute la mise), résultat déjà mentionné en matière religieuse…

CANDIDE (*encore plus péremptoire*) : Donc il y a des monopoles dans la nature…

ARCHIBALD : Il y a des « monopoles naturels », comme vous le savez, mais si l'État n'intervient pas pour barrer toute entrée sur le marché, le monopole naturel en question, tout monopole qu'il est, reste soumis à la concurrence. Par exemple, une ligne de chemin de fer est en situation de « monopole naturel » sur telle portion du territoire (il serait ridicule d'en construire une seconde sur le même trajet), mais elle n'en est pas moins soumise à la concurrence d'autres modes de transport (voiture, autocar, camions, péniches, avions). La première chose à faire est de laisser cette concurrence-là s'exercer pleinement et donc de résister aux multiples lobbies qui demandent à l'État de « protéger » la ligne de chemin de fer en question. Ensuite, il faudra bien se résoudre à accepter l'existence d'entreprises tarifant leur service ou leur produit au coût marginal, et donc condamnées au déficit, puisque ce coût marginal, répétons-le, est inférieur au coût moyen. Alors le choix est entre un monopole public autorisé à ne pas équilibrer ses comptes et une entreprise privée subventionnée — pour combler le déficit causé par l'égalisation du prix à un coût marginal inférieur au coût moyen. Cette entreprise privée sera donc, en principe, contrôlée par l'État pour cette subvention.

CANDIDE : Deux solutions calamiteuses pour vous, je suppose.

ARCHIBALD : Oui. Reprenons l'exemple de la ligne de chemin de fer. Supposons, pour simplifier le raisonnement, qu'il n'y ait pratiquement que des coûts fixes sur cette ligne, ce qui est proche de la réalité. Même le contrôleur ou la personne qui vend des tickets au guichet peuvent être considérés comme des coûts fixes puisqu'il faut les payer quel que soit le nombre de voyageurs. S'il y a 1 000 voyageurs par jour, le coût par voyageur sera divisé par 1 000. S'il y en a 2000, le coût sera divisé par 2 000. Le coût moyen est décroissant. Par conséquent, comme nous venons de le montrer, le coût marginal est lui aussi décroissant et toujours inférieur au coût moyen. Autrement dit le coût du 2 001e voyageur sera inférieur à celui du 2 000e. Tarifer le billet au coût marginal conduit l'entreprise qui a construit la ligne de chemin de fer à un déficit inéluctable.

CANDIDE : D'où la nationalisation du chemin de fer.

ARCHIBALD : Ou la constitution d'une entreprise subventionnée et donc contrôlée par l'État.

CANDIDE : Quel est la moins mauvaise des solutions ?

ARCHIBALD : Quand l'État exploite lui-même un monopole naturel, il est souvent plus difficile de mesurer les coûts de ce « service public » que lorsqu'il s'agit des coûts d'entreprises privées soumises à contrôle. Les commissions de contrôle gouvernemental soumettent les entreprises privées qui exploitent un « monopole naturel » à des interrogatoires serrés afin de les obliger à justifier les données en matière de coûts, alors qu'une administration peut échapper à un tel examen attentif. « Les fonctionnaires qui gèrent les monopoles publics peuvent finalement rendre moins de comptes au public que des gestionnaires privés soumis à contrôle », écrit justement l'économiste américain Hal Varian dans son *Introduction à la microéconomie*[7]. On trouverait maints exemples de cette disparité de contrôle en France même, notamment dans l'histoire du secteur pétrolier, et aujourd'hui — tragiquement — dans le nucléaire. Donc, quand l'État est corrompu — mais quel État ne l'est pas ? —, il vaut mieux choisir la deuxième solution. Et surtout, encore une fois, toujours maintenir la pression de la concurrence.

CANDIDE : Autre controverse. L'économie de marché serait condamnée parce qu'elle se traduit par un pillage de la planète…

ARCHIBALD : Nous avons déjà répondu à cet argument quand nous avons étudié l'épuisement des matières premières…

CANDIDE :… et à la rendre irrespirable et dangereuse pour la santé, et même dangereuse tout court si l'on prend en compte les dangers de l'énergie nucléaire.

ARCHIBALD : En France, cette dernière a été lancée par l'État à grands renforts de subventions.

CANDIDE : Pas au Japon. La catastrophe de Fukushima n'est-elle pas typique des négligences d'une entreprise privée ?

ARCHIBALD : Elle est surtout la conséquence d'un séisme d'une ampleur exceptionnelle, alors que celle de Tchernobyl était bien le résultat d'erreurs humaines, de défauts de conception et surtout d'une cascade de mauvais choix bureaucratiques, typiques d'une économie socialiste. Toutes ces questions, il faut les reprendre à la racine. Or la racine d'une économie de marché, c'est le contraire du gaspillage, par définition. Les orphelins de Marx, évoqués plus haut, feraient bien de relire leur Évangile.

CANDIDE : Lequel, Archibald ?

ARCHIBALD : *Le Capital*, bien sûr. Le prophète du communisme y décrivait « l'acharnement fanatique des capitalistes à économiser les moyens de production », en sorte « que les moyens de production ne soient consommés que de la façon requise par la production », et « que rien ne se perde, ni ne soit gaspillé[8] ». Marx en réalité ne faisait que retrouver la logique du profit : produire le plus possible de marchandises avec le moins possible de moyens.

CANDIDE : Des exemples ?

ARCHIBALD : Ils sont triviaux et je vous laisse le soin de les découvrir par vous-même. Pour venir à votre secours, je prendrai un exemple de « gaspillage de la nature » qui paraît aller de soi : la déforestation. Il y a vingt ans déjà, en juillet 1997, le magazine *Time* titrait une étude sur l'environnement : « Forêts du monde : massacre à la tronçonneuse ». Depuis, ce thème est régulièrement ressassé. L'angoisse de la disparition des forêts est, en fait, très ancienne. Déjà Platon se plaignait que les hauteurs de l'Attique ressemblaient au « squelette d'un corps miné par la maladie » à cause du déboisement. L'Europe, certes, a perdu 50 à 70 % de sa forêt originelle. Mais la plus grande partie a été abattue *au début du Moyen Âge*, soit pour la convertir en terre arable, soit pour en tirer du bois à brûler. Sans ce débitage en règle, pas de cathédrales — qui sont tout de même des biens durables…

CANDIDE : L'homme ne se nourrit pas de bois. Il fallait laisser la place à l'agriculture.

ARCHIBALD : Certes, mais l'agriculture elle-même

a obéi à l'acharnement fanatique des capitalistes à la parcimonie. En cinquante ans, les progrès techniques motivés par la recherche du profit ont permis de réduire les surfaces utilisées à hauteur de 68 % : en 1960, pour produire 100 boisseaux de maïs, un agriculteur américain devait exploiter 1,88 acre de terres agricoles contre 0,61 acre en 2010, selon les calculs du ministère de l'Agriculture des États-Unis (United States Department of Agriculture). La ferme des Mille Vaches, qui fait couler tant d'encre, devrait être saluée comme une bénédiction par les écologistes puisqu'elle économise la surface consacrée à l'élevage bovin.

Le résultat de ce « fanatisme de l'économie des moyens de production » qu'analysait Marx avec tant de perspicacité, c'est que les forêts américaines ont progressé de 769 millions d'hectares de 1990 à 2010 (+ 0,3 %) et que les forêts françaises sont aujourd'hui plus étendues qu'au début de la révolution industrielle (15,9 millions d'hectares contre 11 millions en 1950 et 9 millions au XIX^e^ siècle), en dépit d'incendies répétés et spectaculaires. Cette dernière progression n'est pas étrangère au fait que les trois quarts de nos forêts sont privés, et donc soumis à une gestion de « bon père de famille » qui a pour caractère principal de léguer aux descendants le capital transmis par les générations précédentes. La déforestation qui sévit au Brésil, au Venezuela, en Bolivie et en Argentine vient de ce que les forêts sont dans le domaine public. Elles sont certes exploitées par des compagnies privées mais, justement, ces dernières n'ont pas à se soucier du maintien du capital forestier puisqu'elles n'en sont pas propriétaires. Les deux pays qui respectent les droits de propriété forestiers, le Chili et l'Uruguay, sont aussi les deux seuls à voir leurs forêts progresser, si l'on en croit un rapport de la FAO de 2011 consacré aux *Situations des forêts du monde*[9].

CANDIDE : Et que faites-vous des déchets industriels de toutes sortes qui salopent notre belle planète ?

ARCHIBALD : Là encore l'économie de marché est plus « économe » que n'importe quelle autre économie. Par exemple, l'extraction du cuivre à grande échelle a généré des quantités gigantesques d'un déchet, le molybdène, qui n'était jusqu'alors qu'une curiosité de laboratoire. Les grandes masses de ce sous-produit ont trouvé nombre d'applications industrielles (alliage avec l'acier, le blindage de la Grosse Bertha, etc.). De ce fait, ce déchet a une *valeur*. Son prix varie entre 18 et 37 dollars par kilo. Autre exemple parmi des milliers d'autres : les « cendres volantes », ces déchets de la combustion du charbon, étaient autrefois rejetées dans l'atmosphère. Elles sont maintenant utilisées dans la fabrication du béton, ce qui permet tout à la fois de réduire la quantité de ciment utilisée et donc de diminuer les coûts, d'améliorer la maniabilité et la durabilité du béton. Elles ont une valeur pouvant aller jusqu'à 1 000 dollars la tonne. Le béton lui-même, aujourd'hui, peut être recyclé après destruction des ouvrages dont il est le matériau !

CANDIDE : N'en jetez plus. Parlez-moi plutôt ubérisation, plate-forme, économie collaborative. N'annoncent-elles pas la fin de l'économie de marché ?

ARCHIBALD : Elles sont souvent une revanche des lois du marché violées par des monopoles abusifs, des réglementations stupides, des corsets fiscaux — revanche aidée par le progrès technique. C'est clairement le cas d'Uber. Ce que l'on appelle « ubérisation » est une réaction contre le monopole exercé par les taxis patentés — réaction favorisée par la géolocalisation. On pourrait en dire autant des autres plates-formes (Airbnb, notamment) qui, grâce à des inventions techniques, avivent la concurrence dans l'hôtellerie, le tourisme, la plaisance, le logement lui-même, les agences d'emploi, victimes de réglementations excessives et d'une fiscalité prédatrice. Bien sûr ces plates-formes profitent des effets de réseau et se trouvent souvent dans la position du *winner takes all*. Mais, encore une fois, il n'y a pas de monopole dans la nature…

CANDIDE : N'est-il pas vrai que nous sommes entrés, non dans l'âge de l'excès, mais dans l'« âge de l'accès », qui viendrait mettre fin à la propriété privée, laquelle, comme vous le dites vous-même est au centre de l'économie de marché ? Les marchés ne sont-ils pas remplacés par des réseaux, les vendeurs par des prestataires et les acheteurs par des utilisateurs ?

ARCHIBALD : Assurément, la propriété d'une automobile particulière va perdre beaucoup de son intérêt avec l'apparition de la voiture automatique, qui devrait ne pas tarder (le chauffeur Uber est déjà un quasi-automate : il ne connaît ni l'adresse de son client, ni celle de la destination, qui lui sont révélées au dernier moment par son GPS). Le jour où une station Vélib' s'est installée à ma porte, j'ai abandonné mon vélo, qui du reste m'avait été volé bien que solidement cadenassé à un lampadaire — ce qui montre la fragilité du droit de propriété dans un monde incivique. Mais cette fragilité n'est pas nouvelle. Certaines rues de Paris étaient fréquentées par des coupe-gorges et des vide-goussets à la Belle Époque. Le covoiturage, la colocation d'appartement sont peut-être surtout l'expression de la paupérisation des classes moyennes qui, comme nous l'avons montré, sont les seules à payer vraiment l'impôt, les plus pauvres y échappant et/ou recevant des subsides de l'État-Providence, les plus riches ayant les moyens d'accéder à des paradis fiscaux.

CANDIDE : Tout de même, l'*open source*, qui est couramment pratiquée par les informaticiens, est une brèche importante dans l'édifice des droits de propriété intellectuelle, puisqu'elle permet à tout un chacun d'accéder librement au « code source » d'un logiciel, et même de le modifier à sa guise — ce qui serait tout à fait impossible si ce code était breveté.

ARCHIBALD : Sans doute. Mais reste à savoir si la propriété intellectuelle est une propriété qui mérite d'être défendue. Franchement j'en doute...

CANDIDE : Mais les brevets, les licences, les droits d'auteur...

ARCHIBALD : On pourrait s'en passer, et, du reste, on s'en est passé pendant des siècles et cela n'a pas empêché des génies de produire leurs inventions et leurs chefs-d'œuvre. Prenons l'exemple du brevet, le plus sensible dans le domaine économique. Tout brevet a trois dimensions : la « longueur », la « largeur » et la « profondeur ». La longueur, c'est sa durée dans le temps. Elle est décidée par convention (vingt ans en général). Mais sachez que le problème de la détermination de la durée économiquement optimale d'un brevet est très complexe, et qu'en fait il n'est pas scientifiquement résolu. La « largeur » est l'étendue de la protection offerte par le brevet, le domaine auquel il s'applique. La « profondeur » est le degré d'originalité utilisé pour déterminer si un brevet protège une idée nouvelle. Ces deux dernières dimensions ne sont pas et ne peuvent pas, elles non plus, être déterminées objectivement. Cela fait beaucoup d'inconnues.

On assiste pourtant ces dernières années à une multiplication des brevets, sans doute abusive. Nombre d'entreprises investissent dans des portefeuilles de brevets sur presque tous les aspects de leurs activités — ce qui leur permet de rendre plus difficile l'entrée de concurrents sur leurs marchés ou d'avoir une monnaie d'échange dans les accords entre détenteurs de licences. Ces portefeuilles ressemblent aux ogives nucléaires dont disposaient les États-Unis et l'Union soviétique au temps de la guerre froide. Ils avaient chacun suffisamment de fusées pour anéantir l'adversaire. Dès lors, il s'est établi un équilibre de la terreur. Il en va de même entre les géants économiques. Ils accumulent des brevets pour dissuader toute attaque adverse. Mais le progrès technique que le brevet est censé faciliter n'y gagne rien. Au contraire, il y perd.

CANDIDE : Vous me surprendrez toujours, Archibald.

ARCHIBALD : Sans doute vous surprendrai-je encore si je vous dis que, malgré tout ce blabla sur l'économie collaborative, le droit de propriété ne s'est jamais si bien porté. Nous l'avons noté, l'inventeur du Bitcoin a mis son protocole en *open source*. Il n'empêche que le droit de propriété de chaque bitcoiner sur son *digital gold* est gravé dans le « marbre » de la Blockchain beaucoup plus sûrement qu'il ne le serait partout ailleurs dans les banques, dont les devantures sont pourtant couvertes de marbre. Mieux encore, la Blockchain, comme nous l'avons noté, va servir à graver dans son « marbre » toute une série de droits de propriété. Donc non seulement le droit de propriété se porte bien, mais encore il s'étend maintenant à des domaines physiques inimaginables il y a seulement quelques années : sperme, ovule, foie, rein sont maintenant échangés tous les jours sur un marché mondial par Internet, avec un luxe de détails digne des magasins *on line* les mieux organisés[10]. Par exemple, le prix du sperme dans la « plus grande banque de sperme du monde », sise au Danemark, varie en fonction de la « qualité » du produit, mais aussi de l'acceptation du donneur de faire connaître son identité, le prix étant trois fois plus élevé que la somme que reçoit un donneur qui désire rester strictement anonyme. Autrement dit non seulement le sperme, mais le nom de son donneur sont à vendre ! De même peut-on louer des utérus sur des catalogues semblables à ceux qui sont offerts pour les petites annonces coquines. C'est ce qu'on appelle la gestation pour autrui. Pour ne rien dire de la prostitution qui prospère sur Internet.

CANDIDE : Et vous acceptez cette barbarie ?

ARCHIBALD : Je n'ai pas, comme je vous l'ai dit dès le début de ces entretiens, à porter de jugements moraux sur telle ou telle transaction.

CANDIDE : Position de repli !

ARCHIBALD : Dans notre Vallée de larmes, l'économie de marché est la pire des économies à l'exception de toutes les autres.

# APPENDICES

# *Bibliographie*

## TEXTES FONDAMENTAUX

ARISTOTE, *Éthique à Nicomaque*, trad. fr. Jean Tricot, Paris, Vrin, 1994.

ARISTOTE, *Politique*, trad. fr. Jean Aubonnet, Paris, Gallimard, coll. Tel n° 221, 1993.

BASTIAT, Frédéric, *Œuvres économiques*, textes présentés par Florin Aftalion, Paris, PUF, coll. Libre échange, 1983.

COASE, Ronald Harry, « The Problem of Social Cost », *Journal of Law and Economics*, vol. 3, octobre 1960, p. 1-44 ; trad. fr. Marc Bloch *in* Jacques Généreux (éd.), *L'Économie politique. Analyse économique des choix publics et de la vie politique*, Paris, Larousse, 1996.

FISHER, Irving, *Recherches mathématiques sur la théorie de la valeur et des prix*, trad. fr. Jacques Moret, Paris, Girard et Brière, 1917.

FRIEDMAN, David, *Vers une société sans État*, trad. fr. Françoise Liégeois, Paris, Les Belles Lettres, 1991.

FRIEDMAN, Milton, *Essais d'économie positive*, trad. fr. Guy Millière, préface de Pascal Salin, Paris, Litec, coll. Liberalia, 1995.

FRIEDMAN, Milton, *Inflation et systèmes monétaires*, trad. fr. Daisy Caroll, Paris, Calmann-Lévy, 1970.

GEORGE, Robert P., *In Defense of Natural Law*, Oxford, Clarendon Press, 1999.

GÉNÉREUX, Jacques (éd.), *L'Économie politique. Analyse*

*économique des choix publics et de la vie politique*, Paris, Larousse, 1996.

HALÉVY, Élie, *La Formation du radicalisme philosophique*, I. *La Jeunesse de Bentham, 1776-1789* ; II. *L'Évolution de la doctrine utilitaire de 1789 à 1815* ; III. *Le Radicalisme philosophique*, Paris, PUF, 1995.

HAYEK, Friedrich August, *La Constitution de la liberté*, trad. fr. Raoul Audouin et Jacques Garello avec la collaboration de Guy Millière, Paris, Litec, coll. Liberalia, 1994.

HAYEK, Friedrich August, *Droit, législation et liberté. Une nouvelle formulation des principes libéraux de justice et d'économie politique*, trad. fr. Raoul Audouin, I. *Règles et ordres* ; II. *Le Mirage de la justice sociale* ; III. *L'Ordre politique d'un peuple libre*, Paris, PUF, coll. Quadrige, 1995.

HAYEK, Friedrich August, *Prix et production*, préface de Christian Schmidt, Paris, Calmann-Lévy, 1975.

HECKSCHER, Eli F., *Mercantilism*, Londres, Routledge, 1994 (1re éd. Londres, Allen & Unwin, 1934).

HEGEL, Georg Wilhelm Friedrich, *L'Esprit du christianisme et son destin*, trad. fr. Jacques Martin, introduction de Jean Hyppolite, Paris, Vrin, 1971.

HEGEL, Georg Wilhelm Friedrich, *Phénoménologie de l'esprit*, trad. fr. Gwendolyne Jarczyk et Pierre-Jean Labarrière, Paris, Gallimard, coll. Bibliothèque de Philosophie, 1993, rééd. coll. Folio essais nº 396 et 397, 2002.

HEGEL, Georg Wilhelm Friedrich, *Principes de la philosophie du droit*, trad. fr. André Kaan, Paris, Gallimard, coll. Tel nº 148, 1989.

HICKS, John Richard, *Value and Capital. An Inquiry into Some Fundamental Principles of Economic Theory*, Oxford, Clarendon Press, 1939. ; trad. fr. Carl MacMillan et Christine Ménage, révisée par Edmond Lisle, *Valeur et Capital. Enquête sur divers principes fondamentaux de la théorie économique*, Paris, Dunod, 1956, rééd. 1968.

HIRSCHMAN, Albert O., *Les Passions et les Intérêts. Justifications politiques du capitalisme avant son apogée*, trad. fr. Pierre Andler, Paris, PUF, 1980.

HOBBES, Thomas, *Leviathan*, New York, Dutton, 1950.

HOLCOMBE, Randall Gregory, *An Economic Analysis of*

*Democracy*, Carbondale, Southern Illinois, University Press, 1985.

HOLCOMBE, Randall Gregory, *The Economic Foundations of Government*, Basingstoke, Macmillan, 1994.

HOLCOMBE, Randall Gregory, *Economic Models and Methodology*, New York, Greenwod Press, 1989.

HOLCOMBE, Randall Gregory, *Public Finance and the Political Process*, Carbondale, Southern Illinois, University Press, 1983.

HOLCOMBE, Randall Gregory, *Public Sector Economics. The Role of Government in the American Economy*, Belmont, Wadsworth, 1987.

HUME, David, *Histoire naturelle de la religion et autres essais sur la religion*, éd. et trad. Michel Malherbe, Paris, Vrin, 1971, nouv. éd. 2016.

HUME, David, *Traité de la nature humaine*, 3 vol., trad. fr. Philippe Baranger, Jean-Pierre Cléro et Philippe Saltel, Paris, Flammarion, coll. GF, 1991, 1993, 1995.

JASAY, Anthony de, *Against Politics. On Government, Anarchy and Order*, Londres et New York, Routledge, 1997.

JASAY, Anthony de, *L'État. La logique du pouvoir politique*, trad. fr. Sylvie Lacroix et François Guillaumat, préface de Pascal Salin, Paris, Les Belles Lettres, 1994.

KANT, Emmanuel, *Critique de la raison pratique*, éd. sous la dir. de Ferdinand Alquié, trad. fr. Luc Ferry et Heinz Wismann, Paris, Gallimard, coll. Folio essais n° 133, 1989.

KANT, Emmanuel, *Critique de la raison pure*, éd. sous la dir. de Ferdinand Alquié, trad. fr. Jules Barni révisée par Alexandre J.-L. Delamarre et François Marty, Paris, Gallimard, coll. Folio essais n° 145, 1990.

KANT, Emmanuel, *Métaphysique des mœurs*, I. *Fondation de la métaphysique des mœurs*, II. *Doctrine du droit* ; *Doctrine de la vertu*, trad. fr. Alain Renaut, Paris, Flammarion, coll. GF, 1994.

KANT, Emmanuel, *Premiers Principes métaphysiques de la science de la nature*, trad. fr. Jean Gibelin, Paris, Vrin, 1990.

KANT, Emmanuel, *La Religion dans les limites de la simple raison*, trad. fr. Jean Gibelin, Paris, Vrin, 1994.

KELSEN, Hans, *Allgemeine Theorie der Normen*, Vienne, Manz, 1979 ; trad. fr. Olivier Beaud et Fabrice Malkani, *Théorie générale des normes*, Paris, PUF, 1996.

KELSEN, Hans, *General Theory of Law and State*, New York, Russell & Russell, 1961 ; trad. fr. Béatrice Laroche et Valérie Faure, *Théorie générale du droit et de l'État* suivi de *La Doctrine du droit naturel et le positivisme juridique*, introduction de Stanley L. Paulson, Bruxelles et Paris, Bruylant et LGDJ, 1997.

KELSEN, Hans, *Théorie pure du droit. Introduction à la science du droit*, trad. fr. Henri Thévenaz, Neufchâtel, Éditions de la Baconnière, 1953, nouv. éd. 1988.

KEYNES, John Maynard, *The Collected Writings of John Maynard Keynes*, 30 vol., éd. Donald Moggridge, Londres, Macmillan, Cambridge-New York, Cambridge University Press (pour la Royal Economic Society), 1971-1989.

KEYNES, John Maynard, *Les Conséquences économiques de la paix*, suivi de Jacques Bainville, *Les Conséquences politiques de la paix*, texte de Keynes traduit et annoté par David Todd, Paris, Gallimard, coll. Tel n° 319, 2002.

KEYNES, John Maynard, *The Economic Consequences of the Peace*, Londres, Macmillan, 1919.

KEYNES, John Maynard, *Théorie générale de l'emploi, de l'intérêt et de la monnaie*, trad. fr. Jean de Largentaye, Paris, Payot, coll. Petite Bibliothèque Payot, 1977.

MACHIAVEL, Nicolas, *Le Prince*, trad. fr. Toussaint Guiraudet, Paris, Garnier Frères, 1957 ; trad. fr. Jacques Gohory, Paris, Gallimard, coll. Folio classique n° 1173, 1980.

MANDEVILLE, Bernard, *La Fable des abeilles, ou, Les Vices privés font le bien public*, éd. et trad. Lucien et Paulette Carrive, Paris, Vrin, 1985.

MANDEVILLE, Bernard, *Recherche sur la nature de la société* (*A Search into the Nature of Society*), addition à la seconde édition (1723) de la *Fable des abeilles*, trad. fr. Lucien Carrive, éd. Paulette Carrive, Arles, Babel, coll. Les Philosophiques, 1998.

MARX, Karl, *Œuvres*, éd. Maximilien Rubel, Paris, Gallimard, coll. Bibliothèque de la Pléiade, tome I. *Économie* 1,

1963 ; tome II. *Économie* 2, 1968 ; tome III. *Philosophie*, 1982 ; tome IV. *Politique* 1, 1994.

MILL, John Stuart, *On Liberty and Considerations on Representative Government*, éd. Ronald B. McCallum, Oxford, Basil Blackwell, 1946 ; trad. fr. G. Dupond White révisée par Laurence Lenglet, *De la liberté*, préface de Pierre Bouretz, Paris, Gallimard, coll. Folio essais n° 142, 1990.

MONTAIGNE, Michel de, *Essais*, I, II et III, Paris, Gallimard, coll. Folio classique n^os^ 289, 290 et 291, 1973.

MONTESQUIEU, Charles de, *De l'Esprit des lois*, I et II, éd. Laurent Versini, Paris, Gallimard, coll. Folio essais n^os^ 275 et 276, 1995.

MISES, Ludwig von, *L'Action humaine. Traité d'économie*, trad. fr. Raoul Audouin, Paris, PUF, 1985.

NASAR, Sylvia, *Grand Pursuit. The Story of Economic Genius*, New York, Simon & Schuster, 2011.

NOZICK, Robert, *Anarchie, État et utopie*, trad. fr. Évelyne d'Auzac de Lamartine révisée par Pierre-Emmanuel Dauzat, Paris, PUF, 1988.

PARETO, Vilfredo, *Traité de sociologie générale* (*Œuvres complètes* XII), trad. fr. Pierre Boven, Genève, Droz, 1968.

PASCAL, Blaise, *Pensées*, Paris, Gallimard, coll. Folio classique n° 2777, 1995.

PIGOU, Arthur Cecil, *The Economics of Welfare*, Londres, Macmillan, 4e édition, 1932.

QUESNAY, François, *François Quesnay et la physiocratie*, 2 vol., présentation d'Alfred Sauvy, Paris, PUF / INED, 1958.

RAWLS, John, *Théorie de la justice*, trad. fr. Catherine Audard, Paris, Seuil, 1987.

RICARDO, David, *Des principes de l'économie politique et de l'impôt* (édition anglaise de 1821), trad. sous la dir. de Cécile Soudan, Paris, Flammarion, coll. GF, 1992.

ROTHBARD, Murray Newton, *An Austrian Perspective on the History of Economic Thought*, I. *Economic Thought Before Adam Smith*, II. *Classical Economic*, Aldershot, Edward Elgar, 1995.

ROTHBARD, Murray Newton, *L'Éthique de la liberté*, trad. fr. François Guillaumat avec Pierre Lemieux, Paris, Les Belles Lettres, 1991.

ROTHBARD, Murray Newton, *Power and Market. Government and the Economy*, Kansas City, Sheed Andrews & McNeel, 1970, rééd. 1977.

ROUSSEAU, Jean-Jacques, *Discours sur l'origine et les fondements de l'inégalité parmi les hommes*, Paris, Gallimard, coll. Folio essais n° 18, 1985.

SALIN, Pascal, *La Concurrence*, Paris, PUF, coll. Que sais-je ?, 1995.

SALIN, Pascal, *La Vérité sur la monnaie*, Paris, Odile Jacob, 1990.

SAY, Jean-Baptiste, *Traité d'économie politique*, Paris, Calmann-Lévy, 1821, rééd. 1972.

SCHUMPETER, Joseph, *Histoire de l'analyse économique*, I. *L'Âge des fondateurs. Des origines à 1790*, II. *L'Âge classique. 1790 à 1870*, III. *L'Âge scientifique. De 1870 à John Maynard Keynes*, trad. fr. sous la dir. de Jean-Claude Casanova, préface de Raymond Barre, Paris, Gallimard, coll. Bibliothèque des Sciences humaines, 1983.

SELGIN, George Anthony, *La Théorie de la banque libre*, trad. fr. Stéphane Hottinguer-André, avant-propos de Lawrence H. White, Paris, Les Belles Lettres, coll. Laissez faire, 1991.

SKIDELSKY, Robert, *John Maynard Keynes, 1883-1946. Economist, Philosopher, Statesman*, Londres, Penguin Books, 2003.

SMITH, Adam, *Enquête sur la nature et les causes de la richesse des nations*, trad. fr. Paulette Taieb avec Rosalind Greenstein, Paris, PUF, 1995.

TIROLE, Jean, *Économie du bien commun*, Paris, PUF, 2016.

TIROLE, Jean, « Leçons d'une crise », *Notes de la Toulouse School of Economics*, n° 1, décembre 2008 (idei.fr/sites/default/files/medias/doc/wp/2008/notes-j.tirole-1-12-08.pdf).

TURGOT, Anne Robert Jacques, *Formation et distribution des richesses*, textes choisis et présentés par Joël-Thomas Ravix et Paul-Marie Romani, Paris, Flammarion, coll. Classiques de l'économie politique, 1997.

TURGOT, Anne Robert Jacques, *Laissez faire !*, textes choisis et présentés par Alain Laurent, Paris, Les Belles Lettres, 1997.

WALRAS, Léon, *Abrégé des éléments d'économie politique pure*, Paris, LGDJ, 1952.

WALRAS, Léon, *Éléments d'économie politique pure, ou Théorie de la richesse sociale*, édition définitive revue et augmentée par l'auteur, Paris, R. Pichon et R Durand-Auzias, 1926.

## TEXTES DOCUMENTAIRES

AGLIETTA, Michel, *La Crise. Pourquoi en est-on arrivé là ? Comment en sortir ?*, Paris, Michalon, 2008.

AESCHIMANN, Éric et RICHÉ, Pascal, *La Guerre de sept ans. Histoire secrète du franc fort*, Paris, Calmann-Lévy, 1996.

ARNAUD, André-Jean, *Entre modernité et mondialisation. Cinq leçons d'histoire de la philosophie du droit et de l'État*, Paris, LGDJ, 1998.

AXELROD, Robert, *Donnant donnant. Une théorie du comportement coopératif*, trad. fr. Michèle Garène, Paris, Odile Jacob, 1992.

BAUDRILLARD, Jean, *La Société de consommation*, Paris, Gallimard, coll. Folio essais n° 35, 1986.

BAINVILLE, Jacques, *Les Conséquences politiques de la paix*, Paris, Société française d'édition et de librairie, 1920.

BATAILLE, Georges, *La Part maudite* précédé de *La Notion de dépense*, introduction de Jean Piel, Paris, Minuit, 1967.

BÉNICHOU, Paul, *Morales du Grand Siècle*, Paris, Gallimard, coll. Folio essais n° 99, 1948.

BONNEY, Richard (dir.), *Systèmes économiques et finances publiques*, trad. fr. Roland Marx et Nora Wang, éd. Jean-Claude Hocquet, Paris, PUF, 1996.

BOUDON, Raymond et BOURRICAUD, François, *Dictionnaire critique de la sociologie*, Paris, PUF, 1982.

BOUBLIL, Alain, *Keynes, reviens ! Ils sont devenus fous*, Monaco, Éditions du Rocher, 1996.

BOUBLIL, Alain, *Le Siècle des Chinois*, Monaco, Éditions du Rocher, 1998.

BOULEAU, Nicolas, *Martingales et marchés financiers*, Paris, Odile Jacob, 1998.

BRAUDEL, Fernand, *Civilisation matérielle, économie et capitalisme, XVe-XVIIIe siècle*, I. *Les Structures du quotidien : le possible et l'impossible*, II. *Les Jeux de l'échange*, III. *Le Temps du monde*, Paris, Armand Colin, 1979.

BURR, David, *L'Histoire de Pierre Olivi, franciscain persécuté*, trad. fr. François-Xavier Putallaz, Fribourg, Éditions universitaires / Paris, Cerf, 1997.

CAHEN, Philippe, *Spéculer avec l'analyse technique dynamique*, Paris, Economica, 1997.

CARON, François, *Les Deux Révolutions industrielles du XXe siècle*, Paris, Albin Michel, 1997.

CHALMIN, Philippe (dir.), *Enjeux économiques et sociaux*, Paris, Economica, 1995.

CONWAY, Edmund, *The Summit. The Biggest Battle of the Second World War — fought behind closed doors*, Londres, Abacus, 2014.

CORDONNIER, Laurent, *Coopération et Réciprocité*, Paris, PUF, 1997.

DELAISI, Francis, *La Bataille de l'or*, Paris, Payot, coll. Bibliothèque politique et économique, 1933.

DEMEULENAERE, Pierre, *Homo œconomicus. Enquête sur la constitution d'un paradigme*, Paris, PUF, 1997.

FLANDRIN, Philippe, *Les Thalers d'argent. Histoire d'une monnaie commune*, Paris, Éditions du Félin, 1997.

GARNSEY, Peter, *Famine et approvisionnement dans le monde gréco-romain. Réactions aux risques et aux crises*, trad. fr. Isabelle Rozenbaumas, Paris, Les Belles Lettres, coll. Histoire, 1996.

GIRAUD, Pierre-Noël, *L'Inégalité du monde. Économie du monde contemporain*, Paris, Gallimard, coll. Folio actuel n° 50 (inédit), 1996.

GOUBERT, Pierre et DENIS, Michel, *1789, les Français ont la parole. Cahiers de doléances des États généraux*, Paris, Gallimard, coll. Folio histoire n° 210, 2013.

GREENSPAN, Alan, « The Challenge of Central Banking in a Democratic Society » : www.federalreserve.gov/boarddocs/speeches/1996/19961205.htm

GREENSPAN, Alan, « Gold : the ultimate insurance policy » :

www.gold.org/download/file/5497/Gold_Investor_February_2017.pdf

HAYEK, Friedrich August, *La Route de la servitude*, Paris, PUF, 1993.

HERRERA, Carlos Miguel, *Théorie juridique et politique chez Hans Kelsen*, Paris, Kimé, 1997.

HOUELLEBECQ, Michel, *Soumission*, Paris, Flammarion, 2015.

HYPPOLITE, Jean, *Introduction à la philosophie de l'histoire de Hegel*, Paris, Seuil, 1983.

JAUME, Lucien, *L'Individu effacé ou Le Paradoxe du libéralisme français*, Paris, Fayard, 1997.

JEAN, François et RUFIN, Jean-Christophe (dir.), *Économie des guerres civiles*, Paris, Hachette, coll. Pluriel, 1996.

KEYNES, John Maynard, *Lettre à nos petits-enfants*, trad. fr. Françoise et Paul Chemla, préface d'André Orléan, Paris, Les Liens qui libèrent, 2017.

KOCHERLAKOTA, Narayana Rao, « Money is Memory », Federal Reserve Bank of Minneapolis Research Department Staff Report n° 218, octobre 1996 : www.minneapolisfed.org/research/sr/sr218.pdf

KRUGMAN, Paul R., *La Mondialisation n'est pas coupable. Vertus et limites du libre-échange*, trad. fr. Anne Saint-Girons avec Francisco Vergara, Paris, La Découverte, 1998.

LACOUDE, Philippe et SAUTET, Frédéric, *Action ou taxation. Le défi fiscal français*, préface de Jacques Raiman, Genève, Slatkine, 1996.

LAMBERT, Denis-Clair, *Économie des assurances*, Paris, Armand Colin, 1996.

LAURENT, Alain, *Du bon usage de Descartes*, Paris, Maisonneuve & Larose, 1996.

LAURENT, Alain, *L'Individualisme méthodologique*, Paris, PUF, coll. Que sais-je ?, 1994.

LALLEMAND, Alain, *L'Organizatsiya. La mafia russe à l'assaut du monde*, Paris, Calmann-Lévy, 1997.

LE GOFF, Jacques, *La Naissance du Purgatoire*, Paris, Gallimard, coll. Bibliothèque des Histoires, 1981, rééd. Folio histoire n° 31, 1991.

LEMIEUX, Pierre, *L'Anarcho-capitalisme*, Paris, PUF, coll. Que sais-je ?, 1988.

LEMIEUX, Pierre, *Du libéralisme à l'anarcho-libéralisme*, Paris, PUF, 1983.

LIPIETZ, Alain, *La Société en sablier. Le partage du travail contre la déchirure sociale*, Paris, La Découverte, 1996.

MARCO, Luc (dir.), *Les Revues d'économie en France. Genèse et actualité, 1751-1994*, préface de Pierre Albert, Paris, L'Harmattan, 1996.

MATHIEU, Jean-Luc, *L'Insécurité*, Paris, PUF, coll. Que sais-je ?, 1995.

MAURY, René, *J'accuse l'impôt sur le revenu*, Paris, Calmann-Lévy, 1996.

MCCLOSKEY, Deirdre Nansen, *The Bourgeois Virtues. Ethics for an Age of Commerce*, Chicago et Londres, The University of Chicago Press, 2006.

MEADOWS, Donella, MEADOWS, Dennis, RANDERS, Jörgen et BEHRENS III, William W., *The Limits to Growth. A Report for the Club of Rome's Project on the Predicament of Mankind*, New York, Universe Books, 1972 ; *Halte à la croissance ? Rapport sur les limites de la croissance*, trad. fr. Jeanine Delaunay, Paris, Fayard, 1973.

MILNER, Jean-Claude, *Le Salaire de l'idéal. La théorie des classes et de la culture au XX*e *siècle*, Paris, Seuil, 1997.

MISSER, François et VALLÉE, Olivier, *Les Gemmocraties. L'économie politique du diamant africain*, Paris, Desclée de Brouwer, 1997.

MOGGRIDGE, Donald Edward, *Maynard Keynes. An Economist's Biography*, Londres et New York, Routledge, 1990.

MORILHAT, Claude, *Montesquieu. Politique et richesses*, Paris, PUF, 1996.

O'DWYER, Karl J. et MALONE, David, « Bitcoin Mining and its Energy Footprint », Hamilton Institute, National University of Ireland Maynooth, 26 juin 2014 : karlodwyer.github.io/publications/pdf/bitcoin_KJOD_2014.pdf

OHMAE, Kenichi, *De l'État-nation aux États-régions*, trad. fr. Michel Le Seac'h, Paris, Dunod, 1996.

PÉTRÉ-GRENOUILLEAU, Olivier, *L'Argent de la traite. Milieu négrier, capitalisme et développement : un modèle*, Paris, Aubier, 1996.

PIERSON, Nikolaas Gerard, MISES, Ludwig von, HALM, Georg et BARONE, Enrico, *L'Économie dirigée en régime collectiviste. Études critiques sur les possibilités du socialisme*, éd. Friedrich August von Hayek, Paris, Éditions politiques, économiques et sociologiques / Librairie de Médicis, 1939.

POPPER, Nathaniel, *Digital Gold. The Untold Story of Bitcoin*, Londres, Penguin Books, 2015.

RENOUX-ZAGAMÉ, Marie-France, *Origines théologiques du concept moderne de propriété*, Genève et Paris, Droz, 1987.

RIFKIN, Jeremy, *La Fin du travail*, trad. fr. Pierre Rouve, préface de Michel Rocard, Paris, La Découverte, 1996.

RIFKIN, Jeremy, *La Nouvelle Société du coût marginal zéro. L'internet des objets, l'émergence des communaux collaboratifs et l'éclipse du capitalisme*, trad. fr. Françoise et Paul Chemla, Paris, Actes Sud, coll. Babel essai, 2014.

ROCHEBRUNE, Renaud de, et HAZERA Jean-Claude, *Les Patrons sous l'Occupation*, Paris, Odile Jacob, 1996.

ROTHBARD, Murray, *The Mystery of Banking, Auburn*, Alabama, Ludwig von Mises Institute, 2e éd., 2008 (mises.org/system/tdf/Mystery% 20of% 20Banking_2.pdf?file=1&type=document).

SALIN, Pascal, *L'Arbitraire fiscal*, Paris, Robert Laffont, 1985 ; nouv. éd. *L'Arbitraire fiscal ou Comment sortir de la crise*, préface d'Alain Madelin, Genève, Slatkine, 1996.

SALIN, Pascal, *La Vérité sur la monnaie*, Odile Jacob, 1990.

SAUGERA, Éric, *Bordeaux port négrier. Chronologie, économie, idéologie, XVIIe-XIXe siècle*, Paris, Karthala, 1995.

SCHOECK, Helmut, *L'Envie. Une histoire du mal*, trad. fr. Georges Pauline, Paris, Les Belles Lettres, 1995.

SOMBART, Werner, *Les Juifs et la vie économique*, trad. fr. Samuel Jankélévitch, Paris, Payot, 1923.

SOROS, George, *Le Défi de l'argent*, trad. fr. Hélène Prouteau, Paris, Plon, 1996.

STEINER, George, *Les Antigones*, trad. fr. Philippe Blanchard, Paris, Gallimard, coll. Bibliothèque des Idées, 1986, rééd. coll. Folio essais n° 182, 1992.

STEINER, Philippe, *La « Science nouvelle » de l'économie politique*, Paris, PUF, 1998.

SUE, Roger, *Temps et ordre social. Sociologie des temps sociaux*, Paris, PUF, 1995.

THOM, René, *Stabilité structurelle et morphogénèse. Essai d'une théorie générale des modèles*, Paris, Interéditions, 1972, nouv. éd. 1977.

THUROW, Lester, *Les Fractures du capitalisme*, trad. fr. Jacques Fontaine, Paris, Village mondial, 1997.

TATU, Natacha, *La Fabrique des bébés. Enquête sur les mères porteuses dans le monde*, Paris, Stock, 2017.

TURNER, Adair, HALDANE, Andrew et WOOLLEY, Paul, *The Future of Finance. The LSE Report*, Londres, London School of Economics and Political Science, 2010.

VELTZ Pierre, *Mondialisation, villes et territoires. L'économie d'archipel*, Paris, PUF, 1996.

WEBER, Max, *L'Éthique protestante et l'esprit du capitalisme* précédé de *Remarque préliminaire au recueil d'études de sociologie de la religion* et suivi de *Les Sectes protestantes et l'esprit du capitalisme*, trad. fr. Isabelle Kalinowski, Paris, Flammarion, 2000.

WEBER, Max, *Politik als Beruf*, Leipzig, Duncker & Humblot, 1926 ; trad. fr. Julien Freund, *Le Savant et le Politique*, Paris, Plon, 1959.

## MANUELS

BARRE, Raymond et TEULON, Frédéric, *Économie politique*, 2 vol., Paris, PUF, 15e édition refondue, 1998.

BURDA, Michael C. et WYPLOSZ, Charles, *Macroéconomie. Une perspective européenne*, trad. fr. Jean Houard, Bruxelles, De Boeck université, 1993.

CHAMBERLIN, Edward Hastings, *Theory of Monopolistic Competition*, Cambridge, Harvard University Press, 1933 ; trad. fr. Guy Trancart : *La Théorie de la concurrence monopolistique. Une nouvelle orientation de la théorie de la valeur*, Paris, PUF, 1953.

DELAHAYE, Jean-Paul, *Mathématiques et mystères*, Paris, Belin, 2016.

DELAHAYE, Jean-Paul, *Merveilleux Nombres premiers. Voyage au cœur de l'arithmétique*, Paris, Belin, 2000, nouv. éd. 2013.

DE ROOVER, Raymond, *San Bernardino of Siena and Sant'Antonino of Florence. The Two Great Economic Thinkers of the Middle Ages*, Boston, Baker Library, 1967.

GIDE, Charles, *Histoire des doctrines économiques depuis les physiocrates jusqu'à nos jours*, Paris, Sirey, 1922.

GUERRIEN, Bernard, *Dictionnaire d'analyse économique. Microéconomie, macroéconomie, théorie des jeux, etc.*, Paris, La Découverte, 1996.

MANKIW, Nicholas Gregory, *Principes de l'économie*, trad. fr. Éric Bertrand, Paris, Economica, 1998.

MARSHALL, Alfred, *Principles of Economics*, Londres, Macmillan, 1890 ; trad. fr. François Sauvaire-Jourdan (tome I) et François Sauvaire-Jourdan et Savinien Bouyssy (tome II) : *Principes d'économie politique*, Paris, V. Giard et E. Brière, 1906-1909.

MUNDELL, Robert A., *Croissance et inflation. Des relations entre monnaie et balance des paiements*, trad. fr. Hubert Carpentier, Paris, Dunod, 1977.

NARAYANAN, Arvind, BONNEAU, Joseph, FELTEN, Edward, MILLER, Andrew et GOLDFEDER, Steven, *Bitcoin and Cryptocurrency Technologies, A Comprehensive Introduction*, Princeton, Princeton University Press, 2016.

OLSZAK, Norbert, *Histoire des unions monétaires*, Paris, PUF, coll. Que sais-je ?, 1996.

SALIN, Pascal, *Macroéconomie*, Paris, PUF, 1991.

SAMUELSON, Paul, *L'Économique. Introduction à l'analyse économique*, trad. fr. Gaël Fain, Paris, Armand Colin, 1987.

TEULON, Frédéric (dir.), *Dictionnaire : histoire, économie, finance, géographie. Hommes, faits, mécanismes, entreprises, concepts*, Paris, PUF, 1995.

VARIAN, Hal R., *Introduction à la microéconomie*, traduction de la 9e édition américaine par Bernard Thiry, Bruxelles, De Boeck, 8e édition 2015.

WOLFELSPERGER, Alain, *Économie publique*, Paris, PUF, coll. Thémis Économie, 1995.

## TEXTES RARES

BANFIELD, Edward C., « Corruption as a Feature of Governmental Organization », *Journal of Law and Economics*, décembre 1976, p. 587-606.

BENTHAM, Jeremy, *The Works of Jeremy Bentham*, 11 vol., éd. John Bowring, Édimbourg, William Tait, 1838-1843. *A Fragment on Government* (1828), *in* tome I, *The Principles of Morals and Legislation, A Fragment on Government, Principles of the Civil Code, Principles of Penal Law*, 1843. *Defence of Usury* (1787), *in* tome III, *Defence of Usury, A Manual of Political Economy, Equity, Parliamentary Reform*, 1843.

BOTERO, Giovanni, *Della ragione di Stato* (1589) : voir Murray Rothbard, *An Austrian Perspective on the History of Economic Thought*, tome I, *Economic Thought Before Adam Smith*, Aldershot, Edward Elgar, 1995, p. 196-199.

CANTILLON, Richard, *Essai sur la nature du commerce en général*, réédition avec des études et des commentaires d'Alfred Sauvy, Amintore Fanfani, Joseph J. Spengler, Louis Salleron, INED, 1952.

COLBERT, Jean-Baptiste, *Lettres, instructions et mémoires*, Paris, 1862.

CONDILLAC, Étienne Bonnot de, *Le Commerce et le Gouvernement*, Genève, Slatkine reprints, 1980.

COURNOT, Antoine Augustin, *Recherches sur les principes mathématiques de la théorie des richesses*, L. Hachette, 1838 ; nouv. éd. avec des compléments de Léon Walras, Joseph Bertrand et Vilfredo Pareto, introduction et notes de Georges Luftalla, Paris, Marcel Rivière, 1938 ; également in *Œuvres complètes*, tome VIII, Paris, Vrin, 1980.

FURNESS III, William Henry, *The Island of Stone Money. Uap of the Carolines*, Philadelphie, Londres, J. B. Lippincott Company, 1910.

GALIANI, Ferdinando, *Dialogues sur le commerce des blés*, Paris, Fayard, coll. Corpus des œuvres de philosophie en langue française, 1984.

MCCULLOCH, John Ramsay, *Treatise on The Principles and*

*Practical Influence of Taxation and Funding System*, Londres, Longman, Brown, Green & Longmans, 1845.

MILL, John Stuart, *Principles of Political Economy, with some of their Applications to Social Philosophy*, 2 vol., Boston, Charles Little & James Brown, 1848.

MIRABEAU, Honoré-Gabriel Riqueti, *Collection complète des travaux de M. Mirabeau l'aîné à l'Assemblée nationale*, éd. Étienne Méjan, Paris, Devaux, 1792.

MOLINARI, Gustave de, *Les Soirées de la rue Saint-Lazare. Entretiens sur les lois économiques et défense de la propriété*, Paris, Guillaumin, 1849.

MOREAU, Émile, *Souvenirs d'un gouverneur de la Banque de France*, Paris, Génin / Librairie de Médicis, 1954.

PROUDHON, Pierre Joseph, *Théorie de l'impôt*, commenté et présenté par Thierry Lambert, Paris, L'Harmattan, 1995.

SAY, Jean-Baptiste, « Catéchisme d'économie politique », in *Œuvres diverses*, Paris, Guillaumin, 1848.

SMITH, Adam, *L'Imitation dans les arts et autres textes*, trad. fr. Pierre-Louis Autin, Ian Ellis, Mikaël Garandeau et Patrick Thierry, préface de Didier Deleule, postface de Michel Noiray, Paris, Vrin, 1997.

SMITH, Adam, *Théorie des sentiments moraux, ou Essai analytique sur les principes des jugements que portent naturellement les hommes d'abord sur les actions des autres et ensuite sur leurs propres actions*, trad. fr. Sophie de Grouchy de Condorcet, Plan-de-la-Tour, Éditions d'Aujourd'hui, coll. Les Introuvables, 1982.

SPOONER, Lysander, *Natural Law or The Science of Justice. A Treatise on Natural Law, Natural Justice, Natural Rights and Natural Society ; Showing That All Legislation Whatsoever is an Absurdity, an Usurpation and a Crime*, Boston, A. William & Co, 1882 ; réédité par la revue *Libertarian Forum*, septembre 1994. Trois textes de Spooner ont été traduits en français : *Outrage à chefs d'État* suivi de *Le Droit naturel*, trad. fr. Jeannie Carlier, Paris, Les Belles Lettres, 1991 [*No Treason VI. The Constitution of No Authority*, 1870]. *Les Vices ne sont pas des crimes*, trad. fr. Mickael Korvin, Paris, Les Belles Lettres, 1993 [*Vices are not Crimes*, 1875]. *Plaidoyer pour la propriété intellectuelle*, trad. fr. Patricia Chameaureau, préface d'Alain Laurent, Paris, Les Belles Lettres, 2012 [*The Law of Intellectual Property*, 1855].

THIERS, Adolphe, *De la propriété*, Paris, Paulin, Lheureux et Cie, 1848.

VICO, Giambattista, *Opere*, 7 vol., éd. Fausto Nicolini, Bari, Laterza, 1re éd. 1911 ; tome III, *La scienza nuova prima*, 1931 ; tome IV, *La scienza nuova seconda* (éditions de 1730 et 1744), 1928.

VICO, Giambattista, *Principes de la philosophie de l'Histoire*, trad. fr. Jules Michelet, éd. Fausto Nicolini, Paris, Renouard, 1re éd. 1827.

VICO, Giambattista, *Principes d'une science nouvelle relative à la nature commune des nations* (édition de 1744), trad. fr. Ariel Doubine, éd. Fausto Nicolini, présentation de Benedetto Croce, Paris, Nagel, 1953.

VICO, Giambattista, *La Science nouvelle* (édition de 1725), trad. fr. Cristina Trivulzio, préface de Philippe Raynaud, Paris, Gallimard, coll. Tel n° 227, 1993.

WALRAS, Auguste, *De la nature de la richesse et de l'origine de la valeur*, Paris, Alcan, 1832.

# *Notes*

## *Première leçon*

## DE L'UTILITÉ

1. Friedrich Hayek, *La Constitution de la liberté*, traduit de l'anglais par Raoul Audouin et Jacques Garello avec la collaboration de Guy Millière, Paris, Litec, coll. Liberalia, 1994. Au grand déshonneur de l'édition française, il aura fallu attendre trente-cinq ans pour que ce maître-ouvrage soit traduit de l'anglais.

2. Archibald cite ici Joseph Schumpeter, *Histoire de l'analyse économique*, Paris, Gallimard, coll. Bibliothèque des Sciences humaines, 1983, tome II, *L'Âge classique. 1790 à 1870*, p. 51.

3. C'est la première phrase du chapitre v du Livre I d'*Enquête sur la nature et les causes de la richesse des nations*, 4 vol., trad. fr. Paulette Taieb, Paris, PUF, 1995.

4. Archibald fait allusion au manuel d'Alain Redslob, *Analyse économique élémentaire* (Paris, Litec, 1995).

5. Cette citation est extraite d'Étienne de Condillac, *Le Commerce et le Gouvernement*, Genève, Slatkine reprints, 1980, p. 6.

6. Jean-Baptiste Say, « Catéchisme d'économie politique », in *Œuvres diverses*, Paris, Librairie Guillaumin, 1848.

7. Auguste Walras est surtout connu par son fils, le célèbre Léon Walras, dont Archibald parlera un peu plus

loin. Élève de l'École normale, Auguste Walras fut principal au collège d'Évreux. En 1831, il publie *De la nature de la richesse et de l'origine de la valeur*. En 1832, il ouvre à Évreux un cours libre d'économie politique. Inspecteur d'académie, il publie en 1849 *La Théorie de la richesse sociale*. Toute sa réflexion tourne autour de l'idée de propriété, sa théorie de la valeur influencera son fils de manière décisive.

8. Auguste Walras, *De la nature de la richesse et de l'origine de la valeur*, Paris, Alcan, 1832.

9. Archibald est ici très proche du texte du chapitre III du Livre II de la *Richesse des nations*.

10. Auguste Walras, *De la nature de la richesse et de l'origine de la valeur, op. cit.*, p. 83.

11. Léon Walras (1834-1910), *Éléments d'économie politique pure, ou Théorie de la richesse sociale*, édition définitive revue et augmentée par l'auteur, Paris, R. Pichon et R. Durand-Auzias, 1926, p. 21.

12. Charles Gide, *Histoire des doctrines économiques depuis les physiocrates jusqu'à nos jours*, Paris, Sirey, 1922.

13. Archibald consacrera sa Quatorzième leçon à la valeur-travail.

14. Jean Baudrillard, *La Société de consommation*, Paris, Gallimard, coll. Folio essais n° 35, 1986.

15. Georges Bataille, *La Part maudite* précédé de *La Notion de dépense*, introduction de Jean Piel, Paris, Minuit, 1967.

16. Contemporain, un peu plus jeune, de Socrate, Démocrite d'Abdère (468-399) est le fondateur de la première forme d'une grande philosophie, l'atomisme, d'où est née une physique, mais aussi une conception relative des valeurs. Les impressions sensibles et qualitatives résultent du passage d'atomes de formes diverses à travers les pores des organes des sens, et n'ont pour Démocrite aucune valeur absolue.

17. Saint Augustin (354-430), évêque d'Hippone, auteur d'une œuvre immense, dont les plus connues sont *Confessions* et *La Cité de Dieu*.

18. Ce qui n'empêcha pas saint Bernardin de Sienne et saint Antonin de Florence d'adopter la doctrine d'Olivi,

mais sans mention de paternité. Cf. Raymond De Roover, *La Pensée économique des scolastiques. Doctrines et méthodes*, Paris, Vrin, 1971, p. 48-49.

19. Vilfredo Pareto, *Traité de sociologie générale* (tome XII des *Œuvres complètes*), trad. fr. Pierre Boven, Genève, Librairie Droz, 1968, p. 1350.

20. Cette citation est tirée de *Variarum*, une œuvre écrite par Covarrubias en 1554. Cité par Murray Rothbard, *An Austrian Perspective on the History of Economic Thought*, tome I, *Economic Thought Before Adam Smith*, Aldershot, Edward Elgar, 1995, p. 110.

## *Deuxième leçon*
## DE L'ÉCHANGE

1. Il s'agit d'une grande firme automobile.

2. Montaigne, *Essais*, Livre XXII.

3. Archibald paraphrase ici la formule célèbre de l'auteur de *De la guerre* : la guerre est la continuation de la politique par d'autres moyens.

4. Contemporain de saint Augustin, avec qui il correspond, saint Jérôme (vers 347-420) occupe une position clef dans la transmission de la culture que le Moyen Âge héritera de l'Antiquité, tout en étant lui-même par ses voyages et ses échanges épistolaires un lien vivant entre Orient et Occident. La *Vulgate*, cette Bible latine dont Jérôme établit l'Ancien Testament d'après l'hébreu, s'imposera à tout l'Occident vers le VII^e siècle.

5. La citation est tirée de Murray Rothbard, *An Austrian Perspective on the History of Economic Thought*, tome I, *Economic Thought Before Adam Smith*, *op. cit.*, p. 33.

6. Giovanni Botero (1543-vers 1617), théoricien de l'absolutisme et inventeur du concept de « raison d'État ». Son œuvre *Della ragione di Stato* (1589) a été traduite en français dès 1599. Ce jésuite piémontais avança une version précoce des critères d'appréciation du pouvoir des États, tels que les revenus des princes, la prospérité de l'agriculture et de l'industrie et, par-dessus tout, la taille de la population. « La véritable force d'un souverain, écrit-il dans

le Livre VII de la *Raison d'État*, [consiste] en ses sujets : car c'est d'eux que dépendent toutes ses autres ressources. » Cf. Richard Bonney, « Les théories des finances publiques à l'époque moderne », in *Systèmes économiques et finances publiques*, sous la direction de Richard Bonney, Paris, PUF, 1996.

7. Colbert, *Lettres, instructions et mémoires*, Paris, 1862, tome VI, p. 269.

8. Archibald aurait dû préciser : longtemps l'unique Prix Nobel français d'économie, Gérard Debreu, ancien élève de Maurice Allais, a lui aussi obtenu le Nobel (en 1983, *avant* son maître qui ne l'a obtenu qu'en 1988), mais il vit et enseigne à l'université de Berkeley, aux États-Unis. Jean Tirole a obtenu le Nobel d'économie en 2014. Il est le seul économiste français vivant à détenir cette distinction.

9. *François Quesnay et la physiocratie*, Paris, PUF / INED, 1958, tome II, p. 842 et p. 857.

10. William Shakespeare, *King Lear*, acte I, scène II.

11. École de pensée française pour laquelle la seule source de la valeur est la terre. Son chef de file était Quesnay, médecin de son état.

12. Aristote, *Éthique à Nicomaque*, Livre V, chapitre V, § 12.

13. Aristote, *ibid.*, § 8.

14. Cf. Première leçon.

15. Carl Menger (1840-1921), l'un des fondateurs de l'école autrichienne, titulaire de la chaire d'économie politique à l'université de Vienne. S'est opposé à l'école historique allemande.

16. Eugen von Böhm-Bawerk (1851-1914), professeur à l'université de Vienne, se signale par sa critique de la valeur-travail chez Marx et par sa contribution à la théorie marginaliste de l'intérêt et du capital.

17. Archibald reprendra la question de la thésaurisation dans ses leçons sur Keynes.

18. Cf. Quarantième leçon.

*Troisième leçon*

DE L'AVANTAGE COMPARATIF

1. Paul Samuelson (1915-2009), très fameux économiste américain, auteur d'un manuel, *L'Économique*, qui a fait le tour du monde. Prix Nobel de sciences économiques en 1970.

2. Cf. Deuxième leçon.

3. Ludwig von Mises, *L'Action humaine. Traité d'économie*, Paris, PUF, 1985, p. 109.

4. David Ricardo (1772-1823), l'un des fondateurs de l'« école classique anglaise », théoricien de l'impôt, de la rente, de la monnaie, de l'intérêt, conquit l'Angleterre aussi complètement que l'Inquisition conquit l'Espagne, selon le mot de Keynes.

5. James Mill (1773-1836).

6. Ricardo, *Des principes de l'économie politique et de l'impôt*, chapitre VII.

7. La balance commerciale est la différence entre les exportations et les importations. Quand les secondes sont supérieures aux premières, on observe un déficit. Cf. Vingtième leçon sur la balance des paiements.

8. Pierre Veltz, *Mondialisation, villes et territoires. L'économie d'archipel*, Paris, PUF, 1996. Sur le même thème, lire aussi Pierre-Noël Giraud, *L'Inégalité du monde. Économie du monde contemporain*, Paris, Gallimard, coll. Folio actuel nº 50, 1996, et Kenichi Ohmae, *De l'État-nation aux États-régions*, traduit de l'américain par Michel Le Seac'h, Paris, Dunod, 1996 (titre original : *The End of the Nation State*). Se reporter aussi à Charles-Albert Michalet, *Le Capitalisme mondial*, Paris, PUF, coll. Quadrige, 1998.

9. Cf. Quarante-cinquième leçon.

*Quatrième leçon*

DE LA MAIN INVISIBLE

1. Élie Halévy, *La Formation du radicalisme philosophique*, 3 vol., Paris, PUF, 1995. Cette œuvre monumen-

tale, oubliée en France, sert de livre de référence dans les universités anglaises et américaines.

2. *Ibid.*, tome I, *La Jeunesse de Bentham, 1776-1789*, p. 55. Les italiques sont dans le texte.

3. Adam Smith, *Enquête sur la nature et les causes de la richesse des nations*, *op. cit.*, Livre IV, chapitre II, p. 513.

4. Le roi Henry VIII rompit avec le pape en 1535 et devint le chef de l'Église d'Angleterre.

5. Titre originel : *The Grumbling Hive, or, Knaves Turn'd Honest*.

6. Bernard Mandeville, *La Fable des abeilles*, trad. fr. Lucien Carrive, éd. Paulette Carrive, Vrin, 1999.

7. Il n'est pas impossible qu'Archibald oppose ici Mandeville à saint Thomas d'Aquin, surnommé de son temps le Docteur angélique. Toutefois, Mandeville est diabolique à un autre titre : il substitue une sorte de providence diabolique à la divine providence.

8. Marx, *Matériaux pour l'« Économie »*, cité dans Bernard Mandeville, *La Fable des abeilles*, *op. cit.*, p. 13-14.

9. Lire sur ce thème le très beau livre d'Albert Hirschman, *Les Passions et les Intérêts. Justifications politiques du capitalisme avant son apogée*, Paris, PUF, 1980.

10. Élie Halévy, *La Formation du radicalisme philosophique*, *op. cit.*, tome I, p. 114.

11. Galiani (1728-1787) est aussi l'auteur en français des *Dialogues sur le commerce des blés*, parus à Londres en 1770, revus par Diderot et Grimm.

12. Giambattista Vico (1688-1744) est aussi l'auteur de *Principes de philosophie de l'histoire*.

13. Élie Halévy, *La Formation du radicalisme philosophique*, *op. cit.*, tome I, p. 22.

14. Francis Hutcheson, *Inquiry Concerning Moral Good and Evil*, section III, § 8.

15. Archibald fait ici allusion à la définition d'Aristote : l'homme est un animal politique — *zoon politikon* — qui hante l'imaginaire occidental.

16. Friedrich Hayek, « Lecture on a Master-Mind, Dr Bernard Mandeville », in *Proceedings of the British Academy*, 1966, cité dans Bernard Mandeville, *La Fable des abeilles*, *op. cit.*, p. 13. Dans *Droit, législation et liberté*,

Hayek revient sur le distinguo naturel / artificiel à propos de la culture : « *La culture n'est ni naturelle ni artificielle, elle n'est ni transmise génétiquement ni rationnellement élaborée.* Elle est la transmission de règles apprises de conduite, qui n'ont jamais été inventées et dont la fonction reste habituellement incomprise des individus qui agissent », *Droit, législation et liberté. Une nouvelle formulation des principes libéraux de justice et d'économie politique*, Paris, PUF, coll. Quadrige, 1995, tome III. *L'Ordre politique d'un peuple libre*, p. 185. Les italiques sont dans le texte.

17. L'importance cruciale de Mandeville dans l'invention de l'économie contemporaine se mesure au fait que les deux plus grands penseurs du XX^e^ siècle dans ce domaine, Hayek et Keynes, avaient tous deux cherché à s'approprier l'auteur de la *Fable des abeilles*. Archibald reviendra sur Keynes dans de prochaines leçons (de la Vingt-deuxième à la Vingt-neuvième).

18. Jean Hyppolite, *Introduction à la philosophie de l'histoire de Hegel*, Paris, Seuil, coll. Points, 1983, p. 77.

19. Jeremy Bentham, *Defence of Usury* (1787), in *The Works of Jeremy Bentham*, tome III, *Defence of Usury, A Manual of Political Economy, Equity, Parliamentary Reform*, éd. John Bowring, Édimbourg, William Tait, 1843.

## *Cinquième leçon*
## DE L'HONNEUR

1. Montesquieu, *De l'Esprit des lois*, Livre III, chapitre VII.

2. La citation exacte est « Quand les sauvages de la Louisiane veulent avoir du fruit, ils coupent l'arbre au pied et cueillent le fruit. Voilà le gouvernement despotique », *ibid.*, cité par Gustave de Molinari, *Les Soirées de la rue Saint-Lazare. Entretiens sur les lois économiques et défense de la propriété*, Paris, Guillaumin, 1849, p. 47.

3. Et qui pour Hegel restera le meilleur des régimes, ne l'oublions pas !

4. Pour ces deux points, se reporter à Claude Morilhat, *Montesquieu, politique et richesses*, Paris, PUF, 1996.

5. Le deuxième étage étant grosso modo le marché national. Cf. Fernand Braudel, *Civilisation matérielle, économie et capitalisme, XVe-XVIIIe siècle*, 3 vol., Paris, Armand Colin, 1979.

6. Paul Bénichou, historien français contemporain, spécialiste du XVIIe siècle.

## *Sixième leçon*
## DE LA PRUDENCE

1. Hayek, *Droit, législation et liberté*, *op. cit.*, tome III, p. 228, n. 17.

2. Cette lettre, datée du 6 octobre 1645, est citée par Alain Laurent, *Du bon usage de Descartes*, Paris, Maisonneuve & Larose, 1996.

3. Deirdre N. McCloskey, *The Bourgeois Virtues. Ethics for an Age of Commerce*, Chicago et Londres, The University of Chicago Press, 2006, p. 257.

4. Périclès (vers 495-429 av. J.-C.), parangon de l'homme d'État éclairé de l'Antiquité.

5. Cf. Quatrième leçon.

## *Septième leçon*
## DE LA COOPÉRATION

1. Les économistes auront reconnu ici un tableau à double entrée.

2. Les connaisseurs de la théorie des Jeux reconnaîtront le critère *minimax*.

3. Pour une recension de cette littérature, se référer à Laurent Cordonnier, *Coopération et Réciprocité*, Paris, PUF, 1997.

4. En témoigne le passage suivant du *Discours sur l'origine et les fondements de l'inégalité parmi les hommes* : « Instruit par l'expérience que l'amour du bien-être est le seul mobile des actions humaines, [l'homme primitif] se trouva en état de distinguer les occasions rares où l'intérêt commun devait le faire compter sur l'assistance de ses

semblables, et celles plus rares encore où la concurrence devait le faire défier d'eux. Dans le premier cas il s'unissait avec eux en troupeau, ou tout au plus par quelque sorte d'association libre qui n'obligeait personne, et qui ne durait qu'autant que le besoin passager qui l'avait formée. Dans le second chacun cherchait à prendre ses avantages, soit à force ouverte s'il croyait le pouvoir, soit par adresse et subtilité s'il se sentait le plus faible.

« Voilà comment les hommes purent insensiblement acquérir quelque idée grossière des engagements mutuels, et de l'avantage de les remplir, mais seulement autant que pouvait l'exiger l'intérêt présent et sensible ; car la prévoyance n'était rien pour eux, et loin de s'occuper d'un avenir éloigné, ils ne songeaient pas même au lendemain. *S'agissait-il de prendre un cerf, chacun sentait bien qu'il devait pour cela garder fidèlement son poste ; mais si un lièvre venait à passer à la portée de l'un d'eux, il ne faut pas douter qu'il ne le poursuivît sans scrupule, et qu'ayant atteint sa proie il ne se souciât fort peu de faire manquer la leur à ses compagnons* » (nous soulignons). Ici, la poursuite de l'intérêt individuel aboutit à un résultat (le lièvre) inférieur à celui (le cerf) qui aurait été obtenu si les deux acteurs avaient continué à coopérer jusqu'à son obtention. Sur ce point, Cf. Raymond Boudon et François Bourricaud, *Dictionnaire critique de la sociologie*, Paris, PUF, 1982, p. 477, et Anthony de Jasay, *L'État. La logique du pouvoir politique*, trad. fr. Sylvie Lacroix et François Guillaumat, préface de Pascal Salin, Paris, Les Belles Lettres, 1994, p. 56-57.

5. Cf. Quatrième leçon.

6. Archibald pourrait citer à l'appui de son argumentation l'important ouvrage de l'économiste américain Robert Axelrod (*Donnant donnant. Une théorie du comportement coopératif*, Paris, Odile Jacob, 1992) qui tend à montrer expérimentalement que les stratégies de coopération sont toujours gagnantes.

7. Archibald fait ici allusion au fameux philosophe grec Zénon d'Élée qui démontrait l'impossibilité du mouvement dans l'hypothèse où une grandeur — quelle qu'elle soit — est composée d'une infinité de points.

*Huitième leçon*

DU DROIT

1. Randall G. Holcombe est professeur d'économie à la Florida State University. Il est l'auteur de *An Economic Analysis of Democracy* (Carbondale, Southern Illinois University Press, 1985), *Economic Models and Methodology* (New York, Greenwod Press, 1989), *Public Finance and the Political Process* (Carbondale, Southern Illinois University Press, 1983), *Public Sector Economics. The Role of Government in the American Economy* (Belmont, Wadsworth, 1987), *The Economic Foundations of Government* (Basingstoke, Macmillan, 1994).

2. Les principaux auteurs qui se sont inspirés de cette discipline sont : Paul Samuelson, Ronald Coase, John Charles Harsanyi, John Rawls, Joseph Schumpeter, Amartya Sen, Knut Wicksell, James Buchanan, Gordon Tullock, Kenneth Arrow, Anthony Downs, Michal Kalecki, William Nordhaus, William Niskanen, Mancur Olson.

3. Cf. Première leçon.

4. Thomas Hobbes, *Leviathan*, New York, Dutton, 1950, p. 104.

5. Cf. Quatrième leçon, « De la main invisible ».

6. Holcombe, *The Economic Foundations of Government*, *op. cit*.

7. John Rawls, *Théorie de la justice*, Paris, Seuil, 1987.

8. Sur ce point délicat, consulter Schumpeter, *Histoire de l'analyse économique*, *op. cit.*, tome I, *L'Âge des fondateurs. Des origines à 1790*, p. 96.

9. Les lecteurs de Rawls auront reconnu, ici encore, l'un des arguments de l'auteur de *Théorie de la justice*.

10. Rappelons que la *Théorie des sentiments moraux* fut publiée dix-sept ans avant la *Richesse des nations* (1776).

11. *De l'Esprit des lois*, XV, 7.

12. *Ibid.*, XXI, 7.

13. Archibald fait ici allusion aux « effets pervers » des lois frumentaires de la République romaine, qui prévoyaient de vendre du blé à une partie du peuple bon mar-

ché, voire gratis. Quand les affranchis furent admis à en bénéficier, de nombreux maîtres saisirent l'occasion pour émanciper des esclaves, transférant ainsi à l'État — un État-Providence avant la lettre — le fardeau de leur entretien. Cf. Peter Garnsey, *Famine et approvisionnement dans le monde gréco-romain. Réactions aux risques et aux crises*, trad. fr. Isabelle Rozenbaumas, Paris, Les Belles Lettres, coll. Histoire, 1996.

14. Cf. Deuxième leçon, « De l'échange ».

## *Neuvième leçon*
## DE L'ÉTAT

1. Archibald se réfère ici à Élie Halévy, Cf. Quatrième leçon, « De la main invisible ».

2. Cf. Trente-neuvième leçon, « De la corruption ».

3. Archibald reviendra sur ces questions dans les prochaines leçons sur la concurrence, d'une part, sur le chômage, d'autre part.

4. Alain Wolfelsperger, *Économie publique*, Paris, PUF, coll. Thémis Économie, 1995.

5. Archibald fait sans doute allusion à ce passage du *Traité de la nature humaine* où Hume expose le problème des intérêts qui tendent à faire rompre aux individus leurs promesses, promesses qui étaient faites en vertu de l'espoir d'obtenir, en échange, un avantage quelconque : une fois l'avantage acquis, pourquoi tenir sa promesse si elle est coûteuse et si elle n'avait été faite qu'en vue de cet avantage ? Archibald pense également à la répartie succulente du Peintre dans *Timon d'Athènes* : « Promettre est tout à fait du bel air ; cela ouvre les yeux de la curiosité. Exécuter est toujours un acte inférieur ; et, excepté parmi les gens les plus naïfs et les plus simples, tenir sa parole est tout à fait hors d'usage. La promesse est tout ce qu'il y a de plus courtois et de plus *fashionable* ; l'exécution est une sorte de codicille ou de testament qui atteste une maladie grave dans le jugement de l'auteur » (Shakespeare, *Timon d'Athènes*, acte V, scène I, traduction de François-Victor Hugo). Il n'est pas impossible du reste que Hume s'en soit inspiré.

6. George Steiner, *Les Antigones*, Paris, Gallimard, coll. Bibliothèque des Idées, 1986.

7. Augustin (354-430), déjà cité. Les *Confessions* sont le premier ouvrage autobiographique de la littérature occidentale. Le futur évêque d'Hippone y avoue le vol d'une pomme. Les *Confessions* de Jean-Jacques Rousseau relatent aussi un vol, mais cette fois il s'agit d'un ruban.

8. Hans Kelsen, *Théorie pure du droit. Introduction à la science du droit*, adapté de l'allemand par Henri Thévenaz, Neufchâtel, Éditions de la Baconnière, 1988 (1re éd. 1953) ; *Théorie générale des normes*, traduit de l'allemand par Olivier Beaud et Fabrice Malkani, Paris, PUF, 1996 (titre original : *Allgemeine Theorie der Normen*) ; *Théorie générale du droit et de l'État* suivi de *La Doctrine du droit naturel et le positivisme juridique*, trad. fr. Béatrice Laroche et Valérie Faure, Bruylant, LGDJ, 1997.

9. Archibald fait allusion à ce passage des *Soirées de la rue Saint-Lazare* : « La plupart des nations ont été successivement agglomérées par les alliances des propriétaires d'esclaves et de serfs et par leurs conquêtes. La France, par exemple, est un produit d'alliances et de conquêtes successives. Par les mariages, par la force ou la ruse, les souverains de l'Île-de-France étendirent successivement leur autorité sur les différentes parties des anciennes Gaules. Aux vingt gouvernements de monopole qui occupaient la surface actuelle de la France, succéda un seul gouvernement de monopole. Les rois de Provence, les ducs d'Aquitaine, de Bretagne, de Bourgogne, de Lorraine, les comtes de Flandres, etc., firent place au roi de France », *op. cit.*, p. 312.

10. On pourra se reporter sur ce point à notre ouvrage, *Le Secret de l'armistice. 1940*, Paris, Plon, 1990.

11. Renaud de Rochebrune et Jean-Claude Hazera, *Les Patrons sous l'Occupation*, Paris, Odile Jacob, 1996.

12. Max Weber (1864-1920), sociologue allemand, célèbre pour son étude sur *L'Éthique protestante et l'esprit du capitalisme*, ce qui ne va pas sans contresens. On y reviendra.

13. Max Weber, *Politik als Beruf*, Leipzig, Duncker & Humblot, 1926 ; trad. Julien Freund, *Le Savant et le Politique*, Paris, Plon, 1959, p. 113-114.

14. Archibald n'est pas tout à fait complet à ce sujet : le libertarien américain David Friedman, fils du célèbre monétariste Milton Friedman, imagine un système où la défense nationale est financée par des cotisations volontaires. Cf. David Friedman, *Vers une société sans État*, traduit de l'américain par Françoise Liégeois, Paris, Les Belles Lettres, 1991, p. 216.

15. Cf. Douzième leçon.

16. Cf. Quarante-neuvième leçon.

17. Cf. Treizième leçon.

18. Jean Hyppolite, *Introduction à la philosophie de l'histoire de Hegel*, *op. cit.*, p. 111.

19. Cf. Quarante-troisième leçon.

20. Albert Speer, *Au cœur du Troisième Reich*, trad. fr. Michel Brottier, Paris, Fayard, coll. Pluriel, 2011 (éd. num.).

21. Archibald fait référence au chapitre XII du Livre XIII de l'*Esprit des lois* : « Règle générale : on peut lever des tributs plus forts, à proportion de la liberté des sujets ; et l'on est forcé de les modérer, à mesure que la servitude augmente. Cela a toujours été, et cela sera toujours. [...] Il y a, dans les États modérés, un dédommagement pour la pesanteur des tributs ; c'est la liberté. Il y a, dans les États despotiques, un équivalent pour la liberté ; c'est la modicité des tributs. »

22. « *Because the major part hath by consenting voices declared a Soveraigne, he that dissented must now consent with the rest ; that is, be contented to avow all the actions he shall do, or else justly be destroyed by the rest.* » Hobbes, *Leviathan*, *op. cit.*, p. 147.

23. C'est en particulier la thèse que soutient l'historien américain Martin Malia dans son livre sur *La Tragédie soviétique. Histoire du socialisme en Russie 1917-1991*, trad. fr. Jean-Pierre Bardos, Paris, Seuil, 1995.

24. Hobbes, *Leviathan*, *op. cit.*, p. 178.

*Dixième leçon*

DE LA JUSTICE

1. Cf. Sixième leçon, « De la prudence ».

2. John Stuart Mill, *On Liberty and Considerations on Representative Government*, éd. Ronald B. McCallum, Oxford, Basil Blackwell, 1946, p. 70.

3. Rawls, *Théorie de la justice*, *op. cit.*, p. 575 ; Kant, *La Métaphysique des mœurs*, II, § 36.

4. Aristote, *Éthique à Nicomaque*, 1107 a II.

5. Karl Marx, *Manuscrits économiques et philosophiques* (*manuscrits parisiens de 1844*), in *Œuvres*, éd. Maximilien Rubel, Paris, Gallimard, coll. Bibliothèque de la Pléiade, tome II. *Économie* 2, 1968 p. 85 *sq*.

6. Anthony de Jasay, *L'État, la logique du pouvoir politique*, *op. cit.*, p. 270.

7. Helmut Schoeck, *L'Envie. Une histoire du mal*, traduit de l'allemand par Georges Pauline, Paris, Les Belles Lettres, 1995.

8. Nicolas Malebranche (1638-1715), auteur notamment de *De la recherche de la vérité* et du *Traité de morale*.

9. Rawls, *Théorie de la justice*, *op. cit.*, p. 93.

10. Pascal, *Pensées*, n° 285.

*Onzième leçon*

DE LA MAFIA

1. Rothbard, Holcombe, David Friedman ont déjà été présentés au lecteur. Robert Nozick (1938-2002), qui fut professeur de philosophie à Harvard, est l'auteur d'*Anarchie, État et utopie*, traduit de l'anglais par Évelyne d'Auzac de Lamartine révisée par Pierre-Emmanuel Dauzat, Paris, PUF, 1988. Lysander Spooner est un auteur américain de la fin du XIXe siècle. Œuvres : *Natural Law, Or The Science of Justice. A Treatise on Natural Law, Natural Justice, Natural Rights, and Natural Society ; Showing that all Legislation Whatsoever is an Absurdity, a Usurpation and a Crime*, Boston, A. William & Co, 1882, réédité par

la revue *Libertarian Forum* en septembre 1994 et tiré à part par Laissez Faire Books de New York. Trois textes de Spooner ont été traduits en français : *Outrages à chef d'État* suivi de *Le Droit naturel*, trad. fr. Jeannie Carlier, Paris, Les Belles Lettres, 1991 (*No Treason VI. The Constitution of No Authority*, 1870) ; *Les Vices ne sont pas des crimes*, trad. fr. Mickael Korvin, Paris, Les Belles Lettres, 1993 (*Vices are not Crimes*, 1875) ; *Plaidoyer pour la propriété intellectuelle*, trad. fr. Patricia Chameaureau, préface d'Alain Laurent, Paris, Les Belles Lettres, 2012 (*The Law of Intellectual Property*, 1855). Morris et Linda Tannehill sont auteurs de *The Market for Liberty* (1re éd. 1970), New York, Laissez Faire Books, 1984.

2. Cf. Quarante-huitième leçon.

*Douzième leçon*

DES BIENS COLLECTIFS

1. Stuart Mill a déjà été présenté au lecteur. Arthur Pigou (1877-1959) est le premier théoricien de l'« économie du bien-être ». L'existence d'externalités positives ou négatives justifie, selon lui, l'intervention de l'État. Œuvre principale : *The Economics of Welfare*, Londres, Macmillan, 1920. Henry Sidgwick, théoricien américain du libéralisme en vogue à la fin du XIXe siècle.

2. *Free rider*, ou passager clandestin. Archibald a déjà utilisé ce concept dans la Neuvième leçon, « De l'État ».

3. Cet exemple est donné par Pierre Lemieux, *L'Anarcho-capitalisme*, Paris, PUF, coll. Que sais-je ?, 1988, p. 21.

4. Ces statistiques sont tirées de Jean-Luc Mathieu, *L'Insécurité*, Paris, PUF, coll. Que sais-je ?, 1995, p. 33.

5. Lemieux, *L'Anarcho-capitalisme*, *op. cit.*, p. 43.

6. Archibald emprunte cette expression à Alain Wolfelsperger, *Économie publique*, *op. cit.*, p. 57.

7. Léon Duguit (1859-1928), auteur notamment de *Libertés publiques* (*Traité de droit constitutionnel*, tome V), Paris, Cujas, 1928 ; Boccard, 1981. Pour Duguit, c'est aux pouvoirs publics de décider si une activité présente le caractère de service public ! Se reporter aussi à François Lévêque,

*Économie de la réglementation*, Paris, La Découverte, coll. Repères, 1998.

8. David Friedman, *Vers une société sans État*, *op. cit.*, p. 205-207.

9. Archibald fait ici allusion aux travaux d'auteurs américains tels que William H. Riker et Peter C. Ordeshook, « A Theory of the Calculus of Voting », *The American Political Science Review*, vol. 62, n° 1, mars 1968, p. 25-42, et Orley Ashenfelter et Stanley Kelley Jr., « Determinants of Participation in Presidential Elections », *Journal of Law and Economics*, décembre 1975, vol. 18, n° 3, p. 695-733.

10. David Friedman, *Vers une société sans État*, *op. cit.*, p. 215.

11. Pigou, *The Economics of Welfare*, *op. cit*.

12. Rousseau pousse la perversité de la main invisible très loin, comme en témoigne cette remarque de l'*Émile*, d'une actualité brûlante : « Je ne dispute donc pas que la médecine ne soit utile à quelques hommes, mais je dis qu'elle est funeste au genre humain » (*Émile ou De l'éducation*, I).

13. Ronald H. Coase, « The Problem of Social Cost », *Journal of Law and Economics*, vol. 3, octobre 1960, p. 1-44 ; trad. fr. Marc Bloch *in* Jacques Généreux (éd.), *L'Économie politique. Analyse économique des choix publics et de la vie politique*, Paris, Larousse, coll. Textes essentiels, 1996, p. 120-133.

### *Treizième leçon*

### DE LA CONCURRENCE

1. Alfred Marshall (1842-1924), *The Pure Theory of Foreign Trade* (1879), *Principles of Economics* (1890), *Industry and Trade* (1919), *Money, Credit and Commerce* (1923).

2. Knut Wicksell (1851-1926), *Valeur, capital et rente* (1893), *Leçons d'économie politique* (1901).

3. Edward Chamberlin, *Theory of Monopolistic Competition*, Cambridge, Harvard University Press, 1933 ; trad. fr. Guy Trancart, *La Théorie de la concurrence monopolisque.*

*Une nouvelle orientation de la théorie de la valeur*, Paris, PUF, 1953.

4. Antoine Augustin Cournot (1801-1877), *Recherches sur les principes mathématiques de la théorie des richesses*, Paris, Hachette, 1838.

5. Schumpeter, *Histoire de l'analyse économique*, *op. cit.*, tome III, *L'Âge scientifique. De 1870 à John Maynard Keynes*, p. 388. Sur ce point, Schumpeter ne voit aucune contradiction entre Marshall, pour qui les profits ne tendent pas vers zéro, et Walras : « Si nous sommes décidés à présenter les propriétés logiques de l'équilibre parfait de concurrence pure, les profits de Marshall s'annuleront en fait aussi complètement que ceux de Walras. »

6. Cf. Troisième leçon, « De l'avantage comparatif ».

7. Les économistes reconnaîtront le fameux problème de la comparaison interpersonnelle des utilités.

8. On sait que cette célèbre expression est due à Jeremy Bentham. Un logicien ferait remarquer ici qu'il est impossible de poursuivre à la fois deux « maximandes » (le plus grand bonheur ; le plus grand nombre).

9. Dans le langage des économistes, on parle de pareto-optimum, la notion ayant été définie par Vilfredo Pareto.

10. On remarquera tout de suite, mais on y reviendra ultérieurement, que la progressivité de l'impôt sur le revenu est fondée sur le postulat qu'un euro supplémentaire pour le riche a moins de valeur que pour le pauvre. Elle suppose donc la possibilité d'une comparaison interpersonnelle des utilités.

11. *Politique*, I, 11. *Éthique*, V, 5.

12. Cf. Troisième leçon.

13. L'œuvre de Marx est une critique de l'économie capitaliste. On n'y trouve pas la moindre description du fonctionnement du socialisme centralisé tel qu'il le concevait pour l'avenir. Comme le remarque Schumpeter à juste titre, « la plupart de ses disciples esquivèrent le problème au lieu de l'affronter » (*Histoire de l'analyse économique*, *op. cit.*, tome III, p. 313).

14. Enrico Barone, « Il Ministro della produzione nello stato collettivista », I et II, *Giornale degli Economisti*, septembre 1908, p. 267-293, et octobre 1908, p. 391-414 ; trad.

fr. Marie-Thérèse Génin, « Le ministère de la Production dans l'État collectiviste », *in* Nikolaas Gerard Pierson, Ludwig von Mises, Georg Halm et Enrico Barone, *L'Économie dirigée en régime collectiviste. Études critiques sur les possibilités du socialisme*, éd. Friedrich August von Hayek, Paris, Éditions politiques, économiques et sociologiques / Librairie de Médicis, 1939, p. 245-299.

15. Schumpeter, *Histoire de l'analyse économique*, *op. cit.*, tome III, p. 316.

16. Ludwig von Mises, « Die Wirtschaftsrechnung im sozialistischen Gemeinwesen », *Archiv für Sozialwissenschaft und Sozialpolitik*, 1920 ; trad. fr. Robert Goetz-Girey, « Le calcul économique en régime collectiviste », *in* Pierson, Mises, Halm et Barone, *L'Économie dirigée en régime collectiviste*, *op. cit.*, p. 93-132.

## *Quatorzième leçon*
## DE LA VALEUR-TRAVAIL

1. Cf. Trente-deuxième leçon.

2. Anne Robert Jacques Turgot (1727-1781), l'un des fondateurs du libéralisme français. Salué comme un génie par les historiens américains ou anglais de la pensée économique, c'est à peine s'il a droit à une mention dans nos manuels, et toujours à une place inférieure à celle d'Adam Smith, le prétendu « père de l'économie politique ». Il est vrai que Turgot a passé beaucoup plus de temps à administrer le royaume de France qu'à écrire dans son cabinet. Assurément, son action de contrôleur général des Finances s'est heurtée à la coalition des privilèges et des corporatismes, qui ont fini par obtenir de Louis XVI sa révocation. En à peine deux ans au gouvernement, il aura pourtant eu le temps de prendre un arrêt établissant la libre circulation des grains, et deux édits supprimant la corvée et les jurandes. Mais son échec politique pèsera lourd sur sa réputation d'économiste. L'année même de sa révocation (1776), les corvées et les jurandes sont rétablies ! Cependant, les textes qu'il nous a laissés, pour fragmentaires qu'ils soient, font apparaître une compréhension profonde,

originale et pionnière de l'économie moderne, notamment pour les notions de valeur, de prix, de revenu, d'impôt, de cycle. Ils révèlent que Turgot a cent ans d'avance dans la perception du rôle de l'entrepreneur, totalement oublié de l'économie classique anglaise. Le tout, écrit dans le superbe français du XVIIIe siècle, que Turgot sert avec élégance, fait contraste, même pour un Anglais, avec l'obscur charabia utilisé par Adam Smith dans la *Richesse des nations* en cette année 1776, fatale pour Turgot. Quel conseiller écrirait aujourd'hui au prince, comme le fit Turgot à Louis XVI le 24 août 1774, « Il faut, Sire, vous armer, contre votre bonté, de votre bonté même, considérer d'où vous vient cet argent que vous pouvez distribuer à vos courtisans » ? Cet argent, tiré par force d'un peuple misérable, enrichissait les avantages acquis. Il est difficile de se rendre compte aujourd'hui du caractère proprement révolutionnaire du « laissez-faire » enseigné par Turgot. Aujourd'hui, le libéralisme apparaît comme une doctrine de nantis cherchant à protéger leurs prébendes. C'est tout le contraire au moment où Turgot prend la plume. On le voit bien dans les positions qu'il défend sur un sujet particulièrement sensible à l'époque, la religion et son statut dans la cité. Là était la pierre de touche de la liberté. « La société, écrit Turgot dans sa deuxième *Lettre à un grand vicaire sur la tolérance* (1753), n'est pas compétente pour juger de [la] fausseté [des enseignements religieux] ; ils ne peuvent donc être l'objet de ses lois prohibitives, et si elle en fait, elle n'aura pas droit de punir les contrevenants, je n'ai pas dit les rebelles, il n'y en a point où l'autorité n'est pas légitime. » Et d'insister : « Que la société n'ait aucun droit sur les consciences, c'est ce dont on ne peut douter, s'il est vrai que l'État ne soit pas juge de la religion, et qu'il ne faille pas être mahométan à Constantinople et anglican à Londres. » C'était pain bénit, si l'on ose dire, pour les protestants restés en France. À l'autre bout de l'Europe des Lumières, trente ans après, ces thèmes seront repris, presque mot pour mot, par Moses Mendelssohn dans son *Jerusalem* (1783), marquant les possibilités pour un juif de vivre à Berlin sans rien renier de sa judéité, et donc pour un Prussien de ne pas être chrétien. Aussi ne s'étonnerat-on pas que dans la coterie qui a abattu Turgot, le haut clergé ait joué un rôle qui n'était pas second. Déjà visée dans ses privilèges, la calotte enrageait de voir celui qui avait été abbé au sortir de ses études oublier ostensiblement d'aller à la messe et elle le poursuivit jusqu'à sa mort, puisqu'il fut enterré sans les sacrements de l'Église.

3. Ferdinand Lassalle (1825-1864), né dans une famille de riches négociants juifs de Breslau, agitateur ; arrêté en novembre 1848, il fait la connaissance de Marx, incarcéré comme lui. Leur amitié durera jusqu'en 1862, Lassalle venant en aide matériellement à Marx. En 1862, il développe son « programme ouvrier », dans lequel il définit sa « loi d'airain », combattue par Marx comme une aberration économique. En 1863, il fonde l'Association générale allemande des travailleurs. Il meurt l'année suivante dans un duel provoqué par une rivalité sentimentale. L'empreinte de ses idées sera profonde sur le mouvement socialiste allemand.

## *Quinzième leçon*
## DE L'UNITÉ DE COMPTE

1. Cf. Treizième leçon, « De la concurrence ».

2. Les mathématiciens auront reconnu le problème classique dit du n – 1. S'il fallait connaître le prix relatif de tous les objets, y compris le grain de riz, pris deux à deux, on démontre que le nombre de prix est égal à n (n – 1)/2. Si l'un d'entre eux, le grain de riz, est pris comme étalon, le nombre de prix en grains de riz n'est plus que de n – 1. Supposons que la collection comprenne 99 objets. Sans étalon, le nombre de prix est de 100 × 99/2 = 4 950. Avec un étalon, le nombre de prix (en grains de riz) n'est plus que de 99.

3. On pourrait en dire de même des DTS (droits de tirage spéciaux) qui servent d'unité de compte au Fonds monétaire international.

4. Cf. Trente-septième leçon, « De la réforme fiscale ».

5. Bentham, *A Fragment on Government*, in *The Works of Jeremy Bentham*, tome I, *The Principles of Morals and*

*Legislation, A Fragment on Government, Principles of the Civil Code, Principles of Penal Law*, éd. John Bowring, Édimbourg, William Tait, 1843 ; p. 221 : « *It is the greatest happiness of the greatest number that is the measure of right and wrong* », p. 227 : « *the Fragment* [...] *undertook to set up* [...] *the greatest happiness of the greatest number, in the character of the proper, and only proper and defensible, end of government* ».

6. Les économistes reconnaîtront ici les « surplus » du consommateur et du producteur.

## *Seizième leçon*

## DE LA MONNAIE-MARCHANDISE

1. Citons cette phrase fameuse : « Il semble que les plus grandes améliorations dans les facultés productives du travail, et que la plus grande partie du savoir-faire, de l'habileté et du discernement avec lesquels il est où que ce soit dirigé ou appliqué, aient été les effets de la division du travail. »

2. Expression que l'on doit à Ludwig von Mises, *L'Action humaine, op. cit.*

3. Selon les mécanismes de la concurrence que nous avons déjà étudiés, Cf. Treizième leçon, « De la concurrence ».

## *Dix-septième leçon*

## DE LA BANQUE

1. C'est bien à cette conclusion qu'aboutit, par exemple, Maurice Allais, partisan d'une couverture à 100 % des dépôts : « Le domaine de la création monétaire doit relever de l'État et de l'État seul. Il convient donc de donner à la Banque centrale une maîtrise totale de la masse monétaire », « Les conditions monétaires d'une économie de marché », *Revue d'économie politique*, mai-juin 1993, p. 338. Le seul Nobel français de sciences économiques, à l'époque, s'appuyait ici sur une doctrine de l'école de

Chicago remontant à 1933, et reprise par le théoricien monétaire Irving Fisher en 1935.

2. L'analogie du vestiaire est utilisée par l'économiste américain Edwin Cannan, « The Meaning of Bank Deposits », *Economica*, n° 1, 1921, p. 28-36. Mais Cannan parle de bagages là où nous utilisons des manteaux. Pour lui, la banque ne peut pas faire mieux qu'une consigne. Les billets qu'elle émet doivent être couverts à 100 %. C'est la théorie de la banque-consigne.

3. Murray Rothbard, *The Mystery of Banking*, Auburn, Alabama, Ludwig von Mises Institute, 2e édition, 2008.

4. C'était également le cas de Cannan, nous venons de le voir. Mises était lui aussi partisan d'une couverture des billets à 100 %. Cf. *L'Action humaine, op. cit*. Maurice Allais, nous l'avons dit, a emboîté le pas.

5. Cf. Quarante-troisième leçon.

6. Cf. Treizième leçon, « De la concurrence ».

## *Dix-huitième leçon*

## DE LA BANQUE CENTRALE

1. Cité par George Selgin, in *La Théorie de la banque libre*, traduit de l'américain par Stéphane Hottinguer-André, Paris, Les Belles Lettres, coll. Laissez faire, (dirigée par François Guillaumat), 1991.

2. Le 21 décembre 1992, à Munich, Michel Sapin, alors ministre de l'Économie et des Finances dans le gouvernement Bérégovoy, avait promis au ministre allemand des Finances et au gouverneur de la Bundesbank d'annoncer un projet de loi sur l'indépendance de la Banque de France en cas de nouvelle crise du franc. Le projet est resté dans les cartons jusqu'à l'arrivée du gouvernement Balladur. La loi a été votée en juin 1993.

3. La banqueroute qui fait suite à un *run* est un cas d'école de prophétie autoréalisatrice. Les clients de la banque, par la panique que leur comportement entraîne, provoquent eux-mêmes ce qu'ils redoutaient : l'illiquidité de la banque et donc l'impossibilité de retrouver leurs billets.

4. On se souvient de l'image employée par Jacques Rueff

pour décrire la pyramide de crédit du Gold Exchange Standard. Archibald y reviendra...

5. Haberer, l'ex-président du Crédit lyonnais, qui avait ses entrées auprès du ministre de l'Économie et des Finances de l'époque, Pierre Bérégovoy, était intimement persuadé que ce dernier finirait par « craquer » et changer de politique...

6. Cf. *supra*.

## *Dix-neuvième leçon*

## DU SYSTÈME MONÉTAIRE INTERNATIONAL

1. Un accord préalable avait été conclu entre François Mitterrand, alors président de la République, et le chancelier fédéral Helmut Kohl le 2 juin 1988 lors d'une rencontre à Évian. En échange de la promesse de lever toutes les entraves sur les mouvements de capitaux, Mitterrand avait obtenu de son partenaire allemand celle d'harmoniser les fiscalités européennes sur l'épargne, de sorte que les États ne se fassent pas fiscalement concurrence pour attirer à eux des capitaux. Cette promesse n'a pas été tenue par Kohl, mais ensuite il était trop tard pour revenir en arrière. Et d'ailleurs Mitterrand n'a pas insisté. L'objectif européen primait dans son esprit sur toute autre considération. Cf. sur ce point Éric Aeschimann et Pascal Riché, *La Guerre de sept ans. Histoire secrète du franc fort*, Paris, Calmann-Lévy, 1996.

2. Rappelons que le taux de change indique le prix d'une monnaie dans une autre. Au moment où nous écrivons ces lignes (mai 2017), l'euro vaut 1,097 dollar.

3. On peut démontrer théoriquement que pour assurer la liquidité du système, chaque banque a intérêt à accepter d'acheter contre sa propre monnaie les billets des autres banques. Cf. George Selgin, *La Théorie de la banque libre*, *op. cit*.

4. Cité dans Edmund Conway, *The Summit. The Biggest Battle of the Second World War — fought behind closed doors*, Londres, Abacus, 2014, p. 384.

5. Où la petite histoire rejoint la grande. C'est le même

Richard Nixon, alors âgé de trente-cinq ans, qui mena la bataille en 1947, dans une commission du Congrès des États-Unis, contre Harry Dexter White, soupçonné d'être un espion à la solde des Soviétiques. White, on le sait, fut l'un des principaux artisans, avec Keynes, des accords de Bretton Woods.

## *Vingtième leçon*
## DE LA BALANCE DES PAIEMENTS

1. L'ouvrage de Robert A. Mundell, *Monetary Theory, Interest, and Growth in the World Economy*, Pacific Palisades, Goodyear, 1971, a été traduit en français sous le titre *Croissance et inflation. Des relations entre monnaie et balance des paiements*, Paris, Dunod, 1977. On pourra aussi se reporter à *La Monnaie. Histoire d'une imposture*, Paris, Perrin, 2012.

2. Gabriel Sheffer, *Modern Diasporas in International Politics*, Londres, Croom Helm, 1986, cité dans François Jean et Jean-Christophe Rufin (dir.), *Économie des guerres civiles*, Paris, Hachette, coll. Pluriel (inédit), 1996.

3. Rappelons que les acteurs du commerce international sont des individus ou des entreprises, non des pays, et que le moteur de ce commerce réside dans les avantages comparatifs et non dans des avantages absolus. Cf. Troisième leçon, « De l'avantage comparatif ».

4. Si le solde est invariant, l'équation peut s'écrire X – M = Cste ; donc X = M + Cste. Ce qui signifie que toute action sur les importations aura une répercussion du même signe sur les exportations, et réciproquement.

## *Vingt et unième leçon*
## DE L'EXPORTATION ET DE L'IMPORTATION DE MONNAIE

1. Rappelons que Y est le produit national ou le revenu national, X les exportations, M les importations, C la consommation, I l'investissement et S l'épargne.

2. Sur tous ces points, se référer à Philippe Flandrin, *Les*

*Thalers d'argent. Histoire d'une monnaie commune*, Paris, Éditions du Félin, 1997.

3. Cf. Quarante-deuxième leçon.

4. Pascal Salin est l'un des rares économistes français à mettre en valeur ce cas de croissance avec excédent de la balance courante. Cf. *La Vérité sur la monnaie*, Paris, Odile Jacob, 1990, et *Macroéconomie*, Paris, PUF, 1991.

### *Vingt-deuxième leçon*
### DU PROPHÉTISME

1. Cf. Dix-septième et Dix-huitième leçons.

2. John Maynard Keynes, *Théorie générale de l'emploi, de l'intérêt et de la monnaie*, trad. Jean de Largentaye, Paris, Payot, coll. Petite Bibliothèque Payot, 1977, p. 5.

3. *Ibid.*, p. 9.

4. *Ibid.*, p. 5.

5. Se reporter à *La Part maudite* de Georges Bataille (*op. cit.*).

6. *Les Conséquences économiques de la paix*, écrit en 1919, est un livre pro-allemand. On lui opposera avec profit *Les Conséquences politiques de la paix*, paru la même année, de l'historien français Jacques Bainville, qui prévoit avec une exactitude prodigieuse tous les événements qui conduiront à la Seconde Guerre mondiale. Aucun économiste, fût-il Keynes, n'a été capable d'une telle performance.

7. Keynes, *Théorie générale de l'emploi, de l'intérêt et de la monnaie*, *op. cit.*, p. 347.

8. Tout en y mêlant le Français Jean-Baptiste Say, ce qui est une grave erreur.

9. Cf. notre Treizième leçon, « De la concurrence ».

10. Qui correspond à la Trentième leçon, « Inflation / Déflation ».

*Vingt-troisième leçon*

## DE LA PROPENSION À CONSOMMER

1. Keynes, *Théorie générale de l'emploi, de l'intérêt et de la monnaie*, *op. cit.*, p. 299.

2. *Ibid.*, p. 84.

3. *Ibid.*, p. 178.

4. *Ibid.* p. 7.

5. Cf. Cinquième leçon, « De l'honneur ».

6. Barthélemy de Laffemas (vers 1545-1612), né à Beausemblant (Dauphiné), protestant, favorisa sous le règne d'Henri IV l'établissement de nombreuses industries, notamment celle de la soie. Il est à l'origine de la Manufacture des Gobelins. En 1601, Henri IV le nomme à la tête du Bureau du commerce. William Petty (1623-1687), membre du Parlement, homme d'affaires. Sa théorie de la valeur-travail lui a valu, chez Marx, le titre de père fondateur de la science économique ; les économistes keynésiens l'ont célébré à cause de l'importance qu'il donne au problème de l'emploi. Inventeur de l'« arithmétique politique » par son ouvrage *Political Arithmetic*, il est l'auteur d'*A Treatise on Taxes and Contributions* (1662) et de *Quantuculumcunque Concerning Money* (1695). Ce dernier ouvrage en fait l'un des précurseurs de la théorie quantitative de la monnaie. Samuel Fortrey, auteur de *England Interest and Improvement* (1663), est qualifié par Schumpeter de « parfaitement insignifiant » (*Histoire de l'analyse économique*, *op. cit.*, tome I, p. 491). Von Schrötter : il s'agit en fait de W. von Schröder (1640-1688) dont l'œuvre principale est le *Fürstliche Schatz-und Rentkammer* (1686 ; « La chambre princière du trésor et des rentes). Nicholas Barbon, médecin anglais qui, dans les affaires, se livra à toutes sortes d'entreprises, auteur quelque peu extravagant de *Discourse of Trade* (1690). John Cary, marchand à Bristol, auteur d'*An Essay on the State of England in Relation to its Trade, its Poor, and its Taxes* (1695) — ouvrage plusieurs fois réédité, et louangé par Locke. Keynes se contente en fait de citer les noms de ces auteurs.

7. Keynes, *Théorie générale de l'emploi, de l'intérêt et de la monnaie*, *op. cit.*, p. 354-356.

8. Cf. Quatorzième leçon, « De la valeur-travail ».

9. Keynes, *Théorie générale de l'emploi, de l'intérêt et de la monnaie*, *op. cit.*, p. 359.

10. Cf. Quatorzième leçon, « De la valeur-travail ».

## *Vingt-quatrième leçon*
## DE L'ÉGALITÉ DE L'ÉPARGNE ET DE L'INVESTISSEMENT

1. Keynes, *Théorie générale de l'emploi, de l'intérêt et de la monnaie*, *op. cit.*, p. 6.

2. *Ibid.*, p. 83.

3. Ce qui évidemment limite beaucoup l'applicabilité de la théorie keynésienne aux économies nationales actuelles qui sont de plus en plus ouvertes sur le monde extérieur. Toutefois, le keynésianisme pourrait trouver une certaine validité au niveau mondial, univers fermé, voire au niveau des grands ensembles régionaux, moins ouverts que les nations qui les composent. D'où l'idée d'un keynésianisme à l'échelle mondiale, ou, à défaut, à une échelle régionale telle que l'Union européenne, souvent une dernière carte pour les néo-keynésiens.

4. La plupart des manuels compliquent inutilement la compréhension de Keynes en parlant d'épargne et d'investissement *ex ante* et *ex post*, deux termes qui ne figurent pas dans la *Théorie générale*. Selon cette présentation, il y aurait toujours égalité entre l'épargne et l'investissement *ex post* (après coup), mais inégalité *ex ante* (avant que les décisions soient prises) parce que les acteurs qui décident de l'épargne ne sont pas ceux qui décident de l'investissement. Dans la phrase que nous avons citée plus haut, Keynes fait fi de cet argument. À juste titre. Ce n'est pas parce que les consommateurs et les producteurs sont des gens différents qu'ils ne parviennent pas à égaliser la demande et l'offre !

Notons aussi que les manuels expliquent l'égalité de l'épargne et de l'investissement en faisant intervenir la « théorie du multiplicateur ». L'exposé d'Archibald montre que l'on peut se servir d'un élément qui complique inutilement les choses, et qui en outre est une pièce rapportée par Keynes à partir de l'article de Richard F. Kahn, « The Relation of Home Investment to Unemployment », paru en juin 1931 dans l'*Economic Journal*. Archibald soutient qu'il aurait très bien pu s'en passer.

5. Keynes, *Théorie générale de l'emploi, de l'intérêt et de la monnaie*, *op. cit.*, p. 325.

6. Italiques dans le texte.

*Vingt-cinquième leçon*

DU TAUX DE L'INTÉRÊT

1. Cf. Treizième leçon, « De la concurrence ».

2. Keynes, *Théorie générale de l'emploi, de l'intérêt et de la monnaie*, *op. cit.*, p. 178, 179, et 185.

3. Cf. Vingt et unième leçon, « De l'exportation et de l'importation de monnaie ».

4. Keynes, « The General Theory of Employment », *Quaterley Journal of Economics*, février 1937.

5. Cf. Trente-deuxième leçon, « Du chômage volontaire ».

6. Keynes, *Théorie générale de l'emploi, de l'intérêt et de la monnaie*, *op. cit.*, p. 209. À noter que Keynes, dans cette édition, emploie le symbole r là où nous utilisons i.

7. On peut préciser que les autorités en question, la banque centrale, émettent de la monnaie en contrepartie des titres qu'elles achètent sur le marché financier, ce qui a pour effet de faire baisser les taux à mesure que la valeur du capital augmente sous l'effet de ces achats. On trouve des situations où, si la banque centrale ne se portait pas acheteur de titres, leur valeur tomberait, ce qui aurait pour effet de faire remonter les taux (Cf. *supra* les relations entre i et K). Cela peut arriver pour des titres émis par un État surendetté qui a perdu tout crédit. La banque centrale est alors la seule à soutenir le crédit de l'État. Pour qu'elle se montre ainsi docile, il ne faut pas qu'elle soit trop indépendante... On peut aussi imaginer une situation où la banque centrale ne trouve pas de titres à acheter, et donc doit ima-

giner un autre moyen d'émettre de la monnaie, par exemple en actionnant la planche à billets pour faire des avances à l'État. Cela s'est vu à certaines époques de la III$^{e}$ et de la IV$^{e}$ République. L'imagination des banques centrales est sans limite. Depuis la crise de 2008, on a vu apparaître de nouveau une vieille astuce pour créer de la monnaie *ex nihilo*. Ce qu'on a appelé dans le jargon le *quantitative easing* (l'assouplissement quantitatif) consiste dans le rachat par la banque centrale de divers titres de dettes aux institutions financières ou/et aux banques. Après la Banque d'Angleterre, la Banque fédérale des États-Unis, la Banque centrale européenne s'y est mise à son tour pour combattre la déflation — un objectif douteux comme Archibald l'explique.

8. Keynes, *Théorie générale de l'emploi, de l'intérêt et de la monnaie*, *op. cit.*, p. 212.

9. *Ibid.*, p. 215.

10. *Ibid.*, p. 216.

*Vingt-sixième leçon*

## DE L'EFFICACITÉ MARGINALE DU CAPITAL

1. Keynes, *Théorie générale de l'emploi, de l'intérêt et de la monnaie*, *op. cit.*, p. 150.

2. Éventualité qui a repris de l'actualité avec les possibilités de délocalisation d'usines dans les pays à bas salaires.

3. Keynes, *Théorie générale de l'emploi, de l'intérêt et de la monnaie*, *op. cit.*, p. 155.

4. *Ibid.*, p. 155.

5. *Ibid.*, p. 313.

6. Italiques dans le texte.

7. Keynes, *Théorie générale de l'emploi, de l'intérêt et de la monnaie*, *op. cit.*, p. 156.

8. *Ibid.*, p. 161.

9. *Ibid.*, p. 173-174.

10. *Ibid.*, p. 162.

11. *Ibid.*, p. 163.

*Vingt-septième leçon*

DES CONVENTIONS DE LA BOURSE

1. L'économie des conventions prétend que les relations marchandes entre les individus ne se libèrent pas d'une contrainte extérieure à leur propre volonté. Aucun contrat n'est possible sans un cadre commun qui peut avoir la forme d'une « théorie » (André Orléan), d'un « sens commun » (Jean-Pierre Dupuy), d'un « modèle cognitif » (Olivier Favereau), d'un « système de connaissances » (Robert Salais), d'une « structure » sélectionnant les informations nécessaires pour l'action (François Eymard-Duvernay). Ainsi l'économie conventionnaliste croit-elle pouvoir dépasser la vieille querelle de l'individualisme méthodologique et du holisme.

2. Keynes, *Théorie générale de l'emploi, de l'intérêt et de la monnaie*, *op. cit.*, p. 164.

3. George Soros, *Le Défi de l'argent*, Paris, Plon, 1996.

4. *Ibid.*, p. 168.

5. Nicolas Bouleau, *Martingales et marchés financiers*, Paris, Odile Jacob, 1998, p. 112-114.

6. Simon Cohen, « Affichage des temps de parcours sur les panneaux : quels effets sur le trafic ? L'expérience de la Ville de Paris », *Annales des Ponts et Chaussées*, nouvelle série, r° 78, 1996, p. 44-51.

7. Bouleau, *op. cit.*, et Cohen, *ibid.*

8. Bouleau, *op. cit.*, p. 112.

9. René Thom, *Stabilité structurelle et morphogénèse. Essai d'une théorie générale des modèles*, Paris, Interéditions, 1972.

10. Keynes, *Théorie générale de l'emploi, de l'intérêt et de la monnaie*, *op. cit.*, p. 313.

11. *Ibid.*, p. 314.

12. *Ibid.*, p. 172.

13. En même temps, Keynes était notoirement connu pour sa ladrerie en matière de pourboire. En vacances à Alger dans les années 1920 (comme beaucoup d'homosexuels de cette époque — Gide et C^ie^... —, il faisait du

tourisme garçonnier en Afrique du Nord), il refusa de payer davantage un cireur de chaussures en lui faisant cette remarque : « Je ne voudrais pas être tenu responsable de la dévaluation de votre monnaie », Robert Skidelsky, *John Maynard Keynes, 1883-1946. Economist, Philosopher, Statesman*, Londres, Penguin Books, 2003, p. 204.

14. Dans *Ce qu'on voit et ce qu'on ne voit pas*, Frédéric Bastiat montre bien qu'en apparence, casser toutes les vitres ferait la fortune des vitriers, mais que le bien-être de la population n'en serait pas pour autant amélioré.

*Vingt-huitième leçon*

## DE LA RIGIDITÉ DES PRIX ET DES SALAIRES

1. Il était assez surprenant, et plaisant pour Archibald, d'entendre un président de la République française d'obédience socialiste, François Hollande pour ne pas le nommer, mettre en scène et défendre une « politique de l'offre » durant la majeure partie de son quinquennat. À l'oreille d'un économiste, un tel propos était inspiré de la loi des débouchés de Say, aux antipodes des politiques de la demande « keynésiennes », traditionnelles à gauche. Il y avait un malentendu quelque part...

2. Cf. Treizième leçon, « De la concurrence ».

3. Keynes, *Théorie générale de l'emploi, de l'intérêt et de la monnaie*, *op. cit.*, p. 50-51.

4. *Ibid.*, p. 34.

5. *Ibid.*, p. 35.

6. Un tel état définit le « court terme » ou la « courte période » de la théorie classique. Ce n'est en effet qu'à long terme que l'on peut modifier l'organisation, l'équipement et la technique.

7. Keynes, *Théorie générale de l'emploi, de l'intérêt et de la monnaie*, *op. cit.*, p. 42-43.

8. *Ibid.*, p. 155.

9. *Ibid.*, p. 228.

10. *Ibid.*, p. 272.

*Vingt-neuvième leçon*

## DE L'ÉLARGISSEMENT DE L'ÉTAT

1. Keynes, *Théorie générale de l'emploi, de l'intérêt et de la monnaie*, *op. cit.*, p. 371.

2. *Ibid.*

3. On se souvient que François Mitterrand, quand il était président de la République, s'était déclaré fervent partisan de l'« économie mixte ». Les Français qui ont la mémoire courte ne se souviennent pas que cette expression avait cours à Vichy entre 1940 et 1944…

4. Keynes, *Théorie générale de l'emploi, de l'intérêt et de la monnaie*, *op. cit.*, p. 371.

5. *Ibid.*, p. 373.

*Trentième leçon*

## INFLATION / DÉFLATION

1. Cf. Treizième leçon, « De la concurrence ».

2. En fait, le véritable sens du fordisme est tout autre. Ford payait de hauts salaires, non pas pour accroître la consommation de voitures par ses ouvriers, mais plus subtilement pour réduire l'absentéisme de sa main-d'œuvre, diminuer son taux de rotation et accroître sa productivité. Le fordisme n'est en fait qu'une application de la théorie dite des salaires efficaces, qui explique pourquoi les entreprises paient des salaires au-dessus du prix du marché. On y reviendra dans les leçons sur le chômage.

3. Milton Friedman, né à Brooklyn en 1912, a enseigné à l'université de Chicago, d'où son titre de chef de file de l'école de Chicago ; il en a été lui-même le principal inspirateur. Il reçoit le prix Nobel d'économie en 1976 « pour sa contribution à l'analyse de la consommation, à l'histoire et à la théorie monétaire ainsi que pour ses éclaircissements sur la complexité des politiques de stabilisation ».

4. Milton Friedman, *Dollars and Deficits. Inflation, Monetary Policy and the Balance of Payments*, Englewood Cliffs,

NJ, Prentice-Hall, 1968 ; trad. fr. Daisy Caroll, *Inflation et systèmes monétaires*, Paris, Calmann-Lévy, 1970, p. 65.

5. *Ibid.*, p. 80 *sq*.

6. Irving Fisher (1867-1947). L'équation figure dans son livre *The Purchasing Power of Money. Its Determination and Relation to Credit, Interest and Crises* (New York, Macmillan, 1911).

7. Milton Friedman, *Inflation et systèmes monétaires, op. cit.*, p. 43. Lire aussi du même auteur « The Relative Stability of Monetary Velocity and the Investment Multiplier in the United States, 1897-1958 », in *Stabilization Policies*, Committee on Money and Credit, Englewood Cliffs, NJ, Prentice-Hall, 1963, p. 165-268. Cet article est en même temps une pierre dans le jardin de Keynes puisqu'il montre que la vitesse de la circulation de la monnaie est en tout cas plus stable que le « multiplicateur » dont se servent les keynésiens pour fonder leur politique macro-économique. Pour être complet sur ce point, il faut préciser que Friedman admet que la vitesse de circulation de la monnaie puisse varier, mais que si elle varie, elle varie dans le même sens que la masse monétaire, multipliant ses effets sur les prix. Ainsi un accroissement de la masse monétaire peut s'accompagner d'une augmentation de la vitesse de la circulation (la monnaie brûle les doigts de ses détenteurs qui n'ont de cesse que de s'en débarrasser et de l'échanger contre des marchandises ou des services, précipitant de ce fait la hausse des prix, qui elle-même provoque une nouvelle accélération de la vitesse de la circulation). Alors l'inflation dégénère en hyperinflation. Pour plus de précisions, on peut se référer à *Clefs pour le pouvoir monétaire*, Paris, Seghers, 1973, et à *La Monnaie. Histoire d'une imposture, op. cit*.

8. Milton Friedman, *ibid.*, p. 55-57.

9. L'article a été traduit dans *Le Monde* du 5 novembre 1996. Les idées monétaires de Krugman sont d'autant plus déplorables que les positions qu'il prend sur le commerce international sont excellentes. Cf. de cet auteur *La Mondialisation n'est pas coupable. Vertus et limites du libre-échange*, Paris, La Découverte, 1998.

10. Les économistes auront reconnu l'équation dite de

Cambridge qui s'écrit habituellement M = k. PQ ; k, étant l'inverse de la vitesse de circulation de la monnaie, est un coefficient qui mesure la part du revenu national (équivalent ici à PQ) conservée sous forme d'encaisse monétaire.

11. Jean-Marcel Jeanneney, *Écoute la France qui gronde...*, Paris, Arléa, 1996.

12. *Collection complète des travaux de M. Mirabeau l'aîné à l'Assemblée nationale*, tome IV, éd. Étienne Méjan, Paris, Devaux, 1792.

13. Édité par Princeton University Press pour le National Bureau of Economic Research.

14. Le lecteur français pourra trouver ces arguments exposés dans Milton Friedman, *Inflation et systèmes monétaires, op. cit.*, p. 121-126.

15. Comme le rappelle pertinemment Pierre-Noël Giraud dans *L'Inégalité du monde. Économie du monde contemporain, op. cit.*, p. 159.

16. Cf. Dix-huitième leçon, « De la banque centrale ».

17. « Il m'a toujours semblé curieux, écrivait Milton Friedman en 1968 dans *Dollars and Deficits*, que tant de libéraux se soient prononcés en faveur des banques centrales indépendantes et, plus récemment, pour l'extension de la coopération internationale entre les banques centrales. Bien que, dans d'autres domaines, ils redoutent la puissance arbitraire, ils se sont montrés ici [dans le domaine monétaire] maintes fois favorables à un gouvernement dirigé par des hommes plutôt que par des lois, et aussi à une politique interventionniste plutôt qu'à une politique de marché », *Inflation et systèmes monétaires, op. cit.*, p. 249. Deux pages plus loin, il affirme sans ambages : « Le fait de déléguer aux gouverneurs des banques centrales des pouvoirs économiques étendus me semble absolument contraire aux principes libéraux » (p. 251).

18. *Ibid.*, p. 203.

19. Émile Moreau, *Souvenirs d'un gouverneur de la Banque de France*, Paris, Génin / Librairie de Médicis, 1954. Jacques Rueff est à l'origine de cette publication.

20. Milton Friedman, *Inflation et systèmes monétaires, op. cit.*, p. 205.

21. L'article de Helmut Schmidt a été traduit dans *Le*

*Monde* du 9 novembre 1996. La citation est tirée de cette traduction.

22. Milton Friedman, *Inflation et systèmes monétaires, op. cit.*, p. 194.

23. Archibald reprend l'ensemble de la question de l'étalon-or à la Quarante-deuxième leçon.

24. Les Sociétés d'investissement à capital variable, créées en 1964, revendent à des investisseurs des parts d'un portefeuille de valeurs mobilières, préalablement constitué. Les Sicav dites monétaires sont composées de produits financiers à court terme non risqués (par opposition aux Sicav obligations ou actions). Cette quasi-monnaie typique des années 1980 fournissait un abri sûr (absence de risque de perte en capital), profitable (la rémunération est proche de celle du marché monétaire) et totalement liquide. Elle connut un essor foudroyant après le durcissement de la réglementation des dépôts à terme et des bons de caisse des banques, décidé par le gouvernement Mauroy en septembre 1981. Cette nouvelle législation était très dissuasive, puisqu'elle fixait un seuil (500 000 francs) et une durée minimale de six mois à partir desquels les banques pouvaient rémunérer les dépôts à terme. Les Sicav permirent aux banques de tourner ce dispositif, et aux particuliers de profiter de la hausse des taux d'intérêt. Avec la décrue de ces derniers, les Sicav monétaires se sont dégonflées.

25. Cf. note précédente.

26. Avec des changes flottants, en effet, les banques centrales ne sont pas obligées de maintenir leurs devises à un taux de change fixe. Par conséquent, si leur devise est recherchée par les cambistes, elles peuvent laisser monter son cours. Dans un régime de changes fixes au contraire, la banque centrale serait obligée d'acheter les devises qu'on lui présente en émettant sa propre monnaie. Le système friedmanien est donc cohérent : la politique monétaire qu'il préconise n'est possible, en théorie, qu'avec des changes flottants. Mais la cohérence n'a jamais été un gage d'applicabilité…

27. Archibald montrera, à la Quarantième leçon, qu'en fait Friedman est prisonnier de sa conception scientiste de l'économie.

28. Milton Friedman, *Inflation et systèmes monétaires*, *op. cit.*, p. 74.

29. Cf. Vingtième leçon, « De la balance des paiements ».

30. Rappelons que le seul ouvrage de Selgin traduit en français est *La Théorie de la banque libre*, *op. cit*.

31. Nous illustrons cette hypertrophie par quelques chiffres à la Quarante-deuxième leçon.

## *Trente-deuxième leçon*
## DU CHÔMAGE VOLONTAIRE

1. Archibald fait sans doute allusion à ce cahier de la main d'un habitant de Saint-Martin d'Auxigny (bailliage de Bourges) où l'on peut lire : « Nous avons souvent gémi sur les abus d'un trop grand nombre de fêtes. S'il était permis de travailler ces jours-là, tout n'en irait que mieux. Les hommes se saoulent et les bestiaux jeûnent. […] Je penserais que nos familles seraient plus à l'aise si l'on n'était obligé de rester oisif que les dimanches et les quatre fêtes de l'année… », Pierre Goubert et Michel Denis, *1789, Les Français ont la parole. Cahiers de doléances des États généraux*, Paris, Gallimard, coll. Folio histoire n° 210, 2013, p. 230-231.

2. Je reprends ici mot pour mot la formulation de Michael C. Burda et Charles Wyplosz, in *Macroéconomie. Une perspective européenne*, trad. fr. Jean Houard, Bruxelles, De Boeck université, 1993, p. 108.

3. Échelle, répétons-le, que les horaires légaux essaient de rapporter à une toise commune.

4. Ce qui suppose la flexibilité des horaires — qui est notre hypothèse.

5. Jeremy Rifkin, *La Fin du travail*, traduit de l'américain par Pierre Rouve, préface de Michel Rocard, Paris, La Découverte, 1996.

6. Cf. notamment une enquête de l'INSEE datant d'octobre 1996. À la question : « Accepteriez-vous une réduction de l'horaire concernant l'ensemble du personnel de votre établissement, avec une réduction correspondante du salaire annuel ? », les salariés sondés n'étaient que

22,7 % à répondre par l'affirmative (19,8 % des hommes et 27,4 % des femmes). Les plus réticents étaient particulièrement nombreux chez les jeunes : 90 % des actifs de moins de vingt-cinq ans ne voulaient pas réduire leur temps de travail et leur salaire. En revanche, un quart des plus de cinquante ans auraient accepté une diminution de leur pouvoir d'achat en échange d'un temps libre accru. *Le Monde*, 20-21 octobre 1996.

7. Aux néo-keynésiens qui s'obstinent à militer pour la réduction de la durée du travail comme solution à la crise de l'emploi, on ne répétera jamais assez ce qu'en disait Keynes dans la *Théorie générale de l'emploi, de l'intérêt et de la monnaie* : « Il existe pour tout individu un point où il met en balance les avantages respectifs d'un accroissement de loisir et ceux d'un accroissement de revenu. Mais, à l'heure actuelle, il nous paraît manifeste que la grande majorité des individus préfèrent l'augmentation de leurs revenus à l'augmentation de leurs loisirs ; et nous ne voyons pas de raison valable d'obliger ceux qui préfèrent un supplément de revenu à jouir d'un supplément de loisirs » (*op. cit.*, p. 323).

8. Les économistes auront reconnu la notion de productivité marginale du travail.

9. Cet économiste français du début du XIXe siècle a été présenté au lecteur dès les premières leçons.

10. Dans sa préface pour l'édition française de la *Théorie générale*, Keynes ne manque pas d'insister sur ce point, en effet crucial, en ces termes : « Peut-être ferons-nous mieux comprendre aux lecteurs français en disant que, dans la théorie de la production, il abandonne définitivement les doctrines de J. B. Say », *Théorie générale de l'emploi, de l'intérêt et de la monnaie, op. cit*. Les keynésiens de tout bord retiendront la leçon en jetant aux orties la « loi » de Say, remise en honneur en France, comme on l'a dit, par un certain François Hollande (Vingt-huitième leçon, note 1).

*Trente-troisième leçon*

## DU CHÔMAGE INVOLONTAIRE

1. La loi El Khomri, nom de la ministre du Travail qui l'a portée, est un petit pas dans la bonne direction, qui a coûté plusieurs semaines de grève en mai-juin 2016. Accouchée à coup de 49.3, elle restera l'un des acquis du quinquennat Hollande. Avant son élection à la présidence de la République, Emmanuel Macron s'est engagé à réformer le code du Travail par ordonnances. Ce qu'il a fait, une fois élu.

2. Friedrich Hayek, *La Route de la servitude*, trad. fr. Georges Blumberg, Paris, PUF, coll. Quadrige, 1985.

3. Il existe plusieurs éditions françaises de *Prix et production*. Citons celle de Calmann-Lévy, 1975, avec une préface de Christian Schmidt.

4. *The Collected Writings of John Maynard Keynes*, éd. Austin Robinson et Donald Moggridge, Cambridge, New York, Cambridge University Press (pour la Royal Economic Society), tome XIII, *The General Theory and After. Part I, Preparation*, 1973, p. 252.

*Trente-quatrième leçon*

## DE L'INCIDENCE DE LA SÉCURITÉ SOCIALE SUR LE CHÔMAGE

1. À notre connaissance, Anthony de Jasay, que nous avons déjà présenté au lecteur, est le premier à avoir appliqué à la Sécurité sociale le raisonnement du paiement en nature. Cf. « A Vicious Circle of Social Kindness », *The Financial Times*, 29 avril 1994. Voir aussi du même auteur l'article paru les 13-14 février dans la *Neue Zürcher Zeitung*, p. 10.

2. Friedrich Hayek, *Droit, législation et liberté*, *op. cit.*

## *Trente-cinquième leçon*

## DE L'« EFFET LAFFER »

1. Turgot, *op. cit.* Cf. note sur Turgot dans la Quatorzième leçon.

2. *Ibid.*

3. Se reporter aux écrits de Robert J. Barro, « Higher Taxes, Lower Revenues », *The Wall Street Journal*, 9 juillet 1993 ; Robert L. Bartley, *The Seven Fat Years and How to Do It Again*, New York, The Free Press, 1992 ; Michael K. Evans, *The Truth About Supply-Side Economics*, New York, Basic Books, 1983 ; James D. Gwartney et Richard Stroup, « Tax Cuts : Who Shoulders the Burden ? », *Federal Reserve Bank of Atlanta Economic Review*, mars 1982, p. 19-27 ; Paul C. Roberts, *The Supply-Side Revolution. An Insider's Account of Policymaking in Washington*, Cambridge, Mass., Harvard University Press, 1984.

4. « Chaque impôt, considéré en lui-même, et de même, l'ensemble du système fiscal d'un pays, se détruit lui-même en dépassant un certain niveau des taux de prélèvements », Ludwig von Mises, *L'Action humaine*, *op. cit.*

5. Jean-Baptiste Say, *Traité d'économie politique*, Livre III, chapitre IX, Paris, Calmann-Lévy, 1821, rééd. 1972.

6. *Ibid.*

7. Pour le détail de ce calcul, se reporter à Philippe Chalmin (dir.), *Enjeux économiques et sociaux*, Paris, Économica, 1995.

8. René Maury, *J'accuse l'impôt sur le revenu*, Paris, Calmann-Lévy, 1996.

9. Cf. Neuvième leçon, « De l'État ».

## *Trente-sixième leçon*

## DE L'IMPÔT JUSTE ET NEUTRE

1. Cf. Douzième leçon, « Des biens collectifs ».

2. À savoir la non-rivalité et la non-excluabilité, Cf. Douzième leçon, « Des biens collectifs ». Se reporter aussi à

Murray Rothbard, *Man, Economy and the State*, New York, John Wiley, 1982.

3. La littérature est ici surabondante de l'autre côté de l'Atlantique. Mentionnons Gordon Tullock, *The Politics of Bureaucracy*, Washington, Public Affairs Press, 1965 ; William A. Niskanen, *Bureaucracy and Representative Government*, Chicago-New York, Aldine Atherton, 1971. En France, on pourra se référer à Pascal Salin, *L'Arbitraire fiscal*, Paris, Robert Laffont, 1985, réédité aux Éditions Slatkine en 1996 sous le titre *L'Arbitraire fiscal ou Comment sortir de la crise*, et à Pierre Lemieux, *Du libéralisme à l'anarcho-capitalisme*, Paris, PUF, coll. Libre échange, 1983.

4. Pendant la Guerre des paysans, Luther dénia aux non-nobles le droit de porter l'épée, condamna leur révolte et approuva leur massacre par les aristocrates.

5. Déjà rencontrée. Cf. Deuxième leçon, « De l'échange ».

6. Cf. Trente-deuxième leçon, « Du chômage volontaire ».

7. Friedrich Hayek, *La Constitution de la liberté*, traduit de l'anglais par Raoul Audouin et Jacques Garello avec la collaboration de Guy Millière, Paris, Litec, coll. Liberalia, p. 308.

8. Cité *ibid.*, p. 307.

9. John Ramsay McCulloch, *Treatise on The Principles and Practical Influence of Taxation and Funding System*, Londres, Longman, Brown, Green & Longmans, 1845, p. 142.

10. John Stuart Mill, *Principles of Political Economy, with some of their Applications to Social Philosophy*, 2 vol., Boston, Charles Little & James Brown, 1848, tome II, p. 353.

11. Adolphe Thiers, *De la propriété*, Paris, Paulin, Lheureux et C^ie^, 1848, p. 319.

12. Pierre-Joseph Proudhon, *Théorie de l'impôt*, Paris, E. Dentu, 1861.

13. Karl Marx, *Selected Works*, éd. Vladimir Adoratsky, 2 vol., Londres, Lawrence & Wishart, sans date, tome I, p. 227.

14. Ce calcul figure dans le rapport du Groupe de travail

sur la réforme des prélèvements obligatoires présidé par Dominique de La Martinière, 31 mai 1996.

15. Hayek, *La Constitution de la liberté*, *op. cit.*, p. 311.

16. Philippe Lacoude et Frédéric Sautet, *Action ou taxation. Le défi fiscal français*, préface de Jacques Raiman, Paris – Genève, Slatkine, 1996, p. 190 *sq*.

17. Archibald a déjà marqué les similitudes et les différences entre l'État et un gang. Cf. Neuvième leçon, « De l'État ».

*Trente-septième leçon*

DE LA RÉFORME FISCALE

1. Pour une analyse économique du marché de l'art, se reporter à *Doll'art*, Paris, Gallimard, coll. Au vif du sujet, 1990.

2. Archibald reste dans un monde « ordinal », Cf. Deuxième leçon.

3. Hayek, *La Constitution de la liberté*, *op. cit.*, p. 89.

4. Murray Rothbard, *Power and Market. Government and the Economy*, Kansas City, Sheed Andrews & McMeel, 1970, rééd. 1977.

5. Frédéric Bastiat, *Œuvres économiques*, textes présentés par Florin Aftalion, Paris, PUF, coll. Libre échange, 1983, p. 3.

6. Cf. Trente-troisième leçon, « Du chômage involontaire ».

*Trente-huitième leçon*

DE L'ASSURANCE

1. Cf. Deuxième leçon, « De l'échange ».

2. Cf. Trente-quatrième leçon, « De l'incidence de la Sécurité sociale sur le chômage ».

3. Hayek, *La Constitution de la liberté*, *op. cit.*, p. 286.

4. À propos des banques dans la Dix-huitième leçon, « De la banque centrale ».

5. Karl Henrik Borch, *The Economics of Uncertainty*, Princeton, NJ, Princeton University Press, 1968.

6. Joseph E. Stiglitz, « Risks, Incentives and Insurance, The Pure Theory of Moral Hazard », *The Geneva Papers on Risk and Insurance*, vol. 8, n° 26, janvier 1983, p. 5-6. Les lecteurs français pourront consulter Denis-Clair Lambert, *Économie des assurances*, Paris, Armand Colin, 1996.

7. Rothbard, *Power and Market*, *op. cit.*, p. 161.

8. Ronald Reagan, président des États-Unis de 1981 à 1989.

9. *Britannicus*, IV, 4. C'est Narcisse qui parle.

10. Rawls, *Théorie de la justice*, *op. cit.*, p. 91. On y a fait allusion dans la Neuvième leçon, « De l'État ».

11. Karl Marx, *Manuscrits économiques et philosophiques*, *op. cit.*, p. 85 *sq*.

12. Rawls, *Théorie de la justice*, *op. cit.*, p. 576.

## *Trente-neuvième leçon*
## DE LA CORRUPTION

1. Nicolas Machiavel, *Le Prince*, Paris, Garnier Frères, 1957, p. 118.

2. *Ibid.*, p. 165.

3. Cette théorie est née aux États-Unis il y a une vingtaine d'années. Cf. Michael C. Jensen et William Meckling, « Theory of the firm : Managerial Behaviour, Agency Costs and Ownership Structure », *Journal of Financial Economics*, n° 3, 1976, p. 305-360. Voir aussi Joseph E. Stiglitz et Andrew Weiss, « Incentive Effects of Terminations : Applications to the Credit and Labor Markets », *The American Economic Review*, vol. 73, n° 5, décembre 1983, p. 912-927.

4. Cf. Septième leçon, « De la coopération ».

5. La possible divergence d'intérêts entre actionnaires et dirigeants d'entreprise avait déjà été observée par Gardiner C. Means, un économiste américain célèbre de l'entre-deux-guerres.

6. Cf. Huitième leçon, « Du droit ».

7. Numa Denis Fustel de Coulanges (1830-1889), membre de l'école française d'Athènes, dirigea des fouilles archéologiques dans l'île de Chio. En 1864, il publie *La Cité*

*antique*, où il met en évidence le rôle de la religion dans l'évolution politique et sociale de la Grèce et de Rome. Un grand classique dans la littérature helléniste. L'œuvre maîtresse de Fustel de Coulanges reste cependant l'*Histoire des institutions politiques de l'ancienne France*.

8. Sur ce point, se reporter à Gary S. Becker et George J. Stigler, « Law Enforcement, Malfeasance, and Compensation of Enforcers », *in* Richard T. Selden (dir.), *Capitalism and Freedom, Problems and Prospects. Proceedings of a Conference in Honor of Milton Friedman*, Charlottesville, University of Virginia Press, 1975, p. 242. Becker et Stigler ont obtenu le prix Nobel d'économie, le premier en 1992, le second en 1982.

9. Edward C. Banfield, « Corruption as a Feature of Governmental Organization », *The Journal of Law and Economics*, vol. 18, n° 3, décembre 1975, p. 587-606.

10. Dans la Douzième leçon sur les biens collectifs, Archibald a soutenu que c'est l'État qui définit le bien public, et non pas le bien public, l'État. Il retrouvait ainsi, volontairement ou non, l'enseignement du grand théoricien de l'État, Léon Duguit. Cf. Douzième leçon.

11. Becker et Stigler, *op. cit*.

12. Montesquieu, *De l'Esprit des lois*, VI, 12.

13. James C. Scott, *Comparative Political Corruption*, Englewoods Cliffs, NJ, Prentice-Hall, 1972.

14. Cf. Trente-septième leçon, « De la réforme fiscale ».

15. Cf. Treizième leçon, « De la concurrence ».

16. Murray Rothbard, *The Ethics of Liberty*, Atlantic Highlands, NJ, Humanities, 1982 ; trad. fr. François Guillaumat avec Pierre Lemieux, *L'Éthique de la liberté*, Paris, Les Belles Lettres, 1991.

## *Quarantième leçon*

## DE LA NATURE DE LA SCIENCE ÉCONOMIQUE

1. « *The* worst *is not / So long as we can say, "This is the* worst" », *King Lear*, IV, I.

2. Milton Friedman, *Essais d'économie positive*, trad.

fr. Guy Millière, préface de Pascal Salin, Paris, Litec, coll. Liberalia, 1995.

3. Cf. Trente-huitième leçon.

4. Cf. Vingt-cinquième leçon.

5. « ... et la quantité nombreuse de ce *reste* demeurait préférable à n'importe quelle unité. », André Gide, *Les Nourritures terrestres*, Paris, Gallimard, coll. Folio, 1984, p. 65-66. Cf. Trente-deuxième leçon.

### *Quarante et unième leçon*
### DE LA CRISE DE 2008

1. Dans son discours du 5 décembre 1996, « The Challenge of Central Banking in a Democratic Society » (www.federalreserve.gov/boarddocs/speeches/1996/19961205.htm).

2. Jean Tirole, « Leçons d'une crise », *Notes de la Toulouse School of Economics*, n° 1, décembre 2008 (idei.fr/sites/default/files/medias/doc/wp/2008/notes-j.tirole-1-12-08.pdf).

3. Jean Tirole, *Économie du bien commun*, Paris, PUF, 2016.

4. Surnoms de la Federal National Mortgage Association (FNMA) et la Federal Home Loan Mortgage Corporation (FHLMC).

5. Michel Aglietta, *La Crise. Pourquoi en est-on arrivé là ? Comment en sortir ?*, Paris, Michalon, 2008.

6. Cela n'est pas sans rappeler les termes d'une lettre que Keynes écrivit à Roosevelt en 1934, sur le ton paternaliste qui avait le don d'exaspérer le président des États-Unis : « Traitez les hommes d'affaires, même les plus importants, non pas comme des loups ou des tigres, mais comme des animaux domestiques par nature », *Collected Writings of John Maynard Keynes*, vol. XXI, *Activities 1931-9. World Crises and Policies in Britain and America*, p. 438 ; notre traduction.

*Quarante-deuxième leçon*

## DU RÉTABLISSEMENT ÉVENTUEL DE L'ÉTALON-OR

1. Cf. Seizième leçon.
2. Francis Delaisi, *La Bataille de l'or*, Paris, Payot, coll. Bibliothèque politique et économique, 1933.
3. Cf. Dix-neuvième leçon.
4. On oublie trop souvent que le premier pays à avoir proposé un « nouvel ordre » monétaire international, avant Bretton Woods, a été l'Allemagne nazie. En juillet 1940, Walther Funk, ministre de l'Économie d'Hitler, détailla devant des journalistes un plan étonnamment sophistiqué : les taux de change des devises devraient être fixés par le truchement d'un Fonds monétaire situé à Berlin, l'or étant exclu du système, les mouvements de capitaux étant contrôlés et les balances courantes devant être équilibrées avec les pays ne faisant pas partie du système. Par bien des aspects, le plan de Funk inspira Keynes dans les propositions qu'il ferait quatre ans plus tard à Bretton Woods. Il vaut de noter à ce propos que dans sa préface à l'édition allemande, en 1936, de sa *Théorie générale*, Keynes écrit sans fard : « Il va sans dire que la théorie de la production dans son ensemble, que ce livre cherche à présenter, s'adapte beaucoup mieux aux conditions d'un État totalitaire que ne le fait la théorie de la production et de la répartition d'une production donnée, avec en plus une large dose de laissez-faire », Sylvia Nasar, *Grand Pursuit. The Story of Economic Genius*, New York, Simon & Schuster, 2011, p. 251.
5. De son vrai nom Richard Valentine Pitchford (1895-1973).
6. Edmund Conway, *The Summit*, *op. cit.*, XV, p. 256.
7. La veille de la clôture des négociations de Bretton Woods, le bruit de la mort de Keynes va se répandre à travers le monde comme une traînée de poudre. Le même jour, ce 21 juillet 1944, on croit aussi, pendant quelques heures, qu'Hitler a succombé lors de l'attentat à la bombe mené par le colonel Claus von Stauffenberg.

8. White, très affecté par le procès d'espionnage communiste qu'on lui intente au Congrès des États-Unis, meurt à cinquante-cinq ans le 13 août 1948, lui aussi d'une crise cardiaque. Cf. Vingt-cinquième leçon, note 4. Il faut replacer les supposées compromissions de White dans le contexte des années 1944-1945. À cette époque, la Russie soviétique était l'alliée des États-Unis et de la Grande-Bretagne dans la lutte contre Hitler, et il y avait chez nombre d'intellectuels de gauche beaucoup d'indulgence pour le stalinisme. John Kenneth Galbraith (1908-2006), l'économiste canadien bien connu, était à cette époque disposé à ce que la Russie communiste absorbât la Pologne, les Balkans et toute l'Europe de l'Est, « de façon à répandre les bienfaits du communisme », Donald E. Moggridge, *Maynard Keynes. An Economist's Biography*, Londres et New York, Routledge, 1990, p. 120.

9. Bank of International Settlements Triennal Central Bank Survey, septembre 2013.

10. Adair Turner, Andrew Haldane et Paul Woolley, *The Future of Finance. The LSE Report*, Londres, London School of Economics and Political Science, 2010.

11. Alan Greenspan, « Gold : the ultimate insurance policy », www.gold.org/download/file/5497/Gold_Investor_February_2017.pdf

*Quarante-troisième leçon*

SUR UNE LOI DU TALMUD

1. Cf. Dix-septième et Dix-huitième leçons.

2. Il faut noter que l'Angleterre est le premier pays européen à avoir expulsé les juifs (Édouard Ier), mais aussi le premier à les avoir fait revenir (Cromwell).

*Quarante-quatrième leçon*

DU BITCOIN

1. Nathaniel Popper, *Digital Gold, The Untold Story of Bitcoin*, Londres, Penguin Books, 2015.

2. Cf. Quarante-troisième leçon.

3. William Henry Furness III, *The Island of Stone Money. Uap of the Carolines*, Philadelphie et Londres, J. B. Lippincott Company, 1910.

4. « Hence, from a technological point of view, money is equivalent to a primitive form of memory », Narayana Rao Kocherlakota, « Money is Memory », Federal Reserve Bank of Minneapolis Research Department Staff Report n° 218, octobre 1996 (www.minneapolisfed.org/research/sr/sr218.pdf).

5. Martin Suter, *Montecristo*, trad. fr. Olivier Mannoni, Paris, Christian Bourgois éditeur, 2015.

6. Karl J. O'Dwyer et David Malone, « Bitcoin Mining and its Energy Footprint », Hamilton Institute, National University of Ireland Maynooth, 26 juin 2014 : karlodwyer.github.io/publications/pdf/bitcoin_KJOD_2014.pdf

7. Cf. Quarante-deuxième leçon.

8. On pourrait faire remarquer que l'euro lui-même est hanté par l'étalon-or, puisque les pays qui l'ont adopté ne peuvent recourir à la dévaluation. De fait, le grand mérite de l'euro est d'avoir éloigné le pot de miel de la patte de l'ours, c'est-à-dire la planche à billets de la main des gouvernements. La monnaie européenne n'en a pas moins les défauts du *fiat money*.

9. Charles de Gaulle, conférence de presse à l'Élysée du 4 février 1965, reproduite in *Discours et Messages*, Paris, Plon, 1970, p. 330-334.

10. Leonhard Euler (1707-1783), mathématicien d'origine suisse, passa le plus clair de sa vie en Allemagne.

## *Quarante-cinquième leçon*

## DE L'OR NOIR

1. www.bp.com/content/dam/bp/pdf/energy-economics/energy-outlook-2017/bp-energy-outlook-2017.pdf

2. Michel Houellebecq, *Soumission*, Paris, Flammarion, 2015.

3. Donella Meadows, Dennis Meadows, Jörgen Randers et William W. Behrens III, *The Limits to Growth. A*

*Report for the Club of Rome's Project on the Predicament of Mankind*, New York, Universe Books, 1972 ; *Halte à la croissance ? Rapport sur les limites de la croissance*, trad. fr. Jeanine Delaunay, Paris, Fayard, 1973.

4. *Le Figaro Économie*, 28 avril 2017, p. 24.

## *Quarante-sixième leçon*
## DE LA RELIGION

1. « Une quantité considérable de peuple, qui habite une certaine étendue de pays, renfermée dans de certaines limites, et qui obéit au même gouvernement. » Ainsi est définie la nation dans l'*Encyclopédie* de Diderot et d'Alembert.

2. Ernst Kantorowicz, *Mourir pour la patrie*, trad. fr. Laurent Mayali et Anton Schütz, Paris, PUF, 1984 ; nouv. éd. Fayard, 2004.

3. David Hume, *Histoire naturelle de la religion et autres essais sur la religion*, éd. et trad. Michel Malherbe Paris, Vrin, 1971, nouv. éd. 2016.

## *Quarante-septième leçon*
## DE LA RELIGION (SUITE)

1. Max Weber, *L'Éthique protestante et l'esprit du capitalisme* précédé de *Remarque préliminaire au recueil d'études de sociologie de la religion* et suivi de *Les Sectes protestantes et l'esprit du capitalisme*, trad. fr. Isabelle Kalinowski, Paris, Flammarion, 2000.

2. Werner Sombart, *Les Juifs et la vie économique*, trad. fr. Samuel Jankélévitch, Paris, Payot, 1923.

3. Marie-France Renoux-Zagamé, *Origines théologiques du concept moderne de propriété*, Genève et Paris, Droz, 1987.

4. Archibald s'inspire ici du livre de Jacques Le Goff, *La Naissance du Purgatoire* (Paris, Gallimard, coll. Bibliothèque des Histoires, 1981, rééd. Folio histoire n° 31, 1991).

*Quarante-huitième leçon*

## DE L'IMMIGRATION

1. « *The inhabitant of London could order by telephone, sipping his morning tea in bed, the various products of the whole earth, in such quantity as he might see fit, and reasonably expect their early delivery upon his doorstep.* [...] *He could secure forthwith, if he wished it, cheap and comfortable means of transit to any country or climate without passport or other formality* [...] *But, most important of all, he regarded this state of affairs as normal, certain and permanent, except in direction of further improvement, and any deviation from it as aberrant, scandalous and avoidable* », Keynes, *The Economic Consequences of the Peace*, Londres, Macmillan, 1919, p. 4-5.

2. « Le seuil de tolérance a été atteint dans les années 1970 », François Mitterrand, à la télévision, le 10 décembre 1989.

3. « Perspectives des migrations internationales 2016 », OCDE, 2016.

4. « Même s'il n'a pas d'effet sur l'emploi lui-même, reconnaît l'un des auteurs du rapport précité de l'OCDE, l'afflux d'immigrés peut avoir des effets négatifs sur le salaire médian des natifs travaillant dans des secteurs peu qualifiés, comme le bâtiment pour les travaux publics. Il s'agit souvent des travailleurs issus d'une vague d'immigration précédente », *Le Monde*, 20 septembre 2016.

*Quarante-neuvième leçon*

## DE LA FIN DU CAPITALISME

1. John Maynard Keynes, *Lettre à nos petits-enfants*, trad. fr. Françoise et Paul Chemla, préface d'André Orléan, Paris, Les Liens qui libèrent, 2017.

2. Charles de Gaulle, 11 décembre 1969, cité dans André Malraux, *Les chênes qu'on abat...*, Paris, Gallimard, 1971, p. 166.

3. Laurence Wylie, *Un village du Vaucluse*, trad. fr.

Céline Zins, Paris, Gallimard, coll. Témoins, 1968, nouv. éd. 1979.

4. Jeremy Rifkin, *La Fin du travail, op. cit.*

5. Jeremy Rifkin, *La Nouvelle Société du coût marginal zéro. L'internet des objets, l'émergence des communaux collaboratifs et l'éclipse du capitalisme*, trad. fr. Françoise et Paul Chemla, Paris, Actes Sud, coll. Babel essai, 2014.

6. Cf. Quarante-sixième leçon, « De la religion ».

7. Hal R. Varian, *Introduction à la microéconomie*, traduction de la 9e édition américaine par Bernard Thiry, Louvain-la-Neuve, De Boeck, 8e édition, 2014.

8. Marx, *Le Capital. Livres II et III*, éd. Maximilien Rubel, Paris, Gallimard, coll. Folio essais n° 501, 2008, Livre III, section I, chapitre III, p. 1473.

9. www.fao.org/docrep/013/i2000f/i2000f00.htm.

10. Cf. Natacha Tatu, *La Fabrique des bébés. Enquête sur les mères porteuses dans le monde*, Paris, Stock, 2017.

*Index des noms*

# *Index des notions*

APPENDICES

## DU MÊME AUTEUR

L'AVENIR DU SYSTÈME MONÉTAIRE, Robert Laffont, 1972.

CLEFS POUR LE POUVOIR MONÉTAIRE, Seghers, 1973.

LE COMPLOT PÉTROLIER. Du rapport Schvartz à la dénationalisation d'ELF, Alain Moreau, 1976.

*LE MONDE* ET LE POUVOIR, Les Presses d'aujourd'hui, 1977.

LES NUCLÉOCRATES, Presses universitaires de Grenoble, coll. Capitalisme & survie, 1978.

MÉMOIRE ADRESSÉ À MONSIEUR LE PREMIER MINISTRE SUR LA GUERRE, L'ÉCONOMIE ET LES AUTRES PASSIONS HUMAINES QU'IL S'AGIT DE GOUVERNER, Seuil, 1981.

HOMO SPORTIVUS. Sport, capitalisme et religion, Gallimard, coll. Au vif du sujet, 1988.

DOLL'ART, Gallimard, coll. Au vif du sujet, 1990.

LE SECRET DE L'ARMISTICE. 1940, Plon, coll. Histoire contemporaine, 1990.

NE M'APPELEZ PLUS FRANCE, Olivier Orban, 1991.

39 LEÇONS D'ÉCONOMIE CONTEMPORAINE, Gallimard, coll. Folio actuel n° 61, 1998. Grand Prix du Maxim's Business Club 1998.

JUIFS ET ALLEMANDS. Pré-histoire d'un génocide, PUF, coll. Perspectives critiques, 1999.

MITTERRAND ET LES PATRONS, 1981-1986, avec Yvon Gattaz, Fayard, 1999.

VINGT ET UN SIÈCLES D'ÉCONOMIE EN VINGT ET UNE DATES CLÉS, Les Belles Lettres, 2002. Prix Rossi de l'Académie française 2002.

L'INVENTION DE L'ÉTAT (économie du droit I), Les Belles Lettres, 2003.

L'ERREUR ÉCONOMIQUE. Comment économistes et politiques se trompent et nous trompent, Denoël, coll. Médiations, 2004. Prix du livre libéral 2004.

LES PERSONNES ET LES CHOSES (économie du droit II), Les Belles Lettres, 2004.

LES PAPES, L'ÉGLISE ET L'ARGENT. Histoire économique du christianisme des origines à nos jours, Bayard, 2005.

LE MARCHÉ DE DIEU. Économie du judaïsme, du christianisme et de l'islam, Denoël, coll. Médiations, 2008.

ENQUÊTE SUR L'ANTISÉMITISME MUSULMAN. De ses origines à nos jours, Michalon, 2010.

LE JOUR OÙ LA FRANCE SORTIRA DE L'EURO. 14 juillet 2012, Dominique Strauss-Kahn, président de la République, annonce..., Michalon, 2010.

*DELENDA AMERICA*. Confessions de Joseph Altenberg, Baudelaire, 2011.

LA MONNAIE. Histoire d'une imposture (avec Charles Le Lien), Perrin, 2012.

CHÔMEURS OU ESCLAVES. Le dilemme français, Pierre-Guillaume de Roux, 2013.

DIE SCHULD LAG NICHT BEI DEUTSCHLAND. ANMERKUNGEN ZUR VERANTWORTWUNG FÜR DEN ERSTEN WELTKRIEG / NON, L'ALLEMAGNE N'ÉTAIT PAS COUPABLE. Notes sur les responsabilités de la Première Guerre mondiale, Berlin, Europolis, coll. Essays zum neuen und alten Europa, 2014.

LE ROSE ET LE BRUN. Quel rôle ont joué les homosexuels dans la montée du nazisme au pouvoir ?, Dualpha éditions, coll. Vérités pour l'histoire, 2015.

DANS LA COLLECTION FOLIO/ACTUEL

14 Anne Tristan : *Au Front.*
15 Édouard Masurel : *L'année 1988 dans* Le Monde *(Les principaux événements en France et à l'étranger).*
16 Bernard Deleplace : *Une vie de flic.*
17 Dominique Nora : *Les possédés de Wall Street.*
18 Alain Duhamel : *Les habits neufs de la politique.*
19 Édouard Masurel : *L'année 1989 dans* Le Monde *(Les principaux événements en France et à l'étranger).*
20 Edgar Morin : *Penser l'Europe.*
21 Édouard Masurel : *L'année 1990 dans* Le Monde *(Les principaux événements en France et à l'étranger).*
22 Étiemble : *Parlez-vous franglais ?*
23 Collectif : *Un contrat entre les générations (Demain, les retraites).*
24 Alexandre Zinoviev : *Les confessions d'un homme en trop.*
25 Frantz Fanon : *Les damnés de la terre.*
26 Paul Bairoch : *Le Tiers-Monde dans l'impasse.*
27 Édouard Masurel : *L'année 1991 dans* Le Monde *(Les principaux événements en France et à l'étranger).*
28 Raoul Vaneigem : *Traité de savoir-vivre à l'usage des jeunes générations.*
29 Georges Corm : *Liban : les guerres de l'Europe et de l'Orient 1840-1992.*
30 Pierre Assouline : *Les nouveaux convertis (Enquête sur des chrétiens, des juifs et des musulmans pas comme les autres).*
31 Régis Debray : *Contretemps (Éloges des idéaux perdus).*
32 Brigitte Camus-Lazaro : *L'année 1992 dans* Le Monde *(Les principaux événements en France et à l'étranger).*
33 Donnet Pierre-Antoine : *Tibet mort ou vif.*
34 Laurent Cohen-Tanugi : *La métamorphose de la démocratie française.*

35 Jean-Jacques Salomon : *Le destin technologique.*
36 Brigitte Camus-Lazaro : *L'année 1993 dans* Le Monde *(Les principaux événements en France et à l'étranger).*
37 Edwy Pienel : *La part d'ombre.*
38 Sous la direction de Jacques Testart : *Le Magasin des enfants.*
39 Alain Duhamel : *Les peurs françaises.*
40 Gilles Perrault : *Notre ami le roi.*
41 Albert Memmi : *Le racisme.*
42 Dominique Schnapper : *L'épreuve du chômage.*
43 Alain Minc : *Le nouveau Moyen Âge.*
44 Patrick Weil : *La France et ses étrangers.*
45 Françoise Baranne : *Le Couloir (Une infirmière au pays du sida).*
46 Alain Duhamel : *La politique imaginaire.*
47 Le Monde : *L'année 1995 dans* Le Monde *(Les principaux événements en France et à l'étranger).*
48 Régis Debray : *À demain de Gaulle.*
49 Edwy Plenel : *Un temps de chien.*
50 Pierre-Noël Giraud : *L'inégalité du monde.*
51 Le Débat : *État-providence (Arguments pour une réforme).*
52 Dominique Nora : *Les conquérants du cybermonde.*
53 Le Monde : *L'année 1996 dans* Le Monde *(Les principaux événements en France et à l'étranger).*
54 Henri Mendras : *L'Europe des Européens.*
55 Collectif : *Le travail, quel avenir ?*
56 Philippe Delmas : *Le bel avenir de la guerre.*
57 Le Monde : *L'année 1997 dans* Le Monde *(Les principaux événements en France et à l'étranger).*
58 Robert Littell : *Conversations avec Shimon Peres.*
59 Raoul Vaneigem : *Nous qui désirons sans fin.*
60 Le Monde : *Lettres d'Algérie.*
61 Philippe Simonnot : *39 leçons d'économie contemporaine.*
62 Jacques Julliard : *La faute aux élites.*
63 Le Monde : *L'année 1998 dans* Le Monde *(Les principaux événements en France et à l'étranger).*

64 Le Monde : *La Déclaration universelle des droits de l'homme.*
65 Edwy Plenel : *Les mots volés.*
66 Emmanuel Todd : *L'illusion économique.*
67 Ignacio Ramonet : *Géopolitique du chaos.*
68 Jacques Huguenin : *Seniors : l'explosion.*
70 Jean-Louis Andreani : *Comprendre la Corse.*
71 Daniel Junqua : *La presse, le citoyen et l'argent.*
72 Olivier Mazel : *La France des chômages.*
73 Gilles Châtelet : *Vivre et penser comme des porcs (De l'incitation à l'envie et à l'ennui dans les démocraties-marchés).*
74 Maryvonne Roche : *L'année 1999 dans* Le Monde *(Les principaux événements en France et à l'étranger).*
75 Dominique Schnapper, avec la collaboration de Christian Bachelier : *Qu'est-ce que la citoyenneté ?*
76 Jean-Arnault Dérens : *Balkans : la crise.*
77 Gérard et Jean-François Dufour : *L'Espagne : un modèle pour l'Europe des régions ?*
78 Jean-Claude Grimal : *Drogue : l'autre mondialisation.*
79 Jocelyne Lenglet-Ajchenbaum et Yves Marc Ajchenbaum : *Les judaïsmes.*
80 Greil Marcus : *Lipstick Traces (Une histoire secrète du vingtième siècle).*
81 Pierre-Antoine Donnet et Anne Garrigue : *Le Japon : la fin d'une économie.*
82 Collectif : *Questions économiques et sociales.*
83 Maryvonne Roche : *L'année 2000 dans* Le Monde *(Les principaux événements en France et à l'étranger).*
84 Roger Cans : *La ruée vers l'eau.*
85 Paul Santelmann : *La formation professionnelle, nouveau droit de l'homme ?*
86 Raoul Vaneigem : *Pour une internationale du genre humain.*
87 Philippe Meirieu et Stéphanie Le Bars : *La machine-école.*
88 Habib Souaïdia : *La sale guerre.*
89 Ahmed Marzouki : *Tazmamart (Cellule 10).*
90 Gilles Kepel : *Jihad (Expansion et déclin de l'islamisme).*

91 Jean-Philippe Rivière : *Illettrisme, la France cachée.*
92 Ignacio Ramonet : *La tyrannie de la communication.*
93 Maryvonne Roche : *L'année 2001 dans* Le Monde *(Les principaux événements en France et à l'étranger).*
94 Olivier Marchand : *Plein emploi, l'improbable retour.*
95 Philippe Bernard : *Immigration : le défi mondial.*
96 Alain Duret : *Conquête spatiale : du rêve au marché.*
97 Albert Memmi : *Portrait du colonisé* précédé de *Portrait du colonisateur.*
98 Hugues Tertrais : *Asie du Sud-Est : enjeu régional ou enjeu mondial ?*
99 Ignacio Ramonet : *Propagandes silencieuses (Masses, télévision, cinéma).*
100 Olivier Godard, Claude Henry, Patrick Lagadec, Erwann Michel-Kerjan : *Traité des nouveaux risques.*
101 Bernard Dupaigne et Gilles Rossignol : *Le carrefour afghan.*
102 Maryvonne Roche : *L'année 2002 dans* Le Monde *(Les principaux événements en France et à l'étranger).*
103 Mare-Agnès Barrère-Maurisson : *Travail, famille : le nouveau contrat.*
104 Henri Pena-Ruiz : *Qu'est-ce que la laïcité ?*
105 Greil Marcus : *Mystery Train (Images de l'Amérique à travers le rock'n'roll).*
106 Emmanuelle Chollet-Przednowed : *Cannabis : le dossier.*
107 Emmanuel Todd : *Après l'empire (Essai sur la décomposition du système américain).*
108 Maryvonne Roche et Jean-Claude Grimal : *L'année 2003 dans* Le Monde *(Les principaux événements en France et à l'étranger).*
109 Francis Fukuyama : *La fin de l'homme. (Les conséquences de la révolution biotechnique).*
110 Edwy Plenel : *La découverte du monde.*
111 Jean-Marie Chevalier : *Les grandes batailles de l'énergie (Petit traité d'une économie violente).*
112 Sylvie Crossman et Jean-Pierre Barou : *Enquête sur les savoirs indigènes.*

113 Jean-Michel Djian : *Politique culturelle : la fin d'un mythe.*
114 Collectif : *L'année 2004 dans* Le Monde *(Les principaux événements en France et à l'étranger).*
115 Jean-Marie Pernot : *Syndicats : lendemains de crise ?*
116 Collectif : *L'année 2005 dans* Le Monde *(Les principaux événements en France et à l'étranger).*
117 Rémy Rieffel : *Que sont les médias ? (Pratiques, identités, influences).*
119 Jean Danet : *Justice pénale, le tournant.*
120 Mona Chollet : *La tyrannie de la réalité.*
121 Arnaud Parienty : *Protection sociale : le défi.*
122 Jean-Marie Brohm et Marc Perelman : *Le football, une peste émotionnelle (La barbarie des stades).*
123 Sous la direction de Jean-Louis Laville et Antonio David Cattani : *Dictionnaire de l'autre économie.*
124 Jacques-Pierre Gougeon : *Allemagne : une puissance en mutation.*
125 Dominique Schnapper : *Qu'est-ce que l'intégration ?*
126 Gilles Kepel : *Fitna (Guerre au cœur de l'islam).*
127 Collectif : *L'année 2006 dans* Le Monde *(Les principaux événements en France et à l'étranger).*
128 Olivier Bomsel : *Gratuit ! (Du déploiement de l'économie numérique).*
129 Céline Braconnier et Jean-Yves Dormagen : *La démocratie de l'abstention (Aux origines de la démobilisation électorale en milieu populaire).*
130 Olivier Languepin : *Cuba (La faillite d'une utopie)*, nouvelle édition mise à jour et augmentée.
131 Albert Memmi : *Portrait du décolonisé arabo-musulman et de quelques autres.*
132 Steven D. Levitt et Stephen J. Dubner : *Freakonomics.*
133 Jean-Pierre Le Goff : *La France morcelée.*
134 Collectif : *L'année 2007 dans* Le Monde (*Les principaux événements en France et à l'étranger*).
135 Gérard Chaliand : *Les guerres irrégulières* (*XX*e*-XXI*e *siècle. Guérillas et terrorismes*).
136 *La déclaration universelle des droits de l'homme*

(Textes rassemblés par Mario Bettati, Olivier Duhamel et Laurent Greilsamer pour *Le Monde*).

137 Roger Persichino : *Les élections présidentielles aux États-Unis.*

138 Collectif : *L'année 2008 dans* Le Monde *(Les principaux événements en France et à l'étranger).*

139 René Backmann : *Un mur en Palestine.*

140 Pap Ndiaye : *La condition noire (Essai sur une minorité française).*

141 Dominique Schnapper : *La démocratie providentielle (Essai sur l'égalité contemporaine).*

142 Sébastien Clerc et Yves Michaud : *Face à la classe (Sur quelques manières d'enseigner).*

143 Jean de Maillard : *L'arnaque (La finance au-dessus des lois et des règles).*

144 Emmanuel Todd : *Après la démocratie.*

145 Albert Memmi : *L'homme dominé (Le Noir — Le Colonisé — Le Juif — Le prolétaire — La femme — Le domestique).*

146 Bernard Poulet : *La fin des journaux et l'avenir de l'information.*

147 André Lebeau : *L'enfermement planétaire.*

148 Steven D. Levitt et Stephen J. Dubner : *SuperFreakonomics.*

149 Vincent Edin et Saïd Hammouche : *Chronique de la discrimination ordinaire.*

150 Jean-Marie Chevalier, Michel Derdevet et Patrice Geoffron : *L'avenir énergétique : cartes sur table.*

151 Bob Woodward : *Les guerres d'Obama.*

152 Harald Welzer : *Les guerres du climat (Pourquoi on tue au XXIe siècle).*

153 Jean-Luc Gréau : *La Grande Récession depuis 2005 (Une chronique pour comprendre).*

154 Ignacio Ramonet : *L'explosion du journalisme (Des médias de masse à la masse de médias).*

155 Laetitia Van Eeckhout : *France plurielle (Le défi de l'égalité réelle).*

156 Christophe Boltanski : *Minerais de sang (Les esclaves du monde moderne).*
157 Gilles Kepel : *Quatre-vingt-treize.*
158 Stéphane Foucart : *La Fabrique du mensonge (Comment les industriels manipulent la science et nous mettent en danger).*
159 Rémy Rieffel : *Révolution numérique, révolution culturelle ?*
160 Bill Kovach, Tom Rosenstiel : *Principes du journalisme.*
161 Antoinette Fouque : *Il y a deux sexes.*
162 Stéphane Foucart : *L'avenir du climat (Enquête sur les climato-sceptiques).*
163 Collectif : *La République, ses valeurs, son école.*
164 Gilles Kepel : *Passion arabe suivi de Passion en Kabylie et de Paysage avant la bataille.*
165 Roberto Saviano : *Extra pure. Voyage dans l'économie de la cocaïne.*

*Composition Nord Compo*
*Impression Grafica Veneta*
*à Trebaseleghe, le 6 décembre 2017*
*Dépôt légal : décembre 2017*

*ISBN : 978-2-07-271843-4./Imprimé en Italie*

314361